Direito Civil
BRASILEIRO

Direito das Coisas

CARLOS ROBERTO GONÇALVES

Direito Civil
BRASILEIRO

Direito das Coisas

20ª edição
2025

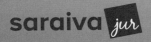

- O autor deste livro e a editora empenharam seus melhores esforços para assegurar que as informações e os procedimentos apresentados no texto estejam em acordo com os padrões aceitos à época da publicação, *e todos os dados foram atualizados pelo autor até a data da entrega dos originais à editora*. Entretanto, tendo em conta a evolução das ciências, as atualizações legislativas, as mudanças regulamentares governamentais e o constante fluxo de novas informações sobre os temas que constam do livro, recomendamos enfaticamente que os leitores consultem sempre outras fontes fidedignas, de modo a se certificarem de que as informações contidas no texto estão corretas e de que não houve alterações nas recomendações ou na legislação regulamentadora.

- Data do fechamento do livro: 28/10/2024

- O autor e a editora se empenharam para citar adequadamente e dar o devido crédito a todos os detentores de direitos autorais de qualquer material utilizado neste livro, dispondo-se a possíveis acertos posteriores caso, inadvertida e involuntariamente, a identificação de algum deles tenha sido omitida.

- Direitos exclusivos para a língua portuguesa
  Copyright ©2025 by
  Saraiva Jur, um selo da SRV Editora Ltda.
  Uma editora integrante do GEN | Grupo Editorial Nacional
  Travessa do Ouvidor, 11
  Rio de Janeiro – RJ – 20040-040

- **Atendimento ao cliente: https://www.editoradodireito.com.br/contato**

- Reservados todos os direitos. É proibida a duplicação ou reprodução deste volume, no todo ou em parte, em quaisquer formas ou por quaisquer meios (eletrônico, mecânico, gravação, fotocópia, distribuição pela Internet ou outros), sem permissão, por escrito, da **SRV Editora Ltda.**

- Capa e diagramação: Lais Soriano

- **DADOS INTERNACIONAIS DE CATALOGAÇÃO NA PUBLICAÇÃO (CIP)**
  ODILIO HILARIO MOREIRA JUNIOR – CRB-8/9949

G635d   Gonçalves, Carlos Roberto
Direito civil brasileiro v. 5 – direito das coisas / Carlos Roberto Gonçalves. –
20. ed. – São Paulo: Saraiva Jur, 2025.

656 p. – (Direito civil brasileiro; v. 5)
Sequência de: Direito Civil Brasileiro v. 4 – responsabilidade civil
ISBN: 978-85-5362-617-5

1. Direito civil. 2. Código civil. 3. Direito das coisas. I. Título.

	CDD 347
2024-3229	CDU 347

Índices para catálogo sistemático:
1. Direito civil   347
2. Direito civil   347

ÍNDICE

INTRODUÇÃO

1. Direito das coisas 1
   1.1. Conceito 1
   1.2. Evolução histórica 2
   1.3. Conteúdo 5
2. Direitos reais e pessoais 7
   2.1. Caracteres distintivos 10
   2.2. Princípios fundamentais dos direitos reais 11
3. Figuras híbridas ou intermédias 18
   3.1. Obrigações *propter rem* 19
   3.2. Ônus reais 21
   3.3. Obrigações com eficácia real 22

Título I
DA POSSE

Capítulo I
NOÇÕES GERAIS SOBRE A POSSE

1. Introdução ao estudo da posse 24
   1.1. As dificuldades do estudo do tema 24
   1.2. Fundamento da posse. *Jus possessionis* e *jus possidendi* ... 25
2. Origem histórica da posse 27
3. Teorias sobre a posse 28
   3.1. Teoria subjetiva de Savigny 28
   3.2. Teoria objetiva de Ihering 30
   3.3. Teorias sociológicas 35

4. Conceito de posse 37
5. Posse e detenção 40
6. Posse e quase posse 44
7. O objeto da posse e a posse dos direitos pessoais 45
8. Natureza jurídica da posse 49

Capítulo II
CLASSIFICAÇÃO DA POSSE

1. Espécies de posse 55
2. Posse direta e posse indireta 56
3. Posse exclusiva, composse e posses paralelas 59
4. Posse justa e posse injusta 63
5. Posse de boa-fé e posse de má-fé 70
6. Posse nova e posse velha 77
7. Posse natural e posse civil ou jurídica 79
8. Posse ad *interdicta* e posse ad *usucapionem* 80
9. Posse *pro diviso* e posse *pro indiviso* 81

Capítulo III
DA AQUISIÇÃO E PERDA DA POSSE

1. Introdução 83
2. Modos de aquisição da posse 84
   2.1. Modos originários de aquisição da posse 85
      2.1.1. Apreensão da coisa 86
      2.1.2. Exercício do direito 87
      2.1.3. Disposição da coisa ou do direito 87
   2.2. Modos derivados de aquisição da posse 88
      2.2.1. Tradição 88
      2.2.2. Sucessão na posse 91
3. Quem pode adquirir a posse 94
4. Perda da posse 97
5. Recuperação de coisas móveis e títulos ao portador 100
6. Perda da posse para o ausente 102

Capítulo IV
DOS EFEITOS DA POSSE

1. Tutela da posse 104
   1.1. Introdução 104
   1.2. A proteção possessória 105
2. Ações possessórias em sentido estrito 107
   2.1. Legitimação ativa e passiva 107
   2.2. Conversão de ação possessória em ação de indenização 111
3. Ações possessórias na técnica do Código de Processo Civil 112
   3.1. A fungibilidade dos interditos 112
   3.2. Cumulação de pedidos 113
   3.3. Caráter dúplice das ações possessórias 114
   3.4. Distinção entre juízo possessório e juízo petitório. A exceção de domínio 116
   3.5. Procedimento: ação de força nova e ação de força velha. Ação possessória relativa a coisa móvel 118
   3.6. A exigência de prestação de caução 119

Capítulo V
DA MANUTENÇÃO E DA REINTEGRAÇÃO DE POSSE

1. Características e requisitos 122
   1.1. Introdução 122
   1.2. Posse 123
   1.3. Turbação 125
   1.4. Esbulho 126
   1.5. Data da turbação ou do esbulho 128
   1.6. Continuação ou perda da posse 130
2. O procedimento 131
   2.1. A petição inicial 131
   2.2. Da liminar 133
      2.2.1. Concessão de liminar contra pessoa jurídica de direito público 137
      2.2.2. Recurso cabível 138
      2.2.3. Execução da decisão concessiva de liminar 138
   2.3. Contestação e procedimento comum 139

3. Execução da sentença 140
4. Embargos do executado e de retenção por benfeitorias 141
5. Embargos de terceiro 142

Capítulo VI
DO INTERDITO PROIBITÓRIO

1. Características e requisitos 144
2. Cominação de pena pecuniária 146

Capítulo VII
AÇÕES AFINS AOS INTERDITOS POSSESSÓRIOS

1. Ação de imissão na posse 148
   1.1. Características e natureza jurídica 148
   1.2. Imissão na posse e reivindicatória 152
2. Ação de nunciação de obra nova 154
   2.1. Conteúdo e pressupostos 154
   2.2. Legitimidade para a ação 159
3. Embargos de terceiro 159
   3.1. Introdução 159
   3.2. Pressupostos 162
   3.3. Parte equiparada a terceiro 164
   3.4. Legitimidade ativa e passiva. A legitimidade ativa do cônjuge 165
   3.5. Caso especial: embargos do credor com garantia real 169
   3.6. Fraude contra credores e fraude à execução 170
   3.7. Procedimento 172

Capítulo VIII
OS DEMAIS EFEITOS DA POSSE

1. A percepção dos frutos 175
   1.1. Introdução 175
   1.2. Noção e espécies de frutos 176
   1.3. Regras da restituição (CC, arts 1.214 a 1.216) 177

2. A responsabilidade pela perda ou deterioração da coisa 179
3. A indenização das benfeitorias e o direito de retenção 180
   3.1. O possuidor e os melhoramentos que realizou na coisa 180
   3.2. Regras da indenização das benfeitorias (CC, arts 1.219 a 1.222) 183
   3.3. Direito de retenção: conceito, fundamento, natureza jurídica e modo de exercício 185

Título II
DOS DIREITOS REAIS

Capítulo Único
DISPOSIÇÕES GERAIS

1. Conceito 188
2. Espécies 192
3. Aquisição dos direitos reais 194

Título III
DA PROPRIEDADE

Capítulo I
DA PROPRIEDADE EM GERAL

1. Conceito 196
2. Elementos constitutivos da propriedade 198
3. Ação reivindicatória 199
   3.1. Pressupostos e natureza jurídica 200
   3.2. Objeto da ação reivindicatória 204
   3.3. Legitimidade ativa e passiva 205
4. Outros meios de defesa da propriedade 208
   4.1. Ação negatória 208
   4.2. Ação de dano infecto 209
5. Caracteres da propriedade 210
6. Evolução do direito de propriedade. Função social da propriedade.... 211
7. Restrições ao direito de propriedade 213
8. Fundamento jurídico da propriedade 214
9. Da descoberta 217

Capítulo II
DA AQUISIÇÃO DA PROPRIEDADE IMÓVEL

1. Introdução 220
2. Modos de aquisição 221

DA USUCAPIÃO

3. Conceito e fundamento 223
4. Espécies 226
   4.1. Usucapião extraordinária 227
   4.2. Usucapião ordinária 228
   4.3. Usucapião especial 229
      4.3.1. Usucapião especial rural 230
      4.3.2. Usucapião especial urbana 232
         4.3.2.1. Usucapião urbana individual do Estatuto da Cidade 235
         4.3.2.2. Usucapião urbana coletiva do Estatuto da Cidade 237
         4.3.2.3. Usucapião imobiliária administrativa 241
      4.3.3. Usucapião familiar 242
   4.4. Usucapião indígena 245
   4.5. Usucapião extrajudicial 247
5. Pressupostos da usucapião 249
   5.1. Coisa hábil 249
   5.2. Posse 253
   5.3. Tempo 259
   5.4. Justo título 261
   5.5. Boa-fé 264
6. Ação de usucapião 266

DA AQUISIÇÃO PELO REGISTRO DO TÍTULO

7. Do registro do título 272
8. Princípios que regem o registro de imóveis 274
   8.1. Princípio da publicidade 274
   8.2. Princípio da força probante (fé pública) ou presunção 275

8.3.	Princípio da legalidade	276
8.4.	Princípio da territorialidade	278
8.5.	Princípio da continuidade	279
8.6.	Princípio da prioridade	279
8.7.	Princípio da especialidade	280
8.8.	Princípio da instância	281
9. Matrícula, registro e averbação		281
10. Livros obrigatórios		283
11. Retificação do registro		284

DA AQUISIÇÃO POR ACESSÃO

12. Conceito e formas de acessão		286
13. Acessões físicas ou naturais		287
13.1.	Acessão pela formação de ilhas	287
13.2.	Aluvião	288
13.3.	Avulsão	289
13.4.	Álveo abandonado	290
14. Acessões industriais: construções e plantações		290

Capítulo III
DA AQUISIÇÃO DA PROPRIEDADE MÓVEL

1. Introdução	295
2. Da usucapião	295
3. Da ocupação	297
4. Do achado do tesouro	297
5. Da tradição	298
6. Da especificação	300
7. Da confusão, da comistão e da adjunção	301

Capítulo IV
DA PERDA DA PROPRIEDADE

1. Introdução		302
2. Modos de perda		303
2.1.	Perda pela alienação	303
2.2.	Perda pela renúncia	303

2.3.	Perda pelo abandono	303
2.4.	Perda pelo perecimento da coisa	304
2.5.	Perda da propriedade mediante desapropriação	304
	2.5.1. Fundamento jurídico	304
	2.5.2. Pressupostos para a desapropriação	307
	2.5.3. Objeto da desapropriação	309
	2.5.4. Processo de desapropriação	311
	2.5.5. Montante da indenização	313
	2.5.6. Retrocessão	316

Capítulo V
DOS DIREITOS DE VIZINHANÇA

1.	Introdução	318
2.	Do uso anormal da propriedade	320
	2.1. Espécies de atos nocivos	320
	2.2. Soluções para a composição dos conflitos	323
3.	Das árvores limítrofes	327
4.	Da passagem forçada	328
5.	Da passagem de cabos e tubulações	331
6.	Das águas	332
7.	Dos limites entre prédios e do direito de tapagem	336
8.	Do direito de construir	339
	8.1. Limitações e responsabilidades	339
	8.2. Devassamento da propriedade vizinha	341
	8.3. Águas e beirais	344
	8.4. Paredes divisórias	345
	8.5. Do uso do prédio vizinho	347

Capítulo VI
DO CONDOMÍNIO GERAL

1.	Do condomínio voluntário	348
	1.1. Conceito e espécies O condomínio fechado ou condomínio de lotes	348
	1.2. Direitos e deveres dos condôminos	353

1.3. Extinção do condomínio 357
1.4. Administração do condomínio 361
2. Do condomínio necessário 362

Capítulo VII
DO CONDOMÍNIO EDILÍCIO

1. Considerações iniciais 364
2. Natureza jurídica 365
3. Instituição e constituição do condomínio 367
4. Estrutura interna do condomínio 372
5. Direitos e deveres dos condôminos 375
   5.1. Deveres dos condôminos 375
   5.2. Direitos dos condôminos 392
6. Da administração do condomínio em edificações 395
7. Da extinção do condomínio edilício 401
8. Do condomínio de lotes 403
9. Do condomínio em multipropriedade 405

Capítulo VIII
DA PROPRIEDADE RESOLÚVEL

1. Conceito 407
2. Natureza jurídica 407
3. Causas de resolução da propriedade 408
   3.1. Resolução pelo implemento da condição ou pelo advento do termo ... 408
   3.2. Resolução por causa superveniente 409

Capítulo IX
DA PROPRIEDADE FIDUCIÁRIA

1. Conceito 411
2. Modos de constituição 416
3. Direitos e obrigações do fiduciante 417
4. Direitos e obrigações do fiduciário 418
5. Pacto comissório 419
6. Procedimento no caso de inadimplemento do contrato 420

Título IV
DA SUPERFÍCIE

1. Conceito 426
2. Modos de constituição 431
3. Transferência do direito de superfície 433
4. Extinção do direito de superfície 434

Título V
DAS SERVIDÕES

1. Conceito 436
2. Características das servidões 438
3. Classificação das servidões 441
4. Modos de constituição 442
   - 4.1. Servidão constituída por ato humano 443
     - 4.1.1. Negócio jurídico *causa mortis* ou *inter vivos* 443
     - 4.1.2. Sentença proferida em ação de divisão 443
     - 4.1.3. Usucapião 444
     - 4.1.4. Destinação do proprietário 445
   - 4.2. Servidão constituída por fato humano 446
5. Regulamentação das servidões 447
   - 5.1. Obras necessárias à sua conservação e uso 447
   - 5.2. Exercício das servidões 449
   - 5.3. Remoção da servidão 450
6. Ações que protegem as servidões 452
7. Extinção das servidões 453

Título VI
DO USUFRUTO

1. Conceito 457
2. Características do usufruto 459
3. Modos de constituição 461
4. Coisas objeto de usufruto 463
5. Analogias com o fideicomisso, a enfiteuse e a locação 464
6. Espécies de usufruto 465
7. Dos direitos do usufrutuário 468

8. Modalidades peculiares de usufruto 472
   8.1. Usufruto dos títulos de crédito 472
   8.2. Usufruto de um rebanho 472
   8.3. Usufruto de bens consumíveis (quase usufruto) 473
   8.4. Usufruto de florestas e minas 474
   8.5. Usufruto sobre universalidade ou quota-parte 475
9. Dos deveres do usufrutuário 476
   9.1. Obrigações anteriores ao usufruto 476
   9.2. Obrigações simultâneas ao usufruto 477
   9.3. Obrigações posteriores ao usufruto 479
10. Da extinção do usufruto 480

Título VII
DO USO

1. Conceito e características 484
2. Objeto do uso 486
3. Necessidades pessoais e da família do usuário 486
4. Modos de extinção do uso 487

Título VIII
DA HABITAÇÃO

1. Conceito 488
2. Regulamentação legal 489

Título IX
DO DIREITO DO PROMITENTE COMPRADOR

1. Conceito e características 493
2. Evolução da promessa de compra e venda no direito brasileiro 495
3. A disciplina do direito do promitente comprador no Código Civil de 2002. 497

Título X
DA CONCESSÃO DE USO ESPECIAL PARA FINS DE MORADIA

1. Conceito 506
2. Regulamentação legal 506

Título XI
DA CONCESSÃO DE DIREITO REAL DE USO

1. Conceito 509
2. Regulamentação legal 509

Título XII
DA LAJE

1. Conceito 511
2. Regulamentação legal 512

Título XIII
DOS DIREITOS REAIS DE GARANTIA
(DO PENHOR, DA HIPOTECA E DA ANTICRESE)

Capítulo I
DISPOSIÇÕES GERAIS

1. Conceito e características 515
2. Requisitos dos direitos reais de garantia 519
   2.1. Requisitos subjetivos 519
   2.2. Requisitos objetivos 523
   2.3. Requisitos formais 524
3. Efeitos dos direitos reais de garantia 525
   3.1. Direito de preferência 525
   3.2. Direito de sequela 528
   3.3. Direito de excussão 529
   3.4. Indivisibilidade 529
4. Vencimento antecipado da dívida 531
5. Garantia real outorgada por terceiro 535
6. Cláusula comissória 536
7. Responsabilidade do devedor pelo remanescente da dívida 537

Capítulo II
DO PENHOR

1. Conceito 539

2. Características 540
3. Objeto do penhor 541
4. Forma 543
5. Direitos do credor pignoratício 543
6. Obrigações do credor pignoratício 547
7. Direitos e obrigações do devedor pignoratício 548
8. Espécies de penhor 549
    8.1. Penhor rural 550
        8.1.1. Introdução 550
        8.1.2. Penhor agrícola 553
        8.1.3. Penhor pecuário 555
    8.2. Penhor industrial e mercantil 556
    8.3. Penhor de direitos e títulos de crédito 559
    8.4. Penhor de veículos 566
    8.5. Penhor legal 567
9. Extinção do penhor 572

Capítulo III
DA HIPOTECA

1. Conceito 576
2. Características 577
3. Requisitos jurídicos da hipoteca 579
    3.1. Requisito objetivo. Hipoteca naval, aérea, de vias férreas e de recursos naturais 579
    3.2. Requisito subjetivo 587
    3.3. Requisito formal: título, especialização, registro 589
4. Espécies de hipoteca 594
    4.1. Hipoteca convencional 594
    4.2. Hipoteca legal 595
    4.3. Hipoteca judicial 598
5. Pluralidade de hipotecas 599
6. Efeitos da hipoteca 602
    6.1. Efeitos em relação ao devedor 603
    6.2. Efeitos em relação ao credor 604
    6.3. Efeitos em relação a terceiros 604

7. Direito de remição 605
8. Perempção da hipoteca 609
9. Prefixação do valor do imóvel hipotecado para fins de arrematação, adjudicação e remição 610
10. Hipotecas constituídas no período suspeito da falência 611
11. Instituição de loteamento ou condomínio no imóvel hipotecado 612
12. Cédula hipotecária 615
13. Execução da dívida hipotecária 615
14. Extinção da hipoteca 617

Capítulo IV
DA ANTICRESE

1. Conceito 621
2. Características 622
3. Efeitos da anticrese 623
4. Modos de extinção da anticrese 624

Capítulo V
DA ENFITEUSE

1. Conceito 625
2. Objeto da enfiteuse 626
3. Características da enfiteuse 626
4. Extinção da enfiteuse 627

Bibliografia 629

INTRODUÇÃO

> *Sumário*: 1. Direito das coisas. 1.1. Conceito. 1.2. Evolução histórica. 1.3. Conteúdo. 2. Direitos reais e pessoais. 2.1. Caracteres distintivos. 2.2. Princípios fundamentais dos direitos reais. 3. Figuras híbridas ou intermédias. 3.1. Obrigações *propter rem*. 3.2. Ônus reais. 3.3. Obrigações com eficácia real.

1. DIREITO DAS COISAS

1.1. Conceito

Segundo a clássica definição de CLÓVIS BEVILÁQUA, direito das coisas "*é o complexo de normas reguladoras das relações jurídicas referentes às coisas suscetíveis de apropriação pelo homem. Tais coisas são, ordinariamente, do mundo físico, porque sobre elas é que é possível exercer o poder de domínio*"[1].

Coisa é o gênero do qual *bem* é espécie. É tudo o que existe objetivamente, com exclusão do homem. Segundo o art. 202 do Código Civil português, "diz-se coisa tudo aquilo que pode ser objeto de relações jurídicas". Coisas são bens corpóreos: existem no mundo físico e hão de ser tangíveis pelo homem (CC alemão, § 90; CC grego, art. 999).

Bens são coisas que, por serem úteis e raras, são suscetíveis de apropriação e contêm valor econômico. Somente interessam ao direito coisas suscetíveis de apropriação exclusiva pelo homem, sobre as quais possa existir um vínculo jurídico, que é o domínio. As que existem em abundância no universo, como o ar atmosférico e a água dos oceanos, por exemplo, deixam de ser bens em sentido jurídico[2].

Obtempera CLÓVIS que "a palavra *coisa*, ainda que, sob certas relações, corresponda, na técnica jurídica, ao termo *bem*, todavia dele se distingue. Há bens jurídicos, que não são coisas: a liberdade, a honra, a vida, por exemplo. E, embora o vocábulo *coisa* seja, no domínio do direito, tomado em sentido mais ou menos

---

[1] *Direito das coisas*, v. I, p. 11.
[2] Silvio Rodrigues, *Direito civil*, v. 5, p. 3; Washington de Barros Monteiro, *Curso de direito civil*, v. 3, p. 1.

amplo, podemos afirmar que designa, mais particularmente, os bens que são, ou podem ser, objeto de direitos reais. Neste sentido dizemos *direito das coisas*"[3].

Pode-se afirmar que, tomado nos seus lineamentos básicos, *o direito das coisas resume-se em regular o poder dos homens, no aspecto jurídico, sobre a natureza física, nas suas variadas manifestações, mais precisamente sobre os bens e os modos de sua utilização econômica*[4]. Para enfatizar a sua importância basta relembrar *que se trata da parte do direito civil que rege a propriedade*, instituto de significativa influência na estrutura da sociedade.

A *organização jurídica da propriedade varia de país a país, evoluindo desde a Antiguidade aos tempos modernos.* Por essa razão acentua LACERDA DE ALMEIDA[5] que o direito das coisas "*é a expressão jurídica do estado atual da propriedade. Ora, para este resultado, para a feição que apresenta atualmente o direito das coisas, concorreram historicamente, além das condições geográficas e de outros fatores de ordem física e cosmológica, da índole peculiar do povo, suas ideias religiosas e morais, políticas, sociais e econômicas, as quais, e estas principalmente, ainda hoje trabalham o mundo das ideias, fazendo sentir seus resultados na ordem jurídica*".

Segundo LAFAYETTE[6], o conjunto das disposições que formam a organização da propriedade em cada país, reduzida a um corpo de doutrina sistemático, recebe o nome de *direito das coisas*. Essa denominação é adotada também nos Códigos Civis português, alemão e austríaco. A maioria da doutrina e dos Códigos prefere, no entanto, a expressão *direitos reais*, preconizada por SAVIGNY[7]. Ambas as expressões possuem, todavia, conceito e objetivo idênticos, tratando da mesma matéria.

1.2. Evolução histórica

O direito das coisas constitui o ramo do direito civil mais influenciado pelo direito romano e em relação ao qual, atualmente, se encontra mais homogeneidade no direito comparado do mundo ocidental.

A interferência do Estado Moderno no direito das coisas, no entanto, pode ser percebida pelo surgimento de normas de direito público numa seara que até pouco tempo era exclusiva do direito privado.

Sendo a propriedade a matriz dos direitos reais, a diversidade de concepções em torno do aludido instituto pode ser compreendida por meio de um

---

[3] *Teoria geral do direito civil*, p. 152.
[4] Lafayette Rodrigues Pereira, *Direito das coisas*, t. I, p. 16; Orlando Gomes, *Direitos reais*, p. 7.
[5] *Direito das cousas*, v. I, p. 22-23.
[6] *Direito das coisas*, cit., t. I, p. 16.
[7] *Sistema del derecho romano actual*, t. 1, § 53.

escorço histórico, analisando-se a sua evolução através dos tempos e das fases mais importantes que contribuíram para a sua feição atual. Na história do direito não existe um conceito único de propriedade. Nessa consonância, pode-se afirmar, "sem medo de errar, que a configuração do instituto da propriedade recebe direta e profundamente influência dos regimes políticos em cujos sistemas jurídicos é concebida"[8].

Coube ao direito romano estabelecer a estrutura da propriedade. O direito civil moderno edificou-se, com efeito, em matéria de propriedade, sobre as bases do aludido direito, que sofreu, todavia, importantes modificações no sistema feudal. A concepção da propriedade foi marcada, inicialmente, pelo aspecto nitidamente individualista. O sistema feudal, produto do enfraquecimento das raças conquistadas, introduziu no regime da propriedade do direito romano, no entanto, profundas alterações, "consequências naturais da necessidade de apoiar no solo a dominação dos *senhores* sobre as míseras populações escravizadas"[9].

O que marcou a concepção da propriedade na época medieval, segundo assinala ARRUDA ALVIM, "foi uma constante dualidade de sujeitos. Havia aquele que podia *dispor* da terra e a *cedia* a *outrem* (fosse este quem pagasse o cânon, fosse o servo etc.), mas a disponibilidade real do bem cabia sempre àquele que detinha o poder político. O direito dos outros, do direito deste se originava e dependia... Havia todo um sistema hereditário para garantir que o domínio permanecesse numa dada família de tal forma que esta não perdesse o seu poder no contexto do sistema político. E esse sistema existiu durante todo o período do feudalismo"[10].

Com a Revolução Francesa instala-se, nos sistemas jurídicos, uma propriedade com características fiéis à tradição romana e aos princípios individualistas. A liberdade preconizada servia à burguesia, afeiçoando-se aos seus interesses e proporcionando segurança aos novos proprietários, pertencentes à aludida classe. Considerava-se até mesmo legítima a possibilidade de o proprietário abusar do seu direito de propriedade, colocando, destarte, a propriedade num verdadeiro altar, cujo sacerdote era o proprietário[11].

Gradativamente, porém, essa concepção egoística e individualista foi-se modificando, passando a ser enfocado com mais frequência o aspecto da função social da propriedade, a partir da Encíclica do *Quadragésimo Ano*, na qual Pio XI sustenta a necessidade de o Estado reconhecer a propriedade e defendê-la, porém

---

[8] Arruda Alvim, Breves anotações para uma teoria geral dos direitos reais, in *Posse e propriedade:* doutrina e jurisprudência, coord. de Yussef Cahali, p. 42.
[9] Lafayette Rodrigues Pereira, *Direito das coisas*, cit., t. I, p. 17.
[10] Breves anotações, cit., p. 43.
[11] Arruda Alvim, Breves anotações, cit., p. 45.

em função do bem comum. O sopro da socialização acabou impregnando o século XX, influenciando a concepção da propriedade e o direito das coisas. Restrições foram impostas à onipotência do proprietário, proclamando-se o predomínio do interesse público sobre o privado.

Em nosso direito, o Código de Minas (Dec. n. 24.642, de 10-7-1934) e a legislação posterior (Leis n. 2.004/53 e 3.924/61 e Dec.-Lei n. 227/67) separaram a jazida e o solo, permitindo a incorporação ao patrimônio da União de todas as jazidas até então desconhecidas e estabelecendo o monopólio em favor da União da pesquisa e lavra das jazidas de petróleo e outros hidrocarbonetos fluidos e gases raros existentes no território nacional, bem como dispondo que a propriedade da superfície não inclui a das jazidas arqueológicas ou pré-históricas, nem a dos objetos nelas incorporados na forma do art. 152 da Constituição Federal de 1969.

O Código de Águas (Dec. n. 24.643, de 10-7-1934), por sua vez, dispôs a respeito das quedas-d'água e outras fontes de energia elétrica, declarando-as coisas distintas e não integrantes das terras em que se encontrem (art. 145). A matéria foi ampliada nas Constituições Federais de 1969 e 1988 (art. 176).

A preponderância do interesse público sobre o privado se manifesta em todos os setores do direito, influindo decisivamente na formação do perfil atual do direito de propriedade, que deixou de apresentar as características de direito absoluto e ilimitado para se transformar em um direito de finalidade social. Basta lembrar que a atual Constituição Federal dispõe que a propriedade atenderá a sua função social (art. 5º, XXIII). Também determina que a ordem econômica observará a função da propriedade, impondo freios à atividade empresarial (art. 170, III).

Inúmeras leis, por outro lado, como as do inquilinato e a de proteção do meio ambiente, o Código de Mineração (Dec.-Lei n. 1.985/40) e o Código Florestal, por exemplo, impõem restrições ao direito de propriedade, além das limitações decorrentes do direito de vizinhança e de cláusulas impostas nas liberalidades.

Nessa linha, o Código Civil de 2002 proclama que "*o direito de propriedade deve ser exercido em consonância com as suas finalidades econômicas e sociais e de modo que sejam preservados, de conformidade com o estabelecido em lei especial, a flora, a fauna, as belezas naturais, o equilíbrio ecológico e o patrimônio histórico e artístico, bem como evitada a poluição do ar e das águas*" (art. 1.228, § 1º).

O exercício do direito de propriedade tem tido seu perfil modificado principalmente nas zonas mais densas, que são as urbanas. As modificações nesse campo visam a tornar possível a coexistência de um sem-número de proprietários em áreas relativamente pouco extensas, e, mais, acomodar o exercício de seus respectivos direitos à ideia da função que devem exercer[12]. Nessa senda, o Estatuto da Cidade (Lei n. 10.257, de 10-7-2001) prevê e disciplina a *usucapião coletiva*, de inegável alcance social, de áreas urbanas com mais de duzentos e cinquenta metros quadrados, ocupadas por população de baixa renda para sua moradia por cinco anos, onde não for possível identificar os terrenos ocupados individualmente.

Não bastasse, o mencionado Código Civil criou uma nova espécie de desapropriação, determinada pelo Poder Judiciário na hipótese de "*o imóvel reivindicado consistir em extensa área, na posse ininterrupta e de boa-fé, por mais de cinco anos, de considerável número de pessoas, e estas nela houverem realizado, em conjunto ou separadamente, obras e serviços considerados pelo juiz de interesse social e econômico relevante*" (art. 1.228, § 4º). Nesse caso, "*o juiz fixará a justa indenização devida ao proprietário*" (§ 5º).

Trata-se de inovação de elevado alcance, inspirada no sentido social do direito de propriedade e também no novo conceito de posse, qualificada como *posse-trabalho*.

Em poucas linhas se procurou, assim, dar uma rápida visão da feição atual do direito de propriedade e um panorama geral do direito das coisas na legislação brasileira.

Nas mencionadas situações, deve-se procurar utilizar a *técnica de ponderação*, muito bem desenvolvida no direito alemão por Robert Alexy a partir de 2008. Partindo dessa ideia, foi aprovado na *IV Jornada de Direito Civil o Enunciado n. 274*, prevendo que os direitos da personalidade, regulados de maneira não exaustiva pelo Código Civil, são expressões da cláusula geral de tutela da pessoa humana, contida no art. 1º, III, da Constituição (*princípio da dignidade humana*). Em caso de colisão entre eles, como nenhum pode sobrelevar os demais, deve-se aplicar a *técnica da ponderação*, que é técnica argumentativa de grande utilização pelos aplicativos do Direito na atualidade, tendo sido adotada expressamente pelo art. 489, § 2º, do Código de Processo Civil de 2015, *in verbis*: "No caso de colisão entre normas, o juiz deve justificar o objeto e os critérios gerais da ponderação efetuada, enunciando as razões que autorizam a interferência na norma afastada e as premissas fáticas que fundamentam a conclusão".

1.3. Conteúdo

Os direitos romano, canônico e feudal impregnaram o direito das Ordenações Filipinas, que firmaram, por sua vez, a presença da Idade Média nos tempos modernos. O Código Civil de 1916 acolheu a tradição jurídica lusitana, sendo influenciado também pela doutrina germânica. Assim, seguindo o exemplo do

---

[12] Arruda Alvim, Breves anotações, cit., p. 46.

Código Civil alemão (BGB), o legislador brasileiro dedicou um livro da parte especial ao direito das coisas, enquanto na parte geral definiu e classificou os bens. Esse mesmo sistema foi adotado no Código Civil de 2002, colocando-se a matéria da parte especial na mesma ordem do BGB[13].

Cumpre salientar que o direito das coisas não está regulado apenas no Código Civil, *senão também em inúmeras leis especiais*, como as que disciplinam, por exemplo, a alienação fiduciária, a propriedade horizontal, os loteamentos, o penhor agrícola, pecuário e industrial, o financiamento para aquisição da casa própria, além dos Códigos especiais já citados, concernentes às minas, águas, caça e pesca e florestas, e da própria Constituição Federal.

O Código Civil regula o direito das coisas no Livro III de sua Parte Especial. Trata primeiramente da *posse* e, em seguida, dos *direitos reais*. Destes, o mais importante e mais completo é o direito de *propriedade*, que constitui o título básico (III) desse Livro. Os demais resultam de seu desmembramento e são denominados direitos reais menores ou *direitos reais sobre coisas alheias*. São regulados nos Títulos IV a X do aludido Livro III, sendo os primeiros (superfície, servidões, usufruto, uso, habitação, direito do promitente comprador, concessão de uso especial para fins de moradia, concessão de direito real de uso, a laje e os direitos oriundos da imissão provisória de posse, quando concedida à União, aos Estados, ao Distrito Federal, aos Municípios ou às suas entidades delegadas e a respectiva cessão e promessa de cessão) chamados de direitos reais de gozo ou fruição, e os três últimos (penhor, hipoteca e anticrese), de direitos reais de garantia.

O domínio, com efeito, como assinala Lafayette[14], é suscetível de se dividir em tantos direitos elementares quantas são as formas por que se manifesta a atividade do homem sobre as coisas corpóreas. E cada um dos direitos elementares do domínio constitui em si um *direito real*, como, por exemplo, o direito de usufruto, o de uso e o de servidão. Tais direitos, desmembrados do domínio e transferidos a terceiros, denominam-se direitos reais na coisa alheia, ou sobre coisa alheia (*jura in re aliena*).

Observa o mencionado autor, na sequência, que, embora a *posse jurídica* não seja um direito real, senão um fato, costumam os escritores, todavia, incluí-la no direito das coisas, dando-lhe a precedência na ordem das matérias, considerando que ela põe o homem em contato com as coisas corpóreas, gera direitos relativos a tais coisas e, pela maneira como funciona, usurpa as exterioridades do domínio.

Malgrado a posse se distinga da propriedade, o possuidor encontra-se em uma situação de fato, aparentando ser o proprietário. Como o legislador deseja

---

[13] Arnoldo Wald, *Direito das coisas*, p. 5-6.
[14] *Direito das coisas*, cit., t. I, p. 28.
Para José de Oliveira Ascensão, direitos reais são "direitos absolutos, inerentes a uma coisa e funcionalmente dirigidos à afetação desta aos interesses do sujeito" (*Direito civil – reais*, p. 56, n. 26).

proteger o *dominus*, protege o possuidor, por exercer poderes de fato inerentes ao domínio ou propriedade.

O Código Civil de 1916, no tocante à posse, cuidava de sua classificação, aquisição, efeitos, perda e proteção possessória. O diploma de 2002 seguiu essa orientação, deixando, todavia, de se ocupar da proteção possessória, já amplamente disciplinada no Código de Processo Civil (arts. 920 a 933). No capítulo da propriedade, o novo Código Civil disciplina os modos de sua aquisição e perda, no tocante a móveis e imóveis. E, no atinente aos direitos reais sobre coisas alheias, já elencados, introduz, como inovação, a superfície em substituição à antiga enfiteuse, que é um resquício da Idade Média.

O diploma de 1916 regulava no direito das coisas os direitos autorais. No entanto, como ensinava VICENTE RÁO, na lição trazida à colação por WASHINGTON DE BARROS MONTEIRO[15], o legislador foi contraditório consigo mesmo, porquanto é clássica a sistematização do referido direito, não sendo possível sair do estudo das coisas corpóreas quando os direitos concernentes à propriedade literária, científica e artística, também denominados autorais, são de natureza imaterial, de fundo moral, decorrentes da própria personalidade humana.

O Código Civil de 2002, corretamente, não disciplinou essa matéria, que hoje é tratada em lei específica (Lei n. 9.610, de 19-2-1998), por nós comentada no volume 3 desta obra, no capítulo concernente ao contrato de edição.

2. DIREITOS REAIS E PESSOAIS

O direito das coisas, como visto, trata das relações jurídicas concernentes aos bens corpóreos suscetíveis de apropriação pelo homem. Incluem-se no seu âmbito somente os direitos reais. Faz-se mister, portanto, estabelecer a distinção entre direitos reais e pessoais, para delimitar e precisar o objeto do direito das coisas.

As expressões *jus in re* e *jus ad rem* são empregadas, desde o direito canônico, para distinguir os direitos reais dos pessoais. O vocábulo *reais* deriva de *res, rei*, que significa coisa. Segundo a concepção clássica, o *direito real* consiste no poder jurídico, direto e imediato, do titular sobre a coisa, com exclusividade e contra todos. No polo passivo incluem-se os membros da coletividade, pois todos devem abster-se de qualquer atitude que possa turbar o direito do titular. No instante em que alguém viola esse dever, o sujeito passivo, que era indeterminado, torna-se determinado.

---

[15] *Curso*, cit., v. 3, p. 8.

Nessa linha, salienta LAFAYETTE RODRIGUES PEREIRA[16] que o *direito real* é o que afeta a coisa direta e imediatamente, sob todos ou sob certos respeitos (sob todos os respeitos, se é o domínio; sob certos respeitos, se é um direito real desmembrado do domínio, como a servidão), e a segue em poder de quem quer que a detenha.

O *direito pessoal*, por sua vez, consiste numa relação jurídica pela qual o sujeito ativo pode exigir do sujeito passivo determinada prestação. Constitui uma relação de pessoa a pessoa e tem, como elementos, o sujeito ativo, o sujeito passivo e a prestação. Os direitos reais têm, por outro lado, como elementos essenciais: o sujeito ativo, a coisa e a relação ou poder do sujeito sobre a coisa, chamado *domínio*.

Alguns autores utilizam também, para distinguir os direitos reais dos direitos pessoais, a classificação dos direitos subjetivos em absolutos e relativos, conforme o dever jurídico a eles inerente. O direito é relativo, diz SAN TIAGO DANTAS, "quando o dever recai sobre determinada pessoa ou determinadas pessoas; o direito é absoluto quando o dever jurídico recai indistintamente sobre todas as pessoas. Os direitos da personalidade e os reais são desdobramentos dos direitos absolutos"[17].

A mencionada teoria clássica ou tradicional é também denominada *dualista*, precisamente pela apontada contraposição entre os conceitos de direito pessoal e direito real, que são apresentados como dois conceitos completamente distintos: o de direito real é formulado, como foi dito, considerando-se como uma relação direta e imediata entre seu titular (sujeito de direito) e a coisa (objeto do direito); e o daquele, por oposição, é concebido como a relação entre uma pessoa, titular do direito (sujeito ativo) e o devedor (sujeito passivo) obrigado a cumprir uma prestação (objeto do direito) em benefício do primeiro[18].

Opõem-se a ela, no entanto, as teses *unitárias*, que não aceitam o aludido dualismo e procuram integrar ambos os grupos de normas num só sistema. Dividem-se elas em duas teorias opostas: a personalista e a realista ou impersonalista. A teoria *unitária personalista*, difundida por PLANIOL e seu discípulo MICHAS em 1889, e posteriormente por DEMOGUE e RIPERT, mas já exposta, analisada e criticada por TEIXEIRA DE FREITAS em 1857, no seu conhecido *Esboço*, baseia-se na existência de um *sujeito passivo universal*. Para essa corrente não existem diferenças substanciais entre os direitos reais e os pessoais, uma vez que os primeiros não seriam senão direitos obrigacionais, nos quais a prestação consistiria sempre em uma abstenção que estaria a cargo de todas as pessoas. O direito das obrigações é, desse modo, colocado no centro de todo o direito civil, abrangendo todas as relações jurídicas civis, inclusive o direito real.

---

[16] *Direito das coisas*, cit., t. I, p. 25.
[17] *Programa de direito civil*, v. III, p. 11.
[18] Edmundo Gatti, *Teoría general de los derechos reales*, p. 35.

A relação jurídica, segundo a citada teoria personalista, não pode existir entre pessoa e coisa, mas somente entre pessoas. O direito real, como os demais direitos, pressupõe sujeito ativo, sujeito passivo e objeto. Constitui, pois, relação jurídica estabelecida entre o sujeito ativo (o proprietário, no caso do direito real de propriedade) e os sujeitos passivos, que são todas as pessoas do universo, que devem abster-se de molestar o titular. Essa relação é de natureza pessoal, como as demais obrigações, mas de conteúdo negativo[19].

Releva salientar, em contraposição à aludida tese unitária, que os direitos pessoais, e em geral os direitos relativos, só podem ser violados pela pessoa particularmente obrigada e não por terceiros. Ademais, obtempera ORLANDO GOMES, com apoio em sistematização elaborada por MARTY e RAYNAUD, "a obrigação passiva universal é fundamentalmente diferente da obrigação comum que liga um devedor a seu credor, pois esta é um elemento do passivo daquele; ora, ninguém pensaria em inscrever no passivo de seu patrimônio a obrigação de respeitar os direitos reais de outrem; na realidade, pois, a obrigação passiva universal não é uma obrigação no sentido da palavra; é uma *regra de conduta*"[20].

Aduz o citado autor: "A obrigação de respeitar os direitos de outrem não é especial dos direitos reais; existe para todos os direitos, mesmo os de crédito, assim como demonstra, notadamente, a responsabilidade do terceiro, autor ou cúmplice da violação de uma obrigação contratual. Ademais, a aceitação da teoria personalista, em suas consequências últimas, conduziria à supressão da categoria dos direitos reais, pois todos os direitos seriam pessoais, dado que ficariam reduzidos a vínculos obrigacionais".

A teoria *unitária realista* procura unificar os direitos reais e obrigacionais a partir do critério *patrimônio*, considerando que o direito das coisas e o direito das obrigações fazem parte de uma realidade mais ampla, que seria o direito patrimonial. Segundo esse critério, os denominados direitos pessoais não recaem sobre a pessoa do devedor, mas sobre o seu patrimônio. A tese sustentada encontraria apoio no princípio geral segundo o qual o patrimônio do devedor constitui a garantia comum dos credores e responde por suas obrigações.

Propõe, portanto, a aludida teoria, defendida por GAUDEMET e SALEILLES e difundida por RIGAUD e BONNECASE, a absorção do direito obrigacional pelo real.

Os principais argumentos para rebater a teoria unitária realista são convincentemente expostos por EDMUNDO GATTI[21], que afirma, *em primeiro lugar*, não ser adequado, para pesquisar a essência de um direito, analisá-lo no momento anormal

---

[19] Washington de Barros Monteiro, *Curso*, cit., v. 3, p. 10; Edmundo Gatti, *Teoría*, cit., p. 36.
[20] *Direitos reais*, cit., p. 14.
[21] *Teoría*, cit., p. 44.

do seu incumprimento. Em *segundo lugar*, prossegue, os direitos reais somente incidem sobre coisas determinadas, enquanto o patrimônio, em que se assenta o direito pessoal, é uma abstração que se compõe de coisas e de bens que não são coisas, e que está integrado não só por um ativo, senão também por um passivo. *Em terceiro lugar*, aduz, a máxima de que o patrimônio do devedor é a garantia comum de seus credores não passa de uma expressão metafórica, que não deve, portanto, ser tomada ao pé da letra, sob risco de se incorrer em graves erros, pois a palavra "garantia" não está aqui empregada em seu verdadeiro sentido técnico-jurídico. Por último, acrescenta, pretender despersonalizar o direito pessoal constitui um contrassenso, mais inadmissível ainda cuidando-se de obrigações de fazer ou de não fazer e, sobretudo, se se trata de obrigações *intuitu personae*. Não resta dúvida de que, em maior ou menor grau, a pessoa do devedor não é nunca indiferente para o credor.

Na realidade, a diversidade de princípios que orientam os direitos reais e os direitos pessoais dificulta a sua unificação num só sistema. A doutrina denominada *dualista* ou clássica mostra-se, com efeito, mais adequada à realidade, tendo sido por isso acolhida no direito positivo brasileiro, que "consagra e sanciona a clássica distinção entre direitos reais e pessoais, isto é, direitos sobre as coisas e direitos contra as pessoas"[22].

2.1. Caracteres distintivos

Não há critério preciso para distinguir o direito real do direito pessoal. Costumam os autores destacar alguns traços característicos dos direitos reais, com o objetivo de compará-los e diferenciá-los dos direitos pessoais.

Vários desses caracteres podem ser vislumbrados no conceito de direito real apresentado por GUILLERMO ALLENDE: "O direito real é um direito absoluto, de conteúdo patrimonial, cujas normas, substancialmente de ordem pública, estabelecem entre uma pessoa (sujeito ativo) e uma coisa determinada (objeto) uma relação imediata, que prévia publicidade obriga a sociedade (sujeito passivo) a abster-se de praticar qualquer ato contrário ao mesmo (obrigação negativa), nascendo, para a hipótese de violência, uma ação real que outorga a seus titulares as vantagens inerentes ao *jus persequendi* e ao *jus praeferendi*"[23].

Com efeito, as normas que regulam os direitos reais são de *natureza cogente*, de *ordem pública*, ao passo que as que disciplinam o direito obrigacional são, em regra, *dispositivas* ou *facultativas*, permitindo às partes o livre exercício da autonomia da vontade.

---

[22] Washington de Barros Monteiro, *Curso*, cit., v. 3, p. 11.
[23] *Panorama de derechos reales*, p. 19.

Quanto ao *modo do seu exercício*, caracteriza-se o direito real pela efetivação direta, sem a intervenção de quem quer que seja. Não depende ele da colaboração de nenhum sujeito passivo para existir e ser exercido, enquanto o direito pessoal supõe necessariamente a intervenção de outro sujeito de direito. Nessas condições, o direito real de propriedade é exercido direta e imediatamente pelo titular, sem a necessidade de qualquer intermediário. Todavia, para que o comodatário, por exemplo, possa utilizar a coisa locada precisa que, mediante o contrato de comodato, o proprietário da coisa lhe entregue, assegurando-lhe o direito de usá-la com a obrigação de restituí-la após o decurso de certo tempo[24].

Outros caracteres distintivos são sublinhados por ORLANDO GOMES[25]: a) o objeto do direito real há de ser, necessariamente, uma *coisa determinada*, enquanto a prestação do devedor, objeto da obrigação que contraiu, pode ter por objeto coisa *genérica*, bastando que seja *determinável*; b) a violação de um direito real consiste sempre num *fato positivo*, o que não se verifica sempre com o direito pessoal; c) o direito real concede ao titular um gozo *permanente* porque tende à perpetuidade, ao passo que o direito pessoal é eminentemente *transitório*, pois se extingue no momento em que a obrigação correlata é cumprida; d) somente os direitos reais podem ser adquiridos por *usucapião*; e) o direito real só encontra um sujeito passivo concreto *no momento em que é violado*, pois, enquanto não há violação, dirige-se contra todos, em geral, e contra ninguém, em particular, enquanto o direito pessoal dirige-se, desde o seu nascimento, contra uma *pessoa determinada*, e somente contra ela.

Ademais, os direitos reais regem-se por determinados *princípios*, como se verá a seguir, que traçam o seu perfil e norteiam a sua disciplina, enfatizando as suas características próprias, que os distinguem dos direitos pessoais ou obrigacionais.

2.2. Princípios fundamentais dos direitos reais

A disciplina dos direitos reais observa, dentre outros, os seguintes princípios:

a) Princípio da *aderência, especialização* ou *inerência*. Estabelece um vínculo, uma relação de senhoria entre o *sujeito* e a *coisa*, não dependendo da colaboração de nenhum sujeito passivo para existir. O direito real gera, pois, entre a pessoa e a coisa, como foi dito, uma relação direta e imediata. Esta característica é alheia aos direitos pessoais, nos quais o vínculo obrigacional existente entre credor e devedor confere ao primeiro somente o direito de exigir a prestação prometida.

No *direito pessoal* o vínculo se refere a uma *pessoa*. Até mesmo quando se visa a alcançar uma coisa que deve ser prestada pelo devedor, o que se encontra

---

[24] Henri de Page, *Traité élémentaire de droit civil belge*, t. 1, p. 173.
[25] *Direitos reais*, cit., p. 16.

em primeiro plano não é a coisa, mas sim o devedor. Se este transferi-la a terceiro, o credor não terá outro recurso senão cobrar do devedor perdas e danos. Não pode reivindicá-la do terceiro que a adquiriu, tendo de se contentar com a indenização a ser reclamada do devedor. No *direito real*, todavia, a pessoa deste, se existe, é secundária ante a primordial importância da *res*. É com esta que o vínculo jurídico se apega, de tal sorte que o titular do direito pode perseguir a coisa, onde quer que ela se encontre, seja quem for o devedor[26].

A aderência do direito real à coisa não é senão a constatação do fato de que o direito real permanece incidindo sobre o bem, ainda que este circule de mão em mão e se transmita a terceiros, pois o aludido direito segue a coisa (*jus persequendi*), em poder de quem quer que ela se encontre. Em consequência, a tutela do direito real é sempre mais enérgica e eficaz que a do direito de crédito[27].

Tal princípio é encontrado no art. 1.228 do Código Civil, que faculta ao proprietário usar, gozar e dispor da coisa, e reavê-la do poder de quem quer que injustamente a possua ou detenha, bem como nos diversos direitos reais, de acordo com a função desempenhada por cada qual.

b) Princípio do *absolutismo*. Os direitos reais se exercem *erga omnes*, ou seja, contra todos, que devem abster-se de molestar o titular. Surge, daí, o direito de *sequela* ou *jus persequendi*, isto é, de perseguir a coisa e de reivindicá-la em poder de quem quer que esteja (ação real), bem como o *jus praeferendi* ou direito de preferência (cf. Título X, n. 3.1 e 3.2, *infra*). Direito de sequela, segundo a lição de ORLANDO GOMES, "é o que tem o titular de direito real de seguir a coisa em poder de todo e qualquer detentor ou possuidor. Para significá-lo, em toda a sua intensidade, diz-se que o direito real adere à coisa como a lepra ao corpo (*uti lepra cuti*). Não importam usurpações; acompanhará sempre a coisa. Se grava determinado bem, como no caso de servidão, nenhuma transmissão o afetará, pois, seja qual for o proprietário do prédio serviente, terá de suportar o encargo"[28].

Os obrigacionais, por não estabelecerem vínculo dessa natureza, resolvem-se em perdas e danos e não se exercem contra todos, mas em face de um ou de alguns sujeitos determinados. Dispõem de ação pessoal.

Todos os princípios se entrelaçam no sentido de reforçar a rigidez do regime jurídico dos direitos reais. As manifestações típicas da oponibilidade absoluta do direito real são, como foi dito, a sequela e a preferência. Por sua vez, seu caráter absoluto decorre de ser um poder direto e imediato sobre a coisa[29].

---

[26] San Tiago Dantas, *Programa*, cit., v. III, p. 11-12.
[27] Barassi, *Diritti reali e possesso*, p. 129.
[28] *Direitos reais*, cit., p. 19-20.
[29] Arruda Alvim, Breves anotações, cit., p. 50; Orlando Gomes, *Direitos reais*, cit., p. 11.

c) Princípio da *publicidade* ou da *visibilidade*. Os direitos reais sobre *imóveis* só se adquirem com o *registro*, no Cartório de Registro de Imóveis, do respectivo título (CC, art. 1.227); os sobre *móveis*, só depois da *tradição* (CC, arts. 1.226 e 1.267). Sendo oponíveis *erga omnes*, faz-se necessário que todos possam conhecer os seus titulares, para não molestá-los. O registro e a tradição atuam como meios de publicidade da titularidade dos direitos reais. Os pessoais ou obrigacionais seguem o princípio do *consensualismo*: aperfeiçoam-se com o acordo de vontades. A relatividade que os caracteriza faz com que dispensem a publicidade.

Obtempera ARRUDA ALVIM que a adoção do princípio da publicidade é "condição de operabilidade do princípio do absolutismo: os direitos reais só se podem exercer contra todos se forem ostentados publicamente. No que diz respeito especificamente às coisas móveis, manifesta-se precipuamente esta publicidade por meio da posse; no que tange aos imóveis, avulta a função do Registro, como representativo de tal princípio e onde ele se realiza e encontra expressão prática"[30].

d) Princípio da *taxatividade* ou *numerus clausus*. Os direitos reais são criados pelo direito positivo por meio da técnica denominada *numerus clausus*. A lei os enumera de forma taxativa, não ensejando, assim, aplicação analógica da lei. O número dos direitos reais é, pois, limitado, taxativo, sendo assim considerados somente os elencados na lei (*numerus clausus*).

O art. 1.225 do Código Civil limita o número dos direitos reais, indicando, além da *propriedade*, a *superfície*, as *servidões*, o *usufruto*, o *uso*, a *habitação*, o *direito do promitente comprador* do imóvel, o *penhor*, a *hipoteca* e a *anticrese*. O referido rol, em comparação com o constante do art. 674 do estatuto de 1916, sofreu as seguintes alterações: a) a *enfiteuse* foi substituída pela *superfície*, dispondo o art. 2.038 do novo diploma, no livro das disposições finais e transitórias, que *"fica proibida a constituição de enfiteuses e subenfiteuses, subordinando-se as existentes, até sua extinção, às disposições do Código Civil anterior, Lei n. 3.071, de 1º de janeiro de 1916, e leis posteriores"*; b) as *rendas expressamente constituídas sobre imóveis*, pelo *direito do promitente comprador do imóvel*.

A Lei n. 11.481, de 31 de maio de 2007, buscando novas soluções para a moradia no País, prevê medidas voltadas à regularização fundiária de interesse social em imóveis da União, acrescentando dois direitos reais ao rol do citado art. 1.225 do estatuto civil:

"XI – *a concessão de uso especial para fins de moradia;*

XII – *a concessão de direito real de uso"*

O aludido art. 1.225 do Código Civil é a referência para os que proclamam a taxatividade do número dos direitos reais. Todavia, quando se afirma que não

---

[30] Breves anotações, cit., p. 51.

há direito real senão quando a lei o declara, tal não significa que só são direitos reais os apontados no dispositivo em apreço, mas também outros disciplinados de modo esparso no mesmo diploma e os instituídos em diversas leis especiais. Assim, embora o art. 1.227 do Código Civil de 2002, correspondente ao art. 676 do de 1916, exija o registro do título como condição para a aquisição do direito real sobre imóveis, ressalva o dispositivo em tela "*os casos expressos neste Código*".

Apoiado nessa ressalva, ARNOLDO MEDEIROS DA FONSECA[31] sustenta que um desses casos é o *direito de retenção*, que deve ser incluído no aludido rol por poder ser invocado pelo possuidor de boa-fé até em face da reivindicatória do legítimo dono, nos termos do art. 516 (*CC de 1916; CC/2002: art. 1.219*).

A doutrina[32] também considera que o próprio Código Civil criou, nos arts. 1.140 a 1.143 (*CC de 1916; CC/2002: arts. 505 a 508*), um outro direito real, que é o *pacto de retrovenda*, pelo qual o vendedor, no prazo máximo de três anos, poderá obter a devolução do objeto vendido, de quem for o seu proprietário na ocasião, restituindo o preço pelo qual vendera o bem e as despesas feitas pelo comprador.

Não se tem dúvida sobre a caracterização do aludido pacto como direito real, uma vez que adere à coisa e pode ser exercido contra qualquer pessoa que a adquira, ainda mesmo que ignore a existência do retrato. Se o Código Civil não se refere a ele no citado art. 1.126 é porque ali enumera os direitos reais sobre coisa alheia, em cujo rol não quis colocar o direito de retrovenda, que é mais um direito para a aquisição de alguma coisa do que um direito ao uso dela.

Leis posteriores ao Código Civil criaram outros direitos reais, como o do *promitente comprador*, quando a promessa é irretratável e irrevogável, estando devidamente registrado no Registro de Imóveis, com direito à adjudicação compulsória (Dec.-Lei n. 58, de 10-12-1937, regulamentado pelo Dec. n. 3.079, de 15-9-1938, e ampliado pela Lei n. 649, de 11-4-1949). Como já mencionado, o direito do promitente comprador do imóvel foi incluído no elenco dos direitos reais do novo Código, constando expressamente do inciso VII do aludido art. 1.225.

Com a legislação concernente ao mercado de capitais, assumiu especial importância a *alienação fiduciária*, como garantia nas vendas realizadas ao consumidor (art. 66 da Lei n. 4.728, de 14-7-1965; Dec.-Lei n. 911, de 1º-10-1969; Lei n. 9.514, de 20-11-1997; Lei n. 10.931, de 2-8-2004; Lei n. 11.481/2007, art. 11; Lei n. 13.043, de 13-11-2014). O mencionado instituto é disciplinado no Código Civil de 2002 como espécie de propriedade, nos arts. 1.361 e s. do capítulo intitulado "Da Propriedade Fiduciária", aplicando-se-lhe, no que couber, o disposto nos arts. 1.421, 1.425, 1.426, 1.427 e 1.436, que dizem respeito à hipoteca e ao penhor, que são direitos reais de garantia.

---

[31] *Direito de retenção*, p. 255-256, n. 142.
[32] San Tiago Dantas, *Programa*, cit., v. III, p. 19; Arnoldo Wald, *Direito das coisas*, cit., p. 25.

Novo direito real foi instituído pelo Decreto-Lei n. 271, de 28 de fevereiro de 1967, denominado *concessão de uso*, tendo por objeto terrenos públicos ou particulares e o espaço aéreo sobre a superfície de terrenos da mesma natureza. O aludido direito assemelha-se ao usufruto, pois o cessionário tem o direito a fruir plenamente o terreno para os fins de concessão, e aproxima-se ainda do direito real de superfície.

A Lei n. 11.481, de 31 de maio de 2007, deu nova redação ao art. 7º do referido Decreto-Lei n. 271/67, *verbis*:

"Art. 7º É instituída a concessão de uso de terrenos públicos ou particulares remunerada ou gratuita, por tempo certo ou indeterminado, como direito real resolúvel, para fins específicos de regularização fundiária de interesse social, urbanização, industrialização, edificação, cultivo da terra, aproveitamento sustentável das várzeas, preservação das comunidades tradicionais e seus meios de subsistência ou outras modalidades de interesse social em áreas urbanas.

(...)

§ 5º Para efeito de aplicação do disposto no *caput* deste artigo, deverá ser observada a anuência prévia:

I – do Ministério da Defesa e dos Comandos da Marinha, do Exército ou da Aeronáutica, quando se tratar de imóveis que estejam sob sua administração; e

II – do Gabinete de Segurança Institucional da Presidência da República, observados os termos do inciso III do § 1º do art. 91 da Constituição Federal".

Nos *direitos pessoais* não há esse sistema de delimitação legal das figuras e de tipificação. Existe certo número de contratos nominados, previstos no texto legal, podendo as partes criar os chamados inominados. Basta que sejam capazes e lícito o objeto. Assim, contrapõe-se à técnica do *numerus clausus* a do *numerus apertus*, para a consecução prática do princípio da autonomia da vontade.

No ordenamento jurídico brasileiro, portanto, toda limitação ao direito de propriedade que não esteja prevista na lei como direito real tem natureza obrigacional, uma vez que as partes não podem criar direitos reais. E por uma razão muito simples, como assevera SAN TIAGO DANTAS: "porque, sendo certo que os direitos reais prevalecem *erga omnes*, seria inadmissível que duas, três ou mais pessoas pudessem, pelo acordo de suas vontades, criar deveres jurídicos para toda a sociedade"[33].

Poucos países contêm normas imperativas adotando expressamente um ou outro sistema. Um deles é o Código Civil argentino, cujo art. 2.502 dispõe: "Os direitos reais só podem ser criados pela lei. Todo o contrato ou disposição

---

[33] *Programa*, cit., v. III, p. 18-19.

de última vontade que constituir outros direitos reais, ou modificar os que por este Código se reconhecem, só valerá como constituição de direitos pessoais, se como tal puder valer".

Na mesma linha preceitua o art. 1.306 do Código Civil português de 1966: "Não é permitida a constituição, com caráter geral, de restrições ao direito de propriedade ou de figuras parcelares deste direito senão nos casos previstos na lei; toda a restrição resultante de negócio jurídico, que não esteja nestas condições, tem natureza obrigacional".

José de Oliveira Ascensão critica o dispositivo em apreço, afirmando que "a lei portuguesa veio consagrar o sistema do *numerus clausus* numa altura em que se impunha o seu abandono. As razões que no século passado terão imposto o princípio não têm hoje sentido. A solução legal afigura-se-nos um sintoma muito claro do envelhecimento das estruturas do Direito das Coisas, que referimos atrás"[34].

No direito brasileiro, malgrado algumas poucas opiniões em contrário, especialmente a de Washington de Barros Monteiro[35], predomina a aceitação do sistema do *numerus clausus*, manifestando-se nesse sentido, dentre outros, Pontes de Miranda[36], Serpa Lopes[37], Orlando Gomes[38], Silvio Rodrigues[39], Arnoldo Wald[40], Arruda Alvim[41] e Darcy Bessone[42].

e) Princípio da *tipicidade*. Os direitos reais existem de acordo com os tipos legais. São definidos e enumerados determinados tipos pela norma, e só a estes correspondem os direitos reais, sendo, pois, seus modelos. Somente os direitos "constituídos e configurados à luz dos *tipos rígidos* (modelos) consagrados no texto positivo é que poderão ser tidos como reais. Estes tipos são previstos pela lei de forma *taxativa*"[43]. Nos direitos obrigacionais, ao contrário, admitem-se, ao lado dos contratos típicos, os atípicos, em número ilimitado.

Em renomada monografia sobre o tema, preleciona José de Oliveira Ascensão: "Se há um *numerus clausus*, também há, necessariamente, uma tipologia de direitos reais. O *numerus clausus* implica sempre a existência de um catálogo, de uma delimitação de direitos reais existentes. Quer dizer, o *numerus clausus* significa

---

[34] *A tipicidade dos direitos reais*, p. 94.
[35] *Curso*, cit., v. 3, p. 12.
[36] *Tratado de direito privado*, t. XI, § 1.178, n. 3, p. 59.
[37] *Curso de direito civil*, v. VI, p. 35-36.
[38] *Direitos reais*, cit., p. 21.
[39] *Direito civil*, cit., v. 5, p. 9.
[40] *Direito das coisas*, cit., p. 25.
[41] *Breves anotações*, cit., p. 48.
[42] *Direitos reais*, p. 9.
[43] Arruda Alvim, *Breves anotações*, cit., p. 48.

que nem todas as figuras que cabem no conceito de direito real são admitidas, mas tão somente as que forem previstas como tal. Pressupõe, pois, a especificação de uma pluralidade de figuras que realizam o preenchimento incompleto dum conceito, o que nos dá a própria definição de tipologia. O conceito de direito real tem uma extensão maior do que a resultante da soma dos direitos reais existentes"[44].

Aduz o mencionado autor que a referência ao *numerus clausus* desemboca na categoria moderna da tipicidade. Mas daqui "não podemos inferir que tudo que respeita à tipicidade dos direitos reais se esgota com a referência ao princípio do *numerus clausus*. Na verdade, enquanto este se limita a estabelecer que só se admite um número normativamente determinado de direitos reais, aquela conduz a investigação para campos muito mais vastos".

f) Princípio da *perpetuidade*. A propriedade é um direito perpétuo, pois não se perde pelo não uso, mas somente pelos meios e formas legais: desapropriação, usucapião, renúncia, abandono etc. Já os direitos obrigacionais, pela sua natureza, são eminentemente transitórios: cumprida a obrigação, extinguem-se. Não exigido o seu cumprimento dentro de certo lapso de tempo, prescrevem.

Em realidade, a característica da perpetuidade dos direitos reais não é absoluta, embora tenham mais estabilidade do que os direitos obrigacionais, pois também se extinguem em determinadas circunstâncias, como mencionado. Também desmembram-se do direito-matriz, que é a propriedade, e, uma vez extintos, o poder que se encontrava em mãos do titular de tais direitos retorna, ou seja, consolida-se em mãos do proprietário. Por outro lado, os direitos obrigacionais são ontológica e eminentemente transitórios. Sua *vocação* é de se extinguirem: nascem para isto. Os contratos, efetivamente, são celebrados para serem cumpridos, e normalmente têm prazo predeterminado[45]. Podem, inclusive, apresentar um caráter instantâneo, uma vez que é possível suceder que o momento da obtenção do benefício pelo credor coincida com o da extinção de seu direito[46].

g) Princípio da *exclusividade*. Não pode haver dois direitos reais, de igual conteúdo, sobre a mesma coisa. Duas pessoas não ocupam o mesmo espaço jurídico, deferido com exclusividade a alguém, que é o sujeito do direito real. Assim, não é possível instalar-se direito real onde outro já exista. No condomínio, cada consorte tem direito a porções ideais, distintas e exclusivas.

É certo que, nos direitos reais sobre coisas alheias, há dois sujeitos: o dono e o titular do direito real. Mas, em razão do desmembramento da propriedade, cada um deles exerce, direta e imediatamente, sobre a coisa, direitos distintos, vale

---

[44] *A tipicidade*, cit., p. 104-105.
[45] Arruda Alvim, Breves anotações, cit., p. 50.
[46] Edmundo Gatti, *Teoría*, cit., p. 68.

dizer, sem a intermediação do outro. No caso do usufruto, por exemplo, o usufrutuário tem direito aos frutos, enquanto o nu-proprietário conserva o direito à substância da coisa. Os direitos pessoais, todavia, admitem amplamente a unidade ou a pluralidade de seus sujeitos, tanto ativos como passivos[47].

h) Princípio do *desmembramento*. Conquanto os direitos reais sobre coisas alheias tenham normalmente mais estabilidade do que os obrigacionais, são também transitórios, pois, como exposto, desmembram-se do direito-matriz, que é a propriedade. Quando se extinguem, como no caso de morte do usufrutuário, por exemplo, o poder que existia em mão de seus titulares retorna às mãos do proprietário, em virtude do princípio da *consolidação*. Este, embora seja o inverso daquele, o complementa e com ele convive.

Malgrado o direito de propriedade possa desmembrar-se em todos os outros tipos de direitos reais, beneficiando terceiros que passam a exercê-los sobre coisa alheia, a tendência natural é a ulterior reunificação desses direitos no direito de propriedade matriz, ocorrendo então o fenômeno da *consolidação*, voltando o proprietário a ter o domínio pleno da *res*.

3. FIGURAS HÍBRIDAS OU INTERMÉDIAS

Entre o direito de propriedade, que é o direito real por excelência, e o crédito de uma quantia certa, que é o direito pessoal mais característico, há uma grande variedade de figuras que, à medida em que se distanciam dos extremos, tendem a confundir-se. A lei diz, por exemplo, que, se dois prédios são vizinhos, um dos proprietários tem obrigação de concorrer para a construção do muro comum. Trata-se de direito real ou de uma obrigação?

Para esses casos, anota SAN TIAGO DANTAS, "a doutrina medieval engendrou a figura das obrigações *propter rem*, obrigações em consequência da coisa. Elas são ambulatórias, acompanham a coisa nas mãos de qualquer novo titular, de tal maneira que, se se vende um prédio, transfere-se para o adquirente a obrigação de entrar com sua metade das despesas do muro comum, assim como para ele também são transferidas todas as obrigações que estão compreendidas na vizinhança.

---

[47] Darcy Bessone, *Direitos reais*, cit., p. 6; Edmundo Gatti, *Teoría*, cit., p. 69; Washington de Barros Monteiro, *Curso*, cit., p. 14; Arruda Alvim, Breves anotações, cit., p. 50.
Dispõe a propósito o art. 2.508 do Código Civil argentino: "El dominio es exclusivo. Dos personas no pueden tener cada una en el todo el dominio de una cosa; mas pueden ser propietarios en común de la misma cosa, por la parte que cada una pueda tener".

Outra doutrina, entretanto, combatendo este conceito, imaginou uma classe de direitos reais, que chamou de *direitos reais inominados*, alegando que em todos aqueles casos estão observados os característicos da realidade"[48].

Conclui o aludido autor que, "direitos inominados ou obrigações *propter rem* são, rigorosamente, a mesma coisa", não se devendo perder tempo com essas discussões, pois "o que se deve dizer é que, nos limites da categoria dos direitos reais e dos direitos pessoais, há certas figuras que podem, indiferentemente, ser conceituadas como direitos reais ou obrigações".

A doutrina menciona, com efeito, a existência de algumas figuras *híbridas* ou *intermédias*, que se situam entre o direito pessoal e o direito real. Constituem elas, aparentemente, um *misto* de obrigação e de direito real e provocam alguma perplexidade nos juristas, que chegam a dar-lhes, impropriamente, o nome de *obrigação real*. Outros preferem a expressão *obrigação mista*. Os jurisconsultos romanos as denominavam, com mais propriedade, *obligationes ob rem* ou *propter rem*. Os ônus reais, uma das figuras híbridas, têm mais afinidade com os direitos reais de garantia[49].

3.1. Obrigações *propter rem*

Obrigação *propter rem* é a que recai sobre uma pessoa, por força de determinado direito real. Só existe em razão da situação jurídica do obrigado, de titular do domínio ou de detentor de determinada coisa. É o que ocorre, por exemplo, com a obrigação imposta aos proprietários e inquilinos de um prédio de não prejudicarem a segurança, o sossego e a saúde dos vizinhos (CC, art. 1.277). Decorre da contiguidade dos dois prédios. Por se transferir a eventuais novos ocupantes do imóvel (*ambulat cum domino*), é também denominada *obrigação ambulatória*.

São obrigações que surgem *ex vi legis*, atreladas a direitos reais, mas com eles não se confundem, em sua estruturação. Enquanto estes representam *ius in re* (direito sobre a coisa, ou na coisa), essas obrigações são concebidas como *ius ad rem* (direitos por causa da coisa, ou advindos da coisa)[50].

Embora o Código Civil não tenha isolado e disciplinado essa modalidade de obrigação, pode ela ser identificada em vários dispositivos esparsos e em diversas situações, como, por exemplo: na obrigação imposta ao condômino de concorrer para as despesas de conservação da coisa comum (CC, art. 1.315); na do condômino, no condomínio em edificações, de não alterar a fachada do prédio (CC, art. 1.336, III); na obrigação que tem o dono da coisa perdida de recompensar e indenizar o descobridor (CC, art. 1.234); na dos donos de imóveis confinantes, de

---

[48] *Programa*, cit., v. III, p. 20.
[49] Antunes Varela, *Direito das obrigações*, v. I, p. 44-45.
[50] Carlos Alberto Bittar, *Direito das obrigações*, p. 40.

concorrerem para as despesas de construção e conservação de tapumes divisórios (CC, art. 1.297, § 1º) ou de demarcação entre os prédios (CC, art. 1.297); na obrigação de dar caução pelo dano iminente (dano infecto) quando o prédio vizinho estiver ameaçado de ruína (CC, art. 1.280); na obrigação de indenizar benfeitorias (CC, art. 1.219) etc.[51].

Divergem os autores com relação à natureza jurídica da obrigação *propter rem*. Enquanto TITO FULGÊNCIO a reduz a uma obrigação comum, outros, como SAN TIAGO DANTAS e SERPA LOPES destacam, como traço característico, sua vinculação a um direito real.

Na realidade, como entende a moderna doutrina, a obrigação *propter rem* situa-se em terreno fronteiriço entre os direitos reais e os pessoais. Configura um direito misto, constituindo um *tertium genus*, por revelar a existência de direitos que não são puramente reais nem essencialmente obrigacionais. Tem características de direito obrigacional, por recair sobre uma pessoa que fica adstrita a satisfazer uma prestação, e de direito real, pois vincula sempre o titular da coisa.

EDMUNDO GATTI[52] figura também entre os que rechaçam o pretendido caráter intermédio ou misto das *propter rem*, uma vez que a natureza jurídica de um direito é determinada, antes de tudo, por seu conteúdo. E este, segundo se admite pacificamente, é de caráter obrigacional. O elemento real se assenta no fato de que o vínculo jurídico não se estabelece, como na obrigação, entre pessoas determinadas, senão indeterminadamente entre aquelas pessoas que venham a revestir o caráter de titulares de um direito real ou possuidores de uma coisa. Trata-se, pois, no entendimento do mencionado jurista argentino, de "obrigações que ostentam características especiais no que se refere, principalmente, a seu nascimento, desenvolvimento e extinção".

CAIO MÁRIO DA SILVA PEREIRA[53], por sua vez, situa a obrigação em apreço no plano de uma *obrigação acessória mista*, não a considerando nem uma *obligatio*, nem

---

[51] Carlos Roberto Gonçalves, *Direito civil brasileiro*, v. 2, p. 28.
"*Despesas condominiais*. A inexistência de registro do título aquisitivo da unidade residencial não afasta a responsabilidade dos novos adquirentes pelo pagamento das cotas condominiais relativamente ao período posterior à compra, sendo indevida a cobrança feita ao antigo condômino" (*RSTJ*, 128/323, 129/344).
"*Despesas condominiais*. O promissário-comprador, investido na posse do imóvel, responde pelas despesas de condomínio, independentemente de ainda não ter sido feito o registro" (STJ, REsp 136.562-DF, 4ª T., rel. Min. Sálvio Figueiredo, *DJU*, 1º-3-1999).
"*Despesas condominiais*. Pretendida imposição do encargo ao credor hipotecário. Inadmissibilidade. Obrigação *propter rem* que deve ser suportada pelo proprietário do imóvel" (*RT*, 797/311).
"*Despesas condominiais*. Responsabilidade do proprietário da unidade autônoma pelas cotas em atraso, ainda que o imóvel esteja ocupado por terceiro" (*RT*, 799/321).
[52] *Teoría*, cit., p. 108.
[53] *Instituições de direito civil*, v. II, p. 28-29.

um *jus in re*. No seu entender, erram os que lhe pretendem atribuir autonomia, pois essa modalidade de obrigação somente encorpa-se quando é acessória a uma relação jurídico-real ou se objetiva numa prestação devida ao titular do direito real, nesta qualidade (*ambulat cum domino*). Ela é, segundo entende, "uma obrigação de caráter misto, pelo fato de ter como a *obligatio in personam* objeto consistente em uma prestação específica; e como a *obligatio in re* estar sempre incrustrada no direito real".

Ao analisar recurso que decidiu pela não penhorabilidade de bem de família em decorrência de pedido de arbitramento de aluguel pelo coproprietário que não exercia a posse do bem, o *Superior Tribunal de Justiça* destacou:

"É dominante a jurisprudência no STJ que a natureza *propter rem* da obrigação afasta a impenhorabilidade do bem de família. Precedentes. Constituem determinantes da obrigação de natureza *propter rem*: a vinculação da obrigação com determinado direito real; a situação jurídica do obrigado; e a tipicidade da conexão entre a obrigação e o direito real. A posse exclusiva (uso e fruição), por um dos coproprietários, é fonte de obrigação indenizatória aos demais coproprietários, porque fundada no direito real de propriedade"[54].

Visando à função social, na *VII Jornada de Direito Civil, promovida em setembro de 2015 pelo Conselho da Justiça Federal*, foi aprovada proposta (*Enunciado n. 593*) no sentido de que é indispensável o procedimento de demarcação urbanística para a regularização fundiária social de áreas ainda não matriculadas no Cartório de Registro de Imóveis, como requisito à emissão de títulos de legitimação da posse e do domínio.

Em sede doutrinária, a ideia de função social da posse consta de *enunciado aprovado na V Jornada de Direito Civil*, de 2011 (*Enunciado n. 492*), com a seguinte redação: "A posse constitui direito autônomo em relação à propriedade e deve expressar o aproveitamento dos bens para o alcance de interesses existenciais, econômicos e sociais merecedores de tutela.

Em julgamento de recurso repetitivo, Tema 1.204, a *1ª Seção do Superior Tribunal de Justiça* fixou a seguinte tese: "As obrigações ambientais possuem natureza *propter rem*, sendo possível exigi-las, à escolha do credor, do proprietário ou possuidor atual, de qualquer dos anteriores, ou de ambos, ficando isento de responsabilidade o alienante cujo direito real tenha cessado antes da causação do dano, desde que para ele não tenha concorrido, direta ou indiretamente"[55].

3.2. Ônus reais

No volume 2 desta obra, no capítulo concernente à introdução ao direito das obrigações (Livro I, Capítulo I, item n. 5.2.3), tivemos a oportunidade de dizer que *ônus reais* são obrigações que limitam o uso e gozo da propriedade,

---

[54] REsp 1.888.863-SP, 3ª T., rel. Min. Ricardo Villas Bôas Cueva, j. 10-5-2022.
[55] O Tema 1.204 é oriundo do julgamento, por afetação, do REsp 1.953.359-SP e do REsp 1.962.089-MS.

constituindo gravames ou direitos oponíveis *erga omnes*, como, por exemplo, a renda constituída sobre imóvel. Aderem e acompanham a coisa. Por isso se diz que quem deve é esta e não a pessoa.

Para que haja, efetivamente, um ônus real e não um simples direito real de garantia (como a hipoteca, ou o privilégio creditório especial), conforme foi dito, é essencial que o titular da coisa seja realmente devedor, sujeito passivo de uma obrigação, e não apenas proprietário ou possuidor de determinado bem cujo valor assegura o cumprimento de dívida alheia.

Embora controvertida a distinção entre ônus reais e obrigações *propter rem*, costumam os autores apontar as seguintes diferenças: a) a responsabilidade pelo ônus real é limitada ao bem onerado, não respondendo o proprietário além dos limites do respectivo valor, pois é a coisa que se encontra gravada; na obrigação *propter rem* responde o devedor com todos os seus bens, ilimitadamente, pois é este que se encontra vinculado; b) os primeiros desaparecem, perecendo o objeto, enquanto os efeitos da obrigação *propter rem* podem permanecer, mesmo havendo perecimento da coisa; c) os ônus reais implicam sempre uma prestação positiva, enquanto a obrigação *propter rem* pode surgir com uma prestação negativa; d) nos ônus reais, a ação cabível é de natureza real (*in rem scriptae*); nas obrigações *propter rem*, é de índole pessoal.

Também se tem dito que, nas obrigações *propter rem*, o titular da coisa só responde, em princípio, pelos vínculos constituídos na vigência do seu direito. Nos ônus reais, porém, o titular da coisa responde mesmo pelo cumprimento de obrigações constituídas antes da aquisição do seu direito. Tal critério, no entanto, tem sofrido desvios, como se pode observar pela redação do art. 4º da Lei n. 4.591, de 16 de dezembro de 1964, responsabilizando o adquirente da fração autônoma do condômino pelos débitos do alienante, em relação ao condomínio.

3.3. Obrigações com eficácia real

Obrigações com *eficácia real* são as que, sem perder seu caráter de direito a uma prestação, transmitem-se e são oponíveis a terceiro que adquira direito sobre determinado bem. Certas obrigações resultantes de contratos alcançam, por força de lei, a dimensão de direito real.

Embora os direitos reais só possam ser criados por lei, nossa legislação, como acentua Sílvio Venosa[56], traz exemplos de relações contratuais que, por sua importância, podem ser registradas no cartório imobiliário, ganhando eficácia que transcende o direito pessoal.

Pode ser mencionada, como exemplo, a obrigação estabelecida no art. 576 do Código Civil, pelo qual a locação pode ser oposta ao adquirente da coisa locada, se constar do registro. Também pode ser apontada, a título de exemplo de obrigação com eficácia real, a que resulta de compromisso de compra e venda, em favor do

---

[56] *Direito civil*, v. V, p. 33.

promitente comprador, quando não se pactua o arrependimento e o instrumento é registrado no Cartório de Registro de Imóveis, adquirindo este direito real à aquisição do imóvel e à sua adjudicação compulsória (CC, arts. 1.417 e 1.418).

Observa-se, assim, que o legislador, quando entende que determinada relação obrigacional merece tratamento de maior proteção, concede eficácia real a uma relação obrigacional, criando uma exceção à regra geral dos efeitos pessoais das relações obrigacionais[57].

---

[57] Sílvio Venosa, *Direito civil*, cit., v. V, p. 34.

Título I
DA POSSE

Capítulo I
NOÇÕES GERAIS SOBRE A POSSE

> *Sumário*: 1. Introdução ao estudo da posse. 1.1. As dificuldades do estudo do tema. 1.2. Fundamento da posse. *Jus possessionis* e *jus possidendi*. 2. Origem histórica da posse. 3. Teorias sobre a posse. 3.1. Teoria subjetiva de Savigny. 3.2. Teoria objetiva de Ihering. 3.3. Teorias sociológicas. 4. Conceito de posse. 5. Posse e detenção. 6. Posse e quase posse. 7. O objeto da posse e a posse dos direitos pessoais. 8. Natureza jurídica da posse.

1. INTRODUÇÃO AO ESTUDO DA POSSE

1.1. As dificuldades do estudo do tema

Inúmeras são as dificuldades que aparecem no estudo da posse. Muitos tratados já foram escritos. Apesar disso, continua sendo tema altamente discutido e controvertido.

Segundo ROBERTO DE RUGGIERO, "não há matéria que se ache mais cheia de dificuldades do que esta, no que se refere à sua origem histórica, ao fundamento racional da sua proteção, à sua terminologia, à sua estrutura teórica, aos elementos que a integram, ao seu objeto, aos seus efeitos, aos modos de adquiri-la e de perdê-la"[1].

LAFAILLE enumera algumas dessas dificuldades, afirmando que "diversas causas têm contribuído para que a posse seja um dos setores mais árduos e mais

---

[1] *Instituciones de derecho civil*, v. I, p. 779.

complicados do Direito Civil. Os problemas que ela coloca são já de si difíceis, tanto no que se refere ao distingui-la de outras figuras, como no que respeita ao regulamentá-la e no organizar a sua defesa. Tudo isto, aliás, se agrava com a anarquia de linguagem que se reflete nos autores e nas próprias leis"[2].

OLIVEIRA ASCENSÃO lembra que, quanto à posse, "surgem grandes dificuldades terminológicas" e que o seu fundamento "é vivamente debatido, sem que desse debate resultem proveitos visíveis"[3].

MANUEL RODRIGUES, por sua vez, adverte que "nas leis, nos livros dos jurisconsultos e nas decisões dos tribunais, a terminologia da posse é vária e imprecisa. Desta imprecisão ressentem-se as exposições, as críticas das teorias e a exegese da lei em tão grande parte, donde o poder dizer-se, justificadamente, que a questão da terminologia complica em muito o estudo da posse"[4].

Já se disse, inclusive, que "seguramente, nesta questão da proteção possessória, o Direito Civil encontra-se nos limites de suas possibilidades"[5].

Também JOSÉ CARLOS MOREIRA ALVES comenta que "poucas matérias há, em direito, que tenham dado margem a tantas controvérsias como a posse. Sua bibliografia é amplíssima, e constante a afirmação dos embaraços de seu estudo"[6]. Uma das razões, como explica a seguir, citando observação feita por CASTAN TOBEÑAS, está em que "a doutrina moderna da posse nem sempre tem guardado correspondência com os diferentes direitos positivos, porque sofreu vigorosa influência dos dois mais célebres autores que, com vistas ao direito romano, trataram da posse no século XIX – SAVIGNY e IHERING –, ao passo que parte das codificações modernas (entre elas o Código Civil francês) se elaborou independentemente das teorias de ambos".

1.2. Fundamento da posse. *Jus possessionis* e *jus possidendi*

O nosso direito protege não só a posse correspondente ao direito de propriedade e a outros direitos reais como também a posse como figura autônoma e independente da existência de um título. Embora possa um proprietário violentamente desapossado de um imóvel valer-se da ação reivindicatória para reavê-lo, preferível se mostra, no entanto, a possessória, cuja principal vantagem é possibilitar a reintegração do autor na posse do bem logo no início da lide. E a posse, como situação de fato, não é difícil de ser provada.

---

[2] *Tratado de los derechos reales*, v. III, p. 61.
[3] *Direito civil – reais*, p. 80 e 86.
[4] *A posse*, p. 41.
[5] Puig Brutau, *Fundamentos de derecho civil*, v. III, p. 48.
[6] *Posse*, v. I, p. 1.

A posse é protegida para evitar a violência e assegurar a paz social, bem como porque a situação de fato aparenta ser uma situação de direito. É, assim, uma situação de fato protegida pelo legislador.

Na doutrina de OLIVEIRA ASCENSÃO, "a posse é uma das grandes manifestações no mundo do direito do princípio fundamental da inércia. Em princípio, não se muda nada. Deixa-se tudo continuar como está, para evitar o desgaste de uma mudança. Isto é assim, tanto na ordem política, como na vida das pessoas ou das instituições. Quando alguém exerce poderes sobre uma coisa, exteriorizando a titularidade de um direito, a ordem jurídica permite-lhe, por esse simples fato, que os continue a exercer, sem exigir maior justificação. Se ele é realmente o titular, como normalmente acontece, resulta daí a coincidência da titularidade e do exercício, sem que tenha sido necessário proceder à verificação dos seus títulos"[7].

Se alguém, assim, instala-se em um imóvel e nele se mantém, mansa e pacificamente, por mais de ano e dia, cria uma situação possessória, que lhe proporciona direito a proteção. Tal direito é chamado *jus possessionis* ou *posse formal*, derivado de uma posse autônoma, independentemente de qualquer título. É tão somente o direito fundado no fato da posse (*possideo quod possideo*) que é protegido contra terceiros e até mesmo o proprietário. O possuidor só perderá o imóvel para este, futuramente, nas vias ordinárias. Enquanto isso, aquela situação será mantida. E será sempre mantida contra terceiros que não possuam nenhum título nem melhor posse.

Já o direito à posse, conferido ao portador de título devidamente transcrito, bem como ao titular de outros direitos reais, é denominado *jus possidendi* ou *posse causal*. Nesses exemplos, a posse não tem qualquer autonomia, constituindo-se em conteúdo do direito real. Tanto no caso do *jus possidendi* (posse causal, titulada) como no do *jus possessionis* (posse autônoma ou formal, sem título) é assegurado o direito à proteção dessa situação contra atos de violência, para garantia da paz social.

Como se pode verificar, a posse distingue-se da propriedade, mas o possuidor encontra-se em uma situação de fato, aparentando ser o proprietário. Se realmente o é, como normalmente acontece, resulta daí, como consta da lição de ASCENSÃO retrotranscrita, "a coincidência da titularidade e do exercício, sem que tenha sido necessário proceder à verificação dos seus títulos".

Todavia, se o possuidor não é realmente o titular do direito a que a posse se refere, das duas uma: a) o titular abstém-se de defender os seus direitos e a inércia vai consolidando a posição do possuidor, que acabará eventualmente por ter um direito à aquisição da própria coisa possuída, por meio da usucapião; ou b) o

---

[7] *Direito civil*, cit., p. 80.

verdadeiro titular não se conforma e exige a entrega da coisa, pelos meios judiciais que a ordem jurídica lhe faculta, que culminam na reivindicação e permitem a sua vitória. Enquanto não o fizer, o possuidor continuará a ser protegido. Assim, se o titular do direito não toma a iniciativa de solicitar a intervenção da pesada máquina judicial, as finalidades sociais são suficientemente satisfeitas com a mera estabilização da situação fundada na aparência do direito[8].

Em suma, no *jus possidendi* se perquire o direito, ou qual o fato em que se estriba o direito que se argui; e no *jus possessionis* não se atende senão à posse; somente essa situação de fato é que se considera, para que logre os efeitos jurídicos que a lei lhe confere. Não se indaga então da correspondência da expressão externa com a substância, isto é, com a existência do direito. A lei socorre a posse enquanto o direito do proprietário não desfizer esse estado de coisas e se sobreleve como dominante. O *jus possessionis* persevera até que o *jus possidendi* o extinga[9].

2. ORIGEM HISTÓRICA DA POSSE

Desde os tempos remotos a tutela da situação de fato originada pela posse é um mero reflexo da *defesa da paz social*. Se alguém, pela violência, se apodera de coisa que outro tem em seu poder, a quebra da paz tem uma sanção natural: restituem-se *manu militari* os sujeitos à situação anterior[10].

A origem da posse é questão controvertida, malgrado se admita que em Roma tenha ocorrido o seu desenvolvimento. As diversas soluções propostas costumam ser reunidas em dois grupos: no primeiro, englobam-se as teorias que sustentam ter a posse sido conhecida do direito antes dos interditos; no segundo, figuram todas aquelas que consideram a posse mera consequência do processo reivindicatório.

Dentre as teorias do primeiro grupo, destaca-se a de NIEBUHR, adotada por SAVIGNY[11]. Costumavam os romanos distribuir aos cidadãos uma parte dos terrenos conquistados e reservar para a cidade a parte restante. Como as constantes vitórias dessem a Roma grandes extensões de terras, resolveu-se conceder aos particulares a fruição das áreas destinadas às cidades, para que não ficassem improdutivas, repartindo-as em pequenas propriedades denominadas *possessiones*. Essas concessões eram feitas a título precário e tinham natureza diferente da propriedade quiritária. Não podiam, por isso, ser defendidas pela *reivindicatio*,

---

[8] José de Oliveira Ascensão, *Direito civil*, cit., p. 81.
[9] Octávio Moreira Guimarães, *Da posse e seus efeitos*, p. 19.
[10] José de Oliveira Ascensão, *Direito civil*, cit., p. 78.
[11] *Traité de la possession en droit romain*, p. 178.

restrita ao titular da propriedade. Para que não permanecessem indefesas, criou-se um processo especial, inspirado nas formas de defesa da propriedade, denominado interdito possessório.

Dentre as teorias que afirmam ter a posse surgido como uma consequência do processo reivindicatório desponta a de IHERING[12], segundo a qual os interditos possessórios, na sua origem, constituíam incidentes preliminares do processo reivindicatório. Antes que este assumisse forma contenciosa regular em juízo, o pretor podia entregar a posse da coisa litigiosa a qualquer das partes. A contemplada não se eximia, todavia, do ônus de produzir prova de seus direitos. Depois de passar por diversas fases, esse processo preparatório adquiriu independência, desvinculando-se do petitório.

Discute-se até hoje a origem da posse e dos interditos possessórios, sem que se possa apontar com certeza qual das teorias expostas reflete a verdadeira história do aludido instituto[13].

3. TEORIAS SOBRE A POSSE

O estudo da posse é repleto de teorias que procuram explicar o seu conceito. Podem, entretanto, ser reduzidas a dois grupos: o das teorias *subjetivas*, no qual se integra a de FRIEDRICH KARL VON SAVIGNY, que foi quem primeiro tratou da questão nos tempos modernos; e o das teorias *objetivas*, cujo principal propugnador foi RUDOLF VON IHERING.

Algumas teorias intermediárias ou ecléticas, como as de FERRINI, de RICCOBONO e de BARASSI, pouca repercussão tiveram. No início do século passado novas teorias surgiram, dando ênfase ao caráter econômico e à função social da posse, sendo denominadas teorias *sociológicas*. Merecem destaque as de PEROZZI, na Itália; de SALEILLES, na França; e de HERNANDEZ GIL, na Espanha.

3.1. Teoria subjetiva de Savigny

O mérito de FRIEDRICH VON SAVIGNY foi ter descoberto, quando procurava reconstruir a dogmática da posse no direito romano em sua obra clássica sobre o assunto intitulada *Tratado da posse* (*Das Recht des Besitzes*), a posição autônoma da posse, afirmando categoricamente a existência de direitos exclusiva e estrita-

---

[12] *Du rôle de la volonté dans la possession*, p. 107.
[13] Manuel Rodrigues, *A posse*, cit., p. 15-21; Washington de Barros Monteiro, *Curso de direito civil*, v. 3, p. 20-22.

mente resultantes da posse – o *ius possessionis*; e, neste sentido, sustentou que só este *ius possessionis* constituía o núcleo próprio da teoria possessória[14].

A aludida obra foi publicada em 1803, quando contava o autor apenas 24 anos, sendo considerada por IHERING, que fora seu aluno na *Faculdade de Direito de Berlim*, a pedra angular da ciência do direito, malgrado dela tenha divergido em diversos pontos. Nenhuma monografia sobre o direito romano, enfatizou IHERING, "despertou tanta admiração e aplausos, e tanta oposição e doestos como a de SAVIGNY sobre a posse e, a meu ver, com toda a razão. SAVIGNY terá eternamente a glória de haver restaurado na dogmática do direito civil o espírito da jurisprudência romana, e qualquer que seja definitivamente o resultado prático que dele se obtenha, seu mérito incontestável não sofrerá detrimento algum"[15].

Para SAVIGNY, a posse caracteriza-se pela conjugação de dois elementos: o *corpus*, elemento objetivo que consiste na detenção física da coisa, e o *animus*, elemento subjetivo, que se encontra na intenção de exercer sobre a coisa um poder no interesse próprio e de defendê-la contra a intervenção de outrem. Não é propriamente a convicção de ser dono (*opinio seu cogitatio domini*), mas a vontade de tê-la como sua (*animus domini* ou *animus rem sibi habendi*), de exercer o direito de propriedade como se fosse o seu titular.

Os dois citados elementos são indispensáveis, pois, se faltar o *corpus*, inexiste posse, e, se faltar o *animus*, não existe posse, mas mera detenção. A teoria se diz *subjetiva* em razão deste último elemento. Para SAVIGNY adquire-se a posse quando, ao elemento material (poder físico sobre a coisa), vem juntar-se o elemento espiritual, anímico (intenção de tê-la como sua). Não constituem relações possessórias, portanto, na aludida teoria, "aquelas em que a pessoa tem a coisa em seu poder, ainda que juridicamente fundada (como na locação, no comodato, no penhor etc.), por lhe faltar a intenção de tê-la como dono (*animus domini*), o que dificulta sobremodo a defesa da situação jurídica"[16].

Nesse ponto a aludida teoria não encontrou sustentáculo. O direito moderno não pode negar proteção possessória ao arrendatário, ao locatário e ao usufrutuário, que têm a faculdade de ajuizar as medidas competentes enquanto exercerem a posse, sob alegação de que detêm a coisa *animo nomine alieno*. A recusa à posse, nestes casos, diz IHERING, é um fato que pode causar-nos não pequena surpresa. Aquele que "arrebatou a posse de uma coisa, como *verbi gratia*, o ladrão, o bandido, e aquele que conseguiu pela violência a posse de um imóvel, obtém a proteção jurídica" contra quem não tem melhor posse, enquanto "aquele que a ela chegou

---

[14] Manuel Rodrigues, *A posse*, cit., p. XLVIII.
[15] *O fundamento dos interditos possessórios*, p. 1.
[16] Caio Mário da Silva Pereira, *Instituições de direito civil*, v. IV, p. 19.

de uma maneira justa não tem esta proteção: está, no que diz respeito à relação possessória, destituído de todo e qualquer direito, não só quanto a terceiros, como em face daquele para com o qual ele se obrigou a devolver a coisa no termo do arrendamento ou locação"[17].

Savigny[18] procurou uma solução tangencial, criando uma terceira categoria além da posse e da mera detenção, a que denominou *posse derivada*, reconhecida na transferência dos direitos possessórios, e não do direito de propriedade, e aplicável ao credor pignoratício, ao precarista e ao depositário de coisa litigiosa, para que pudessem conservar a coisa que lhes fora confiada.

Assim, "contrariando a própria tese, isto é, admitindo a posse sem a intenção de dono, Savigny mostrou a fragilidade de seu pensamento, embora tenha procurado fazer a distinção entre o ânimo exigido para a posse e o ânimo do proprietário propriamente dito. No primeiro caso, o ânimo é mais que representação (*animus repraesentandi*). No outro, o arrendatário, o locatário e o usufrutuário estariam representando o arrendante, o locador ou o nu-proprietário, situação, no entanto, diferente daquela que a realidade apresenta"[19].

Tanto o conceito do *corpus* como o do *animus* sofreram mutações na própria teoria subjetiva. O primeiro, inicialmente considerado simples contato físico com a coisa (é, por exemplo, a situação daquele que mora na casa ou conduz o seu automóvel), posteriormente passou a consistir na mera possibilidade de exercer esse contato, tendo sempre a coisa à sua disposição. Assim, não o perde o dono do veículo que entrou no cinema e o deixou no estacionamento. Também a noção de *animus* evoluiu para abranger não apenas o domínio, senão também os direitos reais, sustentando-se ainda a possibilidade de posse sobre coisas incorpóreas[20].

3.2. Teoria objetiva de Ihering

A teoria de Rudolf von Ihering é por ele próprio denominada *objetiva* porque não empresta à intenção, ao *animus*, a importância que lhe confere a teoria subjetiva. Considera-o como já incluído no *corpus* e dá ênfase, na posse, ao seu caráter de exteriorização da propriedade. Para que a posse exista, basta o elemento objetivo, pois ela se revela na maneira como o proprietário age em face da coisa.

Para Ihering, portanto, basta o *corpus* para a caracterização da posse. Tal expressão, porém, não significa *contato físico* com a coisa, mas sim *conduta de dono*. Ela se revela na maneira como o proprietário age em face da coisa, tendo em vista

---

[17] *Teoria simplificada da posse*, p. 30.
[18] Apud Orlando Gomes, *Direitos reais*, p. 32; Arnaldo Rizzardo, *Direito das coisas*, p. 21.
[19] Arnaldo Rizzardo, *Direito das coisas*, cit., p. 21.
[20] Washington de Barros Monteiro, *Curso*, cit., v. 3, p. 17.

sua *função econômica*. Tem posse quem se comporta como dono, e nesse comportamento já está incluído o *animus*. O elemento psíquico não se situa na intenção de dono, mas tão somente na vontade de agir como habitualmente o faz o proprietário (*affectio tenendi*), independentemente de querer ser dono (*animus domini*).

A *conduta de dono* pode ser analisada objetivamente, sem a necessidade de pesquisar-se a intenção do agente. A posse, então, é a exteriorização da propriedade, a visibilidade do domínio, o uso econômico da coisa. Ela é protegida, em resumo, porque representa a forma como o domínio se manifesta.

Assim, "o lavrador que deixa sua colheita no campo não a tem fisicamente; entretanto, a conserva em sua posse, pois que age, em relação ao produto colhido, como o proprietário ordinariamente o faz. Mas, se deixa no mesmo local uma joia, evidentemente não mais conserva a posse sobre ela, pois não é assim que o proprietário age em relação a um bem dessa natureza"[21].

Para se configurar a posse basta, portanto, atentar no procedimento externo, uma vez que o *corpus* constitui o único elemento visível e suscetível de comprovação. Para essa verificação não se exige um profundo conhecimento, bastando o senso comum das coisas. Para demonstrar a posse de minha casa, de meu gato etc., diz IHERING, "não tenho necessidade de provar que *adquiri* a posse; salta aos olhos que eu possuo. O mesmo pode-se dizer do campo que cultivei até hoje. Mas que dizer da posse de um terreno que eu comprei no último inverno, do qual recebi a tradição, e que não cultivei até agora? Como provar aqui o *estado* de minha posse? Vê-se nesse caso que não resta outro remédio senão remontar-se até o *ato de aquisição* da posse"[22].

Acrescenta IHERING, na sequência, que a *visibilidade* da posse tem uma influência decisiva sobre sua *segurança*, e toda a teoria da aquisição da posse deve referir-se a essa visibilidade. O proprietário da coisa deve ser visível: *omnia ut dominum fecisse oportet*. Chamar a posse de exterioridade ou visibilidade do domínio é resumir, numa frase, toda a teoria possessória.

Mas como tornar-se visível?, indaga. É "um erro assentar a aquisição da posse exclusivamente sobre o *ato de apreensão* do possuidor; porque assim não se pode evitar a condição de presença do possuidor sobre a coisa, a menos que não se prefira, como SAVIGNY, passar adiante sem se importar disso. Um fabricante de ladrilhos leva para meu edifício os ladrilhos que eu lhe encomendei; aquele que me vendeu adubo levou-o para meu campo; o jardineiro conduz as árvores ao meu jardim; é necessário que eu veja essas coisas para adquirir a posse? De modo algum... Será preciso que eu veja os ovos postos por minhas galinhas ou minhas pombas para adquiri-los?"

---

[21] Silvio Rodrigues, *Direito civil*, v. 5, p. 18.
[22] *O fundamento dos interditos possessórios*, cit., p. 238-239.

Para IHERING[23], portanto, a posse não é o poder físico, e sim a exteriorização da propriedade. Indague-se, diz o aludido jurista, como o proprietário costuma proceder com as suas coisas, e saber-se-á quando se deve admitir ou contestar a posse. Protege-se a posse, aduz, não certamente para dar ao possuidor a elevada satisfação de ter o poder físico sobre a coisa, mas para tornar possível o *uso econômico* da mesma em relação às suas necessidades. Partindo-se disto, tudo se torna claro. Não se guardam em móveis, em casa, os materiais de construção, não se depositam em pleno campo dinheiro, objetos preciosos etc. Cada qual sabe o que fazer com estas coisas, segundo a sua diversidade, e este *aspecto normal da relação do proprietário com a coisa* constitui a posse.

Essa noção de posse oferece a vantagem de possibilitar a terceiros reconhecerem se existe posse, de saberem se a relação possessória é normal ou anormal. Procurando explicá-la didaticamente, IHERING[24] fornece vários exemplos. Assim, "nos povos montanheses, a madeira para o fogo, que foi cortada nos bosques, lança-se ao rio, e mais abaixo, tiram-na da corrente que a conduzia. Não se pode falar neste caso de um poder físico do proprietário, e contudo a posse persiste. Por quê? A condição da madeira que flutua é a imposta por considerações econômicas, e neste caso qualquer pessoa sabe que não pode apanhá-la sem incorrer em culpa de furto. O rio, entretanto, com a enchente, apanha e arrasta outros objetos: mesas, cadeiras etc. E então, também aí, o homem comum sabe muito bem que pode tirar estas coisas da água, e salvá-las, sem que por isto seja acusado de ter furtado. O motivo da distinção é que a flutuação da madeira é um fato *normal*, e a das mesas e cadeiras, uma ocorrência *anormal*. No primeiro caso existe posse; no segundo, não".

Exemplifica, ainda, IHERING, no mesmo capítulo: "Suponhamos dois objetos que se encontrem reunidos num mesmo local, alguns pássaros apanhados num laço, ou materiais de construção ao lado de uma residência em construção, e ao lado uma charuteira com charutos. O homem comum sabe que será responsável por um furto se apanhar os pássaros ou os materiais, mas que o mesmo não acontece se apanhar os charutos. O homem honrado deixa onde estão os pássaros e os materiais, e põe no bolso a charuteira para procurar o seu dono, ou, caso não o encontre, entregá-la à polícia".

Qual o motivo dessa diferença de atitudes?, indaga. "A propósito da charuteira qualquer pessoa dirá: *perdeu-se*; isto acontece contra a vontade do proprietário, que é posto em contato novamente com a coisa, mediante a devolução, dizendo-se que ela foi *achada*. Em relação aos pássaros e aos materiais, sabe-se que a sua situação resulta de uma decisão tomada pelo seu dono; estas coisas não

---

[23] *Teoria*, cit., p. 59.
[24] *Teoria*, cit., p. 61-63.

podiam ser *achadas*, porque não estavam *perdidas*; apanhá-las seria *roubá-las*... Ao afirmar-se que a charuteira está *perdida*, diz-se: a relação normal do proprietário com a coisa está *perturbada*; existe uma situação *anormal*, e desejo fazer o possível para que ela cesse. Ao vermos os pássaros e os materiais, dizemos: estão na situação que o seu proprietário desejou, situação *normal*. Ora, isto significa que até mesmo o homem comum julga a questão da posse segundo o *destino econômico* da coisa, isto é, aplica, no seu raciocínio, a minha noção de posse".

Às vezes o possuidor tem, efetivamente, um poder de fato sobre a coisa. Historicamente, a noção primitiva de posse deve ter partido dessa ideia. Todavia, nem sempre tal situação ocorre. O indivíduo que constrói em um terreno distante do local em que reside e ali deposita os materiais a serem utilizados na obra não tem poder físico sobre eles. Mas nem por se afastar da sua vista será menos possuidor deles. O que sobreleva, portanto, no conceito de posse é a *destinação econômica* da coisa.

Assim, o comportamento da pessoa em relação à coisa, similar à conduta normal do proprietário, é posse, independentemente da perquirição do *animus* ou intenção de possuir. O que retira desse comportamento tal caráter, e converte-o em simples *detenção*, segundo IHERING, é a incidência de obstáculo legal, pois a lei desqualifica a relação para mera detenção em certas situações. Detenção, para este, é uma posse degradada: uma posse que, em virtude da lei, se avilta em detenção[25].

Neste ponto reside a diferença substancial entre as duas escolas, de SAVIGNY e IHERING: "para a primeira, o *corpus* aliado à *affectio tenendi* gera detenção, que somente se converte em posse quando se lhes adiciona o *animus domini* (Savigny); para a segunda, o *corpus* mais a *affectio tenendi* geram posse, que se desfigura em mera detenção apenas na hipótese de um impedimento legal (Ihering)"[26].

Discorrendo sobre o motivo legislativo da proteção possessória, sublinha IHERING[27] que ela foi instituída com o objetivo de *facilitar* e *aliviar* a proteção da propriedade. Em vez da prova da *propriedade*, que o proprietário deve fazer quando reclamar uma coisa em mãos de terceiros (*reivindicatio*), bastará exibir a prova de *posse*, em relação àquele que dela o privou. A posse poderá representar a propriedade, porque é esta em seu estado normal: a posse é a exterioridade, a *visibilidade da propriedade*. Falando estatisticamente, "esta exterioridade coincide com a propriedade real na infinita maioria dos casos. Em geral, o possuidor é simultaneamente o proprietário; os casos em que isto não acontece são uma ínfima minoria. Podemos, pois, designar o possuidor como *proprietário presuntivo*".

---

[25] José Carlos Moreira Alves, A detenção no direito civil brasileiro, in *Posse e propriedade*: doutrina e jurisprudência, p. 4.
[26] Caio Mário da Silva Pereira, *Instituições*, cit., v. IV, p. 21.
[27] *Teoria*, cit., p. 33-35.

A ação possessória, prossegue IHERING, mostra-nos "a propriedade na *defensiva*, e a reivindicação na *ofensiva*. Exigir da defensiva a prova da propriedade seria proclamar que todo indivíduo que não está em condições de provar a sua propriedade – o que, em muitos casos, é impossível – está fora da lei, e que, qualquer um pode arrebatar-lhe sua propriedade. A proteção possessória aparece assim como um *complemento indispensável* da propriedade... Onde não se pode conceber juridicamente a propriedade, não se pode falar de presunção de propriedade, que constitui a base da presunção possessória".

Desse modo, "a proteção possessória serve de escudo à propriedade, apresenta-se como um complemento de sua defesa, visto que por intermédio dela, no mais das vezes, vai o proprietário ficar dispensado da prova de seu domínio. É verdade que, para facilitar ao proprietário a defesa de seu interesse, em alguns casos vai o possuidor obter imerecida proteção. Isso ocorre quando o possuidor não é proprietário, mas um intruso. Como a lei protege a posse, independentemente de se estribar ou não em direito, esse possuidor vai ser protegido, em detrimento do verdadeiro proprietário. IHERING reconhece tal inconveniente. Mas explica que esse é o preço que se paga, nalguns casos, para facilitar o proprietário, protegendo-lhe a posse"[28].

Essa proteção é, no entanto, provisória, até o intruso ser convencido pelos meios ordinários, na própria ação possessória.

Malgrado o prestígio de SAVIGNY e a adoção de sua teoria nos códigos de diversos países, a teoria objetiva de IHERING revela-se a mais adequada e satisfatória, tendo, por essa razão, sido perfilhada pelo Código Civil de 1916, no art. 485, e pelo de 2002, como se depreende da definição de possuidor constante do art. 1.196, que assim considera aquele que se comporta como proprietário, exercendo algum dos poderes que lhe são inerentes.

Preceitua o art. 1.197 do atual diploma civil que: "A posse direta, de pessoa que tem a coisa em seu poder, temporariamente, em virtude de direito pessoal, ou real, não anula a indireta, de quem aquela foi havida, podendo o possuidor direto defender a sua posse contra o indireto". O dispositivo trata, portanto, do clássico conceito de desdobramento ou paralelismo da posse, e é completado pelo Enunciado n. 76 do CJF/STJ, da I Jornada de Direito Civil, pelo qual "*o possuidor direto tem direito de defender a sua posse contra o indireto, e este, contra aquele (art. 1.197, in fine, do novo Código Civil)*"[29].

Embora, no entanto, a posse possa ser considerada uma forma de conduta que se assemelha à de dono, aponta a lei, expressamente, as situações em que tal conduta

---

[28] Silvio Rodrigues, *Direito civil*, cit., v. 5, p. 19.
[29] Flávio Tartuce, *Direito civil*: direito das coisas, p. 45.

configura detenção e não posse. Assim, não é possuidor o servo na posse, aquele que conserva a posse em nome de outrem, ou em cumprimento de ordens ou instruções daquele em cuja dependência se encontre, di-lo o art. 1.198 do Código Civil.

Igualmente não induzem posse, proclama o art. 1.208 do Código Civil, "*os atos de mera permissão ou tolerância assim como não autorizam a sua aquisição os atos violentos, ou clandestinos, senão depois de cessar a violência ou a clandestinidade*".

3.3. Teorias sociológicas

A alteração das estruturas sociais tem trazido aos estudos possessórios, a partir do início do século passado, a contribuição de juristas sociólogos como SILVIO PEROZZI, na Itália, RAYMOND SALEILLES, na França, e ANTONIO HERNÁNDEZ GIL, na Espanha. Deram eles novos rumos à posse, fazendo-a adquirir a sua autonomia em face da propriedade.

Essas novas teorias, que dão ênfase ao caráter econômico e à função social da posse, aliadas à nova concepção do direito de propriedade, que também deve exercer uma função social, como prescreve a Constituição da República, constituem instrumento jurídico de fortalecimento da posse, permitindo que, em alguns casos e diante de certas circunstâncias, venha a preponderar sobre o direito de propriedade.

PEROZZI formulou, em 1906, na primeira edição de suas *Istituzioni di diritto romano*, a *teoria social da posse*, caracterizada pelo comportamento passivo dos sujeitos integrantes da coletividade com relação ao fato, ou seja, a abstenção de terceiros com referência à posse. Segundo o mencionado autor, a posse prescinde do *corpus* e do *animus* e resulta do "fator social", dependente da abstenção de terceiros, como foi dito, que se verifica costumeiramente, como no exemplo por ele fornecido de um homem que caminha por uma rua com um chapéu na cabeça. Segundo SAVIGNY, tem ele posse sobre o chapéu, porque o tem sobre a cabeça, podendo tirá-lo dela e nela recolocá-lo, e está pronto a defender-se se outrem tentar arrebatá-lo. Para IHERING, é ele possuidor, porque aparenta ser o proprietário do chapéu[30].

Na concepção de PEROZZI há, nesse caso, posse, pois quem tem o chapéu na cabeça torna aparente que quer dispor dele só, e todos, espontaneamente, se abstêm de importuná-lo. Observa o citado jurista que os homens, alcançando certo grau de civilização, abstêm-se de intervir arbitrariamente numa coisa que aparentemente não seja livre, por encontrar-se esta em condições visíveis tais que deixa presumir que alguém pretende ter-lhe a exclusiva disponibilidade. Por força desse costume, quem manifesta a intenção de que todos os outros se abstenham

---

[30] Apud Joel Dias Figueira Júnior, *Posse e ações possessórias*, v. I, p. 91; João Batista Monteiro, *Ação de reintegração de posse*, p. 22-23; José Carlos Moreira Alves, *Posse*, v. I, p. 241-242.

da coisa para que ele disponha dela exclusivamente, e não encontra nenhuma resistência a isso, investe-se de um poder sobre ela que se denomina posse, e que se pode definir como "a plena disposição de fato de uma coisa"[31].

Por seu turno, a *teoria da apropriação econômica* de SALEILLES preconiza a independência da posse em relação ao direito real, tendo em vista que ela se manifesta pelo juízo de valor segundo a *consciência social* considerada economicamente. O critério para distinguir a posse da detenção não é o da intervenção direta do legislador para dizer em que casos não há posse, como entende IHERING, mas sim o de observação dos fatos sociais: há posse onde há relação de fato suficiente para estabelecer a independência econômica do possuidor[32].

A teoria de SALEILLES é considerada tão importante quanto as de SAVIGNY e IHERING, pela sua profundidade filosófica e por ressaltar a autonomia da posse, que deve ser vista, sob o ponto de vista formal, como independente do direito (de propriedade ou outro direito real)[33].

Para HERNANDEZ GIL[34] a "função social" atua como pressuposto e como fim das instituições reguladas pelo direito. Na sua doutrina, as grandes coordenadas da ação prática humana, que são a necessidade e o trabalho, passam pela posse. Todavia, nem os juristas nem os sociólogos se têm abalançado a dar uma significação específica da posse. Surpreende que a posse, diz o mencionado professor espanhol, "com tão forte conteúdo de fato, isto é, de acontecer vital, se apresente como que estratificada nos livros e nos códigos. Ela tem sempre fundidas as suas razões nas mais elementares manifestações da convivência social e, contudo, não se retiraram disso as indispensáveis consequências"[35].

Na sequência dessa observação, assinala HERNANDEZ GIL, criticamente, que "o possuidor ainda hoje espelhado nos textos legais conserva certo sabor robinsoniano, com a aparência de um primeiro ocupante desenvolvendo-se nesse

---

[31] José Carlos Moreira Alves, *Posse*, cit., v. I, p. 240-241.
[32] Joel Dias Figueira Júnior, *Posse*, cit., v. I, p. 91; José Carlos Moreira Alves, *Posse*, v. I, p. 237.
[33] João Batista Monteiro, *Ação*, cit., p. 23.
[34] *La posesión*, p. 94-95.
"Reintegração de posse. Invasão coletiva em área de terras particulares. Milhares de pessoas que, se desalojadas, não terão para onde ir. Fato que faz com que o princípio da função social da propriedade seja invocado. Particular que deve buscar no Poder Público a indenização a que faz jus decorrente da desapropriação indireta" (*RT*, 811/243). "Invasão de área particular de grande extensão, com a construção de centenas de habitações populares. Liminar reintegratória deferida no início da lide e revogada, posteriormente, com base em questões sociais. Inadmissibilidade. Finalidade social da propriedade, mencionada na Constituição Federal, que não derrogou todas as normas de proteção ao direito de posse derivada dos títulos atribuídos aos proprietários" (*RT*, 771/251).
[35] *La función social de la posesión*, p. 90.

estado de natureza que era tão grato a ROUSSEAU... A posse, enquadrada na estrutura e na função do Estado social com um programa de igualdade na distribuição dos recursos coletivos, encontra-se chamada a desempenhar um importante papel. Para tal fim seria conveniente a colaboração de juristas e sociólogos, ou afrontar a investigação jurídica com preocupações sociológicas".

Em nosso país, o grande passo na direção da concepção social da posse foi dado com a reafirmação, no inciso XXIII do art. 5º da Constituição Federal de 1988, do princípio de que "a propriedade atenderá a sua função social", complementado pelas regras sobre a política urbana, atinentes à usucapião urbana e rural (CF, arts. 183 e 191).

O Código Civil de 2002 demonstra preocupação com a compreensão solidária dos valores individuais e coletivos, procurando satisfazer aos superiores interesses coletivos com salvaguarda dos direitos individuais. Nessa consonância, *"o proprietário também pode ser privado da coisa se o imóvel reivindicado consistir em extensa área, na posse ininterrupta e de boa-fé, por mais de cinco anos, de considerável número de pessoas, e estas nelas houverem realizado, em conjunto ou separadamente, obras e serviços considerados pelo juiz de interesse social e econômico relevante"* (art. 1.228, § 4º).

Trata-se, como assinala MIGUEL REALE, "de inovação do mais alto alcance, inspirada no sentido social do direito de propriedade, implicando não só novo conceito desta, mas também *novo conceito de posse*, que se poderia qualificar como sendo de *posse-trabalho*"[36]. Na realidade, aduz, "a lei deve outorgar especial proteção à posse que se traduz em trabalho criador, quer este se corporifique na construção de uma residência, quer se concretize em investimentos de caráter produtivo ou cultural. Não há como situar no mesmo plano a posse, como simples poder manifestado sobre uma coisa, 'como se' fora atividade do proprietário, com a 'posse qualificada', enriquecida pelos valores do trabalho. Este conceito fundante de 'posse-trabalho' justifica e legitima que, ao invés de reaver a coisa, dada a relevância dos interesses sociais em jogo, o titular da propriedade reivindicanda receba, em dinheiro, o seu pleno e justo valor, tal como o determina a Constituição".

4. CONCEITO DE POSSE

O conceito de posse remonta aos textos e proposições que os jurisconsultos romanos formularam ao nosso direito pré-codificado, ao sistema do Código Civil

---

[36] *O Projeto do novo Código Civil*, p. 82.
"Reintegração de posse. Ocupação por mais de 15 anos de área de terras que é parte de um todo maior desapropriado pelo Incra para fins de reforma agrária. Cultivo para a retirada dos meios de subsistência. Circunstâncias que tornam legítima a posse dos colonos" (*RT*, 810/430).

de 1916 e às diversas teorias estudadas. A formulação da disciplina legal da posse há de ter presente, porém, a organização social contemporânea e as condições locais.

Não obstante os diferentes entendimentos, "em todas as escolas está sempre em foco a ideia de uma situação de fato, em que uma pessoa, independentemente de ser ou de não ser proprietária, exerce sobre uma coisa poderes ostensivos, conservando-a e defendendo-a. É assim que procede o dono em relação ao que é seu; é assim que faz o que tem apenas a fruição juridicamente cedida por outrem (locatário, comodatário, usufrutuário); é assim que se porta o que zela por coisa alheia (administrador, inventariante, síndico); é assim que age o que se utiliza de coisa móvel ou imóvel, para dela sacar proveito ou vantagem (usufrutuário). Em toda posse há, pois, uma coisa e uma vontade, traduzindo a relação de fruição"[37].

Para IHERING, cuja teoria o nosso direito positivo acolheu, *posse é conduta de dono*. Sempre que haja o exercício dos poderes de fato, inerentes à propriedade, existe a posse, a não ser que alguma norma diga que esse exercício configura a detenção e não a posse. Nem todo "estado de fato, relativamente à coisa ou à sua utilização, é juridicamente posse. Às vezes o é. Outras vezes não passa de mera *detenção*, que muito se assemelha à posse, mas que dela difere na essência, como nos efeitos. Aí é que surge a doutrina, com os elementos de caracterização, e com os pressupostos que autorizam estremar uma de outra"[38].

O conceito de posse, no direito positivo brasileiro, indiretamente nos é dado pelo art. 1.196 do Código Civil, ao considerar possuidor *"todo aquele que tem de fato o exercício, pleno ou não, de algum dos poderes inerentes à propriedade"*.

Como o legislador deve dizer em que casos esse exercício configura detenção e não posse, o art. 1.198 do mesmo diploma proclama: *"Considera-se detentor aquele que, achando-se em relação de dependência para com outro, conserva a posse em nome deste e em cumprimento de ordens ou instruções suas"*.

O parágrafo único do dispositivo em tela, que não encontra paralelo no Código de 1916, estabelece presunção *juris tantum* de detenção: *"Aquele que começou a comportar-se do modo como prescreve este artigo, em relação ao bem e à outra pessoa, presume-se detentor, até que prove o contrário"*. Para tanto, o agente terá de demonstrar, de forma inequívoca, que deixou de conservar a posse em nome de outrem, e de cumprir as ordens e instruções suas.

Evidentemente que, "se essa mudança decorrer de uma causa ou fato lícito, o detentor transmutar-se-á em possuidor justo, em relação àquele de quem houve a coisa. Assim, se o empregado adquirir o bem que até então pertenceu ao patrão, ele deixará de ser detentor, e tornar-se-á justo possuidor da coisa. Se, no entanto, a

---

[37] Caio Mário da Silva Pereira, *Instituições*, cit., v. IV, p. 17.
[38] Caio Mário da Silva Pereira, *Instituições*, cit., v. IV, p. 17.

modificação de comportamento for oriunda de força própria proibida, o fâmulo da posse tornar-se-á possuidor precário da coisa, em relação ao possuidor anterior"[39].

Complementa o quadro o art. 1.208, prescrevendo: *"Não induzem posse os atos de mera permissão ou tolerância assim como não autorizam a sua aquisição os atos violentos, ou clandestinos, senão depois de cessar a violência ou a clandestinidade".*

Portanto, o conceito de posse resulta da conjugação dos três dispositivos legais mencionados.

O art. 485 do Código Civil de 1916, ao definir o possuidor, aludia aos poderes inerentes ao *domínio*, ou propriedade. O vocábulo *domínio* tem caráter restritivo, pois é usado somente em relação às coisas corpóreas. Já a palavra *propriedade* abrange também as incorpóreas, podendo ser considerada como campo dos direitos sobre o patrimônio. Como a posse não se limita às *corporales res*, podendo o seu objeto consistir em qualquer bem, o Código Civil de 2002 suprimiu a expressão "ao domínio", que a doutrina considerava ociosa, sem afastar do âmbito da posse qualquer espécie de bem.

Observa JOÃO BATISTA MONTEIRO[40] que a posse, implicando exercício de poderes de fato, não pode recair sobre um direito, que é uma entidade normativa, uma abstração. A referência ao direito apenas serve para delimitar o *animus* da posse: possui-se nos termos da propriedade, nos termos do usufruto, nos termos de uma servidão etc.

Aduz o mencionado autor: "Que, perante o Código Civil brasileiro, se pode possuir uma coisa nos termos de um direito real – seja do direito de propriedade, seja de qualquer direito real menor (*iura in re aliena*) – é algo que não comporta mais controvérsia, hoje em dia. Como dizia Clóvis Beviláqua, foi para resolver essa dúvida que, no art. 485 do Código Civil, se acrescentou o termo 'propriedade', para abranger os direitos reais menores, entendimento esse que está de acordo com a noção de posse que já vinha dos romanos (que admitiam a *quasi possessio*)".

Embora não possa haver posse de direitos, pode-se possuir bens nos termos de certos direitos pessoais, tais como a locação, o comodato, o depósito, o penhor e outros, que implicam o exercício de poderes de fato sobre a coisa, como expressamente previsto no art. 1.197 do Código Civil, que autoriza, ao desdobrar a posse em direta e indireta, o exercício, por força de um direito pessoal, da posse direta sobre a coisa.

JOEL DIAS FIGUEIRA JÚNIOR[41] critica com razão a redação do retrotranscrito art. 1.196 do Código Civil, no ponto em que considera a posse o *exercício* de

---

[39] Marcus Vinicius Rios Gonçalves, *Dos vícios da posse*, p. 76.
[40] *Ação*, cit., p. 26-27.
[41] *Novo Código Civil comentado*, p. 1062-1063, e *Posse*, cit., v. I, p. 95-97.

algum dos poderes inerentes à propriedade. Em decorrência da consideração do *corpus* como elemento da posse, assevera, surgiu o uso corrente da expressão "exercício do poder", para designar a manifestação exteriorizada do poder de fato correspondente à propriedade ou outro direito real. Todavia, a caracterização da posse prescinde do exercício de atos, bastando, em qualquer hipótese, a existência de *poder* sobre um bem. Por isso, por exemplo, é admissível a posse de um imóvel sem que o possuidor o cultive, explore ou visite.

Assim, prossegue, a posse "*não é o exercício do poder, mas sim o poder propriamente dito que tem o titular da relação fática sobre um determinado bem*, caracterizando-se tanto pelo exercício como pela possibilidade de exercício. Ela é a *disponibilidade* e não a disposição; é a *relação potestativa* e não, necessariamente, o efetivo exercício. O titular da posse tem o interesse potencial em conservá-la e protegê-la de qualquer tipo de moléstia que porventura venha a ser praticada por outrem, mantendo consigo o bem numa relação de normalidade capaz de atingir a sua efetiva função socioeconômica. Os atos de exercício dos poderes do possuidor são meramente facultativos – com eles não se adquire nem se perde a senhoria de fato, que nasce e subsiste independentemente do exercício desses atos. Assim, a adequada concepção sobre o *poder fático* não pode restringir-se às hipóteses do *exercício* deste mesmo poder".

5. POSSE E DETENÇÃO

A grande dificuldade em relação ao conceito de posse reside na sua distinção do estado de fato que se denomina *detenção*.

Para SAVIGNY, o *corpus* identifica somente a detenção. Esta se eleva a posse quando se lhe acrescenta o *animus* específico, ou seja, o *animus domini* ou *animus rem sibi habendi* (vontade de possuir para si). Também só existe detenção se há apenas vontade de possuir para outrem ou em nome de outrem, como no caso de locação, comodato, usufruto etc.

Outra é a concepção de detenção para a teoria objetiva de IHERING. Posse e detenção não se distinguem pela existência, na primeira, de um *animus* específico. Ambas se constituem dos mesmos elementos: o *corpus*, elemento exterior, e o *animus*, elemento interior, os quais se acham intimamente ligados, de modo indissociável, e se revelam pela conduta de dono. Para o mencionado jurista, posse, como foi dito, é a exterioridade, a visibilidade do domínio. Tem posse todo aquele que se comporta como proprietário. A detenção encontra-se em último lugar na escala das relações jurídicas entre a pessoa e a coisa. Na linha de frente estão a propriedade e seus desmembramentos; em segundo lugar, a posse de boa-fé; em terceiro, a posse; e, por fim, a detenção[42].

Para IHERING, o que em verdade distingue a posse da detenção é um outro elemento externo e, portanto, objetivo, que se traduz no dispositivo legal que, com referência a certas relações que preenchem os requisitos da posse e têm a aparência de posse, suprime delas os efeitos possessórios. A detenção é, pois, uma posse degradada: uma posse que, em virtude da lei, se avilta em detenção[43]. Somente a posse gera efeitos jurídicos, conferindo direitos e pretensões possessórias em nome próprio: esta a grande distinção.

Há, efetivamente, situações em que uma pessoa não é considerada possuidora, mesmo exercendo poderes de fato sobre uma coisa. Isso acontece quando a lei desqualifica a relação para mera detenção, como o faz no art. 1.198, considerando detentor aquele que se acha *"em relação de dependência para com outro"* e conserva a posse *"em nome deste e em cumprimento de ordens ou instruções suas"*.

Embora, portanto, a posse possa ser considerada uma forma de conduta que se assemelha à de dono, não é possuidor o servo na posse, aquele que a conserva em nome de outrem ou em cumprimento de ordens ou instruções daquele em cuja dependência se encontre. O possuidor exerce o poder de fato em razão de um interesse próprio; o detentor, no interesse de outrem. É o caso típico dos caseiros e de todos aqueles que zelam por propriedades em nome do dono[44].

Outros exemplos de *detenção* são citados por PONTES DE MIRANDA[45]: a situação do soldado em relação às armas e à cama do quartel; a dos funcionários públicos quanto aos móveis da repartição; a do preso em relação às ferramentas da prisão com que trabalha; a dos domésticos quanto às coisas do empregador.

---

[42] *Du rôle de la volonté dans la possession*, cit., p. 44; Washington de Barros Monteiro, *Curso*, cit., v. 3, p. 31; Caio Mário da Silva Pereira, *Instituições*, cit., v. IV, p. 21.

[43] José Carlos Moreira Alves, A detenção, cit., p. 4.

[44] "Reintegração de posse. Liminar deferida contra empregado, ocupante de imóvel existente em chácara de lazer, contratado para exercer a função de caseiro da propriedade. Admissibilidade, pois apenas conserva a posse em nome do possuidor e em cumprimento de ordem e instruções suas" (*RT*, 778/300). "Interdito proibitório. Proteção pretendida por simples detentor de imóvel. Inadmissibilidade, pois apenas detém coisa alheia em nome do possuidor" (*RT*, 771/353).

[45] *Tratado de direito privado*, t. X, p. 87.
"Reintegração de posse. Admissão pelo réu de sua condição de fâmulo da posse, exercendo-a em nome de terceiros. Posse do autor comprovada, somando-a com a de seus antecessores. Ação procedente" (1º TACSP, Ap. 0.648.755-6, 1ª Câm. de Férias Julho/97, rel. Juiz Elliot Akel, j. 22-9-1997).

Em todas essas hipóteses, aduz, o que sobreleva é a falta de independência da vontade do detentor, que age como lhe determina o possuidor. Há uma relação de ordem, obediência e autoridade. Tais servidores (a doutrina alemã utiliza a expressão "Besitzdiener", que significa servidor da posse) não têm posse e não lhes assiste o direito de invocar, em nome próprio, a proteção possessória. São chamados de *fâmulos da posse*. Embora não tenham o direito de invocar, em seu nome, a proteção possessória, não se lhes recusa, contudo, o direito de exercer a autoproteção do possuidor, quanto às coisas confiadas a seu cuidado, consequência natural de seu dever de vigilância.

O Código Civil brasileiro orientou-se, quanto à distinção entre posse e detenção, pela teoria objetiva. Mas, segundo MOREIRA ALVES[46], conforme se adote a orientação das teorias subjetivas ou da teoria objetiva de IHERING, a detenção é "a relação material com a coisa com *animus* diverso do *rem sibi habendi* ou do *domini*, ou a relação material com a coisa com o mesmo *animus* da posse (*animus* que se reduz à consciência e se revela pelo elemento objetivo), a que a lei, porém, nega efeitos possessórios".

Os autores em geral, quando tratam da detenção em nosso direito, referem-se apenas à hipótese contida no art. 1.198 retromencionado (*"Considera-se detentor..."*). Todavia, o aludido diploma vai além, uma vez que em mais dois dispositivos menciona outras hipóteses em que aquele *exercício de fato* não constitui posse, configurando, portanto, detenção.

Assim, a primeira parte do art. 1.208 proclama que *"não induzem posse os atos de mera permissão ou tolerância"*. A permissão se distingue da tolerância: a) pela existência, na primeira, do consentimento expresso do possuidor. Na tolerância, há uma atitude espontânea de inação, de passividade, de não intervenção; b) por representar uma manifestação de vontade, embora sem natureza negocial, configurando um ato jurídico em sentido estrito, enquanto na hipótese de tolerância não se leva em conta a vontade do que tolera, sendo considerada simples comportamento a que o ordenamento atribui consequências jurídicas, ou seja, um ato-fato jurídico; c) por dizer respeito a atividade que ainda deve ser realizada, enquanto a tolerância concerne a atividade que se desenvolveu ou que já se exauriu[47].

---

[46] A detenção, cit., p. 4.
[47] José Carlos Moreira Alves, A detenção, cit., p. 15-16.
"Reivindicatória. Contestação. Alegação de usucapião. Existência de relação empregatícia entre proprietário e possuidor. Hipótese de detenção de coisa alheia. Ademais, ocorrência de atos de permissão ou tolerância que não induzem posse" (TJSP, Ap. 178.255-1, 5ª Câm. Cív., rel. Des. Matheus Fontes, j. 4-2-1993).

A segunda parte do citado art. 1.208 do Código Civil acrescenta que igualmente não autorizam a aquisição da posse "*os atos violentos, ou clandestinos, senão depois de cessar a violência ou a clandestinidade*".

Assim, os aludidos atos impedem o surgimento da posse, sendo aquele que os pratica considerado mero detentor, sem qualquer relação de dependência com o possuidor. O dispositivo em apreço, aliás, trata de hipótese de detenção sem dependência do detentor para com o possuidor, denominada *detenção independente*. Todavia, cessada a violência ou a clandestinidade, continuam os mencionados atos a produzir o efeito de qualificar, como *injusta* e com os efeitos daí resultantes, a posse que a partir de então surge.

Preleciona a propósito Carvalho Santos: "Só depois de cessar a violência é que começa a posse útil. O que quer dizer que, desde que a violência cessou, os atos de posse daí por diante praticados constituirão o ponto de partida da posse útil, como se nunca tivesse sido eivada de tal vício"[48].

Em suma, enquanto perdurar a violência ou a clandestinidade não haverá posse. Cessada a prática de tais ilícitos, surge a posse *injusta*, viciada, assim considerada em relação ao precedente possuidor. Desse modo, ainda que este, esbulhado há mais de um ano, não obtenha a liminar na ação de reintegração de posse ajuizada, deverá ser, a final, reintegrado em sua posse. Todavia, em relação às demais pessoas, o detentor, agora possuidor em virtude da cessação dos vícios iniciais, será havido como possuidor. A injustiça da posse fica circunscrita ao esbulhado e ao esbulhador.

O *Enunciado n. 301 da IV Jornada de Direito Civil* do CJF aduz: "É possível a conversão da detenção em posse, desde que rompida a subordinação, na hipótese de exercício em nome próprio dos atos possessórios". Poderia ocorrer, *verbi gratia*, o falecimento do patrão do caseiro, e seus herdeiros não exercerem nenhuma oposição ou poder de fato sobre o imóvel, nem efetuarem o pagamento de seu salário. Em consequência, o mencionado caseiro passa a cuidar do imóvel como dono, recolhendo os impostos e contratando outra pessoa, *verbi gratia*, como seu caseiro.

Outro exemplo de detenção por disposição expressa da lei encontra-se no art. 1.224 do Código Civil: "*Só se considera perdida a posse para quem não presenciou o esbulho, quando, tendo notícia dele, se abstém de retornar a coisa, ou, tentando recuperá-la, é violentamente repelido*". Embora conste da publicação oficial a expressão "*se abstém de retornar a coisa*", é evidente o erro terminológico, pois o correto seria "se abstém de *retomar a coisa*".

Até que o não presente tenha notícia do esbulho e se abstenha de retomar a coisa, ou seja repelido ao tentar recuperá-la, o ocupante é mero detentor. Assim, o fato

---

[48] *Código Civil brasileiro interpretado*, v. III, p. 75.

de alguém ocupar imóvel de pessoa ausente não faz desaparecer a posse do proprietário, sendo aquele tratado pelo dispositivo em epígrafe como simples detentor.

Pode-se, ainda, dizer que também *não há posse de bens públicos*, principalmente depois que a Constituição Federal de 1988 proibiu a usucapião especial de tais bens (arts. 183 e 191). Se há tolerância do Poder Público, o uso do bem pelo particular não passa de mera *detenção* consentida. Nesse sentido decidiu o *Tribunal de Justiça de São Paulo*: "Reintegração de posse. Área que se constitui em bem público, subjetivamente indisponível e insuscetível de usucapião. Mera detenção, sendo irrelevante o período em que perdura. Liminar concedida"[49].

Apesar do não reconhecimento da utilização do bem público por particular como posse, o *Tribunal de Justiça do Distrito Federal* destacou que: "Todavia, a jurisprudência tem admitido a intervenção do Poder Judiciário na discussão entre particulares pela ocupação provisória e absolutamente precária da área pública, com o fim de evitar litígios intermináveis e o exercício arbitrário das próprias razões. Nesse caso, defere-se proteção possessória àquele que demonstrou ter a melhor e mais antiga posse do bem objeto do litígio, sem, contudo, entregar o domínio do bem imóvel para ninguém"[50].

O art. 338 do Código de Processo Civil de 2015, em vigor, impõe àquele que detém a coisa em nome alheio e é demandado em nome próprio o ônus de nomear à autoria o proprietário ou possuidor. Assim, o detentor, quando demandado em nome próprio, deve indicar o possuidor ou proprietário legitimado para responder ao processo, sob pena de responder por perdas e danos, nos termos do art. 339 do citado diploma.

Corroborando os efeitos da precariedade do ato de detenção de bem público, nos termos da *Súmula 619 do Superior Tribunal de Justiça*, "A ocupação indevida de bem público configura mera detenção, de natureza precária, insuscetível de retenção ou indenização por acessões e benfeitorias".

6. POSSE E QUASE POSSE

Para os romanos só se considerava posse a emanada do direito de propriedade. A exercida nos termos de qualquer direito real menor (*iura in re aliena* ou direitos reais sobre coisas alheias) desmembrado do direito de propriedade, como a servidão e o usufruto, por exemplo, era chamada de *quase posse* (*quasi-possessio*,

---

[49] *RT*, 803/226.
[50] TJDFT, Ap. 00268843820168070001, 3ª C. Cív., rel. Des. Luís Gustavo B. de Oliveira, *DJe* 11-5-2022.

quasi-possidere ou *quasi in possessione esse*), por ser aplicada aos direitos ou coisas incorpóreas. Assim também o poder de fato ou posse emanada de um direito obrigacional ou pessoal, como na locação, no comodato etc.

Os direitos que, segundo os romanos, podiam constituir objeto de uma quase posse eram os seguintes: a) as servidões pessoais, notadamente o usufruto e o uso, que se estabelecem pela entrega da coisa ou pela introdução do usufrutuário ou do usuário no imóvel; b) as servidões prediais, também ligadas a coisa corpórea; c) a superfície, único *jus in re*, fora as servidões, a que aplicaram a noção da quase posse[51].

Tal distinção não passa, entretanto, de uma reminiscência histórica, pois não se coaduna com o sistema do Código Civil brasileiro, que não a prevê. Com efeito, as situações que os romanos chamavam de *quase posse* são, hoje, tratadas como *posse* propriamente dita. O art. 1.196 do aludido diploma, ao mencionar o vocábulo "propriedade", nele incluiu os direitos reais menores. E o art. 1.197, ao desdobrar a posse em direta e indireta, permite o exercício da primeira por força de um direito obrigacional.

7. O OBJETO DA POSSE E A POSSE DOS DIREITOS PESSOAIS

Tradicionalmente, a posse tem sido entendida como reportada a coisa material, corpórea. No direito romano, consistia no contato físico com a coisa – o que inviabilizava a sua incidência sobre os direitos pessoais.

No início, a posse era um poder de fato exercido nos termos do direito de propriedade. Numa fase posterior, os romanos estenderam a proteção possessória aos direitos reais menores (*iura in re aliena*) e, finalmente, aos direitos que, embora se traduzissem em poderes de fato sobre uma coisa, não eram direitos reais, mas sim de natureza obrigacional. Tais situações, que decorriam do penhor, usufruto, uso, superfície etc., eram denominadas quase posse (*quasi possessio*), pela semelhança com a posse exercida *animus domini*, como visto no item anterior.

Séculos depois, por influência do direito canônico, o conceito de posse sofreu profundo alargamento, passando a abranger os direitos de jurisdição ligados ao solo e, posteriormente, todos os direitos pessoais. Alguns civilistas práticos chegaram a sustentar que todos os direitos, particularmente os que se referem ao estado das pessoas e às obrigações (direitos de crédito), podiam também ser objeto de posse.

Tal desenvolvimento resultou do fato de serem frequentes, na época, esbulhos e turbações em relação a cargos eclesiásticos. O exercício do poder episcopal

---

[51] Astolpho Rezende, *A posse e sua proteção*, p. 53-54.

dependia da posse da igreja e seus bens, de modo que a expulsão de um bispo, da sua diocese, importava ao mesmo tempo esbulho da posse do solo e bens e da jurisdição episcopal. O interdito possessório consistia no meio mais eficaz para combater tais perturbações e restituir o espoliado ao *statu quo ante*.

No fim do século XIX teve início, todavia, a reação contra essa extensão conferida ao conceito de posse, passando os autores a restringi-la ao âmbito dos direitos reais e dos direitos obrigacionais que implicam o exercício de poderes sobre uma coisa. Tal posição é considerada atualmente prevalente. A ideia de posse é, com efeito, absolutamente inaplicável aos *direitos pessoais*. Em relação a esses direitos não se concebe a possibilidade de violências físicas, que careçam do remédio dos interditos[52].

No Brasil, por influência de RUY BARBOSA, os interditos possessórios chegaram a ser utilizados para a defesa de direitos pessoais, incorpóreos, como o direito a determinado cargo. O Governo da República suspendera por três meses, com privação dos vencimentos, dezesseis professores catedráticos da Escola Politécnica do Rio de Janeiro, por se haverem rebelado contra uma decisão do diretor desse estabelecimento de ensino, criando embaraços ao seu regular funcionamento. Esses professores, tendo RUY BARBOSA como seu advogado, requereram e obtiveram um mandado de manutenção de posse para que fossem mantidos no exercício dos seus cargos.

O governo insurgiu-se contra esse ato judicial e declarou que não reconhecia a legitimidade desse mandado. O fato teve grande repercussão e o renomado jurista citado escreveu então, pelo *Jornal do Commercio*, uma série de artigos, nos quais não só procurou refutar os fundamentos do governo, como desenvolveu argumentos no sentido de provar a admissibilidade do mandado de manutenção para a proteção da posse dos direitos pessoais. Defendeu ele a tese de que cabia ação possessória porque havia direito de posse ligado à coisa, uma vez que o professor não poderia exercer seu direito senão em determinado lugar, ou seja, numa escola. Posteriormente esses artigos foram reunidos em um livro intitulado *Posse dos direitos pessoais*, que influenciou os autores[53].

Muitos juristas passaram, com efeito, a adotar a mesma orientação, especialmente por ter o art. 485 do Código Civil de 1916, correspondente ao art. 1.196 do novo diploma, incluído o vocábulo *propriedade*, que abrange não só os direitos reais sobre coisas corpóreas, senão também os que recaem sobre coisas incorpóreas, na conceituação do possuidor. Argumentava-se que, se a intenção do legislador tivesse

---

[52] João Batista Monteiro, *Ação*, cit., p. 25-26; Washington de Barros Monteiro, *Curso*, cit., v. 3, p. 22. Astolpho Rezende, *A posse*, cit., p. 58.
[53] Astolpho Rezende, *A posse*, cit., p. 62-63; Maria Helena Diniz, *Curso de direito civil brasileiro*, v. 4, p. 62-63.

sido a de restringir a posse exclusivamente aos direitos reais, teria dito simplesmente que se considera possuidor todo aquele que tem de fato o exercício, pleno ou não, de algum dos poderes inerentes ao *domínio*, que consiste no direito de propriedade restrito às coisas corpóreas.

Não bastasse, diziam os adeptos da extensão da posse aos direitos pessoais, o Código Civil de 1916 aludia expressamente, em vários dispositivos, à posse dos direitos. No art. 488, por exemplo, ao tratar da composse, dizia que "se duas ou mais pessoas possuírem coisa indivisa, ou estiverem no gozo do mesmo direito, poderá cada uma exercer sobre o objeto comum atos possessórios".

Segundo proclamava o art. 490, é de boa-fé a posse se o possuidor ignora o vício, ou o obstáculo que lhe impede a aquisição da coisa, "ou do direito possuído". Por sua vez, prescrevia o art. 493, I, que "adquire-se a posse pela apreensão da coisa, ou pelo exercício do direito". No direito de família, o aludido diploma se referia ainda, no art. 206, à "posse do estado de casados"; e, no direito das sucessões, no art. 1.579, à "posse da herança".

CLÓVIS BEVILÁQUA[54] refutou esse ponto de vista, afirmando que o Código de 1916 não reconhecia a posse dos direitos pessoais, uma vez que: a) o vocábulo *propriedade* figurava também no projeto primitivo de sua propriedade e nem por isso teve ele a intenção de filiá-lo ao sistema dos que ampliam a posse aos direitos pessoais; b) nenhum dispositivo se depara no Código, pelo qual se infira que a posse se estenda àqueles direitos. Os arts. 488, 490 e 493, I, referem-se apenas a direitos reais; c) a propriedade e seus desmembramentos são direitos reais. Os direitos pessoais jamais foram desmembramentos do domínio. Aliás, tais direitos não podem ser objeto de turbação material, só compreensível no tocante aos direitos reais. Não pode haver posse de coisas incorpóreas *quae tangi non possunt*.

Os dispositivos citados por BEVILÁQUA foram reproduzidos no Código Civil de 2002, suprimindo-se, todavia, a alusão à posse de direitos, para evitar a repetição de interpretações equivocadas. O art. 488 corresponde ao art. 1.199 do novo diploma, que tem a seguinte redação: *"Se duas ou mais pessoas possuírem coisa indivisa, poderá cada uma exercer sobre ela atos possessórios, contanto que não excluam os dos outros compossuidores"*.

O art. 490 foi reproduzido no art. 1.201 do atual Código, sem a expressão final: "ou do direito possuído". A redação ficou sendo a seguinte: *"É de boa-fé a posse, se o possuidor ignora o vício, ou o obstáculo que impede a aquisição da coisa"*.

E o art. 493, I, foi substituído pelo art. 1.204, *verbis*: *"Adquire-se a posse desde o momento em que se torna possível o exercício, em nome próprio, de qualquer dos poderes inerentes à propriedade"*.

---

[54] *Código Civil dos Estados Unidos do Brasil*, v. 3, p. 9-10.

Acrescenta BEVILÁQUA, na obra citada, que "o Código reconhece a posse dos direitos, que consiste na possibilidade incontestável do efetivo exercício de um direito. Como, porém, a posse é estado de fato, correspondente à propriedade, os direitos suscetíveis de posse são apenas os que consistem em desmembramentos dela, os direitos reais, excluída, naturalmente, a hipoteca, porque ela não importa utilização nem detenção da coisa vinculada à garantia de pagamento. Os direitos pessoais são estranhos ao conceito de posse".

Para ORLANDO GOMES[55], "a razão está com Vicente Ráo quando ensina que os únicos direitos suscetíveis de posse são: *a*) o domínio; *b*) os direitos reais que dele se desmembram e subsistem como entidades distintas e independentes; *c*) finalmente, os demais direitos que, fazendo parte do patrimônio da pessoa, podem ser reduzidos a valor pecuniário".

Procedente, porém, o reparo de JOÃO BATISTA MONTEIRO[56] quanto à última categoria citada, pois "o fato de um direito poder ser reduzido a valor pecuniário não significa que, sobre ele, possa haver posse, como, por exemplo, um direito de crédito a uma quantia certa. A posse se exerce sobre coisa, nos termos sobreditos".

Os interditos possessórios chegaram a ser utilizados para a defesa de direitos pessoais, incorpóreos, como o direito a determinado cargo, por influência de RUY BARBOSA, como foi dito, mas por curto período histórico, que terminou com a instituição do *mandado de segurança*, a partir de 1934. Hoje, no entanto, para esse fim são utilizadas as *tutelas provisórias*, baseadas no poder cautelar geral do juiz (CPC/2015, art. 297).

Há uma certa dificuldade em classificar certos bens como corpóreos ou incorpóreos, surgindo daí a expressão "bens semi-incorpóreos", utilizada por alguns doutrinadores quando se referem a novas espécies que surgiram como decorrência do desenvolvimento científico, tecnológico e cultural do homem, como a energia elétrica, as linhas telefônicas e as ondas de frequência televisivas. A proteção possessória não tem sido negada a esses bens. Predomina, no entanto, o entendimento de que nunca há de ser ela deferida contra o concedente do serviço, mas contra aqueles que turbam a utilização da linha telefônica, da televisão a cabo, dos dados transmitidos a distância etc.

Nessa consonância decidiu o *antigo Primeiro Tribunal de Alçada Civil de São Paulo*[57] ser incabível o ajuizamento de ação possessória contra a Telesp para religar linha telefônica, proclamando: "Consigne que a jurisprudência tem admitido remédio possessório versando aquisição, ou não, de linha telefônica, em decorrência de

---

[55] *Direitos reais*, cit., p. 46.
[56] *Ação*, cit., p. 27, nota 23.
[57] *JTACSP*, 68/64, rel. Juiz Arruda Alvim.

negócio jurídico, redutível, todavia, *à mera disputa sobre o direito ao aparelho*, e, por *mera implicação* ou *consequência virtual* ao uso do serviço ensejado pelo mesmo... A propriedade do terminal, em função do qual funciona a linha telefônica, pertence à apelante, e, assim, não tendo o apelado o domínio, não se encontra na situação material, '*conditio sine qua non*', para o uso dos interditos. Desdobrando-se a questão, se não é possível o domínio, '*ipso facto*', impossível também o é a *posse*".

O mesmo Tribunal também reconheceu a possibilidade de se consumar a usucapião do direito real de uso de linha telefônica[58], firmando-se no mesmo sentido a orientação do *Superior Tribunal de Justiça*, conforme se depreende do seguinte aresto: "A jurisprudência do STJ acolhe entendimento haurido na doutrina no sentido de que o direito de utilização de linha telefônica, que se exerce sobre a coisa, cuja tradição se efetivou, se apresenta como daqueles que ensejam extinção por desuso, e, por consequência, sua aquisição pela posse durante o tempo que a lei prevê como suficiente para usucapir (prescrição aquisitiva da propriedade)"[59]. Essa orientação acabou culminando na edição, por esta Corte, da *Súmula 193, do seguinte teor: "O direito de uso de linha telefônica pode ser adquirido por usucapião*".

O *Superior Tribunal de Justiça*, de outra feita, decidiu: "A doutrina e a jurisprudência assentaram entendimento segundo o qual a proteção do direito de propriedade, decorrente de patente industrial, portanto, bem imaterial, no nosso direito, pode ser exercida através de ações possessórias. O prejudicado, em casos tais, dispõe de outras ações para coibir e ressarcir-se dos prejuízos resultantes de contrafação de patente de invenção. Mas tendo o interdito proibitório índole, eminentemente, preventiva, inequivocamente é ele o meio processual mais eficaz para fazer cessar, de pronto, a violação daquele direito"[60].

Por outro lado, proclama a *Súmula 228 do aludido Tribunal que "é inadmissível o interdito proibitório para a proteção do direito autoral*", reconhecendo, assim, que os princípios dos direitos das coisas são inaplicáveis à situação dos chamados direitos intelectuais.

8. NATUREZA JURÍDICA DA POSSE

É profunda e antiga a divergência sobre a natureza jurídica da posse. Cumpre defini-la e extremá-la, no entanto, não apenas em razão do interesse

---

[58] *RT*, 623/187; *JTACSP*, 116/94.
[59] REsp 41.611-RS, 3ª T., rel. Min. Waldemar Zveiter, *DJU*, 30-5-1994.
[60] REsp 7.196-RJ, 3ª T., rel. Min. Waldemar Zveiter, *DJU*, 5-8-1991.

teórico-dogmático que desperta no âmbito do direito civil, senão também em consequência dos efeitos que gera no campo do direito processual.

Indaga-se, inicialmente, se a posse é um *fato* ou um *direito*. Essa divergência já era observada nos textos romanos. Em algumas passagens do *Corpus Iuris Civilis* ou se encontra a expressão *ius possessionis* para traduzir a ideia de *direito subjetivo da posse*, ou se declara que a posse tem muito de direito; em outras, afirma-se que a posse não é apenas um fato, mas também um direito; e há, ainda, as que a caracterizam exclusivamente como fato, negando-lhe expressamente a natureza de direito, ou acentuam que ela apresenta muito de fato[61].

Muitos séculos se passaram e a discussão ainda persiste, dividindo-se a doutrina em três correntes. Para IHERING[62], a posse é um *direito*. Apoia-se ele em sua própria definição de direito: "os direitos são os interesses juridicamente protegidos". Assim, a posse consiste em um interesse juridicamente protegido. Ela constitui condição da econômica utilização da propriedade e por isso o direito a protege. É relação jurídica, tendo por causa determinante um fato. Comungam desse entendimento TEIXEIRA DE FREITAS, DEMOLOMBE, SINTENIS, MOLITOR, PESCATORE, ORLANDO GOMES e CAIO MÁRIO DA SILVA PEREIRA, entre outros.

Outra corrente sustenta que a posse é um *fato*, uma vez que não tem autonomia, não tem valor jurídico próprio. O fato possessório não está subordinado aos princípios que regulam a relação jurídica no seu nascimento, transferência e extinção. Pertencem a esta corrente WINDSCHEID, PACIFICCI-MAZZONI, BONFANTE, DERNBURG, TRABUCCHI, CUJACIUS e outros.

A corrente mais comum, como aponta BARASSI[63], é a *eclética*, que admite que a posse seja fato e direito. Sustenta SAVIGNY[64] que a posse é, ao mesmo tempo, um *fato* e um *direito*. Considerada em si mesma, é um *fato*. Considerada nos efeitos que produz – a usucapião e os interditos –, é um *direito*.

Nessa linha, assinala LAFAYETTE: "É, pois, força reconhecer que a posse é um fato e um direito: um fato pelo que respeita à detenção, um direito por seus efeitos"[65]. Assim também entendem POTHIER, BRINZ, DOMAT, RIBAS, LAURENT, WODON e outros.

Como visto, SAVIGNY e IHERING admitem que a posse seja um direito, embora o primeiro entenda que ela é, também, um fato. A divergência permanece, agora, no tocante à sua exata colocação no Código Civil. Para o primeiro, ela é direito pessoal ou obrigacional; para o segundo, direito real. A posse,

---

[61] José Carlos Moreira Alves, *Posse*, cit., v. II, p. 69.
[62] *Teoria*, cit., p. 41-51.
[63] *Diritti reali e possesso*, v. II, p. 479, n. 239.
[64] *Traité de la possession*, cit., p. 21.
[65] *Direito das coisas*, t. I, p. 45.

sendo um direito, diz Ihering, só pode pertencer à categoria dos direitos reais. Para outros doutrinadores, no entanto, a posse não é direito real nem pessoal, mas direito especial, *sui generis*, por não se encaixar perfeitamente em nenhuma dessas categorias.

A resposta a essas indagações tem importância prática, pois as ações reais, por exemplo, exigem a presença do cônjuge na relação processual concernente a bem imóvel (CPC/2015, art. 73). Os reflexos da distinção em apreço são observados, no âmbito do direito processual, precipuamente na determinação da competência, da legitimação ativa e passiva *ad causam* e do litisconsórcio.

Para saber se a posse deve ser incluída entre os direitos reais, ou entre os direitos pessoais, faz-se mister averiguar se os princípios que a regulam aproximam-na mais daqueles ou destes.

A categoria dos direitos reais tem caracteres e princípios próprios, que a distinguem da categoria dos direitos pessoais, como visto nos itens 2.1 e 2.2 da "Introdução", *retro*. Assim, os direitos reais seguem o princípio do *absolutismo*, ou seja, exercem-se contra todos (*erga omnes*), que devem abster-se de molestar o titular. Surge, daí, o direito de *sequela* ou *jus persequendi*, isto é, de perseguir a coisa e de reivindicá-la em poder de quem quer que esteja (ação real), bem como o *jus praeferendi* ou direito de preferência. Diferentemente, os direitos pessoais só obrigam as partes contratantes, tendo caráter relativo.

A *publicidade* ou *visibilidade* constitui também princípio fundamental dos direitos reais. Os que recaem sobre imóveis só se adquirem depois do registro, no Cartório de Registro de Imóveis, do respectivo título (CC, art. 1.227); sobre móveis, só depois da tradição (CC, arts. 1.226 e 1.267). Sendo oponíveis *erga omnes*, faz-se necessário que todos possam conhecer os seus titulares, para não molestá-los. Os pessoais ou obrigacionais seguem o princípio do *consensualismo*: aperfeiçoam-se com o acordo de vontades. A relatividade que os caracteriza faz com que dispensem a publicidade.

Os direitos reais são criados pelo direito positivo por meio da técnica denominada *numerus clausus*. A lei os enumera de forma taxativa, não ensejando, assim, aplicação analógica da lei. O número dos direitos reais é, pois, limitado, taxativo, sendo assim considerados somente os elencados na lei (*numerus clausus*).

Se há um *numerus clausus*, diz José de Oliveira Ascensão, "também há, necessariamente, uma tipologia de direitos reais. O *numerus clausus* implica sempre a existência de um catálogo, de uma delimitação de direitos reais existentes"[66]. Estes existem de acordo com os tipos previstos pela lei de forma taxativa. Nos direitos obrigacionais, ao contrário, admitem-se, ao lado dos contratos típicos, os

---

[66] *A tipicidade dos direitos reais*, p. 105.

atípicos, em número ilimitado. Para eles, ademais, vigora o princípio da autonomia da vontade, em que os agentes têm ampla liberdade de contratar.

Há diferenças substanciais, ainda, entre os sujeitos e o objeto dos direitos reais e o dos direitos pessoais. O objeto do direito real há de ser, necessariamente, uma *coisa determinada*, enquanto a prestação do devedor, objeto da obrigação que contraiu, pode ter por objeto coisa *genérica*, bastando que seja *determinável*. O objeto dos direitos reais é sempre a coisa corpórea, tangível e suscetível de apropriação, ao passo que o objeto dos direitos pessoais é sempre uma prestação.

Por outro lado, o direito real só encontra um sujeito passivo concreto *no momento em que é violado*, pois, enquanto não há violação, dirige-se contra todos, em geral, e contra ninguém, em particular, enquanto o direito pessoal dirige-se, desde o seu nascimento, contra uma *pessoa determinada*, e somente contra ela.

Em face das características mencionadas, torna-se possível dizer se a posse se aproxima mais do sistema dos direitos reais ou dos direitos pessoais. Para IHERING, a posse, sendo um direito, só pode pertencer à categoria dos direitos reais. A pretensão de classificá-la como direito pessoal esbarra na própria definição deste: relação ou vínculo jurídico que confere ao credor o direito de exigir do devedor o cumprimento da prestação.

O Código Civil brasileiro, tanto o de 1916 quanto o de 2002, tendo adotado o princípio do *numerus clausus*, também não a incluiu no rol taxativo dos direitos reais (art. 674 do CC/1916; art. 1.225 do CC/2002). Todavia, o simples fato de não tê-la incluído no aludido rol não é bastante para justificar a sua inserção na categoria dos direitos pessoais, uma vez que a doutrina reconhece a existência de outros direitos reais no mesmo diploma, também nele não incluídos, como o *direito de retenção* e o *pacto de retrovenda*, por exemplo (*V.* "Princípios fundamentais dos direitos reais", Introdução, n. 2.2, *retro*).

Há, porém, como assinala MARCUS VINICIUS RIOS GONÇALVES, um argumento que parece retirar da posse qualquer natureza real: é que lhe falta "o caráter absoluto dos direitos reais. A posse não é oponível *erga omnes*, cedendo passo, ao menos em duas situações. Com efeito, embora a posse, como aparência de propriedade, possa ser protegida até contra o próprio proprietário, ela acaba cedendo à propriedade. Assim, ainda que o possuidor possa vencer demanda possessória contra o proprietário, este acabará reavendo a coisa, por meio das vias reivindicatórias"[67].

Além disso, aduz o mencionado autor, "há o art. 504, do Código Civil (*de 1916: CC/2002: art. 1.212*), que retira a possibilidade de se recuperar a posse das coisas aos terceiros de boa-fé. Assim, o possuidor esbulhado não poderá reaver a coisa que estiver com terceiro que não saiba que ela foi esbulhada. Ora, o direito

---

[67] *Dos vícios da posse*, cit., p. 6.

de sequela do possuidor é, portanto, restrito, e cede ante a boa-fé, o que se justifica pelo fato de que não se dá à posse a mesma espécie de publicidade que é dada aos direitos reais, ao menos no que se refere aos bens imóveis. Não sendo absoluta, e não trazendo a seu titular a possibilidade de opô-la a toda a coletividade, não há como considerar a posse como direito real, mas como direito pessoal, embora com peculiaridades que a distingam de outros direitos pessoais".

No entanto, o fato de a posse não pertencer à categoria dos direitos reais não significa que, necessariamente, seja um direito pessoal. Consiste este, como visto, em um vínculo jurídico que confere ao sujeito ativo o direito de exigir do sujeito passivo o cumprimento da prestação.

Em razão das dificuldades apontadas, CLÓVIS BEVILÁQUA relutou em reconhecer a natureza real da posse, dizendo: "Aceita a noção que Ihering nos dá, a posse é, por certo, direito; mas reconheçamos que um direito de natureza especial. Antes, conviria dizer, é a manifestação de um direito real"[68].

Não nos parece que as ações possessórias envolvam o *ius in re*, pois visam tão somente preservar ou restaurar um estado de fato ameaçado ou inovado arbitrariamente. Na sistemática do Código Civil brasileiro, a posse não pode ser considerada direito real, como já mencionado. Todavia, é ela regulada na lei como uma situação de fato: pode ser perdida, no caso de imóveis, sem a intervenção da mulher, se o marido os abandona.

Melhor, desse modo, ficar com a opinião de CLÓVIS BEVILÁQUA, supramencionada: a posse não é direito real, mas sim direito especial. JOSÉ CARLOS MOREIRA ALVES acolhe tal entendimento, dizendo que, "desanimados, em razão das peculiaridades que a posse apresenta, de a enquadrarem em qualquer das categorias jurídicas da dogmática moderna, vários autores se têm limitado a salientar que a posse é uma figura especialíssima, e, portanto, *sui generis*"[69].

Assim, aduz: "Em verdade, no direito moderno, a posse é um instituto jurídico *sui generis*... Sendo instituto *sui generis*, não só não se encaixa nas categorias dogmáticas existentes, mas também não dá margem à criação de uma categoria própria que se adstringiria a essa figura única".

Arremata o insigne jurista afirmando que considera mais próxima da realidade a conclusão de HERNANDEZ GIL, "de que a posse é uma estrutura que não se transformou totalmente numa instituição jurídica, uma vez que a efetividade jurídica continua se apoiando na realidade social, o que a faz infensa a sistematizações rígidas... O ser uma estrutura que não se transformou totalmente numa instituição jurídica é o que explica as singularidades da posse, que, desde o direi-

---

[68] *Projeto de Código Civil brasileiro*, apud José Carlos Moreira Alves, *Posse*, cit., v. II, p. 98.
[69] *Posse*, cit., p. 120-125.

to romano, ora é disciplinada como estado de fato real, ora é regulada com abstração, mais ou menos intensa, desse aspecto, como se fora um instituto jurídico perfeito à semelhança do direito subjetivo".

Igualmente para JOEL DIAS FIGUEIRA JÚNIOR dizer que a posse apresenta natureza real "significa enquadrá-la, equivocadamente, na categoria jurídica dos direitos reais, quando na verdade é pertencente a *uma categoria especial, típica e autônoma*, cuja base é o *fato*, a *potestade*, a *ingerência socioeconômica* do sujeito sobre um determinado bem da vida destinado à satisfação de suas necessidades, e não o direito"[70].

A questão foi regulamentada pelo legislador, com a inclusão, pela Lei n. 8.952, de 13 de dezembro de 1994, do § 2º ao art. 10 do Código de Processo Civil de 1973, reproduzido no § 2º do art. 73 do Código de Processo Civil de 2015 do seguinte teor: "Nas ações possessórias, a participação do cônjuge do autor ou do réu somente é indispensável nas hipóteses de composse ou de ato por ambos praticado".

O aludido parágrafo, como observou o *Superior Tribunal de Justiça*, resolve a controvérsia em torno da necessidade ou não de intervenção do outro cônjuge nas ações possessórias, tornando-a dispensável (o que importa no reconhecimento de que a ação não tem natureza real), "salvo nos casos de composse ou de atos por ambos praticados"[71].

Acresce o supramencionado tribunal em outro julgado:

"Conforme a doutrina e a jurisprudência, no caso de esbulho ou turbação praticado por casal, o fundamento para o litisconsórcio passivo necessário entre cônjuges não é o estado de família, mas a composse exercida injustamente sobre o bem. Essa convicção pode, portanto, pode ser estendida ao caso ora *sub judice*"[72].

---

[70] *Posse*, cit., p. 127.
[71] *RSTJ*, 74/229.
[72] REsp 1.263.164-DF, 4ª T., rel. Min. Marco Buzzi, *DJe* 29-11-2016.

Capítulo II
CLASSIFICAÇÃO DA POSSE

> *Sumário*: 1. Espécies de posse. 2. Posse direta e posse indireta. 3. Posse exclusiva, composse e posses paralelas. 4. Posse justa e posse injusta. 5. Posse de boa-fé e posse de má-fé. 6. Posse nova e posse velha. 7. Posse natural e posse civil ou jurídica. 8. Posse *ad interdicta* e posse *ad usucapionem*. 9. Posse *pro diviso* e posse *pro indiviso*.

1. ESPÉCIES DE POSSE

No Capítulo I do Livro III da Parte Especial o Código Civil trata da posse e de sua classificação, distinguindo a posse direta da indireta; a posse justa da posse injusta; e a posse de boa-fé da posse de má-fé.

O exame do texto legal permite, todavia, que sejam apontadas outras espécies: posse exclusiva, composse e posses paralelas; posse nova e posse velha; posse natural e posse civil ou jurídica; posse *ad interdicta* e posse *ad usucapionem*; e posse *pro diviso* e posse *pro indiviso*.

Nem sempre a posse tem a mesma origem e nem sempre é exercida do mesmo modo e com as mesmas intenções. Como acentua ORLANDO GOMES, "a posse existe como um todo unitário e incindível. Não obstante, a presença, ou a ausência, de certos elementos, objetivos ou subjetivos, determina a especialização de qualidades, que a diversificam em várias *espécies*"[1].

Assim, a presença ou a ausência de vícios, objetivos ou subjetivos, influi na qualificação da posse. O próprio Código Civil aponta as qualidades necessárias para o uso dos interditos. A posse obtida por meio ilícito a vicia, enquan-

---
[1] *Direitos reais*, p. 51.

to a correspondente ao exercício de uma das faculdades inerentes à propriedade legitima o poder de fato. Daí a relevância da classificação para definir o direito à proteção possessória.

O *atual Código Civil conserva os conceitos de posse justa e injusta, e de boa-fé e de má-fé*, tal como constava do diploma de 1916, possibilitando ainda o estudo das demais modalidades mencionadas.

2. POSSE DIRETA E POSSE INDIRETA

Segundo o grupo de teorias subjetivas liderado por SAVIGNY, a posse consiste no poder de dispor fisicamente da coisa com intenção de dono, comportando-se o possuidor em relação a ela como proprietário. A mera detenção, desacompanhada do *animus domini*, ou *animus rem sibi habendi*, é um simples fato que não gera consequências jurídicas. Esta a situação do locatário, do comodatário, do depositário etc., que apenas *detêm* a coisa, mas não a possuem, porque lhes falta a intenção de possuí-la como própria. O título, em virtude do qual a detêm, implica o reconhecimento do direito de terceira pessoa.

O fundamento para o aludido posicionamento encontra-se em uma regra do Digesto (L. 41, T. 1.1.3, § 5º), segundo a qual *"plures eamdem rem in solidum possidere non possunt; contra naturam quippe est, ut, quum ego aliquid teneam, tu quoque id tenere videaris"*[2].

IHERING[3] critica severamente essa concepção, dizendo que o usufrutuário é um simples detentor; entretanto, é protegido, e desta forma, na prática, tornou-se possuidor. Mas um outro ao lado dele, o proprietário, é também protegido possessoriamente. Aduz que as relações jurídicas as mais variadas podem existir em relação a uma só e mesma coisa, sem que uma constitua obstáculo à outra. A lei traçou a cada uma delas sua esfera de condutas independentes, e dessa forma evitou o conflito dos direitos.

A clássica distinção entre posse direta e indireta surge do desdobramento da posse plena, podendo haver desdobramentos sucessivos. A concepção do aludido desdobramento é peculiar à teoria de IHERING. Na aludida teoria o *corpus*, diversamente do que sucede na defendida por SAVIGNY, engloba a possibilidade

---

[2] Tradução: "Muitas pessoas não podem possuir a mesma coisa *in solidum*; porque é contra a natureza que quando eu detenho alguma coisa, se considere que tu também a deténs".
[3] *Le rôle de la volonté dans la possession*, p. 119 e 269.

de utilização econômica da coisa, o exercício de fato de alguns dos direitos inerentes à propriedade. Quem se comporta como se tivesse tais direitos sobre a coisa é possuidor dela, ainda que não a tenha sob sua dominação direta[4].

É possível, pois, distinguir, entre as espécies de posse, a direta ou imediata da indireta ou mediata. Como bem esclarece João Batista Monteiro, "o proprietário ou titular de outro direito real pode usar e gozar a coisa objeto de seu direito, direta e pessoalmente, mediante o exercício de todos os poderes que informam o seu direito e, nesse caso, nele se confundem as posses direta e indireta"[5].

Pode acontecer, no entanto, aduz o mencionado autor, "que, por negócio jurídico, transfira a outrem o direito de usar a coisa: pode ele dá-la em usufruto, em comodato, em penhor, em enfiteuse, etc. Nestes casos, a posse se dissocia: o titular do direito real fica com a posse indireta (ou mediata), enquanto que o terceiro fica com a posse direta (ou imediata, também chamada derivada, confiada, irregular ou imprópria)".

Observe-se que o ato de locar, de dar a coisa em comodato ou em usufruto, constitui conduta própria de dono, não implicando a perda da posse, que apenas se transmuda em indireta. Na classificação em apreço, não se propõe o problema da *qualificação* da posse, porque ambas são jurídicas e têm o mesmo valor (*jus possidendi* ou posses causais). A questão da *qualificação* aparece na distinção entre posse justa e injusta (CC, art. 1.200) e de boa e má-fé (art. 1.201).

A divisão da *posse em direta e indireta encontra-se definida com melhor técnica no art. 1.197 do atual Código Civil, em comparação com o art. 486 do diploma anterior*, que enumerava, exemplificativamente, alguns casos: usufruto, penhor e locação. Dispõe o aludido art. 1.197:

"*A posse direta, de pessoa que tem a coisa em seu poder, temporariamente, em virtude de direito pessoal, ou real, não anula a indireta, de quem aquela foi havida, podendo o possuidor direto defender a sua posse contra o indireto*".

A relação possessória, no caso, desdobra-se. O proprietário exerce a posse indireta, como consequência de seu domínio. O locatário, por exemplo, exerce a posse direta por concessão do locador. Uma não anula a outra. Ambas coexistem no tempo e no espaço e são posses jurídicas (*jus possidendi*), não autônomas, pois implicam o exercício de efetivo direito sobre a coisa.

A vantagem dessa divisão é que o possuidor direto e o indireto podem invocar a proteção possessória contra terceiro, mas só o segundo pode adquirir a propriedade em virtude da usucapião. O possuidor direto jamais poderá adquiri-

---

[4] José Carlos Moreira Alves, *Posse*, v. II, p. 455; Caio Mário da Silva Pereira, *Instituições de direito civil*, v. IV, p. 33.
[5] *Ação de reintegração de posse*, p. 33.

-la por esse meio, por faltar-lhe o ânimo de dono, a não ser que, excepcionalmente, ocorra mudança da *causa possessionis*, com inversão do referido ânimo, passando a possuí-la como dono (cf. n. 3, *infra*).

A jurisprudência já vinha admitindo que cada possuidor, o direto e o indireto, recorresse aos interditos possessórios contra o outro, para defender a sua posse, quando se encontrasse por ele ameaçado[6]. Tal possibilidade encontra-se, agora, expressamente prevista na parte final do supratranscrito art. 1.197 do Código em vigor.

O *Enunciado n. 237 da III Jornada de Direito Civil* acresce ainda que: "É cabível a modificação do título da posse – *interversio possessionis* – na hipótese em que o até então possuidor direto demonstrar ato exterior e inequívoco de oposição ao antigo possuidor indireto, tendo por efeito a caracterização do *animus domini*".

O desmembramento da posse em direta e indireta pode ocorrer em várias espécies de contrato, como no de compra e venda com reserva de domínio, no de alienação fiduciária, no compromisso de compra e venda etc.

Nem todos os doutrinadores, todavia, consideram como verdadeira posse a indireta, preferindo atribuir-lhe um caráter ficcional, necessário para conferir ao possuidor indireto a possibilidade de manejar as ações possessórias. GONDIM NETO[7], por exemplo, sustenta que a posse indireta constitui mera ficção, cuja importância não vai além da possibilidade de recorrer seu titular às ações possessórias para reprimir atos atentatórios da posse do verdadeiro possuidor.

JOSÉ PAULO CAVALCANTI[8], por sua vez, entende que o possuidor indireto não seria nem possuidor efetivo, nem uma ficção. Teria, porém, legitimidade para propor ações possessórias – legitimidade extraordinária. O possuidor indireto, portanto, nada mais seria do que alguém a quem a lei atribui legitimação extraordinária para propor ação possessória, em nome próprio, mas no interesse do possuidor direto.

A maior parte da doutrina rejeita, porém, com razão, tais teorias.

Os desdobramentos da posse podem ser *sucessivos*. Assim, feito o primeiro desdobramento da posse, poderá o possuidor direto efetivar novo desmembramento, tornando-se, destarte, possuidor indireto, já que deixa de ter a coisa consigo. Havendo desdobramentos sucessivos da posse, terá posse direta apenas aquele que tiver a coisa consigo: o último integrante da cadeia dos desdobramentos sucessivos. Os demais integrantes da cadeia terão, todos, posse indireta, em gradações sucessivas.

---

[6] RT, 654/145, 668/125.
[7] *A posse indireta*, p. 9.
[8] *A falsa posse indireta*, p. 47.

Assim, por exemplo, esclarece MOREIRA ALVES, "o proprietário, ao constituir sobre a coisa de sua propriedade direito de usufruto em favor de outrem, transferindo-lhe a posse direta da coisa, torna o usufrutuário possuidor direto dela, e fica como possuidor indireto; se o usufrutuário locar a coisa a terceiro, novo desmembramento da posse se verifica, tornando-se o locatário possuidor direto, e passando o usufrutuário-locador a ser possuidor indireto, sem excluir, no entanto, da posse indireta o proprietário que constituiu o usufruto, pois surge entre ambos uma graduação de posses indiretas; e, ainda, se o locatário-possuidor direto sublocar a coisa, processa-se novo desdobramento, ficando o sublocatário com a posse direta, e ingressando o sublocador na escala de graduação das posses indiretas"[9].

Acrescenta o mencionado autor que esses desdobramentos sucessivos da posse podem também ocorrer por atuação do possuidor indireto, quando, por exemplo, constitui, antes dele, na graduação de posses indiretas, outro possuidor indireto, sem alterar a posse direta, ou ainda quando o possuidor indireto intercala entre si e o possuidor direto outro possuidor indireto.

3. POSSE EXCLUSIVA, COMPOSSE E POSSES PARALELAS

Exclusiva é a posse de um único possuidor. É aquela em que uma única pessoa, física ou jurídica, tem, sobre a mesma coisa, posse plena, direta ou indireta. Assim, a posse do esbulhador, cessada a violência ou a clandestinidade, é, perante a comunidade, posse plena exclusiva; se ele a arrendar a uma só pessoa, sua posse indireta será igualmente exclusiva, como exclusiva será a posse direta do arrendatário. Assim, o desdobramento da posse em direta e indireta não é incompatível com a possibilidade de ambas as posses desdobradas serem, ou não, exclusivas.

A posse exclusiva pode ser plena ou não. *Plena* é a posse em que o possuidor exerce de fato os poderes inerentes à propriedade, como se sua fosse a coisa. É uma denominação que tem em vista o seu conteúdo. Assim também a posse plena pode, ou não, ser, concomitantemente, posse exclusiva[10].

A posse exclusiva se contrapõe não à posse desdobrada em direta e indireta, porém à composse. Na primeira, seja ela direta ou indireta, um só possuidor exerce os poderes de fato inerentes à propriedade. Na composse, porém, há vários compossuidores que têm, sobre a mesma coisa, posse direta ou posse indireta.

---

[9] *Posse*, cit., v. II, p. 443-444.
[10] Moreira Alves, *Posse*, cit., v. II, 475-476.

Composse é, assim, a situação pela qual duas ou mais pessoas exercem, simultaneamente, poderes possessórios sobre a mesma coisa. Dispõe a propósito o art. 1.199 do Código Civil:

"*Se duas ou mais pessoas possuírem coisa indivisa, poderá cada uma exercer sobre ela atos possessórios, contanto que não excluam os dos outros compossuidores*".

É o que sucede com adquirentes de coisa comum, com marido e mulher em regime de comunhão de bens ou com coerdeiros antes da partilha. Como a posse é a exteriorização do domínio, admite-se a composse em todos os casos em que ocorre o condomínio, pois ela está para a posse assim como este para o domínio.

Como bem esclarece MOREIRA ALVES, "a *composse* – que, como se verá mais adiante, é, em nosso sistema jurídico, o que a maioria dos autores alemães denomina *composse simples* – modela-se à imagem do condomínio e da comunhão de titulares de um direito real limitado, conforme se trate de composse de coisa ou de composse de direito. Está ela, portanto, para a posse da coisa como o condomínio está para a propriedade, ou está para a posse de direito como a comunhão de titulares de um direito real limitado está para o titular exclusivo desse mesmo direito real limitado"[11].

Admitida a possibilidade de uma *possessio plurium in solidum*, preleciona ORLANDO GOMES, "a situação que se apresenta é, na realidade, como ensina Molitor, a de que cada compossuidor não possui senão a sua parte, e não a parte dos outros. Cada qual possuirá, pois, uma *parte abstrata*, assim como, no condomínio, cada comproprietário é dono de uma parte ideal da coisa. Isso não significa que cada compossuidor esteja impedido de exercer o seu direito sobre toda a coisa. Dado lhe é praticar todos os atos possessórios que não excluam a posse dos outros compossuidores. Cada qual, *per se*, pode invocar a proteção possessória para defesa do objeto comum"[12].

Segundo o *Tribunal de Justiça de São Paulo*, por força do princípio da *saisine*, previsto no art. 1.784 do Código Civil, "aberta a sucessão, a herança se transmite aos herdeiros como um todo indivisível, até a partilha. Se duas ou mais pessoas possuírem coisa indivisa, poderá cada uma exercer sobre ela atos possessórios, contanto que não excluam os dos outros copossuidores (art. 1.199 do Código Civil). Tendo passado a ocupar parte do imóvel por decorrência da morte do companheiro, que era copossuidor, não pode a companheira arrogar-se a condição de possuidora exclusiva, excluindo os demais copossuidores"[13].

No direito alemão distingue-se a composse simples da composse em mão comum. A *composse simples* é a composse romana, na qual cada um dos

---

[11] *Posse*, cit., v. II, p. 477.
[12] *Direitos reais*, cit., p. 49.
[13] TJSP, AC 10023502320198260407-SP, 21ª Câm. Dir. Priv., rel. Des. Itamar Gaino, j. 28-7-2020.

compossuidores pode exercer sozinho o poder de fato sobre a coisa, sem excluir, todavia, o dos outros compossuidores. A *posse em mão comum* tem origem no direito alemão antigo e se configura quando somente todos os compossuidores, em conjunto, podem exercer o poder de fato sobre a coisa. Como a primeira é a única admitida em nosso direito, dispensa o qualificativo *simples*, bastando dizer-se *composse*.

Qualquer dos compossuidores pode valer-se do interdito possessório ou da legítima defesa para impedir que outro compossuidor exerça uma posse exclusiva sobre qualquer fração da comunhão. Nessa consonância decidiu-se que, "em se tratando de composse, ou compossessão, não pode o marido, sob pretexto de ser administrador dos bens do casal, despojar o consorte do uso e gozo dos móveis e utensílios existentes na habitação conjugal, para deles dispor à sua vontade, com ofensa da igualdade de direito de que gozam os cônjuges. Nos termos do art. 488 do Código Civil (*de 1916; CC/2002: art. 1.199*), cada possuidor só pode exercer na coisa comum atos possessórios que não excluam a posse dos outros. É a ação de manutenção, ou a de esbulho, a que compete ao consorte para conservar ou restabelecer o estado anterior"[14].

Podem os compossuidores, também, estabelecer uma divisão de fato para a utilização pacífica do direito de cada um, surgindo, assim, a composse *pro diviso*. Permanecerá *pro indiviso* se todos exercerem, ao mesmo tempo e sobre a totalidade da coisa, os poderes de fato (utilização ou exploração comum do bem).

Na composse *pro diviso*, exercendo os compossuidores poderes apenas sobre uma parte definida da coisa, e estando tal situação consolidada no tempo (há mais de ano e dia), poderá cada qual recorrer aos interditos contra aquele que atentar contra tal exercício[15]. Em relação a terceiros, como se fossem um único sujeito, qualquer deles poderá usar os remédios possessórios que se fizerem necessários, tal como acontece no condomínio (CC, art. 1.314).

---

[14] *RT*, 396/186.
[15] "A composse *pro diviso* ocorre quando não há uma divisão de direito, mas existe uma repartição de fato, que faz com que cada compossuidor já possua uma parte certa. Faz-se uma partilha aritmética, distribuindo-se um imóvel a diversas pessoas, de maneira que cada uma delas toma posse do terreno que corresponde à sua parte, embora o imóvel ainda seja indiviso. O exercício da composse permite essa divisão de fato para proporcionar uma utilização pacífica do direito de posse de cada um dos compossuidores" (TJSP, Ap. 185.521-1, rel. Des. Guimarães e Souza, j. 7-6-1994). "Possessória. Propositura por possuidor em condomínio *pro diviso*. Admissibilidade. No condomínio *pro diviso* que se rege pelo art. 488 do Código Civil (*de 1916*) assiste ao condômino esbulhado o direito a defender a sua posse contra o consorte que a espolie" (*RT*, 401/183).

São comuns, após a dissolução da união estável, ações de natureza possessória entre companheiros, versando sobre a posse dos bens comuns. Numa delas decidiu o *Superior Tribunal de Justiça*: "Reconhecida a composse da companheira em terreno acrescido de marinha, o término da união não é bastante para caracterizar a sua posse como injusta, mesmo que o título de ocupação tenha sido concedido apenas ao companheiro"[16].

Ademais, "a jurisprudência deste Tribunal Superior assenta-se no sentido de que, dissolvida a sociedade conjugal, o bem imóvel comum do casal rege-se pelas regras relativas ao condomínio, ainda que não realizada a partilha de bens, cessando o estado de mancomunhão anterior. Precedente"[17].

Também já decidiu o *antigo Segundo Tribunal de Alçada Civil de São Paulo*, em sintonia com a evolução legislativa da situação dos conviventes, que, "diante da inovação constitucional que protege a união estável entre o homem e a mulher, é idêntica à do cônjuge a posse da concubina, que agora tem protegida a posse que conserva em razão de situação de fato anterior à abertura de sucessão de seu companheiro, não se reconhecendo esbulho nem mesmo em favor do espólio, ainda que sua permanência se dê em imóvel adquirido em nome da *de cujus*"[18].

Não se deve, todavia, confundir composse (várias posses concomitantes sobre a mesma coisa) com *posses paralelas*, também denominadas posses múltiplas, em que ocorre concorrência ou sobreposição de posses (existência de posses de natureza diversa sobre a mesma coisa). Neste caso, dá-se o desdobramento da posse em direta e indireta, como visto no item 2, *retro*.

Decidiu o *Tribunal de Justiça de Minas Gerais*: "Reintegração de posse entre herdeiros. Casa construída por um dos herdeiros no lote inventariado. Posse exclusiva, com ânimo de dono. Real possuidor. Composse. Inexistência. Mera detenção da outra herdeira. Posse que não se convalida. Notificação. Esbulho"[19].

Quanto ao exercício das possessórias por parte dos herdeiros, o *Superior Tribunal de Justiça* asseverou: "Se o autor da herança jamais exerceu posse sobre a área questionada, como afirmado pelas instâncias ordinárias, o que não pode mais ser questionado (Súmula n. 7 do STJ), se torna inviável a herdeira pretender defender a posse que seu pai jamais teve"[20].

---

[16] *RSTJ*, 93/230.
[17] REsp 1.840.561-SP, 3ª T., rel. Min. Marco Aurélio Bellizze, *DJe* 17-5-2022.
[18] Ap. 432.655-06/1, 7ª Câm., rel. Juiz Luiz Henrique.
[19] TJ-MG, AC 10090170035068001, rel. Des. Estevão Lucchesi, *DJe* 7-2-2020.
[20] REsp 1.547.788-RS, 3ª T., rel. Min. Moura Ribeiro, *DJe* 26-5-2017.

4. POSSE JUSTA E POSSE INJUSTA

Segundo o art. 1.200 do Código Civil, "*é justa a posse que não for violenta, clandestina ou precária*". Posse justa, destarte, é aquela isenta de vícios, aquela que não repugna ao direito, por ter sido adquirida por algum dos modos previstos na lei, ou, segundo a técnica romana, a posse adquirida legitimamente, sem vício jurídico externo (*nec vim, nec clam, nec precario*)[21].

Injusta, portanto, por oposição, é a posse que foi adquirida viciosamente, por violência ou clandestinidade ou por abuso do precário. É *violenta*, por exemplo, a posse do que toma o objeto de alguém, despojando-o à força, ou expulsa de um imóvel, por meios violentos, o anterior possuidor. Isenta de violência, denomina-se posse mansa e pacífica. Em questões possessórias não se deve confundir violência com má-fé, pois a primeira pode existir sem a segunda[22].

A violência pode ser física ou moral, aplicando-se-lhe os princípios que se extraem da doutrina da coação, apenas cuidando em adaptá-los. A coação deve, porém, ser exercida diretamente, no ato do estabelecimento da posse. As ameaças de toda sorte, que tenham como consequência o abandono da posse por parte de quem as sofreu, devem ser equiparadas à violência material, e tornam viciosa a posse assim adquirida[23].

Se a tradição pelo coato foi feita como símbolo de transmissão de propriedade, há necessidade de anulação do negócio jurídico de transferência do domínio, para que esta deixe de valer. Todavia, se a tradição foi feita unicamente como modo de transmitir a posse, sem representar um negócio jurídico de transferência de domínio, desde logo a posse transmitida será injusta, porque obtida por coação moral, podendo aquele que a perdeu fazer uso das ações possessórias[24].

A violência estigmatiza a posse, impedindo que a sua aquisição gere efeitos no âmbito do direito. Ainda que exercida pelo proprietário, deve a vítima ser reintegrada, porque não pode o esbulhador fazer justiça pelas próprias mãos[25].

---

[21] Lafayette, *Direito das coisas*, p. 51; João Batista Monteiro, *Ação*, cit., p. 33.
"Reintegração de posse. Existência de pré-contrato de venda de imóvel. Posse justa e boa-fé caracterizadas. Possibilidade do ajuizamento da ação somente pela rescisão contratual" (*RT*, 748/252).
[22] Washington de Barros Monteiro, *Curso de direito civil*, v. 3, p. 28.
[23] San Tiago Dantas, *Programa de direito civil*, v. III, p. 60-61; Astolpho Rezende, *A posse e sua proteção*, p. 241.
[24] Marcus Vinicius Rios Gonçalves, *Dos vícios da posse*, p. 50.
[25] Silvio Rodrigues, *Direito civil*, v. 5, p. 27; Caio Mário da Silva Pereira, *Instituições*, cit., v. IV, p. 28.

Como obtempera RIBAS[26], é indiferente que a violência tenha sido praticada sobre a própria pessoa do espoliado, ou sobre aqueles que exerciam a posse em nome deste; que o esbulhado seja ou não proprietário; que o esbulhador pratique a violência por si mesmo, ou por intermédio de outros, que a cometessem por sua ordem e em seu nome; ou ainda sem sua ordem, uma vez que ele posteriormente a tenha aprovado e ratificado; que a violência tenha, ou não, sido feita com mão armada e com tumulto; que se expulse do prédio o antigo possuidor, ou que se o prenda dentro dele.

É *clandestina* a posse do que furta um objeto ou ocupa imóvel de outro às escondidas. É aquela obtida furtivamente, que se estabelece sub-repticiamente, às ocultas da pessoa de cujo poder se tira a coisa e que tem interesse em conhecê-la. O ladrão que furta, que tira a coisa com sutileza, por exemplo, estabelece a posse clandestina, do mesmo modo que o ladrão que rouba estabelece a posse violenta[27].

E é *precária* a posse quando o agente se nega a devolver a coisa, findo o contrato (*vim, clam aut precario*). Segundo LAFAYETTE[28], se diz viciada de precariedade a posse daqueles que, tendo recebido a coisa das mãos do proprietário por um título que os obriga a restituí-la em prazo certo ou incerto, como por empréstimo ou aluguel, recusam-se injustamente a fazer a entrega, passando a possuí-la em seu próprio nome.

Os três vícios mencionados correspondem às figuras definidas no Código Penal como roubo (violência), furto (clandestinidade) e apropriação indébita (precariedade). O aludido art. 1.200 do Código Civil não esgota, porém, as hipóteses em que a posse é viciosa. Aquele que, pacificamente, ingressa em terreno alheio, sem procurar ocultar a invasão, também pratica esbulho, malgrado a sua conduta não se identifique com nenhum dos três vícios apontados.

---

[26] *Da posse e das ações possessórias*, p. 35-36.
[27] Washington de Barros Monteiro, *Curso*, cit., v. 3, p. 28; San Tiago Dantas, *Programa*, cit., v. III, 61.
"Reintegração de posse. Ação intentada por proprietário de veículo roubado. Admissibilidade, ainda que o réu tenha adquirido o produto em negócio aparentemente idôneo, dada a origem viciada da posse" (*RT*, 756/244).
[28] *Direito das coisas*, cit., p. 52.
"Reintegração de posse. Comodato. Recusa do ocupante do imóvel em devolver o bem após ter sido notificado. Esbulho caracterizado. Irrelevância de o proprietário nunca ter exercido a posse direta sobre o bem" (STJ, *RT*, 754/245). No mesmo sentido: *RT*, 779/264 e 754/364.

Nessa trilha, assevera MARCUS VINICIUS RIOS GONÇALVES[29] que, se o Código Civil limitasse os vícios da posse àqueles três, chegar-se-ia à conclusão de que o que esbulhou a céu aberto, sem empregar violência, ou sem abusar da confiança, não tornou viciosa a posse que adquiriu.

"Nada mais absurdo, porém", aduz o aludido autor, acrescentando que o dispositivo em apreço, "ao enumerar os vícios da posse, não esgotou as possibilidades pelas quais uma posse torna-se viciosa. Mais simples seria, pois, dizer que há posse viciosa quando houve esbulho, considerando tal expressão como a tomada de posse não permitida, nem autorizada. Inegável, portanto, que o que invade, ainda que a céu aberto, e sem incorrer em nenhuma das hipóteses do art. 489, do Código Civil (*de 1916; CC/2002: art. 1.200*), ainda assim terá praticado esbulho, e ainda assim terá contaminado a posse por ele adquirida, em relação ao anterior proprietário".

Os vícios que maculam a posse são ligados ao momento da sua aquisição. O legislador brasileiro classifica a posse como justa ou injusta, levando em conta a forma pela qual ela foi adquirida. Por essa razão, dispõe o art. 1.208 do Código Civil, segunda parte, que não autorizam a aquisição da posse "*os atos violentos ou clandestinos, senão depois de cessar a violência ou a clandestinidade*".

Ainda que viciada, pois, a posse injusta não deixa de ser posse, visto que a sua qualificação é feita em face de determinada pessoa, sendo, portanto, relativa. Será injusta em face do legítimo possuidor. Mesmo viciada, porém, será justa, suscetível de proteção em relação às demais pessoas estranhas ao fato. Assim, a posse obtida clandestinamente, até por furto, é injusta em relação ao legítimo possuidor, mas poderá ser justa em relação a um terceiro que não tenha posse alguma. Para a proteção da posse não importa seja justa ou injusta, em sentido absoluto. Basta que seja justa em relação ao adversário. A tutela é dispensada em atenção à paz social[30].

Enfatiza ARRUDA ALVIM[31] que a *injustiça* da posse ocorre entre o esbulhado e o esbulhador, sendo a situação deste *viciada* em relação à do outro.

---

[29] *Dos vícios*, cit., p. 52-53.
"Reintegração de posse. Edificação de torre de radiodifusão em terreno alheio. Esbulho caracterizado. Procedência do pedido" (*RT*, 748/318). "Reintegração de posse. Inadimplemento de contrato de permuta de bem imóvel, decorrente da não outorga das escrituras. Admissibilidade, pois se trata de posse injusta" (*RT*, 803/352).
[30] Pietro Bonfante, *Corso di diritto romano*, v. III, p. 208; Washington de Barros Monteiro, *Curso*, cit., v. 3, p. 28.
[31] Algumas notas sobre a distinção entre posse e detenção, in *Aspectos controvertidos do novo Código Civil*: escritos em homenagem ao Ministro José Carlos Moreira Alves, p. 79-80.

Se se assumir situação possessória por *violência*, aduz o mencionado autor, "enquanto perdurar a violência ou enquanto subsistir a situação na *clandestinidade*, não haverá situação possessória. A posse que venha a ser assim adquirida, em decorrência da prática de tais ilícitos, é *injusta*, cuja injustiça se mantém, *em relação ao precedente possuidor*, viciando essa posse, *em face desse precedente possuidor*. Isto significa, por exemplo, que numa reintegração de posse, *ainda que não obtida a medida liminar pelo autor*, que foi esbulhado há mais de um ano, nem por isso deverá esse que foi esbulhado não vir a ser, afinal, reintegrado em sua posse".

Essa *injustiça da posse*, acrescenta o renomado civilista citado, "do detentor que se haja ilicitamente transmudado em possuidor, fica circunscrita à situação entre ele e o precedente possuidor, *i.e.*, em relação à comunidade, esse antigo detentor, e, agora possuidor, será havido como possuidor. Vale dizer, há uma *dualidade* de configurações de sua situação, *variável em relação ou em confronto de quem essa se oferta*: (a) em face do precedente possuidor, é uma, com sua posse injusta; (b) em face da comunidade, não há vício".

A precariedade difere dos vícios da violência e da clandestinidade quanto ao momento de seu surgimento. Enquanto os fatos que caracterizam estas ocorrem no momento da aquisição da posse, aquela somente se origina de atos posteriores, ou seja, a partir do instante em que o possuidor direto se recusa a obedecer à ordem de restituição do bem ao possuidor indireto.

A concessão da posse precária é perfeitamente lícita. Enquanto não chegado o momento de devolver a coisa, o possuidor (o comodatário, p. ex.) tem posse justa. O vício se manifesta quando fica caracterizado o abuso de confiança. No instante em que se recusa a restituí-la, sua posse torna-se viciada e injusta, passando à condição de esbulhador.

À conta disso, o *Superior Tribunal de Justiça* se manifestou no seguinte sentido: "A posse precária não perde seu caráter injusto em decorrência do decurso do tempo ou pela vontade do sujeito, sendo para tal desiderato necessária a demonstração de fundamento jurídico que indique de forma inequívoca a inversão do título da posse. Excetuada a hipótese de inversão de seu título, a posse injusta pelo vício da precariedade não induz atos de proteção ou tampouco presta para fins de aquisição do domínio pelo seu exercício continuado"[32].

A violência e a clandestinidade podem, porém, cessar. Nesse caso, dá-se, segundo expressão usada por alguns doutrinadores, o convalescimento dos vícios. Enquanto não findam, existe apenas detenção. Cessados, surge a posse, porém *injusta*, em relação a quem a perdeu. Com efeito, dispõe o retrotranscrito art. 1.208

---

[32] STJ, AREsp 1.013.333-MG, 1ª T., rel. Min. Gurgel de Faria, j. 3-5-2022.

do Código Civil que não induzem posse os atos violentos ou clandestinos, "*senão depois de cessar a violência ou a clandestinidade*".

Para cessar a clandestinidade não se exige demonstração de que a vítima tenha efetivamente ciência da perpetração do esbulho. Impõe-se tão só que o esbulhador não o oculte mais dela, tornando possível que venha a saber do ocorrido. Não se exige, destarte, a difícil prova de que a vítima tomou conhecimento do esbulho, mas apenas de que tinha condições de tomar, porque o esbulhador não mais oculta a coisa. Se considerarmos a clandestinidade em função única e exclusiva da ocultação da posse em face do proprietário, tornaremos inviável a subsistência da usucapião, porque se permitiria que o proprietário sempre invocasse o desconhecimento do exercício da posse por outrem[33].

Nessa linha, assinala AZEVEDO MARQUES[34] que a clandestinidade só existe e só desaparece *relativamente* a determinadas pessoas que provarem não lhes ter sido possível, em virtude de atos do detentor, conhecer a posse que este lhes opõe.

O exemplo formulado por MOURLON, aplicável à usucapião, diz o mencionado autor, esclarece bastante: "A fim de aumentar a minha adega (ou porão de casa) eu prolonguei-a debaixo da casa do vizinho e a possuí durante trinta anos sem descontinuidade nem interrupção. Adquiri-a por prescrição? Sim se o proprietário da casa vizinha pôde conhecê-la, isto é, se existe algum sinal aparente, tal como um respiradouro que indique e assinale a usurpação feita. Pouco importa que ele tenha conhecido, ou não; basta que ele *pudesse* conhecê-la. Não, porém, se não existe qualquer sinal, nem porta, nem respiradouro, construído de modo a lhe revelar a posse que a ele interessava conhecer".

Segundo vários autores, dentre eles SILVIO RODRIGUES[35], o aludido art. 1.208 do Código Civil arredou a possibilidade de ocorrer o convalescimento do vício da precariedade, seja porque representa um abuso de confiança, seja porque a obrigação de devolver a coisa recebida em confiança nunca cessa.

Na realidade, porém, ao estabelecer que, enquanto não cessadas a violência ou a clandestinidade não se adquire posse, mas detenção, o dispositivo em apreço estabelece uma fase de transição, em que o esbulhador terá mera detenção, antes de adquirir posse, injusta ante o esbulhado. Assim, não há convalescimento de posse, mas transmudação de detenção em posse, com a cessação dos vícios da violência e da clandestinidade.

---

[33] Marcus Vinicius Rios Gonçalves, *Dos vícios*, cit., p. 51; Nélson Luiz Pinto, *Ação de usucapião*, p. 108.
[34] *A ação possessória*, p. 37-38.
[35] *Direito civil*, cit., v. 5, p. 29.

Como assinala Marcus Vinicius Rios Gonçalves, "não há, porém, esse momento de transição, na hipótese de precariedade. E a razão é evidente: trata-se de situação única, em que o esbulho decorre não da retirada da coisa, do poder de fato do esbulhado, mas da inversão de *animus* daquele que já tinha a coisa consigo. O possuidor precário já tinha a posse da coisa, e posse justa. Com a inversão do *animus*, pela recusa em devolver a coisa, a posse do precário, então justa, transfigura-se em injusta, sem uma fase intermediária de transição. Daí o equívoco em dizer-se que há convalescimento da violência e clandestinidade, mas não da precariedade"[36].

O que ocorre, de fato, prossegue o mencionado autor, "é que, por algum tempo (enquanto não cessar a violência ou clandestinidade), o esbulhador terá mera detenção. Cessadas uma e outra, a situação transmudar-se-á em posse. Ao passo que o precarista, sem transição, passará de possuidor justo a injusto, em relação ao esbulhado. O que alguns autores, como Silvio Rodrigues, chamam de convalescimento da posse violenta e clandestina, nada mais é, a nosso ver, que uma substituição de um estado de detenção, por um estado de posse. Tal substituição não ocorre nas hipóteses de precariedade, porquanto neste não há a fase transitória de detenção".

O que o legislador chama de precariedade é, em realidade, a inversão manifesta do ânimo do possuidor precário, que passa a não mais reconhecer os direitos do possuidor anterior (indireto). Configura-se, nessa hipótese, o esbulho[37].

Também caracteriza *o esbulho* a modificação do ânimo do mero detentor, que se opõe ao possuidor anterior, recusando-se a restituir a coisa, como na hipótese do caseiro que, abusando da confiança que lhe foi depositada, toma a coisa para si, recusando-se a devolvê-la ao proprietário, ou possuidor anterior[38].

Conforme, porém, anota Lenine Nequete[39], nada impede que "o caráter originário da posse se modifique quando, acompanhando a mudança da vontade,

---

[36] *Dos vícios*, cit., p. 46.
[37] "Esbulho possessório caracterizado. Permanência ilícita do réu no imóvel, quando já cessada a legitimidade da ocupação em virtude da dispensa de cargo que autorizava o exercício da posse do bem" (*RT*, 804/401). Reintegração de posse. Admissibilidade. Posse precária de locatário que, despejado, clandestinamente retorna a ocupar o imóvel. Esbulho caracterizado" (*RT*, 791/230). "Esbulho. Caracterização. Veículo automotor. Proprietário que deixa veículo em consignação para revenda e vem a perdê-lo, para terceiro, sem que recebesse o preço avençado. Inadmissibilidade. Tradição feita por quem era mero detentor" (*RT*, 805/277).
[38] "Reintegração de posse. Liminar deferida contra empregado, ocupante de imóvel existente em chácara de lazer, contratado para exercer a função de caseiro da propriedade. Admissibilidade, pois apenas conserva a posse em nome do possuidor e em cumprimento de ordem e instruções suas" (*RT*, 778/300).
[39] *Da prescrição aquisitiva (usucapião)*, p. 123.

sobrevém igualmente uma nova *causa possessionis*". Assim, o locatário, por exemplo, aduz, "desde que adquira a propriedade a um *non dominus*, ou que tenha repelido o proprietário, deixando de pagar-lhe os aluguéis e fazendo-lhe sentir inequivocamente a sua pretensão dominial, é fora de dúvida que passou a possuir como dono".

Tal posse, em virtude da nova *causa possessionis*, tornar-se-ia capaz de conduzir à usucapião, iniciando-se a contagem do prazo a partir dessa inversão.

Igualmente CAIO MÁRIO DA SILVA PEREIRA[40], depois de dizer que a posse injusta não se pode converter, em relação ao esbulhado, em posse justa, quer pela vontade ou pela ação do possuidor, quer pelo decurso do tempo, acrescenta: "Nada impede, porém, que uma posse inicialmente injusta venha a tornar-se justa, mediante a interferência de uma causa diversa, como seria o caso de quem tomou pela violência comprar do esbulhado, ou de quem possui clandestinamente herdar do desapossado. Reversamente, a posse *ab initio* escorreita entende-se assim permanecer, salvo se sobrevier mudança na atitude, como é o exemplo do locatário (possuidor direto), que recusa restituir ao locador, e se converte em possuidor injusto".

Em qualquer caso, todavia, enfatiza o prestigiado autor, "a alteração no caráter da posse não provém da mudança de intenção do possuidor, mas de inversão do título, por um fundamento jurídico, quer parta de terceiro, quer advenha da modificação essencial do direito".

Os atos de oposição ao proprietário, entretanto, "devem ser tais que não deixem nenhuma dúvida quanto à vontade do possuidor de transmutar a sua posse precária em posse a título de proprietário e quanto à ciência que dessa inversão tenha tido o proprietário: pois que a mera falta de pagamento dos locativos, ou outras circunstâncias semelhantes das quais o proprietário não possa concluir claramente a intenção de se inverter o título, não constituem atos de contradição eficazes"[41].

No tocante à violência, a situação de fato consolida-se se o esbulhado deixar de reagir, e a mera detenção do invasor, existente antes de cessada a violência, passa à condição de posse, embora qualificada como injusta em relação ao espoliado. A lei não estabelece prazo para a aquisição dessa posse. Para que cesse o vício, basta que o possuidor passe a usar a coisa publicamente, com conhecimento do proprietário ou com a possibilidade de existir tal conhecimento, sem que este reaja.

Cessadas a violência e a clandestinidade, a mera detenção, que então estava caracterizada, transforma-se em posse injusta em relação ao esbulhado, que permite ao novo possuidor ser mantido provisoriamente, contra os que não tiverem melhor posse. Na posse de mais de ano e dia, o possuidor será mantido provisoriamente, inclusive contra o proprietário, até ser convencido pelos meios ordinários (CC, arts.

---

[40] *Instituições*, cit., v. IV, p. 29.
[41] Lenine Nequete, *Da prescrição aquisitiva*, cit., p. 123.

1.210 e 1.211; CPC, art. 558, *caput* e parágrafo único). Cessadas a violência e a clandestinidade, a posse passa a ser "útil", surtindo todos os efeitos, nomeadamente para a usucapião e para a utilização dos interditos.

Procura-se conciliar o art. 1.208 do Código Civil, que admite a cessação dos vícios da posse, com a regra do art. 1.203, que presume manter esta o mesmo caráter com que foi adquirida, afirmando-se que este último dispositivo contém uma presunção *juris tantum*, no sentido de que a posse guarda o caráter de sua aquisição. Assim, admite prova em contrário.

5. POSSE DE BOA-FÉ E POSSE DE MÁ-FÉ

A boa-fé constitui um dos princípios básicos e seculares do direito civil, ao lado de muitos outros. Os princípios gerais de direito são, com efeito, os elementos fundamentais da cultura jurídica humana em nossos dias.

Pode-se dizer que a boa-fé é a alma das relações sociais e continua representando importante papel no campo do direito, o qual lhe confere numerosos privilégios e imunidades, sobretudo em matéria de posse, atribuindo ao possuidor de boa-fé, por exemplo, direito à percepção dos frutos.

No âmbito do direito das coisas, a *posse de boa-fé*, aliada a outros relevantes elementos, segundo expressiva síntese de Caio Mário da Silva Pereira[42], cria o domínio, premiando a constância e abençoando o trabalho; confere ao possuidor, não proprietário, os frutos provenientes da coisa possuída; exime-o de indenizar a perda ou deterioração do bem em sua posse; regulamenta a hipótese de quem, com material próprio, edifica ou planta em terreno alheio; e, ainda, outorga direito de ressarcimento ao possuidor pelos melhoramentos realizados.

A análise da *boa-fé* em tema de posse leva-nos a observá-la não só como um princípio, em seu sentido objetivo, ou seja, como uma regra de conduta que deve ser seguida por todos, mas, principalmente, em seu sentido subjetivo, tendo em vista os efeitos jurídicos emergentes da sua presença em determinada situação fática.

A clássica divisão entre a *posse de boa-fé* e a *posse de má-fé* era conhecida dos romanos, que proclamavam: *Vel etiam potest dividi possessionis genus in duae species, ut possideat aut bona fide, aut non bona fide.*

O Código Civil brasileiro, no art. 1.201, conceitua a posse de boa-fé como aquela em que "*o possuidor ignora o vício, ou o obstáculo que impede a aquisição da coisa*". Decorre da consciência de se ter adquirido a posse por meios legítimos. O seu conceito, portanto, funda-se em dados psicológicos, em critério subjetivo.

---

[42] Ideia de boa-fé, *RF*, 72/33.

Ao julgar Recurso Especial, o *Superior Tribunal de Justiça* considerou a "impossibilidade de reconhecimento como de boa-fé a posse de imóvel hipotecado, com execução hipotecária em curso". Nos termos do acórdão, deve-se aferir a "caracterização da posse de boa-fé a depender da observância de um mínimo de cautela, como a verificação da sua situação no registro de imóveis"[43].

É de suma importância, para caracterizar a posse de boa-fé, a crença do possuidor de se encontrar em uma situação legítima. Se ignora a existência de vício na aquisição da posse, ela é de *boa-fé*; se o vício é de seu conhecimento, a posse é de *má-fé*. Para verificar se uma posse é *justa* ou *injusta*, o critério, entretanto, é objetivo: examina-se a existência ou não dos vícios apontados.

Assim, segundo SILVIO RODRIGUES[44], o que distingue uma posse da outra é a posição psicológica do possuidor. Se sabe da existência do vício, sua posse é de má-fé. Se ignora o vício que a macula, sua posse é de boa-fé. Cumpre, entretanto, notar, aduz, "que não se pode considerar de boa-fé a posse de quem, por erro inescusável, ou ignorância grosseira, desconhece o vício que mina sua posse".

Dentre as várias teorias existentes a respeito da configuração da *má-fé*, destacam-se a *ética*, que liga a má-fé à ideia de culpa, e a *psicológica*, que só indaga da ciência por parte do possuidor do impedimento para a aquisição da posse. Na concepção psicológica o interessado deve possuir apenas a crença de que não lesa o direito alheio. Na concepção ética, todavia, essa crença deve derivar de um erro escusável ou de averiguação e exame de circunstâncias que circundam o fato. Analisa-se, nesta, se o indivíduo agiu com as diligências normais exigidas para a situação.

Tem sido salientada a necessidade de a ignorância derivar de um erro escusável. Assim, em sintonia com a concepção ética, sublinha SILVIO RODRIGUES[45], "se o possuidor adquiriu a coisa possuída de menor impúbere e de aparência infantil, não pode alegar ignorância da nulidade que pesa sobre o seu título. Como também não pode ignorá-la se comprou o imóvel sem examinar a prova de domínio do alienante. Nos dois casos, sua ignorância deflui de culpa grave, de negligência imperdoável, que por isso mesmo é inalegável".

O direito pátrio, conforme acentua ORLANDO GOMES[46], concebe a boa-fé de modo negativo, como *ignorância*, não como *convicção*. Se o possuidor tem consciência do vício que impede a aquisição da coisa e, não obstante, a adquire, torna-se possuidor de *má-fé*. Observa, todavia, o mencionado autor que a aquisição deve ter causa legítima, mesmo aparente, admitindo-se, porém, erro escusável. E que a dú-

---

[43] REsp 1.434.491/MG, 3ª T., rel. Min. Paulo de Tarso Sanseverino, *DJe* 13-3-2015.
[44] *Direito civil*, cit., v. 5, p. 31.
[45] *Direito civil*, cit., v. 5, p. 31.
[46] *Direitos reais*, cit., p. 54-55.

vida relevante exclui a possibilidade da boa-fé, bem como a exclui a culpa do possuidor na aquisição da posse. O erro, de que resulta a posse de boa-fé, aduz, "há de ser invencível, sendo evidente que erro oriundo de culpa não tem escusa".

A culpa, a negligência ou a falta de diligência comum são enfocadas, pois, como excludentes da boa-fé, como o fazem os adeptos da concepção ética. A jurisprudência tem firmemente salientado a necessidade de a ignorância derivar de um erro escusável, acolhendo, assim, os princípios de teoria ética, malgrado, muitas vezes, refiram-se as decisões ao conceito de boa-fé sob o prisma psicológico.

Nessa direção decidiu o *Tribunal de Justiça de São Paulo*: "Consoante a lição de WINDSCHEID, a boa-fé é a crença de não se lesar o proprietário. Considerada sob o prisma psicológico, sua existência depende unicamente da convicção, da crença, ou de um fato de espírito... Ora, na espécie, os demandados – bem assinalou a sentença e acentuou o parecer da Procuradoria-Geral – ocuparam o imóvel convencidos da validade dos compromissos que com eles haviam sido firmados. Pessoas de parcos recursos e sem expediente, os demandados foram envolvidos na sua boa-fé"[47].

As considerações finais do acórdão demonstram que não se levou em conta somente a ignorância da existência de um vício, mas, também, as condições socioculturais dos demandados ("pessoas de parcos recursos e sem expediente"), fatores externos relativos à sua incapacidade intelectiva, capazes de levá-los a um erro mais facilmente que outras pessoas. Aplicou-se, na realidade, a concepção ética, considerando-se que a caracterização do erro depende de circunstância e fatores variáveis. Muitas vezes o que pode ser tido como erro, em se tratando de uma pessoa, pode não sê-lo em relação a outra.

Em outro acórdão do mesmo Tribunal, referente à *posse de boa ou de má-fé*, observa-se a preocupação dos julgadores em realçar as circunstâncias e condições em que foi efetuado o negócio: "negócio normal e mediante diligência comum". Confira-se: "Entre o proprietário que voluntariamente se despoja da posse em favor de pessoa de má-fé e o detentor da posse que a adquiriu em negócio normal, de boa-fé, e mediante a diligência comum, não pode haver dúvida quanto à solução favorável a este último"[48].

---

[47] *RT*, 400/161.
[48] *RT*, 526/106.
V. ainda: "Não se amparando o possuidor em título de legitimidade ao menos aparente, a posse não é de boa-fé" (*RT*, 563/229). "A boa-fé é legítima quando provém de erro escusável, invencível. Erro invencível é o que não se origina de culpa. Erro oriundo de culpa não tem escusa. O ato que dela provém não se reveste de boa-fé; não encontra apoio na lei; não produz efeitos jurídicos" (*Arq. Jud.*, 65/405).

A boa-fé não é essencial para o uso das ações possessórias. Basta que a posse seja justa. Ainda que de má-fé, o possuidor não perde o direito de ajuizar a ação possessória competente para proteger-se de um ataque à sua posse. A boa-fé somente ganha relevância, com relação à posse, em se tratando de usucapião, de disputa sobre os frutos e benfeitorias da coisa possuída ou da definição da responsabilidade pela sua perda ou deterioração.

Um testamento, pelo qual alguém recebe um imóvel, por exemplo, ignorando que o ato é nulo, é hábil, não obstante o vício, para transmitir-lhe a crença de que o adquiriu legitimamente. Essa crença, embora calcada em título defeituoso, mas aparentemente legal, produz efeito igual ao de um título perfeito e autoriza reputar-se de boa-fé quem se encontrar em tal situação.

Título, em sentido lato, é o elemento representativo da causa ou fundamento jurídico de um direito. Segundo Tito Fulgêncio[49], emprega a lei a palavra "título" para designar: "*a*) a causa eficiente, o princípio gerador do direito; *b*) o instrumento do contrato ou do ato jurídico, o ato exterior probatório; *c*) qualidade, e assim se diz – a título de herdeiro, ou qualidade de herdeiro". Desse modo, aduz, "não é no sentido material que o título é tomado no Código, senão no de causa eficiente da posse, no da qualidade com que o indivíduo figura na relação de fato".

O Código Civil estabelece *"presunção de boa-fé"* em favor de quem tem justo título, *"salvo prova em contrário, ou quando a lei expressamente não admite esta presunção"* (art. 1.201, parágrafo único).

Segundo a lição de Lenine Nequete, justo título (*justa causa possessionis*) para fins de usucapião "é todo ato formalmente adequado a transferir o domínio ou o direito real de que trata, mas que deixa de produzir tal efeito (e aqui a enumeração é meramente exemplificativa) em virtude de não ser o transmitente senhor da coisa ou do direito, ou de faltar-lhe o poder de alienar"[50].

Justo título, em suma, é o que seria hábil para transmitir o domínio e a posse se não contivesse nenhum vício impeditivo dessa transmissão. Uma escritura de compra e venda, devidamente registrada, por exemplo, é um título hábil para a transmissão[51] de imóvel. No entanto, se o vendedor não era o verdadeiro dono (aquisição *a non domino*) ou se era um menor não assistido por seu representante legal, a aquisição não se perfecciona e pode ser anulada. Porém a posse do adquirente presume-se ser de boa-fé, porque estribada em justo título.

---

[49] *Da posse e das ações possessórias*, v. 1, p. 42.
[50] *Da prescrição aquisitiva*, cit., p. 207.
[51] *Enunciado n. 86 da I Jornada de Direito Civil*: "A expressão 'justo título' contida nos arts. 1.242 e 1.260 do Código Civil abrange todo e qualquer ato jurídico hábil, em tese, a transferir a propriedade, independentemente de registro".

Essa presunção, no entanto, é *juris tantum* e, como tal, admite prova em contrário. De qualquer forma, ela ampara o possuidor de boa-fé, pois transfere o ônus da prova à parte contrária, a quem incumbirá demonstrar que, a despeito do justo título, estava o possuidor ciente de não ser justa a posse.

Isso significa, como enfatiza José Rogério Cruz e Tucci, citando Tito Fulgêncio, "que cessará a verdade presumida ante a verdade verdadeira, ou seja, tal presunção *iuris tantum* de boa-fé, na hipótese de a posse fundar-se em justo título, só não prevalecerá diante de elementos probatórios contrários que tenham o condão de demonstrar a má-fé do possuidor"[52].

Convém observar, dizem Cristiano Chaves de Farias e Nelson Rosenvald, "*que o conceito de justo título para posse é mais amplo que o de justo título para fins de usucapião*. Para se alcançar a modalidade ordinária de usucapião (art. 1.242 do CC), requer-se um ato jurídico, em tese, formalmente perfeito a transferir a propriedade (*v.g.*, a escritura de compra e venda, formal de partilha). Já o justo título para posse demanda apenas um título que aparenta ao possuidor que a causa de sua posse é legítima (*v.g.*, contrato de locação ou cessão de direitos possessórios)"[53].

Com efeito, o justo título capaz de empresar boa-fé à posse, para fins de usucapião ordinário, deve ser hábil para transmitir o domínio, se não contiver nenhum vício impeditivo dessa transmissão. No entanto, para fins de qualificação da posse como de boa-fé, para fins exclusivamente possessórios, não se exige que seja capaz, em tese, de transmitir o domínio, sendo definido simplesmente como a causa jurídica, a razão eficiente da posse. Nessa visão, um contrato de locação, de comodato, de compromisso de compra e venda, bem como a cessão de direitos hereditários configuram um estado de aparência que permite concluir estar o sujeito gozando de boa posse, devendo ser considerado justo título para os fins do parágrafo único do art. 1.201 do Código Civil.

Desnecessário dizer, por evidente, que a posse de boa-fé pode existir sem o justo título.

O art. 1.202 do Código Civil dispõe a respeito da transformação da posse de boa-fé em posse de má-fé: "*A posse de boa-fé só perde este caráter no caso e desde o momento em que as circunstâncias façam presumir que o possuidor não ignora que possui indevidamente*".

Divergem os romanos e os canonistas quanto à admissibilidade ou não da mudança jurídica do caráter da posse. Para o sistema do direito romano, aprecia-se a existência da boa-fé em um momento único: o da aquisição da posse. A adquirida

---

[52] Da posse de boa-fé e os embargos de retenção por benfeitorias, in *Posse e propriedade*: doutrina e jurisprudência, p. 613-614.
[53] *Direitos reais*, 5. ed., p. 82-83.

de boa-fé conserva essa qualificação, ainda que o possuidor, em dado momento, tenha conhecimento de que adquiriu coisa alheia. Daí a parêmia latina: *Mala fides superveniens (id est scientia rei alienae) non impedit usucapionem*. A ma-fé superveniente não prejudica (*mala fides superveniens non nocet*).

O direito canônico inspira-se em uma moral severa, mormente a partir do Concílio de Latrão, de 1215, e exige que a boa-fé exista durante todo o tempo em que a coisa se encontre em poder do possuidor.

Em geral, a máxima romana *mala fides superveniens non nocet* prevalece nas legislações que se inspiraram diretamente no *Code* francês ou no BGB alemão. O Código Civil espanhol se separa da doutrina romana e recolhe a doutrina do direito canônico, no art. 435, *verbis*: "*A posse adquirida de boa-fé não perde este caráter senão no caso e desde o momento em que existam atos que façam presumir que o possuidor não ignora que possui a coisa indevidamente*".

Não basta o possuidor tomar conhecimento de que possui a coisa indevidamente. É necessário que ocorram atos que façam presumir a cessação da ignorância do possuidor.

O Código Civil português, na mesma linha, exige a boa-fé contínua, sendo também tributário do sistema canônico (arts. 1.260 e 1.270), como comenta MANUEL RODRIGUES: "A boa-fé, ao contrário do que sucede na prescrição, em matéria de aquisição de frutos, benfeitorias e acessão, deve ser contínua. Quer dizer: desde o momento em que ela cessa deixa de se aplicar ao possuidor – e em relação a frutos, benfeitorias, etc., produzidos depois desse momento – o regime que o Código estabelece para a posse de boa-fé; todavia continua a aplicar-se na regulamentação dos atos que até então se tinham dado"[54].

O Código Civil brasileiro acolheu, no citado art. 1.202, a mesma regra, filiando-se ao sistema canônico e afastando a parêmia *mala fides superveniens non nocet*.

Destarte, no que respeita os frutos, benfeitorias e acessões, "não se há de perquirir apenas se a posse foi adquirida com boa ou má-fé, mas se no momento da colheita daqueles, ou da realização destas, a boa-fé persistia. Apenas enquanto perdurar a boa-fé o possuidor torna seus os frutos colhidos, e faz jus à indenização pelas benfeitorias necessárias e úteis, com direito de retenção, podendo, ainda, levantar as voluptuárias que não lhe forem indenizadas. Também para fins de usucapião exige-se que a boa-fé persista durante todo o lapso prescricional. A má-fé superveniente obstaculiza a usucapião ordinária"[55].

A solução, para se definir o momento em que a posse de boa-fé perde esse caráter, desloca a questão para o objetivismo. A conversão da posse "não se verifica

---

[54] *A posse*, p. 318.
[55] Marcus Vinicius Rios Gonçalves, *Dos vícios da posse*, cit., p. 40.

no momento em que o possuidor tem conhecimento da existência do vício ou do obstáculo, mas, sim, quando as circunstâncias firmem a presunção de que não os ignora. Essa exteriorização é inevitável, porquanto não se pode apanhar, na mente do possuidor, o momento preciso em que soube que possui indevidamente"[56].

Costuma-se fixar o momento da transmudação do caráter da posse em função do procedimento judicial intentado contra o possuidor, parecendo a alguns, como observa ORLANDO GOMES[57], que deve ser o da propositura da ação, a outros o da citação inicial, ou, ainda, o da contestação da lide. Entretanto, como lembra ainda o mencionado autor, "as circunstâncias podem ser tão notórias que, sem qualquer procedimento judicial de quem quer que seja, façam, de logo, presumir que o possuidor possui indevidamente".

A jurisprudência tem proclamado que a citação para a ação é uma dessas circunstâncias que demonstram a transformação da posse de boa-fé em posse de má-fé, pois, em razão dela, recebendo a cópia da inicial, o possuidor toma ciência dos vícios de sua posse. Os efeitos da sentença retroagirão ao momento da citação, a partir do qual o possuidor será tratado como possuidor de má-fé, com todas as consequências especificadas nos arts. 1.216 a 1.220 do Código Civil[58].

Obtempera MANUEL RODRIGUES que, segundo o art. 485, *b*, do Código de Processo Civil português, "desde o momento em que foi citado para a ação o possuidor fica na situação de possuidor de má-fé. Poderá ter a convicção de que possui justamente, mas essa convicção é inoperante. O legislador considerou a citação para a ação como o processo mais perfeito de denunciar a natureza da situação do possuidor; e por isso não admitiu qualquer prova em contrário da presunção que estabeleceu"[59].

Não somente quando é citado para responder à ação o possuidor toma ciência dos vícios de sua posse, mas igualmente quando é turbado e figura como autor da ação e o réu oferece contestação, juntando os documentos comprobatórios de seu melhor direito. Assim, conforme a sua posição na demanda, se a de autor ou se a de réu, poderá tomar conhecimento dos vícios de sua posse ou pela citação, ou pela contestação apresentada pela parte contrária, malgrado a existência de algumas vozes discordantes dessa solução. Com efeito, essa regra não pode ser considerada absoluta, uma vez que, em alguns casos, o possuidor, a despeito de citado, poderá ter fortes razões para manter a convicção de que possui legitimamente.

---

[56] Orlando Gomes, *Direitos reais*, cit., p. 56.
[57] *Direitos reais*, cit., p. 56.
[58] *RTJ*, 99/804; *RJTJRS*, 68/393.
[59] *A posse*, cit., p. 319.

José Rogério Cruz e Tucci[60], *verbi gratia*, entende que não se deve solucionar esse problema à luz de regras aprioristicas inflexíveis e que o posicionamento mais adequado é o de examinar-se acuradamente litígio por litígio, situação por situação.

Pontes de Miranda, por sua vez, afirma que "tanto cai em apriorismo descabido quem afirma a necessária incursão em má-fé a partir da citação, como quem afirma que tal se dê a partir da contestação"[61]. No seu entender, assiste razão a Lafayette Rodrigues Pereira em afirmar que é falsa a opinião dos que pensam que a citação induz sempre o possuidor em má-fé, pois "bem pode o possuidor, sem embargo dos fundamentos da citação, continuar por julgá-los improcedentes, na crença de que a coisa lhe pertence".

Apesar da crítica dos doutrinadores, a jurisprudência, como já se viu, entende deva-se presumir a má-fé do possuidor desde a data da citação ou, conforme a hipótese, desde a data do conhecimento dos termos da contestação[62].

Nada impede, entretanto, que o interessado prove outro fato que demonstre que a parte contrária, mesmo antes da citação, já sabia que possuía indevidamente.

Na *IV Jornada de Direito Civil*, foi aprovado o *Enunciado n. 302 do CJF/STJ*, salientando que "pode ser considerado justo título para a posse de boa-fé o ato jurídico capaz de transmitir a posse *ad usucapionem*, observado o disposto no art. 113 do CC". Na mesma Jornada, foi aprovado o *Enunciado n. 303 do CJF/STJ*, pelo qual "considera-se justo título, para a presunção relativa da boa-fé do possuidor, o justo motivo que lhe autoriza a aquisição derivada da posse, esteja ou não materializado em instrumento público ou particular. Compreensão na perspectiva da função social da posse".

6. POSSE NOVA E POSSE VELHA

É de grande importância a distinção entre posse nova e velha. *Posse nova* é a de menos de ano e dia. *Posse velha* é a de ano e dia ou mais. O decurso do aludido prazo tem o condão de consolidar a situação de fato, permitindo que a posse seja considerada purgada dos defeitos da violência e da clandestinidade, malgrado tal purgação possa ocorrer antes.

É bastante obscura a história do direito a propósito da fixação desse prazo, havendo notícia de que estaria relacionado ao plantio e às colheitas, que geralmente levam um ano. A versão mais corrente é que a anualidade surgiu nos

---

[60] *Da posse de boa-fé*, cit., p. 616-617.
[61] *Tratado de direito privado*, t. X, p. 378.
[62] *RTJ*, 99/804; *JTACSP*, 85/336.

costumes germanos, sendo necessária para a posse poder constituir uma presunção de propriedade, pois se entendeu que só quando a posse tivesse uma certa duração poderia produzir tal efeito[63].

Dizia o art. 507 do Código Civil de 1916 que, na posse de *menos de ano e dia*, "nenhum possuidor será manutenido ou reintegrado judicialmente, senão contra os que não tiverem melhor posse". E o parágrafo único fornecia os subsídios para se apurar quem tinha melhor posse, entendendo-se como tal a "que se fundar em justo título; na falta de título, ou sendo os títulos iguais, a mais antiga; se da mesma data, a posse atual. Mas, se todas forem duvidosas, será sequestrada a coisa, enquanto se não apurar a quem toque".

Esses critérios não são enunciados no atual Código Civil, que apenas dispõe, genericamente, no art. 1.211: *"Quando mais de uma pessoa se disser possuidora, manter-se-á provisoriamente a que tiver a coisa, se não estiver manifesto que a obteve de alguma das outras por modo vicioso".*

O dispositivo em apreço não distingue entre a posse velha e a posse nova. Caberá ao juiz, em cada caso, avaliar a melhor posse, assim considerando a que não contiver nenhum vício.

O *art. 558 do atual Código de Processo Civil* possibilita a concessão de liminar *initio litis* ao possuidor que intentar a ação possessória "dentro de ano e dia da turbação ou do esbulho". Passado esse prazo, o procedimento "será ordinário, não perdendo, contudo, o caráter possessório"[64].

Mesmo na vigência do Código de Processo Civil de 1973, já havia o entendimento firmado pelo *Enunciado n. 238 da III Jornada de Direito Civil*: "Ainda que a ação possessória seja intentada além de 'ano e dia' da turbação ou esbulho, e, em razão disso, tenha seu trâmite regido pelo procedimento ordinário (CPC, art. 924), nada impede que o juiz conceda a tutela possessória liminarmente, mediante antecipação de tutela, desde que presentes os requisitos autorizadores do art. 273, I ou II, bem como aqueles previstos no art. 461-A e parágrafos, todos do Código de Processo Civil".

Acertadamente, o *Tribunal de Justiça de Minas Gerais* rechaçou o cabimento da liminar, mas com a ressalva de se poder requerer tutela de urgência nas ações de posse velha na vigência do atual Código de Processo Civil:

---

[63] Manuel Rodrigues, *A posse*, cit., p. 332; Washington de Barros Monteiro, *Curso*, cit., v. 3, p. 32; Sílvio Venosa, *Direito civil*, v. V, p. 86.

[64] "O prazo de ano e dia para a caracterização da posse nova e a consequente viabilidade da liminar na ação possessória conta-se, em regra, desde a data do esbulho ou turbação até o ajuizamento da ação, nos termos do art. 924 do CPC" (STJ, REsp 313.581-RJ, 4ª T., rel. Min. Sálvio de Figueiredo Teixeira, j. 21-6-2001). "É cabível a ação possessória mesmo superado o ano e dia, com a única alteração relativa ao descabimento da concessão liminar da manutenção ou reintegração" (*RT*, 722/168). "Esbulho datado de mais de ano e dia. Pretendida concessão de liminar. Inadmissibilidade" (*RT*, 753/410).

"Em caso de posse velha, pode o juízo conceder a tutela de urgência, acaso estejam evidenciados os requisitos legais do art. 300 do CPC. Não evidenciados os requisitos legais inerentes à tutela de urgência, especialmente pelo risco de irreversibilidade dos efeitos da decisão, deve ser indeferida a liminar"[65].

Não se deve confundir posse nova com *ação de força nova*, nem posse velha com *ação de força velha*. Classifica-se a posse em nova ou velha quanto à sua idade. Todavia, para saber se a ação é de força nova ou velha, leva-se em conta o tempo decorrido desde a ocorrência da turbação ou do esbulho. Se o turbado ou esbulhado reagiu logo, intentando a ação dentro do prazo de ano e dia, contado da data da turbação ou do esbulho, poderá pleitear a concessão da liminar (CPC/73, art. 924; CPC/2015, art. 558), por se tratar de ação de força nova. Passado esse prazo, no entanto, como visto, o procedimento será ordinário, sem direito a liminar, sendo a ação de força velha.

É possível, assim, alguém que tenha posse velha ajuizar ação de força nova, ou de força velha, dependendo do tempo que levar para intentá-la, contado o prazo da turbação ou do esbulho, assim como também alguém que tenha posse nova ajuizar ação de força nova ou de força velha.

7. POSSE NATURAL E POSSE CIVIL OU JURÍDICA

Posse natural é a que se constitui pelo exercício de poderes de fato sobre a coisa, ou, segundo LIMONGI FRANÇA, a "que se assenta na detenção material e efetiva da coisa"[66].

Posse civil ou *jurídica* é a que se adquire por força da lei, sem necessidade de atos físicos ou da apreensão material da coisa. Exemplifica-se com o *constituto possessório*: A vende sua casa a B, mas continua no imóvel como inquilino; não obstante, B fica sendo possuidor da coisa (posse indireta), mesmo sem jamais tê-la ocupado fisicamente, em virtude da cláusula *constituti*, que aí sequer depende de ser expressa[67].

Posse civil ou jurídica é, portanto, a que se transmite ou se adquire pelo título. Adquire-se a posse por qualquer dos modos de aquisição em geral, desde o momento em que se torna possível o exercício, em nome próprio, de qualquer dos poderes inerentes à propriedade. A jurisprudência tem, iterati-

---

[65] TJMG, Ap. 1.0000.22.183061-5/001, 12ª C. Cív., rel. Des. Maria Lúcia Cabral Caruso, j. 16-6-2023.
[66] *A posse no Código Civil*, p. 18.
[67] Lafayette, *Direito das coisas*, cit., p. 51; Limongi França, *A posse no Código Civil*, cit., p. 18.

vamente, considerado válida a transmissão da posse por escritura pública[68]. Inclusive, o *Superior Tribunal de Justiça* vem entendendo pela admissibilidade de partilha de direitos possessórios sobre imóveis que não foram corretamente escriturados:

"Diante da autonomia existente entre o direito de propriedade e o direito possessório, a existência de expressão econômica do direito possessório como objeto de partilha e a existência de parcela significativa de bens que se encontram em situação de irregularidade por motivo distinto da má-fé dos possuidores, é possível a partilha de direitos possessórios sobre bens imóveis não escriturados. A partilha imediata dos direitos possessórios permite resolver, em caráter particular, a questão que decorre da sucessão hereditária, relegando-se a um segundo momento a discussão acerca da regularidade e da formalização da propriedade sobre os bens inventariados. Precedente"[69].

O *Enunciado n. 77 da I Jornada de Direito Civil* dispõe que: "A posse das coisas móveis e imóveis também pode ser transmitida pelo constituto possessório".

8. POSSE *AD INTERDICTA* E POSSE *AD USUCAPIONEM*

Posse ad interdicta é a que pode ser defendida pelos interditos, isto é, pelas ações possessórias, quando molestada, mas não conduz à usucapião. O possuidor, como o locatário, por exemplo, vítima de ameaça ou de efetiva turbação ou esbulho, tem a faculdade de defendê-la ou de recuperá-la pela ação possessória adequada até mesmo contra o proprietário[70]. Na mesma esteira de pensamento é o caso da posse do comodatário[71].

Para ser protegida pelos interditos basta que a posse seja justa, isto é, que não contenha os vícios da violência, da clandestinidade ou da precariedade.

---

[68] STJ, REsp 21.125-0-MS, 3ª T., rel. Min. Dias Trindade, *DJU*, 15-6-1992, n. 113, p. 9267; *JTACSP*, 78/99.
[69] REsp 1.984.847-MG, 3ª T., rel. Min. Nancy Andrighi, *DJe* 24-6-2022.
[70] "Usucapião extraordinária. Modificação do caráter originário da posse que teve origem em relação locatícia. Admissibilidade, visto que, a partir de um determinado momento, essa mesma assumiu a feição de posse em nome próprio, sem subordinação ao antigo dono e, por isso mesmo, com força *ad usucapionem*. Comprovação, ademais, dos requisitos dispostos no art. 550 do CC (*de 1916; CC/2002: art. 1.238*)" (STJ, *RT*, 790/216).
[71] "A posse exercida pelo comodatário é do tipo *ad interdicta*, não sendo possível a aquisição do bem por usucapião, por ausência de *animus domini*" (TJMG, Ap 1.0312.05.001988-3/001, 15ª C. Cív., rel. Des. Antônio Bispo, j. 6-6-2019).

Posse ad usucapionem é a que se prolonga por determinado lapso de tempo estabelecido na lei, deferindo a seu titular a aquisição do domínio. É, em suma, aquela capaz de gerar o direito de propriedade.

Ao fim de um período de dez anos, aliado a outros requisitos, como o ânimo de dono, o exercício contínuo e de forma mansa e pacífica, além do justo título e boa-fé, dá origem à usucapião ordinária (CC, art. 1.242). Quando a posse, com essas características, prolonga-se por quinze anos, a lei defere a aquisição do domínio pela usucapião extraordinária, independentemente de título e boa-fé (CC, art. 1.238)[72].

Como se percebe, embora seja suficiente a ausência de vícios (posse justa) para que a posse se denomine *ad interdicta*, torna-se necessário, para que dê origem à usucapião (*ad usucapionem*), que, além dos elementos essenciais à posse, contenha outros, como o decurso do tempo exigido na lei, o exercício de maneira mansa e pacífica, o *animus domini* e, em determinados casos, a boa-fé e o justo título.

9. POSSE *PRO DIVISO* E POSSE *PRO INDIVISO*

Se os compossuidores têm posse somente de partes ideais da coisa, diz-se que a posse é *pro indiviso*. Se cada um se localiza em partes determinadas do imóvel, estabelecendo uma divisão de fato, diz-se que exerce posse *pro diviso*. Neste caso, cada compossuidor poderá mover ação possessória contra outro compossuidor que o moleste no exercício de seus direitos, nascidos daquela situação de fato.

Essas modalidades já foram examinadas no item 3, *retro*, concernente à composse, ao qual nos reportamos. Segundo LIMONGI FRANÇA[73], posse *pro diviso* é a posse de partes ideais da coisa objeto de composse. Já a posse *pro indiviso* é a posse materialmente localizada dentro da composse. É uma verdadeira posse individual dentro da composse, uma vez que o possuidor *pro diviso*, sendo a posse justa, pode executar seus direitos contra os demais compossuidores.

---

[72] "Usucapião extraordinária. Necessidade de comprovar a posse e o tempo de permanência, sendo a primeira justa e desprovida de violência. Presunção de boa-fé. Comprovação do tempo aquisitivo, constatada a realização de benfeitorias, que não foram contestadas. Posse justa. Caracterização. Direito a aquisição do imóvel" (*RT*, 804/346). "Reintegração de posse. Suspensão do processo. Medida decretada até o julgamento final de ação de usucapião anteriormente interposta. Admissibilidade, embora não seja caso de conexão, eis que evidente a prejudicialidade, em face da possibilidade da ocorrência de decisões conflitantes" (*RT*, 793/278).
[73] *A posse no Código Civil*, cit., p. 18.

WASHINGTON DE BARROS MONTEIRO[74], por sua vez, esclarece que, na posse *pro diviso*, a compossessão subsiste de direito, mas não de fato; e na posse *pro indiviso* existe compossessão de fato e de direito. Se, aduz, "o compossuidor tem posse *pro diviso* exercitada sobre *pars certa, locus certa ex fundo*, tem direito de ser respeitado na porção que ocupa, até mesmo contra outro compossuidor. Se não existe, porém, sinal de posse em qualquer trecho do imóvel, se vago se acha o lugar, o compossuidor tem direito de nele instalar-se, desde que não exclua os demais".

---

[74] *Curso*, cit., v. 3, p. 76.

Capítulo III
DA AQUISIÇÃO E PERDA DA POSSE

> *Sumário*: 1. Introdução. 2. Modos de aquisição da posse. 2.1. Modos originários de aquisição da posse. 2.1.1. Apreensão da coisa. 2.1.2. Exercício do direito. 2.1.3. Disposição da coisa ou do direito. 2.2. Modos derivados de aquisição da posse. 2.2.1. Tradição. 2.2.2. Sucessão na posse. 3. Quem pode adquirir a posse. 4. Perda da posse. 5. Recuperação de coisas móveis e títulos ao portador. 6. Perda da posse para o ausente.

1. INTRODUÇÃO

Tito Fulgêncio[1] bem assinala a diferença entre a aquisição da propriedade e a da posse. Quem pretende demonstrar a aquisição da propriedade tem de ministrar a prova da origem ou do motivo que a engendrou. O mesmo, porém, não se dá com a posse. Tratando-se de mero estado de fato, que pode ser demonstrado como tal, não há razão para se lhe remontar à origem.

Justifica-se, todavia, a fixação da data da aquisição da posse por várias razões. *Primeiro, porque os vícios da posse decorrem da forma pela qual ela é adquirida, surgindo em seu momento inicial*. A posse é violenta ou clandestina em virtude de um vício contraído no momento de sua aquisição, e não em consequência de um fato posterior. *Segundo, porque permite apurar se transcorreu o lapso de ano e dia capaz de distinguir a posse nova da posse velha. E terceiro, porque marca o início do prazo de usucapião*[2].

Para melhor sistematização do estudo, a aquisição e a perda da posse serão tratadas em um só capítulo.

Convém ressaltar, desde logo, a reduzida utilidade de se regular, como o fez o Código Civil de 1916, os casos e modos de aquisição da posse, nos moldes da

---
[1] *Da posse e das ações possessórias*, v. 1, p. 50.
[2] San Tiago Dantas, *Programa de direito civil*, v. III, p. 66; Silvio Rodrigues, *Direito civil*, v. 5, p. 38.

teoria de SAVIGNY. Escrevendo antes do aludido diploma, LAFAYETTE[3], imbuído dos ensinamentos do mencionado jurista, enfatizava que a posse se adquire com um fato externo (*corpus-apreensão*) e um fato interno (*animus*).

Ocorre que o Código em apreço filiou-se à teoria de IHERING, que protege a exterioridade do domínio e considera suficiente o *corpus* para a aquisição da posse. Se possuidor é todo aquele que tem de fato o exercício, pleno ou não, de algum dos poderes inerentes ao domínio, ou propriedade, quem quer que se encontre numa dessas situações terá adquirido a posse. Daí por que muitos condenavam a aludida discriminação dos modos de sua aquisição.

Com efeito, acolhida a teoria de IHERING, pela qual a posse é o estado de fato correspondente ao exercício da propriedade, ou de seus desmembramentos, basta a lei prescrever que haverá posse sempre que essa situação se definir nas relações jurídicas. A incoerência, porém, não pode ser atribuída a CLÓVIS BEVILÁQUA, pois seu Projeto não continha regras sobre a aquisição da posse.

2. MODOS DE AQUISIÇÃO DA POSSE

Como foi dito, o Código Civil de 1916 elencava os modos de aquisição, dispondo, no art. 493, que a posse podia ser adquirida: "I – pela apreensão da coisa, ou pelo exercício do direito; II – pelo fato de se dispor da coisa, ou do direito; III – por qualquer dos modos de aquisição em geral".

O legislador, esquecendo-se do fato de haver adotado a teoria de IHERING, admitiu a aquisição da posse pela apreensão da coisa, bem como a sua perda pelo abandono e pela tradição, modos estes que melhor se coadunam com a teoria de SAVIGNY, baseada na coexistência do *corpus* e do *animus*.

A mera circunstância de o legislador, no inciso III do dispositivo retrotranscrito, declarar que se adquire a posse por qualquer dos modos de aquisição em geral torna inútil a enumeração feita nos incisos I e II.

O atual Código Civil, coerente com a teoria objetiva de IHERING, adotada no art. 1.196, não fez discriminação dos modos de aquisição da posse, limitando-se a proclamar, no art. 1.204: "*Adquire-se a posse desde o momento em que se torna possível o exercício, em nome próprio, de qualquer dos poderes inerentes à propriedade*".

A sua aquisição pode concretizar-se, portanto, por qualquer dos modos de aquisição em geral, como, exemplificativamente, *a apreensão, o constituto possessório e qualquer outro ato ou negócio jurídico, a título gratuito ou oneroso, inter vivos* ou *causa mortis*.

---

[3] *Direito das coisas*, t. I, p. 53.

Aproximou-se o novel legislador da fórmula sintética e genérica do art. 854 do Código Civil *alemão*, que assim dispõe: "A posse de uma coisa se adquire pela obtenção do poder de fato sobre essa coisa". Tal critério, enunciativo e abrangente, permite ao intérprete o enquadramento de cada hipótese que venha a surgir.

2.1. Modos originários de aquisição da posse

Os modos de aquisição da posse costumam ser classificados em originários e derivados. No primeiro caso, não há relação de causalidade entre a posse atual e a anterior. É o que acontece quando há esbulho, e o vício, posteriormente, convalesce. Adquire-se a posse por modo *originário*, segundo ORLANDO GOMES[4], quando não há consentimento de possuidor precedente.

Por outro lado, diz-se que a posse é *derivada* quando há anuência do anterior possuidor, como na tradição precedida de negócio jurídico. Neste caso ocorre a transmissão da posse ao adquirente, pelo alienante.

Se o modo de aquisição é originário, a posse apresenta-se escoimada dos vícios que anteriormente a contaminavam. Assim, se o antigo possuidor era titular de uma posse de má-fé, por havê-la adquirido clandestinamente ou *a non domino*, por exemplo, tais vícios desaparecem ao ser ele esbulhado. Neste caso, inexistindo qualquer relação negocial com o esbulhador, este se transforma em titular de uma nova situação de fato. Embora injusta perante o esbulhado, essa nova posse se apresentará, perante a sociedade, despida dos vícios de que era portadora nas mãos do esbulhado, depois do seu convalescimento[5].

Já o mesmo não acontece com a posse adquirida por meios derivados. O adquirente a recebe com todos os vícios que a inquinavam nas mãos do alienante. Assim, se este desfrutava de uma posse violenta, clandestina ou precária, aquele a adquire com os mesmos defeitos. De acordo com o art. 1.203 do Código Civil, essa posse conservará "*o mesmo caráter*" de antes. A adquirida por herdeiros ou legatários, por exemplo, mantém os mesmos vícios anteriores (CC, art. 1.206).

Quando o modo é originário, surge uma nova situação de fato, que pode ter outros defeitos, mas não os vícios anteriores. O art. 1.207, segunda parte, do Código Civil traz uma exceção à regra de que a posse mantém o caráter com que foi adquirida, ao facultar ao sucessor singular unir a sua posse à de seu antecessor, para os efeitos legais. Assim, pode deixar de fazê-lo, se o quiser. No caso da usucapião, por exemplo, pode desconsiderar certo período se a posse adquirida era viciosa. Unindo a sua posse à de seu antecessor, terá direito às mesmas ações que a este competia.

---

[4] *Direitos reais*, p. 66.
[5] Silvio Rodrigues, *Direito civil*, cit., v. 5, p. 41.

O art. 1.208 do Código Civil, já comentado no item n. 5 do Capítulo I deste Título, concernente à "posse e detenção", *retro*, apresenta obstáculos à aquisição da posse, dispondo que "*não induzem posse os atos de mera permissão ou tolerância assim como não autorizam a sua aquisição os atos violentos, ou clandestinos, senão depois de cessar a violência ou clandestinidade*".

Muito embora, em face do caráter genérico da regra constante do art. 1.208 do Código Civil, a aquisição da posse possa concretizar-se por qualquer dos modos de aquisição em geral, *é ela adquirida, originariamente, pela apreensão da coisa, pelo exercício do direito e pelo fato de se dispor da coisa ou do direito*.

2.1.1. Apreensão da coisa

A *apreensão* consiste na apropriação unilateral de coisa "sem dono". A coisa diz-se "sem dono" quando tiver sido abandonada (*res derelicta*) ou quando não for de ninguém (*res nullius*).

Dá-se, ainda, a *apreensão* numa outra situação: quando a coisa é retirada de outrem sem a sua permissão. Configura-se, também nesse caso, a aquisição da posse, embora tenha ocorrido violência ou clandestinidade, porque, se o primitivo possuidor omitir-se, não reagindo *incontinenti* em defesa de sua posse ou não a defendendo por meio dos interditos (CC, art. 1.210, *caput*, e § 1º; CPC/2015, art. 560), os vícios que comprometiam o ato detentivo do turbador ou esbulhador desaparecem, e terá ele obtido a posse, que, embora injusta perante o esbulhado, é merecedora de proteção em face de terceiros que não têm melhor posse (arts. 1.210 e 1.211).

A apreensão é, assim, a apropriação da coisa mediante ato unilateral do adquirente, desde que subordinada aos requisitos da teoria possessória. Basta que se adquira o poder de fato em relação a determinado bem da vida e que o titular desse poder tenha ingerência potestativa socioeconômica sobre ele, para que a posse seja efetivamente adquirida. No tocante aos *bens móveis*, a apreensão se dá não apenas pelo contato físico, mas pelo fato de o possuidor os deslocar para a sua esfera de influência[6].

Esclarece Tito Fulgêncio[7] que o caçador só adquire a posse da caça que abateu quando a apanha, sujeitando-a ao seu poder físico. Todavia, aduz, se a caça cai na armadilha, o caçador adquire-lhe a posse, mesmo achando-se ausente e inexistente o contato material, porque sua vontade de se apropriar da coisa se exterioriza de modo claro, enérgico e positivo.

Relativamente aos *bens imóveis* a apreensão se revela pela ocupação, pelo uso da coisa.

---

[6] Washington de Barros Monteiro, *Curso de direito civil*, v. 3, p. 34.
[7] *Da posse e das ações possessórias*, cit., v. 1, p. 51-52.

2.1.2. Exercício do direito

Adquire-se também a posse pelo *exercício do direito*. *Exemplo clássico é o da servidão*. Se constituída pela passagem de um aqueduto por terreno alheio, por exemplo, adquire o agente a sua posse se o dono do prédio serviente permanece inerte. O art. 1.379 do Código Civil proclama que "*o exercício incontestado e contínuo de uma servidão aparente*" pode, preenchidos os demais requisitos legais, conduzir à usucapião.

Adquire-se pelo *exercício do direito* a posse dos *jus in re aliena*, ou seja, dos direitos reais sobre coisas alheias, e, pela *apreensão*, das coisas propriamente ditas. Não é o exercício de qualquer direito que constitui modo originário de aquisição da posse, mas daqueles direitos que podem ser objeto da relação possessória, como a servidão, o uso etc. Exemplo de apreensão de coisa: o cultivo de um campo abandonado. Exemplo de exercício de direito: a passagem constante de água por um terreno alheio, capaz de gerar a servidão de águas[8].

O exercício do direito não se confunde com gozo. Ter o exercício de um direito é poder usar esse direito, é ter-lhe a utilização, a realização do poder que ele contém. O locatário, por exemplo, adquire a posse da coisa locada quando assume o exercício desse direito. O mesmo sucederá com todos aqueles que sejam titulares de direitos exercidos sobre coisas corpóreas[9].

2.1.3. Disposição da coisa ou do direito

O fato de se *dispor da coisa* caracteriza conduta normal do titular da posse ou domínio. Constitui desdobramento da ideia de exercício do direito, pois possibilita a evidenciação inequívoca da apreensão da coisa ou do direito. Se o possuidor vende a sua posse ou cede possíveis direitos de servidão de águas, por exemplo, está realizando *ato de disposição*, capaz de induzir condição de possuidor.

Igualmente, se alguém dá em comodato coisa de outrem, *tal fato revela que esta pessoa se encontra no exercício de um dos poderes inerentes ao domínio* (jus abutendi). Pode-se daí inferir que adquiriu a posse da coisa, visto que a desfrutava[10].

CARVALHO SANTOS[11], firmado na opinião de TITO FULGÊNCIO, assinala que, se alguém dispõe da coisa ou do direito de modo claro e significativo, demonstra a exterioridade da propriedade, ou seja, a posse, pois um tal comportamento é o mais forte sinal inequívoco da visibilidade do proprietário. Nenhum outro fato, como a disponibilidade da coisa, é capaz de traduzir melhor a intenção de ser proprietário.

---

[8] Caio Mário da Silva Pereira, *Instituições de direito civil*, v. IV, p. 46; Limongi França, *A posse no Código Civil*, p. 30.
[9] Tito Fulgêncio, *Da posse e das ações possessórias*, cit., v. 1, p. 52.
[10] Silvio Rodrigues, *Direito civil*, cit., v. 5, p. 40.
[11] *Código Civil brasileiro interpretado*, v. VII, p. 57.

2.2. Modos derivados de aquisição da posse

Há *aquisição derivada* ou *bilateral* quando a posse decorre de um negócio jurídico, caso em que é inteiramente aplicável o art. 104 do Código Civil. A posse, neste caso, é transmitida pelo possuidor a outrem. Segundo ORLANDO GOMES[12], adquire-se a posse por modo derivado quando há consentimento de precedente possuidor, ou seja, quando a posse é transferida – o que se verifica com a transmissão da coisa.

A aludida transmissão pode decorrer de tradição e da sucessão *inter vivos* e *mortis causa*.

2.2.1. Tradição

Podendo a posse ser adquirida por qualquer ato jurídico, também o será pela *tradição*, que pressupõe um acordo de vontades, um negócio jurídico de alienação, quer a título gratuito, como na doação, quer a título oneroso, como na compra e venda.

Por sinal, o ato mais frequente de aquisição da posse é a *tradição*, que constitui modo bilateral, uma vez que pressupõe um acordo de vontades entre o tradente e o adquirente, anterior ao ato de tradição. Na sua acepção mais pura, ela se manifesta por um ato material de entrega da coisa, ou a sua transferência de mão a mão, passando do antigo ao novo possuidor. Nem sempre, todavia, a tradição se completa com tal simplicidade, seja porque o objeto, pelo seu volume ou pela sua fixação, não permite o deslocamento, seja porque não há necessidade da remoção. Daí a existência de três espécies de tradição: real, simbólica e ficta[13].

Diz-se que a tradição é *real* quando envolve a entrega efetiva e material da coisa. Pressupõe, porém, uma causa negocial. Segundo SERPA LOPES[14], a tradição exige os seguintes requisitos: a) a entrega da coisa (*corpus*); b) a intenção das partes em efetuar essa tradição, isto é, a intenção do *tradens* em transferir à outra parte a posse da coisa entregue e em relação ao *accipiens* a intenção de adquirir-lhe a posse; c) a justa causa, requisito este entendido como a presença de um negócio jurídico precedente, fundamentando-a.

Embora alguns autores, como CARVALHO SANTOS[15], entendam dispensável o requisito da intenção, para a tradição poder importar na transferência da posse, pois ela é em si e por si uma causa de transmissão, na realidade a entrega de uma coisa a outrem pode ocorrer sem que haja a intenção de transferir a posse ou de adquiri-la.

---

[12] *Direitos reais*, cit., p. 67.
[13] Silvio Rodrigues, *Direito civil*, cit., v. 5, p. 40; Caio Mário da Silva Pereira, *Instituições*, cit., v. IV, p. 47.
[14] *Curso de direito civil*, v. VI, p. 166.
[15] *Código Civil brasileiro interpretado*, cit., v. VII, p. 238.

Essa intenção deve ser dirigida para um assenhoreamento de fato, à *possessio* e não ao domínio, como adverte BONFANTE, citado por SERPA LOPES[16]. Com efeito, quando o proprietário entrega a coisa a alguém, para que a administre, por exemplo, *não perde a posse*.

A tradição é *simbólica* quando representada por ato que traduz a alienação, como a entrega das chaves do apartamento ou do veículo vendidos. Estes não foram materialmente entregues, mas o simbolismo do ato é indicativo do propósito de transmitir a posse, significando que o adquirente passa a ter a disponibilidade física da coisa.

Considera-se *ficta* a tradição no caso da *traditio brevi manu* e do constituto possessório (cláusula *constituti*). Ocorre a última modalidade quando o vendedor, por exemplo, transferindo a outrem o domínio da coisa, conserva-a, todavia, em seu poder, mas agora na qualidade de locatário. A referida cláusula tem a finalidade de evitar complicações decorrentes de duas convenções, com duas entregas sucessivas.

A cláusula *constituti* não se presume. Deve constar expressamente do ato ou resultar de estipulação que a pressuponha. Por ela a posse desdobra-se em direta e indireta. O primitivo possuidor, que tinha posse plena, converte-se em possuidor direto, enquanto o novo proprietário se investe na posse indireta, em virtude do acordo celebrado. O comprador só adquire a posse indireta, que lhe é transferida sem entrega material da coisa, pela aludida cláusula[17].

No *constituto possessório* o possuidor de uma coisa em nome próprio passa a possuí-la em nome alheio. No momento em que o vendedor, por uma declaração de vontade, transmite a posse da coisa ao comprador, permanecendo, no entanto, na sua detenção material, converte-se, por um ato de sua vontade, em fâmulo da posse do comprador. De detentor em nome próprio, possuidor que era, converte-se em detentor *pro alieno*[18].

---

[16] *Curso*, cit., v. VI, p. 167, nota 139.
[17] Washington de Barros Monteiro, *Curso*, cit., v. 3, p. 35; Silvio Rodrigues, *Direito civil*, cit., v. 5, p. 41.
"Reintegração de posse. Ajuizamento por adquirente de imóvel contra alienante. Inexigibilidade de exercício físico da posse para a propositura, em face da cláusula *constituti*, constante da escritura pública" (*JTJ*, Lex, 180/193). "Reintegração de posse. Compra e venda de imóvel. Transmissão da posse na respectiva escritura, pela cláusula *constituti*. Recusa de entrega da coisa vendida. Esbulho cometido. Remédio processual cabível" (*RT*, 478/75). "Tratando-se de posse adquirida pelo constituto possessório, quando o imóvel foi alienado por escritura pública de dação em pagamento, com imissão na posse e cláusula *constituti*, devidamente registrada, cabe ação reintegratória contra detentor da coisa, sem relação jurídica com o adquirente, que se opõe à transferência da posse e, assim, pratica esbulho" (*RT*, 500/222).
[18] San Tiago Dantas, *Programa*, cit., v. III, p. 68.
"A posse pode ser transmitida por via contratual antes da alienação do domínio e, depois desta, pelo *constituto possessório*, que se tem por expresso na respectiva escritura em que a mesma

Ao julgar demanda envolvendo alegação de existência de constituto possessório em contrato de usufruto, a *38ª Vara Cível da Comarca do Rio de Janeiro* considerou e decidiu que:

"Como se sabe, pelo constituto possessório, em uma operação de compra e venda, embora o adquirente se torne proprietário do bem, o vendedor remanesce com a sua posse, de modo que deixa de possuí-lo em nome próprio, para passar a possuí-lo em nome alheio. Aqui, contudo, não se trata de transferência de propriedade, mas apenas, repita-se, de transferência de exercício de usufruto, onde em ambos os lados da operação há apenas a figura do possuidor: os usufrutuários-cedentes, possuidores diretos que, com a cessão, tornaram-se possuidores indiretos, e a cessionária, que, a partir da imissão na posse, tornou-se possuidora direta. Inexiste, assim, qualquer pertinência entre a natureza do contrato de cessão aqui discutido e a finalidade da chamada 'cláusula constituti'"[19].

Pode ocorrer ainda a tradição *ficta*, como foi dito, por meio da *traditio brevi manu*, que é exatamente o inverso do *constituto possessório*, pois se configura quando o possuidor de uma coisa alheia (o locatário, v. g.) passa a possuí-la como própria. É o que sucede quando o arrendatário, por exemplo, que exerce posse com *animus nomine alieno*, adquire o imóvel arrendado, dele tornando-se proprietário. Pelo simples efeito da declaração de vontade, passa ele a possuir com *animus domini*.

Assim, o que tem posse direta do bem em razão de contrato celebrado com o possuidor indireto, e adquire o seu domínio, *não precisa devolvê-lo ao dono, para que este novamente lhe faça a entrega real da coisa. Basta a demissão voluntária da posse indireta pelo transmitente, para que se repute efetuada a tradição.*

Nos dois modos de tradição *ficta* mencionados não é preciso renovar a entrega da coisa, pois tanto a cláusula *constituti* como a que estabelece a *traditio brevi manu* têm a finalidade de evitar complicações decorrentes de duas convenções, com duas entregas sucessivas. Em ambos os casos o possuidor mantém a apreensão da coisa (*corpus*) e altera o *animus*.

é transmitida ao adquirente da propriedade imóvel, de modo a legitimar, de logo, para o uso dos interditos possessórios, o novo titular do domínio, até mesmo em face do alienante que continua a deter o imóvel, mas em nome de quem o adquiriu" (STJ, REsp 21.125-MS, 3ª T., rel. Min. Dias Trindade, j. 11-5-1992). "A aquisição da posse se dá também pela 'cláusula constituti' inserida em escritura pública de compra e venda de imóvel, o que autoriza o manejo dos interditos possessórios pelo adquirente, mesmo que nunca tenha exercido atos de posse direta sobre o bem" (*RSTJ*, 106/357).

[19] TJRJ, Proc. n. 0186183-57.2012.8.19.0001, 38ª V. C., Juíza Fernanda Rosado de Souza, j. 24-5-2016.

2.2.2. Sucessão na posse

A posse pode ser adquirida, também, em virtude de sucessão *inter vivos* e *mortis causa*. Preceitua o art. 1.206 do Código Civil que "*a posse transmite-se aos herdeiros ou legatários do possuidor com os mesmos caracteres*". O art. 1.207 do mesmo diploma, por sua vez, aduz que "*o sucessor universal continua de direito a posse do seu antecessor; e ao sucessor singular é facultado unir sua posse à do antecessor, para os efeitos legais*".

A segunda parte deste último dispositivo traz uma exceção à regra de que a posse mantém o caráter com que foi adquirida, estabelecida no primeiro.

A transmissão da posse por sucessão apresenta, portanto, duplo aspecto. Na que opera *mortis causa* pode haver sucessão universal e a título singular. Dá-se a primeira quando o herdeiro é chamado a suceder na totalidade da herança, fração ou parte-alíquota (porcentagem) dela. Pode ocorrer tanto na sucessão legítima como na testamentária. Na sucessão *mortis causa* a título singular, o testador deixa ao beneficiário um bem certo e determinado, denominado *legado*, como um veículo ou um terreno, por exemplo.

A sucessão legítima é sempre a título universal, porque transfere aos herdeiros a totalidade ou fração ideal do patrimônio do *de cujus*; a testamentária pode ser a título universal ou a título singular, dizendo respeito, neste caso, a coisa determinada e individualizada, dependendo da vontade do testador.

O direito romano não admitia a transmissão da posse por ato *causa mortis*, uma vez que o *corpus* só se estabelecia pelo contato físico com a coisa. As legislações modernas, todavia, passaram a aceitá-la, com base no princípio da *saisine*, segundo o qual os herdeiros entram na posse da herança no instante do falecimento do *de cujus* (*le mort saisit le vif*). Essa transmissão se opera sem solução de continuidade e de forma cogente, independentemente da manifestação de vontade do interessado. A expressão "de direito", contida no aludido art. 1.207 do Código Civil, corresponde ao *ipso iure* do direito romano e significa "compulsoriamente, necessariamente"[20].

Entendeu o legislador, como sublinha Silvio Rodrigues, que, "recebendo o herdeiro o todo ou parte-alíquota do patrimônio do *de cujus*, é a posse que o mesmo desfrutava, e não outra, que o sucessor a título universal passa a desfrutar. De modo que, se a posse daquele era viciada ou de má-fé, a posse do sucessor é viciada e de má-fé"[21].

---

[20] Washington de Barros Monteiro, *Curso*, cit., v. 3, p. 36-37; Limongi França, *A posse no Código Civil*, cit., p. 34; San Tiago Dantas, *Programa*, cit., v. III, p. 71.
[21] *Direito civil*, cit., v. 5, p. 42.
"Prescrição aquisitiva. Inocorrência. Posse exercida pelo genitor a título de arrendatário, e posteriormente transferida aos sucessores pela *mortis causa*" (*RT*, 750/431). "Interdito

Assim, só há um meio de o adquirente a título universal não suceder no *ius possessionis* do autor da herança: é renunciar à própria aquisição. Se, porém, aceita a coisa, aceita-a com o direito e qualidades a ela inerentes. Por isso se diz que, na sucessão universal, existe verdadeira *subcessio patrimonio* (*successio possessionis*), enquanto na aquisição a título singular, prefere-se dizer que existe *accessio possessionis* (acessão da posse e não sucessão da posse)[22].

A sucessão *inter vivos* opera, em geral, a título singular. É o que acontece quando alguém compra alguma coisa. De acordo com o disposto no retrotranscrito art. 1.207 do Código Civil, pode o comprador unir sua posse à do antecessor. A *acessio possessionis* não é, portanto, obrigatória, mas facultativa. Se fizer uso da faculdade legal, sua posse permanecerá eivada dos mesmos vícios da anterior. Se preferir desligar sua posse da do antecessor, estará purgando-a dos vícios que a maculavam, iniciando, com a nova posse, prazo para a usucapião.

A *usucapião extraordinária, de prazo mais longo, dispensa a boa-fé* (CC, art. 1.238). Pode o comprador utilizar, portanto, o período de posse de má-fé de seu antecessor, para que se consume, em menor prazo, tal espécie de prescrição aquisitiva. Se não houver a junção das posses, a atual ficará expurgada do vício originário, mas o prazo para usucapião terá de ser maior, pela inutilização de tempo vencido pelo antecessor. O expediente poderá ser utilizado para a usucapião ordinária, que exige posse de boa-fé (CC, art. 1.242).

Já quanto às modalidades de usucapião especial urbana e rural, firmou-se o entendimento de que é incabível o cômputo do prazo de posse do antecessor, conforme expõe o *Enunciado n. 317 da IV Jornada de Direito Civil*:

"A *accessio possessionis* de que trata o art. 1.243, primeira parte, do Código Civil não encontra aplicabilidade relativamente aos arts. 1.239 e 1.240 do mesmo diploma legal, em face da normatividade do usucapião constitucional urbano e rural, arts. 183 e 191, respectivamente".

---

proibitório. Inadmissibilidade. Filhos do *de cujus* que constroem a residência em gleba de terra pertencente ao pai e que é ocupada por outrem. Descendentes que fazem jus à herança deixada pelo seu genitor" (*RT*, 801/347). "Posse adquirida por transmissão *causa mortis*. Herdeiro que reclama o uso físico do imóvel. Irrelevância. Necessidade apenas de demonstrar a intenção de possuí-la como dono" (*RT*, 804/395).
[22] San Tiago Dantas, *Programa*, cit., v. III, p. 71.
"Usucapião. Pedido amparado na *accessio possessionis*. Obrigatoriedade de os autores provarem o efetivo exercício da posse pelos seus antecessores pelo tempo necessário" (*RT*, 764/212).
"Reintegração de posse. Falecimento do proprietário. Transmissão da posse, por herança, a seus filhos com todos os vícios e qualidades existentes. Caracterização como sucessão a título universal. Exercício do direito de posse sobre o imóvel reconhecido" (1º TACSP, Ap. 0.533.305-1, 2ª Câm., rel. Juiz Alberto Tedesco, j. 15-2-1995).

O citado art. 1.206 do Código Civil, que tem a mesma redação do art. 495 do diploma de 1916, refere-se a *herdeiros e legatários*, embora estes sejam sucessores a título singular, dizendo que a posse lhes é transmitida "*com os mesmos caracteres*". A explicação de BEVILÁQUA[23] é que isso se dá porque o legatário sucede por herança, que é modo universal de transmitir. SILVIO RODRIGUES[24] entende, todavia, que tal razão não parece muito convincente.

O que se discute é se o legatário está incluído, ou não, na segunda parte do art. 1.207 do novo Código, correspondente ao art. 496 do de 1916, que faculta ao sucessor singular "*unir sua posse à do antecessor, para os efeitos legais*".

A interpretação literal tem levado alguns autores a entender que a faculdade prevista no dispositivo em apreço somente pode ser utilizada quando a aquisição se dá por força de uma compra e venda, doação ou dação em pagamento, havendo uma negociação ou relação jurídica entre primitivo e novo possuidor.

Afirma SERPA LOPES[25], *verbi gratia*, que se estende ao legatário somente a primeira parte do dispositivo em tela, que se refere à sucessão *mortis causa*, "a despeito de o legado importar numa sucessão a título *particular*, embora tal não acontecesse no direito romano, onde o legatário não continuava a posse do testador". Segundo o mencionado autor, apenas "o que adquire a posse por título de compra e venda, por dação em pagamento unirá ou não, consoante lhe convier, a sua posse à do seu antecessor".

Para WASHINGTON DE BARROS MONTEIRO[26], no entanto, sucessor *a título singular* é o que substitui o antecessor em direitos ou coisas determinadas, "como o comprador e o legatário. De acordo com o referido art. 1.207, pode ele unir sua posse à do antecessor, a *accessio possessionis* não é obrigatória".

Por sua vez, ORLANDO GOMES pontifica: "O que distingue a *sucessão* da *união* é o modo de transmissão da posse; sendo a título universal, há *sucessão*; sendo a título singular, há *união*. Não importa que a sucessão seja *inter vivos* ou *mortis causa*. Na sucessão *mortis causa* a título singular, a acessão se objetiva pela forma da *união*"[27].

Na precisa e bem exposta lição de LIMONGI FRANÇA[28], o legatário se inclui na regra do sucessor singular estabelecida no art. 496, segunda parte, do Código Civil de 1916, correspondente ao art. 1.207 do de 2002, pelas seguintes razões: "a) essa

---

[23] *Código Civil dos Estados Unidos do Brasil*, obs. 1 ao art. 496 do CC/1916.
[24] *Direito civil*, cit., v. 5, p. 43.
[25] *Curso*, cit., v. VI, p. 161.
[26] *Curso*, cit., v. 3, p. 37.
[27] *Direitos reais*, cit., p. 69-70.
[28] *A posse no Código Civil*, cit., p. 35.

é a tradição do direito romano: Digesto, 44, 3, 5; b) o legatário é, por natureza, uma espécie de sucessor singular; c) a mesma razão que levou o legislador a estabelecer uma regra especial para os sucessores singulares em geral o levaria a dispor de igual maneira com relação ao legatário – *ubi eadem legis ratio, ibi eadem dispositio*; d) o legislador não excluiu expressamente o legatário da regra do art. 496 – *ubi lex non distinguit...*; e) o texto do art. 495 não está em oposição com o do art. 496, por isso que, ambos, regulam a mesma matéria. O primeiro diz que a posse se transmite com os mesmos caracteres aos herdeiros e legatários; mas isto se o legatário não quiser fazer uso da faculdade que lhe confere o outro dispositivo".

3. QUEM PODE ADQUIRIR A POSSE

Proclama o art. 1.205 do Código Civil:
"*A posse pode ser adquirida:*
I – pela própria pessoa que a pretende ou por seu representante;
II – por terceiro sem mandato, dependendo de ratificação".

A posse pode ser adquirida *pela própria pessoa que a pretende*, desde que *capaz*. Se não tiver capacidade legal, poderá adquiri-la se estiver representada ou assistida por seu representante (art. 1.205, I).

O Código Civil de 2002 não se refere à aquisição por "procurador", como o fazia o de 1916, considerando que a expressão "representante" abrange tanto o representante legal como o representante convencional ou procurador (cf. arts. 115 e s.). Entende-se, por uma ficção, que a vontade do representante é a do próprio representado.

É preciso distinguir, no entanto, no tocante à capacidade do sujeito para a aquisição da posse, a mera situação de fato da decorrente de uma relação jurídica. O *constituto possessório*, que se concretiza por meio de um contrato, por exemplo, exige uma manifestação de vontade qualificada e, portanto, capacidade de direito e de fato (de exercer, por si só, os atos da vida civil).

Obtempera SILVIO RODRIGUES[29], referindo-se, porém, à mera situação de fato, que "todavia o incapaz pode adquirir a posse por seu próprio comportamento, pois é possível ultimar a aquisição da posse por outros meios que não atos jurídicos, como, por exemplo, por apreensão. *E o incapaz só não tem legitimação para praticar atos jurídicos. Sendo a posse mera situação de fato, para que esta se estabeleça não se faz mister o requisito da capacidade*".

---

[29] *Direito civil*, cit., v. 5, p. 43-44.

Segundo a doutrina[30], como a posse demanda a existência de vontade (*animus*, visibilidade do domínio), esta constitui um elemento essencial para a aquisição daquela. *Torna-se evidente que a posse só pode ser adquirida por quem seja dotado de vontade. Há certas pessoas que, carecendo desta, como o louco e o infante, não podem iniciar a posse por si mesmas.*

Por isso, dispõe o art. 1.266 do Código Civil português de 1966: "Podem adquirir posse todos os que têm uso da razão, e ainda os que o não têm, relativamente às coisas suscetíveis de ocupação". Acrescenta o art. 1.318 que "podem ser adquiridos por ocupação os animais e outras coisas móveis que nunca tiveram dono, ou foram abandonados, perdidos ou escondidos pelos seus proprietários, salvas as restrições dos artigos seguintes".

Comentando os aludidos dispositivos legais, salienta MANUEL RODRIGUES que "a aquisição da posse não é um negócio jurídico e por consequência a vontade que se exige ao adquirente não é uma vontade acompanhada da capacidade jurídica; basta, como resulta daquele artigo, uma vontade natural. Há apenas uma exceção. Nos termos do art. 1.266 podem adquirir posse aqueles que não têm o uso da razão, nas coisas que podem ser objeto de livre ocupação"[31].

Na mesma linha, assinala CAIO MÁRIO DA SILVA PEREIRA que "a vontade, na aquisição da posse, é simplesmente *natural* e não aquela revestida dos atributos necessários à constituição de um negócio jurídico. Daí ser possível, tanto ao incapaz realizá-la por si (o escolar possui os livros e cadernos, o menor adquire a posse do brinquedo), sem manifestação de vontade negocial, como ao seu representante adquirir a posse em seu nome"[32].

Com efeito, nem todos os princípios e requisitos do negócio jurídico aplicam-se aos atos jurídicos em sentido estrito não provenientes de uma declaração de vontade, mas de simples intenção. Um garoto de 7 ou 8 anos de idade, por exemplo, torna-se proprietário dos peixes que pesca, pois a incapacidade, no caso, não acarreta nulidade ou anulação, ao contrário do que sucederia se essa mesma pessoa celebrasse um contrato de compra e venda[33].

Como enfatiza MOREIRA ALVES, "na hipótese de ocupação, a vontade exigida pela lei não é a vontade qualificada, necessária para a realização do contrato; *basta a simples intenção de tornar-se proprietário da res nullius, que é o peixe, e essa intenção podem tê-la todos os que possuem consciência dos atos que praticam. O garoto de seis, sete ou oito anos tem perfeitamente consciência do ato de assenhoreamento*"[34].

---

[30] Manuel Rodrigues, *A posse*, p. 192-193; José Carlos Moreira Alves, *Posse*, v. I, p. 55.
[31] *A posse*, cit., p. 193.
[32] *Instituições*, cit., v. IV, p. 45.
[33] Carlos Roberto Gonçalves, *Direito civil brasileiro*, v. 1, p. 373.
[34] O Anteprojeto de 1973, *Revista de Informação Legislativa*, 40/5 e s., out./dez. 1973.

Segundo Eduardo Espínola e Eduardo Espínola Filho, o nascituro, que ainda não é pessoa física ou natural, não pode ser possuidor, pois "não há, nunca houve, direito do nascituro, mas, simples, puramente, expectativas de direito, que se lhe protegem, se lhe garantem, num efeito preliminar, provisório, numa *Vorwirkung*, porque essa garantia, essa proteção, é inerente e é essencial à expectativa do direito"[35].

Se o nascituro não é titular de direitos subjetivos, obtempera Moreira Alves[36], não será também, ainda que por ficção, possuidor. No entanto, aduz, quer as pessoas físicas quer as pessoas jurídicas podem ser sujeitos da posse, não assim, porém, as coletividades sem personalidade jurídica.

Caio Mário da Silva Pereira destaca outra circunstância: "para que alguém adquira a posse por intermédio de outrem, não se faz mister constitua formalmente um procurador, bastando que lhe dê esta incumbência, ou que entre eles exista um vínculo jurídico. Assim é que o jardineiro que vai buscar as plantas, ou a doméstica que recebe a caixa de vinho adquirem a posse *alieno nomine*, para o patrão e em nome deste, embora dele não sejam mandatários. Se se adquire a posse por intermédio de um gestor de negócios, o seu momento inicial será o da ratificação"[37].

Admite-se, ainda, que *terceiro*, mesmo *sem mandato*, adquira posse em nome de outrem, dependendo de ratificação (CC, art. 1.205, II). Trata-se da figura do gestor de negócios, prevista nos arts. 861 e s.

Limongi França[38] apresenta o exemplo de alguém que cerca uma área e coloca lá um procurador, mas este não só cultiva, em nome do mandante, a área cercada, senão uma outra circunvizinha. O capataz, nesse caso, não é mandatário para o cultivo da segunda área, "mas a aquisição da posse desta pelo titular daquela pode efetivar-se pela ratificação, expressa ou tácita".

Preceitua o art. 1.209 do Código Civil que "*a posse do imóvel faz presumir, até prova contrária, a das coisas móveis que nele estiverem*".

Trata-se de mais uma aplicação do princípio segundo o qual *accessorium sequitur suum principale*. A presunção é *juris tantum* e estabelece a inversão do ônus da prova: o possuidor do imóvel não necessita provar a posse dos objetos nele encontrados, mas o terceiro terá de provar os direitos que alega ter sobre eles.

---

[35] *Tratado de direito civil brasileiro*, v. X, n. 92, p. 458-459.
[36] *Posse*, cit., v. II, p. 142-147.
[37] *Instituições*, cit., v. IV, p. 45.
[38] *A posse no Código Civil*, cit., p. 33.

4. PERDA DA POSSE

O Código Civil de 1916 apresentava, no art. 520, uma enumeração também supérflua dos meios pelos quais se perde a posse. Se esta é a exteriorização do domínio e se é possuidor aquele que se comporta em relação à coisa como dono, desde o momento em que não se comporte mais dessa maneira, ou se veja impedido de exercer os poderes inerentes ao domínio, *a posse estará perdida*. O Código Civil em vigor, por essa razão, simplesmente proclama:

"Art. 1.223. *Perde-se a posse quando cessa, embora contra a vontade do possuidor, o poder sobre o bem, ao qual se refere o art. 1.196*".

Não há, com efeito, em diploma que acolhe a teoria de Ihering, a necessidade de especificar, casuisticamente, os casos e os modos de perda da posse. Exemplificativamente, perde-se a posse das coisas:

a) *Pelo abandono*, que se dá quando o possuidor renuncia à posse, manifestando, voluntariamente, a intenção de largar o que lhe pertence, como quando atira à rua um objeto seu. A perda definitiva, entretanto, dependerá da posse de outrem, que tenha apreendido a coisa abandonada.

Nem sempre, todavia, abandono da posse significa abandono da propriedade, como alerta Washington de Barros Monteiro citando exemplo de Cunha Gonçalves: "para salvação de navio em perigo deitam-se ao mar diversos objetos; arrojados à praia, ou recolhidos por outrem, assiste ao dono o direito de recuperá-los"[39].

A configuração do abandono (*derelictio*) depende, além do não uso da coisa, do ânimo de renunciar o direito, realizando-se, concomitantemente, o perecimento dos elementos *corpus* e *animus*.

Nesse sentido pronunciou-se o *Superior Tribunal de Justiça*: "O abandono é uma das modalidades de perda da posse em razão da ausência de ambos os elementos constitutivos, a saber, *animus* e *corpus*. Se a parte adota medidas conducentes à conservação e guarda do bem, é evidente que não ficou configurada a situação de abandono, a ensejar a perda de sua posse"[40].

Nem sempre é fácil apurar o *animus* de renunciar o direito. Em regra, haverá abandono se o possuidor se ausenta prolongadamente do imóvel, não lhe dando nenhuma destinação, nem deixando quem o represente. Entretanto, tal não sucederá se a desocupação do imóvel representa circunstância natural de sua utilização, como, por exemplo, se se trata de casa de campo ou de praia.

Embora tal conduta se assemelhe à do locatário, por exemplo, que desocupa a casa onde morava, porque em ambas as hipóteses o possuidor deixa a

---

[39] *Curso*, cit., v. 3, p. 68-69.
[40] REsp 1.325.139-RN, 3ª T., rel. Min. João Otávio de Noronha, j. 15-12-2015.

coisa sem utilização, dela difere, na realidade, por não denotar omissão ou falta de diligência, enquanto a intenção de não mais usá-la, por parte do locatário, com renúncia à posse, decorre do rompimento de uma situação que implica conduta análoga à do proprietário[41].

Como assinala LAFAYETTE[42], pode perder-se a posse por *abandono do representante*, do mesmo modo como por via dele se a adquire. Todavia, somente se reputa perdida "desde que o possuidor, avisado do ocorrido, se abstém de reaver a coisa, ou desde que, tentando retomá-la, é repelido".

b) *Pela tradição* (*traditio*), quando envolve a intenção definitiva de transferi-la a outrem, como acontece na venda do objeto, com transmissão da posse plena ao adquirente. Não há perda da posse na entrega da coisa a um representante, para que a administre.

A entrega da coisa, como o ânimo de efetuar a tradição, gera a demissão da posse e sua consequente perda. Trata-se, segundo CAIO MÁRIO DA SILVA PEREIRA, de "uma perda por transferência, porque simultaneamente adquire-a o *accipiens*, e nisto difere do abandono, em que se consigna unilateralmente a renúncia, sem a correlata imissão de alguém da posse da coisa *derelicta*"[43].

Como foi dito no item 2.2.1 *retro*, há três espécies de tradição: real (quando envolve a entrega efetiva e material da coisa), simbólica (quando representada por ato que traduz a alienação) e ficta. Considera-se *ficta* a tradição no caso da *traditio brevi manu* e do constituto possessório (cláusula *constituti*). Em ambos os casos pode haver perda da posse (CC, art. 1.267, parágrafo único).

Assim, o proprietário que, por exemplo, *aliena o imóvel, mas permanece nele residindo por força de contrato de locação celebrado com o adquirente, perde a posse de dono, mas adquire, pela mencionada cláusula constituti, a de locatário. No constituto possessório o possuidor de uma coisa em nome próprio passa a possuí-la em nome alheio. No momento em que o vendedor, por uma declaração de vontade, transmite a posse indireta da coisa ao comprador, permanecendo, no entanto, na sua detenção material (posse direta), converte-se, por um ato de sua vontade, de detentor em nome próprio, possuidor que era, em detentor pro alieno.*

Se, por outro lado, a pessoa que tem posse direta do bem em razão de contrato celebrado com o possuidor indireto (arrendador, locador, *v. g.*) adquire o seu domínio, não precisa devolvê-lo ao dono, para que este novamente lhe faça a entrega real da coisa. Basta a demissão voluntária da posse indireta pelo transmitente, para que se repute efetuada a tradição. Configura-se, neste caso, a *traditio brevi manu*,

---

[41] Washington de Barros Monteiro, *Curso*, cit., v. 3, p. 69; Caio Mário da Silva Pereira, *Instituições*, cit., v. IV, p. 52.
[42] *Direito das coisas*, cit., t. I, p. 72.
[43] *Instituições*, cit., v. IV, p. 53.

que é exatamente o inverso do constituto possessório e também constitui modalidade de tradição ficta (*v.* n. 2.2.1, *retro*).

A tradição ficta, portanto, seja *brevi manu*, seja constituto possessório, é, concomitantemente, meio de perda da posse ou de conversão do *animus* para um, e de aquisição para outro.

c) *Pela perda propriamente dita da coisa*. Como acentua ORLANDO GOMES, recaindo a posse "em bem determinado, se este desaparece, torna-se impossível exercer o poder físico em que se concretiza. O caso típico de perda da posse por impossibilidade de detenção é o do pássaro que foge da gaiola. Com a perda da coisa, o possuidor vê-se privado da posse sem querer"[44]. Na hipótese de abandono, ao contrário, a privação se dá por ato intencional, deliberado.

WASHINGTON DE BARROS MONTEIRO, com apoio em lição de CARVALHO SANTOS, observa que, extraviando-se coisa móvel, "sua posse vem a desaparecer, verificada a impossibilidade de reencontrá-la. Por exemplo, perco meu relógio, mas sei que o perdi dentro de casa. Embora não saiba exatamente onde se encontra no momento, não posso considerá-lo perdido, juridicamente falando; não chego, por isso, a perder-lhe a posse, de modo que, ao achá-lo, não readquiro a posse, apenas continuo a ter a mesma posse, que nunca chegara a perder. Se a perda se verifica na rua, porém, a situação muda de figura; enquanto à procura do objeto perdido não chego a perder a posse, mas, quando desisto da busca, dando por inúteis meus esforços, então perco a posse"[45].

d) *Pela destruição da coisa*, uma vez que, perecendo o objeto, extingue-se o direito. Pode resultar de acontecimento natural ou fortuito, como a morte de um animal em consequência de idade avançada ou de um raio; de fato do próprio possuidor, ao provocar, por exemplo, a perda total do veículo por direção perigosa ou imprudente; ou ainda de fato de terceiro, em ato atentatório à propriedade.

Perde-se a posse também quando a coisa deixa de ter as qualidades essenciais à sua utilização ou o valor econômico, como sucede, por exemplo, com o campo invadido pelo mar e submerso permanentemente; e ainda quando impossível se torna distinguir uma coisa da outra, como se dá nos casos de confusão, comistão, adjunção e avulsão[46].

e) *Pela colocação da coisa fora do comércio*, porque se tornou inaproveitável ou inalienável. Pode alguém possuir bem que, por razões de ordem pública, de moralidade, de higiene e de segurança coletiva, passe à categoria de coisa *extra commercium*, verificando-se, então, a perda da posse pela impossibilidade, daí por diante, de ter o possuidor poder físico sobre o objeto da posse. Tal conse-

---

[44] *Direitos reais*, cit., p. 73.
[45] *Curso*, cit., v. 3, p. 69-70.
[46] Tito Fulgêncio, *Da posse*, cit., v. 1, p. 195, n. 276.

quência, todavia, é limitada às coisas tornadas insuscetíveis de apropriação, uma vez que a só inalienabilidade é frequentemente compatível com a cessão de uso ou posse alheia[47].

f) *Pela posse de outrem*, ainda que a nova posse se tenha firmado contra a vontade do primitivo possuidor, se este não foi mantido ou reintegrado em tempo oportuno. O desapossamento violento ou clandestino por ato de terceiro dá origem à detenção, viciada pela violência e clandestinidade exercidas.

Como foi dito no Capítulo II *retro*, intitulado "Classificação da Posse", item 4, concernente à posse justa e injusta, cessadas a violência e a clandestinidade, a mera detenção, que então estava caracterizada, transforma-se em posse injusta em relação ao esbulhado, permitindo ao novo possuidor ser mantido provisoriamente, contra os que não tiverem melhor posse. Na posse de mais de ano e dia, o possuidor será mantido provisoriamente, inclusive contra o proprietário, até ser convencido pelos meios ordinários (CC, arts. 1.210 e 1.211; CPC/2015, art. 558). *Estes não são os atinentes ao petitório, mas à própria ação possessória em que se deu a manutenção provisória*.

Tem-se decidido, com efeito: "É cabível a ação possessória mesmo superado o ano e dia, com a única alteração relativa ao descabimento da concessão liminar da manutenção ou reintegração"[48].

A perda da posse pelo primitivo possuidor não é, pois, definitiva. Ela somente ocorrerá se permanecer inerte durante todo o tempo de prescrição da ação possessória.

5. RECUPERAÇÃO DE COISAS MÓVEIS E TÍTULOS AO PORTADOR

O art. 521 do Código Civil de 1916 permitia a reivindicação de coisa móvel furtada, ou título ao portador, ainda que o terceiro demonstrasse ser adquirente de boa-fé. Aquele que achava coisa pertencente a outrem, ou a furtava, ficava obrigado a restituí-la ao legítimo possuidor.

A mesma obrigação existia para aquele a quem a coisa tivesse sido transferida. Se contra este a ação fosse movida, competir-lhe-ia direito regressivo contra a pessoa que lhe transferiu a coisa, para cobrança do seu valor, e ainda das perdas e danos, se agiu de má-fé.

Nessa linha, assinala Silvio Rodrigues: "Aquele que achou coisa alheia deve devolvê-la. O gatuno que furtou coisa de outrem não a pode conservar. E se

---

[47] Caio Mário da Silva Pereira, *Instituições*, cit., v. IV, p. 53-54; Washington de Barros Monteiro, *Curso*, cit., v. 3, p. 70; Orlando Gomes, *Direitos reais*, cit., p. 74.
[48] *RT*, 722/168.

um ou outro a alienaram a terceiro, este fica sujeito a ser dela privado, pelo êxito da ação reivindicatória intentada pelo verdadeiro proprietário. E, outro remédio não lhe resta, senão acionar a pessoa de quem houve a coisa, por seu valor, acrescido das perdas e danos, se o alienante agiu de má-fé"[49].

Também a jurisprudência proclamava: "A lei civil permite à vítima do furto reivindicar a coisa furtada, mesmo daquele que a adquiriu e possui de boa-fé"[50].

O atual Código Civil não contém dispositivo semelhante ao mencionado art. 521 do diploma anterior. Nada impede, todavia, que o proprietário, que tenha perdido título ao portador ou dele haja sido injustamente desapossado, o reivindique da pessoa que o detiver ou requeira a sua anulação e substituição por outro, pelo procedimento comum.

Em relação à coisa móvel ou semovente, prevalecerá a regra geral, aplicável também aos imóveis, de que o proprietário injustamente privado da coisa que lhe pertence pode reivindicá-la de quem quer que a detenha (CC, art. 1.228).

A situação do terceiro que vem a adquirir um objeto que foi extraviado ou roubado é traçada pelo art. 1.268 do Código Civil, com relação à tradição: "*Feita por quem não seja proprietário, a tradição não aliena a propriedade, exceto se a coisa, oferecida ao público, em leilão ou estabelecimento comercial, for transferida em circunstâncias tais que, ao adquirente de boa-fé, como a qualquer pessoa, o alienante se afigurar dono*", ou se "*o alienante adquirir depois a propriedade*" (§ 1º).

Também "*não transfere a propriedade a tradição, quando tiver por título um negócio jurídico nulo*" (art. 1.268, § 2º).

O art. 1.268 em apreço, visando dar segurança aos negócios realizados mediante oferta pública, em leilão ou estabelecimento comercial, protege o terceiro de boa-fé. Assim, "mesmo feita por quem não seja dono, se a coisa foi oferecida ao público em leilão, ou estabelecimento comercial, tudo levando a crer que o alienante é proprietário, esse negócio transfere a propriedade. Dá-se proeminência à boa-fé em detrimento do real proprietário, que deverá responsabilizar o alienante de má-fé, persistindo, porém, a tradição e a alienação feita ao adquirente de boa-fé"[51].

Nos casos de furto, roubo e perda, a coisa sai da esfera de vigilância do possuidor contra a sua vontade. O mesmo não acontece quando este é vítima de *estelionato* ou de *apropriação indébita*, pois, nesses casos, a própria vítima se despoja voluntariamente da coisa, embora às vezes ilaqueada em sua boa-fé. São comuns os casos de pessoas que vendem e entregam ao adquirente veículo automotor mediante o recebimento de cheque sem fundos.

---

[49] *Direito civil*, cit., v. 5, p. 48.
[50] *RT*, 365/200, 381/274.
[51] Sílvio Venosa, *Código Civil comentado*, v. XII, p. 305.

Por isso, a doutrina e a jurisprudência têm entendido que o proprietário não pode reivindicar a coisa que esteja em poder de terceiro de boa-fé, nas hipóteses de *estelionato* ou *apropriação indébita*. Se a vítima pretender, nesses casos, reivindicar a coisa em poder de terceiro de boa-fé, não obterá êxito em sua pretensão. A vítima poderá voltar-se contra o autor do ato ilícito, para exercer os seus eventuais direitos[52].

Ressalte-se, por oportuno, que a reivindicação de imóveis segue outra disciplina. Por outro lado, perde-se a *posse dos direitos* em se tornando impossível exercê-los, ou não se exercendo por tempo que baste para prescreverem. As servidões, por exemplo, perdem-se pelo não uso, se o possuidor deste direito real não o tiver conservado por sinais característicos da sua intenção de manter-lhe a posse[53].

6. PERDA DA POSSE PARA O AUSENTE

Dispunha o art. 522 do Código Civil de 1916 que só se considerava perdida a posse para o ausente quando, tendo notícia da ocupação, se abstinha de retomar a coisa, ou, tentando recuperá-la, era violentamente repelido. A palavra "ausente" era empregada no sentido comum, indicando aquele que não se achava presente, e não no sentido jurídico concebido no art. 463 do referido diploma, correspondente ao art. 22 do novo estatuto civil, de pessoa desaparecida de seu domicílio.

A interpretação literal do aludido artigo insinuava que a posse estava *perdida* para o ausente quando, ciente do esbulho, permanecia inativo, ou, tentando reaver a coisa, era violentamente repelido.

MELCHÍADES PICANÇO, em crítica ao dispositivo em apreço, assim se expressou: "O Código, falando de posse perdida, como que dá a entender que o indivíduo esbulhado por ocasião de sua ausência, ausência que pode ser até de dias, não tem mais direito ao possessório, se não consegue retomar logo a posse,

---

[52] "Proprietária que entrega seu carro para que seja vendido em uma revendedora. Terceiro adquirente que realiza o negócio no interior da loja. Fato que faz presumir sua boa-fé. Eventual reparação do dano que a intermediária causou ao antigo proprietário que deve ser buscada contra essa e não em face do comprador" (RT, 810/240, 805/277). "O dono da coisa subtraída faz jus a que o detentor a restitua, independentemente da boa-fé por este alegada ou do ressarcimento também por este pretendido" (*RT*, 692/318). "O nosso Direito Civil garante ao proprietário do bem móvel de que tenha sido desapossado pela subtração (isto é, tirada do bem contra a sua vontade) a possibilidade de reaver a coisa, das mãos de quem a detiver, ainda que seja este um terceiro de boa-fé. A mesma proteção não é dispensada ao primitivo proprietário que colabora com a sua ação e com o seu consentimento, ainda que viciado pela fraude, para a transferência da posse e da propriedade: nesse caso, prevalece a boa-fé do terceiro que adquire o bem, isento de vício" (STJ, *RT*, 723/293).
[53] Orlando Gomes, *Direitos reais*, cit., p. 75.

mas isso está em desarmonia com a lei. Se o desapossado é repelido violentamente, nada o impede de recorrer às ações possessórias"⁵⁴.

Não obstante, o atual Código Civil, de 2002, manteve a orientação, dispondo: *"Só se considera perdida a posse para quem não presenciou o esbulho, quando, tendo notícia dele, se abstém de retornar a coisa, ou, tentando recuperá-la, é violentamente repelido"* (art. 1.224 – entendemos que o correto é retomar e não retornar, que consta da publicação oficial).

Aperfeiçoou-se a redação, substituindo-se a palavra "ausente" pela expressão *"para quem não presenciou o esbulho"*.

Naturalmente, a referida perda é provisória, pois, como dito acima, nada impede o esbulhado não presente de recorrer às ações possessórias. Preceitua, com efeito, o art. 1.210 do mesmo diploma que *"o possuidor tem direito a ser mantido na posse em caso de turbação, restituído no de esbulho, e segurado de violência iminente, se tiver justo receio de ser molestado"*.

A propósito, preleciona CARVALHO SANTOS: "O dispositivo legal quer dizer é que a simples ausência não importa na perda da posse, podendo o possuidor, embora ausente, continuar a posse *solo animo*, ainda que a coisa possuída por ele tenha sido ocupada por um terceiro, durante a sua ausência"⁵⁵.

---

⁵⁴ *A posse em face do Código Civil*, p. 105.
⁵⁵ *Código Civil brasileiro interpretado*, cit., v. VII, p. 257.

Capítulo IV
DOS EFEITOS DA POSSE

> *Sumário*: 1. Tutela da posse. 1.1. Introdução. 1.2. A proteção possessória. 2. Ações possessórias em sentido estrito. 2.1. Legitimação ativa e passiva. 2.2. Conversão de ação possessória em ação de indenização. 3. Ações possessórias na técnica do Código de Processo Civil. 3.1. A fungibilidade dos interditos. 3.2. Cumulação de pedidos. 3.3. Caráter dúplice das ações possessórias. 3.4. Distinção entre juízo possessório e juízo petitório. A exceção de domínio. 3.5. Procedimento: ação de força nova e ação de força velha. Ação possessória relativa a coisa móvel. 3.6. A exigência de prestação de caução.

1. TUTELA DA POSSE

1.1. Introdução

Malgrado SINTENIS negasse qualquer efeito à posse, não paira dúvida de que ela produz vários, que lhe são próprios. São precisamente eles que lhe imprimem cunho jurídico e a distinguem da mera detenção. A divergência entre os doutrinadores se verifica tão somente a respeito de sua discriminação.

ORLANDO GOMES[1], após afirmar que persiste curiosa dissensão doutrinária na determinação dos efeitos jurídicos da posse, divide as teorias que aceitam a sua eficácia em dois grupos: o primeiro, constituído pelos que admitem a pluralidade dos efeitos da posse; o segundo, pelos partidários da unicidade, que sustentam produzir a posse um único efeito, qual seja, o de induzir à presunção de propriedade. E coloca-se entre os que aceitam a última teoria, argumentando que, sendo a posse a exteriorização da propriedade, todos os efeitos dimanam da propriedade que, na realidade, é o único efeito da posse.

---

[1] *Direitos reais*, p. 77.

Em suma, conclui, *"é da propriedade putativa que dimanam os efeitos da posse, porque outra coisa não é"*.

VICENTE RÁO, EDMUNDO LINS, CORNIL e outros entendem que o único efeito decorrente da posse é, verdadeiramente, a faculdade de invocar os interditos possessórios. SAVIGNY, depois de mencionar escritor que conseguiu enumerar 72 efeitos (TAPIA), reduziu-os a apenas dois: *a faculdade de invocar os interditos e a usucapião*.

Embora hoje a eficácia jurídica da posse seja unanimemente reconhecida, não se deve chegar a extremos na enumeração de seus efeitos, nem reduzi-los demasiadamente. O correto é admitir que ela os gera vários, sem exageros, como fazem MARTIN WOLFF, PLANIOL e RIPERT e ASTOLPHO REZENDE, dentre outros. Se é harmônico o entendimento, na atualidade, sobre a produção de efeitos da posse, pode resumir-se a questão à afirmação de que "a posse produz alguns efeitos", como o faz CAIO MÁRIO DA SILVA PEREIRA[2].

Parece-nos, desse modo, bastante racional sistematizar esses efeitos com base no direito positivo (CC, arts. 1.210 a 1.222 e 1.238 e s.), afirmando que cinco são os mais "evidentes": a) a proteção possessória, abrangendo a autodefesa e a invocação dos interditos; b) a percepção dos frutos; c) a responsabilidade pela perda ou deterioração da coisa; d) a indenização pelas benfeitorias e o direito de retenção; e) a usucapião.

Alguns entendem que a usucapião não é efeito específico da posse, porque depende da conjugação desta com outros elementos, como o decurso do tempo, a boa-fé e o justo título. É evidente, no entanto, que a usucapião tem a posse como uma de suas causas. Pode não ter efeito que decorra exclusivamente da posse, mas tem nela a sua causa principal. Assim ocorre, também, com o direito à percepção dos frutos, que tem como requisito a boa-fé. Tal direito decorre da conjugação dos elementos posse e boa-fé. É efeito da posse acompanhada da boa-fé.

1.2. A proteção possessória

A proteção conferida ao possuidor é o principal efeito da posse. Dá-se de dois modos: pela *legítima defesa* e pelo *desforço imediato* (autotutela, autodefesa ou defesa direta), em que o possuidor pode manter ou restabelecer a situação de fato pelos seus próprios recursos; e pelas *ações possessórias*, criadas especificamente para a defesa da posse (heterotutela).

As ações tipicamente possessórias (manutenção, reintegração e interdito proibitório) são também denominadas *interditos possessórios*, pois constituem

---

[2] *Instituições de direito civil*, v. IV, p. 59.

formas evoluídas dos antigos interditos do direito romano, que representavam verdadeiras ordens do magistrado. O vocábulo *interdito*, segundo esclarece Washington de Barros Monteiro[3], procede da expressão *interim dicuntur*, que traduz a efemeridade da decisão proferida no juízo possessório, cuja finalização só se alcança no juízo petitório.

Quando o possuidor se acha presente e é turbado no exercício de sua posse, pode reagir, fazendo uso da defesa direta, agindo, então, em *legítima defesa*. A situação se assemelha à da excludente prevista no Código Penal. Se, entretanto, a hipótese for de esbulho, tendo ocorrido a perda da posse, poderá fazer uso do *desforço imediato*.

É o que preceitua o art. 1.210, § 1º, do Código Civil:

"*O possuidor turbado, ou esbulhado, poderá manter-se ou restituir-se por sua própria força, contanto que o faça logo; os atos de defesa, ou de desforço, não podem ir além do indispensável à manutenção, ou restituição da posse*".

A expressão *"por sua própria força"*, constante do texto legal, quer dizer: sem apelar para a autoridade, para a polícia ou para a justiça[4].

A *legítima defesa não se confunde com o desforço imediato*. Este ocorre quando o possuidor, já tendo perdido a posse (esbulho), consegue reagir, em seguida, e retomar a coisa. A primeira somente tem lugar enquanto a turbação perdurar, estando o possuidor na posse da coisa. O desforço imediato é praticado diante do atentado já consumado, mas ainda no calor dos acontecimentos. O possuidor tem de agir com suas próprias forças, embora possa ser auxiliado por amigos e empregados, permitindo-se-lhe ainda, se necessário, o emprego de armas.

Pode o guardião da coisa exercer a autodefesa, em benefício do possuidor ou representado. Embora não tenha o direito de invocar, em seu nome, a proteção possessória, não se lhe recusa, contudo, o direito de exercer a autoproteção do possuidor, consequência natural de seu dever de vigilância.

Preceitua a segunda parte do § 1º do aludido art. 1.210 do Código Civil que "*os atos de defesa, ou de desforço, não podem ir além do indispensável à manutenção, ou restituição da posse*".

Há necessidade, portanto, de se observar determinados requisitos, para que a defesa direta possa ser considerada legítima. Em primeiro lugar, é preciso que a reação se faça *logo*, imediatamente após a agressão. Carvalho Santos[5] explica

---

[3] *Curso de direito civil*, v. 3, p. 42.
[4] "Admite-se, quando o atentado é de natureza clandestina, que o desforço em defesa da posse se faça incontinenti ou logo em seguida à notícia que tenha o possuidor da turbação sofrida" (*RT*, 484/142).
[5] *Código Civil brasileiro interpretado*, v. VII, p. 137.

que esse advérbio significa que, se o possuidor não puder exercer o desforço imediatamente, poderá fazê-lo *logo* que lhe seja possível agir. E exemplifica: alguém se encontra com o ladrão de sua capa dias depois do furto. Em tal hipótese, apesar do lapso de tempo decorrido, assiste-lhe o direito de fazer justiça por suas próprias mãos, se presente não estiver a polícia.

Assim, o advérbio em questão não pode ser interpretado de forma tão literal que venha a excluir qualquer intervalo. Havendo dúvida, é aconselhável o ajuizamento da ação possessória pertinente, pois haverá o risco de se configurar o crime de *"exercício arbitrário das próprias razões"*, previsto no art. 345 do Código Penal[6].

Em segundo lugar, a reação deve-se limitar ao indispensável à retomada da posse. Os meios empregados devem ser proporcionais à agressão. Essa forma excepcional de defesa só favorece quem usa moderadamente dos meios necessários para repelir injusta agressão. O excesso na defesa da posse pode acarretar a indenização de danos causados.

Observem-se os Enunciados n. 78 e 79 da *I Jornada de Direito Civil do CJF/02*:

- *Enunciado n. 78*: "Tendo em vista a não recepção, pelo novo Código Civil, da *exceptio proprietatis* (art. 1.210, § 2º), em caso de ausência de prova suficiente para embasar decisão liminar ou sentença final ancorada exclusivamente no *ius possessionis*, deverá o pedido ser indeferido e julgado improcedente, não obstante eventual alegação e demonstração de direito real sobre o bem litigioso".

- *Enunciado n. 79*: "A *exceptio proprietatis*, como defesa oponível às ações possessórias típicas, foi abolida pelo Código Civil de 2002, que estabeleceu a absoluta separação entre os juízos possessório e petitório".

2. AÇÕES POSSESSÓRIAS EM SENTIDO ESTRITO

2.1. Legitimação ativa e passiva

Exige-se a condição de *possuidor* para a propositura dos interditos (CPC/2015, art. 560), mesmo que não tenha título (*possideo quod possideo*). O detentor, por não ser possuidor, não tem essa faculdade. Não basta ser proprietário ou titular de outro direito real. Se somente tem o direito, mas não a posse correspondente, o agente terá de valer-se da via petitória, não da possessória, a não ser que se trate de sucessor de quem detinha a posse e foi molestado.

---

[6] "Exercício arbitrário das próprias razões. Caracterização em tese. Adquirente de imóvel arrematado em execução hipotecária que, aproveitando a ausência do ocupante, muda o cilindro da fechadura para imitir-se na posse. Ilegalidade" (*RT*, 693/370).

Com efeito, o herdeiro ou sucessor *mortis causa* encontra-se, em matéria possessória, em situação privilegiada, pois presume a lei que "*continua de direito a posse do seu antecessor*" (CC, art. 1.207). Assim, não necessita provar a sua posse anterior, mas apenas a do *de cujus*.

Ao sucessor a título singular é facultado unir a sua posse à do antecessor, para os efeitos legais. Desse modo, se este tinha posse e foi esbulhado, àquele será facultado assumir sua posição, para o fim de ajuizar a competente ação possessória contra o terceiro.

Embora PONTES DE MIRANDA[7] defenda a tese de que o *nascituro* pode ser possuidor ("a posse vai para o nascituro, como se já tivesse nascido, ou a quem, se o feto não nasce com vida, é herdeiro"), parece-nos mais correta a posição de JOSÉ CARLOS MOREIRA ALVES, no sentido de que o nascituro, enquanto tal, não é possuidor, visto "que não há, nunca houve, direito do nascituro, mas, simples, puramente, expectativas de direito, que se lhe protegem, se lhe garantem, num efeito preliminar, provisório, numa *Vorwirkung*, porque essa garantia, essa proteção é inerente e é essencial à expectativa do direito"[8].

Assim, aduz, se "*o nascituro não é titular de direitos subjetivos, não será também, ainda que por ficção, possuidor*".

Possuidores *diretos* e *indiretos* têm ação possessória contra terceiros, e também um contra o outro. A jurisprudência já vinha admitindo que cada possuidor, o direto e o indireto, recorresse aos interditos possessórios contra o outro, para defender a sua posse, quando se encontrasse por ele ameaçado[9]. Tal possibilidade encontra-se, agora, expressamente prevista na parte final do art. 1.197 do novo Código.

Havendo posse escalonada ou em níveis (locador, locatário, sublocatário), em que há um possuidor direto e mais de um possuidor indireto, é preciso verificar qual das posses foi ofendida na ação movida entre eles. Entretanto, contra terceiros, há legitimação concorrente dos possuidores de diferentes níveis, podendo instaurar-se litisconsórcio não obrigatório.

Assinala, a propósito, ADROALDO FURTADO FABRÍCIO: "Para qualificar-se juridicamente à propositura de ação possessória, supõe-se antes de tudo a condição de possuidor que o autor tivesse antes do esbulho, ou ainda tenha nos demais casos. Não é preciso que a posse seja a direta ou a própria. Legitimam-se à ação possessória, ativamente, possuidores diretos e indiretos, com posse própria ou derivada. Quando a posse se apresenta escalonada (posse imediata e posse mediata, ou posses mediatas), o que se tem de indagar é qual das posses foi ofendida, pois só o titular desta é legitimado. O mais comum, porém, é que o ato de ataque

---

[7] *Tratado de direito privado*, t. X, p. 213.
[8] *Posse*, v. II, p. 142.
[9] *RT*, 654/145, 668/125.

à posse a alcance como um todo, e então a legitimação é concorrente, dos possuidores de diferentes níveis"[10].

A legitimidade *passiva* nas ações possessórias é do autor da ameaça, turbação ou esbulho (CPC/2015, arts. 561, II, e 567), assim como do *"terceiro que recebeu a coisa esbulhada, sabendo que o era"*, isto é, de má-fé, como expressamente dispõe o art. 1.212 do Código Civil.

Quando mais de uma pessoa exerce atos possessórios sobre o mesmo bem, o *Superior Tribunal de Justiça* destaca que:

"Na hipótese de composse, a decisão judicial de reintegração de posse deverá atingir de modo uniforme todas as partes ocupantes do imóvel, configurando-se caso de litisconsórcio passivo necessário. A ausência da citação de litisconsorte passivo necessário enseja a nulidade da sentença. Na linha da jurisprudência desta Corte, o vício na citação caracteriza-se como vício transrescisório, que pode ser suscitado a qualquer tempo, inclusive após escoado o prazo para o ajuizamento da ação rescisória, mediante simples petição, por meio de ação declaratória de nulidade (*querela nullitatis*) ou impugnação ao cumprimento de sentença"[11].

Correto o *Enunciado n. 80 da I Jornada de Direito Civil* da CJF: "É inadmissível o direcionamento de demanda possessória ou ressarcitória contra terceiro possuidor de boa-fé, por ser parte passiva ilegítima, diante do disposto no art. 1.212 do atual Código Civil. Contra o terceiro de boa-fé cabe tão somente a propositura de demanda de natureza real".

Efetivamente, contra o terceiro que recebeu a coisa de boa-fé não cabe ação de reintegração de posse, pela interpretação *a contrario sensu* do citado dispositivo legal. Contra este terá o esbulhado a ação petitória, como anota TITO FULGÊNCIO, complementando: "Não a manutenção, porque não tem posse atual, dado o esbulho pelo *tradens*. Não a de esbulho, porque não o há contra o *recipiens* de boa-fé"[12].

Se a turbação e o esbulho forem causados por pessoa *privada de discernimento* ou *menor* incapaz de entender o valor ético da sua ação, o legitimado passivo será o encarregado de sua vigilância (curador, pai ou tutor), a quem competirá responder por autoria moral, se, tendo conhecimento do ato, não tiver recolocado as coisas no *statu quo ante*, voluntariamente, ou por culpa *in vigilando*[13].

A ação pode ser proposta tanto contra o autor do ato molestador como contra quem *ordenou* a sua prática, ou contra ambos. Mesmo que o turbador proceda como *representante* legal ou convencional de outrem, e dentro dos li-

---

[10] *Comentários ao Código de Processo Civil*, v. VIII, t. III, p. 384.
[11] REsp 1.811.718-SP, 3ª T., rel. Min. Ricardo Villas Bôas Cueva, j. 2-8-2022.
[12] *Da posse e das ações possessórias*, v. 1, p. 135. No mesmo sentido: *RT*, 182/679.
[13] João Batista Monteiro, *Ação de reintegração de posse*, p. 154, n. 43.1.

mites do mandato, o possuidor molestado não é obrigado a saber que se trata de representação. A lei não desampara o representante, porque sempre lhe fica aberto o recurso de nomeação à autoria da pessoa em cujo nome praticou a turbação. Com maior razão terá legitimidade passiva se agiu por conta própria, fora e além dos limites do seu mandato.

O *herdeiro a título universal* ou *mortis causa* também é legitimado passivo porque *continua* de direito a posse de seu antecessor (CC, art. 1.207) com as mesmas características. Já o *sucessor a título singular* somente estará legitimado para responder à ação de reintegração de posse se, nos termos do retromencionado art. 1.212 do Código Civil, *"recebeu a coisa esbulhada sabendo que o era"*.

Legitimada passivamente para a ação é a *pessoa jurídica de direito privado* autora do ato molestador, não o seu gerente, administrador ou diretor, se estes não agiram em nome próprio. Também são legitimadas as *pessoas jurídicas de direito público*, contra as quais pode até ser deferida medida liminar, desde que sejam previamente ouvidos os seus representantes legais (CPC/2015, art. 562, parágrafo único).

Quando o Poder Público desapossa alguém sem o processo expropriatório regular, não há dúvida de que pratica esbulho. A jurisprudência, porém, ao fundamento de que a obra pública não pode ser demolida e de que ao proprietário nada mais resta, vem convertendo os interditos possessórios em ação de indenização, denominada *desapropriação indireta*.

Essa conversão, todavia, deve ocorrer somente se houve pedido alternativo de indenização e se o apossamento está consumado, sendo o imóvel empregado realmente em obra pública[14]. Caso não tenha sido formulado o pedido alternativo, é de se proclamar a carência de ação movida contra o Poder Público, ante a intangibilidade da obra pública, máxime quando já ultimada, por pertinente, a desapropriação indireta[15].

No entanto, é perfeitamente cabível ação possessória contra o Poder Público quando este comete atentado à posse dos particulares, agindo *more privatorum*, isto é, como qualquer particular, e não para realizar obra pública. Tem-se entendido, contudo, que o particular, nestes últimos casos, deve reagir prontamente, pois não mais poderá pretender interditar a obra se já estiver construída ou em construção, nada mais lhe restando então que pleitear a respectiva indenização.

Muitas vezes o turbado ou esbulhado propõe ação contra simples prepostos, que praticam os referidos atos a mando de terceiros, por desconhecimento da situação fática. Para corrigir esse endereçamento errôneo da demanda deve ser

---

[14] "Interdito proibitório. Desapropriação indireta. Demanda interposta pelo proprietário do imóvel indiretamente expropriado. Admissibilidade enquanto não concluída a obra ou o serviço público. Ato do Poder Público que, sem o devido processo legal expropriatório, é ilícito" (*RT*, 797/263).
[15] *RT*, 668/103; *JTACSP*, Lex, 84/120.

feita a nomeação à autoria. Se o demandado é simples detentor (CC, art. 1.198), nomeia à autoria (CPC/2015, art. 339); se é possuidor direto apenas (CC, art. 1.197), *denuncia da lide* ao possuidor indireto (CPC/2015, art. 125, II).

2.2. Conversão de ação possessória em ação de indenização

Permite-se que o possuidor possa demandar a proteção possessória e, cumulativamente, pleitear a condenação do réu nas perdas e danos (CPC/2015, art. 555, I). Se, no entanto, ocorreu o perecimento ou a deterioração considerável da coisa, só resta ao possuidor o caminho da indenização. Seria, com efeito, destituída de efeitos práticos a condenação na devolução de uma coisa inexistente ou sem interesse para o possuidor. É o juiz obrigado, nesse caso, a tomar em consideração o fato novo (CPC/2015, art. 493).

Tais prejuízos podem ocorrer, todavia, depois de ajuizada a ação de reintegração de posse. Embora já não possa ser apreciado o pedido de proteção possessória, nada impede que a pretensão indenizatória seja deferida, especialmente se formulada na inicial, cumulativamente com o pedido de proteção possessória.

Nesse sentido a lição de João Batista Monteiro: "Quando a perda, destruição ou deterioração da coisa se dá após o ajuizamento da demanda, havendo pedido cumulado de indenização, o juiz é obrigado a tomar em consideração o fato novo e a ação deve ser tida como procedente apenas para o efeito de condenar o réu na indenização, em que se abrangem tanto os danos emergentes quanto os lucros cessantes, ou seja, em tal situação, o próprio valor da coisa objeto da posse"[16].

Se a perda tiver lugar depois da sentença, mas antes de sua execução, deve aplicar-se, aduz o mencionado autor, por analogia, o disposto no art. 627 do Código de Processo Civil de 1973 (art. 809 do CPC/2015), segundo o qual "O exequente tem direito a receber, além de perdas e danos, o valor da coisa, quando essa se deteriorar, não lhe for entregue, não for encontrada ou não for reclamada do poder de terceiro adquirente".

O *Superior Tribunal de Justiça*, em respeito aos princípios da celeridade e economia processuais, admitiu a conversão da ação possessória em indenizatória, inclusive de ofício, para assegurar ao particular a obtenção de resultado prático correspondente à restituição do bem. Entendeu-se que a mudança não configurou julgamento *ultra petita* ou *extra petita*, ainda que não tenha ocorrido pedido explícito nesse sentido. Segundo o relator, Min. Gurgel de Faria, "Seria descabido o ajuizamento de outra ação quando uma parte do imóvel já foi afetada ao domínio público, mediante o apossamento administrativo, sendo a outra restante ocupada

---

[16] *Ação*, cit., p. 107.

de forma precária por inúmeras famílias de baixa renda com a intervenção do Município e do Estado, que implantaram toda a infraestrutura básica no local, tornando-se a área bairros urbanos"[17].

3. AÇÕES POSSESSÓRIAS NA TÉCNICA DO CÓDIGO DE PROCESSO CIVIL

3.1. A fungibilidade dos interditos

O *princípio da fungibilidade* das ações possessórias está regulamentado no art. 554 do Código de Processo Civil de 2015, que assim dispõe:

"A propositura de uma ação possessória em vez de outra não obstará a que o juiz conheça do pedido e outorgue a proteção legal correspondente àquela, cujos requisitos estejam provados".

Desse modo, se a ação cabível for a de manutenção de posse e o autor ingressar com ação de reintegração, ou vice-versa, o juiz conhecerá do pedido da mesma forma e determinará a expedição do mandado adequado aos requisitos provados. É uma aplicação do princípio da *mihi factum dabo tibi jus*, segundo o qual a parte expõe o fato e o juiz aplica o direito.

A justificação para a regra encontra-se na própria natureza da tutela possessória. Como bem esclarece ADROALDO FURTADO FABRÍCIO, "o possuidor que se dirige ao juiz em busca de amparo contra o ato ofensivo de sua posse pretende, em realidade, que a prestação jurisdicional paralise a ação hostil, quaisquer que tenham sido as consequências já produzidas, e as faça cessar"[18].

O *petitum*, acrescenta o citado processualista, é sempre *pedido de proteção possessória*, embora esta possa assumir mais de uma forma e a indicada pelo autor não seja a cabível. O binômio *"ofensa à posse-proteção possessória"* é sempre o mesmo, e a variação do segundo termo corresponde a diferenças de extensão, não de essência, do primeiro. Pode-se mesmo afirmar que, a rigor, *há uma só ação possessória*, com variantes determinadas pelas condições de fato".

Impõe-se o apontado princípio da fungibilidade ou da conversibilidade somente às três ações possessórias em sentido estrito. Sendo uma exceção à regra que proíbe o julgamento *extra petita* (CPC/2015, art. 492), deve ter aplicação estrita. Inadmissível o seu emprego entre uma ação possessória e a ação de imissão na posse ou reivindicatória, ou entre uma possessória e uma ação de despejo. Se tal ocorrer,

---

[17] STJ, REsp 1.442.440, 1ª T., rel. Min. Gurgel de Faria, disponível em: *Revista Consultor Jurídico*, de 23-2-2018.
[18] *Comentários*, cit., v. VIII, t. III, p. 392.

o autor será declarado carecedor, por falta de interesse processual adequado, não podendo uma ação ser aceita por outra[19].

Assim, cabe frisar que o princípio da fungibilidade apenas é aplicável entre as ações possessórias, não havendo sua extensão às ações petitórias, conforme decidido pelo *Tribunal de Justiça do Rio de Janeiro*:

"Destaco, ainda, que não é possível aplicar a fungibilidade entre os interditos petitórios e possessório, haja vista que o fundamento jurídico de uns e de outros, como dito anteriormente, é totalmente distinto. Somente seria admissível a fungibilidade entre as ações possessórias (interdito, manutenção e reintegração) ou entre as ações petitórias (ação de imissão e reivindicatória), salientando que, pelos mesmos motivos que se inadmite a ação de imissão na posse deve ser inadmitida a ação reivindicatória"[20].

O princípio ora em estudo autoriza a conversão do interdito proibitório em interdito de manutenção ou reintegração de posse, se, depois de ajuizado, vier a ocorrer a turbação, ou o esbulho, que se temia[21]. *Entretanto, ajuizada a ação de manutenção de posse, não há mais lugar para ser intentado o interdito proibitório por falta de interesse de agir.*

A correção pode ser feita pelo juiz já ao despachar a inicial e proferir decisão concessiva ou denegatória da liminar, bem como na sentença definitiva. Pode ser realizada também na fase recursal, pelo juízo de segundo grau[22].

3.2. Cumulação de pedidos

O diploma processual permite a cumulação de pedidos, na inicial da ação possessória. Dispõe, com efeito, o art. 555 do atual Código de Processo Civil:

"É lícito ao autor cumular ao pedido possessório o de:

I – condenação em perdas e danos;

II – indenização dos frutos.

Parágrafo único. Pode o autor requerer, ainda, imposição de medida necessária e adequada para:

I – evitar nova turbação ou esbulho;

II – cumprir-se a tutela provisória ou final".

A cumulação é facultativa e pode ocorrer sem prejuízo do rito especial, embora os agregados ao possessório não tenham tal conteúdo. Se não foi formu-

---

[19] *RT*, 333/484, 469/66, 612/106; *JTACSP*, 102/91.
[20] TJRJ, Ap. 0006445-29.2017.8.19.0068, 22ª C. Cív., rel. Des. Teresa de Andrade, *DJER* 13-6-2023.
[21] "Interdito proibitório. Conversão em reintegração de posse. Admissibilidade em razão da transmutação da realidade fática, caracterizadora de esbulho" (*RT*, 771/242).
[22] *JTARS*, 18/193.

lado pelo autor ou pelo réu o pedido de condenação em perdas e danos, julgará *ultra petita* o juiz que a decretar de ofício, pois não se pode tê-lo como implícito.

Todavia, como decidiu o *Superior Tribunal de Justiça*, embora o autor tenha formulado o pedido de ser a importância relativa às perdas e danos apreciada em liquidação, nada impede o juiz de fixá-la desde logo, se, nos autos, houver elementos para isso. O que ele não pode, proclamou a aludida Corte, é proferir sentença ilíquida, quando for formulado pedido certo (art. 459, parágrafo único, CPC/73; art. 490, CPC/2015)[23].

Não se pode relegar à fase da liquidação a prova da existência do dano. Esta tem de ser produzida no processo de conhecimento, para que a sentença possa reconhecê-lo. Em suma: só o *quantum debeatur* pode ter sua apuração relegada à liquidação futura; a prova da *existência* do dano tem de fazer-se no processo de conhecimento, para que a condenação possa ser proferida[24].

Desde que o autor dispense o rito especial, pode formular outros pedidos cumulados ao possessório, como, por exemplo, o de rescisão do compromisso de compra e venda e o demarcatório (CPC/2015, art. 327).

3.3. Caráter dúplice das ações possessórias

Na relação jurídico-processual é o autor quem em regra formula o pedido. O réu a ele se opõe, pleiteando a improcedência da ação. Essa polarização é estabelecida pelo direito material, que determina *a priori* a legitimação ativa e a passiva para a causa. Quando o requerido oferece, eventualmente, reconvenção, em verdade propõe uma outra ação, que se processa nos mesmos autos.

Todavia, em alguns casos, excepcionalmente, inexiste essa predeterminação das legitimações. A situação jurídica se apresenta de tal modo que qualquer dos sujeitos pode ajuizar a ação contra o outro. Quando isso acontece diz-se que a ação é de *natureza dúplice*.

É o que se dá, *verbi gratia*, nas ações demarcatória e de divisão, em que não há rigorosamente autores e réus, uma vez que qualquer dos confinantes ou consortes poderia ter tomado a iniciativa, bem como na ação de prestação de contas, que pode ser ajuizada não só por aquele a quem são devidas, como também pelo que as deve, servindo a sentença de título executivo contra qualquer deles, independentemente de quem seja autor ou réu. Nessas ações, de natureza dúplice, a reconvenção se torna despicienda[25].

---

[23] *RT*, 755/228.
[24] Adroaldo Furtado Fabrício, *Comentários*, cit., v. VIII, t. III, p. 397.
[25] Adroaldo Furtado Fabrício, *Comentários*, cit., v. VIII, t. III, p. 401.

A característica fundamental da *actio duplex*, como sublinha João Batista Monteiro, "reside em que, tomando um dos interessados a iniciativa do ajuizamento da ação, o outro ou outros, ainda que julguem que o resultado lhes será favorável, ficam impedidos de deduzir pedido reconvencional. A peculiar feição da ação dúplice parte do princípio de que as pretensões dos interessados são convergentes e não divergentes, nenhum deles tendo interesse na manutenção *ad aeternum* da situação duvidosa, que pode vir a ser resolvida tanto a favor de um como a favor do outro indistintamente"[26].

O *legislador tornou dúplice a ação possessória, permitindo que o juiz, independentemente de reconvenção do réu, confira-lhe a proteção possessória, se a requerer na contestação e provar ser o legítimo possuidor. Dispõe, com efeito, o art. 556 do Código de Processo Civil de 2015:*

"É lícito ao réu, na contestação, alegando que foi o ofendido em sua posse, demandar a proteção possessória e a indenização pelos prejuízos resultantes da turbação ou do esbulho cometido pelo autor".

Desse modo, tendo a lei conferido caráter dúplice às ações possessórias, não se faz necessário pedido reconvencional. Se se julgar ofendido em sua posse, o réu pode formular, na própria contestação, os pedidos que tiver contra o autor.

A razão da faculdade reside na circunstância de que, no pleito possessório, ambas as partes costumam arguir a condição de possuidores, *devendo o juiz decidir qual deles tem melhor posse*. A manifestação do réu, pleiteando para si a proteção possessória, não deixa de ter as características de uma reconvenção, sem porém os encargos e formalidades que esta envolve por opção do legislador, como política judiciária e em nome da economia processual.

Não se pode afirmar que as ações possessórias têm natureza dúplice "por natureza", uma vez que a proteção possessória só será conferida ao réu se ele a requerer expressamente e provar os requisitos que normalmente se exigiriam do autor. A simples improcedência da ação não representa, por si, reconhecimento de melhor posse do réu.

Tem a jurisprudência, a propósito, proclamado: "A ação possessória somente é dúplice se o réu também demandar, na contestação, proteção possessória; se assim não proceder, a declaração de improcedência do pedido do autor não define com autoridade de coisa julgada a posse do réu sobre a área litigiosa"[27].

Pode-se afirmar, pois, que as ações possessórias são dúplices por vontade do legislador, e não por sua natureza.

Estabelecida *ex lege* a duplicidade da ação, facultam-se ao réu as mesmas cumulações permitidas ao autor pelo *art. 555 do estatuto processual de 2015*.

---

[26] *Ação*, cit., p. 77.
[27] *RT*, 615/187.

Malgrado o art. 556 do aludido diploma silencie quanto à possibilidade de cumulação dos outros pedidos, não se percebe, dada a *eadem ratio*, como salienta ADROALDO FURTADO FABRÍCIO, "motivo para que o réu se prive de pedir, se for caso, também a cominação de pena para futuras agressões à posse e o desfazimento de plantações e construções"[28].

No tocante à extensão do pedido do réu, pode ele pedir a proteção possessória não só na contestação às queixas de esbulho e turbação, como também nas ações de interdito proibitório[29]. O *art. 556 do Código de Processo Civil* em apreço só faz menção, em sua parte final, à turbação ou ao esbulho, mas porque nela se refere ao pedido de indenização dos prejuízos. A postulação cumulada de indenização é que só cabe se a alegação for de esbulho ou turbação, como sucede também quando a pretensão é formulada pelo autor.

Como o réu pode formular, na contestação, os mesmos pedidos permitidos ao autor, *não se admite*, como foi dito, *reconvenção em ação possessória*, por inútil[30].

Nem por isso deve-se concluir pela absoluta e geral inadmissibilidade dessa forma de resposta do réu em ação possessória, adverte ADROALDO FURTADO FABRÍCIO[31]. Ela "cabe para veicular outras pretensões, que não as contempladas no artigo. Nem mesmo é de excluir-se reconvenção, com a forma e o procedimento que lhe são próprios, para formular pedidos de conteúdo possessório, se referentes, por exemplo, a outro bem, ou a outra parte do mesmo bem".

Inadmissível o julgamento antecipado da lide quando o réu, mercê da natureza dúplice dos interditos possessórios, alega, por seu turno, moléstia a sua posse, reclamando, para si, também, a proteção possessória[32].

3.4. Distinção entre juízo possessório e juízo petitório. A exceção de domínio

A ação possessória é o meio de tutela da posse perante uma ameaça, turbação ou esbulho. A sua propositura instaura o juízo possessório, em que se discute o *ius possessionis* (posse autônoma ou formal). A ação petitória é o meio de tutela dos direitos reais, de propriedade ou outro. No juízo petitório se invoca o *ius possidendi* (posse causal).

A doutrina e a legislação têm buscado, ao longo dos anos, a separação entre o possessório e o petitório. A teor dessa concepção, no juízo possessório não

---

[28] *Comentários*, cit., v. VIII, t. III, p. 404.
[29] *JTACSP*, 96/380; *RT*, 494/152.
[30] *RT*, 618/128, 495/233; *JTACSP*, 105/249; *RSTJ*, 105/361.
[31] *Comentários*, cit., v. VIII, t. III, p. 405.
[32] *RT*, 788/371.

adianta alegar o domínio porque só se discute posse[33]. Por outro lado, no juízo petitório a discussão versa sobre o domínio, sendo secundária a questão daquela.

Atualmente o art. 557 do Código de Processo Civil de 2015 tem a seguinte redação: "Na pendência de ação possessória é vedado, tanto ao autor quanto ao réu, propor ação de reconhecimento do domínio, exceto se a pretensão for deduzida em face de terceira pessoa".

Explicita o legislador, na parte final do dispositivo, que a vedação só prevalece se houver identidade de partes nas duas ações; não, portanto, se a ação de reconhecimento do domínio for intentada em face de terceira pessoa. Com o advento do Código Civil de 2002 ficou evidenciada, de modo irrefragável, a extinção da exceção do domínio em nosso sistema, pois esse diploma não contempla a possibilidade de se arguir a *exceptio proprietatis*, limitando-se a proclamar, no art. 1.210, § 2º: *"Não obsta à manutenção ou reintegração na posse a alegação de propriedade, ou de outro direito sobre a coisa".*

Nessa linha de raciocínio dispõe o Enunciado n. 79 da I Jornada de Direito Civil: "Tendo em vista a não recepção pelo novo Código Civil da *exceptio proprietatis* (art. 1.210, § 2º) em caso de ausência de prova suficiente para embasar decisão liminar ou sentença final ancorada exclusivamente no *ius possessionis*, deverá o pedido ser indeferido e julgado improcedente, não obstante eventual alegação e demonstração de direito real sobre o bem litigioso".

Enquanto estiver tramitando a ação possessória, nem o réu nem o autor podem ajuizar, paralelamente, a ação petitória para obter a declaração do seu direito à posse. A consequência prática da proibição é que poderá o possuidor não proprietário, desde que ajuíze ação possessória, impedir a recuperação da coisa pelo seu legítimo dono, pois este ficará impedido de recorrer à reivindicatória até que a possessória seja definitivamente julgada.

Contudo, o *Superior Tribunal de Justiça* decidiu que a vedação do art. 557 do Código de Processo Civil "não alcança a hipótese em que o proprietário alega a titularidade do domínio apenas como fundamento para pleitear a tutela possessória. Conclusão em sentido contrário importaria chancelar eventual fraude processual e negar tutela jurisdicional a direito fundamental. Titularizar o domínio, de qualquer sorte, não induz necessariamente êxito na demanda possessória"[34].

Pretendendo evitar abusos, a doutrina e a jurisprudência têm restringido a sua aplicação aos casos em que, na possessória, a posse é disputada com base nos títulos de domínio, não, portanto, àqueles em que as partes alegam apenas posse de fato baseada em atos concretos. Confira-se: "O art. 923 [*do CPC/73; art.* 557

---

[33] "Reintegração de posse. Pretensão fundada na alegação de domínio pelo dono da coisa. Inadmissibilidade, se a posse está sendo desfrutada por outro" (*RT*, 785/422).
[34] STJ, EREsp 1.134.446-MT, Corte Especial, rel. Min. Benedito Gonçalves, *DJe* 4-4-2018.

do CPC/2015] só se refere a ações possessórias em que a posse seja disputada a título de domínio"[35].

Nada impede, portanto, que o réu intente ação de reconhecimento de domínio, na pendência de ação possessória fundada exclusivamente em atos concretos de posse (*jus possessionis*).

Já se decidiu, por outro lado: "Não se há de cogitar da incidência ou não da regra do art. 923 do CPC [*de 1973; art. 557 do CPC/2015*], se a ação petitória foi ajuizada antes da possessória"[36].

3.5. Procedimento: ação de força nova e ação de força velha. Ação possessória relativa a coisa móvel

Dispõe o art. 558 do Código de Processo Civil de 2015:

"Regem o procedimento de manutenção e de reintegração de posse as normas da Seção II deste Capítulo, quando a ação for proposta dentro de ano e dia da turbação ou do esbulho afirmado na petição inicial".

Aduz o parágrafo único:

"Passado o prazo referido no *caput*, será comum o procedimento, não perdendo, contudo, o caráter possessório".

As referidas normas estabelecem um procedimento especial, cuja principal diferença e vantagem é a previsão da medida liminar. Esta, porém, só será concedida quando a ação for intentada dentro de ano e dia da turbação ou esbulho; caso contrário, o rito será o comum, não perdendo a ação, contudo, o caráter possessório.

Isso significa que somente haverá o rito especial, constituído de duas fases (a primeira para a concessão de liminar), se a ação for ajuizada no prazo de ano e dia da turbação ou do esbulho, caso em que a possessória será considerada "*ação de força nova*". Passado esse prazo, o rito será o comum e a ação, "*de força velha*", seguindo-se, então, o prazo para a contestação, a instrução e o julgamento.

Veja-se, a propósito: "*É cabível a ação possessória mesmo superado o ano e dia, com a única alteração relativa ao descabimento da concessão liminar da manutenção ou reintegração*"[37].

A diferença, pois, entre o procedimento especial das ações possessórias e o comum está na possibilidade, prevista no primeiro, de concessão de liminar, *inaudita altera parte* ou após a realização de uma audiência de justificação prévia da posse. Não há vantagem alguma para o proprietário em promover ação possessória

---

[35] *RT*, 482/273, 605/55, 650/67; *RJTJSP*, 123/217, 124/297.
[36] STJ, REsp 139.916-DF, 4ª T., rel. Min. Sálvio de Figueiredo, *DJU*, 1º-2-1999, p. 201.
[37] *RT*, 722/168.

se o esbulho sofrido data de mais de ano e dia, pois ela seguirá o procedimento comum, sem liminar. Melhor será ajuizar desde logo a reivindicatória.

Se, no entanto, nenhum dos litigantes for proprietário e estiverem disputando o imóvel a título de possuidores, com base no *jus possessionis*, a única via judicial de que se podem valer é a possessória. Nesse caso, se for intentada no prazo de ano e dia, seguirá o rito especial, com possibilidade de obtenção da liminar. Se já houver passado o prazo de ano e dia, ao possuidor só restará o ajuizamento da possessória, que seguirá, porém, o procedimento comum, sem liminar.

É de se concluir, portanto, que, quando o legislador estabeleceu, no parágrafo único do art. 558 em apreço, que, "passado o prazo referido no *caput*, será comum o procedimento, não perdendo, contudo, o caráter possessório", teve em mira conferir algum meio de defesa ao mero possuidor, que foi esbulhado e deixou passar o prazo de ano e dia. Terá direito à ação possessória assim mesmo, embora de rito comum.

Já se decidiu que, para a concessão da liminar, "exige-se apenas um começo de prova do requerente"[38], uma vez que se trata de cognição incompleta, destinada a orientar uma decisão de caráter eminentemente provisório. O seu deferimento vem, muitas vezes, resolver certas situações, evitando a eclosão de conflitos na área litigiosa, mantendo-se, *si et in quantum*, o *statu quo* alegado pelo autor, até um pronunciamento definitivo do Judiciário, após ampla produção de provas, inclusive a pericial.

O procedimento das ações possessórias, quer versem sobre bens móveis, quer sobre bens imóveis, sendo ação de força velha, será sempre o comum. Se for ação de força nova, seguirá o especial dos arts. 560 e s. do Código de Processo Civil de 2015, que preveem a possibilidade de se conceder liminar.

3.6. A exigência de prestação de caução

Prescreve o art. 559 do estatuto processual civil:

"Se o réu provar, em qualquer tempo, que o autor provisoriamente mantido ou reintegrado na posse carece de idoneidade financeira para, no caso de sucumbência, responder por perdas e danos, o juiz designar-lhe-á o prazo de 5 (cinco) dias para requerer caução, real ou fidejussória, sob pena de ser depositada a coisa litigiosa, ressalvada a impossibilidade da parte economicamente hipossuficiente".

Muitas vezes, a concessão de uma liminar paralisa a realização de obras vultosas e pode acontecer que, a final, não seja confirmada. O requerido, então, fará jus à indenização dos prejuízos sofridos. Para garantir-se, poderá o réu, após a concessão da liminar, exigir que o autor preste caução, na conformidade do art.

---

[38] RF, 60/20.

559 do Código de Processo Civil de 2015, provando a falta de idoneidade financeira deste para arcar com as perdas e danos. Não prestando a caução, a coisa litigiosa será depositada judicialmente.

A caução poderá ser real (consistente em imóvel, joias, dinheiro) ou fidejussória (carta de fiança).

Alegam alguns que tal dispositivo é discriminatório, podendo deixar desprovidos da tutela os que não tenham condições de prestar caução suficiente. Observe-se, no entanto, que neste caso a liminar não será declarada insubsistente, como sucede nas ações cautelares em geral. A consequência será o depósito da coisa litigiosa, de preferência em mãos de terceiro e não das próprias partes, resguardando-a, assim, dos riscos até o final da demanda.

Esclarece a propósito ADROALDO FURTADO FABRÍCIO que "o depósito, embora implique cessação da eficácia da medida liminar, pois retira a posse à parte a quem fora provisoriamente reconhecida, não tem sentido punitivo, mas assecuratório. Nem mesmo se pode dizer que ocorra revogação do mandado liminar ou da decisão concessiva dele: nada se modificou no plano da convicção ou da cognição judicial relativamente à posse; apenas, frente ao temor de que a parte beneficiada pela liminar, por incapacidade financeira, venha a frustrar o pagamento da indenização de que se torne eventualmente devedora, recolhe-se a coisa a depósito para afastar a própria possibilidade de perdas e danos"[39].

Argumentam outros, no entanto, em favor do dispositivo, com a malícia do litigante que, obtida a liminar, passa a protelar ao máximo o andamento do processo, vindo a decair da demanda, a final, sem ter condições de indenizar os prejuízos que a protelação causou ao réu.

Incumbe ao réu, a qualquer tempo, a prova da falta de idoneidade financeira do autor. Meras increpações ou suspeitas, não alicerçadas em prova sólida e convincente da carência patrimonial e da ausência de condição para suportar os ônus de eventual improcedência da ação, dentro de um critério de probabilidade, não ensejam a imposição da prestação de caução. Por outro lado, deve ser ensejada oportunidade ao autor de provar a sua idoneidade e higidez financeira[40].

Se os autos já se encontram no tribunal, em grau de recurso, quando fatos novos façam presumir a superveniência da situação de insolvência do autor, o pedido será dirigido ao juiz da causa, no juízo de origem, que verificará a necessidade

---

[39] *Comentários*, cit., v. VIII, t. III, p. 435.
[40] "Possessória. Liminar concedida. Ausência de idoneidade financeira. Caução. Previsão no art. 925 do Código de Processo Civil. Prova. Ônus do requerente. Não comprovando o requerente a precária situação financeira do adversário, cujo ônus lhe competia, inexigível a prestação da caução" (2º TACSP, Ap. 368.175, 6ª Câm., rel. Juiz Soares Lima, j. 14-9-1994).

ou não de deferir o depósito judicial. Não seria viável o processamento do pedido na instância superior, pois ficaria suprimido um grau de jurisdição[41].

Aduza-se, ainda, que o juiz não está adstrito a deferir, sempre, o pedido de caução. Trata-se de um poder discricionário atribuído a ele, que certamente, agindo com sensibilidade e bom senso, saberá distinguir as situações e identificar a necessidade ou não de sua prestação.

A novidade do diploma processual de 2015, nessa questão, *é a liberação da prestação de caução deferida à parte economicamente hipossuficiente, como consta da parte final do aludido art. 559.*

O *Tribunal de Justiça de Minas Gerais*, em consonância com o art. 559 do Código de Processo Civil, pontuou que: "Considerando que a parte exequente prestou caução real para garantia do juízo, possível a execução provisória da sentença de reintegração de posse, quando pendente recurso sem efeito suspensivo"[42].

---

[41] Arnaldo Rizzardo, *Direito das coisas*, p. 119.
[42] TJMG, AG 1.0479.13.000160-1/005, 11ª C. Cív., rel. Des. Shirley Fenzi Bertão, j. 7-12-2016.

Capítulo V
DA MANUTENÇÃO E DA REINTEGRAÇÃO DE POSSE

> *Sumário*: 1. Características e requisitos. 1.1. Introdução. 1.2. Posse. 1.3. Turbação. 1.4. Esbulho. 1.5. Data da turbação ou do esbulho. 1.6. Continuação ou perda da posse. 2. O procedimento. 2.1. A petição inicial. 2.2. Da liminar. 2.2.1. Concessão de liminar contra pessoa jurídica de direito público. 2.2.2. Recurso cabível. 2.2.3. Execução da decisão concessiva de liminar. 2.3. Contestação e procedimento comum. 3. Execução da sentença. 4. Embargos do executado e de retenção por benfeitorias. 5. Embargos de terceiro.

1. CARACTERÍSTICAS E REQUISITOS

1.1. Introdução

A manutenção e a reintegração de posse são tratadas em uma única seção no estatuto processual civil, visto que apresentam características e requisitos semelhantes. A diferença está apenas em que "o possuidor tem direito a ser *mantido* na posse em caso de *turbação* e *reintegrado* no de *esbulho*", como estatui o art. 560 do estatuto processual de 2015. Por sua vez, semelhantemente, prescreve o art. 1.210 do atual Código Civil, de 2002, que o possuidor tem direito a ser *mantido* na posse em caso de *turbação* e *restituído* no de *esbulho*.

A turbação distingue-se do esbulho porque, com este, o possuidor vem a ser privado da posse, ao passo que naquela, embora molestado, continua na posse dos bens. A ação de manutenção de posse, pois, é cabível na hipótese em que o possuidor sofre turbação em seu exercício. Em caso de esbulho, adequada é a de reintegração de posse.

1.2. Posse

Dispõe o art. 561 do Código de Processo Civil em vigor:

"Incumbe ao autor provar:

I – a sua posse;

II – a turbação ou o esbulho praticado pelo réu;

III – a data da turbação ou do esbulho;

IV – a continuação da posse, embora turbada, na ação de manutenção ou a perda da posse, na ação de reintegração".

Sendo a posse pressuposto fundamental e comum a todas as formas de tutela possessória, o primeiro requisito para a propositura das referidas ações (CPC, art. 561) é, pois, *a prova da posse*. Quem nunca a teve não pode valer-se dos interditos.

MANUEL RODRIGUES enfatiza esse aspecto: "Quem alegar em ação ou exceção a posse, há de provar a sua existência – é princípio geral de direito. E como a posse é constituída por uma detenção exercida no próprio interesse, aquele que a invoca terá de demonstrar que detém o objeto, ou que outrem o detém por ele, e que a detenção é exercida em seu proveito, se não tiver em seu favor alguma presunção, ou então que adquiriu a posse de quem tinha possuído. A prova do elemento material é imposta ao que invoca a posse"[1].

A primeira verificação a fazer, sempre que se proponha uma ação possessória, aduz o mencionado autor, é se há prova da posse do autor e se o direito violado é suscetível de posse. Não o sendo, o interdito deve ser repelido *in limine*.

Assim, a pessoa que adquire um imóvel e obtém a escritura definitiva, mas não a posse, por exemplo, porque o vendedor a retém, não pode socorrer-se da ação possessória, porque nunca teve posse. A ação apropriada, nesse caso, será a de imissão na posse. Na possessória o autor terá de produzir prova de que tem posse legítima da coisa e que a manteve, apesar da turbação, ou que tinha posse e a perdeu em virtude do esbulho praticado pelo réu[2].

---

[1] *A posse*, p. 336-337.
Astolpho Rezende, por sua vez, assevera: "O primeiro requisito, para que se possa intentar qualquer destas ações, é que o autor tenha a posse da coisa, móvel ou imóvel, que constitui objeto da ação" (*A posse e sua proteção*, p. 313).
"O primeiro e essencial requisito para o interdito reintegratório é a posse do autor ao tempo do esbulho, exercido de fato sobre a coisa" (*RT*, 496/49). "Sem a prova do requisito primordial, que é a posse por parte do autor no momento da turbação, não pode ser julgada procedente ação de manutenção de posse" (*Rep. de Jurisp.*, J.G.R. Alckmin, *Direito das coisas*, Max Limonad, p. 93, n. 188).
[2] "Manutenção de posse. Alegação de existência de título dominial. Irrelevância. Necessidade de comprovação do desfrute possessório. Demanda que visa assegurar ao possuidor o

A posse pode ser transmitida por ato *inter vivos* ou *mortis causa*. Logo, se alguém recebeu, na escritura, a posse de outrem que a tinha, não está na situação de quem nunca exerceu a posse, porque a recebeu de seu antecessor, podendo mover ação possessória contra qualquer intruso[3].

É caso, também, de reintegração se o vendedor transmite a posse na escritura e não a entrega de fato. Nesse momento passa a ser esbulhador.

A jurisprudência tem admitido a transmissão da posse por escritura pública, denominada *posse civil* ou *jurídica*, de modo a legitimar o uso dos interditos pelo novo titular do domínio até mesmo em face do alienante, que continua a deter o imóvel, mas em nome de quem o adquiriu (*v*. Capítulo II, n. 7, *retro*).

Diferente, porém, a situação se o vendedor não entrega juridicamente a posse, por cláusula contratual, prometendo entregá-la depois e não o faz. Nesse caso a ação será de imissão na posse, porque nem juridicamente, nem de fato o proprietário a obteve.

A falta de prova da posse acarreta a *improcedência* da ação, não cabendo a extinção do processo sem julgamento do mérito[4].

A posse, para ser tutelada, não depende de título ou causa, uma vez que se protege a posse formal. Igualmente, não depende da sua duração, como se infere do art. 1.211 do Código Civil (*v*. Capítulo II, n. 6, *retro*), nem da boa ou má-fé do possuidor (*v*. Capítulo II, n. 5, *retro*). A boa-fé não é essencial para o uso das ações possessórias. Basta que a posse seja justa. A boa-fé somente ganha relevância, com relação à posse, em se tratando de usucapião, de disputa sobre os frutos e benfeitorias da coisa possuída ou da definição da responsabilidade pela sua perda ou deterioração.

Como já mencionado (Capítulo I, n. 5, *retro*), o mero detentor não tem o direito de invocar, em seu nome, a proteção possessória. É assim considerado "*aquele que, achando-se em relação de dependência para com outro, conserva a posse em nome deste e em cumprimento de ordens ou instruções suas*" (CC, art. 1.198). Também "*não induzem posse os atos de mera permissão ou tolerância assim como não autorizam a sua aquisição os atos violentos, ou clandestinos, senão depois de cessar a violência ou a clandestinidade*" (art. 1.208).

---

direito de ser mantido na sua posse" (*RT*, 814/291). "Reintegração de posse. Procedência. Prova testemunhal sólida e harmoniosa. Reconhecimento da posse anterior pela própria ré" (*RT*, 804/303).

[3] "O comprador de imóvel com 'cláusula constituti' passa a exercer a posse, que pode ser defendida através da ação de reintegração" (STJ, REsp 173.183-TO, 4ª T., rel. Min. Ruy Rosado de Aguiar, *DJU*, 19-10-1998, p. 110).

[4] *RT*, 572/136.

1.3. Turbação

O segundo requisito é a *prova da turbação ou do esbulho* praticado pelo réu. O autor terá de descrever quais os fatos que o estão molestando, cerceando o exercício da posse. Por exemplo, deverá provar que o réu vem penetrando em seu terreno para extrair lenha ou colocar animais no pasto ou vem-se utilizando de determinado caminho sem sua permissão.

Turbação é todo ato que embaraça o livre exercício da posse. É, segundo a clássica definição de AUBRY e RAU[5], todo fato material ou todo ato jurídico que direta ou indiretamente constitui ou implica uma pretensão contrária à posse de outrem.

Os fatos ou atos dessa natureza autorizam a manutenção, não sendo necessário, para tanto, que haja dano ou prejuízo material. O interesse que tem o possuidor de fazer respeitar sua posse basta, por si só, para justificar a ação de manutenção[6]. Corresponde tal ação ao interdito *uti possidetis* ou *retinandae possessionis*, do direito romano.

A *turbação* é ofensa menor do que o esbulho, no sentido de que não tolhe por inteiro ao possuidor o exercício do poder fático sobre a coisa, mas embaraça-o e dificulta-o, embora sem chegar à consequência extrema da impossibilitação. Os atos turbativos privam o possuidor da *plenitude* do exercício da posse, mas não do exercício mesmo: o turbado continua a possuir, mas a extensão do poder fático que continua a exercer fica limitada pela turbação[7].

Os autores, principalmente franceses e italianos, dividem a turbação possessória em turbação *de fato* e turbação *de direito*. A primeira consiste em agressão material cometida contra a posse. Distingue-se do esbulho porque, com este, o possuidor vem a ser privado da posse, que lhe é arrebatada, ao passo que na turbação, malgrado o ato turbativo, o possuidor continua na posse dos bens, apenas cerceado em seu exercício[8].

A *turbação de direito* consiste na contestação ou ataques judiciais, pelo réu, à posse do autor.

Entre nós, já proclamou o *Tribunal de Justiça de São Paulo* que a descrição de um imóvel em inventário como bem do espólio configuraria turbação de direito, por constituir "ameaça de turbação da posse do atual possuidor"[9].

Parece-nos, no entanto, que a turbação só pode ser de fato, e não de direito, como também já se decidiu[10], pois contra atos judiciais não cabe a manutenção,

---

[5] *Droit civil français*, t. II, par. 187, n. 3, apud Manuel Rodrigues, *A posse*, cit., p. 361.
[6] Astolpho Rezende, *A posse e sua proteção*, cit., p. 340.
[7] Adroaldo Furtado Fabrício, *Comentários*, cit., v. VIII, t. III, p. 379.
[8] Washington de Barros Monteiro, *Curso*, cit., v. 3, p. 43-44.
[9] *RT*, 260/382.
[10] *RT*, 491/140.

mas embargos e outros meios próprios de defesa. Esta a doutrina seguida no Brasil, tanto pelos escritores como pelos tribunais.

Com efeito, o nosso direito só reconhece a turbação real. É mister que a turbação de direito seja acompanhada de uma turbação de fato. A turbação, segundo a lição de ORLANDO GOMES, "há de ser real, isto é, concreta, efetiva, consistente em fatos"[11], mesmo porque ameaça não é o mesmo que turbação; pode dar ensejo à propositura do interdito proibitório, mas não à da ação de manutenção. Turbação é efetivo embaraço ao exercício da posse.

A turbação pode ser, ainda, direta e indireta, positiva e negativa. *Direta* é a comum, a que se exerce imediatamente sobre o bem, como, por exemplo, a abertura de caminho ou o corte de árvores no terreno do autor; *indireta* é a praticada externamente, mas que repercute sobre a coisa possuída, como, por exemplo, se, em virtude de manobras do turbador, o possuidor não consegue inquilino para o prédio.

Por outro lado, *positiva* é a turbação que resulta da prática de atos materiais sobre a coisa, como a passagem pela propriedade alheia ou ingresso para retirar água; *negativa* é a que apenas dificulta, embaraça ou impede o livre exercício da posse, pelo possuidor, como a que impede o possuidor de utilizar a porta de entrada de sua propriedade ou o caminho de ingresso em seu imóvel[12].

1.4. Esbulho

O *esbulho* consiste no ato pelo qual o possuidor se vê privado da posse mediante violência, clandestinidade ou abuso de confiança. Acarreta, pois, a perda da posse contra a vontade do possuidor.

Segundo MANUEL RODRIGUES, "há esbulho sempre que alguém for privado do exercício da retenção ou fruição do objeto possuído, ou da possibilidade de o continuar"[13].

Quer a perda resulte de violência, quer de qualquer outro vício, como a clandestinidade ou a precariedade, cabe ao possuidor a ação de reintegração de posse, a fim de ser restituído na posse da coisa (CC, art. 1.210). Corresponde tal ação ao interdito *unde vi* ou *recuperandae possessionis,* do direito romano.

---

[11] *Direitos reais,* cit., p. 100.
[12] Washington de Barros Monteiro, *Curso,* cit., v. 3, p. 44; Orlando Gomes, *Direitos reais,* cit., p. 100. "Manutenção de posse. Liminar concedida a empregador que teve sua empresa invadida por funcionários e pelo sindicato a que pertencem em face do atraso no pagamento de salários. Admissibilidade, pois tal fato não enseja a promoção de turbação ou esbulho possessório. Conduta que caracteriza exercício arbitrário das próprias razões. Possibilidade da imposição de multa que poderá ser exigida tanto do sindicato como de qualquer empregado que adentrar o recinto para exercitar seu direito de reivindicação trabalhista" (*RT*, 772/261).
[13] *A posse,* cit., p. 363.

O esbulho é a mais grave das ofensas, porque despoja da posse o esbulhado, retirando-lhe por inteiro o poder de fato que exercia sobre a coisa e tornando assim impossível a continuação do respectivo exercício. Em suma: o esbulhado *perde* a posse. A ação de reintegração objetiva restaurar o desapossado na situação fática anterior, desfeita pelo esbulho[14].

No tocante à clandestinidade, o prazo de ano e dia tem início a partir do momento em que o possuidor toma conhecimento da prática do ato. Nessa hipótese não há oportunidade para o desforço imediato, que deve ser exercido logo após o desapossamento, isto é, ainda no calor dos acontecimentos.

Como já foi dito, o esbulho distingue-se da turbação porque nesta, malgrado o ato molestador, o possuidor continua na posse dos bens, apenas cerceado em seu exercício. Na prática, todavia, surgem situações que dificultam a delimitação das duas situações, bem como destas e da ameaça que autoriza o ajuizamento do interdito proibitório. Assim, por exemplo, quando ocorre o esbulho parcial. Pode-se entender, neste caso, cabível a ação de reintegração, para restituir o esbulhado na parte de que foi despojado, como a de manutenção, tendo em vista que o possuidor conserva a posse da parte restante do imóvel.

Essa dificuldade não chega, no entanto, a causar maiores inconvenientes de ordem prática, tendo em vista que o legislador acolheu expressamente, no art. 554 do Código de Processo Civil de 2015, o princípio da fungibilidade das ações possessórias, como já comentado.

O esbulho resultante do vício da *precariedade* é denominado *esbulho pacífico*. Em várias situações pode ocorrer tal modalidade, resultante do vício da precariedade[15]. Quando o compromissário comprador deixa de pagar as prestações avençadas, pode-se ajuizar ação de rescisão contratual, cumulada com ação de reintegração de posse. Na mesma sentença, o juiz declara rescindido o contrato e manda restituir o imóvel ao autor. Neste caso, porém, não pode a causa seguir o procedimento especial das ações possessórias, mas o ordinário, em que não cabe a expedição do mandado liminar de reintegração. Só a adoção do procedimento comum torna possível a cumulação desses pedidos[16].

---

[14] Adroaldo Fabrício Furtado, *Comentários*, cit. v. VIII, t. III, p. 379-380.
[15] "Esbulho possessório caracterizado. Permanência ilícita do réu no imóvel, quando já cessada a legitimidade da ocupação em virtude da dispensa de cargo que autorizava o exercício da posse do bem" (*RT*, 804/401). "Comodato. Imóvel objeto do contrato não restituído quando findo o prazo contratual. Esbulho possessório caracterizado, em tese, que justifica a concessão da liminar" (*RT*, 779/264). "Reintegração de posse. Admissibilidade. Posse precária de locatário que, despejado, clandestinamente retorna a ocupar o imóvel. Esbulho caracterizado" (*RT*, 791/230).
[16] *JTACSP*, 116/114.
"Reintegração de posse. Compra e venda mercantil. Ação interposta pelo vendedor visando recuperação do bem objeto do ajuste. Inadmissibilidade se, anteriormente, não houve demanda resolutiva do contrato" (*RT*, 798/267).

Já decidiu o *Supremo Tribunal Federal* ser desnecessária a prévia ou concomitante ação de rescisão de compromisso para a procedência da possessória, havendo cláusula resolutória expressa[17], pois no pedido de reintegração está contida a pretensão do reconhecimento da rescisão contratual, a fim de se caracterizar o esbulho.

De acordo com a *Súmula 76 do Superior Tribunal de Justiça*, "a falta de registro do compromisso de compra e venda de imóvel não dispensa a prévia interpelação para constituir em mora o devedor". Há decisões no sentido de que, mesmo em se tratando de comodato por prazo indeterminado, torna-se desnecessária prévia interpelação, porque a citação válida para o processo é a mais eficaz interpelação[18], mas não poderá ser concedida a liminar de plano.

Encontra-se atualmente superada antiga polêmica sobre se o esbulho pacífico daria lugar à ação de reintegração de posse. A lei confere a aludida ação diante de uma posse e de um esbulho, sem fazer qualquer distinção entre o violento e o pacífico. A jurisprudência vem, iterativamente, decidindo que a proteção possessória não pode ser negada em caso de esbulho pacífico, uma vez que, mesmo praticado sem violência ou clandestinidade, contém o vício da precariedade e priva, de qualquer forma, o possuidor da sua posse. Assim, somente por meio de uma ação de caráter recuperatório, como é a ação em apreço, é que lhe será possível restabelecer o *statu quo ante*[19].

No que se refere à possibilidade de propositura de ação de reintegração de posse para restituição de imóvel locado, manifestou-se o *Superior Tribunal de Justiça* que a única ação cabível para a desocupação do bem em decorrência do contrato de locação é o despejo[20].

1.5. Data da turbação ou do esbulho

Exige a lei, em terceiro lugar, *a prova da data da turbação ou do esbulho*. Dela depende o procedimento a ser adotado. O especial, com pedido de liminar, exige

---

[17] *RT*, 472/238, 483/215; *RTJ*, 83/401.
[18] *RT*, 420/215, 422/141, 616/134.
[19] João Batista Monteiro, *Ação*, cit., p. 123.
"Reintegração de posse. Admissibilidade. Arrendamento mercantil. Arrendatário que não paga as parcelas avençadas nem entrega o bem ao credor. Esbulho possessório caracterizado" (*RT*, 778/302, 648/127). "Parceria agrícola. Recusa do parceiro em restituir o imóvel, findo o prazo da notificação judicial. Esbulho caracterizado. Da reintegração de posse como ação apropriada para a retomada" (*RT*, 467/132).
[20] "A via processual adequada para a retomada, pelo proprietário, da posse direta de imóvel locado é a ação de despejo, na forma do art. 5º da Lei n. 8.245/1991, não servindo para esse propósito o ajuizamento de ação possessória. Recurso especial provido para julgar extinta ação de reintegração de posse" (STJ, REsp 1.812.987-RJ, 4ª T., rel. Min. Antônio Carlos Ferreira, j. 27-4-2023).

prova de turbação ou esbulho praticados há menos de ano e dia da data do ajuizamento. Passado esse prazo, será comum o procedimento, não perdendo, contudo, o caráter possessório (CPC/2015, art. 558, parágrafo único).

Nesse sentido a jurisprudência: "É cabível a ação possessória mesmo superado o ano e dia, com a única alteração relativa ao descabimento da concessão liminar da manutenção ou reintegração"[21].

O prazo de ano e dia é de decadência; portanto, fatal e peremptório, ou seja, não se suspende, nem pode ser ampliado ou reduzido pela vontade das partes. É por ele que se estabelece a distinção entre as ações de força nova e as de força velha.

Hodiernamente, todas as ações possessórias, tanto as de força nova como as de força velha, seguem o procedimento comum, depois de oferecida a contestação, como estatui o art. 566 do estatuto processual de 2015. O único traço distintivo entre elas é que somente nas primeiras, nas ações de força nova, tem cabimento a expedição de mandado liminar de manutenção, ou de reintegração[22].

Quando reiterados os atos de turbação, sem que exista nexo de causalidade entre eles, a cada um pode corresponder uma ação, fluindo o prazo de ano e dia da data em que se verifica o respectivo ato. Examine-se exemplo ministrado por VICENTE RÁO, citado por WASHINGTON DE BARROS MONTEIRO: "Um vizinho penetra na minha fazenda uma, duas, cinco vezes, a fim de extrair lenha. Cada um desses atos, isoladamente, ofende minha posse e contra cada um deles posso pedir manutenção. Suposto que decorrido haja o prazo de ano e dia a contar do primeiro ato turbativo, nem por isso perderei o direito de recorrer ao interdito, para me opor às turbações subsequentes, verificadas dentro do prazo legal"[23].

Todavia, se a turbação resulta de vários atos que são o complemento do ato inicial, como, por exemplo, a construção de uma casa ou de um edifício, que começa pela limpeza e preparação do terreno, a contagem se deve fazer do aludido ato inicial.

O prazo de ano e dia, como assinala MANUEL RODRIGUES[24], não se altera pelo fato de o possuidor ser menor, interdito, pessoa de direito público, ausente etc. Embora a prescrição não corra contra os absolutamente incapazes, tal restrição, aduz, nada tem que ver com a posse.

O prazo começa a contar-se, em regra, no momento em que se dá a violação da posse[25]. O esbulhador violento obtém a posse da coisa mediante o uso ou

---

[21] *RT*, 722/168.
[22] Washington de Barros Monteiro, *Curso*, cit., v. 3, p. 47.
[23] *Curso*, cit., v. 3, p. 45.
[24] *A posse*, cit., p. 347.
[25] "O que a lei exige para a concessão da liminar não é, precipuamente, a data da posse do

coação física ou coação moral; o clandestino, de modo sub-reptício, às escondidas. No último caso, o prazo de ano e dia para o ajuizamento da ação possessória terá início a partir do momento em que o possuidor tomou conhecimento da prática do ato.

É necessária a prova de que o possuidor efetivamente desconhecia a aludida violação de sua posse e da data em que dela tomou conhecimento. Assim, se o possuidor está em viagem, mas o esbulho é praticado na presença do seu administrador, de seus familiares ou de pessoa que o represente, não poderá o esbulho ser considerado clandestino.

O ato praticado publicamente não deve considerar-se clandestino, se o esbulhado estava em condições de tomar conhecimento dele. Se assim não fosse, sublinha João Batista Monteiro, "este sempre poderia ilidir o prazo do ajuizamento da ação mediante a invocação do seu desconhecimento. Isso demonstra que a clandestinidade do esbulho é de aferir-se em função da natureza dos atos praticados pelo agente, ou seja, depende da existência do *animus celandi*"[26], ou seja, da vontade de manter escondido o esbulho praticado.

Nos casos de esbulho pacífico, o prazo de ano e dia se conta da data em que o possuidor direto deveria restituir a coisa ao possuidor indireto. Se aquele possuía a coisa por tempo determinado, a contagem se inicia a partir do seu vencimento, segundo a regra *dies interpellat pro homine*. Se, todavia, a posse direta era exercida por prazo indeterminado, o possuidor deve ser constituído em mora mediante notificação prévia, com fixação do prazo para a devolução da coisa, como condição para o ajuizamento do interdito. Vencido o prazo da notificação, inicia-se a contagem do mencionado prazo de ano e dia.

A prova da data da turbação ou do esbulho é importante também para a verificação de eventual prescrição da ação, que se consuma no lapso de dez anos (CC, art. 205).

1.6. Continuação ou perda da posse

Em quarto lugar, necessita o autor provar, na ação de manutenção de posse, a sua posse atual, ou seja, que, apesar de ter sido molestado, ainda a mantém, não a tendo perdido para o réu. Se não mais conserva a posse, por haver sido esbulhado, terá de ajuizar ação de reintegração de posse, como já mencionado.

---

turbador, mas a data em que terá ocorrido a turbação à posse do turbado, pois se esta for de mais de ano e dia é que incabível será a proteção *initio litis*" (*RT*, 477/203).
[26] *Ação*, cit., p. 125.

2. O PROCEDIMENTO

2.1. A petição inicial

A petição inicial deve atender ao que dispõem os arts. 555, 561 e 562 do Código de Processo Civil, que regulam o procedimento especial, além de conter todos os requisitos enumerados no art. 319, próprios do procedimento comum, para que a prestação jurisdicional postulada possa ser prestada.

Não se pode ajuizar ação possessória sem que o objeto da ação seja *perfeitamente individualizado e delimitado*. Do contrário, a sentença que eventualmente acolher o pedido não poderá ser executada. A posse que se protege na ação possessória é a certa e localizada[27].

As *partes devem ser identificadas* com precisão, indicando-se "os nomes, prenomes, estado civil, profissão, domicílio e residência" (CPC/2015, art. 319, II). Os nomes e qualificações de todos os coautores podem, para facilidade, ser fornecidos em relação anexa à inicial[28].

Já se decidiu, todavia, que enganos sem consequências devem ser tolerados, encarando-se a exigência "dentro de certa relatividade, porque pode acontecer que o nome certo do réu seja ignorado ou inacessível ao autor"[29]. E, ainda: "Não obstante constando da petição inicial equívoco quanto à correta designação das pessoas jurídicas demandadas, se foi possível a sua precisa identificação e regular citação, tanto que apresentaram defesa, não se mostra ajustado aos princípios processuais da instrumentalidade e da economia declarar-se a carência da ação, sendo de rigor, dada a ausência de prejuízo, permitir seja sanado o vício, a teor do que dispõem os arts. 244 e 327 da lei instrumental civil [*CPC/73; arts. 277 e 351 do CPC/2015*]"[30].

Fato comum é a invasão de grandes áreas por um número indeterminado de famílias, cujos membros são desconhecidos do proprietário. Tem-se admitido a propositura da ação contra os ocupantes do imóvel, que serão citados e identificados pelo oficial de justiça, fazendo-se a indicação, na inicial, de somente alguns nomes, geralmente dos que lideram o grupo. Nessa linha, decidiu o *Superior Tribunal de Justiça*, na vigência do Código de Processo Civil de 1973: "Em caso de ocupação de terras por milhares de pessoas, é inviável a citação de todas para

---

[27] *RT*, 515/247.
[28] STJ, RMS 2.741-SP, 1ª T., rel. Min. César Asfor Rocha, *DJU*, 15-8-1994, p. 20295, *RJTJSP*, 108/333.
[29] *RT*, 486/79.
[30] STJ, REsp 13.810-0-DF, 4ª T., rel. Min. Sálvio de Figueiredo, *DJU*, 21-9-1992, p. 15695.

compor a ação de reintegração de posse, eis que essa exigência tornaria impossível qualquer medida judicial"[31].

O atual Código de Processo Civil, de 2015, disciplinou o assunto nos parágrafos do art. 554, *verbis*:

Art. 554. (...)

§ 1º No caso de ação possessória em que figure no polo passivo grande número de pessoas, serão feitas a citação pessoal dos ocupantes que forem encontrados no local e a citação por edital dos demais, determinando-se, ainda, a intimação do Ministério Público e, se envolver pessoas em situação de hipossuficiência econômica, da Defensoria Pública.

§ 2º Para fim da citação pessoal prevista no § 1º, o oficial de justiça procurará os ocupantes no local por uma vez, citando-se por edital os que não forem encontrados.

§ 3º O juiz deverá determinar que se dê ampla publicidade da existência da ação prevista no § 1º e dos respectivos prazos processuais, podendo, para tanto, valer-se de anúncios em jornal ou rádio locais, da publicação de cartazes na região do conflito e de outros meios".

Nas demandas em que não forem observadas as determinações legais citadas acima, o *Superior Tribunal de Justiça* considera que:

"A desobediência do procedimento previsto no art. 554, §§ 1º e 3º, acarreta a nulidade de todos os atos do processo por violação ao princípio do devido processo legal, ao princípio da publicidade e da ampla defesa. Na hipótese, ao não ser realizada a citação por edital dos demais ocupantes do imóvel não presentes quando da citação pessoal, deve ser reconhecida a nulidade de todos os atos do processo"[32].

Apesar de o art. 565 do Código de Processo Civil referir-se às possessórias, o *Superior Tribunal de Justiça*, ao julgar demanda petitória, considerou que, diante do risco ao direito à moradia de um grande número de pessoas, o § 3º também se aplica às ações petitórias em que figure no polo passivo uma multiplicidade de réus, determinando "que o Juízo de origem dê ampla publicidade à existência da presente ação, na forma do art. 554, § 3º, do CPC/2015, ou seja, mediante anúncios em jornais e rádios locais, publicações em redes sociais, além de outros meios considerados pertinentes pelo julgador"[33].

A toda causa será atribuído um *valor certo*, ainda que não tenha conteúdo econômico imediato (CPC/2015, art. 291). O art. 292 não especifica qual o valor a ser atribuído às ações possessórias, mas declara, no inciso IV, que o valor da reivindicatória será o da "avaliação da área ou bem objeto do pedido".

---

[31] *RT*, 744/172. No mesmo sentido: *JTACSP*, 146/96.
"Não constitui óbice ao prosseguimento do feito o fato de, em ação possessória, o autor não indicar, desde logo, na inicial, todas as pessoas que acusa de esbulho" (*RT*, 704/123).
[32] REsp 1.996.087-SP, 3ª T., rel. Min. Nancy Andrighi, *DJe* 30-5-2022.
[33] REsp 1.992.184-SP, 3ª T., rel. Min. Nancy Andrighi, *DJe* 3-6-2022.

Tendo em vista que ambas visam à posse do bem, inexiste razão para se diferenciar a orientação.

2.2. Da liminar

Dispõe o art. 562 do Código de Processo Civil em vigor:

"Estando a petição inicial devidamente instruída, o juiz deferirá, sem ouvir o réu, a expedição do mandado liminar de manutenção ou de reintegração; no caso contrário, determinará que o autor justifique previamente o alegado, citando-se o réu para comparecer à audiência que for designada".

Assim, provada a posse anterior do autor e a turbação ou o esbulho ocorridos há menos de ano e dia, o juiz determinará a expedição de mandado de manutenção ou de reintegração de posse *initio litis*, antecipando a proteção possessória pleiteada, que será confirmada ou não na sentença final.

A liminar *inaudita altera parte*, isto é, sem ouvir o réu, será deferida se a petição inicial estiver *devidamente instruída* com prova idônea dos fatos mencionados no art. 561 do atual diploma processual, de 2015: posse, data da turbação ou do esbulho etc., como se infere do art. 562 retrotranscrito.

Não raramente o autor encontra uma certa dificuldade para obter e apresentar prova documental a respeito desses fatos, observando-se que somente prova dessa natureza poderá ser feita com a petição inicial. Não se justifica, porém, a concessão da liminar com base apenas em documentos que só provam o domínio[34], exigindo-se prova da posse, assim como não são suficientes declarações de terceiros, desprovidas do crivo do contraditório[35].

Pode ocorrer, no entanto, como observa ADROALDO FURTADO FABRÍCIO, que "a prova se tenha já produzido em outro processo relacionado com o mesmo fato (civil ou penal), caso em que, ilustrando a inicial, aparecerá sob a forma de documento, ainda que originariamente se tivesse feito por outra forma. Não é de excluir-se, outrossim, que o autor tenha promovido justificação avulsa e prévia, para com ela instruir a inicial. Correspondência trocada entre as partes pode ser suficientemente elucidativa quanto aos dados fáticos do art. 927 (CPC/73; art. 561, CPC/2015). Fotografias, mapas, plantas etc., em combinação com outros elementos de convicção, eventualmente podem bastar. Em suma, existe e nem é assim tão restrita a possibilidade de incidência da parte inicial do artigo"[36].

---

[34] *RT*, 490/99.
[35] IV ENTA, concl. 44, in Theotonio Negrão, *Código de Processo Civil e legislação processual em vigor*, 34. ed., nota 1a. ao art. 928.
[36] *Comentários*, cit., v. VIII, t. III, p. 446.

A não satisfação dos referidos requisitos não importará, desde logo, na extinção do processo, mas tão só na denegação do mandado liminar.

A apreciação da prova fica ao prudente arbítrio do juiz[37], que deverá, no entanto, fundamentar a sua decisão (CPC/2015, art. 11), sob pena de ser anulada, em eventual recurso[38].

Se o juiz se convencer, depois de apreciar a prova segundo o critério da persuasão racional, deverá ordenar a imediata expedição do mandado de manutenção ou reintegração liminar do autor na posse da coisa.

Já se decidiu que, para a concessão da liminar, "exige-se apenas um começo de prova do requerente"[39]. Efetivamente, em se tratando de cognição incompleta, destinada a um convencimento superficial e a orientar uma decisão de caráter eminentemente provisório, a reintegração liminar não se compadece com a exigência de uma prova cabal, completa e extreme de dúvidas. Tal prova deverá ser feita durante a instrução, com vista à decisão final. Para a reintegração liminar bastará que o autor comprove os fatos mencionados no art. 561 do estatuto processual civil de 2015, por forma a se crer que, a final, tais fatos serão corroborados por meio de prova mais profunda[40].

Todavia, mesmo tratando-se de cognição sumária e de convencimento provisório, em que o juiz é menos exigente do que ao examinar o subsídio probatório para o julgamento definitivo, não se pode falar em arbítrio judicial, pois o convencimento, malgrado seja livre, deve ser necessariamente racional. Desse modo, não fica a seu alvedrio deixar de conceder a liminar, se preenchidos os requisitos legais para esse fim[41].

Tem-se entendido que, apesar do caráter dúplice das ações possessórias, é impossível o deferimento de liminar ao réu[42], bem como que é incabível a reintegração liminar quando o pedido é cumulado com o de rescisão do compromisso de compra e venda, em razão da necessidade de ser seguido o procedimento comum.

Também descabe medida cautelar em contraposição a liminar concedida na possessória[43], bem como a tutela de urgência (CPC/2015, art. 300) nas ações de força nova, admitida somente nas de força velha, em que o rito é o comum, sem liminar.

---

[37] *RT*, 490/111.
[38] *RT*, 603/128.
[39] *RF*, 60/20.
[40] Adroaldo Furtado Fabrício, *Comentários*, cit., v. VIII, t. III, p. 444; João Batista Monteiro, *Ação*, cit., p. 182.
[41] *Bol. AASP*, 1.027/157.
[42] VI ENTA, tese 8, in Theotonio Negrão, *Código de Processo Civil*, cit., nota 1a ao art. 928.
[43] *JTACSP*, 94/159, 116/114.

Se a petição inicial não estiver devidamente instruída, o juiz determinará que o autor justifique previamente o alegado, citando-se o réu para comparecer à audiência que for designada (CPC/2015, art. 562). Os termos imperativos do aludido dispositivo legal ("o juiz *determinará*") conduziram à formação de uma corrente jurisprudencial, na vigência do Código de Processo Civil de 1973, no sentido de que o magistrado não pode indeferir a liminar antes de feita a justificação prévia[44].

Parece-nos, no entanto, que não se pode admitir que ele, *ex officio*, determine a justificação quando não tenha sido requerida sequer nessa forma alternativa. Se o autor só postulou a liminar com base na documentação da inicial, ao juiz não é lícito determinar justificação. A propósito, decidiu o *Superior Tribunal de Justiça*: "O art. 928 do CPC [*de 1973; art. 562, CPC/2015*] não obriga o juiz, em qualquer circunstância, a mandar realizar a justificação, na hipótese de indeferimento da liminar de manutenção ou reintegração de posse"[45].

A finalidade da justificação é unicamente possibilitar ao autor oportunidade para comprovar a existência dos requisitos legais para a obtenção da liminar. É realizada, pois, no exclusivo interesse do autor. As testemunhas a serem ouvidas são, portanto, as por ele arroladas. O réu deve, obrigatoriamente, ser citado para comparecer à audiência. Poderá fazer-se representar por advogado e dela participar, reinquirindo as testemunhas arroladas pelo autor ou contraditando-as. Tem sido tolerada a juntada de documentos destinados a infirmar as declarações e a credibilidade das testemunhas[46].

Nessa fase, o réu não poderá apresentar contestação nem qualquer tipo de defesa, assim como, também, arrolar testemunhas. Já se decidiu, porém, ser facultado ao juiz, "que não se considere devidamente esclarecido para conceder ou não medida liminar, determinar audição de testemunhas eventualmente indicadas também pelo requerido; mas este não tem direito de exigir audição que tal"[47]. Serão ouvidas, portanto, como "testemunhas do juízo".

A audiência de justificação pode ser substituída por inspeção judicial do imóvel[48]. Frise-se, ainda, que a prova testemunhal realizada na justificação é destinada à obtenção de liminar, e não constitui base de prejulgamento da causa[49].

---

[44] *RT*, 505/51; *JTACSP*, 110/304.
[45] REsp 9.485-SP, 3ª T., rel. Min. Cláudio Santos, *DJU*, 13-4-1992, p. 4994.
[46] *RT*, 419/116.
"Reintegração de posse. Audiência. Justificação prévia. Ausência de citação da parte requerida. Circunstância que impõe a nulidade da prova oral produzida. Confirmação da concessão da liminar, no entanto, mormente se alicerçada em provas documentais suficientes para a satisfação dos requisitos legais" (*RT*, 777/397).
[47] *RT*, 499/105 e 609/98; *RJTJSP*, 106/35.
[48] *RT*, 631/189.
[49] *RF*, 254/253.

Como inovação, o atual Código de Processo Civil regulamenta a hipótese de litígio coletivo, dispondo, no *caput* do art. 565:

"No litígio coletivo pela posse de imóvel, quando o esbulho ou a turbação afirmado na petição inicial houver ocorrido há mais de ano e dia, o juiz, antes de apreciar o pedido de concessão da medida liminar, deverá designar audiência de mediação, a realizar-se em até 30 (trinta) dias, que observará o disposto nos §§ 2º e 4º.

Observam NELSON NERY e ROSA MARIA NERY[50] que, "Quando o CPC 565 fala em litígio coletivo, considera os litígios nos quais uma grande quantidade de pessoas se assenhora da posse de determinado bem imóvel. Mas não faz qualquer discriminação quanto à posição da coletividade nos polos da ação: ela pode tanto atuar como autora da ação ou como ré, conforme as circunstâncias se apresentem. O dispositivo também não faz qualquer restrição quanto ao tipo de litígio ao qual pode ser aplicado, deduzindo-se daí que vale tanto para questões urbanas quanto rurais (o que, aliás, fica referendado pelo teor do § 4º)".

O Ministério Público, em qualquer caso, e a Defensoria Pública, sempre que houver parte beneficiária de gratuidade da justiça, serão intimados para comparecer à audiência de mediação (§ 2º). As referidas intimações constituem um dever a que o magistrado é obrigado a cumprir.

O § 4º do art. 565 em apreço concede ao juiz a faculdade de intimar para a aludida audiência de mediação "os órgãos responsáveis pela política agrária e pela política urbana da União, de Estado ou do Distrito Federal e de Município onde se situe a área objeto do litígio", a fim de se manifestarem "sobre seu interesse no processo e sobre a existência de possibilidade de solução para o conflito possessório".

A audiência de mediação também deverá ser realizada se, concedida a liminar, não for ela executada no prazo de 1 (um) ano a contar da data de distribuição (§ 1º).

Infere-se da inovação comentada que a audiência de mediação somente será designada se se tratar de posse velha ou de não execução, no prazo de um ano, da liminar deferida (art. 565, *caput*, e § 1º), presumindo-se, nessas hipóteses, a inexistência de relevante interesse da parte no objeto do litígio.

O juiz poderá comparecer à área objeto do litígio quando sua presença se fizer necessária à efetivação da tutela jurisdicional (§ 3º).

Dispõe por fim o § 5º que aplica-se o disposto no aludido art. 565 às ações reais, ou seja, às que recaem "sobre propriedade de imóvel".

Decidiu o *Superior Tribunal de Justiça* que, diante da impossibilidade prática para cumprimento da ordem de reintegração de posse, o provimento

---

[50] *Comentários ao Código de Processo Civil — Novo CPC*, São Paulo: Revista dos Tribunais, 2015, p. 565, n. 2.

jurisdicional pode ser convertido em perdas e danos. O relator, Min. Luis Felipe Salomão, invocando os princípios da proporcionalidade e da ponderação como forma de o Judiciário dar aos litígios solução serena e eficiente, ressaltou que o imóvel originalmente reivindicado não existe mais, já que no lugar do terreno, antes objeto de comodato, surgiu um bairro com vida própria e dotado de infraestrutura urbana, e que não pode ser desconsiderado o surgimento do bairro, onde inúmeras famílias construíram suas vidas, sob pena de cometer-se injustiça maior a pretexto de fazer justiça[51].

2.2.1. Concessão de liminar contra pessoa jurídica de direito público

Dispõe o parágrafo único do art. 562 do atual Código de Processo Civil:

"Contra as pessoas jurídicas de direito público não será deferida a manutenção ou a reintegração liminar sem prévia audiência dos respectivos representantes judiciais".

Tal regra deve ser observada ainda que devidamente provados os requisitos do art. 561 do mesmo diploma.

Incluem-se "no privilégio as pessoas de Direito Público externo (*v.g.*, Estados soberanos estrangeiros) e, sem as dúvidas que antes ocorriam, os entes autárquicos. Não se incluem, contudo, as chamadas empresas públicas, e menos ainda as de capital misto, que são pessoas de Direito Privado, assim como as concessionárias e permissionárias de serviços ao público"[52].

Alega-se como justificativa para o tratamento privilegiado a presunção de que o Poder Público age em conformidade com a lei e na busca da realização do bem comum. Se o juiz entender que a inicial encontra-se "devidamente instruída", mandará intimar de imediato o demandado, para que se manifeste. Se julgar necessária a justificação, determinará a citação deste para acompanhá-la, ouvindo-o após a sua realização.

Como não se trata ainda de contestação, mas de incidente destinado a proporcionar ao magistrado elementos para decidir sobre a concessão ou não da medida liminar, não incide o art. 180 do estatuto processual civil de 2015. Assim, o prazo para a manifestação do representante da ré será fixado pelo juiz. Se este não o fizer, deve-se entender que se aplica o genérico de cinco dias do art. 218, § 3º, do aludido diploma.

---

[51] STJ, REsp 1.302.736-MG, 4ª T., rel. Min. Luis Felipe Salomão, disponível em: *Revista Consultor Jurídico*, de 21-4-2016.
[52] Adroaldo Furtado Fabrício, *Comentários*, cit., v. VIII, t. III, p. 450.
"Não se aplica esta disposição às sociedades de economia mista" (*RT*, 694/97).

Se ficar comprovado o desapossamento definitivo do bem e o seu emprego em obra pública, o autor será julgado carecedor da ação[53], devendo então propor a ação de desapropriação indireta (*v.* Capítulo IV, n. 2.1, *retro*).

Somente em circunstâncias especialíssimas essa audiência do representante legal da pessoa jurídica de direito público pode ser dispensada[54].

2.2.2. Recurso cabível

A decisão que concede ou denega medida liminar é interlocutória, uma vez que não põe fim ao processo. É, portanto, atacável por agravo de instrumento. Proclama, com efeito, o art. 1.015 do Código de Processo Civil que "Cabe agravo de instrumento contra as decisões interlocutórias que versarem sobre: I – tutelas provisórias; ...".

É lícito ao juiz, no juízo de retratação, reconsiderar a decisão liminarmente proferida. Na ausência do agravo, a matéria somente poderá ser reapreciada na sentença final. Tem a jurisprudência admitido, no entanto, a cassação de liminar no curso da lide, ante a prova de fato novo, mas, se este não ocorrer, nem se der provimento ao agravo, sua revogação não se justifica, juridicamente[55].

2.2.3. Execução da decisão concessiva de liminar

A execução da decisão liminar positiva se faz mediante expedição de mandado a ser cumprido por oficial de justiça. Não há citação do réu, no caso da reintegração, para entregar a coisa em determinado prazo. A execução se faz de plano, imediatamente, pois não há propriamente instância executória[56].

Pode ser promovida não só contra o réu, como contra terceiro a quem a coisa foi transferida com a finalidade de fraudar a execução do mandado liminar. Para evitar retardamentos, costuma constar do mandado a ordem para a expulsão do réu e de qualquer outra pessoa que se encontre no imóvel litigioso (CPC/2015, art. 109), ainda que adquirente ou cessionário.

---

[53] *RT*, 668/103; *JTACSP*, Lex, 84/120.
[54] *RJTJSP*, 59/220; *JTACSP*, 105/72.
[55] *JTACSP*, 90/71; *RT*, 572/136.
V. ainda: "Concedida a liminar em ação possessória, o juiz só a poderá revogar, em juízo de retratação, se interposto agravo de instrumento. Trata-se de provimento que visa a adiantar a prestação pleiteada, não se confundindo com aqueles de natureza cautelar, a cujo respeito existe norma específica" (*RSTJ*, 42/494). "Sem a prova de fato novo ou o provimento de recurso não se admite a modificação da decisão que concedeu ou denegou a liminar" (*RJTAMG*, 23/259).
[56] *RT*, 487/204.
"Nas ações possessórias, a sentença de procedência tem eficácia executiva 'lato sensu', com execução mediante simples expedição e cumprimento de um mandado" (*RSTJ*, 17/293). No mesmo sentido: STJ, REsp 14.138-0-MS, 4ª T., rel. Min. Sálvio de Figueiredo, *DJU*, 29-11-1993.

Em suma, o terceiro que adquiriu o bem depois de movida a ação, ou que recebeu do executado a simples detenção ou posse do imóvel, poderá ser expulso dele na execução do mandado expedido contra o executado. Em outras palavras, o mandado valerá contra qualquer pessoa encontrada no lugar, ressalvado apenas aquele que apresentar título de aquisição ou posse proveniente de pessoa estranha ao processo. Para este efeito poderá oferecer embargos de terceiro[57].

A finalidade da execução é a restituição ao *statu quo ante*, mas somente em relação à posse, não se compreendendo outros pedidos na decisão liminar. Estes são relegados para a sentença[58].

Se, depois de cumprido o mandado, o réu voltar a turbar ou esbulhar a posse do autor, poderá este valer-se da medida de atentado, alegando ter havido "inovação ilegal no estado de fato de bem ou direito litigioso" (CPC/2015, art. 77, VI, § 7º), ou simplesmente requerer o revigoramento do mandado inicial de posse. Pelo princípio da economia processual, basta uma simples petição dirigida ao juiz, requerendo a constatação, por oficial de justiça, da nova turbação ou esbulho e o revigoramento do mandado inicialmente cumprido[59].

2.3. Contestação e procedimento comum

Preceitua o art. 564 do Código de Processo Civil que, "concedido ou não o mandado liminar de manutenção ou de reintegração, o autor promoverá, nos cinco dias subsequentes, a citação do réu para, querendo, contestar a ação no prazo de quinze dias".

Após a primeira fase, em que o juiz decide sobre a concessão ou não da liminar, a ação possessória assume feição contenciosa. Se não houve justificação prévia, deverá o autor promover, nos cinco dias subsequentes, a citação do réu para que ofereça contestação, como consta do dispositivo em apreço. Se não o fizer, a liminar perderá eficácia, pois não se pode admitir que o autor deixe de praticar os atos necessários à efetivação da citação, depois de obter a liminar, beneficiando-se indefinidamente dessa situação[60].

Deve o autor, portanto, não só requerer, como também fornecer todos os meios necessários à efetivação do ato, como o depósito das custas e das despesas

---

[57] *RT*, 473/186.
[58] João Batista Monteiro, *Ação*, cit., p. 186.
[59] "O autor pode pedir revigoramento do mandado liminar, desobedecido, após seu cumprimento, pelo réu" (*RT*, 474/99). "Executada a sentença definitiva e havendo nova moléstia à posse, cabe novo mandado de reintegração, nos limites do julgamento" (*JTACSP*, 120/198).
[60] Adroaldo Furtado Fabrício, *Comentários*, cit., v. VIII, t. III, p. 456; João Batista Monteiro, *Ação*, cit., p. 189.

do oficial de justiça. O prazo para a defesa começará a correr da juntada aos autos do mandado de citação devidamente cumprido.

Se for realizada a justificação prévia, com citação do réu, "o prazo para contestar contar-se-á da intimação da decisão que deferir ou não a medida liminar", segundo dispõe o parágrafo único do aludido art. 564, a qual poderá ser feita na pessoa do advogado constituído, dispensada a intimação pessoal do réu[61]. Esta será necessária se ele ainda não tiver advogado. E, se não contiver a expressa menção ao prazo de defesa e à advertência prevista no art. 250, II, do estatuto processual de 2015, a falta de contestação não acarretará o efeito da revelia, referido no art. 344[62].

Se, porém, expedir-se mandado de reintegração, intimando-se pessoalmente o réu a cumprir a determinação judicial, dispensada a do seu advogado por esse motivo, a fluência do prazo para a defesa terá início a partir da juntada do mandado aos autos e será de quinze dias, pois o art. 566 do Código de Processo Civil determina que a ação tenha o procedimento comum[63].

Nessa linha, decidiu o *Superior Tribunal de Justiça*: "O prazo para contestar, a que alude o parágrafo único do art. 930 do CPC [*de 1973; art. 564, CPC/2015*], tem início a partir da juntada do mandado cumprido de intimação da decisão liminar (art. 241 do CPC [*de 1973; art. 231, CPC/2015*])"[64].

3. EXECUÇÃO DA SENTENÇA

A execução se faz mediante a expedição, de plano, de mandado. O réu não é citado para entregar a coisa no prazo de quinze dias, como acontece na execução para entrega de coisa certa fundada em título executivo extrajudicial (CPC/2015, art. 806). O juiz emite uma ordem para que o oficial de justiça expulse imediatamente o esbulhador e reintegre na posse o esbulhado (*v.* n. 2.2.3, *retro*), pois a possessória tem força executiva, tal como a ação de despejo, não existindo instância executória.

As ações possessórias não visam, todavia, apenas a repressão ao ato ilícito violador da posse, mas tendem, ainda, à indenização, à emissão de um preceito cominatório e ao desfazimento de obras ou plantações feitas em detrimento da posse do vencedor (CPC/2015, art. 555).

---

[61] "Quando o réu possuir advogado constituído nos autos, o prazo da contestação flui a partir da intimação, feita ao procurador, da decisão que deferir ou não a medida liminar" (*RSTJ*, 67/415, 100/183; *JTACSP*, 145/65).
[62] STJ, *RT*, 660/218.
[63] *RT*, 351/486.
[64] REsp 59.599-1-RS, 4ª T., rel. Min. Sálvio de Figueiredo, *DJU*, 16-6-1995, p. 17732.

Na realidade, há uma fase de execução *sui generis*, que não se subsome a nenhuma das espécies de execução reguladas no Livro II do Código de Processo Civil, podendo ser de natureza complexa quando se cumulam pedidos de perdas e danos, de cominação de pena e de condenação ao desfazimento de obras ou plantações, caso em que não haverá apenas uma, mas várias execuções, na hipótese de acolhimento de todos os pedidos[65].

A condenação ao pagamento de perdas e danos dá lugar à execução por quantia certa contra devedor solvente (CPC/2015, arts. 824 e s.), precedida de liquidação pelo procedimento comum (CPC/2015, art. 509, II), a não ser que a condenação tenha sido líquida. A cominação de pena (*astreinte*) para o caso de nova turbação ou esbulho impõe ao vencido uma obrigação de não fazer, dando ensejo à aplicação dos arts. 536, § 4º, e 814 do Código de Processo Civil. A procedência do pedido de desfazimento de construção ou plantação dá origem à execução de obrigação de fazer (CPC/2015, arts. 815 e s.).

4. EMBARGOS DO EXECUTADO E DE RETENÇÃO POR BENFEITORIAS

É predominante, na doutrina, o entendimento de que não cabem *embargos do executado* em ação possessória, porque a sentença tem força executiva[66]. PONTES DE MIRANDA[67], *v. g.*, afirma que as ações executivas *lato sensu* não estão sujeitas a embargos do devedor, sendo que a ação de reintegração de posse é ação executiva.

Esse entendimento é também dominante na jurisprudência[68].

O art. 1.219 do Código Civil assegura ao possuidor de boa-fé o *direito de retenção por benfeitorias necessárias e úteis*. Esse direito é exercido na contestação ou em reconvenção, conforme dispõe o § 2º do art. 538 do Código de Processo Civil, *verbis*: "*O direito de retenção por benfeitorias deve ser exercido na contestação, na fase de conhecimento*".

O réu deve especificar as benfeitorias, sob pena de se considerar incabível a retenção[69]. O direito abrange tanto as benfeitorias como as acessões[70].

---

[65] João Batista Monteiro, Ação, cit., p. 210.
[66] Vicente Greco Filho, *Direito processual civil brasileiro*, v. 3, p. 225, n. 57.2; Humberto Theodoro Júnior, Ações possessórias, *Revista Brasileira de Direito Processual*, 44/122.
[67] *Comentários ao Código de Processo Civil*, t. XI, p. 304.
[68] STJ, REsp 739-RJ, 4ª T., *DJU*, 10-9-1990, p. 9129; *JTACSP*, 121/97.
[69] *RT*, 521/199, 576/227.
[70] STF, *RTJ*, 60/179; STJ, REsp 739-RJ, 4ª T., rel. Min. Athos Carneiro, *DJU*, 10-9-1990, p. 9129.

Não arguido o direito de retenção na contestação ou em reconvenção, competirá ao réu cobrar o valor das benfeitorias e acessões, por ele feitas, por intermédio de ação de indenização, porque, do contrário, se permitiria o locupletamento ilícito do vencedor, em detrimento do vencido[71].

Os embargos de retenção por benfeitorias somente são admissíveis na execução por título judicial (CPC/2015, art. 917, IV).

5. EMBARGOS DE TERCEIRO

O *Supremo Tribunal Federal* já admitiu a oposição de embargos de terceiro em ações possessórias[72], mesmo depois do trânsito em julgado da sentença no processo de conhecimento[73]. Na mesma linha proclamou o *Superior Tribunal de Justiça*: "O trânsito em julgado de sentença adotada em reintegratória de posse não constitui óbice aos embargos de terceiro"[74].

O quinquídio para a oposição (CPC/2015, art. 675) conta-se do ato que exaure a execução[75]. Decidiu a propósito esta última Corte: "O terceiro que exerce a posse sobre o imóvel objeto da ação de reintegração de posse tem ação de embargos para se opor ao cumprimento do mandado, correndo o prazo do art. 1.048 do CPC [*de 1973, art. 675, CPC/2015*] a partir da data em que for cumprida a ordem contra ele"[76].

Tais decisões afiguram-se-nos corretas, pois quem não foi parte no processo, mas veio a sofrer turbação ou esbulho na posse da coisa, por apreensão judicial, está legitimado a opor tais embargos para livrar os bens da constrição (CPC, art. 674). Basta a simples ameaça de turbação ou esbulho, desde que concreta e não meramente hipotética, para que sejam cabíveis os embargos[77].

Quem adquire coisa litigiosa, ou seja, quem sucede na posse após a citação, entretanto, não é terceiro legitimado a opor embargos; está sujeito ao julgado e, contra este, não tem embargos de terceiro a opor, ainda que não haja sido registrada a ação no registro de imóveis[78].

---

[71] STJ, *Bol. AASP*, 1.864/289; *RT*, 626/88; *JTACSP*, 100/186; *RJTJSP*, 130/313.
[72] *RTJ*, 72/296; *RT*, 539/126.
[73] *RT*, 496/150.
[74] REsp 4.004-MT, 4ª T., rel. Min. Fontes de Alencar, *DJU*, 29-10-1996, p. 41649. No mesmo sentido: "Se, na possessória, a reintegração somente ocorre em execução de sentença, os embargos de terceiro são cabíveis" (*RJTJSP*, 124/99).
[75] *RT*, 539/126.
[76] REsp 112.884-4-SP, 4ª T., rel. Min. Ruy Rosado de Aguiar, *DJU*, 12-5-1997, p. 18819.
[77] *RSTJ*, 112/209; STJ, *RT*, 659/184; *JTACSP*, 98/96, 104/19, 128/206.
[78] STJ, REsp 79.878-SP, 3ª T., rel. Min. Menezes Direito, *DJU*, 8-9-1997, p. 42490; REsp 9.365-

Malgrado o entendimento mencionado, a questão continua controvertida, havendo decisões no sentido de que, transitando em julgado a sentença, já não cabem embargos de terceiro[79].

SP, 3ª T., rel. Min. Waldemar Zveiter, *DJU*, 1º-7-1991, p. 9193; STF, RE 97.695-0-GO, 1ª T., rel. Min. Rafael Mayer, *DJU*, 13-3-1983.
[79] *RT*, 512/126, 591/152; *RJTJSP*, 50/229.

Capítulo VI
DO INTERDITO PROIBITÓRIO

Sumário: 1. Características e requisitos. 2. Cominação de pena pecuniária.

1. CARACTERÍSTICAS E REQUISITOS

Há uma gradação nos atos perturbadores da posse, dando origem a três procedimentos possessórios distintos, embora com idêntica tramitação: ameaça, turbação e esbulho. Este é a mais grave das ofensas, porque retira do esbulhado o poder de fato que exercia sobre a coisa, acarretando a perda da posse. A ação de reintegração de posse visa restaurar o poder fático anterior, restituindo-o ao prejudicado pelo ato ilícito. Em caso de turbação, que apenas embaraça o exercício da posse, mas não acarreta a sua perda, é cabível a ação de manutenção de posse.

A terceira ação tipicamente possessória é o *interdito proibitório*. Tem caráter preventivo, pois visa a impedir que se concretize uma ameaça à posse. Para cada etapa, destarte, prevê-se uma ação específica. Assim, se o possuidor está apenas sofrendo uma *ameaça*, mas se sente na iminência de uma turbação ou esbulho, poderá evitar, por meio da referida ação, que venham a consumar-se.

Malgrado estejam bem definidas as características dos aludidos atos molestadores, situações há em que se torna extremamente tormentoso afirmar se ato é de turbação, de esbulho ou simples ameaça. Não é qualquer receio que constitui ameaça suscetível de ser tutelada por meio da ação de interdito proibitório. Faz-se mister que o ato, objetivamente considerado, demonstre aptidão para provocar receio numa pessoa normal[1].

---

[1] João Batista Monteiro, *Ação de reintegração de posse*, p. 119 e 121.
"Se a autora tem a posse sobre o imóvel, atestada pela existência de cercas, barracão e placa indicativa da possuidora, constituirá ameaça de turbação o ato da ré, notificando-a para retirá--los, justificando assim a procedência do interdito proibitório" (*RT*, 245/449).

Dispõe o art. 567 do Código de Processo Civil:

"*O possuidor direto ou indireto que tenha justo receio de ser molestado na posse poderá requerer ao juiz que o segure da turbação ou esbulho iminente, mediante mandado proibitório em que se comine ao réu determinada pena pecuniária caso transgrida o preceito*".

A ação de interdito proibitório pressupõe, portanto, os seguintes requisitos: a) posse atual do autor; b) ameaça de turbação ou esbulho por parte do réu; c) justo receio de ser concretizada a ameaça.

O primeiro requisito é, portanto, a *posse atual do autor*. O art. 567 supratranscrito afirma que a posse a ser protegida pode ser a direta ou a indireta. Na verdade, essa legitimação ocorre também para os outros interditos, não havendo razão para ser destacada no dispositivo em apreço. É certo que a posse a ser provada é a atual, pois se já a perdeu, por consumada a ameaça, o remédio apropriado será, então, a ação de reintegração de posse.

O segundo requisito – *ameaça de turbação ou de esbulho* por parte do réu – entrelaça-se com o terceiro, que é o *justo receio* de que seja concretizada. Não é qualquer ameaça, como foi dito, que enseja a propositura dessa ação. É necessário que tenha havido um ato que indique certeza de estar a posse na iminência de ser violada. Para vencer a demanda, o autor deve demonstrar que o seu receio é justo, fundado em fatos ou atitudes que indicavam a iminência e a inevitabilidade de moléstia à posse.

Consoante a lição de ADROALDO FURTADO FABRÍCIO, "o *justo receio*, de um lado, é o temor justificado, no sentido de estar embasado em fatos exteriores, em dados objetivos. Nesse enfoque, não basta como requisito para obtenção do mandado proibitório o receio infundado, estritamente subjetivo – ainda que existente. Por tibieza de temperamento ou até mesmo por deformação psíquica pode alguém tomar como ameaça à posse o que não passa de maus-modos de um vizinho incivil"[2].

Nessa consonância, como assentou antigo julgado, "não basta a violência provável, porque o Código, exigindo que seja iminente, exige mais alguma coisa, que a violência seja quase certa diante das circunstâncias, dos indícios existentes

---

[2] *Comentários ao Código de Processo Civil*, v. VIII, t. III, p. 464.
"Interdito proibitório. Interposição por banco contra sindicato de empregados em estabelecimento bancário que, em face de movimento grevista, cerceou o acesso de clientes e funcionários ao recinto de agência bancária. Admissibilidade, uma vez caracterizada a grave ameaça de turbação, reconhecida pela inequívoca intenção de impedir a continuidade do efetivo exercício da posse" (STJ, *RT*, 771/193). No mesmo sentido: *RT*, 792/293, 787/275, 796/292, 803/257.

traduzidos em atos que não tenham outra explicação senão a próxima violência a ser perpetrada"[3].

Tal não significa que a ameaça apenas verbal não basta, por não estar no domínio concreto dos fatos. Na realidade, palavras também são fatos. O que importa é a seriedade da ameaça, sua capacidade e aptidão para infundir num espírito normal o justo receio de dano iminente à posse.

Como observa WASHINGTON DE BARROS MONTEIRO, "assim como não constitui coação a ameaça de exercício normal de um direito (Cód. Civil de 2002, art. 153), também a afirmativa de que se invocará oportunamente a ação da justiça não configura ameaça, apta a infundir receio ao autor, bem como seu recurso ao interdito"[4].

Tem-se decidido, por isso, que não se justifica o interdito proibitório com a finalidade de impedir que o réu lance mão de medidas judiciais que entenda cabíveis[5].

2. COMINAÇÃO DE PENA PECUNIÁRIA

O interdito proibitório assemelha-se à ação cominatória, pois prevê, como forma de evitar a concretização da ameaça, a cominação ao réu de pena pecuniária, caso transgrida o preceito. Deve ser pedida pelo autor e fixada pelo juiz, em montante razoável, que sirva para desestimular o réu de transgredir o veto, mas não ultrapasse, excessivamente, o valor do dano que a transgressão acarretaria ao autor.

Quem indica o valor da pena pretendida é o autor. Nem por isso fica o juiz adstrito a essa avaliação, podendo reduzi-la, mas não aumentá-la.

Consoante a lição de PONTES DE MIRANDA, "se foi pedida a proibição de turbação e o réu esbulhou, além de se lhe aplicar a pena cominada por infração do preceito, expede-se contra ele o mandado de reintegração, liquidando-se na execução as perdas e danos em que for então condenado, ainda que acima da pena cominada, mas independente dela (art. 374)"[6].

Nessa direção decidiu o *Tribunal de Justiça de São Paulo*: "Verificada a moléstia à posse, transmuda-se automaticamente o interdito proibitório em ação

---

[3] *RT*, 175/259. No mesmo sentido: "Justo receio que autoriza a reclamada proteção é o temor fundado em circunstâncias de fato, concretas" (*RJTJSP*, 37/78). Por outro lado, tem-se decidido: "Sendo fato público e notório a constante invasão de terras nos dias atuais, configura-se o justo receio de moléstia à posse" (*RT*, 631/152).
[4] *Curso de direito civil*, v. 3, p. 48-49.
[5] *Bol. AASP*, 1.421/63.
[6] *Comentários ao Código de Processo Civil*, t. VI, p. 157.

de manutenção ou de reintegração, bastando apenas que a parte comunique o fato ao juiz"[7]. Todavia, essa conversão há de ser feita sem ampliação do objeto do interdito[8].

Assim, se a ameaça vier a se concretizar no curso do processo, o interdito proibitório será transformado em ação de manutenção ou de reintegração de posse, concedendo-se a medida liminar apropriada e prosseguindo-se no rito ordinário. Entretanto o contrário não é verdadeiro, isto é, ajuizada a ação de manutenção, não há mais lugar para ser intentado o interdito proibitório, por falta de interesse de agir.

Ao determinar a aplicação ao interdito proibitório do disposto na Seção II, concernente às ações de manutenção e de reintegração de posse, o atual estatuto processual (art. 568) permitiu, também, que se concedesse *liminar* em interdito proibitório.

Hoje não paira mais dúvida sobre a possibilidade de se impetrar tal ação contra *ato da Administração Pública*, visto que o parágrafo único do art. 562 dispõe que a medida não será concedida *in limine litis* contra as pessoas jurídicas de direito público, sem prévia audiência dos respectivos representantes judiciais. A única restrição é que devem ser ouvidos os seus representantes legais antes da concessão da liminar (*v.* Capítulo IV, 2.1, e Capítulo V, 2.2.1, *retro*)[9].

Proclama a *Súmula 228 do Superior Tribunal de Justiça*: "É inadmissível o interdito proibitório para a proteção do direito autoral".

---

[7] *RT*, 490/75; *RF*, 302/159.
"Interdito proibitório. Conversão em reintegração de posse. Admissibilidade em razão da transmutação da realidade fática, caracterizadora de esbulho" (*RT*, 771/242).
[8] *JTACSP*, 98/186.
[9] *RT*, 668/133. No mesmo sentido: "Interdito proibitório. Desapropriação indireta. Demanda interposta pelo proprietário do imóvel indiretamente expropriado. Admissibilidade enquanto não concluída a obra ou o serviço público. Ato do Poder Público que, sem o devido processo legal expropriatório, é ilícito" (*RT*, 797/263).

Capítulo VII

AÇÕES AFINS AOS INTERDITOS POSSESSÓRIOS

> *Sumário*: 1. Ação de imissão na posse. 1.1. Características e natureza jurídica. 1.2. Imissão na posse e reivindicatória. 2. Ação de nunciação de obra nova. 2.1. Conteúdo e pressupostos. 2.2. Legitimidade para a ação. 3. Embargos de terceiro. 3.1. Introdução. 3.2. Pressupostos. 3.3. Parte equiparada a terceiro. 3.4. Legitimidade ativa e passiva. A legitimidade ativa do cônjuge. 3.5. Caso especial: embargos do credor com garantia real. 3.6. Fraude contra credores e fraude à execução. 3.7. Procedimento.

1. AÇÃO DE IMISSÃO NA POSSE

As ações tipicamente possessórias, destinadas à defesa exclusiva da posse, são as três já referidas. Há, no entanto, outros procedimentos em que, por forma direta ou indireta, a posse também é protegida. Tais procedimentos são denominados *ações afins dos interditos possessórios*, que deles se distinguem em razão de outros fatores levados em consideração pelo legislador.

Não se revestem tais ações de natureza eminentemente possessória, uma vez que o pedido se funda ou no direito de propriedade, ou no direito obrigacional de devolução da coisa, ou na proteção contra atos judiciais de constrição etc.

1.1. Características e natureza jurídica

A ação de imissão na posse, desconhecida no direito alienígena, equivale à *missio in possessionem* dos romanos, uma das muitas modalidades do interdito *adispiscendae possessionis*[1].

---

[1] Washington de Barros Monteiro, *Curso de direito civil*, v. 3, p. 49.

Era regulada pelo Código de Processo Civil de 1939 no art. 381, que dispunha competir tal ação: a) aos adquirentes de bens, para haverem a respectiva posse, contra os alienantes ou terceiros que os detivessem; b) aos administradores e demais representantes das pessoas jurídicas, para haverem dos seus antecessores a entrega dos bens pertencentes à pessoa representada; c) aos mandatários, para receberem dos antecessores a posse dos bens do mandante.

A hipótese mais frequente é a primeira, em que o autor da ação é proprietário da coisa, mas não possuidor, por haver recebido do alienante só o domínio (*jus possidendi*), pela escritura, mas não a posse. Como nunca teve posse (CPC/2015, art. 561, I), não pode valer-se dos interditos possessórios. Porém, quando ocorre *a transmissão da posse jurídica* ao adquirente, não acompanhada da entrega efetiva do imóvel, o alienante torna-se esbulhador, ficando o primeiro autorizado a propor contra ele ação de reintegração de posse.

A imissão tem sido utilizada, também, por arrematantes de imóveis, com suporte na carta de arrematação, para haverem a posse dos bens arrematados em poder dos devedores ou de terceiros, não nomeados depositários judiciais. Assim, decidiu-se: "Uma vez ultimada a execução, com arrematação do bem penhorado, e expedida a correspondente carta, cabível se mostra a imissão na posse do bem arrematado, ainda que pendente apelação, recebida no efeito devolutivo, da sentença que julgou improcedentes os embargos à arrematação"[2].

No entanto, se o bem se encontra em mãos de depositário judicial, o adquirente da coisa por alienação judicial obtém a imissão na posse não por meio de outra ação, mas mediante simples mandado, expedido contra aquele no próprio processo em que obteve carta de adjudicação ou de arrematação[3].

Tal orientação aplica-se também quando o próprio devedor é nomeado depositário do bem. Assim, como já decidiu o *Superior Tribunal de Justiça*, "o adquirente, em hasta pública, de bem que se encontra em poder do executado como depositário, será imitido na respectiva posse mediante mandado, nos próprios autos da execução, desnecessária a propositura de outra ação. O possuidor do bem penhorado passa a depositário, atuando como auxiliar do juízo, e cujas determinações haverá de obedecer incontinenti"[4].

O Código de Processo Civil de 1973, bem como o atual, não trataram da ação de imissão na posse. Nem por isso ela deixou de existir, pois poderá ser ajuizada sempre que houver uma pretensão à imissão na posse de algum bem. A

---

[2] *JTA*, Lex, 161/309; *RT*, 630/117, *Bol. AASP*, 1.829/13; STJ, RMS 431-RJ, 4ª T., rel. Min. Athos Carneiro, *DJU*, 10-9-1990, p. 9129.
[3] *RSTJ*, 28/211; *RT*, 761/345, 676/110; *JTACSP*, 106/26.
[4] *RSTJ*, 73/407.

cada pretensão deve existir uma ação que a garanta (CC, art. 189). Nas aquisições de bens ocorrem, com frequência, situações que ensejam a imissão: o vendedor simplesmente se recusa a entregar o imóvel, ou nele reside um terceiro, que não aceita a ocupação.

Suprimido foi apenas o procedimento especial previsto no diploma de 1939, mas não o direito subjetivo. O mesmo se pode dizer em relação ao atual Código de Processo Civil. A ação obedecerá ao procedimento comum, à execução de acordo com os arts. 806 e s.[5].

A referida ação não se confunde com as ações possessórias típicas, embora se revista de caráter possessório. Não se aplica, pois, entre elas o princípio da fungibilidade. Tal princípio, autorizado pelo art. 554 do referido diploma processual de 2015, vigora apenas entre as três ações possessórias mencionadas, e não entre elas e qualquer outra.

Assim, acerca da ação de imissão na posse (natureza petitória), o *Superior Tribunal de Justiça* corretamente considerou que:

"Apesar de seu *nomen iuris*, a ação de imissão na posse é ação do domínio, por meio da qual o proprietário, ou o titular de outro direito real sobre a coisa, pretende obter a posse nunca exercida. Semelhantemente à ação reivindicatória, a ação de imissão funda-se no direito à posse que decorre da propriedade ou de outro direito real (*jus possidendi*), e não na posse em si mesmo considerada, como uma situação de fato a ser protegida juridicamente contra atentados praticados por terceiros (*jus possessionis*)". Como consequência, a corte decidiu que "a ação petitória ajuizada na pendência da lide possessória deve ser extinta sem resolução do mérito, por lhe faltar pressuposto negativo de constituição e de desenvolvimento válido do processo"[6].

Tendo por fundamento o domínio, a ação de imissão na posse é *dominial*. O estatuto revogado, de 1939, embora a situasse entre as possessórias, acabava por considerá-la ação dominial ao exigir que a inicial fosse instruída com o título de propriedade. É, portanto, ação de *natureza petitória*, pois o autor invoca o *jus possidendi*, pedindo uma posse ainda não entregue.

Em razão da sua natureza real e de seu caráter petitório, impõe-se a presença de ambos os cônjuges, tendo em vista que o art. 73 do Código de Processo Civil exige a outorga uxória quando se litigar sobre bens imóveis, ou sobre direitos reais relativos a imóveis. Na ação em exame, "embora não se configure direito real sobre imóvel, considera-se a mesma como uma ação real sobre imóvel sempre que

---

[5] *RTJ*, 90/486; STJ, REsp 2.449-MT, 4ª T., rel. Min. Barros Monteiro, *DJU*, 11-6-1990; *RT*, 506/98, 503/76; *JTACSP*, 44/146.
[6] REsp 1.909.196-SP, 3ª T., rel. Min. Nancy Andrighi, *DJe* 17-6-2021.

o litígio envolver bem imóvel, fator que obriga a presença de ambos os cônjuges em qualquer polo da ação"[7].

Tem-se admitido, porém, que possa ser ajuizada pelo compromissário comprador, com compromisso irretratável, devidamente registrado e integralmente quitado. Veja-se: "Tem o compromissário-comprador acesso à imissão de posse, presente o princípio de que a cada direito corresponde uma ação que o ampara. Se não for assim, se não se permitir ao compromissário-comprador demandar imissão de posse, de nenhuma outra ação poderá ele lançar mão, para efetivar a posse a que tem direito. Não poderá reivindicar, porque não tem domínio; não poderá usar do interdito reintegratório, porque não tem posse, nem a teve antes; não poderá despejar porque o ocupante não é locatário"[8].

Como adquirente deve ser também considerado o herdeiro. Tem-se decidido, com efeito, que o herdeiro, cujo formal de partilha ainda não esteja transcrito, tem, contudo, qualidade para requerer a imissão na posse contra terceiro detentor. Em tal caso, não é necessário o prévio registro, porque o Código Civil distingue a aquisição da propriedade pelo registro do título, em caso de alienação *inter vivos*, da aquisição por direito hereditário (art. 1.784)[9].

Havendo risco de dano posterior, decorrente do retardamento do julgamento definitivo, poderá ser manifestado pelo autor pedido de tutela de urgência, com fundamento no art. 300 do Código de Processo Civil, assim como de medidas consideradas adequadas para efetivação da tutela provisória, com base, conforme o caso, nos arts. 297 e 300, § 1º, do mesmo diploma.

O art. 37, § 2º, do Decreto-Lei n. 70, de 21 de novembro 1966, que trata das adjudicações e arrematações de imóveis hipotecados aos agentes financeiros, para garantirem mútuos destinados ao financiamento da casa própria, segundo o Sistema Financeiro da Habitação, admite a imissão na posse, em favor do adquirente, de imóvel levado a leilão em execução extrajudicial por dívidas das prestações não pagas, uma vez transcrita no registro de imóveis a respectiva carta.

Preceitua, a propósito, a *Súmula 4 da Seção de Direito Privado do Tribunal de Justiça de São Paulo*: "É cabível liminar em ação de imissão de posse, mesmo em se tratando de imóvel objeto de arrematação com base no Decreto-Lei n. 70/66". Por sua vez, dispõe a *Súmula 5 da mesma Corte*: "Na ação de imissão de posse de imóvel arrematado pelo credor hipotecário e novamente alienado (art. 1.228 do Código Civil), não cabe, por ser matéria estranha ao autor, a discussão sobre a execução extrajudicial e a relação contratual antes existente entre o primitivo adquirente e o credor hipotecário".

---

[7] Arnaldo Rizzardo, *Direito das coisas*, p. 155.
[8] *RT*, 384/292. No mesmo sentido: STF, *RTJ*, 65/718.
[9] STF, RE 25.535, rel. Min. Victor Nunes Leal, j. 4-7-1963.

Não se confunde, todavia, a ação autônoma ora em estudo com a imissão na posse da coisa expropriada, pedida pelo poder expropriante, em seu favor, mediante o depósito do preço (Lei n. 2.786, de 21-5-1956), nem com o ato de imissão na posse, na execução para a entrega de coisa (CPC/2015, art. 806, § 2º).

1.2. Imissão na posse e reivindicatória

Afirmam alguns autores que a reivindicatória atende perfeitamente à finalidade da ação de imissão na posse, tendo esta, portanto, sido absorvida por aquela. A imissão, diz ADROALDO FURTADO FABRÍCIO, submete-se a rito comum "e acha-se praticamente subsumida na reivindicatória, sujeitando-se a sentença que nela se profere a execução também para entrega de coisa certa"[10].

Trata-se, no entanto, de ações distintas, que têm aplicações em diferentes situações, pois a ação de reivindicação, segundo GILDO DOS SANTOS, "cuida de domínio e posse que se perderam por ato injusto de outrem. Na imissão, a situação é diversa. O proprietário quer a posse que nunca teve. Não perdeu o domínio, nem a posse. Tem o domínio e quer a posse também, na qual nunca entrou"[11]. Assim, o objetivo da imissão é consolidar a propriedade, em sentido amplo, enquanto a reivindicação tem por fim reaver a propriedade.

Na sequência, aduz o mencionado autor: "Enquanto a imissão é proposta contra o alienante, a reivindicatória deve ser proposta contra o atual detentor da coisa reivindicanda. Será nula, portanto, a que se propuser contra quem já alienou o objeto".

A ação de imissão na posse, na forma disciplinada no art. 381, I, do Código de Processo Civil de 1939, não podia ser proposta contra terceiro que detém a coisa em nome próprio, como o comodatário. Legitimidade para ser demandado só tinha o alienante ou o terceiro que detém a coisa em nome deste. Todavia, não mais se tratando de procedimento especial, inespecíficos também se tornaram os seus requisitos.

Na realidade, a restrição no sentido de que o terceiro se encontrasse na posse do imóvel em nome do alienante não constava expressamente do texto legal, constituindo construção jurisprudencial. Sendo considerada agora ação de rito comum, desvinculada dos requisitos do direito anterior, "é de se admitir que ela poderia ser intentada contra o alienante e contra terceiro, detenha este ou não a posse em nome daquele"[12].

---

[10] *Comentários ao Código de Processo Civil*, v. VIII, t. III, p. 30.
[11] Ação de imissão de posse, in *Posse e propriedade*: doutrina e jurisprudência, coord. de Yussef Cahali, p. 447.
[12] *RJTJRS*, 81/49; Arnaldo Rizzardo, *Direito das coisas*, cit., p. 153.

Se o alienante, antes da alienação, tinha ação possessória contra terceiro esbulhador que detém a posse em nome próprio, o adquirente também poderá movê-la, pois o art. 1.207 do Código Civil faculta ao sucessor singular *"unir sua posse à do antecessor, para os efeitos legais".*

Na imissão, a matéria de defesa é limitada à nulidade da aquisição, ou à alegação de justa causa para retenção da coisa, pois o autor não pretende discutir a propriedade, que tem como certa, mas apenas consolidar, em concreto, o *jus possidendi* que adquiriu. Na reivindicatória, no entanto, o autor pede domínio e posse, podendo o réu opor-lhe toda e qualquer defesa sobre um e outra. Pode, inclusive, pleitear seja reconhecido como dono.

A reivindicatória não abarca todas as hipóteses em que o interessado, mesmo não sendo proprietário, reveste-se do direito de imitir-se na posse. Segundo a lição de Ovídio Batista da Silva, "a imissão de posse guarda, com relação à reivindicatória, apenas uma porção de seu círculo, que é comum a ambas, onde caberá ao interessado fazer opção legítima entre as duas ações, ficando fora dessa zona comum a porção restante do círculo menor da ação de imissão da posse, onde a ação de reivindicação seria inadequada; assim como ficará fora do alcance da ação de imissão a outra porção maior da demanda (plenária) de reivindicação, onde a limitação da controvérsia da ação de imissão de posse impediria que se chegasse..."[13].

Em certos casos, aduz o respeitado processualista, "o adquirente (proprietário) poderá escolher entre a imissão de posse e a reivindicação, conforme julgue de seu interesse controverter apenas seu direito à posse, fundado no contrato, ou entenda mais conveniente fundar sua pretensão na condição de titular do domínio, trazendo para o debate, como pressuposto da ação, a propriedade. Certamente, o adquirente terá contra o alienante a ação de imissão de posse, para investir-se na posse da coisa adquirida; contudo, não se lhe pode negar o direito de exercer a ação reivindicatória. Se o fizer, ficará exposto à defesa mais ampla do alienante, ao passo que limitará, drasticamente, a defesa deste se optar pela primeira ação".

Sendo irrelevante o nome dado à demanda, se, proposta a ação de imissão na posse, caracterizar-se a ação proposta, pelo pedido e causa de pedir, como reivindicatória, nada impede que se a aprecie como tal, procedendo-se às necessárias diligências para o regular julgamento da matéria de fundo, se for o caso[14].

Por fim, acerca das similitudes, e em cotejo com o disposto no art. 557 do CPC, o *Superior Tribunal de Justiça*, ao julgar demanda que analisava a viabilidade de

---

[13] *A ação de imissão de posse*, p. 156.
[14] *RJTJSP*, 95/172.

ajuizamento de ação de imissão na posse de imóvel na pendência de ação possessória referente ao mesmo bem, assinalou que, "apesar de seu *nomen iuris*, a ação de imissão na posse é ação do domínio, por meio da qual o proprietário, ou o titular de outro direito real sobre a coisa, pretende obter a posse nunca exercida. Semelhantemente à ação reivindicatória, a ação de imissão funda-se no direito à posse que decorre da propriedade ou de outro direito real (*jus possidendi*), e não na posse em si mesmo considerada, como uma situação de fato a ser protegida juridicamente contra atentados praticados por terceiros (*jus possessionis*). A ação petitória ajuizada na pendência da lide possessória deve ser extinta sem resolução do mérito, por lhe faltar pressuposto negativo de constituição e de desenvolvimento válido do processo"[15].

2. AÇÃO DE NUNCIAÇÃO DE OBRA NOVA

2.1. Conteúdo e pressupostos

Dispunha o art. 934 do Código de Processo Civil de 1973 que compete a *ação de nunciação de obra nova*:

"I – ao proprietário ou possuidor, a fim de impedir que a edificação de obra nova em imóvel vizinho lhe prejudique o prédio, suas servidões ou fins a que é destinado;

II – ao condômino, para impedir que o coproprietário execute alguma obra com prejuízo ou alteração da coisa comum;

III – ao Município, a fim de impedir que o particular construa em contravenção da lei, do regulamento ou de postura".

O rito especial da referida ação não foi reproduzido no atual diploma processual. Isso não significa, todavia, que não poderá mais ser ajuizada, mas apenas que deverá observar o procedimento comum. O que desaparece com o advento do atual Código de Processo Civil, de 2015, é apenas o procedimento especial.

Tal ação, também chamada de embargo de obra nova, reveste-se de caráter possessório pelo fato de poder ser utilizada também pelo possuidor. Mas não visa, direta e exclusivamente, à defesa da posse. Não existe conflito possessório sobre a mesma coisa, mas sim uma obra que afeta o uso pacífico de outra coisa.

Adroaldo Furtado Fabrício bem esclarece esse aspecto, assinalando que "a pretensão a embargar obra não tem por finalidade a proteção pos-

---

[15] REsp 1.909.196-SP, 3ª T., rel. Min. Nancy Andrighi, *DJe* 17-6-2021.

sessória – vale dizer, a proteção do fato da posse. O que se tutela por via da ação é 'o prédio, suas servidões ou fins a que é destinado' (art. 934, CPC/73). É o prejuízo que adviria da obra e afetaria o prédio mesmo ou sua utilização que a ação previne. Tanto é assim que o proprietário sem posse (porque a perdeu ou nela não chegou a imitir-se) legitima-se igualmente à causa, para o que lhe basta a condição de dono. Isso seria manifesto absurdo em se tratando de ação possessória"[16].

O objetivo da ação em apreço é impedir a continuação da obra que prejudique prédio vizinho ou esteja em desacordo com os regulamentos administrativos. O seu fundamento encontra-se na preservação ao direito dos vizinhos (CC, art. 1.299), bem como nas disposições dos arts. 1.300, 1.301 e 1.302, que impõem ao proprietário o dever de construir de maneira que o seu prédio não despeje águas, diretamente, sobre o prédio vizinho, proibindo-o, ainda, de abrir janelas, ou fazer eirado, terraço ou varanda, a menos de metro e meio do terreno vizinho.

A hipótese de maior aplicabilidade da mencionada ação é aquela movida pelo proprietário ou possuidor a fim de impedir edificação prejudicial de obra nova em imóvel vizinho.

A expressão "obra" tem um sentido amplo, abrangendo todo e qualquer ato material lesivo ao direito de propriedade ou à posse. Nela se incluem "demolição, colheita, corte de madeiras, extração de minérios e obras semelhantes" (CPC/73, art. 936, parágrafo único), bem como, em razão de sua alta potencialidade danosa, escavações, compactações de solo, terraplenagens e similares. Abrange toda e qualquer construção que possa prejudicar os vizinhos, como a destinada a represar águas de córrego que serve os prédios inferiores[17].

É pressuposto essencial da ação que a obra seja "nova", isto é, não se encontre em fase final. Se já está terminada, ou em vias de conclusão, faltando somente os arremates finais, julga-se o autor carecedor. É, com efeito, dominante a juris-

---

[16] *Comentários*, cit., v. VIII, t. III, p. 472-473.
[17] Adroaldo Furtado Fabrício, *Comentários*, cit., v. VIII, t. III, p. 475; Washington de Barros Monteiro, *Curso*, cit., v. 3, p. 53.
"É o mais amplo conceito de 'obra', alcançando escavações no solo" (*RTJE*, 132/173). "A colocação de placa de propaganda que altere a fachada de prédio (em condomínio) se insere no conceito de obra nova, para os efeitos da ação prevista no art. 934 do CPC, visto que a expressão deve ser compreendida em seu significado mais amplo" (*RJTAMG*, 53/143). "Não é qualquer inconveniente relacionado com construção em imóvel contíguo que lesa direito e autoriza o embargo. Ainda que o prédio sofra algum prejuízo no tocante à ventilação e à vista, o proprietário não pode, só por isso, sem que se haja apurado a infração de disposição legal, impedir que o vizinho realize a obra" (*RT*, 664/129).

prudência no sentido de que, concluída ou praticamente concluída a obra, não cabe mais a ação de nunciação[18].

Todavia, já se decidiu que "um muro, a limitar imóveis urbanos e de reduzidas dimensões, não pode ser considerado como concluído se ainda lhe falta o reboco. Isso porque se trata de obra que pode ser edificada em exíguo período de tempo"[19].

Se a obra já estiver em fase de conclusão, o vizinho poderá propor ação de reparação de danos ou demolitória[20]. Admite-se a cumulação de pedido de nunciação com o de indenização para o caso de, não se admitindo o primeiro, ser acolhido o segundo. Assim, cumulada a ação de nunciação com a de reparação de danos, e sendo incabível a primeira, por já estar finda a construção, impõe-se o prosseguimento do feito para a apreciação do pedido cumulado[21].

Do mesmo modo, se cumulada a ação em epígrafe com o pedido de cominação de multa (CPC/73, art. 936) e de demolição da obra, prejudicada a impugnação restaria o exame do pedido de demolição[22].

Outro pressuposto da ação de nunciação de obra nova é de que os prédios sejam *vizinhos, contíguos*. A contiguidade, entretanto, não deve ter caráter absoluto, podendo abranger não só os prédios confinantes, como os mais afastados, desde que sujeitos às consequências do uso nocivo das propriedades que os rodeiam[23].

Particularmente nos dias de hoje, quando a tecnologia da construção envolve o uso de máquinas de grande porte e de grande potencialidade danosa, seria inoportuna a adoção de um conceito restritivo de vizinhança – que, aliás, não é e nunca foi sinônimo de contiguidade[24].

A propósito, decidiu o *Supremo Tribunal Federal*: "A ação de nunciação de obra nova, como outras destinadas à composição de conflitos de vizinhança, não

---

[18] *RT*, 490/68, 501/113; *JTJ*, Lex, 189/125; *Bol. AASP*, 1.031/177.
[19] *RJTJRS*, 146/212.
[20] *RJTJSP*, 113/343.
"Uma vez concluída a obra (faltava apenas a pintura), cabível a ação demolitória" (STJ, REsp 311.507-AL, 4ª T., rel. Min. Ruy Rosado de Aguiar, *DJU*, 5-11-2001, p. 118).
[21] *RT*, 518/114.
"Ação de nunciação de obra nova. Obra praticamente concluída. Pedido indenizatório. Mesmo que se admita estar a obra praticamente concluída, no caso, o requerimento de embargo é cumulado com o pedido indenizatório, com o que não deve ser reconhecida a carência da ação" (STJ, REsp 96.685-SP, 3ª T., rel. Min. Menezes Direito, *DJU*, 19-12-1997, p. 67491).
[22] *RT*, 576/62, 718/101.
"É possível a cumulação do pedido de sustação da obra com o de demolição, em que o juiz, diante da carência daquela, não fica dispensado do dever de conhecer e decidir esta última" (*RT*, 700/158). No mesmo sentido: *RT*, 739/262; *RJTJSP*, 47/162.
[23] *RT*, 509/64.
[24] Adroaldo Furtado Fabrício, *Comentários*, cit., v. VIII, t. III, p. 477.

se condiciona à contiguidade dos prédios, mesmo porque, com o emprego de modernos engenhos, a realização de uma obra pode prejudicar edifícios existentes em vasta área"[25].

Quando a obra nova invade o terreno vizinho, o meio processual adequado para impugná-la é a ação possessória, não a nunciação, segundo uma corrente que se lastreia no fato de o estatuto processual (de 1973) admitir a última para impedir construção de obra nova *em imóvel vizinho*. Outra corrente, à qual se filia PONTES DE MIRANDA, entende cabível a nunciação, autorizada pelo art. 573 do Código Civil de 1916, que previa o embargo, pelo proprietário, de construção de prédio que "invadisse a área do seu".

O atual Código Civil, contudo, no art. 1.301, correspondente ao mencionado art. 573, não reproduziu a referida autorização, prestigiando, assim, a primeira corrente citada.

Quando ocorre invasão mínima do terreno vizinho, mostrando-se desaconselhável a paralisação ou a demolição de obra de certo vulto, tem-se convertido, pretorianamente, a nunciação ou a demolitória em ação de indenização da área invadida, sem caracterizar decisão *extra petita*[26].

Em alguns casos essa tem sido também a solução quando se trata de obra pública, não estando o Poder Público agindo *more privatorum*, caracterizando-se verdadeira desapropriação indireta. Já decidiu o *Superior Tribunal de Justiça*, por outro lado, ser lícito determinar que, em lugar de ser a obra demolida, se proceda aos reparos para eliminar o que contravenha as normas que regulam as relações de vizinhança[27].

Preleciona WASHINGTON DE BARROS MONTEIRO ser "inadmissível a ação se a obra nova vem a ser executada não no prédio do nunciado, mas na rua ou num logradouro público. Em tal hipótese, ao prejudicado cabe reclamar administrativamente contra o responsável, desde que seja um particular, sabido que a nunciação destinada a proteger direito público subjetivo não encontra guarida em nosso direito, sendo o entendimento de nossos tribunais há muitos anos"[28].

---

[25] In Alexandre de Paula, *Código de Processo Civil anotado*, v. IV, p. 125, n. 19.
[26] STF, *RTJ*, 58/484; *RT*, 606/97.
"Se o réu agiu de boa-fé e se a demolição da obra construída irregularmente lhe acarretaria vultoso prejuízo, sem razoável vantagem para o autor, pode a pretensão demolitória ser convertida em perdas e danos, perdendo o autor a faixa de terreno invadida" (*RJTJSP*, 96/192).
[27] REsp 85.806-MG, 3ª T., rel. Min. Eduardo Ribeiro, *DJU*, 5-3-2001, p. 152.
[28] *Curso*, cit., v. 3, p. 53.

Também se afirma que a nunciação de obra nova só pode alcançar o seu objetivo se os limites entre os prédios vizinhos apresentam-se estremes de dúvidas, uma vez que a *nuntiatio* não é o meio adequado para deslinde de questões sobre fixação de rumos demarcatórios, objeto da *finium regundorum*. Assim, descabe a ação de nunciação de obra nova, se há dúvida sobre o domínio do solo em que está sendo construída a obra[29].

Em geral, não se tem admitido a propositura, por particular, da ação de nunciação de obra nova, com fundamento simplesmente na contravenção às posturas administrativas, principalmente se aprovada a planta da construção pela Prefeitura. Falta-lhe direito subjetivo na hipótese para poder embasar a sua pretensão em juízo. Entretanto, se em consequência da obra erigida em infração às posturas municipais verificar-se dano à sua propriedade, o particular poderá impugná-la, com fulcro no art. 1.299 do Código Civil[30], ainda que escorada em alvará de licença para construção fornecido pela municipalidade[31].

O aludido alvará, em realidade, não subtrai ao particular prejudicado a legitimidade de agir como nunciante, pois se trata de ato administrativo que não se presume liberatório dos deveres e obrigações pessoais do construtor, contendo sempre ressalva implícita dos direitos dos vizinhos.

Tem-se decidido, iterativamente, que "não procede a demolitória movida por particular, objetivando edificação feita em desacordo com postura municipal, se daí não lhe resulta prejuízo[32]. Nesse sentido, proclama aresto do *Superior Tribunal de Justiça*: "Os regulamentos administrativos podem ser invocados pelo particular, na medida em que de sua contrariedade lhe resulte algum dano. Não lhe é dado, entretanto, substituir-se à Administração, apenas porque houve a infração, de que não derivou prejuízo para si, salvo eventualmente, uma ação popular, acaso cabível"[33].

Se o autor é declarado carecedor da ação, ou se esta é julgada improcedente, reconhece-se o direito do nunciado à reparação de eventual prejuízo que haja sofrido. Cabe reconvenção na ação de nunciação de obra nova, especialmente para se pleitear as perdas e danos decorrentes da injusta paralisação da obra[34].

---

[29] Yussef Said Cahali, Nunciação de obra nova, in *Posse e propriedade*: doutrina e jurisprudência, p. 736. No mesmo sentido: *RT*, 272/524, 499/104.
[30] STF, *RT*, 459/233.
[31] *RT*, 478/93 e 510/106.
[32] *JTACSP*, 121/109.
[33] REsp 85.806-MG, 3ª T., rel. Min. Eduardo Ribeiro, *DJU*, 5-3-2001.
[34] *RJTJSP*, 105/320; *JTJ*, Lex, 185/165.

2.2. Legitimidade para a ação

A ação de nunciação de obra nova compete ao proprietário ou possuidor.

Legitimado para figurar como réu na ação é o *dono da obra*, aquele por conta de quem é executada, podendo ser o dono do terreno ou terceiro responsável pelo empreendimento, como, por exemplo, a empresa que prometeu área construída em troca do solo. Nem sempre é o executor material da obra, que pode ser um empreiteiro ou preposto.

Legitimado passivo para a ação pode ser também o possuidor direto ou indireto, desde que a obra seja erigida por conta deles[35].

Admite-se a possibilidade de figurar no polo passivo da ação pessoa jurídica de direito público. Em regra as obras feitas em lugares públicos e no interesse público não são embargáveis. Todavia, se a pessoa de direito público age *more privatorum*, executando obras em imóvel de seu domínio, não destinado ao uso público, pode perfeitamente ser ré na ação nunciatória[36].

A ação nunciativa é de natureza pessoal, de modo a dispensar tanto a outorga uxória como a citação da mulher do réu[37].

Segundo HELY LOPES MEIRELLES, "a nunciação de obra nova não se define como ação real, apresentando-se como 'ação pessoal própria para deter obras em andamento que ofendam algum direito de vizinhança, e, em especial, como diz o Código Civil, para impedir que a construção vizinha invada a propriedade confinante, ou sobre este deite goteiras, ou abra janela a menos de metro e meio da linha divisória'"[38].

3. EMBARGOS DE TERCEIRO

3.1. Introdução

Dispõe o art. 674 do Código de Processo Civil:

"Quem, não sendo parte no processo, sofrer constrição ou ameaça de constrição sobre bens que possua ou sobre os quais tenha direito incompatível com o ato constritivo, poderá requerer seu desfazimento ou sua inibição por meio de embargos de terceiro".

Observe-se que a mera ameaça de constrição autoriza a inibição do ato judicial por meio da referida ação.

---

[35] *RT*, 345/246.
[36] Adroaldo Furtado Fabrício, *Comentários*, cit., v. VIII, t. III, p. 486.
[37] *RT*, 510/106, 594/105; *RJTJSP*, 89/200.
[38] *Direito de construir*, p. 294.

A ação de embargos de terceiro guarda acentuada semelhança com as possessórias, pois, assim como estas, exige uma posse e um ato de turbação ou esbulho. Tal ação pode, com efeito, ser também usada para a defesa da posse, revestindo-se, neste caso, inquestionavelmente, de caráter possessório. Todavia, o legislador, corretamente, não a incluiu entre elas, em razão das diferenças que as distinguem.

A primeira diferença que se constata entre as ações possessórias e os embargos de terceiro reside nas características que assume o ato perturbador da posse. O esbulho, a turbação e a ameaça que justificam as ações possessórias são atos ilícitos. Todavia, o ato de perturbação que dá origem aos embargos de terceiro é lícito, pois advém do cumprimento de uma ordem judicial. Mesmo sendo um ato lícito, prejudica a posse do terceiro que não é parte no processo, legitimando-o à propositura dos embargos. Nestes, a apreensão do bem é efetuada por oficial de justiça, em cumprimento de mandado judicial, enquanto naquelas é feita por um particular[39].

Em segundo lugar, só quem tem ou teve posse pode ajuizar ação possessória. Nos embargos de terceiro, entretanto, tal requisito nem sempre se verifica. Nos casos do § 2º, III e IV, do art. 674 do Código de Processo Civil, pode opor os embargos quem nem está na posse da coisa, fazendo-o com base no seu título de aquisição ou por ser credor com garantia real.

Outra diferença se verifica no tocante ao cumprimento da liminar, facultando o parágrafo único do art. 678 do aludido diploma que o juiz condicione a ordem de manutenção ou de reintegração provisória à prestação de caução pelo requerente para receber de volta os bens, "ressalvada a impossibilidade da parte economicamente hipossuficiente".

Acrescenta o § 1º do retrotranscrito art. 674 que "os embargos podem ser de terceiro proprietário, inclusive fiduciário, ou possuidor". Proprietário porque podem ser opostos pelo *dominus*, pelo proprietário, e possuidor porque podem ser empregados por quem seja apenas possuidor.

É intuitivo que podem ser opostos também por quem é apenas proprietário. Nesse sentido, decidiu o *Supremo Tribunal Federal*: "É razoável, quando menos, o entendimento de que o titular inquestionável do domínio, embora não tendo a posse, pode utilizar embargos de terceiro"[40].

Segundo Nelson Nery e Rosa Maria Nery, "A possibilidade de o terceiro proprietário fiduciário poder opor embargos de terceiro foi incluída no CPC sob a justificativa do uso cada vez maior da propriedade fiduciária para garantia ou administração de bens (RSCD, p. 419). Ainda que a propriedade fiduciária seja resolúvel e comporte restrições, também corre os mesmos

---

[39] João Batista Monteiro, *Ação de reintegração de posse*, p. 55.
[40] *RT*, 542/259.

riscos de expropriação indevida aos quais está submetida a propriedade regular (RSCD, p. 148)"[41].

Podem os aludidos embargos, como já dito, ser opostos com *caráter preventivo*, em face de lesão ainda não ocorrida, mas iminente. Não é preciso que a apreensão já tenha sido executada. Basta a simples determinação judicial, a possibilidade futura e iminente da apreensão[42]. Nessa linha decidiu o *Superior Tribunal de Justiça*: "Basta a simples ameaça de turbação ou esbulho para que sejam cabíveis os embargos de terceiro"[43].

Todavia, o temor do embargante não pode ser meramente hipotético. Se na ação ajuizada contra outrem não foi deferida liminar nem proferida sentença, de que possa, objetivamente, decorrer fundado receio quanto a ter a sua posse molestada, não está o terceiro autorizado a opor os aludidos embargos[44].

Não tem o terceiro legitimidade ou interesse processual para discutir nos embargos matéria própria da execução e de interesse único da executada, pois o seu âmbito é delimitado no art. 674 do estatuto processual civil de 2015. Visam eles tão somente a que não se discuta direito próprio em um processo em que não figurou como parte. É mera faculdade processual que a lei confere ao lesado. A sua não utilização não prejudica o direito material existente, que poderá vir a ser discutido em ação ordinária própria[45].

Desse modo, cabe ao embargante, nos embargos, "tão somente defender seu domínio e posse, não se lhe permitindo, de forma alguma, arguir nulidades por acaso existentes no processo principal, ou, ainda, prescrição da execução movida contra o executado"[46].

O *Superior Tribunal de Justiça*, ao confirmar acórdão do Tribunal de Justiça de São Paulo, reconheceu a legitimidade de terceiro para opor embargos contra a penhora de um imóvel objeto de sucessivas cessões de direitos hereditários, destacando que:

"Se o negócio não é nulo, mas tem apenas a sua eficácia suspensa, a cessão de direitos hereditários sobre bem singular viabiliza a transmissão da posse, que pode ser objeto de tutela específica na via dos embargos de terceiro. Admite-se a oposição

---

[41] *Comentários ao Código de Processo Civil – Novo CPC – Lei n. 13.105/2015*, p. 1488-1489, n. 15, § 1º.
[42] STF, *RF*, 119/106 e *RTJ*, 77/915; TJSP, *RT*, 593/120, 605/53.
[43] *RT*, 659/184. No mesmo sentido: *JTACSP*, 98/96, 104/19, 128/206.
[44] *RSTJ*, 112/209.
[45] STJ, AgI 88.561-AC-AgRg, 3ª T., rel. Min. Waldemar Zveiter, *DJU*, 17-6-1996, p. 21488; *RT*, 766/285, 624/116; *RTFR*, 111/89.
[46] Washington de Barros Monteiro, *Curso*, cit., v. 3, p. 51.

de embargos de terceiro fundados em alegação de posse advinda do compromisso de compra e venda de imóvel, mesmo que desprovido do registro, entendimento que também deve ser aplicado na hipótese em que a posse é defendida com base em instrumento público de cessão de direitos hereditários. Súmula n. 84/STJ"[47].

O egrégio tribunal, em outro julgamento, apesar de reconhecer a natureza de ação de conhecimento dos embargos de terceiro, rejeitou a cumulação de danos morais junto ao pedido de afastamento da constrição judicial sobre o bem: "revela-se inadmissível a cumulação de pedidos estranhos à sua natureza constitutivo-negativa, como, por exemplo, o pleito de condenação a indenização por danos morais"[48].

3.2. Pressupostos

São pressupostos da ação de embargos de terceiro: a) um ato de constrição ou ameaça de constrição; b) a condição de proprietário ou possuidor do bem; c) a qualidade de terceiro (CPC/2015, art. 674); d) a observância do prazo do art. 675.

A existência de um ato de *apreensão judicial* (constrição) ou ameaça de apreensão constitui o fator que os distingue das ações possessórias, destinadas a sanar os inconvenientes de ameaça, turbação ou esbulho, mas praticados por particulares.

Por outro lado, quem não for *proprietário* nem *possuidor* (§ 1º) não tem interesse processual. Neste caso, o juiz os rejeitará *in limine*. Por outro lado, se os embargos de terceiro fundam-se na posse do imóvel, não pode o juiz rejeitá-los *in limine*, sob o fundamento de que não veio a inicial acompanhada da prova do domínio[49].

Pode manifestar os aludidos embargos, com efeito, o possuidor, qualquer que seja o direito em virtude do qual tenha a posse do bem penhorado, seja direito real, seja direito obrigacional[50].

A qualidade de terceiro é estabelecida por exclusão: quem não é parte no feito, ainda que possa vir a ser. É terceiro quem não é parte na relação jurídica processual, quer porque nunca o foi, quer porque dela tenha sido excluído. Aquele que poderia ter sido parte, mas não o foi (como o litisconsorte facultativo e o assistente litisconsorcial), por ser terceiro tem legitimidade para opor esses embargos[51].

É também terceiro quem deles participa em qualidade diferente, defendendo um bem que não pode ser atingido pela constrição judicial, porque não foi objeto da ação.

---

[47] REsp 1.809.548-SP, 3ª T., rel. Min. Ricardo Villas Bôas Cueva, *DJe* 27-5-2020.
[48] REsp 1.703.707-RS, 3ª T, rel. Min. Marco Aurélio Bellizze, *DJe* 28-5-2021.
[49] *RF*, 321/267.
[50] *RSTJ*, 37/384; STJ, *RT*, 691/187.
[51] *RJTJSP*, 99/349; *RF*, 292/378.

Não é terceiro, porém, aquele que, embora parte ilegítima, é citado para a ação. Neste caso, é parte e deve alegar, em contestação (CPC/2015, art. 337, XI), em impugnação (art. 525, § 1º, II) ou em embargos do devedor (art. 917, VI), essa legitimidade.

Quem adquire coisa litigiosa não é terceiro e não pode opor os embargos[52], assim como quem sucede na posse após a citação (CPC/2015, art. 109, § 3º); estão sujeitos ao julgado, e contra este não têm embargos de terceiro a opor, ainda que não registrada a ação no Registro de Imóveis[53].

Contrariando a *Súmula 621 do Supremo Tribunal Federal*, prescreve a de *n. 84 do Superior Tribunal de Justiça*: "É admissível a oposição de embargos de terceiro fundados em alegação de posse advinda do compromisso de compra e venda de imóvel, ainda que desprovido de registro". Esta prevalece sobre aquela, que restou superada, uma vez que compete ao *Superior Tribunal de Justiça*, pelo texto constitucional vigente (CF, art. 105, III, *a*), dizer a última palavra sobre lei federal no País[54].

O *Tribunal Superior do Trabalho* teve a oportunidade de aplicar a aludida Súmula 84 do *Superior Tribunal de Justiça* no julgamento de ação rescisória ajuizada sob a égide do CPC/2015, *verbis*; "Hipótese de rescindibilidade insculpida no art. 966, V, do CPC/2015. Penhora efetivada sobre bem imóvel adquirido pelo terceiro embargante, mediante contrato de compra e venda, anteriormente ao ajuizamento da reclamação trabalhista, ainda que sem registro. Violação do art. 674, § 1º, do CPC/2015. Embargos de terceiro. Cabimento. Corte rescisório devido"[55].

Segundo levantamento jurisprudencial efetuado por Theotonio Negrão, também cabem embargos de terceiro: "a) ao cessionário de promessa de venda, imitido na posse (STJ, REsp 5.434-SP, 3ª T., rel. Min. Eduardo Ribeiro, *DJU*, 6-5-1991, p. 5.664), ainda que por documento particular devidamente registrado no cartório competente (STJ, REsp 36.250-SP, 2ª T., rel. Min. Peçanha Martins, *DJU*, 11-3-1996, p. 6.601), ou mesmo por contrato não registrado (*RT*, 751/302); b) ao cessionário, por escritura pública, de direitos hereditários (*RT*, 725/253); c) à mulher separada judicialmente, para defesa de bens que lhe couberam em partilha regularmente homologada, embora não registrado o formal (*RSTJ*, 65/486; STJ, REsp 26.742-SP, 3ª T., rel. Min. Dias Trindade, *DJU*, 26-10-1992, p. 19.050; *RT*, 669/108; d) ao donatário, embora não levada a registro a doação (STJ, REsp 11.173-0-SP, 4ª T., rel. Min. Sálvio de Figueiredo, *DJU*, 7-12-1992, p. 23.315), ou se a doação se aperfeiçoou 'antes da citação do

---

[52] STJ, REsp 79.878-SP, 3ª T., rel. Min. Menezes Direito, *DJU*, 8-9-1997, p. 42490; *RT*, 759/353.
[53] STF, RE 97/695-GO, 1ª T., rel. Min. Rafael Mayer, *DJU*, 13-3-1983, p. 2890; STJ, REsp 9.365-SP, rel. Min. Waldemar Zveiter, *DJU*, 1º-7-1991, p. 9193.
[54] V. jurisprudência sobre a Súmula 84 do STJ em: *RSTJ*, 10/314, 49/299, 112/135; STJ, *RT*, 675/242, 739/234, 817/254; 1º TACSP, *RT*, 804/239, 808/265.
[55] TST-RO, Proc. n. 542-78.2017.5.08.000, rel. Min. Alexandre Belmonte, disponível em: *Revista Consultor Jurídico*, de 24-5-2019.

executado-doador' (STJ, REsp 13.352-SP, 4ª T., rel. Min. Sálvio de Figueiredo, *DJU*, 1º-3-1993, p. 2.517); e) ao herdeiro que ainda não registrou seu formal de partilha devidamente homologada (STJ, REsp 26.571-3-SP, 3ª T., rel. Min. Eduardo Ribeiro, *DJU*, 16-11-1992, p. 21.140; f) à empresa possuidora de bem imóvel, 'através de incorporação, com base em averbação não transcrita no registro de imóveis' (*RSTJ*, 104/259); g) ao possuidor que tem domínio resultante de sentença transitada em julgado, ainda que só levada a registro após a penhora (*RSTJ*, 88/148); h) ao herdeiro do possuidor, ainda que não tenha a posse material da coisa (*JTJ*, Lex, 153/40)"[56].

O *Superior Tribunal de Justiça* entende que "tem-se que a ordem judicial de despejo não se enquadra, de qualquer forma, em ato de apreensão judicial, a fim de autorizar a oposição dos embargos de terceiro"[57].

3.3. Parte equiparada a terceiro

Dispõe o § 2º do art. 674 do Código de Processo Civil:

"Considera-se terceiro, para ajuizamento dos embargos:

I – o cônjuge ou companheiro, quando defende a posse de bens próprios ou de sua meação, ressalvado o disposto no art. 843;

II – o adquirente de bens cuja constrição decorreu de decisão que declara a ineficácia da alienação realizada em fraude à execução;

III – quem sofre constrição judicial de seus bens por força de desconsideração da personalidade jurídica, de cujo incidente não fez parte;

IV – o credor com garantia real para obstar expropriação judicial do objeto de direito real de garantia, caso não tenha sido intimado, nos termos legais, dos atos expropriatórios respectivos".

A mesma pessoa, física ou jurídica, pode ser parte e terceiro no mesmo processo, se são diferentes os títulos jurídicos que justificam esse duplo papel. A palavra "terceiro" significa não só a pessoa que não tenha participado do feito, como também a que dele participa, mas que, nos embargos, é titular de um direito diferente.

Assim, o executado, que teve penhorado um bem doado com cláusula de impenhorabilidade, pode opor embargos de terceiro somente para alegar essa circunstância. *O condômino, mesmo sendo parte na ação de divisão, pode embargar, como terceiro, se a linha do perímetro invadir o prédio contíguo, que é de sua propriedade.*

Também a pessoa que foi parte na possessória poderá valer-se desses embargos quando a execução atingir um bem que, malgrado lhe pertença, não foi

---

[56] *Código de Processo Civil e legislação processual em vigor*, nota 12 ao art. 1.046.
[57] REsp 1.714.870-SP, 3ª T., rel. Min. Nancy Andrighi, *DJe* 3-12-2020.

objeto da ação. Embora se trate da mesma pessoa, está agindo com outros títulos, ingressando em juízo em outra qualidade e litigando sobre outros bens[58].

3.4. Legitimidade ativa e passiva. A legitimidade ativa do cônjuge

A legitimidade ativa *ad causam* é de quem pretende ter direito sobre o bem que sofreu a constrição ou ameaça de constrição. A passiva é do exequente, ou do promovente do processo em que ocorreu o ato de apreensão judicial. Figurará como réu aquele que deu causa à apreensão judicial, mediante pedido ao Poder Judiciário, ainda que não haja, de sua parte, indicação direta do bem, e a penhora tenha resultado de atuação *ex officio* do oficial de justiça.

Se quem indicou o bem à penhora foi o credor exequente, apenas ele deve figurar no polo passivo dos embargos de terceiro. Todavia, se foi o executado, este também deve ser citado como litisconsorte necessário[59]. No primeiro caso, o devedor executado pode intervir como assistente do embargado[60].

O assistente simples tem legitimidade para opor embargos de terceiro, uma vez que não é parte no processo, mas simples interveniente (CPC/2015, art. 119). O assistente litisconsorcial, todavia, é considerado litisconsorte da parte principal (art. 124). A lide discutida na ação é, também, do assistente litisconsorcial, de sorte que é considerado parte na relação jurídica processual, pois será atingido diretamente pela coisa julgada material. Assim, não pode opor embargos de terceiro, já que deles não necessita para defender o seu direito[61].

Já se decidiu que, havendo herança jacente, aquele que passou a exercer, depois da morte do proprietário, posse *ad usucapionem*, pode opor embargos de terceiro para obstar a arrecadação de bens pelo Estado[62].

Em execução movida contra sociedade por cotas, o sócio-gerente, citado em nome próprio, não tem legitimidade para opor embargos de terceiro, visando livrar

---

[58] "O vencido ou o obrigado na ação pode manifestar embargos de terceiro quanto aos bens que, pelo título ou qualidade em que os possuir, não devam ser atingidos pela diligência judicial constritiva" (*JTACSP*, 90/260). "O vencido na ação principal pode embargar como terceiro, se a execução se faz sobre bem que não foi objeto da ação" (*RTJ*, 81/608; *JTACSP*, 47/74).
[59] *RTFR*, 146/111, 150/105.
[60] *JTACSP*, 145/142; *RJTAMG*, 24/306.
[61] Nelson Nery Junior, *Código de Processo Civil comentado*, nota 6 ao art. 1.046.
"Embargos de terceiro. Ilegitimidade *ad causam*. Caracterização. Oposição por herdeiro que teve todos os bens do *de cujus* adjudicados em seu favor. Inadmissibilidade. Herdeiro que, na execução contra o espólio, é litisconsorte necessário e não terceiro" (*RT*, 810/295).
[62] STJ, REsp 73/458-SP, 4ª T., rel. Min. Ruy Rosado de Aguiar, *DJU*, 20-5-1996, p. 16715.

da constrição judicial seus bens particulares[63]. Admite-se, todavia, que o sócio não gerente, citado na execução como litisconsorte passivo da sociedade limitada, ofereça embargos de terceiro, para desconstituir penhora incidente sobre seus bens particulares[64].

Representando as cotas os direitos do cotista sobre o patrimônio da sociedade, a penhora que recai sobre elas pode ser atacada pela sociedade via embargos de terceiro. Assentou a jurisprudência do *Superior Tribunal de Justiça*, com efeito, que "a sociedade tem legitimidade ativa para opor embargos de terceiro com o objetivo de afastar a penhora incidente sobre as quotas do sócio"[65].

O Código de Processo Civil, como já visto, admite a oposição de embargos de terceiro por "quem sofre constrição judicial de seus bens por força de desconsideração da personalidade jurídica, de cujo incidente não fez parte" (art. 674, III), bem como pelo "adquirente de bens cuja constrição decorreu de decisão que declara a ineficácia da alienação realizada em fraude à execução" (art. 674, II).

Tem a jurisprudência admitido também tal oposição com base na Lei n. 8.009/90, por familiares do devedor, quando a penhora recai sobre o bem de família onde todos residem. Confira-se: "Embargos de terceiro. Oposição por menor púbere, filha e irmã das devedoras, contra penhora de imóvel onde todas residem. Legitimidade, ainda que preservada sua quota-parte, pois a proteção prevista na Lei 8.009/90 atinge a inteireza do bem, sob pena frustrar o seu escopo social"[66].

Sob esse argumento decidiu ainda o *Superior Tribunal de Justiça*: "A mulher possui legitimidade para manejar embargos de terceiro visando à desconstituição da penhora realizada sobre a metade pertencente ao marido, ao fundamento de tratar-se de bem de família, ainda que a meação tenha sido resguardada no ato de constrição"[67].

Não se tem admitido a oposição de embargos de terceiro em execução de despejo, pois a desocupação não caracteriza ato de apreensão ou constrição judicial[68].

---

[63] Súmula 184 do TFR. No mesmo sentido: STJ, REsp 76.393-SP, 2ª T., rel. Min. Franciulli Netto, *DJU*, 8-5-2000, p. 78.
[64] STJ, *RT*, 761/206.
[65] *RSTJ*, 62/250; REsp 285.735-MG, 3ª T., rel. Min. Menezes Direito, *DJU*, 1º-10-2001, p. 210.
[66] STJ, *RT*, 792/220.
[67] REsp 151.281-SP, 4ª T., rel. Min. Sálvio de Figueiredo, *DJU*, 1º-3-1999, p. 326.
V. ainda: "Têm legitimidade a mulher e os filhos para, em embargos de terceiro, defender bem de família sobre o qual recaiu medida constritiva, mesmo que ela figure juntamente com o marido como executada; vedada tão só a discussão do débito" (STJ, REsp 64.021-SP, 5ª T., rel. Min. José Arnaldo, *DJU*, 11-11-1996, p. 43739).
[68] STJ, *RT*, 756/193.
"Embargos de terceiro. Desapropriação. Oposição por locatário de imóvel desapropriado,

A mulher casada pode defender a sua meação por meio de embargos de terceiro, com base no § 2º, I, do art. 674 do Código de Processo Civil, mesmo intimada da penhora e não tendo ingressado, no prazo legal, com os embargos de devedor. Dispõe a propósito a *Súmula 134 do Superior Tribunal de Justiça*: "Embora intimado da penhora em imóvel do casal, o cônjuge do executado pode opor embargos de terceiro para defesa de sua meação"[69].

Nesse caso, o cônjuge tem "dupla legitimidade: para ajuizar embargos à execução, visando a discutir a dívida, e embargos de terceiro, objetivando evitar que sua meação responda pelo débito exequendo"[70].

Se a penhora recaiu sobre bem de sua meação, próprio, reservado (desde que adquirido antes da atual Constituição Federal) ou dotal (adquirido na vigência do CC/1916), poderá a mulher casada apresentar embargos de terceiro, no prazo do art. 675 do atual Código de Processo Civil, de 2015[71], sendo irrelevante que haja sido intimada da penhora[72]. Nos embargos, poderá pleitear que os bens sejam excluídos da penhora, mas não discutir o débito, porque isso é matéria a ser deduzida em embargos do devedor[73].

Desse modo, conforme o caso, a mulher poderá intervir no processo, ao mesmo tempo, como parte e como terceiro, com base em títulos diversos. Assim, "se a mulher quiser opor-se à dívida contraída pelo marido, a intimação da penhora lhe possibilitará o exercício dessa pretensão nos próprios autos da lide; se, no entanto, pretender afastar a incidência da penhora sobre sua meação, é na posição de terceiro, estranha à 'res in iudicio deducta', que deverá agir, tal como qualquer outro terceiro"[74].

Pelo *Estatuto da Mulher Casada* (Lei n. 4.121/62, art. 3º, reforçado pela norma do art. 226, § 5º, da CF), a meação da mulher não responde pelos títulos de dívida de qualquer natureza firmados apenas pelo marido, salvo se resultou em benefício da família.

Em regra, presume-se que os negócios feitos pelo cônjuge sejam em benefício da família[75], daí por que compete à mulher elidir tal presunção. Consolidou-

---

postulando sua manutenção na posse, bem como a reparação de perdas e danos. Inadmissibilidade. Arguição não prevista pelo art. 20 do Dec.-lei 3.365/41" (*RT*, 797/409).
[69] V. jurisprudência sobre essa Súmula em: *RSTJ*, 80/51 a 74; STJ, *RT*, 693/256, 712/292.
[70] *RSTJ*, 46/242; *RT*, 694/197, 726/361.
[71] *RTJ*, 93/878; STF, *RT*, 514/268.
[72] *RJTJSP*, 98/350.
[73] *RTJ*, 101/800.
[74] *RTJ*, 100/491. No mesmo sentido: *RTJ*, 105/274; STJ, REsp 252.854-RJ, 4ª T., rel. Min. Sálvio de Figueiredo, *DJU*, 11-9-2000, p. 258 (jurisprudência extraída de Theotonio Negrão, Código de Processo Civil, cit., nota 16a. ao art. 1.046).
[75] STF, *RT*, 500/247.

-se, com efeito, a jurisprudência do *Superior Tribunal de Justiça* no sentido de que a meação da mulher responde pelas dívidas do marido, salvo se ela provar não terem sido assumidas em benefício da família[76].

A aludida presunção deixará de existir, entretanto, quando a dívida do marido provier de aval. Como este geralmente é prestado de favor, inverte-se o ônus da prova: ao credor é que cabe demonstrar que com ele foi beneficiada a família do avalista[77], a menos que a garantia cambial tenha sido concedida a sociedade da qual era sócio, pois neste caso será da mulher, que pretende livrar da penhora a sua meação, o ônus da prova contrária[78].

Assim, "cabe à mulher casada, em sede de embargos de terceiro em que se objetiva livrar meação sobre imóvel penhorado, o ônus da prova da não repercussão econômica, para a família, de aval do marido em título de crédito, formalizado em favor de empresa de que este é sócio"[79].

A meação da mulher deve ser considerada em cada bem do casal e não na totalidade do patrimônio, segundo orientação traçada pelo *Superior Tribunal de Justiça*[80]. O aludido Pretório também proclamou ser mais adequada a orientação segundo a qual "o bem, se for indivisível, será levado por inteiro à hasta pública, cabendo à esposa metade do preço alcançado[81].

Nessa linha, dispõe o art. 843 do atual *Código de Processo Civil*: "Tratando-se de penhora de bem indivisível, o equivalente à quota-parte do coproprietário ou do cônjuge alheio à execução recairá sobre o produto da alienação do bem".

A Corte Especial do citado Tribunal, visando dirimir divergência instaurada sobre o assunto, assentou, ainda na vigência do Código de Processo Civil de 1973: "Os bens indivisíveis, de propriedade comum decorrente do regime de comunhão no casamento, na execução podem ser levados à hasta pública por inteiro, reservando-se à esposa a metade do preço alcançado. Tem-se entendido na Corte que

---

[76] *RSTJ*, 59/354; REsp 216/659-RJ, 3ª T., rel. Min. Ari Pargendler, *DJU*, 23-4-2001, p. 160; REsp 335.031-SP, 4ª T., rel. Min. Sálvio de Figueiredo, *DJU*, 4-2-2002, p. 398.
[77] *RSTJ*, 10/433; STJ, *RT*, 673/182.
[78] *RT*, 740/317, 817/416; *RSTJ*, 67/475; STJ, *RT* 667/189; STJ, REsp 299.211-MG, 4ª T., rel. Min. Ruy Rosado de Aguiar, *DJU*, 13-8-2001, p. 166.
[79] STJ, REsp 46.153-SP-AgRg, 4ª T., rel. Min. Aldir Passarinho Jr., *DJU*, 18-9-2000, p. 130. "Penhora. Oposição por mulher casada. Admissibilidade. Aval prestado pelo marido em garantia de débito da sociedade da qual faz parte. Demonstração da situação caótica na empresa conhecida do credor. Indução de que o ingresso do numerário se deu exclusivamente para suprir deficiência da pessoa jurídica, sem qualquer reflexo na esfera familiar" (*RT*, 807/272).
[80] *RSTJ*, 8/385.
[81] REsp 16.950-0-MG, 4ª T., rel. Min. Barros Monteiro, j. 3-3-1993.

a exclusão da meação deve ser considerada em cada bem do casal e não na indiscriminada totalidade do patrimônio"[82].

Também a companheira está legitimada a opor embargos de terceiro, para a defesa de sua meação em bem comum, como consta expressamente do § 2º, I, do art. 674 do diploma processual ora em vigor. Decidiu, a propósito, o *Superior Tribunal de Justiça*, ainda na vigência do Código de Processo Civil de 1973: "Reconhecida a união estável por sentença transitada em julgado, é a companheira parte legítima para oferecer embargos de terceiro com o objetivo de excluir a sua meação da penhora incidente sobre imóvel adquirido em conjunto com o companheiro"[83].

Configurada a união estável, a companheira é parte legítima para, mediante embargos de terceiro ou mesmo de embargos à penhora, invocar os benefícios da Lei n. 8.009/90, cuja disciplina se aplica por inteiro. "Assim, guarnecendo os bens móveis residência na qual morou o casal, que vivia em união estável, estão eles, em princípio, afastados da penhora"[84].

3.5. Caso especial: embargos do credor com garantia real

Dispõe o art. 674, § 2º, IV, do atual Código de Processo Civil:

"§ 2º Considera-se terceiro, para ajuizamento dos embargos:

(...)

IV – o credor com garantia real para obstar expropriação judicial do objeto de direito real de garantia, caso não tenha sido intimado, nos termos legais, dos atos expropriatórios respectivos".

O dispositivo retrotranscrito só faculta embargos de terceiro ao credor hipotecário quando não tenha sido intimado da execução[85]. Tendo direito de preferência sobre o bem dado em hipoteca, deve ser intimado da praça, para que possa exercer a referida preferência (CPC/2015, art. 889) sobre o produto da arrematação. Estando garantido, não tem legitimidade nem interesse na oposição de embargos de terceiro.

Quando legitimado a opor os aludidos embargos, por não ter sido intimado da execução, não pode o credor hipotecário deduzir seus direitos mediante simples petição, no processo em que se penhorou o imóvel hipotecado: há de fazê-lo mediante embargos de terceiro[86].

---

[82] REsp 200.251-SP, rel. Min. Sálvio de Figueiredo, *DJU*, 29-4-2002.
[83] STJ, *RJ*, 279/95.
[84] *RT*, 726/286; *JTJ*, Lex, 164/136; STJ, REsp 103.011-RJ, 3ª T., rel. Min. Menezes Direito, *DJU*, 16-6-1997, p. 27365.
[85] *RTJ*, 104/870; *RT*, 623/180; STF, *RT*, 541/268.
[86] *Bol. AASP*, 1.510/280.

Além das hipóteses enumeradas no citado art. 674 do Código de Processo Civil em vigor, "há, ainda, a possibilidade de o terceiro adquirente de boa-fé opor embargos ao sequestro determinado em inquérito policial ou em ação penal, sob fundamento de que o bem teria sido adquirido com produto de crime (CPP, art. 130, II). Os embargos devem ser ajuizados perante o juízo criminal, cumprindo ao embargante alegar e demonstrar ter sido onerosa a aquisição, bem como sua condição de terceiro de boa-fé"[87].

Contra os embargos do credor com garantia real, o embargado só pode alegar, em contestação, além das matérias preliminares processuais, que: a) "o devedor comum é insolvente", e, destarte, deve ser instaurado o processo de insolvência, em que os créditos devem ser habilitados, com a suspensão de todas as execuções, inclusive a do embargado; b) "o título é nulo ou não obriga a terceiro"; c) "outra é a coisa dada em garantia" (CPC/2015, art. 680).

Os embargos do credor com garantia real, quando fundados na falta da intimação da praça, têm o efeito apenas de obstar a sua realização, já designada. Efetivada, entretanto, a intimação, o credor hipotecário não poderá impedir que se faça a arrematação, salvo se tiver alegado nos embargos e comprovado que o devedor possui outros bens sobre os quais poderá incidir a penhora[88].

O bem hipotecado não é impenhorável, mas ao credor hipotecário está assegurado o direito de impedir a alienação judicial, por meio de embargos de terceiro, desde que demonstrada a solvência do devedor[89]. Se aquele comprova a existência de outros bens do devedor sobre os quais poderá incidir a penhora, acolhem-se os embargos por ele oferecidos, mesmo que tenha sido regularmente intimado da praça[90]. Se foi notificado dos termos da execução e deixou o processo correr, sem manifestar o seu interesse, opera-se a extinção da hipoteca[91].

3.6. Fraude contra credores e fraude à execução

Durante longo tempo perdurou, no direito brasileiro, o entendimento de que o reconhecimento da fraude contra credores só podia ser feito na ação pauliana, especialmente porque o art. 109 do Código Civil de 1916 exigia a participação não só do devedor alienante como também do adquirente e de eventuais terceiros a quem a coisa, fraudulentamente, tinha sido transferida. O devedor não

---

[87] Nelson Nery Junior, *Código de Processo Civil*, cit., nota 1 ao art. 1.047.
[88] *RTJ*, 110/912; STF, *RT*, 593/277; *RJTJSP*, 93/114.
[89] *RT*, 589/115.
[90] *RT*, 597/95.
[91] *RTJ*, 97/817.

participa dos embargos de terceiro, mas só o credor exequente, como embargado, e o adquirente, como embargante.

Entretanto, o *Supremo Tribunal Federal* acabou admitindo o reconhecimento de fraude contra credores em embargos de terceiro, quando notória a insolvência do devedor[92]. Em outras decisões, exigiu a aludida Corte que todos os interessados tenham sido convocados ao processo.

Sempre nos pareceu, entretanto, ser possível tal apreciação em embargos de terceiro, mesmo sem a participação do devedor alienante, relembrando que, segundo a moderna doutrina, o reconhecimento da alienação em fraude contra os credores não anula propriamente o ato fraudulento, mas apenas o considera ineficaz, "de sorte que os bens ou os valores transferidos pelo devedor, em prejuízo dos credores, não retornam ao seu patrimônio, mas permanecem no patrimônio do adquirente ou do novo titular dos respectivos direitos"[93].

Considerando-se a ação pauliana como ação declaratória de ineficácia e não de anulabilidade, não se há de exigir que o devedor alienante e o adquirente nela figurem como litisconsortes necessários.

Não se tem, atualmente, admitido a alegação de fraude contra credores em embargos de terceiro, mesmo tendo sido aprovada, por maioria, no *VI ENTA (Encontro Nacional de Tribunais de Alçada)*, a tese de que "*a fraude contra credores pode ser apreciada em embargos de terceiro*". O *Superior Tribunal de Justiça* vem decidindo, com efeito, que "o meio processual adequado para se obter a anulação de ato jurídico por fraude a credores não é a resposta a embargos de terceiro, mas a ação pauliana"[94].

Esse entendimento foi sedimentado com a edição, pela aludida Corte, da *Súmula 195*, do seguinte teor: "*Em embargos de terceiro não se anula ato jurídico por fraude contra credores*".

Num dos precedentes que deram origem à mencionada Súmula, proclamou o *Superior Tribunal de Justiça*: "Consoante a doutrina tradicional, fundada na letra do Código Civil, a hipótese é de anulabilidade, sendo inviável concluir pela invalidade em embargos de terceiro, de objeto limitado, destinando-se apenas a afastar a constrição judicial sobre bem de terceiro. De qualquer sorte, admitindo-se a hipótese como de ineficácia, essa, ao contrário do que sucede com a fraude de execução, não é originária, demandando ação constitutiva que lhe retire a eficácia"[95].

---

[92] *RTJ*, 100/716, 117/164.
[93] Alvino Lima, *A fraude no direito civil*, p. 185.
[94] REsp 27.903-7-RJ.
[95] REsp 13.322-0-RJ. No mesmo sentido: *RSTJ*, 101/341, 53/143, 40/422; STJ, *RT*, 698/227, 796/369.
Os precedentes que deram origem à mencionada Súmula 195 do STJ são os seguintes: REsp 20.166-8-RJ, 27.903-7-RJ, 13/322-0-RJ, EDiv no REsp 46.192-2-SP e no REsp 24.311.

O atual Código Civil manteve o sistema do diploma de 1916, segundo o qual a fraude contra credores acarreta a anulabilidade do negócio jurídico. Não adotou, assim, a tese da ineficácia relativa acima exposta, defendida por grande parte da doutrina.

A fraude à execução, diferentemente, acarreta a declaração de ineficácia da alienação fraudulenta, em face do credor exequente. Assim, se o devedor-alienante, que se encontra em estado de insolvência, conseguir, em razão de algum fato eventual (ganho na loteria, p. ex.), pagar a dívida, mantém-se válida a alienação.

A fraude de execução independe de revocatória, podendo ser reconhecida incidentalmente, mediante simples petição, nos próprios autos, sendo objeto de decisão interlocutória.

3.7. Procedimento

Proclama o art. 675 do Código de Processo Civil:

"Os embargos podem ser opostos a qualquer tempo no processo de conhecimento enquanto não transitada em julgado a sentença e, no cumprimento de sentença ou no processo de execução, até cinco dias depois da adjudicação, da alienação por iniciativa particular ou da arrematação, mas sempre antes da assinatura da respectiva carta".

Quando o ato de apreensão emana de processo de conhecimento, os embargos podem, portanto, ser opostos *a qualquer tempo*, ainda que o processo esteja no tribunal, para apreciação do recurso.

No processo de execução, como consta do dispositivo supratranscrito, podem ser opostos *até cinco dias* depois da praça em que houve adjudicação, alienação por iniciativa particular ou arrematação, mas sempre antes da assinatura da respectiva carta. Se esta for assinada antes, o prazo de cinco dias ficará reduzido. Mas a demora na assinatura não dilata o prazo para a apresentação dos embargos[96].

Se o referido prazo for perdido, não mais haverá oportunidade para a propositura de embargos de terceiro, mas ainda restará a possibilidade de se postular a anulação do ato judicial. Com efeito, a ação anulatória é a adequada, depois de passadas as oportunidades para a oposição de embargos de terceiro ou à arrematação[97].

Se, no entanto, são eles opostos contra imissão na posse subsequente à arrematação, o prazo de cinco dias não se conta desta, mas da ordem judicial ou da consumação da imissão, porque o embargante não se insurge contra a arrematação, que não o prejudica, e sim contra a imissão na posse[98].

---

[96] *JTACSP*, 75/26 e 105, 31/324; *RT*, 730/249.
[97] *RT*, 609/24.
[98] *RT*, 488/123, 560/131.

O prazo de resposta do réu passa a ser de 15 (quinze) dias, "findo o qual se seguirá o procedimento comum" (CPC/2015, art. 679).

Inovando, o parágrafo único do art. 675 do atual Código de Processo Civil prevê importante medida de celeridade e economia processual, dispondo que, "caso identifique a existência de terceiro titular de interesse em embargar o ato, o juiz mandará intimá-lo pessoalmente".

Os embargos de terceiro serão distribuídos por dependência e correrão em autos distintos perante o mesmo juiz que ordenou a apreensão (CPC/2015, art. 676).

No caso de apreensão por carta precatória, competente para julgar os embargos de terceiro é o juízo deprecante, se o bem apreendido foi por ele indicado[99]. Se, no entanto, este não indica expressamente qual o bem a ser penhorado, a competência é do juízo deprecado, como dispõe o parágrafo único do art. 676 do diploma processual[100].

O *valor da causa*, em embargos de terceiro, deve corresponder ao benefício patrimonial pretendido, isto é, ao dos bens penhorados[101].

A *petição inicial* da ação de embargos de terceiro deve atender aos requisitos do art. 319 do estatuto processual em vigor. O embargante deve fazer prova sumária de sua posse e da qualidade de terceiro, oferecendo documentos e rol de testemunhas (CPC/2015, art. 677).

O juiz poderá, *liminarmente* ou depois de *justificada* suficientemente a posse em audiência preliminar, ordenar a expedição de mandado de manutenção ou de restituição em favor do embargante, que só receberá os bens depois de prestar caução de os devolver com seus rendimentos, caso sejam a final declarados improcedentes, se assim entender o magistrado (CPC/2015, art. 678). Não poderá este, entretanto, exigir a prestação de caução se a parte for economicamente hipossuficiente (parágrafo único).

Essa caução tem sido dispensada quando a sua prestação torne inviável a manutenção dos bens nas mãos do possuidor, não havendo outras razões que justifiquem o perigo de deterioração.

Para o deferimento liminar dos embargos de terceiro não há necessidade de prova plena da posse, devendo o juiz contentar-se com a mera plausibilidade[102].

O art. 1.052 do Código de Processo Civil de 1973 dispunha que, se os embargos versassem sobre todos os bens, o juiz determinaria a suspensão do curso

---

"Prazo. Terceiro embargante que não possuía ciência do processo de execução em que se operou a arrematação do bem. Lapso para propositura dos embargos que tem início na data de cumprimento do mandado de imissão na posse. Interpretação do art. 1.048, parte final, do CPC" (STJ, *RT*, 801/160).

[99] STJ, *RT*, 653/213.
[100] *RSTJ*, 5/98; Súmula 33 do extinto TFR.
[101] *RT*, 549/126, 578, 155; *JTACSP*, 95/110, 97/109.
[102] *JTJ*, Lex, 160/95.

do processo principal. Se versassem sobre alguns deles, prosseguiria o processo principal somente quanto aos não embargados.

O aludido dispositivo não foi reproduzido no atual Código de Processo Civil. Desse modo, visando evitar condutas protelatórias, os embargos de terceiro não têm mais o efeito de suspender todo o processo principal.

A citação será pessoal, se o embargado não tiver procurador constituído nos autos da ação principal (CPC/2015, art. 677, § 3º).

Os embargos podem ser *contestados* no prazo de quinze dias, findo o qual se seguirá o procedimento comum (CPC/2015, art. 679). O embargado pode alegar, para defender a manutenção da apreensão, toda a matéria relevante em direito, inclusive a alienação do bem em fraude à execução[103] – não, porém, em fraude aos credores (*v.* n. 3.6, *retro*) –, bem como apresentar exceção.

Se o embargado não oferece contestação, presumir-se-ão aceitos por ele, como verdadeiros, os fatos arguidos pelo embargante.

---

[103] *JTACSP*, 103/323; *RT*, 747/292.

Capítulo VIII
OS DEMAIS EFEITOS DA POSSE

> *Sumário*: 1. A percepção dos frutos. 1.1. Introdução. 1.2. Noção e espécies de frutos. 1.3. Regras da restituição (CC, arts. 1.214 a 1.216). 2. A responsabilidade pela perda ou deterioração da coisa. 3. A indenização das benfeitorias e o direito de retenção. 3.1. O possuidor e os melhoramentos que realizou na coisa. 3.2. Regras da indenização das benfeitorias (CC, arts. 1.219 a 1.222). 3.3. Direito de retenção: conceito, fundamento, natureza jurídica e modo de exercício.

1. A PERCEPÇÃO DOS FRUTOS

1.1. Introdução

Os frutos devem pertencer ao proprietário, como acessórios da coisa. Sendo dele a coisa principal, dele também terão que ser as coisas acessórias, segundo o princípio *accessorium sequitur suum principale* (CC, art. 92).

Essa regra, contudo, não prevalece quando o possuidor está possuindo de boa-fé, isto é, com a convicção de que é seu o bem possuído. Há nesses casos dois direitos que se afrontam, o do proprietário e o do possuidor, e o deste prevalecerá quando se estadear a boa-fé de quem possui. Punir-se-á de um lado a culpa ou inércia do proprietário que possibilitou a posse alheia, e dar-se-á ao possuidor o resultado do seu trabalho diante da persuasão de que era sua a coisa que explorava[1].

A condição fundamental, pois, para que o possuidor ganhe os frutos é sua *boa-fé*, ou seja, o pensamento de que é proprietário. Tal condição vem expressamente exigida pelo art. 1.214 do diploma civil.

---

[1] Octávio Moreira Guimarães, *Da posse e seus efeitos*, p. 55; Lafayette Rodrigues Pereira, *Direito das coisas*, t. I, p. 174; Orlando Gomes, *Direitos reais*, p. 79.

O Código Civil brasileiro requer a existência de um justo título para a aquisição dos frutos, porque deve ter direitos a eles a posse que se assemelha à propriedade, ou tem sua aparência. Todos os atos translativos, mesmo os nulos, ou putativos, dão direito aos frutos, desde que convençam o adquirente da legitimidade do seu direito. Só não tem direito aos frutos o possuidor que tem somente a posse, sem título que a valorize. Faz-se mister, assim, que exista um título real embora viciado, ou um título putativo, cuja ineficácia se ignore[2].

1.2. Noção e espécies de frutos

Os frutos são bens acessórios, pois dependem da coisa principal. Na grande classe das coisas acessórias compreendem-se duas espécies: *frutos e produtos* (CC, art. 95).

Produtos são as utilidades que se retiram da coisa, diminuindo-lhes a quantidade, porque não se reproduzem periodicamente, como as pedras e os metais, que se extraem das pedreiras e das minas. Distinguem-se dos frutos porque a colheita destes não diminui o valor nem a substância da fonte, e a daqueles sim.

Frutos são as utilidades que uma coisa periodicamente produz. Nascem e renascem da coisa (*fructus est quidquid nasci et renasci potest*), sem acarretar-lhe a destruição no todo ou em parte, como as frutas das árvores, o leite, os cereais, as crias dos animais etc.

Dividem-se os frutos, quanto à *origem*, em naturais, industriais e civis. *Naturais* são os que se desenvolvem e se renovam periodicamente, em virtude da força orgânica da própria natureza, como os cereais, as frutas das árvores, as crias dos animais etc. *Industriais* são os que aparecem pela mão do homem, isto é, os que surgem em razão da atuação do homem sobre a natureza, como a produção de uma fábrica. *Civis* são as rendas produzidas pela coisa, em virtude de sua utilização por outrem que não o proprietário, como os juros e os aluguéis.

Quanto ao seu *estado*, dividem-se os frutos em *pendentes*, enquanto unidos à coisa que os produziu; *percebidos*, ou *colhidos*, depois de separados; *estantes*, os separados e armazenados ou acondicionados para venda; *percipiendos*, os que deviam ser, mas não foram colhidos ou percebidos; e *consumidos*, os que não existem mais porque foram utilizados.

Tanto os frutos como os produtos de uma coisa pertencem ao proprietário. A posse de boa-fé derroga a regra unicamente em matéria de frutos e não de produtos, ou seja: a boa-fé só expropria o valor relativo aos frutos, ficando todo possuidor obrigado a indenizar ao proprietário os produtos que tenha obtido da

---

[2] Octávio Moreira Guimarães, *Da posse*, cit., p. 62.

coisa, se não puder restituí-los. Por motivo de equidade, a indenização deve corresponder ao proveito real que o possuidor obteve com a alienação dos produtos da coisa. A diferença no tratamento jurídico reside na circunstância de que os produtos diminuem o valor da coisa, enquanto os frutos deixam-na intacta[3].

1.3. Regras da restituição (CC, arts. 1.214 a 1.216)

Dispõe o art. 1.214 do Código Civil:
"O possuidor de boa-fé tem direito, enquanto ela durar, aos frutos percebidos".

A lei protege aquele que deu destinação econômica à terra, na persuasão de que lhe pertencia. Considera-se cessada a boa-fé com a citação para a causa. O possuidor de boa-fé, embora tenha direito aos *frutos percebidos*, não faz jus aos frutos *pendentes*, nem aos *colhidos antecipadamente*, que devem ser restituídos, deduzidas as despesas da produção e custeio. É o que expressamente dispõe o parágrafo único do art. 1.214 do mesmo diploma.

Caso não houvesse a dedução dessas despesas, o vencedor experimentaria um enriquecimento sem causa, algo inadmissível. Esse direito, porém, só é garantido ao possuidor de boa-fé até o momento em que estiver nessa condição. As despesas posteriores não é o reivindicante obrigado a ressarcir.

A razão por que o possuidor de boa-fé não tem direito aos frutos pendentes no momento em que cessa a boa-fé é que fazem parte integrante da coisa principal. Do mesmo modo, os frutos colhidos com antecipação não se consideram adquiridos pelo possuidor de boa-fé porque seriam pendentes no momento em que esta cessou. Admite-se, no entanto, segundo ORLANDO GOMES[4], que a colheita antecipada aproveite ao possuidor, se não houver intenção fraudulenta.

Observa ASTOLPHO REZENDE, a propósito, que os autores fazem a seguinte distinção: "No caso em que a separação dos frutos, ainda não maduros, ocorra por força maior, por efeito do vento, chuva, devastação, guerra etc., o possuidor de boa-fé os adquirirá irrevogavelmente, sem que seja forçado a indenizar o proprietário, qualquer que seja o lucro que tenha podido tirar"[5].

Estatui, por sua vez, o art. 1.215 do Código Civil:
"Os frutos naturais e industriais reputam-se colhidos e percebidos, logo que são separados; os civis reputam-se percebidos dia por dia".

Como foi dito, *frutos naturais* são os que vêm naturalmente, sem cultura, como as frutas das árvores, as crias dos animais. Reputam-se colhidos "*logo que*"

---

[3] Arturo Valencia Zea, *La posesión*, p. 369; Orlando Gomes, *Direitos reais*, cit., p. 82.
[4] *Direitos reais*, cit., p. 82.
[5] *Manual do Código Civil brasileiro*, v. VII, p. 259.

se separam da coisa: *statim ubi a solo separati sunt*. Tal locução adverbial significa que o possuidor faz seus os frutos desde o instante da separação, tenha-os consumido ou estejam ainda em celeiros ou armazéns.

Em consequência, "não está obrigado o possuidor a restituir os frutos separados, o preço dos consumidos ou estantes, porque somente se restitui a coisa alheia e não a nossa, sendo que sobre eles pode o possuidor já haver praticado operações para venda e já ter feito despesas, que não teria suportado se não fosse a negligência do proprietário em permitir que um estranho gozasse de boa-fé das suas coisas"[6].

A disciplina dos frutos *industriais*, que resultam da indústria humana, do trabalho do homem, como os produtos manufaturados, *verbi gratia*, é a mesma dos frutos naturais.

A percepção dos *frutos civis* ou rendimentos, como os juros e aluguéis, não se efetiva por ato material, mas por presunção da lei, que os considera percebidos dia a dia (*de die in diem*). Segundo a lição de ORLANDO GOMES, "também devem ser restituídos, se recebidos com antecipação. Mas, ao contrário do que se verifica com os frutos naturais e industriais, não é necessário que tenham sido efetivamente recebidos. O possuidor terá o direito de os receber até o dia em que cessar a boa-fé"[7].

Preleciona WASHINGTON DE BARROS MONTEIRO que "a regra concernente aos frutos naturais e industriais é universalmente aceita. Quanto aos civis, porém, dissentem as legislações, pois enquanto umas preferem consagrar o princípio da percepção efetiva, como no caso dos frutos naturais e industriais, outras, como o Código Civil brasileiro de 2002, os reputam percebidos dia a dia (*de die in diem*), à medida que vão sendo produzidos, à medida que se integram no patrimônio do possuidor"[8]. Tal orientação, aduz, "tem em seu favor a maioria das legislações contemporâneas".

O legislador procura desencorajar o surgimento de posses ilegítimas. Desse modo, o art. 1.216 do Código Civil prescreve:

"*O possuidor de má-fé responde por todos os frutos colhidos e percebidos, bem como pelos que, por culpa sua, deixou de perceber, desde o momento em que se constituiu de má-fé; tem direito às despesas da produção e custeio*".

Uma vez que o proprietário conserva o direito de ter como seus os frutos da coisa, ele é certamente prejudicado pelo ato ilícito do possuidor de má-fé, que sabe não ter nenhum direito à posse de coisa alheia. Fica o titular do domínio, em consequência, impedido de retirar da coisa os frutos que ela é capaz de produzir. Eis por que o possuidor de má-fé responde não só pelos frutos colhidos e percebidos, como ainda pelos que deixou de perceber, por culpa sua[9].

---

[6] Tito Fulgêncio, *Da posse e das ações possessórias*, v. 1, p. 167.
[7] *Direito reais*, cit., p. 82.
[8] *Curso de direito civil*, v. 3, p. 62.
[9] Astolpho Rezende, *Manual*, cit., p. 264.

A posse de má-fé não é totalmente desprovida de eficácia jurídica porque o possuidor nessa condição faz jus às despesas de produção e custeio, em atenção ao princípio geral de repúdio ao enriquecimento sem causa.

2. A RESPONSABILIDADE PELA PERDA OU DETERIORAÇÃO DA COISA

Preceitua o art. 1.217 do Código Civil:
"O possuidor de boa-fé não responde pela perda ou deterioração da coisa, a que não der causa".

A expressão "a que não der causa", contida na parte final, equivale a dizer que a responsabilidade do possuidor não se caracteriza, a menos que tenha agido com *dolo ou culpa*.

Não se encontrava essa restrição no projeto de CLÓVIS BEVILÁQUA que se transformou no Código Civil de 1916, porque o possuidor, que detém a coisa como sua, *animo domini*, não deve responder pelas deteriorações: *sui quasi suam neglexit nulli querellae subjectus est*, ou seja, ninguém comete culpa sobre suas próprias coisas[10].

A modificação, incluída pela Comissão Revisora e que destoava da orientação seguida pela maioria das legislações, tem sua fonte no direito português e foi mantida no transcrito art. 1.217 do Código de 2002.

Por outro lado, prescreve o art. 1.218 do aludido diploma:
"O possuidor de má-fé responde pela perda, ou deterioração da coisa, ainda que acidentais, salvo se provar que de igual modo se teriam dado, estando ela na posse do reivindicante".

A regra procede da ideia de que o possuidor, sabendo que a coisa não lhe pertencia ou que se devia considerar como administrador de coisa alheia, não podia ter *animus disponendi*, nem abandoná-la ou abusar dela. Quem culposamente causa dano a outrem deve a satisfação[11].

Há, no caso, uma presunção *juris tantum* de culpa do possuidor de má-fé, invertendo-se o ônus da prova. A ele compete o ônus de comprovar a exceção, isto é, que do mesmo modo se teriam dado as perdas, estando a coisa na posse do reivindicante. Não basta a prova da ausência de culpa nem da força maior.

Assim, se um tufão, por exemplo, "causou prejuízos numa localidade para onde o possuidor de má-fé levou a coisa possuída e não alcançou o lugar em que

---

[10] Arturo Valencia Zea, *La posesión*, cit., p. 370; Tito Fulgêncio, *Da posse e das ações possessórias*, cit., v. 1, p. 176; Manuel Rodrigues, *A posse*, p. 315.
[11] Tito Fulgêncio, *Da posse*, cit., v. 1, p. 178.

o reivindicante mantinha o objeto anteriormente, o possuidor será responsável, embora tenha conseguido provar que o prejuízo foi ocasionado por motivo de força maior. No caso, a força maior decorreu de culpa, e a única prova exoneradora seria aquela que convencesse da ocorrência do mesmo prejuízo se não tivesse havido interferência alguma do possuidor."[12]

Assinala WASHINGTON DE BARROS MONTEIRO que a expressão *reivindicante*, empregada no dispositivo ora comentado, "é ampla, abrangendo, destarte, o que pediu e alcançou em juízo a restituição da posse"[13].

3. A INDENIZAÇÃO DAS BENFEITORIAS E O DIREITO DE RETENÇÃO

3.1. O possuidor e os melhoramentos que realizou na coisa

No tocante ao estado da coisa entre o dia em que a adquiriu o possuidor e o dia em que é condenado a restituí-la, podem ocorrer três hipóteses: a) a coisa se encontra no mesmo estado. Nesse caso, não se apresenta nenhum problema; b) a coisa se deteriorou ou foi danificada ou destruída. Esta situação foi estudada no item anterior; c) a coisa foi melhorada pelo possuidor, em razão das despesas feitas para conservá-la ou porque nela se edificou ou se plantou.

Esta última hipótese se apresenta com frequência, pois é natural que o possuidor de determinado bem nele introduza melhoramentos. A indagação que se faz é se, neste caso, tem ele o direito de ser indenizado ou se a valorização da coisa pertence a quem a reivindicou, demonstrando a titularidade de um direito patrimonial.

Desde o direito romano classificam-se em três grupos as despesas ou os melhoramentos que podem ser realizados nas coisas: a) despesas ou benfeitorias necessárias (*impensae necesariae*); b) despesas ou benfeitorias úteis (*impensae utiles*); c) despesas ou benfeitorias de luxo (*impensae voluptuariae*).

O Código Civil brasileiro considera *necessárias* as benfeitorias que têm por fim conservar o bem ou evitar que ele se deteriore; *úteis* as que aumentam ou facilitam o uso do bem; e *voluptuárias* as de mero deleite ou recreio, que não aumentam o uso habitual do bem, ainda que o tornem mais agradável ou sejam de elevado valor (art. 96).

Sob duplo ponto de vista pode-se qualificar de *necessária* uma benfeitoria: a) quando se destina à *conservação* da coisa; b) quando visa a permitir sua *normal exploração*.

---

[12] Arnoldo Wald, *Direito das coisas*, p. 82.
[13] *Curso*, cit., v. 3, p. 66.

Quanto à letra *a*, o possuidor pode realizar despesas de *conservação* da coisa, seja para *impedir que pereça* ou se deteriore, seja para *conservá-la juridicamente*.

Impedem o perecimento despesas para dar suficiente solidez a uma residência, para cura das enfermidades dos animais etc. Destinam-se a *conservar a coisa juridicamente* as efetuadas para o cancelamento de uma hipoteca, liberação de qualquer outro ônus real, pagamento de foros e impostos, promoção de defesa judicial etc.

No tocante à letra *b*, são também melhoramentos ou benfeitorias necessárias as realizadas para permitir a *normal exploração* econômica da coisa, como, por exemplo, a adubação, o esgotamento de pântanos, as culturas de toda espécie, as máquinas e instalações etc.

Segundo o magistério de ARTURO VALENCIA ZEA, "em geral serão os usos sociais que em cada caso determinarão se uma benfeitoria é necessária para a conservação material da coisa, entendendo-se como tal não só o fato de que a despesa impediu a destruição da coisa, como também que impediu que se desvalorizasse ou se tornasse inapta para sua exploração. É este o entendimento unânime dos doutrinadores"[14].

O conceito de benfeitorias *úteis* é negativo: são as que não se enquadram na categoria de necessárias, mas aumentam objetivamente o valor do bem. São aquelas de que se poderia ter prescindido, mas que aumentaram o valor do imóvel.

Essa noção, pacífica na doutrina, é acolhida em alguns Códigos, como ocorre com o colombiano, cujo art. 966, segunda parte, reza: "Só se considerarão benfeitorias úteis as que aumentarem o valor venal da coisa". E, também, com o Código mexicano (art. 818): "São benfeitorias úteis aquelas que, sem ser necessárias, aumentam o preço ou produto da coisa".

Para o Código Civil brasileiro são *úteis* as benfeitorias que aumentam ou facilitam o uso do bem. Assim, por exemplo, o acrescentamento de um banheiro ou de uma garagem à casa.

Benfeitorias *voluptuárias* são as que só consistem em objetos de luxo e recreio, como jardins, mirantes, fontes, cascatas artificiais, bem como aquelas que não aumentam o valor venal da coisa, no mercado em geral, ou só o aumentam em proporção insignificante, como preceitua o § 2º do art. 967 do Código Civil colombiano.

O Código Civil brasileiro conceitua as benfeitorias *voluptuárias* como as de mero deleite ou recreio, que não aumentem o uso habitual do bem, ainda que o tornem mais agradável ou sejam de elevado valor.

Não se confundem *benfeitorias* e *acessões industriais*, malgrado a tendência cada vez mais generalizada de igualar os seus efeitos. As acessões estão previstas nos arts. 1.253 a 1.259 do Código Civil e constituem construções ou plantações.

---

[14] *La posesión*, cit., p. 374.

Benfeitorias são obras ou despesas efetuadas numa coisa para conservá-la, melhorá-la ou apenas embelezá-la. São melhoramentos efetuados em *coisa já existente*. As *acessões industriais*, por sua vez, são obras que criam *coisas novas*, como a edificação de uma casa. A pintura ou os reparos feitos em casa já existente constituem benfeitorias.

Nesse sentido a doutrina de Washington de Barros Monteiro: "Benfeitorias são obras ou despesas efetuadas na coisa para conservá-la, melhorá-la ou embelezá-la; acessões são obras que criam coisas novas, diferentes, e que vêm aderir à coisa anteriormente existente. Mercê dessa diferenciação, claramente estabelecida pela doutrina, plantações e construções, sendo coisas novas, que se agregam às já existentes, só podem ser catalogadas como acessões"[15].

Na mesma trilha a preleção de Orlando Gomes, ao diferenciar benfeitorias de acessões, fazendo ver que "aquelas têm cunho complementar", ao passo que "estas são coisas novas, como as plantações e construções"[16].

A jurisprudência segue, uniformemente, essa orientação[17]. Mas, como adverte Washington de Barros Monteiro, "força é reconhecer, empresta-se frequentemente cunho genérico à expressão *benfeitorias*, de molde a compreender não só as benfeitorias propriamente ditas como também as culturas e as obras edificadas"[18].

Apesar de acarretarem consequências diversas, a jurisprudência vem reconhecendo o direito de retenção ao possuidor também nos casos de acessões industriais, malgrado a legislação o tenha previsto somente para a hipótese de ter sido feita alguma benfeitoria necessária ou útil (CC, art. 1.219). Nesse sentido já se pronunciaram o *Supremo Tribunal Federal* e o *Superior Tribunal de Justiça*[19].

Destaca-se o posicionamento do *Superior Tribunal de Justiça* quanto à impossibilidade de reconhecimento do direito à indenização pelas benfeitorias quando há a revelia do réu:

"Nas ações possessórias e considerando a natureza dúplice dessas, não é possível afastar a ocorrência de julgamento *extra petita* (fora do pedido) da indenização por benfeitorias, em benefício do réu revel, ante a não apresentação de contestação ou da ausência de formulação de pedido indenizatório em momento posterior. O deferimento do pleito de indenização por benfeitorias pressupõe a necessidade de comprovação da existência delas e da discriminação

---

[15] *Curso*, cit., v. 1, p. 187.
[16] *Direitos reais*, cit., p. 86.
[17] RT, 369/154, 451/228; RJTJSP, 87/39.
[18] *Curso*, cit., v. 1, p. 187.
[19] *RTJ*, 60/179; *RSTJ*, 17/293.

de forma correta. A fase de liquidação de sentença não é momento processual adequado para o reconhecimento da existência de benfeitorias a serem indenizadas, tendo o objetivo – apenas – de especificar o *quantum debeatur* (apuração do valor da indenização)"[20].

3.2. Regras da indenização das benfeitorias (CC, arts. 1.219 a 1.222)

Dispõe o art. 1.219 do Código Civil:

"*O possuidor de boa-fé tem direito à indenização das benfeitorias necessárias e úteis, bem como, quanto às voluptuárias, se não lhe forem pagas, a levantá-las, quando o puder sem detrimento da coisa, e poderá exercer o direito de retenção pelo valor das benfeitorias necessárias e úteis*".

A indenização das benfeitorias ao possuidor é um dos principais efeitos da posse. Cumpre, no entanto, distinguir se, ao realizá-las na coisa, estava ele de boa-fé ou de má-fé. Se de boa-fé, tem direito à indenização das benfeitorias *necessárias* e *úteis*, podendo exercer, pelo valor delas, o direito de retenção, como proclama o dispositivo supratranscrito e reconhece a jurisprudência: "Direito de retenção por benfeitorias. Admissibilidade se possuidor de boa-fé. Hipótese, porém, em que deve restituir o valor correspondente aos frutos e rendimentos obtidos no período de ocupação de má-fé"[21].

Quanto às *voluptuárias*, poderá o possuidor de boa-fé levantá-las (*jus tollendi*), se não acarretar estrago à coisa e se o reivindicante não preferir ficar com elas, indenizando o seu valor. O objetivo é evitar o locupletamento sem causa do proprietário pelas benfeitorias então realizadas.

Somente diante do caso concreto poder-se-á, muitas vezes, distinguir a espécie de benfeitoria. Construir uma piscina, numa casa residencial, por exemplo, poderá ser uma benfeitoria voluptuária, mas num colégio apresentar-se-á como benfeitoria útil e num clube de natação poderá ser uma benfeitoria necessária.

Estatui, por sua vez, o art. 1.220 do aludido diploma:

"*Ao possuidor de má-fé serão ressarcidas somente as benfeitorias necessárias; não lhe assiste o direito de retenção pela importância destas, nem o de levantar as voluptuárias*".

A restrição é imposta ao possuidor de má-fé porque obrou com a consciência de que praticava um ato ilícito. Faz jus, no entanto, à indenização das necessárias porque, caso contrário, o reivindicante experimentaria um enriquecimento indevido.

---

[20] REsp 1.836.846-PR, 3ª T., rel. Min. Nancy Andrighi, *DJe* 28-9-2020.
[21] *RT*, 755/234.

Alguns países admitem a indenização ao possuidor de má-fé também das benfeitorias úteis, ao fundamento de que, sendo melhoramentos que aumentam ou facilitam o uso da coisa, valorizam-na para o proprietário reivindicante, o qual, em consequência, obtém proveito à custa de outrem.

Não há uniformidade de pensamento entre os estudiosos a respeito dessa questão. O direito brasileiro, como visto, seguindo a tradição romana, excluiu as benfeitorias úteis, ao estatuir que ao possuidor de má-fé serão ressarcidas somente as benfeitorias necessárias.

Segundo Tito Fulgêncio[22], o nosso Código foi mais severo com a má-fé pela consideração de que as benfeitorias úteis são a compensação do dono pelo tempo em que esteve injustamente privado do seu bem.

Prescreve o art. 1.221 do Código Civil:

"As benfeitorias compensam-se com os danos, e só obrigam ao ressarcimento se ao tempo da evicção ainda existirem".

A compensação pressupõe a existência de duas obrigações recíprocas a serem sopesadas, uma em confronto à outra, para que apenas a diferença seja computada ao devedor da obrigação maior.

O confronto levará em consideração que, nos termos do art. 1.219 do Código Civil, o possuidor de boa-fé tem direito à indenização das benfeitorias necessárias e úteis, mas ao mesmo tempo, nos do art. 1.217, responde pelas deteriorações a que der causa. Como o reivindicante é obrigado a indenizá-las, a disposição legal evita demandas ou operações inúteis, debitando apenas um dos dois pela diferença de seus créditos[23].

O direito não é exclusivo do possuidor de boa-fé, pois também ao de má-fé o art. 1.220 do mesmo diploma reconhece o direito ao ressarcimento das benfeitorias necessárias.

O Código Civil impõe, ainda, outra limitação ao direito do possuidor que tenha agido de má-fé, ao dispor, no art. 1.222:

"O reivindicante, obrigado a indenizar as benfeitorias ao possuidor de má-fé, tem o direito de optar entre o seu valor atual e o seu custo; ao possuidor de boa-fé indenizará pelo valor atual".

A justificativa assenta-se na máxima da equidade que não permite que se enriqueça alguém à custa alheia. Só faria sentido, porém, se os níveis de custo fossem estáveis, dado que o valor atual e o do custo geralmente se equivaleriam, mas não em períodos de inflação elevada e crônica pelos quais passou o País.

---

[22] *Da posse*, cit., v. 1, p. 187.
[23] "Benfeitorias e perdas e danos. Compensação. Se uma das partes fizer benfeitorias e a outra sofrer perdas e danos, dar-se-á a compensação admitida no art. 518 do CC (*de 1916, correspondente ao art. 1.221 do CC/2002*)".

Daí ter o *Supremo Tribunal Federal*, na vigência do Código Civil de 1916, mandado aplicar a correção monetária ao preço de custo das benfeitorias, reconhecendo, no caso, a existência de uma dívida de valor[24].

3.3. Direito de retenção: conceito, fundamento, natureza jurídica e modo de exercício

Consiste o direito de retenção num meio de defesa outorgado ao credor, a quem é reconhecida a faculdade de continuar a deter a coisa alheia, mantendo-a em seu poder até ser indenizado pelo crédito, que se origina, via de regra, das benfeitorias ou de acessões por ele feitas. Além dos casos previstos expressamente na legislação civil e comercial, os mais comuns, admitidos pela jurisprudência, são os seguintes: a) em favor do empreiteiro-construtor (*RT*, 282/278); b) em favor do locatário contra o senhorio (*RT*, 322/511); c) em favor do artífice, fabricante e daquele que faz consertos na coisa (*RT*, 492/201).

No direito romano, o *ius retentionis* surgiu e foi reconhecido como um instituto essencialmente baseado na equidade. Também no direito moderno continua ela a ser considerada pela doutrina como o fundamento do aludido direito.

Nessa linha, afirma Arnoldo Medeiros da Fonseca que "seria, em realidade, injusto compelir o credor, pelo menos em certos casos, a entregar a coisa reclamada, sem a concomitante satisfação de seu crédito correspectivo, privando-o assim da garantia natural decorrente da situação preexistente, e sujeitando-o a incômodos, despesas, incertezas e delongas de uma ação judicial, que poderia talvez vir a ser praticamente frustrada nos seus efeitos pela insolvência do devedor. Com isso contrariar-se-ia um princípio fundamental que deve reger toda atividade na esfera do direito, qual o de não colocar uma das partes em situação de inferioridade para com a outra: dar a cada um o que é seu"[25].

Arrematando, diz o mencionado jurista: "Na equidade, portanto, visando manter o princípio da igualdade entre as partes e evitar todo injusto enriquecimento, encontramos, também nós, o fundamento do instituto que estudamos".

Afigura-se-nos, todavia, mais apropriado dizer que a ideia de retenção está menos ligada à ideia de enriquecimento sem causa (porque não impede a cobrança da indenização) do que à de meio coercitivo, em função do qual fica o devedor compelido a pagar para poder, só então, haver a coisa. Trata-se, na realidade, de um *meio coercitivo de pagamento*, uma modalidade do art. 476 do Código Civil (*exceptio non adimpleti contractus*), transportada para o momento da execução, privilegiando o retentor porque esteve de boa-fé.

---

[24] *RTJ*, 70/785.
[25] *Direito de retenção*, p. 100, n. 85.

A respeito da *natureza* do direito de retenção, pretendem alguns tratar-se apenas de um direito pessoal. Outros objetam que se trata de direito real, oponível *erga omnes*, havendo, ainda, os que optam por soluções intermédias.

ARNOLDO MEDEIROS DA FONSECA[26] – quem mais profundamente estudou o assunto entre nós – sustenta tratar-se de *direito real*. O seu principal argumento é o de que o art. 676 do Código Civil de 1916, correspondente ao art. 1.227 do diploma de 2002, estabelecendo que os direitos reais sobre imóveis, resultantes de atos entre vivos, só se adquirem depois da transcrição ou da inscrição dos respectivos títulos no registro público, ressalvava textualmente "salvo os casos expressos neste Código".

Menciona, ainda, o fato de o possuidor de boa-fé poder invocar o direito de retenção até em face da reivindicatória do legítimo dono – art. 516 (art. 1.219 do atual Código), aduzindo que essa mesma regra era mandada aplicar a outras situações (arts. 873, 772, 1.279 e 1.315 do Código Civil – *de 1916, correspondentes, respectivamente, aos arts. 242, 1.433, II, 644 e 681 do novo diploma*), constituindo esse vínculo a relação característica de um direito real.

O direito de retenção é reconhecido pela jurisprudência como o poder jurídico direto e imediato de uma pessoa sobre uma coisa, com todas as características de um direito real. Admitiu-se por longo tempo, por exemplo, o direito de retenção em favor de oficina mecânica que consertou o veículo até o pagamento do serviço e do material empregado na reparação[27]. O *Superior Tribunal de Justiça, todavia, em 2017*, proclamou que a oficina mecânica não pode "exercer o direito de retenção sob a alegação da realização de benfeitoria no veículo, pois, nos termos do art. 1.210 do Código Civil, tal providência é permitida ao possuidor de boa-fé, mas não ao mero detentor do bem"[28].

A doutrina exige o comparecimento dos seguintes requisitos para o exercício do direito de retenção: a) detenção legítima de coisa que se tenha obrigação de restituir; b) crédito do retentor, exigível; c) relação de conexidade; e d) inexistência de exclusão convencional ou legal de seu exercício.

Via de regra, o direito de retenção deve ser alegado em *contestação* para ser reconhecido na sentença. Pode o devedor, ainda, na execução para entrega de

---

[26] *Direito de retenção*, cit., p. 255-256, n. 142.
[27] *RT*, 494/103, 519/213; *RTJ*, 40/358. No mesmo sentido: "A relação jurídica, assentada sobre o fato material do conserto de automóvel, não é uma relação de natureza estritamente pessoal, porém uma relação que se prende à coisa e se traduz numa obrigação *propter rem*, cuja peculiaridade consiste em vincular a coisa à responsabilidade pelo débito, ainda que mude o seu proprietário. Daí não ser de estranhar que a jurisprudência se tenha firmado no sentido de conceder o direito de retenção à oficina que consertou o automóvel, até o pagamento do preço do serviço e do material empregado na reparação" (*RT*, 511/137).
[28] STJ, REsp 1.628.385-ES, 3ª T., rel. Min. Villas Bôas Cueva, j. 22-8-2017.

coisa certa constante de título executivo *extrajudicial* (CPC/2015, art. 917, V), deduzir *embargos de retenção por benfeitorias*. Consistem eles num instrumento do executado, que, citado para entregar a coisa, opõe-se a ela até que o exequente pague as benfeitorias feitas no imóvel (CPC/2015, art. 917, IV, e § 5º). Não podem, porém, ser opostos na execução por título executivo *judicial*, como dispõe o § 2º do art. 538 do atual Código de Processo Civil, *verbis*: "*O direito de retenção por benfeitorias deve ser exercido na contestação, na fase de conhecimento*".

Todavia, apesar de reconhecido o direito de retenção, a *3ª Turma do Superior Tribunal de Justiça* reformou acórdão do Tribunal de Justiça do Paraná que isentou o comprador do pagamento de aluguéis pelo período em que exerceu o direito de retenção por benfeitorias. O julgamento considerou que o crédito que o comprador possui pelas benfeitorias deve ser compensado, restando assim assentado:

"Ainda que o adquirente possua direito de retenção por benfeitorias, não pode ser isento, no período de exercício desse direito, da obrigação de pagar ao vendedor aluguéis ou taxa de ocupação pelo tempo que usou imóvel alheio. O direito de retenção não é absoluto e deve ser exercido nos limites dos valores da correspondente indenização pelas benfeitorias, que devem ser compensados com o montante devido pela ocupação do imóvel alheio – aluguéis ou taxa de ocupação"[29].

A respeito do cabimento ou não de embargos de retenção por benfeitorias em *ações possessórias* e *ações de despejo*, que têm força executiva, *v*. o item n. 4 do Capítulo V, *retro*.

---

[29] REsp 1.854.120-PR, 3ª T., rel. Min. Nancy Andrighi, *DJe* 11-2-2021.

Título II
DOS DIREITOS REAIS

Capítulo Único
DISPOSIÇÕES GERAIS

> *Sumário:* 1. Conceito. 2. Espécies. 3. Aquisição dos direitos reais.

1. CONCEITO

O Código Civil em vigor, após disciplinar a posse no Título I do Livro III, concernente ao direito das coisas, trata, no Título II, dos direitos reais. Dispõe o art. 1.225 do aludido diploma:
"*São direitos reais:*
I – a propriedade;
II – a superfície;
III – as servidões;
IV – o usufruto;
V – o uso;
VI – a habitação;
VII – o direito do promitente comprador do imóvel;
VIII – o penhor;
IX – a hipoteca;
X – a anticrese;
XI – a concessão de uso especial para fins de moradia;
XII – a concessão de direito real de uso";
XIII – a laje;

XIV – os direitos oriundos da imissão provisória na posse, quando concedida à União, aos Estados, ao Distrito Federal, aos Municípios ou às suas entidades delegadas e a respectiva cessão e promessa de cessão".

Os incisos XI e XII foram acrescentados pelo art. 10 da Lei n. 11.481, de 31 de maio de 2007, que prevê medidas voltadas à organização fundiária de interesse social em Imóveis da União. E o inciso XIII o foi pela *Medida Provisória n. 759, de 2016*, confirmada, nesse ponto, pela Lei n. 13.465, de 11 de julho de 2017. O inciso XIV, por fim, foi entabulado pelo legislador por meio da Lei n. 14.620, de 13 de julho de 2023.

O dispositivo transcrito limita-se a enumerar os direitos reais. O referido rol, em comparação com o constante do art. 674 do estatuto de 1916, sofreu as seguintes alterações: a) a *enfiteuse* foi substituída pela *superfície*, dispondo o art. 2.038 do atual diploma, no livro das disposições finais e transitórias, que *"fica proibida a constituição de enfiteuses e subenfiteuses, subordinando-se as existentes, até sua extinção, às disposições do Código Civil anterior, Lei n. 3.071, de 1º de janeiro de 1916, e leis posteriores"*; b) as *rendas expressamente constituídas sobre imóveis*, pelo *direito do promitente comprador do imóvel*.

Atendendo ao princípio da *tipicidade* dos direitos reais, a lei de direitos reais de interesse social retromencionada (Lei n. 11.481/2007) acrescentou, como foi dito, dois direitos reais ao rol do art. 1.225 do Código Civil. O *direito à moradia* é direito social previsto e garantido pelo art. 6º da Constituição Federal. E o direito *de concessão de uso especial para fins de moradia* está assegurado pelo art. 183, § 1º, do mesmo diploma. A referida Lei n. 11.481/2007, por conseguinte, previu como direito real a *concessão de uso especial*, com a finalidade de operacionalizar o direito social de moradia e o de concessão de uso especial para fins de moradia. Trata-se de instituto que constitui decorrência da política urbana prevista na Carta Magna[1].

Não se cuida de um direito real novo, pois desde a edição da Medida Provisória n. 2.220, de 4 de setembro de 2001, editada como diploma substitutivo ao veto dos arts. 15 a 20 do Estatuto da Cidade (Lei n. 10.257/2001), a concessão de uso especial para fins de moradia compõe o rol dos direitos reais. A Lei n. 11.481/2007, embora tenha acrescentado o aludido instituto ao rol dos direitos reais do art. 1.225 do Código Civil, não lhe dedicou nenhum título específico, ao contrário do que ocorreu com os demais direitos reais. Com efeito, o Livro III, concernente ao Direito das Coisas, possui dez títulos, principiando pelo referente à "Posse e sua Classificação" (Título I) e terminando com o intitulado "Do penhor, Da hipoteca e Da Anticrese".

---

[1] Nelson Nery Junior e Rosa Maria de Andrade Nery, *Código Civil comentado*, nota 11 ao art. 1.225, p. 845.

Desse modo, ainda que a Lei n. 9.636/98, que dispõe sobre os bens imóveis de domínio da União, já previsse o instituto da concessão de uso especial para fins de moradia desde 2006, em razão da inserção do art. 22-A |pela Medida Provisória n. 335, de 23 de dezembro de 2006, tal dispositivo, todavia, remetia expressamente o tema à aludida Medida Provisória n. 2.220/2001. Por essa razão, é forçoso concluir que o instituto em apreço ainda gravita em torno desse diploma, agora com as modificações e reflexos decorrentes da Lei n. 11.481/2007[2].

De acordo com a citada Medida Provisória n. 2.220/2001 (art. 1º), aquele que, "até 30 de junho de 2001, possuiu como seu, por cinco anos, ininterruptamente e sem oposição, até duzentos e cinquenta metros quadrados de imóvel público situado em área urbana, utilizando-o para sua moradia ou de sua família, tem o direito à concessão de uso especial para fins de moradia em relação ao objeto da posse, desde que não seja proprietário ou concessionário, a qualquer título, de outro imóvel urbano ou rural".

O art. 5º do mencionado diploma estabelece que "é facultado ao Poder Público assegurar o exercício do direito de que tratam os arts. 1º e 2º em outro local, na hipótese de ocupação de imóvel: I – de uso comum do povo; II – destinado a projeto de urbanização; III – de interesse da defesa nacional, da preservação ambiental e da proteção dos ecossistemas naturais; IV – reservado à construção de represas e obras congêneres; ou V – situado em via de comunicação". Menciona-se, como exemplo, a família que mora debaixo de um viaduto e que preenche os requisitos legais. Nesse caso, terá ela direito à concessão de uso *em outro local*.

A concessão de *direito real de uso* (CC, art. 1.225, XII, com a redação dada pela Lei n. 11.481/2007) dá-se por ato administrativo vinculado do poder público, sobre imóvel de propriedade da União Federal, ato que deverá ser levado ao registro imobiliário para que o direito real se constitua plenamente, como o exige o art. 1.227 do Código Civil. A competência para a aludida concessão é exclusiva do SPU – Secretaria do Patrimônio da União (Lei n. 9.636/98, art. 40). Aplicam-se à concessão de direito real de uso as regras do uso e do usufruto dos arts. 1.412 e 1.413 do Código Civil, naquilo que for compatível[3].

A laje foi incluída no aludido rol dos direitos reais pela Medida Provisória n. 759, de 22 de dezembro de 2016, disciplinada, nesse ponto, pela Lei n. 13.465, de 11 de julho de 2017. Consiste "na possibilidade de coexistência de unidades imobiliárias autônomas de titularidades distintas situadas em uma mesma área, de maneira a

---

[2] Brunno Pandori Giancoli, Breves notas sobre o direito real de concessão de uso especial para fins de moradia e sobre os reflexos de sua introdução no Código Civil pela Lei n. 11.481/2007.
[3] Nelson Nery Junior e Rosa Maria de Andrade Nery, *Código Civil*, cit., nota 14 ao art. 1.225, p. 845.

permitir que o proprietário ceda a superfície de sua construção a fim de que terceiro edifique unidade distinta daquela originalmente construída sobre o solo".

Mais recentemente, a Lei n. 14.620, de 13 de julho de 2023, veio a alterar a redação e regulamentar a concessão de direito real de uso, a laje e os direitos oriundos da imissão provisória de posse, quando concedidos a entes públicos.

Como já foi observado na "Introdução", item n. 2.2, o aludido art. 1.225 é a referência para os que proclamam a taxatividade do número dos direitos reais. Todavia, quando se afirma que não há direito real senão quando a lei o declara, tal não significa que só são direitos reais os apontados no dispositivo em apreço, mas também outros disciplinados de modo esparso no mesmo diploma e os instituídos em diversas leis especiais. Assim, embora o art. 1.227 do atual Código Civil, correspondente ao art. 676 do de 1916, exija o registro do título como condição para a aquisição do direito real sobre imóveis, ressalva o dispositivo em tela "*os casos expressos neste Código*".

A doutrina considera que o próprio Código Civil criou outros direitos reais, como o direito de retenção e o pacto de retrovenda. Leis posteriores ao Código Civil de 1916 também criaram outros direitos reais, como o do promitente comprador e os decorrentes de contratos de alienação fiduciária e de concessão de uso.

No ordenamento jurídico brasileiro toda limitação ao direito de propriedade que não esteja prevista na lei como direito real tem natureza obrigacional, uma vez que as partes não podem criar direitos reais. Nele predomina, malgrado algumas poucas opiniões em contrário, o sistema do *numerus clausus*.

Nos direitos pessoais não há esse sistema de delimitação legal das figuras e de tipificação. Existe certo número de contratos nominados, previstos no texto legal, podendo as partes criar os chamados inominados. Basta que sejam capazes e lícito o objeto.

As expressões *jus in re* e *jus ad rem* são empregadas para distinguir os direitos reais dos pessoais. O vocábulo *reais*, como já foi dito, deriva de *res*, *rei*, que significa coisa. Segundo a concepção clássica, o *direito real* consiste no poder jurídico, direto e imediato do titular sobre a coisa, com exclusividade e contra todos. No polo passivo, incluem-se os membros da coletividade, pois todos devem abster-se de qualquer atitude que possa turbar o direito do titular. No instante em que alguém viola esse dever, o sujeito passivo, que era indeterminado, torna-se determinado.

Nessa linha, obtempera CUNHA GONÇALVES que o direito real "é a relação jurídica que permite e atribui a uma pessoa singular ou coletiva, ora o gozo completo de certa cousa, corpórea ou incorpórea, incluindo a faculdade de a alienar, consumir ou destruir (*domínio*), ora o gozo limitado de uma cousa, que é propriedade conjunta e indivisa daquela e de outras pessoas (*copropriedade*) ou que é propriedade de outrem (*propriedade imperfeita*), com exclusão de todas as demais pessoas, as quais têm o dever correlativo de *abstenção* de perturbar, violar ou lesar, ou do *respeito* dos mesmos direitos"[4].

A expressão *direitos reais*, segundo a lição do mencionado autor, é de formação relativamente recente, porque no latim clássico não se usava o adjetivo *realis*, com o sentido de relativo ou pertencente às cousas; o direito romano desconheceu-o; e de igual modo os códigos civis do século XIX o omitiram.

2. ESPÉCIES

O direito de propriedade é o mais importante e mais completo dos direitos reais, constituindo o título básico do Livro III do Código Civil. Confere ao seu titular os poderes de usar, gozar e dispor da coisa, assim como de reavê-la do poder de quem quer que injustamente a possua ou detenha (CC, art. 1.228). Quando todas essas prerrogativas acham-se reunidas em uma só pessoa, diz-se que é ela titular da propriedade plena.

Entretanto, a propriedade poderá ser limitada quando algum ou alguns dos poderes inerentes ao domínio se destacarem e se incorporarem ao patrimônio de outra pessoa. No usufruto, por exemplo, o direito de usar e gozar fica com o usufrutuário, permanecendo com o nu-proprietário somente o de dispor e reivindicar a coisa. O usufrutuário, em razão desse desmembramento, passa a ter um direito real sobre coisa alheia, sendo oponível *erga omnes*.

O retrotranscrito art. 1.225 do Código Civil, que fornece a relação dos direitos reais, menciona, em primeiro lugar, o direito de propriedade. Os demais resultam de seu desmembramento e são denominados direitos reais menores ou direitos reais sobre coisas alheias. Preleciona a propósito LAFAYETTE RODRIGUES PEREIRA que "o domínio é suscetível de se dividir em tantos direitos elementares quantas são as formas por que se manifesta a atividade do homem sobre as coisas corpóreas. E cada um dos direitos elementares do domínio constitui em si um *direito real*: tais são o direito de usufruto, o de uso, o de servidão. Os direitos reais, desmembrados do domínio e transferidos a terceiros, denominam-se direitos reais na coisa alheia (*jura in re aliena*)"[5].

São denominados direitos reais de *gozo* ou de *fruição* os seguintes: superfície, servidões, usufruto, uso, habitação, direito do promitente comprador do imóvel, concessão de uso especial para fins de moradia, concessão de direito real de uso e laje (CC, art. 1.225, II a VII e XI a XIII); e de *garantia*, o penhor,

---

[4] *Da propriedade e da posse*, p. 53.
[5] *Direito das coisas*, t. I, p. 28.

a hipoteca e a anticrese (art. 1.225, VIII a X). A concessão de uso especial para fins de moradia e a concessão de direito real de uso, como já dito, foram acrescentadas ao rol dos direitos reais pela Lei n. 11.481, de 31-5-2007; e *a laje*, pela Medida Provisória n. 759, de 22-12-2016, com as alterações introduzidas pela Lei n. 13.465, de 11 de julho de 2017. Mais recentemente, a Lei n. 14.620, de 13 de julho de 2023, veio a alterar a redação e regulamentar a concessão de direito real de uso, a laje e os direitos oriundos da imissão provisória de posse, quando concedidos a entes públicos.

A mencionada lei trouxe várias alterações do Código Civil, na parte atinente ao Direito das Coisas, sendo de se destacar: tratamento do direito real de laje, com menção à cessão de superfície; tratamento do condomínio de lotes, com a aplicação, no que couber, das mesmas regras do condomínio edilício; modificações na Lei n. 6.766/79, disciplinando a responsabilidade pelo pagamento das despesas de conservação nos condomínios fechados; tratamento dos conjuntos habitacionais informais e do condomínio urbano simples, com aplicação para habitações coletivas; regulamentação da arrecadação de imóveis abandonados prevista no art. 1.276 do Código Civil; revogação do capítulo da Lei Minha Casa, Minha Vida, na parte em que tratava da regularização fundiária, inclusive da legitimação da posse e da usucapião extrajudicial (arts. 58, 59 e 60); regularização da alienação fiduciária do Fundo de Arrendamento Residencial (FAR); alteração da redação do dispositivo que trata da usucapião coletiva no Estatuto da Cidade (art. 10); criação do consórcio imobiliário no Estatuto da Cidade; modificações na Medida Provisória n. 220, que trata da concessão de uso especial; e modificações na Lei n. 9.631/98, que disciplina a alienação de bens imóveis da União, facilitando a extinção da enfiteuse sobre terras de marinha por meio da remição.

O direito real de *laje* consiste na possibilidade de coexistência de unidades imobiliárias autônomas de titularidades distintas situadas em uma mesma área, de maneira a permitir que o proprietário ceda a superfície de sua construção a fim de que terceiro edifique a unidade distinta daquela originalmente construída sobre o solo. Dispõe o art. 1.510-A do Código Civil, com a redação conferida pela referida Lei n. 13.465/2017: "O proprietário de uma construção-base poderá ceder a superfície superior ou inferior de sua construção a fim de que o titular da laje mantenha unidade distinta daquela originalmente construída sobre o solo". Abrange a situação bastante comum da cessão da laje de suas casas pelos pais, para a construção na parte superior, com acesso independente, em benefício de seus filhos, genros e noras, que também participam, financeiramente ou com a mão de obra. Não se trata propriamente de transferência de "propriedade", uma vez que não abrange o solo, mas de direito real limitado à laje da construção original, desde que disponha de isolamento funcional e acesso independente.

3. AQUISIÇÃO DOS DIREITOS REAIS

No direito brasileiro o contrato, por si só, não basta para a transferência do domínio. Por ele criam-se apenas obrigações e direitos. Dispõe o art. 481 do Código Civil que, *"pelo contrato de compra e venda, um dos contratantes se obriga a transferir o domínio de certa coisa, e o outro, a pagar-lhe certo preço em dinheiro".*

O domínio, porém, só se adquire pela *tradição*, se for coisa móvel, e pelo *registro* do título, se for imóvel. Preceitua, com efeito, o art. 1.226 do Código Civil:

"Os direitos reais sobre coisas móveis, quando constituídos, ou transmitidos por atos entre vivos, só se adquirem com a tradição".

É com a tradição, pois, que o direito pessoal, que foi criado pelo contrato, ganha foro de direito real. Presume-se, com a sua realização, que este se torna socialmente conhecido.

Por sua vez, proclama o art. 1.227 do mesmo diploma:

"Os direitos reais sobre imóveis constituídos, ou transmitidos por atos entre vivos, só se adquirem com o registro no Cartório de Registro de Imóveis dos referidos títulos (arts. 1.245 a 1.247), salvo os casos expressos neste Código".

Desse modo, enquanto o contrato que institui uma hipoteca ou uma servidão, por exemplo, não estiver registrado no Cartório de Registro de Imóveis, existirá entre as partes apenas um vínculo obrigacional. O direito real, com todas as suas características, somente surgirá após aquele registro.

O registro é, efetivamente, indispensável para a constituição do direito real entre vivos, bem como sua transmissão. A transmissão *mortis causa* não está sujeita a essa formalidade, pois, aberta a sucessão, opera-se desde logo a transmissão do domínio e da posse (CC, art. 1.784).

No momento do registro opera-se a afetação da coisa pelo direito, nascendo o ônus que se liga à coisa (princípio da *inerência*), que a ela adere e a segue, qualquer que sejam as vicissitudes que sofra a titularidade dominial. E sua extinção se faz apenas havendo uma causa legal, ou seja, causa prevista em lei[6].

Os direitos reais continuarão incidindo sobre os imóveis, ainda que estes sejam alienados, enquanto não se extinguirem por alguma causa legal. Os adquirentes serão donos de coisa sobre a qual recai um direito real pertencente a outrem.

Foi a necessidade social de tornar pública a transferência dos direitos reais, que prevalecem *erga omnes*, que criou para os móveis a formalidade da tradição, e para os imóveis a exigência do registro.

---

[6] Marco Aurélio S. Viana, *Comentários ao novo Código Civil*, v. XVI, p. 15-16.

Dentre as *12 teses consolidadas no Superior Tribunal de Justiça em setembro de 2019* constam as seguintes:

1) Por se tratar de competência relativa, a ação que se refira a direitos reais sobre imóvel, excluídos aqueles que expressamente ensejem a competência absoluta do foro em que situada a coisa (art. 47, § 1º, do CPC/2015), poderá ser ajuizada no foro do domicílio do réu ou, se houver, no foro eleito pelas partes.

2) Os motivos que justificam a improrrogabilidade da competência das ações reais imobiliárias cedem diante da competência conferida ao juízo indivisível da falência que, por definição, é um foro de atração para o qual converge a discussão de todas as causas e as ações pertinentes a um patrimônio com universalidade jurídica.

3) Os herdeiros possuem legitimidade ativa para atuarem diretamente em juízo em ações de direito real, enquanto não aberto o inventário, por aplicação do princípio de *saisine*.

4) É necessária a citação de ambos os cônjuges nas ações que versem acerca de direitos reais imobiliários, tratando-se de hipótese de litisconsórcio passivo necessário.

5) O promitente vendedor que readquire a titularidade do direito real sobre o bem imóvel anteriormente alienado pode ser responsabilizado pelos débitos condominiais posteriores à alienação e contemporâneos à posse do promissário comprador, sem prejuízo de ulterior direito de regresso.

Título III
DA PROPRIEDADE

Capítulo I
DA PROPRIEDADE EM GERAL

> *Sumário*: 1. Conceito. 2. Elementos constitutivos da propriedade. 3. Ação reivindicatória. 3.1. Pressupostos e natureza jurídica. 3.2. Objeto da ação reivindicatória. 3.3. Legitimidade ativa e passiva. 4. Outros meios de defesa da propriedade. 4.1. Ação negatória. 4.2. Ação de dano infecto. 5. Caracteres da propriedade. 6. Evolução do direito de propriedade. Função social da propriedade. 7. Restrições ao direito de propriedade. 8. Fundamento jurídico da propriedade. 9. Da descoberta.

1. CONCEITO

O art. 1.228 do Código Civil não oferece uma definição de propriedade, limitando-se a enunciar os poderes do proprietário, nestes termos:

"*O proprietário tem a faculdade de usar, gozar e dispor da coisa, e o direito de reavê-la do poder de quem quer que injustamente a possua ou detenha*".

Trata-se do mais completo dos direitos subjetivos, a matriz dos direitos reais e o núcleo do direito das coisas. Na dicção de Washington de Barros Monteiro[1], constitui o direito de propriedade o mais importante e o mais sólido de todos os direitos subjetivos, o direito real por excelência, o eixo em torno do qual gravita o direito das coisas.

---
[1] *Curso de direito civil*, v. 3, p. 83.

A organização jurídica da propriedade varia de país a país, evoluindo desde a Antiguidade aos tempos modernos. Por essa razão acentua Lacerda de Almeida que o direito das coisas "é a expressão jurídica do estado atual da propriedade"[2]. Indubitavelmente, a configuração do instituto da propriedade recebe direta e profundamente influência dos regimes políticos em cujos sistemas jurídicos é concebida. Em consequência, não existe, na história do direito, um conceito único do aludido instituto.

Nessa consonância, o conceito de propriedade, embora não *aberto*, há de ser necessariamente dinâmico. Deve-se reconhecer, nesse passo, que a garantia constitucional da propriedade está submetida a um intenso processo de *relativização*, sendo interpretada, fundamentalmente, de acordo com parâmetros fixados pela legislação ordinária.

Diante desse quadro, difícil e árdua se mostra a tarefa de conceituar a propriedade. Esta "mais se sente do que se define", na expressão de Caio Mário da Silva Pereira, visto que "a ideia de 'meu e teu', a noção do assenhoreamento de bens corpóreos e incorpóreos independe do grau de conhecimento ou do desenvolvimento intelectual"[3].

A própria origem do vocábulo é obscura, entendendo alguns que vem do latim *proprietas*, derivado de *proprius*, designando o que pertence a uma pessoa. Assim, a propriedade indicaria toda relação jurídica de apropriação de um certo bem corpóreo ou incorpóreo[4].

Num sentido amplo, pois, o direito de propriedade recai tanto sobre coisas corpóreas como incorpóreas. Quando recai exclusivamente sobre coisas corpóreas tem a denominação peculiar de *domínio*, expressão oriunda de *domare*, significando sujeitar ou dominar, correspondendo à ideia de senhor ou *dominus*. A noção de propriedade "mostra-se, destarte, mais ampla e mais compreensiva do que a de domínio. Aquela representa o gênero de que este vem a ser a espécie"[5].

Segundo Cunha Gonçalves, "o direito de propriedade é aquele que uma pessoa singular ou coletiva efetivamente exerce numa coisa determinada em regra perpetuamente, de modo normalmente absoluto, sempre exclusivo, e que todas as outras pessoas são obrigadas a respeitar"[6].

---

[2] *Direito das cousas*, v. I, p. 22.
[3] *Instituições de direito civil*, v. IV, p. 89.
[4] Maria Helena Diniz, *Curso de direito civil brasileiro*, v. 4, p. 135.
[5] Washington de Barros Monteiro, *Curso*, cit., v. 3, p. 83.
[6] *Tratado de direito civil*, v. XI, t. I, p. 1646.

Considerando-se apenas os seus elementos essenciais, enunciados no art. 1.228 retrotranscrito, pode-se *definir* o direito de propriedade como o poder jurídico atribuído a uma pessoa de usar, gozar e dispor de um bem, corpóreo ou incorpóreo, em sua plenitude e dentro dos limites estabelecidos na lei, bem como de reivindicá-lo de quem injustamente o detenha.

2. ELEMENTOS CONSTITUTIVOS DA PROPRIEDADE

O conteúdo positivo do direito de propriedade é enunciado no art. 1.228 do Código Civil, ao enumerar os poderes elementares do proprietário: usar, gozar e dispor dos bens, bem como reavê-los de quem injustamente os possua. Correspondem eles ao *jus utendi, fruendi, abutendi* e à *rei vindicatio*, que eram os atributos da propriedade romana.

Quando todos os aludidos elementos constitutivos estiverem reunidos em uma só pessoa, será ela titular da propriedade *plena*. Se, entretanto, ocorrer o fenômeno do desmembramento, passando um ou alguns deles a ser exercidos por outra pessoa, diz-se que a propriedade é *limitada*. É o que sucede, *verbi gratia*, no caso do direito real de usufruto, em que os direitos de usar e gozar da coisa passam para o usufrutuário, permanecendo o nu-proprietário somente com os de dispor e de reivindicá-la.

O primeiro elemento constitutivo da propriedade é o direito de *usar* (*jus utendi*), que consiste na faculdade de o dono servir-se da coisa e de utilizá-la da maneira que entender mais conveniente, sem no entanto alterar-lhe a substância, podendo excluir terceiros de igual uso. A utilização deve ser feita, porém, dentro dos limites legais e de acordo com a função social da propriedade. Preceitua a propósito o § 1º do mesmo art. 1.228 do Código Civil que "*o direito de propriedade deve ser exercido em consonância com as suas finalidades econômicas e sociais...*".

A faculdade em apreço permite também que o *dominus* deixe de usar a coisa, mantendo-a simplesmente inerte em seu poder, em condições de servi-lo quando lhe convier.

O direito de *gozar* ou *usufruir* (*jus fruendi*) compreende o poder de perceber os frutos naturais e civis da coisa e de aproveitar economicamente os seus produtos.

O direito de *dispor* da coisa (*jus abutendi*) consiste no poder de transferir a coisa, de gravá-la de ônus e de aliená-la a outrem a qualquer título. Não significa, todavia, prerrogativa de abusar da coisa, destruindo-a gratuitamente, pois a própria Constituição Federal prescreve que o uso da propriedade deve ser condicionado ao bem-estar social. Nem sempre, portanto, é lícito ao *dominus* destruir a coisa que lhe pertence, mas somente quando não caracterizar um ato antissocial.

Tal direito é considerado o mais importante dos três já enunciados, porque mais se revela dono quem dispõe da coisa do que aquele que a usa ou frui.

O quarto elemento constitutivo é o direito de *reaver* a coisa (*rei vindicatio*), de reivindicá-la das mãos de quem injustamente a possua ou detenha, como corolário de seu direito de sequela, que é uma das características do direito real. Envolve a proteção específica da propriedade, que se perfaz pela ação reivindicatória.

Inúmeros *Enunciados das Jornadas de Direito Civil* abordam aspectos referentes ao art. 1.228 do Código Civil, destacando-se as seguintes proposições:

Enunciado n. 82, I Jornada: "Art. 1.228: É constitucional a modalidade aquisitiva de propriedade imóvel prevista nos §§ 4º e 5º do art. 1.228 do novo Código Civil".

Enunciado n. 84, I Jornada: "Art. 1.228: A defesa fundada no direito de aquisição com base no interesse social (art. 1.228, §§ 4º e 5º, do novo Código Civil) deve ser arguida pelos réus da ação reivindicatória, eles próprios responsáveis pelo pagamento da indenização".

Enunciado n. 240, III Jornada: "A justa indenização a que alude o § 5º do art. 1.228 não tem como critério valorativo, necessariamente, a avaliação técnica lastreada no mercado imobiliário, sendo indevidos os juros compensatórios.

Enunciado n. 350, IV Jornada: "Tendo em vista as disposições dos §§ 3º e 4º do art. 1.228 do Código Civil, o Ministério Público tem o poder-dever de atuar nas hipóteses de desapropriação, inclusive a indireta, que encerrem relevante interesse público, determinado pela natureza dos bens jurídicos envolvidos".

3. AÇÃO REIVINDICATÓRIA

Prescreve a segunda parte do citado art. 1.228 do Código Civil que o proprietário tem a faculdade de *reaver* a coisa do poder de quem injustamente a possua ou detenha. Para tanto dispõe da *ação reivindicatória*. O direito de propriedade é dotado, assim, de uma tutela específica, fundada no direito de sequela, esse poder de perseguir a coisa onde quer que ela se encontre.

Compete tal ação, consoante antiga e conhecida regra, ao proprietário não possuidor contra o possuidor não proprietário. Pode utilizá-la quem está privado da coisa que lhe pertence e quer retomá-la de quem a possui ou detém injustamente.

De nada valeria ao dono da coisa, ao *dominus*, em verdade, como salienta CAIO MÁRIO, "ser sujeito da relação jurídica dominial e reunir na sua titularidade o *ius utendi, fruendi, abutendi*, se não lhe fosse dado reavê-la de alguém que a possuísse injustamente, ou a detivesse sem título. Pela *vindicatio* o proprietário vai buscar a coisa nas mãos alheias, vai retomá-la do possuidor, vai recuperá-la do detentor. Não de qualquer possuidor ou detentor, porém daquele que a conserva sem causa jurídica, ou a *possui injustamente*"[7].

3.1. Pressupostos e natureza jurídica

A ação reivindicatória tem caráter essencialmente dominial e por isso só pode ser utilizada pelo proprietário, por quem tenha *jus in re*. Nessa ação o autor deve provar o seu domínio, oferecendo prova inconcussa da propriedade, com o respectivo registro, e descrevendo o imóvel com suas confrontações, bem como demonstrar que a coisa reivindicada se encontra na posse do réu.

Três, portanto, os *pressupostos* de admissibilidade de tal ação: a) a titularidade do domínio, pelo autor, da área reivindicada; b) a individuação da coisa; e c) a posse injusta do réu[8].

A prova da propriedade atual é dificultosa, uma vez que o autor pode ter adquirido *a non domino*, ou seja, de quem não era o verdadeiro dono, ou a coisa pode ser outra que não a reivindicada. Por isso, entendia-se, outrora, necessária a apresentação, com a inicial, de *certidão de filiação* dos títulos de domínio anteriores, estendendo-se a pesquisa até alcançar o tempo necessário à usucapião.

Não se faz mister, atualmente, essa comprovação, denominada *probatio diabolica*. Tem a jurisprudência proclamado que, em se tratando de bem imóvel, o registro imobiliário é suficiente para demonstrar a *titularidade do domínio*, "sem necessidade de ser complementada essa prova com filiação dos títulos de domínio anteriores. Somente quando há títulos de domínio em favor de ambas as partes é que se aprecia a filiação anterior para se saber qual a transcrição que deve prevalecer"[9].

Pressuposto essencial à propositura da ação é a *descrição atualizada do bem*, com os corretos limites e confrontações, de modo a possibilitar a sua exata localização. Deve o autor, assim, mencionar "todos os elementos que tornem o imóvel conhecido, que o individuem, que lhe permitam exata localização, como extensão superficial, acidentes geográficos, limites e confrontações, a fim de estremá-lo de outras propriedades. Sem observância dessa formalidade não pode ser julgada

---

[7] *Instituições*, cit., v. IV, p. 96.
"Reivindicatória. Extinção sem apreciação do mérito decorrente de o proprietário haver exercido e perdido a posse do imóvel. Inadmissibilidade. Proprietário que, embora pudesse valer-se da via possessória, mais fácil e menos abrangente, não está impedido de fazer uso da reivindicatória, mais difícil e abrangente. Extinção afastada" (TJSP, Ap. 329.711-4/9-Peruíbe/Itanhaém, 2ª Câm. Dir. Priv., rel. Des. Maia da Cunha, j. 27-4-2004).
[8] Paulo Tadeu Haendchen e Rêmolo Letteriello, *Ação reivindicatória*, p. 24.
[9] *RT*, 354/206.

procedente uma reivindicação, pela impossibilidade de executar-se ulteriormente a sentença"[10].

Na reivindicatória, como já mencionado, o proprietário vai retomar a coisa não de qualquer possuidor ou detentor, porém daquele que a conserva sem causa jurídica, ou a *possui injustamente*. É ação do proprietário que tem título, mas não tem posse, contra quem tem posse, mas não tem título. Ressalte-se que o art. 524 do Código Civil de 1916 referia-se apenas ao possuidor, não fazendo menção ao mero detentor. Mas nunca pairou dúvida quanto à possibilidade de se dirigir a ação contra este. O art. 1.228 do novo diploma incluiu expressamente o detentor, afastando qualquer controvérsia que pudesse eventualmente existir a esse respeito.

Cita-se julgado do *Tribunal de Justiça da Paraíba*: "Em se verificando a prova da propriedade de imóvel, devidamente individualizado, mediante escritura pública registrada em cartório, bem como constatada a posse injusta pelo promovido, há de se acolher a pretensão inicial, declarando a parte demandante como legítima proprietária do bem, garantindo-lhe o *jus possidendi*, mediante a determinação de desocupação do imóvel"[11].

Divergem os autores a respeito do *objetivo* da ação reivindicatória. Sustentam alguns, como o faziam os romanos, que a pretensão visa o reconhecimento do direito de propriedade, sendo a restituição da coisa mera consequência desse fato. Outros, no entanto, acertadamente, porque o domínio já pertence ao proprietário e é pressuposto para o próprio ajuizamento, consideram que a *restituição constitui o objetivo imediato* da aludida ação, sendo o *restabelecimento do reivindicante no exercício do seu direito o objetivo mediato*. Aquele que reivindica quer primeiro ter a posse da coisa para depois usar, gozar e dispor dela[12].

Constitui efeito específico da *vindicatio* obrigar o possuidor a restituir ao proprietário a coisa vindicada, com todos os seus acessórios, tais como frutos e rendimentos. Quando a restituição é impossível por ter perecido a coisa, o proprietário tem direito a receber o seu valor se o possuidor estava de má-fé (CC, art. 1.217).

---

[10] Washington de Barros Monteiro, *Curso*, cit., v. 3, p. 90-91.
"Ação reivindicatória. Ausência da completa e correta descrição do imóvel reivindicado, inclusive quanto às suas confrontações. Requisito específico de admissibilidade da ação, cuja falta possibilita a declaração de nulidade do processo em qualquer fase e em qualquer grau de jurisdição, inclusive *ex officio*" (*RT*, 779/298). "Incertezas no registro do imóvel, bem como na regularidade da cadeia sucessória, constantes dos títulos de domínio. Necessidade de identificação da área objeto da reivindicação, pois daí decorrem conclusões quanto à legitimidade das partes e da própria viabilidade do pleito" (*RT*, 762/234).
[11] TJPB, Ap. 0000626-05.2012.815.0681, rel. Des. Oswaldo Trigueiro do Valle Filho.
[12] Paulo Tadeu Haendchen e Rêmolo Letteriello, *Ação reivindicatória*, cit., p. 16; Marco Aurélio S. Viana, *Comentários*, cit., v. XVI, p. 27.

Preceitua o art. 1.232 do Código Civil que *"os frutos e mais produtos da coisa pertencem, ainda quando separados, ao seu proprietário, salvo se, por preceito jurídico especial, couberem a outrem".* Trata-se de uma consequência do princípio de que a coisa acessória segue a principal, salvo disposição especial em contrário. Preceitos jurídicos especiais podem ser o art. 1.284 do mesmo diploma, que trata dos frutos caídos de árvores limítrofes em terreno vizinho, e também o art. 1.214, que assegura ao possuidor de boa-fé o direito aos frutos percebidos.

O possuidor de boa-fé pode, todavia, recusar-se a entregar a coisa, se faz jus ao recebimento de indenização por benfeitorias necessárias, pois assegura-lhe a lei o direito de retenção (CC, art. 1.219).

A *vindicatio* é ação real que compete ao senhor da coisa. Essa, pois, a sua *natureza jurídica*. Carece da ação o titular do domínio se a posse do terceiro for justa, como a fundada em contrato não rescindido. A justiça da posse pode ter por fundamento uma relação contratual de locação, comodato ou parceria agrícola, por exemplo, bem como de direito real, que legitime o possuidor, como sucede no caso do usufruto[13].

A ação reivindicatória encontra fundamento, pois, na segunda parte do art. 1.228 do Código Civil, que assegura ao proprietário o direito de sequela, atributo dos direitos reais que possibilita a este perseguir a coisa onde quer que esteja, de acordo com a máxima romana *res ubicumque sit, pro domino suo clamat* (onde quer que se encontre a coisa, ela clama pelo seu dono).

O referido dispositivo legal fala em *posse injusta*. Tal expressão é referida em termos genéricos, significando *sem título*, isto é, *sem causa jurídica*. Não se tem, pois, a acepção restrita de posse injusta do art. 1.200 do mesmo diploma. Na reivindicatória, detém injustamente a posse quem não tem título que a justifique, mesmo que não seja violenta, clandestina ou precária, e ainda que seja de boa-fé. Não fosse assim, o domínio estaria praticamente extinto ante o fato da posse[14].

A pretensão reivindicatória é *imprescritível*, embora de natureza real. A ação que lhe corresponde versa sobre o domínio, que é perpétuo e somente se extingue nos casos expressos em lei (usucapião, desapropriação etc.), não se extinguindo pelo não uso. Se, no entanto, a coisa foi usucapida pelo possuidor, não mais pode ser proposta a reivindicatória pelo antigo proprietário. Mesmo imprescritível,

---

[13] "Ação reivindicatória. Imóvel residencial. Interposição pelos titulares do domínio contra a viúva, titular do usufruto vidual. Inadmissibilidade, pois exerce posse justa e jurídica. Bem, ademais, que não comporta divisão cômoda" (*RT*, 784/234).

[14] "Ação reivindicatória. Posse injusta. Desnecessidade de violência, precariedade ou clandestinidade. Necessidade apenas de que o possuidor não tenha o direito de possuir a coisa reivindicada" (*RT*, 759/374).

esbarra na usucapião, que pode ser alegada pelo possuidor, em defesa, contra o antigo proprietário para elidir o pedido, como proclama a Súmula 237 do Supremo Tribunal Federal, *verbis*: "O usucapião pode ser arguido em defesa".

Acolhida tal defesa na reivindicatória, a sentença de improcedência ilidirá a pretensão do reivindicante, mas não produzirá efeitos *erga omnes*, não dispensando, assim, a propositura da ação de usucapião, com citação de todos os interessados[15]. Nessa linha enfatizou o *Superior Tribunal de Justiça* que o magistrado, acolhendo a arguição da defesa, não pode emitir julgado declarando a aquisição do domínio, mas, apenas, julgar improcedente o pedido de reivindicação[16].

Se se admitisse a prescrição da pretensão reivindicatória no prazo de dez anos, previsto no art. 205 do Código Civil, estar-se-ia admitindo a possibilidade de eventualmente existir um direito sem sujeito. Por exemplo, se já tivessem decorrido doze anos do dia em que poderia propor a ação, o autor não mais teria o direito de reivindicar. E o réu não poderia usucapir, por não ter quinze anos de posse mansa e pacífica (CC, art. 1.238, *caput*).

A ação reivindicatória distingue-se da ação de imissão de posse, também de natureza real. Na primeira, "o autor pede domínio e posse, e o réu pode opor-lhe toda e qualquer defesa sobre um e outra, inclusive pedir seja ele, réu, reconhecido como dono. Na imissão, o autor não pretende discutir a propriedade, que tem como certa e como tal tem que prová-la *initio litis*; nem admitirá qualquer discussão sobre o *ius possessionis*. Pretende, apenas, a consolidação em concreto do *ius possidendi* que adquiriu, e o réu pode opor-lhe somente a nulidade da aquisição, ou justa causa para retenção da coisa"[17].

Em certos casos, pois, "o adquirente (proprietário) poderá escolher entre a imissão de posse e a reivindicação, conforme julgue de seu interesse controverter apenas seu direito à posse, fundado no contrato, ou entenda mais conveniente fundar sua pretensão na condição de titular do domínio, trazendo para o debate, como pressuposto da ação, a propriedade. Certamente, o adquirente terá contra o alienante a ação de imissão de posse, para investir-se na posse da coisa adquirida; contudo, não se lhe pode negar o direito de exercer a ação reivindicatória. Se

---

[15] "Ação reivindicatória. Arguição de usucapião como matéria de defesa. Possibilidade. Inadmissibilidade, porém, de o Magistrado emitir julgado declarando a aquisição do domínio, pois deve apenas julgar improcedente o pedido de reivindicação" (STJ, *RT*, 760/214).
[16] *RT*, 760/214.
"Reivindicatória. Usucapião utilizada como matéria de defesa. Admissibilidade, desde que em sede de contestação. Especialidade do rito e necessidade de certos requisitos específicos que dificultam o trâmite de uma reconvenção" (*RT*, 765/348).
[17] Oswaldo Afonso Borges, *Imissão na posse*, apud Marcos Afonso Borges, Ação de imissão na posse, in *Enciclopédia Saraiva do Direito*, v. 2, p. 470.

o fizer, ficará exposto à defesa mais ampla do alienante, ao passo que limitará, drasticamente, a defesa deste se optar pela primeira ação"[18].

3.2. Objeto da ação reivindicatória

Em linhas gerais podem ser reivindicados todos os bens que são objeto de propriedade, ou seja, todas as coisas corpóreas que se acham no comércio, sejam móveis ou imóveis, singulares ou coletivas, simples ou compostas, mesmo as universalidades de fato, como um rebanho, por exemplo.

Na reivindicação do rebanho, esclarece CARVALHO SANTOS, "basta que o autor prove que o rebanho considerado no seu conjunto, ou seja, a maior parte das cabeças que o compõem, é da sua propriedade. E uma vez feita essa prova, o réu é obrigado a restituir o rebanho, excetuadas as cabeças que provar, de modo direto, serem suas"[19]. Aduz o mencionado autor que "as universalidades de direito, como o patrimônio, a herança, não são reivindicáveis; são-no, porém, as coisas corpóreas que entram na sua composição".

A parte ideal de imóvel indiviso, como metade ou terço, pode ser reivindicada, desde que o possuidor não seja condômino. O coproprietário só pode propor ação reivindicatória contra terceiro (CC, art. 1.314), e não contra outro condômino, porque este também é proprietário e oporia ao reivindicante direito igual.

Se a coisa pereceu em parte, reivindica-se o que resta, como se dá com o terreno e o material da casa destruída, por exemplo.

Há, todavia, coisas que, pela sua própria natureza, são insuscetíveis de reivindicação. Estão nesse caso "as coisas incorpóreas, os direitos considerados em si mesmos, como um direito de usufruto, pois são relações jurídicas dotadas de ações protetoras de outra espécie. Também não são reivindicáveis as coisas futuras, como, *v. g.*, aquelas coisas que ainda vão se separar do imóvel, os frutos pendentes, madeira, terra etc."[20].

Ademais, o pedido reivindicatório pode encontrar óbice na usucapião, acarretando a improcedência da demanda ante a consequente declaração de aquisição de domínio por parte do reivindicado:

"O ajuizamento da ação reivindicatória – de natureza real e fundada no direito de sequela – reclama a existência concomitante de três requisitos específicos, a saber, a prova da titularidade do domínio pelo autor, a individualização da coisa e a demonstração da posse injusta do réu. Por outro lado, em tese, se demonstrado que

---

[18] Ovídio A. Baptista da Silva, *A ação de imissão de posse*, p. 156.
[19] *Código Civil brasileiro interpretado*, v. VII, p. 288.
[20] Serpa Lopes, *Curso de direito civil*, v. VI, p. 498.

o réu utiliza-se da coisa por longo lapso de tempo, sem interrupção, mansa e pacificamente e com *animus domini*, tal fato irá obstaculizar a pretensão reivindicatória e a aquisição da posse pelo reivindicante, acarretando a improcedência do pedido reivindicatório. Não havendo como presumir a deliberada intenção de alterar a verdade dos fatos e obter vantagem indevida, não há que se falar em penalidade por litigância de má-fé"[21].

3.3. Legitimidade ativa e passiva

A legitimidade ativa é do *proprietário*, seja a propriedade plena ou limitada, irrevogável ou dependente de resolução. Não se exige, efetivamente, que a propriedade seja plena. Mesmo a *limitada*, como ocorre nos direitos reais sobre coisas alheias e na resolúvel, autoriza a sua propositura. Da mesma forma, cada condômino pode, individualmente, como foi dito, reivindicar de terceiro a totalidade do imóvel (CC, art. 1.314), não podendo este opor-lhe, em exceção, o caráter parcial do seu direito (art. 1.827).

Nesse sentido, o *Superior Tribunal de Justiça* considera que o usufrutuário tem legitimidade ativa para propor demanda reivindicatória, conforme restou evidenciado na ementa do voto do relator:

"O usufrutuário – na condição de possuidor direto do bem – pode valer-se das ações possessórias contra o possuidor indireto (nu-proprietário) e – na condição de titular de um direito real limitado (usufruto) – também tem legitimidade/interesse para a propositura de ações de caráter petitório, tal como a reivindicatória, contra o nu-proprietário ou contra terceiros"[22].

Compete a reivindicatória ao senhor da coisa, ao titular do domínio. Sendo uma ação real imobiliária, é indispensável a *outorga uxória* para o seu ajuizamento, bem como a *citação de ambos os cônjuges*, se o réu for casado (CPC/2015, art. 73)[23].

Como o *direito hereditário* é modo de aquisição da propriedade imóvel (CC, art. 1.784), e o domínio e a posse da herança transmitem-se aos herdeiros desde a abertura da sucessão, podem estes reivindicar os bens que a integram mesmo sem a existência de formal de partilha, esteja este registrado ou não. Indispensável, no entanto, que o imóvel esteja registrado em nome do *de cujus*. Igual direito cabe ao cessionário dos direitos hereditários.

---

[21] TJMG, Ap. 1.0000.22.090837-0/002, 10ª C. Cív., rel. Des. Jaqueline Calábria Albuquerque, j. 27-6-2023.
[22] REsp 1.202.843-PR, 3ª T., rel. Ricardo Villas Bôas Cueva, *DJe* 28-10-2014.
[23] "Sendo a ação reivindicatória uma ação real, tem-se por necessária a citação de ambos os cônjuges-réus, independentemente do regime de casamento" (STJ, REsp 73.975-PE, 4ª T., rel. Min. Sálvio de Figueiredo, *DJU*, 2-2-1998, p. 109).

Embora durante algum tempo tivesse sido negada ao *titular de compromisso de compra e venda*, por não ter o domínio da coisa, legitimidade para a propositura da ação, a jurisprudência, ao tempo do Código Civil de 1916, vinha se orientando no sentido de admitir que o promitente comprador ajuizasse a ação reivindicatória, pois o titular de compromisso de compra e venda irretratável e irrevogável que pagou todas as prestações possui todos os direitos elementares do proprietário, podendo usar, gozar e dispor da coisa. Dispõe, assim, de título para embasar ação reivindicatória contra terceiro que se encontra injustamente na posse do bem.

Nesse sentido decidiu o *Superior Tribunal de Justiça*: "Ação reivindicatória. Pedido embasado em promessa de compra e venda irretratável e irrevogável. Admissibilidade, pois tal título transfere ao promitente comprador os direitos inerentes ao exercício do domínio"[24].

A questão, no entanto, tomou novo rumo com o advento do Código de 2002, tendo em vista que o art. 1.417 do aludido diploma enuncia que o promitente comprador adquire direito real à aquisição do imóvel mediante promessa de compra e venda "*registrada no Cartório de Registro de Imóveis*". Não basta que o compromisso de compra e venda seja irretratável e irrevogável. Há de estar registrado no Cartório de Registro de Imóveis. Por essa razão, assinala MARCO AURÉLIO S. VIANA, "não podemos concordar com a legitimidade ativa do promitente comprador para pedir a restituição da coisa. Entendemos, contudo, que se perdeu uma boa oportunidade para dar à promessa de compra e venda quitada o condão de transmitir o domínio, dispensando-se a escritura de compra e venda"[25].

A propósito, proclama o *Enunciado 253 aprovado na III Jornada de Direito Civil realizada pelo Conselho da Justiça Federal*: "O promitente comprador, titular de direito real (art. 1.417), tem a faculdade de reivindicar de terceiro o imóvel prometido à venda". Tal enunciado garante ao compromissário comprador o direito de sequela, ou seja, de reaver a coisa de quem injustamente a detenha, desde que seja *titular de direito real nos termos do citado art. 1.417*, que, como vimos, exige para tanto que o compromisso de compra e venda esteja registrado no Cartório de Registro de Imóveis.

Todavia, não pode tal ação ser movida contra o compromissário comprador, se não houver prévia ou simultânea rescisão do compromisso de compra e venda, ainda que não registrado, uma vez que a posse daquele que se comprometeu a adquirir o imóvel não pode ser considerada injusta enquanto não desfeito o negócio[26].

---

[24] REsp 55.941-DF, 3ª T., rel. Min. Menezes Direito, *DJU*, 1º-6-1998, p. 77, *RT*, 757/126. No mesmo sentido: *RT*, 500/131.
[25] *Comentários*, cit., v. XVI, p. 32-33.
[26] *RT*, 768/357; STJ, *RT*, 763/171.

Quanto à *legitimidade passiva*, a ação deve ser endereçada contra quem está na posse ou detém a coisa, sem título ou suporte jurídico. A boa-fé não impede a caracterização da injustiça da posse, para fins de reivindicatória.

A pretensão pode ser oposta a quem possui a coisa em nome de terceiro[27]. Ao possuidor direto, citado para a ação, incumbe a *denunciação da lide* ao possuidor indireto (CPC/2015, art. 125, II).

A reivindicatória pode, assim, ser movida contra o possuidor sem título e o detentor, qualquer que seja a causa pela qual possuam ou detenham a coisa. Pode ser endereçada também contra aquele que deixou de possuí-la com dolo, isto é, transferindo-a para outro com a intenção de dificultar ao autor sua vindicação. É facultado ao autor, destarte, demandar o possuidor ficto, ou o verdadeiro[28].

Também pode figurar no polo passivo aquele que se apresenta como possuidor sem ter a posse, sem que o autor saiba. Admite-se a ação contra o *fictus possessor*, ou seja, contra quem é reputado possuidor, embora não tenha em verdade a posse do bem.

MARCO AURÉLIO S. VIANA, apoiado nas lições de CARVALHO SANTOS e LAFAYETTE, salienta que duas situações podem ocorrer: "a) a ação pode ser dirigida contra aquele que deixou de possuir com dolo, ou seja, com a intenção de dificultar a vindicação pelo autor. É o que se dá quando o possuidor toma ciência da ação ou da possibilidade de seu ajuizamento, e, para dificultar a atuação do proprietário, transfere o bem para outra pessoa. Se o autor prova o dolo na transferência, fica-lhe facultado demandar o possuidor ficto ou o verdadeiro; b) a *reivindicatio* é movida contra quem, sem ter a posse, responde à ação, como se realmente a possuísse (*qui se lit obtulit*). O feito desenvolve-se contra quem não é possuidor, mas que apenas intitula-se como tal. O autor desconhece os fatos. Nessa hipótese, ao final, não haverá o que ser restituído, simplesmente porque o réu não tem a posse do bem, não podendo devolvê-la ao autor. O possuidor ficto, pela impossibilidade de restituição, é condenado a indenizar o autor pelo valor do bem"[29].

A finalidade da lei, sujeitando à condenação o possuidor *quis se lit obtulit*, é impedir que se empregue uma tal fraude para dar tempo ao verdadeiro possuidor de prescrever a coisa. O possuidor ficto, pois que não pode restituir a coisa, é condenado a pagar a estimação[30].

---

[27] *RT*, 749/404.
[28] Washington de Barros Monteiro, *Curso*, cit., v. 3, p. 91.
[29] *Comentários*, cit., v. XVI, p. 33-34.
[30] Lafayette, *Direito das coisas*, cit., t. I, p. 232.

4. OUTROS MEIOS DE DEFESA DA PROPRIEDADE

4.1. Ação negatória

A ação negatória é cabível, em regra, quando o domínio do autor, por um ato injusto, esteja sofrendo alguma restrição por alguém que se julgue com direito de *servidão* sobre o imóvel.

Embora seja mais comumente ajuizada nessa hipótese, é certo, porém, que pode ela ser invocada contra quaisquer atos atentatórios da liberdade do domínio, embora esses atos não constituam exercício material de servidões. Por conseguinte, a ação negatória é utilizada pelo dono da coisa todas as vezes que o seu domínio, por um ato injusto, esteja sendo molestado em sua plenitude ou nos seus limites por outrem que se julgue com um direito sobre o imóvel atacado.

O princípio que norteia tal ação é o do art. 1.231 do Código Civil, declarando presumir-se a propriedade *"plena e exclusiva, até prova em contrário"*. Segundo LACERDA DE ALMEIDA, "a reivindicatória defende a substância do domínio, a negatória defende-lhe a plenitude"[31].

Efetivamente, embora ambas, a reivindicatória e a negatória, destinem-se a proteger o domínio, cada uma o faz de modo diverso, segundo a natureza da ofensa que buscam reprimir. A *reivindicatória* é provocada pela perda da posse da coisa; a *negatória*, por atos de terceiro que, sem importarem a tirada da coisa do poder do proprietário, restringem ou limitam o exercício do domínio. Uma tem por fim *vindicar* a própria coisa, a outra *vindicar a liberdade da coisa*[32].

A ação negatória não pressupõe um desapossamento, mas um embaraço criado ao livre exercício do domínio pelo senhor da coisa, como na hipótese de o réu fazer passar pelo terreno do vizinho águas que este não está obrigado a receber.

A reivindicatória é ação de ataque, uma vez que a coisa encontra-se em poder de terceiro e o proprietário pretende reavê-la, ao passo que a negatória integra o grupo das ações defensivas da integridade do domínio. A propriedade é atacada em algum de seus elementos, ou melhor, na sua liberdade e extensão, e o proprietário defende-se contra a usurpação efetiva de alguma das utilidades do domínio[33].

Trata-se de pretensão de *caráter real*, que tem por base a propriedade. Ao intentá-la, deve o proprietário provar: a) que a coisa lhe pertence; b) que o réu o está molestando com a prática de atos que o inibem de exercer livremente e em toda a extensão o seu domínio. Não basta a prova de um ato ofensivo esporádico. Exige-se que a lesão contra a qual se insurge o *dominus* seja real e permanente à liberdade de exercício do domínio.

---

[31] *Direito das cousas*, cit., v. I, p. 325.
[32] Lafayette, *Direito das coisas*, cit., t. I, p. 242.
[33] Lacerda de Almeida, *Direito das cousas*, cit., v. I, p. 326-327.

Objetiva a aludida ação o reconhecimento da mencionada liberdade, trazendo como consequências: "a proibição ao réu, sob certa pena, de continuar nas mesmas usurpações, e a condenação, se no caso couber, de repor a coisa no antigo estado e satisfazer as perdas e danos causados"[34].

4.2. Ação de dano infecto

A ação de *dano infecto*, isto é, de dano iminente, tem caráter preventivo e cominatório, como o interdito proibitório, e pode ser oposta quando haja fundado receio de dano iminente, em razão de ruína do prédio vizinho ou vício na sua construção. Encontra fundamento no art. 1.280 do Código Civil, que assim dispõe:

"*O proprietário ou o possuidor tem direito a exigir do dono do prédio vizinho a demolição, ou a reparação deste, quando ameace ruína, bem como que lhe preste caução pelo dano iminente*".

A ação negatória, estudada no item anterior, visa resolver, mais frequentemente, um conflito de vizinhança. Do mau uso da propriedade resultam prejuízos ou incômodos ao vizinho. A fim de que cessem, o prejudicado invoca a proteção judicial. Outras vezes, o prejuízo ainda não ocorreu, mas há fundado receio de que suceda. Neste caso, o proprietário, em vez da negatória, que é ação defensiva, usa *ação preventiva*, como a de dano infecto[35].

A *legitimidade ativa* é do proprietário ou possuidor. Sujeito *passivo* é o dono do prédio vizinho que provoca a interferência prejudicial. O pedido consistirá em proibi-la, podendo a pena consistir na demolição, na interdição ou mesmo na indenização.

Assevera HELY LOPES MEIRELLES que a caução de dano infecto se lhe afigura possível "até mesmo em ação indenizatória comum, quando, além dos danos já consumados, outros estejam na iminência de consumar-se ante o estado ruinoso da obra vizinha, ou dos trabalhos lesivos da construção confinante. Embora a lei civil só se refira a danos decorrentes do estado ruinoso da obra, admite-se que a caução se estenda a outras situações capazes de produzir danos, como trabalhos perigosos executados na construção vizinha, deficiência de tapume da obra, perigo de queda de andaimes e outra mais"[36].

Precavendo-se, o autor obtém que a sentença comine ao réu a prestação de caução que o assegure contra o dano futuro (*cautio damni infecti*). Não sendo possível a demolição ou a reparação, pela natureza dos fatos, nada obsta que a pena seja a suspensão das obras, alternada com a caução. Se a demolição a ser iniciada representar risco para o prédio do autor e o proprietário não prestar a caução, o juiz determinará a suspensão dos trabalhos. Também na hipótese de escavações

---

[34] Lafayette, *Direito das coisas*, cit., t. I, p. 244-245.
[35] Orlando Gomes, *Direitos reais*, p. 295.
[36] *Direito de construir*, p. 353.

para as fundações de um edifício, por exemplo, se o seu proprietário não prestar caução o juiz decretará a suspensão das obras até que ela seja prestada[37].

A ação em apreço tem sido admitida também nos casos de mau uso da propriedade vizinha, que prejudique o sossego, a segurança e a saúde do proprietário ou inquilino de um prédio. Veja-se: "Direito de vizinhança. Poluição sonora. Ação de dano infecto. Sentença que impõe limites à emissão de ruídos. Descumprimento. Impedimento do funcionamento da atividade poluidora. Ato lícito do juiz"[38].

5. CARACTERES DA PROPRIEDADE

Preceitua o art. 1.231 do Código Civil:
"A propriedade presume-se plena e exclusiva, até prova em contrário".

O art. 525 do Código Civil de 1916 dizia que "é plena" a propriedade, quando todos os seus direitos elementares se acham reunidos no do proprietário". Em caso de desmembramento de um ou algum desses direitos (usar, gozar e dispor), nasce o direito real sobre coisa alheia, passando a propriedade à condição de limitada.

A propriedade é um direito primário ou fundamental, ao passo que os demais direitos reais nele encontram a sua essência. Encontrando-se em mãos do proprietário todas as faculdades inerentes ao domínio, o seu direito se diz absoluto ou pleno no sentido de poder usar, gozar e dispor da coisa da maneira que lhe aprouver, podendo dela exigir todas as utilidades que esteja apta a oferecer, sujeito apenas a determinadas limitações impostas no interesse público.

Embora a propriedade plena seja também considerada ilimitada, tal expressão há de ser corretamente entendida, como adverte ARRUDA ALVIM: "No que diz respeito à *coisa móvel*, estende-se o direito do proprietário *sobre toda a coisa, vale dizer, sobre toda a extensão física da coisa*. Atinentemente à *coisa imóvel*, o direito do proprietário estende-se sobre a totalidade da coisa, *tendo-se presente*, todavia, os limites dentro dos quais a ordem jurídica define a própria *existência possível* do direito de propriedade"[39].

Assinala, por sua vez, CAIO MÁRIO DA SILVA PEREIRA[40], citando DE PAGE, que o vocábulo "absoluto", com o que se costuma designar o direito do proprietário que tem a propriedade plena, "não foi empregado na acepção de 'ilimitado', mas para significar que a propriedade é liberta dos encargos inumeráveis e vexatórios que a constrangiam desde os tempos feudais", quando o que lavrava o solo tinha o dever de pagar foro ao fidalgo.

---

[37] Marco Aurélio S. Viana, *Comentários*, cit., v. XVI, p. 231-232.
[38] *RT*, 805/404.
[39] Breves anotações para uma teoria geral dos direitos reais, in *Posse e propriedade*: doutrina e jurisprudência, p. 53.
[40] *Instituições de direito civil*, v. IV, p. 90.

É de ressaltar que o caráter absoluto e ilimitado da propriedade tem, ao longo dos anos, sofrido limitações e restrições, importando uma incessante redução dos direitos do proprietário.

O segundo atributo do direito de propriedade é ser *exclusivo*. A mesma coisa não pode pertencer com exclusividade e simultaneamente a duas ou mais pessoas. O direito de um sobre determinada coisa exclui o direito de outro sobre essa mesma coisa (*duorum vel plurium dominium in solidum esse non potest*). O termo é empregado no sentido de poder o seu titular afastar da coisa quem quer que dela queira utilizar-se.

Tal noção não se choca com a de condomínio, pois cada condômino é proprietário, com exclusividade, de sua parte ideal. Os condôminos são, conjuntamente, titulares do direito; o condomínio implica divisão abstrata da propriedade[41].

Também se diz que a propriedade é *irrevogável* ou *perpétua*, porque não se extingue pelo não uso. Não estará pedida enquanto o proprietário não a alienar ou enquanto não ocorrer nenhum dos modos de perda previstos em lei, como a desapropriação, o perecimento, a usucapião etc.

Em suma, a propriedade é irrevogável ou perpétua "no sentido de que subsiste independentemente de exercício, enquanto não sobrevier causa legal extintiva. DEMOLOMBE declara que a propriedade não existiria se não fosse perpétua, compreendendo essa perpetuidade a possibilidade de sua transmissão *post mortem*"[42].

6. EVOLUÇÃO DO DIREITO DE PROPRIEDADE. FUNÇÃO SOCIAL DA PROPRIEDADE

No direito romano, a propriedade tinha caráter individualista. Na Idade Média, passou por uma fase peculiar, com dualidade de sujeitos (o dono e o que explorava economicamente o imóvel, pagando ao primeiro pelo seu uso). Havia todo um sistema hereditário para garantir que o domínio permanecesse numa dada família de tal forma que esta não perdesse o seu poder no contexto do sistema político.

Após a Revolução Francesa, a propriedade assumiu feição marcadamente individualista. No século passado, no entanto, foi acentuado o seu caráter social, contribuindo para essa situação as encíclicas *Rerum Novarum*, do Papa Leão XIII, e *Quadragésimo Ano*, de Pio XI. O sopro da socialização acabou, com efeito, impregnando o século XX, influenciando a concepção da propriedade e o direito das coisas.

---

[41] Washington de Barros Monteiro, *Curso*, cit., v. 3, p. 85.
[42] Washington de Barros Monteiro, *Curso*, cit., v. 3, p. 85-86.

O princípio da *função social* da propriedade tem controvertida origem. Teria sido, segundo alguns, formulado por Augusto Comte e postulado por Léon Duguit, no começo do aludido século. Em virtude da influência que a sua obra exerceu nos autores latinos, Duguit é considerado o precursor da ideia de que os direitos só se justificam pela missão social para a qual devem contribuir e, portanto, que o proprietário deve comportar-se e ser considerado, quanto à gestão dos seus bens, como um funcionário.

Para o mencionado autor, "a propriedade deixou de ser o direito subjetivo do indivíduo e tende a se tornar a *função social* do detentor da riqueza mobiliária e imobiliária; a propriedade implica para todo detentor de uma riqueza a obrigação de empregá-la para o crescimento da riqueza social e para a interdependência social. Só o proprietário pode executar uma certa tarefa social. Só ele pode aumentar a riqueza geral utilizando a sua própria; a propriedade não é, de modo algum, um direito intangível e sagrado, mas um direito em contínua mudança que se deve modelar sobre as necessidades sociais às quais deve responder"[43].

A atual *Constituição Federal* dispõe que a propriedade atenderá a sua *função social* (art. 5º, XXIII). Também determina que a ordem econômica observará a função da propriedade, impondo freios à atividade empresarial (art. 170, III).

Nessa ordem, o atual Código Civil proclama que "*o direito de propriedade deve ser exercido em consonância com as suas finalidades econômicas e sociais e de modo que sejam preservados, de conformidade com o estabelecido em lei especial, a flora, a fauna, as belezas naturais, o equilíbrio ecológico e o patrimônio histórico e artístico, bem como evitada a poluição do ar e das águas*" (art. 1.228, § 1º); e que "*são defesos os atos que não trazem ao proprietário qualquer comodidade, ou utilidade, e sejam animados pela intenção de prejudicar outrem*" (§ 2º).

O referido diploma criou uma nova espécie de desapropriação, determinada pelo Poder Judiciário na hipótese de "*o imóvel reivindicado consistir em extensa área, na posse ininterrupta e de boa-fé, por mais de cinco anos, de considerável número de pessoas, e estas nela houverem realizado, em conjunto ou separadamente, obras e serviços considerados pelo juiz de interesse social e econômico relevante*" (§ 4º). Nesse caso, "*o juiz fixará a justa indenização devida ao proprietário*" (§ 5º).

Trata-se de inovação de elevado alcance, inspirada no sentido social do direito de propriedade e também no novo conceito de posse, qualificada como *posse-trabalho*.

Reportamo-nos, a propósito do tema tratado neste item, à "Introdução", *retro*, n. 1.2.

---

[43] *Las transformaciones del derecho público y privado*, p. 236.

7. RESTRIÇÕES AO DIREITO DE PROPRIEDADE

Inúmeras leis impõem restrições ao direito de propriedade, como o Código de Mineração, o Código Florestal, a Lei de Proteção do Meio Ambiente etc. Algumas contêm restrições administrativas, de natureza militar, eleitoral etc. A própria Constituição Federal impõe a subordinação da propriedade à sua função social.

Há ainda limitações decorrentes do direito de vizinhança e de cláusulas impostas voluntariamente nas liberalidades, como inalienabilidade, impenhorabilidade e incomunicabilidade.

Todo esse conjunto, no entanto, acaba traçando o *perfil* atual do direito de propriedade no direito brasileiro, que deixou de apresentar as características de direito absoluto e ilimitado, para se transformar em um direito de finalidade social.

Como pondera ARRUDA ALVIM, parece mais conveniente falar-se, no lugar de *limitações ao direito de propriedade*, "em elementos que participam do *delinear dos contornos do direito de propriedade*, do traçar o seu perfil, tal qual, hoje, se apresenta. Aliás, na realidade, em rigor, o que se 'limitou', ou seja, o que se tem *concebido de forma diversa*, não é a essência do direito de propriedade, mas a *extensão da expressão prática dos poderes afetados ao 'dominus'*, predominantemente. O perfil último e final do direito de propriedade, e da expressão prática dos poderes que dela derivam, se extrai, efetivamente, de um mosaico de leis, de que faz parte a própria Constituição Federal, que prevê o direito de propriedade, passando pelo Código Civil, até às leis de zoneamento, de âmbito municipal"[44].

O art. 1.231 do Código Civil, retrotranscrito, considera plena (ou ilimitada) e exclusiva a propriedade, até prova em contrário. É *limitada* quando pesa sobre ela *ônus real*, como no caso do usufruto e de outros direitos reais sobre coisas alheias, em virtude do desmembramento dos direitos elementares do proprietário (usar, gozar etc.), ou quando é *resolúvel* (sujeita a resolução). É *plena* quando o proprietário concentra em suas mãos todos os direitos elementares mencionados no art. 1.228.

É possível o cancelamento da cláusula de inalienabilidade de imóvel após a morte dos doadores "se não houver justa causa para a manutenção da restrição ao direito de propriedade"[45].

O art. 1.229 do Código Civil limita a *extensão* da propriedade pelo critério da *utilidade*: até onde lhe for útil. Não pode o proprietário opor-se a trabalhos realizados por terceiros a uma altura ou profundidade tais, que não tenha ele interesse algum em impedi-los. A restrição é de cunho social. Dispõe o aludido dispositivo:

---

[44] Breves anotações, cit., p. 54.
[45] STJ, REsp 1.631.278-PR, rel. Min. Paulo de Tarso Sanseverino, j. 19-3-2019.

"*A propriedade do solo abrange a do espaço aéreo e subsolo correspondentes, em altura e profundidade úteis ao seu exercício, não podendo o proprietário opor-se a atividades que sejam realizadas, por terceiros, a uma altura ou profundidade tais, que não tenha ele interesse legítimo em impedi-las*".

Desse modo, o proprietário do imóvel tem direito não só à respectiva superfície como ao espaço aéreo e ao subsolo correspondentes. Tendo em vista, porém, que a propriedade é também fato econômico, a extensão do espaço aéreo e do subsolo se delimita pela utilidade que ao proprietário pode proporcionar. Por conseguinte, não lhe assiste o direito de impugnar a realização de trabalhos que se efetuem a uma altura ou a uma profundidade tais, que não tenha interesse legítimo em impedi-los. No Rio de Janeiro, por exemplo, o proprietário não poderia opor-se à passagem dos cabos empregados na tração do bonde aéreo do Pão-de-Açúcar, devido à sua grande altura, assim como não assistiria ao proprietário o direito de contestar a perfuração do subsolo para instalação do metrô nas grandes metrópoles[46].

Não prevalece entre nós, destarte, conhecida fórmula criada pelos glosadores e repetida pelos juristas em toda a Idade Média: *qui dominus est soli dominus est usque ad coelos et usque ad inferos* – quem é dono do solo é também dono até o céu e até o inferno.

Acrescenta o art. 1.230 do estatuto civil que "*a propriedade do solo não abrange as jazidas, minas e demais recursos minerais, os potenciais de energia hidráulica, os monumentos arqueológicos e outros bens referidos por leis especiais*" que constituem propriedade distinta do solo para efeito de exploração ou aproveitamento e pertencem à União (CF, art. 176; Código de Mineração, art. 84). A propriedade do produto da lavra é do concessionário que a explora, cabendo ao proprietário do solo apenas participação nos resultados da lavra.

8. FUNDAMENTO JURÍDICO DA PROPRIEDADE

Tem sido objeto de larga controvérsia entre juristas, filósofos e sociólogos o fundamento jurídico da propriedade. Em todos os tempos, muito se discutiu sobre a origem e a legitimidade desse direito. Várias teorias foram formuladas, podendo ser destacadas as seguintes:

a) *Teoria da ocupação* – Vislumbra o fundamento do direito de propriedade na ocupação das coisas, quando não pertenciam a ninguém (*res nullius*). É a mais antiga, remontando aos romanos. *Quod enim nullius est, id rationi naturali conceditur*, diz o Digesto, Livro XLI, Título I, p. 3. Muitos autores modernos também sustentaram que a ocupação é o principal título da propriedade.

---

[46] Washington de Barros Monteiro, *Curso*, cit., v. 3, p. 89.

Essa teoria é bastante combatida, por entender-se que a ocupação é apenas modo de aquisição da propriedade, mas não tem substância para justificar o direito de propriedade e, portanto, para servir-lhe de fundamento jurídico. Outros defeitos podem ser apontados: a) desconhece que há muitas coisas cuja propriedade não é nem pode ser adquirida por ocupação, como, por exemplo, a dos produtos da indústria; b) não considera que a propriedade do solo, em muitos casos, derivou de concessões, doações ou distribuições do Estado; c) atribui à ocupação, que é um fato de mero acaso e às vezes um ato de força, a virtude de criar um direito; d) torna possível a consequência de uma só pessoa poder ser proprietária dum vasto continente, se este fosse desabitado, o que ninguém hoje admitiria[47].

b) *Teoria da especificação* – Apoia-se tal teoria no trabalho. Somente o trabalho humano, transformando a natureza e a matéria bruta, justifica o direito de propriedade. Essa concepção é também bastante criticada, porque contém o germe da negação do direito de propriedade. Se o trabalhador se tornasse proprietário em razão de um direito, acabaria perdendo a fábrica ou empresa para os seus próprios empregados. E estes, para os novos empregados que contratassem, havendo, assim, espoliações sucessivas ou justaposição de múltiplas propriedades sobre o mesmo objeto.

Na realidade, o trabalho deve ter por recompensa o salário e não a própria coisa por ele produzida. Ademais, se o trabalho fosse o fundamento único ou principal da propriedade, a criança, o velho, o inválido, não podendo trabalhar, não deveriam ter propriedade alguma, e toda a riqueza deveria pertencer só aos homens robustos e aptos para o trabalho. Este é somente um dos meios de produzir ou de valorizar as riquezas e, por isso, não pode ser o fundamento da propriedade. Há muitas coisas que, embora sejam objeto da propriedade, não custaram trabalho algum[48].

A teoria em tela, embora tenha inspirado os regimes socialistas no início do século passado, não pode ser aceita, porque não responde à dúvida sobre se deve existir a propriedade, procurando apenas resolver quem deve ser o proprietário.

c) *Teoria da lei* – A teoria em tela, sustentada por MONTESQUIEU, em seu *De l'esprit des lois*, e por BENTHAM, no *Traité de législation*, assenta-se na concepção de que a propriedade é instituição do direito positivo: existe porque a lei a criou e a garante. Essa teoria não está, porém, imune a críticas, pois não pode a propriedade fundar-se somente na vontade humana, porque o legislador poderia ser levado a suprimi-la, quando deveria apenas ter o poder de regular-lhe o exercício.

---

[47] Cunha Gonçalves, *Da propriedade e da posse*, cit., p. 23.
[48] Cunha Gonçalves, *Da propriedade e da posse*, cit., p. 24; Washington de Barros Monteiro, *Curso*, cit., v. 3, p. 79.

Contrapõe-se, especialmente, que a propriedade sempre existiu, mesmo antes de ser regulamentada pela lei.

d) *Teoria da natureza humana* – É a que conta com o maior número de adeptos. Para estes, a propriedade é inerente à natureza humana, sendo uma dádiva de Deus aos homens, para que possam prover às suas necessidades e às da família. A propriedade individual, dizem, é condição da existência e da liberdade de todo o homem.

Procedendo-se a uma retrospectiva na história da Humanidade, verifica-se que a propriedade privada, com efeito, raramente deixou de existir. Mesmo nas comunidades primitivas "a noção de domínio se apresenta; apenas o seu titular não é o indivíduo, mas o agrupamento familiar ou o *clã*. Todavia, à medida que a sociedade evolui, a propriedade privada vai se caracterizando, sendo mesmo possível afirmar que esta é a condição do progresso daquela. Ademais, nos países que tentaram a experiência socialista, a abolição absoluta da propriedade privada foi impossível, e sua marcha, no sentido de restabelecê-la, ao menos parcialmente, é incontestável"[49].

A aludida teoria é, naturalmente, a acolhida pela Igreja Católica, consoante se depreende das encíclicas papais. Pio XI, na *Encíclica Quadragésimo Ano*, afirma que "o direito de possuir bens individualmente não provém da lei dos homens, mas da natureza; a autoridade pública não pode aboli-lo, porém, somente regular o seu uso e acomodá-lo ao bem do homem". A propriedade não deriva do Estado e de suas leis, mas antecede-lhes, como direito natural.

Setores extremados, especialmente na área dos bens imóveis, pregam, no entanto, que aqueles que nada possuem devem reivindicar, ainda que pelo uso da força, o seu quinhão. Esses despropósitos servem, todavia, para justificar o esbulho e demais atentados contra a propriedade. Embora esta seja inerente à natureza humana, compete ao legislador, desde que os homens se organizaram em Estado, regular o seu exercício.

Indubitavelmente, a propriedade representa necessidade econômica para as sociedades civilizadas e que se impõe ao legislador e ao jurista. A importância e a legitimidade do aludido direito são ressaltadas por PLANIOL[50], enfatizando: *a*) a propriedade é um fato histórico, que remonta à mais alta Antiguidade. Preexiste às leis que a regulam presentemente; *b*) sua organização atual resulta de constante evolução. Como a família ou o casamento, a propriedade corresponde a uma força social, que se desenvolve em meio de perenes vicissitudes; *c*) por esse motivo, não se deve nela tocar irrefletidamente, porque a experiência comprova que se não rompe impunemente com o passado; *d*) além disso, a propriedade tem justificada sua sobrevivência pelos incontestáveis serviços prestados à humanidade.

---

[49] Silvio Rodrigues, *Direito civil*, v. 5, p. 81-82.
[50] Apud Washington de Barros Monteiro, *Curso*, cit., v. 3, p. 80.

No direito brasileiro o direito de propriedade encontra seu fundamento no art. 5º, XXII, da Constituição Federal, que o garante; e no próprio art. 1.228 do Código Civil, que assegura ao proprietário o direito de usar, gozar e dispor de seus bens, e de reavê-los do poder de quem quer que injustamente os possua.

9. DA DESCOBERTA

A Seção II do Capítulo do atual Código Civil que trata da propriedade em geral, sob o título "Da descoberta", figurava, no diploma de 1916, como modo de aquisição e perda da propriedade móvel, com o nome de "invenção".

No entanto, a rigor, *descoberta* não é modo de adquirir a propriedade, uma vez que o descobridor não pode conservar para si o objeto extraviado, tendo a obrigação de restituí-lo. Correta, portanto, a nova posição topográfica do instituto.

Descoberta é achado de coisa perdida por seu dono. Descobridor é a pessoa que a encontra. Quem quer que ache coisa alheia perdida há de restituí-la ao dono ou legítimo possuidor. Dispõe, a propósito, o art. 1.233 do Código Civil:

"*Quem quer que ache coisa alheia perdida há de restituí-la ao dono ou legítimo possuidor.*

Parágrafo único. Não o conhecendo, o descobridor fará por encontrá-lo, e, se não o encontrar, entregará a coisa achada à autoridade competente".

A obrigação decorre do fato de o proprietário conservar o domínio por ter apenas perdido a coisa, não a tendo abandonado. O aludido dispositivo cuida, com efeito, de coisa perdida e não de coisa abandonada.

O Código Penal (art. 169, II) considera infração punível a apropriação de coisa achada e a não entrega à autoridade competente ou ao seu dono, no prazo de quinze dias. As obrigações impostas ao descobridor só nascem, todavia, se se apropriar da coisa perdida. Se não o fizer – ninguém está obrigado a recolher a coisa perdida – o simples achado não gera qualquer efeito.

Preceitua o art. 1.234 do Código Civil:

"*Aquele que restituir a coisa achada, nos termos do artigo antecedente, terá direito a uma recompensa não inferior a cinco por cento do seu valor, e à indenização pelas despesas que houver feito com a conservação e transporte da coisa, se o dono não preferir abandoná-la.*

Parágrafo único. Na determinação do montante da recompensa, considerar-se-á o esforço desenvolvido pelo descobridor para encontrar o dono, ou o legítimo possuidor, as possibilidades que teria este de encontrar a coisa e a situação econômica de ambos".

Mesmo estando obrigado a restituir a coisa achada, assegura-se ao descobridor o direito a uma recompensa, denominada *achádego*. O critério legal para o seu arbitramento mostra-se satisfatório, pois permite que se considerem as circunstâncias em que se deu a descoberta. O dispositivo em apreço assegura-lhe, ainda, o direito de ser indenizado pelas despesas que houver feito, mas apenas as necessárias, destinadas à conservação da coisa, e as efetuadas com o seu transporte, que forem devidamente comprovadas.

Todavia, o direito à recompensa e à indenização somente é devido se o dono ou possuidor da coisa tiver interesse em recebê-la. Se ele não se interessar pela restituição, pode abandoná-la. Nesse caso o descobridor, se assim o desejar, pode adquiri-la, pois ela deixa de ser coisa perdida e passa a ser tida como abandonada, operando-se sua ocupação (art. 1.263)[51].

Estatui o art. 1.235 do Código Civil:

"*O descobridor responde pelos prejuízos causados ao proprietário ou possuidor legítimo, quando tiver procedido com dolo*".

O descobridor não é obrigado, como foi dito, a recolher a coisa achada. Mas se o fizer deverá tomar os cuidados necessários para conservá-la e restituí-la ao dono, fazendo jus, por isso, à indenização das despesas necessárias. Não é obrigado, por exemplo, a apropriar-se do animal que tenha achado. Se, no entanto, optar por recolhê-lo, não pode deixar que morra de fome, por falta de alimentos.

Não nos parece razoável a posição adotada a esse respeito por CARVALHO SANTOS, que afirma dever o inventor tomar as medidas imprescindíveis para conservar a coisa, "mas nada o obriga a fazer despesas com essa conservação. Assim, não é o inventor obrigado a fornecer alimentos a um animal que tenha achado"[52].

Afirma também o mencionado autor que "o inventor somente responde pelos prejuízos causados ao proprietário ou possuidor legítimo, quando tiver procedido com dolo. A mera culpa não é bastante para fazê-lo incidir em responsabilidade". Relembre-se, porém, que antigo princípio, oriundo do direito romano e acolhido pelo direito moderno, proclama: *culpa lata dolus aequiparatur* (a culpa grave ao dolo se equipara).

A autoridade competente deve fazer a comunicação pela imprensa e outros meios que existirem, "*somente expedindo editais se o seu valor os comportar*" (CC, art. 1.236). O art. 1.237 contém normas sobre a destinação do bem cujo dono não o procura perante a autoridade à qual foi entregue, sobre a forma de comunicação e o prazo a ser aguardado depois do aviso pela imprensa ou por edital, bem como a respeito da destinação do que restar do produto da venda, dispondo: "*Decorridos sessenta dias da divulgação da notícia pela imprensa, ou do edital, não se apresentando quem comprove a propriedade sobre a coisa, será esta vendida em hasta*

---

[51] Marco Aurélio S. Viana, *Comentários*, cit., v. XVI, p. 66.
[52] *Código Civil*, cit., v. VIII, p. 242.

pública e, deduzidas do preço as despesas, mais a recompensa do descobridor, pertencerá o remanescente ao Município em cuja circunscrição se deparou o objeto perdido".

É facultado ao Município, que pode beneficiar-se da descoberta, abandoná-la, se o valor apurado for ínfimo. Preceitua, com efeito, o parágrafo único do aludido art. 1.237: *"Sendo de diminuto valor, poderá o Município abandonar a coisa em favor de quem a achou".*

Em nenhuma hipótese permite a lei que o descobridor se aproprie do bem. É dever de quem o encontra tudo fazer para localizar seu dono. Não o conseguindo, deve procurar a autoridade policial, a quem entregará a coisa achada.

O processo para a venda de coisa alheia perdida é disciplinado nos arts. 746 e s. do Código de Processo Civil de 2015.

Capítulo II
DA AQUISIÇÃO DA PROPRIEDADE IMÓVEL

Sumário: 1. Introdução. 2. Modos de aquisição.

1. INTRODUÇÃO

O Código Civil, depois do capítulo da propriedade em geral, trata dos diversos modos de aquisição, separando a propriedade imóvel da móvel, conferindo tratamento diferente a uma e outra.

Tal critério acentua a relevância da distinção entre essas duas espécies de bens. A divisão em imóveis e móveis é considerada a mais importante classificação, fundada na efetiva natureza dos bens.

Os bens imóveis, denominados *bens de raiz*, sempre desfrutaram de maior prestígio, ficando os móveis relegados a plano secundário. No entanto, a importância do bem móvel tem aumentado sensivelmente no moderno mundo dos negócios, em que circulam livremente os papéis e valores dos grandes conglomerados econômicos, sendo de suma importância para a economia o crédito, as energias, as ações de companhias particulares, os títulos públicos, as máquinas, os veículos etc.[1].

O legislador, todavia, seguindo a tradição romana e o direito medieval, confere relevo à riqueza imobiliária. Nos arts. 79 e 82, o atual Código Civil faz a distinção entre bens móveis e imóveis, distinguindo também o modo de aquisição de cada um deles. Quanto aos imóveis, mencionam os arts. 1.227 e 1.245 que são eles adquiridos pela transferência da propriedade entre vivos, mediante o *registro* do título translativo no registro de imóveis; e, quanto aos móveis, que *"só se adquirem com a tradição"* (art. 1.226).

---

[1] Carlos Roberto Gonçalves, *Direito civil brasileiro*, v. 1, p. 311.

2. MODOS DE AQUISIÇÃO

O Código Civil de 1916 enumerava, taxativamente, no art. 530, os modos de aquisição da propriedade imóvel: a) transcrição do título de transferência no Registro do Imóvel; b) acessão; c) usucapião; e) direito hereditário.

O atual diploma não os especificou, limitando-se a disciplinar, no capítulo intitulado "Da aquisição da propriedade imóvel", a *usucapião*, o *registro* do título e a *acessão* (arts. 1.238 a 1.259).

O *direito hereditário* é, também, modo de aquisição da propriedade imóvel porque, "*aberta a sucessão, a herança transmite-se, desde logo, aos herdeiros legítimos e testamentários*" (CC, art. 1.784). O inventário será feito em função do princípio da *continuidade* do registro de imóveis, para que o herdeiro ali figure como titular do direito de propriedade. Todavia a aquisição desse direito dá-se simplesmente em razão do falecimento do *de cujus*, quando então se considera aberta a sucessão (princípio da *saisine*, segundo o qual o próprio morto transmite ao sucessor o domínio e a posse da herança: *le mort saisit le vif*).

O mesmo sucede com a *usucapião*, como se verá adiante. Presentes os demais pressupostos legais, considera-se adquirido o domínio pelo simples decurso do lapso de tempo previsto na lei. A sentença que reconhecer a usucapião terá natureza meramente declaratória.

Os modos de adquirir a propriedade classificam-se segundo critérios diversos. Quanto à procedência ou causa da aquisição, esta pode ser *originária* e *derivada*. É da primeira espécie quando não há transmissão de um sujeito para outro, como ocorre na acessão natural e na usucapião. O indivíduo, em dado momento, torna-se dono de uma coisa por fazê-la sua, sem que lhe tenha sido transmitida por alguém, ou porque jamais esteve sob o domínio de outrem. Não há relação causal entre a propriedade adquirida e o estado jurídico anterior da própria coisa.

A aquisição é *derivada* quando resulta de uma relação negocial entre o anterior proprietário e o adquirente, havendo, pois, uma transmissão do domínio em razão da manifestação de vontade, como no registro do título translativo e na tradição.

Há alguma controvérsia a respeito da inclusão da usucapião no rol dos modos originários, uma vez que alguns autores consideram originária a aquisição somente quando o adquirente torna-se dono de uma coisa que jamais esteve sob o senhorio de alguém, ou seja, quando o domínio surge pela primeira vez[2]. Para estes, somente a *ocupação* seria modo originário de aquisição. Parece-nos mais adequado, todavia, simplesmente considerar configurado tal modo sempre que

---

[2] Caio Mário da Silva Pereira, *Instituições de direito civil*, v. IV, p. 115-116.

não houver relação causal entre a propriedade adquirida e a situação jurídica anterior da coisa. Desse modo podem ser incluídas a acessão natural e a usucapião.

Conforme a assertiva de ADROALDO FURTADO FABRÍCIO, "a usucapião é forma *originária* de adquirir: o usucapiente não adquire a alguém; adquire, simplesmente. Se propriedade anterior existiu sobre o bem, é direito que morreu, suplantado pelo do usucapiente, sem transmitir ao direito novo qualquer de seus caracteres, vícios ou limitações. Aliás, é de todo irrelevante, do ponto de vista da prescrição aquisitiva, a existência ou não daquele direito anterior"[3].

Se o modo é originário, a propriedade passa ao patrimônio do adquirente escoimada de quaisquer limitações ou vícios que porventura a maculavam. Se é derivado, a transmissão é feita com os mesmos atributos e eventuais limitações que anteriormente recaíam sobre a propriedade, porque, segundo velha máxima de ULPIANO, *nemo plus juris ad alium transferre potest quam ipse haberet,* ou seja, ninguém pode transferir a outrem mais direitos do que tem. A aquisição derivada exige, também, comprovação da legitimidade do direito do antecessor.

Observa WASHINGTON DE BARROS MONTEIRO que a distinção entre modos originários e modos derivados de aquisição encerra grande importância prática, "pois aquele que se abroquela num modo derivado se sujeitará eventualmente a comprovar que seu antecessor também era dono da coisa adquirida e que esta sempre esteve no domínio de todos os proprietários que o precederam. Tal demonstração ressente-se, algumas vezes, de sérias dificuldades práticas, razão por que de tal encargo já se disse constituir *probatio diabolica,* que tantos embaraços ocasiona nas ações de reivindicação"[4].

Quanto ao objeto, diz-se que a aquisição é a *título singular* quando tem por objeto bens individualizados, particularizados. Verifica-se, ordinariamente, por negócios *inter vivos.* Dá-se a aquisição a *título universal* quando a transmissão da propriedade recai num patrimônio. O único modo de aquisição por essa forma admitido pelo nosso direito é a *sucessão hereditária*. Nessa espécie "o adquirente sucede em todos os direitos reais e processuais do transmitente, e nas obrigações dele para com terceiros, visto que o sucessor continua a pessoa de quem o adquirente recebe a coisa; na aquisição a *título singular,* o adquirente sucede nos direitos, mas não se torna responsável pelas obrigações pessoais contraídas pelo alienante"[5].

O registro do título translativo no Cartório de Registro de Imóveis constitui modo de adquirir a propriedade peculiar aos *bens imóveis*. Os modos peculiares aos *móveis* são: a *ocupação,* a *especificação,* a *confusão,* a *comistão,* a *adjunção* e a

---

[3] *Comentários ao Código de Processo Civil,* v. VIII, t. III, p. 517.
[4] *Curso de direito civil,* v. 3, p. 99.
[5] Orlando Gomes, *Direitos reais,* p. 161-162.

tradição. São *modos comuns* de aquisição da propriedade, servindo tanto para os móveis como para os imóveis, a *sucessão*, a *usucapião* e, segundo alguns, a *acessão*[6].

DA USUCAPIÃO

> *Sumário*: 3. Conceito e fundamento. 4. Espécies. 4.1. Usucapião extraordinária. 4.2. Usucapião ordinária. 4.3. Usucapião especial. 4.3.1. Usucapião especial rural. 4.3.2. Usucapião especial urbana. 4.3.2.1. Usucapião urbana individual do Estatuto da Cidade. 4.3.2.2. Usucapião urbana coletiva do Estatuto da Cidade. 4.3.2.3. Usucapião imobiliária administrativa. 4.3.3. Usucapião familiar. 4.4. Usucapião indígena. 4.5. Usucapião extrajudicial. 5. Pressupostos da usucapião. 5.1. Coisa hábil. 5.2. Posse. 5.3. Tempo. 5.4. Justo título. 5.5. Boa-fé. 6. Ação de usucapião.

3. CONCEITO E FUNDAMENTO

A usucapião é também chamada de *prescrição aquisitiva*, em confronto com a *prescrição extintiva*, que é disciplinada nos arts. 205 e 206 do Código Civil. Em ambas, aparece o elemento *tempo* influindo na aquisição e na extinção de direitos.

A primeira, regulada no direito das coisas, é *modo originário de aquisição da propriedade e de outros direitos reais* suscetíveis de exercício continuado (entre eles, as servidões e o usufruto) pela posse prolongada no tempo, acompanhada de certos requisitos exigidos pela lei; a segunda, tratada na Parte Geral do Código, é a perda da pretensão e, por conseguinte, da ação atribuída a um direito, e de toda a sua capacidade defensiva, em consequência do não uso dela durante determinado espaço de tempo[7].

O art. 1.244 do Código Civil, entretanto, demonstra que se trata de institutos símiles, ao prescrever: "*Estende-se ao possuidor o disposto quanto ao devedor acerca das causas que obstam, suspendem ou interrompem a prescrição, as quais também se aplicam à usucapião*".

Consequentemente, dentre outras proibições, não se verifica usucapião entre cônjuges, na constância do casamento, entre ascendentes e descendentes, durante o poder familiar etc. Não corre, ainda, a prescrição (art. 198) contra os absolutamente incapazes de que trata o art. 3º.

---

[6] Orlando Gomes, *Direitos reais*, cit., p. 160.
[7] Clóvis Beviláqua, *Código Civil dos Estados Unidos do Brasil comentado*, comentários ao art. 161 do CC/1916, obs. n. 5.

Salientou o *Tribunal de Justiça de Minas Gerais*: "O cônjuge da parte autora não tem direito a usucapir imóvel, cuja posse se iniciou em momento bem anterior ao matrimônio formalizado sob o regime de comunhão parcial de bens"[8].

Na mesma linha proclamou o *Superior Tribunal de Justiça*:

"Direito Civil. Família. Imóvel cuja aquisição tem causa anterior ao casamento. Transcrição na constância da sociedade conjugal. Incomunicabilidade. Imóvel cuja aquisição tenha causa anterior ao casamento realizado sob o regime de comunhão parcial de bens, com transcrição no registro imobiliário na constância deste, é incomunicável. Inteligência do art. 272. Do CC/16 (correspondência: art. 1.661 do CC/02). A jurisprudência deste Tribunal tem abrandado a cogência da regra jurídica que sobreleva a formalidade em detrimento do direito subjetivo perseguido. Para tal temperamento, contudo, é necessário que a forma imposta esteja sobrepujando a realização da Justiça. Recurso Especial não conhecido"[9].

Já se decidiu que se suspende o prazo da prescrição aquisitiva a partir da data do óbito do pai da herdeira necessária, menor de dezesseis anos, até que complete essa idade, beneficiando os demais condôminos[10].

O *Superior Tribunal de Justiça* entende, ainda, como óbice a aquisição da propriedade por via da usucapião nos seguintes casos:

"O bem imóvel de propriedade de instituição financeira que se encontra em regime de liquidação extrajudicial é insuscetível de usucapião. Da mesma forma que ocorre no processo falimentar, a decretação da liquidação extrajudicial obsta a fluência do prazo da prescrição aquisitiva sobre bens inseridos na universalidade de bens já marcados pela indisponibilidade, pois, apesar de suscetíveis de comercialização, só podem ser alienados em certas circunstâncias, com o objetivo de atender aos interesses econômicos e sociais de determinadas pessoas"[11].

Segundo voto do relator, as causas impeditivas acima mencionadas se justificam pelo fato de que "a aquisição da propriedade pela via da usucapião pressupõe a inércia do proprietário em reaver o bem, que não pode ser imputada ao titular do domínio que, a partir da decretação da liquidação extrajudicial, não conserva mais todas as faculdades inerentes à propriedade: usar, fruir e dispor livremente da coisa".

A prescrição aquisitiva é uma instituição multissecular, que nos foi transmitida pelos romanos. Por favorecer o usurpador contra o verdadeiro proprietário, parece, à primeira vista, que ela ofende o direito de propriedade, permitindo que

---

[8] TJMG, AC 10024110859345001, rel. Des. Amorim Siqueira, j. 7-5-2019.
[9] STJ, REsp 707.092-DF, 3ª. T., rel. Min. Nancy Andrighi, j. 1º-8-2005.
[10] *RJTSP*, 39/143.
[11] REsp 1.876.058-SP, 3ª T., rel. Min. Ricardo Villas Bôas Cueva, j. 24-5-2022.

o possuidor passe a ocupar o lugar do primeiro, despojando-o do seu domínio. Segundo LAFAYETTE, tal perda "sai fora das regras fundamentais do Direito; mas é determinada por imperiosos motivos de utilidade pública"[12]. A *negligência* do proprietário, aduz, "não é propriamente uma razão determinante da prescrição aquisitiva, mas intervém como uma consideração moral de grande valor para pô-la sob uma luz mais favorável, tirando-lhe o caráter espoliativo, que à primeira vista se lhe atribui".

Na opinião de CUNHA GONÇALVES[13], a negligência do proprietário em usar da sua coisa não devia mesmo ser motivo para se premiar as pessoas de má-fé, garantindo-lhes a fruição e até o domínio do que não lhes pertence, ofendendo-se o princípio fundamental do direito e da justiça: *dar a cada um o seu*. Os argumentos, diz, devem basear-se na utilidade social.

Com efeito, argumenta o mencionado autor, "a propriedade, embora seja perpétua, não pode conservar este caráter senão enquanto o proprietário manifestar a sua intenção de manter o seu domínio, exercendo uma permanente atividade sobre a coisa possuída; a sua inação perante a usurpação feita por outrem, durante 10, 20 ou 30 anos, constitui uma aparente e tácita renúncia ao seu direito. De outro lado, à sociedade interessa muito que as terras sejam cultivadas, que as casas sejam habitadas, que os móveis sejam utilizados; mas um indivíduo que, durante largos anos, exerceu esses direitos numa coisa alheia, pelo seu dono deixada ao abandono, é também digno de proteção. Finalmente, a lei faculta ao proprietário esbulhado o exercício da respectiva ação para reaver a sua posse; mas esta ação não pode ser de duração ilimitada, porque a paz social e a tranquilidade das famílias exigem que os litígios cessem, desde que não foram postos em juízo num determinado prazo".

A 3ª Turma do *Superior Tribunal de Justiça* decidiu que é possível o reconhecimento da prescrição aquisitiva quando o prazo exigido pela lei se completa no curso da ação de usucapião, valendo-se, em suma, do seguinte argumento:

"É plenamente possível o reconhecimento da prescrição aquisitiva quando o prazo exigido por lei se exauriu no curso da ação de usucapião, por força do art. 462 do CPC [artigo 493 do Código de Processo Civil de 2015], que privilegia o estado atual em que se encontram as coisas, evitando-se provimento judicial de procedência quando já pereceu o direito do autor ou de improcedência quando o direito pleiteado na inicial, delineado pela *causa petendi* narrada, é reforçado por fatos supervenientes"[14].

O fundamento da usucapião está assentado, assim, no princípio da utilidade social, na conveniência de se dar segurança e estabilidade à propriedade, bem

---

[12] *Direito das coisas*, t. I, p. 182-183.
[13] *Da propriedade e da posse*, p. 207-208.
[14] REsp 1.720.288-RS, 3ª T., rel. Min. Nancy Andrighi, *DJe* 29-5-2020.

como de se consolidar as aquisições e facilitar a prova do domínio. Tal instituto, segundo consagrada doutrina, repousa na paz social e estabelece a firmeza da propriedade, libertando-a de reivindicações inesperadas, corta pela raiz um grande número de pleitos, planta a paz e a tranquilidade na vida social: tem a aprovação dos séculos e o consenso unânime dos povos antigos e modernos[15].

Em toda a legislação romana, especialmente no *Corpus Iuris Civilis*, a palavra "usucapião" aparece no feminino, ligando-se à *capio* ou *capionis*, que é feminina e quer dizer tomada, ocupação e aquisição, antecedida de *usu* (através do uso). A Lei n. 6.969, de 10 de dezembro de 1981, que dispõe sobre a aquisição, por usucapião especial, de imóveis rurais, utiliza-a no gênero feminino, assim também procedendo o Estatuto da Cidade (Lei n. 10.257/2001). Desse mesmo modo é ela mencionada nos dicionários *Novo Dicionário Aurélio* e *Caldas Aulete*.

O Projeto do Código Civil de 1916 trazia a aludida palavra no feminino. A mudança para o gênero masculino, como ficou constando no art. 550 do aludido diploma, decorreu de emenda apresentada por RUI BARBOSA. Consagrados autores como CARVALHO SANTOS, WASHINGTON DE BARROS MONTEIRO, SERPA LOPES, CAIO MÁRIO DA SILVA PEREIRA, RUBENS LIMONGI FRANÇA e outros usam-na no masculino. Todavia, outros eminentes autores, antigos e modernos, colocam-na no feminino, destacando-se, entre eles, IHERING, LACERDA DE ALMEIDA, LAFAYETTE, CARVALHO DE MENDONÇA, LENINE NEQUETE, ORLANDO GOMES, PONTES DE MIRANDA e ADROALDO FURTADO FABRÍCIO.

O atual Código Civil emprega o vocábulo usucapião no gênero feminino, respeitando a sua origem, como ocorre no direito francês, espanhol, italiano e inglês, malgrado seja o último estranho ao grupo[16].

4. ESPÉCIES

Podem ser objeto de usucapião bens *móveis* e *imóveis*, mas a destes é, no entanto, bem mais frequente.

O direito brasileiro distingue três espécies de usucapião de bens imóveis: a *extraordinária*, a *ordinária* e a *especial* ou *constitucional*, dividindo-se a última em rural (*pro labore*) e urbana (pró-moradia ou *pro misero* e familiar). Há, ainda, uma modalidade especial, a usucapião *indígena*, estabelecida no Estatuto do Índio (Lei n. 6.001/73), cujo art. 33 dispõe: "O índio integrado ou não, que ocupa como próprio, por dez anos consecutivos, trecho de terra inferior a cinquenta hectares, adquirir-lhe-á a propriedade plena". As terras objeto dessa espécie de usucapião são rurais e particulares, observando-se, na ação, o procedimento comum, uma

---

[15] Orlando Gomes, *Direitos reais*, cit., p. 187-188; Lafayette Rodrigues Pereira, *Direito das coisas*, cit., p. 184.
[16] Benedito Silvério Ribeiro, *Tratado de usucapião*, v. 1, p. 171-186.

vez que o Código de Processo Civil em vigor não manteve o rito especial previsto nos arts. 941 a 945 do diploma de 1973, apesar de se referir à "ação de usucapião de imóvel" nos arts. 246 e 259.

Dispõe, com efeito, o art. 246, § 3º, do estatuto processual de 2015: "Na ação de usucapião de imóvel, os confinantes serão citados pessoalmente, exceto quando tiver por objeto unidade autônoma de prédio em condomínio, caso em que tal citação é dispensada".

Neste caso, é válida a citação feita ao funcionário da portaria responsável pelo recebimento de correspondência, salvo se este recuse o recebimento, declarando, "por escrito, sob as penas da lei, que o destinatário da correspondência está ausente" (CPC/2015, art. 248, § 4º).

E o art. 259, I, do aludido diploma proclama que serão publicados editais "na ação de usucapião de imóvel.

4.1. Usucapião extraordinária

A usucapião *extraordinária* é disciplinada no art. 1.238 do Código Civil e seus requisitos são: posse de quinze anos (que pode reduzir-se a dez anos se o possuidor houver estabelecido no imóvel a sua moradia habitual ou nele realizado obras ou serviços de caráter produtivo), exercida com ânimo de dono, de forma contínua, mansa e pacificamente. Dispensam-se os requisitos do justo título e da boa-fé.

Dispõe, com efeito, o aludido dispositivo legal:

"Aquele que, por quinze anos, sem interrupção, nem oposição, possuir como seu um imóvel, adquire-lhe a propriedade, independentemente de título e boa-fé; podendo requerer ao juiz que assim o declare por sentença, a qual servirá de título para o registro no Cartório de Registro de Imóveis.

Parágrafo único. O prazo estabelecido neste artigo reduzir-se-á a dez anos se o possuidor houver estabelecido no imóvel a sua moradia habitual, ou nele realizado obras ou serviços de caráter produtivo".

Tal modalidade de prescrição tem como antecedentes históricos a *praescriptio longi temporis*, a *longissimi temporis* (que chegou a ser de quarenta anos) e a prescrição *imemorial* (posse de cujo começo não houvesse memória entre os vivos). Corresponde à espécie de usucapião mais comum e conhecida. Basta o ânimo de dono e a continuidade e tranquilidade da posse por quinze anos. O usucapiente não necessita de justo título nem de boa-fé, que sequer são presumidos: simplesmente não são requisitos exigidos. O título, se existir, será apenas reforço de prova, nada mais.

O conceito de *"posse-trabalho"*, quer se corporifique na construção de uma residência, quer se concretize em investimentos de caráter produtivo ou cultural, levou o legislador a reduzir para dez anos a usucapião extraordinária, como consta do parágrafo único supratranscrito.

Para que ocorra a redução do prazo não basta comprovar o pagamento de tributos, uma vez que, num país com grandes áreas despovoadas, poderia o fato propiciar direitos a quem não se encontre em situação efetivamente merecedora do amparo legal. Pareceu mais conforme aos ditames sociais, segundo justificativa apresentada por MIGUEL REALE[17], situar o problema em termos de "posse-trabalho", que se manifesta por meio de obras e serviços realizados pelo possuidor ou de construção, no local, de sua morada.

A propriedade adquirida por usucapião compreende não só aquela dotada de todos os seus atributos componentes (CC, art. 1.231), como também as parcelas que dela se destacam, isto é, os direitos reais sobre coisa alheia (*iura in re aliena*), como a servidão, a enfiteuse, o usufruto, o uso, a habitação, a anticrese etc.

O *Superior Tribunal de Justiça* firmou a seguinte tese: "O reconhecimento da usucapião extraordinária, mediante o preenchimento dos requisitos específicos, não pode ser obstado em razão de a área usucapienda ser inferior ao módulo estabelecido em lei municipal"(*Tema Repetitivo n. 985*)[18].

No tocante à *servidão*, o atual Código Civil aperfeiçoou a redação, ficando explicitado, no art. 1.379, que a usucapião abrange a *servidão aparente*. Todavia, houve uma falha no que tange ao requisito temporal, uma vez que o mais longo prazo de usucapião devia ser o de quinze anos, que é o da prescrição extraordinária. Mas foi fixado em vinte, no parágrafo único do aludido dispositivo, mesmo sabendo-se que a servidão é apenas parcela da propriedade. Visando contornar a impropriedade temporal, o *Enunciado n. 251 da III Jornada de Direito Civil* anuncia que: "O prazo máximo para o usucapião extraordinário de servidões deve ser de 15 anos, em conformidade com o sistema geral de usucapião previsto no Código Civil".

4.2. Usucapião ordinária

A usucapião ordinária apresenta os seguintes requisitos: posse de dez anos, exercida com ânimo de dono, de forma contínua, mansa e pacificamente, além de justo título e boa-fé. Dispõe, com efeito, o art. 1.242 do Código Civil:

"*Adquire também a propriedade do imóvel aquele que, contínua e incontestadamente, com justo título e boa-fé, o possuir por dez anos.*

Parágrafo único. Será de cinco anos o prazo previsto neste artigo se o imóvel houver sido adquirido, onerosamente, com base no registro constante do respectivo cartório, cancelada posteriormente, desde que os possuidores nele tiverem estabelecido a sua moradia, ou realizado investimentos de interesse social e econômico".

---

[17] *O Projeto do novo Código Civil*, p. 82-83.
[18] REsp 1.667.842-SC, 2ª T., rel. Min. Luis Felipe Salomão, j. 3-12-2020.

Preceitua o art. 2.029 das "Disposições Transitórias" que, "*até dois anos após a entrada em vigor deste Código, os prazos estabelecidos no parágrafo único do art. 1.238 e no parágrafo único do art. 1.242 serão acrescidos de dois anos, qualquer que seja o tempo transcorrido na vigência do anterior, Lei n. 3.071, de 1º de janeiro de 1916*".

Os parágrafos mencionados dizem respeito às hipóteses em que o prazo é reduzido porque o possuidor estabeleceu no imóvel a sua moradia habitual, ou nele realizou obras ou serviços de caráter produtivo. Acrescenta o art. 2.030 do Código Civil que "*o acréscimo de que trata o artigo antecedente, será feito nos casos a que se refere o § 4º do art. 1.228*".

4.3. Usucapião especial

Além das duas espécies mencionadas, o nosso ordenamento prevê ainda a usucapião *especial*, também chamada de *constitucional* por ter sido introduzida pela Constituição Federal sob duas formas: *usucapião especial rural*, também denominada *pro labore*, e *usucapião especial urbana*, também conhecida como pró-moradia. A de 1934 consagrou a modalidade rural, que está também regulamentada no art. 191 da Carta de 1988 e no art. 1.239 do Código Civil de 2002.

A usucapião especial urbana constitui inovação trazida pela atual Constituição, estando regulamentada em seu art. 183 e também no Estatuto da Cidade (Lei n. 10.257, de 10-7-2001), arts. 9º (usucapião urbana individual) e 10 (usucapião urbana coletiva), assim como no art. 1.240 do atual Código Civil.

Como preleciona MARCO AURÉLIO BEZERRA DE MELO[19], "Qualquer pessoa natural ou jurídica, de direito público ou privado, pode exercer posse ad usucapionem. Até mesmo o condomínio edilício, terreno onde pairam dúvidas sobre sua natureza jurídica que entendo, diga-se, tratar de pessoa jurídica, conforme anotação no art. 1.331 do Código Civil, pode usucapir, conforme o bem lançado *Enunciado n. 596 da VII Jornada de Direito Civil*: 'O condomínio edilício pode adquirir imóvel por usucapião'".

Dentre as peculiaridades das modalidades especiais, destacam-se a impossibilidade de soma da posse do atual possuidor com o lapso exercido por seu antecessor, conforme previsão cristalizada no *Enunciado n. 317 da IV Jornada de Direito Civil*: "A *accessio possessionis* de que trata o art. 1.243, primeira parte, do Código Civil não encontra aplicabilidade relativamente aos arts. 1.239 e 1.240 do mesmo diploma legal, em face da normatividade do usucapião constitucional urbano e rural, arts. 183 e 191, respectivamente".

---

[19] *Código Civil comentado*: doutrina e jurisprudência, p. 956.

4.3.1. Usucapião especial rural

A *usucapião especial rural* ou *pro labore* surgiu, no direito brasileiro, com a Constituição Federal de 1934, sendo conservada na Carta outorgada de 1937 e na Constituição de 1946. A Constituição de 1967 e a Emenda Constitucional de 1969 não repetiram o texto das anteriores, mas a última consignou os seus requisitos básicos, remetendo a sua disciplina à lei ordinária.

Enquanto não regulamentada, aplicou-se a Lei n. 4.504, de 30 de novembro de 1964, denominada Estatuto da Terra, até o advento da Lei n. 6.969, de 10 de dezembro de 1981, elaborada especialmente para regulamentar a aquisição, por usucapião especial, de imóveis rurais. Preceitua o seu art. 1º:

"Todo aquele que, não sendo proprietário rural nem urbano, possuir como sua, por 5 (cinco) anos ininterruptos, sem oposição, área rural contínua, não excedente de 25 (vinte e cinco) hectares, e a houver tornado produtiva com seu trabalho e nela tiver sua morada, adquirir-lhe-á o domínio, independentemente de justo título e boa-fé, podendo requerer ao juiz que assim o declare por sentença, a qual servirá de título para transcrição no Registro de Imóveis".

Excepcionalmente, o seu art. 2º incluiu as *terras devolutas* (espécies de bens públicos) entre os bens usucapíveis. A Constituição Federal de 1988, entretanto, no art. 191, aumentou a dimensão da área rural suscetível dessa espécie de usucapião para cinquenta hectares, tendo o parágrafo único proibido expressamente a aquisição de *imóveis públicos* por usucapião. O usucapiente não pode ser proprietário de qualquer outro imóvel, seja rural ou urbano.

O atual Código Civil limitou-se, no art. 1.239, a reproduzir, *ipsis litteris*, o mencionado art. 191 da Constituição Federal:

"*Art. 1.239. Aquele que, não sendo proprietário de imóvel rural ou urbano, possua como sua, por cinco anos ininterruptos, sem oposição, área de terra em zona rural não superior a cinquenta hectares, tornando-a produtiva por seu trabalho ou de sua família, tendo nela sua moradia, adquirir-lhe-á a propriedade*".

Decidiu a 4ª Turma do *Superior Tribunal de Justiça* que é possível, por meio da usucapião especial rural, adquirir a propriedade de área menor do que o módulo rural estabelecido para a região, uma vez que não há, na Constituição nem na legislação ordinária, regra que determine área mínima sobre a qual o possuidor deve exercer a posse para que seja possível a usucapião especial rural[20].

A usucapião especial rural não se contenta com a simples posse. O seu objetivo é a fixação do homem no campo, exigindo ocupação produtiva do imóvel, devendo neste morar e trabalhar o usucapiente. Constitui a consagração do princípio

---

[20] STJ, REsp 1.040.296-ES, 4ª T., rel. Min. Luis Felipe Salomão, j. 2-6-2015.

ruralista de que deve ser dono da terra rural quem a tiver frutificado com o seu suor, tendo nela a sua morada e a de sua família[21]. Tais requisitos impedem que a pessoa jurídica requeira usucapião com base no dispositivo legal em apreço porque ela não tem família nem morada. Tal modalidade não exige, todavia, justo título nem boa-fé.

Nesse sentido, dispõe o *Enunciado n. 507 da V Jornada de Direito Civil*: "Na aplicação do princípio da função social da propriedade imobiliária rural, deve ser observada a cláusula aberta do § 1º do art. 1.228 do Código Civil, que, em consonância com o disposto no art. 5º, inc. XXIII, da Constituição de 1988, permite melhor objetivar a funcionalização mediante critérios de valoração centrados na primazia do trabalho".

Na clara exposição de Lenine Nequete, "o Estatuto da Terra, tanto quanto as disposições constitucionais que o precederam, é uma lei destinada a incrementar a fixação do homem no campo e, o que é mais, a valorizar aquelas terras, exatamente, localizadas em zonas rurais, de alguma sorte distantes dos centros urbanos, a serem por elas abastecidos: nem as cidades, em crescimento constante, e voltadas precipuamente para outras atividades essenciais, comportariam que estas não continuassem a se desenvolver, prejudicadas por aquela forma de ocupação. E isto tudo sem falar na burla que então se ensejaria: consumada a usucapião *pro labore* de terras urbanas, e assim ainda mais valorizadas, face às necessidades de expansão dos mesmos centros, nada impediria fossem elas logo a seguir alienadas para loteamentos ou indústrias, fugindo consequentemente às intenções sociais da lei"[22].

O benefício é instituído em favor da família, cujo conceito encontra-se estampado na Constituição Federal: a constituída pelo casamento e a entidade familiar, que envolve a união estável e a família monoparental (art. 226, §§ 1º a 4º). Por essa razão, a morte de um dos cônjuges, de um dos conviventes ou do pai ou da mãe que dirige a família monoparental não prejudica o direito dos demais integrantes.

A doutrina e a jurisprudência não agasalham, todavia, a soma ou adição da posse, denominada *accessio possessionis*[23]. Não pode, assim, o possuidor acrescentar à sua posse a dos seus antecessores, uma vez que teriam de estar presentes as mesmas qualidades das posses adicionadas, o que seria difícil de ocorrer, visto que há requisitos personalíssimos incompatíveis com a aludida soma, como produtividade do trabalho do possuidor ou de sua família e morada no local. É afastada até mesmo a hipótese de adicionamento quando o sucessor a título singular faz parte da família e passa a trabalhar a terra e a produzir, nela residindo[24].

---

[21] Washington de Barros Monteiro, *Curso*, cit., v. 3, p. 128; Arnaldo Rizzardo, *Direito das coisas*, p. 281.
[22] *Da prescrição aquisitiva (usucapião)*, n. 52, nota de rodapé n. 9, p. 248.
[23] *RT*, 305/344; *RJTJSP*, 137/300.
[24] Marco Aurélio S. Viana, *Comentários ao novo Código Civil*, v. XVI, p. 4; Benedito Silvério Ribeiro, *Tratado*, cit., v. 2, p. 1020.

A 3ª *Turma do Superior Tribunal de Justiça* estabeleceu que é possível usucapião de imóveis rurais por pessoa jurídica brasileira com capital majoritariamente controlado por estrangeiros, desde que observadas as mesmas condições para a compra de áreas rurais por pessoas estrangeiras – sejam naturais, jurídicas ou equiparadas. Para tanto, é necessário observar que "a legislação impõe uma série de condições para a aquisição de terras rurais por estrangeiros, pessoas naturais ou jurídicas, pois nesta questão está envolvida a defesa do território e da soberania nacional, elementos imprescindíveis à existência do Estado brasileiro"[25].

4.3.2. Usucapião especial urbana

A *usucapião especial urbana* constitui inovação trazida pela Constituição Federal de 1988, estando regulamentada em seu art. 183, *verbis*: "Aquele que possuir como sua área urbana de até duzentos e cinquenta metros quadrados, por cinco anos, ininterruptamente e sem oposição, utilizando-a para sua moradia ou de sua família, adquirir-lhe-á o domínio, desde que não seja proprietário de outro imóvel urbano ou rural".

Tal espécie não se aplica à posse de terreno urbano sem construção, pois é requisito a sua utilização para moradia do possuidor ou de sua família. Por outro lado, não reclama justo título nem boa-fé, como também ocorre com a usucapião especial rural e já foi dito.

Acrescentam os §§ 2º e 3º do dispositivo constitucional supratranscrito que "esse direito não será reconhecido ao novo possuidor mais de uma vez" e que os "imóveis públicos não serão adquiridos por usucapião". O título de domínio e a concessão de uso serão conferidos ao homem ou à mulher, ou a ambos, independentemente do estado civil (§ 1º).

Como se trata de inovação trazida pela Carta de 1988, conforme mencionado, não se incluem no preceito constitucional as posses anteriores. O prazo de cinco anos só começou a contar, para os interessados, a partir da vigência da atual Constituição. O novo direito não poderia retroagir, surpreendendo o proprietário com uma situação jurídica anteriormente não prevista. Assim, os primeiros pedidos somente puderam ser formulados a partir de 5 de outubro de 1993[26].

No art. 1.240, o Código Civil reproduziu, integralmente, o art. 183, §§ 1º e 2º, da Constituição Federal. A propósito, aprovou-se o *Enunciado n. 85 na I Jornada de Direito Civil* do CJF: "Para os efeitos do art. 1.240, *caput*, do novo Código

---

[25] STJ, REsp 1.641.038-CE, 3ª T., rel. Min. Nancy Andrighi, *DJe* 12-11-2018.
[26] "Usucapião. Imóvel urbano. Termo inicial da contagem do quinquênio que coincide com a entrada em vigor da Constituição Federal de 1988. Inteligência do art. 183 da CF" (STF, *RT*, 748/129).

Civil, *entende-se por 'área urbana' o imóvel edificado ou não, inclusive unidades autônomas vinculadas a condomínios edilícios*".

O *Superior Tribunal de Justiça* enfrentou a seguinte questão: se uma utilização mista do imóvel usucapiendo, isto é, com fins de moradia, mas também com utilização de um pequeno comércio, no caso, de bicicletaria, poderia legitimar usucapião *pro moradia*. A mencionada Corte entendeu que essa circunstância, muito comum em comunidades de baixa renda com pequenos bares e outros comércios informais, não poderia servir de empecilho para o reconhecimento da usucapião especial urbana, aduzindo que, no acórdão recorrido, "considerou-se impossível declarar a usucapião de área utilizada para a bicicletaria operada pela família do recorrente, afirmando que apenas a porção do imóvel utilizada exclusivamente para sua moradia e de sua família poderia ser adquirida pela usucapião. No entanto, o requisito da exclusividade no uso residencial não está expressamente previsto em nenhum dos dispositivos legais e constitucionais que dispõem sobre a usucapião especial urbana. Assim, o uso misto da área a ser adquirida por meio de usucapião especial urbana não impede seu reconhecimento judicial, se a porção utilizada comercialmente é destinada à obtenção do sustento do usucapiente e de sua família. Há, de fato, a necessidade de que a área pleiteada seja utilizada para a moradia do requerente ou de sua família, mas não se exige que esta área não seja produtiva, especialmente quando é utilizada para o sustento do próprio recorrente". Enfim, "a destinação de parte do imóvel para fins comerciais não impede o reconhecimento da usucapião especial urbana sobre a totalidade da área"[27].

Tem legitimidade para usucapir o possuidor, como pessoa física. A lei exige do prescribente que utilize o imóvel para sua *moradia* ou de sua *família*. A pessoa jurídica, tendo sede e não residência, não tem família e, portanto, não está legitimada para arguir a prescrição aquisitiva.

O brasileiro nato e o naturalizado podem usucapir. O estrangeiro poderá fazê-lo somente se for residente no País (CF, art. 5º).

Quanto à extensão do imóvel, a área urbana de "*até duzentos e cinquenta metros quadrados*" (CC, art. 1.240) representa um tamanho máximo, fixado pelo legislador constitucional como suficiente à moradia do possuidor ou de sua família. Tal metragem abrange tanto a área do terreno quanto a construção, vedado que uma ou outra ultrapasse o limite assinalado. Ademais, não se soma a área construída à do terreno[28].

---

[27] STJ, REsp 1.777.404, 3ª T., rel. Min. NANCY ANDRIGHI, j. 5-5-2020.
[28] Benedito Silvério Ribeiro, *Tratado*, cit., v. 2, p. 910.
"Usucapião especial. Imóvel urbano com área inferior ao especificado por lei municipal que não prevalece em face do ordenamento constitucional. Competência legislativa da União. Extinção do processo afastada" (*JTJ*, Lex, 266/36). "Usucapião especial. Imóvel urbano. Lo-

Em princípio, não é possível ao usucapiente, que exercer posse sobre área urbana com metragem superior, pretender usucapir área igual ou menor que a de duzentos e cinquenta metros quadrados, situada dentro de área maior, fundando sua pretensão no art. 183 da Constituição Federal. O proprietário poderia ser surpreendido pela repentina redução da pretensão, uma vez que a usucapião de toda a área possuída só se consumaria em prazo maior. Poderia ele, por essa razão, ter deixado a adoção de providências visando à recuperação de seu imóvel para ocasião mais oportuna, dentro daquele prazo maior[29].

Nada obsta, todavia, que se adquira pela usucapião especial imóvel urbano inserido em área maior, delimitada a posse ao limite de duzentos e cinquenta metros quadrados. Decidiu o Tribunal de Justiça de São Paulo ser possível incidir a usucapião especial sobre um lote de terreno existente em área que seria objeto de um loteamento, enfatizando: "Ora, estando o imóvel usucapiendo bem descrito e identificado, tendo a requerente juntado a planta do loteamento a que pertence, impõe-se o prosseguimento da ação de usucapião especial, pois o imóvel acha-se individualizado, porquanto o condômino pode usucapir, desde que exerça posse *pro sua*, com exclusividade, em área delimitada, demonstrando inequivocamente o *animus domini*, pelo prazo mínimo previsto em lei. Não há impossibilidade de usucapir área destacada em imóvel urbano, desde que, por suas características de localização e metragem, possa ser desmembrada, como é o caso em testilha"[30].

No tocante a apartamento, assentou o *Tribunal de Justiça do Rio de Janeiro*, em acórdão citado por BENEDITO SILVÉRIO RIBEIRO, que se deve levar em conta a área do imóvel. Aduz o mencionado autor: "Nos casos de apartamentos, em que a fração ideal do solo é mínima, seria de levar em conta a área da unidade autôno-

---

teamento irregular. Irrelevância. Questão meramente administrativa que não obsta o reconhecimento da prescrição aquisitiva" (*JTJ*, Lex, 244/188).

[29] José Carlos de Moraes Salles, *Usucapião de bens imóveis e móveis*, p. 221.
"Usucapião especial. Imóvel urbano. Pretensão de usucapir a propriedade de parcela de imóvel que integra construção maior. Inadmissibilidade. Impossibilidade de usucapião de parte ideal de imóvel que não comporta divisão. Extinção do processo sem julgamento do mérito" (*JTJ*, Lex, 269/230).

[30] *JTJ*, Lex, 245/187.
"Usucapião especial. Domínio. Impossibilidade da sua declaração sobre parte ideal não individualizada. Inocorrência. Pretensão a declaração judicial sobre a totalidade do imóvel usucapiendo. Exercício da posse exclusiva do bem decorrente de sucessão hereditária. Inexistência de óbice ao prosseguimento do feito" (*JTJ*, Lex, 259/233). "Usucapião urbano. Condomínio. Ajuizamento por condôminos titulares de fração certa e determinada. Pretendido reconhecimento do domínio de sua quota-parte. Cabimento, em tese, do pedido. Indeferimento da inicial afastado" (*JTJ*, Lex, 240/133).

ma, que pode ser pouco significativa. A área a ser considerada, no caso, deveria ser a total, não a útil"[31].

É possível usucapir imóvel destinado em parte a comércio familiar. O uso simultâneo do imóvel para pequena atividade comercial pela família domiciliada não inviabiliza o usucapião na modalidade especial urbana. "O uso misto da área a ser adquirida por meio de usucapião especial urbana não impede o seu reconhecimento judicial, se a porção utilizada comercialmente é destinada à obtenção do sustento do usucapiente e de sua família. Há, de fato, necessidade de que a área pleiteada seja utilizada para a moradia do requerente ou de sua família, mas não se exige que esta área não seja produtiva, especialmente quando é utilizada para o sustento do próprio recorrente, como na hipótese em julgamento"[32].

Em julgado que versava acerca da usucapião especial urbana, a 3ª Turma do *Superior Tribunal de Justiça* ponderou duas importantes considerações:

"O fato de os possuidores serem proprietários de metade do imóvel usucapiendo não recai na vedação de não possuir 'outro imóvel' urbano, contida no artigo 1.240 do Código Civil. É firme a jurisprudência desta Corte no sentido de ser admissível a usucapião de bem em condomínio, desde que o condômino exerça a posse do bem com exclusividade"[33].

4.3.2.1. Usucapião urbana individual do Estatuto da Cidade

O exercício do direito de propriedade tem tido seu perfil modificado principalmente nas zonas mais densas, que são as urbanas. As modificações nesse campo visam a tornar possível a coexistência de um sem-número de proprietários em áreas relativamente pouco extensas, e mais, acomodar o exercício de seus respectivos direitos à ideia da função que devem exercer.

Nessa senda, o Estatuto da Cidade (Lei n. 10.257, de 10-7-2001) prevê e disciplina a usucapião urbana *individual* e *coletiva*, ambas de inegável alcance social.

Segundo o escólio de REGIS FERNANDES DE OLIVEIRA, a necessidade do advento do aludido diploma "decorre das ocupações irregulares nos grandes conglomerados urbanos. A invasão de áreas, a falta de fiscalização, a invasão de mananciais, o medo da perda da posse por famílias de baixa renda, a falta de um 'papel' que lhes dê legitimidade sobre a posse, a venda de 'propriedades', barracos e construções malfeitas, tudo a gerar um conflito social sem precedentes... O que mais querem os moradores é a regularização da ocupação. Para tanto, agora, a lei veio a trazer alguns instrumentos de impacto urbano que podem envolver a legi-

---

[31] *Tratado*, cit., v. 2, p. 909.
[32] STJ, REsp 1.777.404, 3ª T., rel. Min. Nancy Andrighi, disponível em: *Revista Consultor Jurídico*, de 11-5-2020.
[33] REsp 1.909.276-RJ, 3ª T., rel. Min. Ricardo Villas Bôas Cueva, j. 27-9-2022.

timação da posse, pacificando a sociedade e dando às grandes cidades condições de desenvolvimento saudável"[34].

A lei em apreço veio conceder poderoso instrumento de intervenção urbana ao Município. Assim, dispõe o art. 9º da Lei n. 10.257/2001 que "aquele que possuir como sua área ou edificação urbana de até duzentos e cinquenta metros quadrados, por cinco anos, ininterruptamente e sem oposição, utilizando-a para sua moradia ou de sua família, adquirir-lhe-á o domínio, desde que não seja proprietário de outro imóvel urbano ou rural".

O Estatuto da Cidade entrou em vigor poucos meses antes da vigência do Código Civil de 2002, contendo preceito quase idêntico ao art. 1.240 deste último diploma. A única diferença é que este fala em "área urbana" e o aludido Estatuto esclarece melhor, falando em "área ou edificação urbana", uma vez que não é possível a aquisição por usucapião urbana apenas da área, tendo em vista que o objetivo visado pela lei é a moradia. Tal fato induz construção, restando concluir que tanto a área (com a construção) como a edificação (só o direito de superfície) poderão ser objeto de usucapião urbana do Estatuto da Cidade. O limite de duzentos e cinquenta metros quadrados não pode assim ser ultrapassado, seja para a área do terreno, seja para a edificação[35].

O Estatuto da Cidade é lei especial que regula dispositivo constitucional. Por essa razão não sofreu alteração com a superveniência de lei geral (novo Código Civil), uma vez que a lei geral não derroga a especial, segundo dispõe expressamente o art. 2º, § 2º, da Lei de Introdução às Normas do Direito Brasileiro.

Denota-se, do exposto, que a usucapião urbana está contida em três diplomas importantes: no art. 183 da Constituição Federal, no art. 9º do Estatuto da Cidade e no art. 1.240 do Código Civil.

Não há conflito entre o texto do art. 1.240 do Código Civil e o do art. 9º do Estatuto da Cidade. Mas o § 3º deste último diploma estabelece uma restrição para a *accessio possessionis*, dizendo que "o herdeiro legítimo continua, de pleno direito, a posse de seu antecessor, desde que já resida no imóvel por ocasião da abertura da sucessão". A soma das posses não era admitida pela jurisprudência, por se tratar de ocupação pessoal do imóvel para fins de moradia. Todavia, o texto constitucional não a proibia.

Ao falar em herdeiro *legítimo*, o dispositivo em tela afasta o herdeiro testamentário e também outros que não estejam residindo no imóvel usucapiendo na data da abertura da sucessão.

---

[34] *Comentários ao Estatuto da Cidade*, p. 51.
[35] Benedito Silvério Ribeiro, *Tratado*, cit., v. 2, p. 930.

O § 1º do art. 9º do Estatuto da Cidade preceitua que o título de domínio será conferido ao homem ou à mulher. Visa à proteção da entidade familiar decorrente do casamento ou da união estável. O estado civil de cada um dos possuidores é secundário, pois objetiva-se beneficiar a família que reside no imóvel objeto de usucapião. É afastada a exigência de outorga do cônjuge, na hipótese de pessoa casada que viva com outra, por exemplo, a título de companheira, e que visem usucapir.

O uso para fins outros que não o residencial é vedado pela própria lei, não estando afastada hipótese de utilização de parte do imóvel para pequeno comércio (oficina de pequenos consertos, bar, microempresa), com moradia do usucapiente ou de sua família no local[36].

4.3.2.2. Usucapião urbana coletiva do Estatuto da Cidade

O Estatuto da Cidade prevê também, no art. 10, a *usucapião coletiva*, de grande alcance social, de áreas urbanas ocupadas por população de baixa renda, para sua moradia por cinco anos, onde não for possível identificar os terrenos ocupados individualmente. Essa modalidade não é prevista no Código Civil. Dispõe, com efeito, o aludido dispositivo, com a redação dada pela Lei n. 13.465, de 11 de julho de 2017: "Os núcleos urbanos informais existentes sem oposição há mais de cinco anos e cuja área total dividida pelo número de possuidores seja inferior a duzentos e cinquenta metros quadrados por possuidor são suscetíveis de serem usucapidos coletivamente, desde que os possuidores não sejam proprietários de outro imóvel urbano ou rural".

A inovação visa à regularização de áreas de favelas ou de aglomerados residenciais sem condições de legalização do domínio. Dentre as diretrizes da política urbana que têm por objetivo ordenar o pleno desenvolvimento das funções sociais da propriedade urbana encontra-se a norma do inciso XIV do art. 2º do referido Estatuto: "regularização fundiária e urbanização de áreas ocupadas por população de baixa renda mediante o estabelecimento de normas especiais de urbanização, uso e ocupação do solo e edificação, consideradas a situação socioeconômica da população e as normas ambientais". Essa modalidade veio, assim, possibilitar a regularização de áreas de favelas ou de aglomerados residenciais sem condições de legalização dominial.

A ideia de usucapião sempre foi voltada para área certa, delimitada e posicionada em local determinado. No entanto, a usucapião coletiva atinge áreas onde não for possível identificar os terrenos ocupados por cada possuidor, para sua moradia, sem que possam adquirir o imóvel por usucapião, haja vista que estará adquirida gleba em condomínio.

---

[36] Benedito Silvério Ribeiro, *Tratado*, cit., v. 2, p. 931.

Indaga-se se a *usucapião urbana coletiva* constitui modalidade distinta daquela estabelecida no art. 183 da Constituição Federal e se as posses anteriores à vigência do mencionado Estatuto podem ser computadas.

Segundo o magistério de BENEDITO SILVÉRIO RIBEIRO[37], os que entendem não se tratar de nova modalidade de usucapião argumentam que o legislador do Estatuto apenas forneceu instrumento para viabilizar situações peculiares da já conhecida usucapião constitucional urbana. Assim, a usucapião coletiva nada mais é do que uma espécie de usucapião urbana constitucional, apenas ostentando algumas facetas peculiares para solucionar situações fáticas que encontravam obstáculos de natureza formal para consumação da prescrição aquisitiva. Aduz-se que o Estatuto da Cidade teve período de *vacatio legis* suficientemente longo para que eventuais titulares do domínio ajuizassem ações para retomar os imóveis ocupados, não sendo colhidos, assim, de surpresa pela suposta nova modalidade de prescrição aquisitiva.

Entretanto, aduz o mencionado jurista, é de se ponderar que o prazo de noventa dias mostra-se curto para a defesa da propriedade. Além disso, o Estatuto afasta a possibilidade de usucapião individual de área que ultrapassar o limite máximo de metragem, de duzentos e cinquenta metros quadrados, permitida no art. 183 da Constituição Federal. Ademais, a finalidade buscada na usucapião coletiva é a formação de um condomínio, cabendo frações ideais a cada um dos condôminos, até mesmo de forma diferenciada. O acréscimo de posse (*accessio possessionis*), que não era admitido na modalidade constitucional do art. 183, constitui inovação do legislador ordinário.

Todas essas circunstâncias estão a evidenciar que se trata de nova figura ou modalidade de usucapião, cuja contagem do prazo prescricional deve ocorrer a partir da vigência do art. 10 do Estatuto da Cidade.

Não há um limite do tamanho da área, que deve ser de propriedade particular, uma vez que é proibido usucapir terras públicas (CF, art. 183, § 3º; CC, art. 102; STF, *Súmula 340*). Não se trata de terra bruta, mas sim ocupada por pessoas que vivem em barracos ou habitações precárias construídas com material frágil, até mesmo com coberturas improvisadas. Tendo em vista os parâmetros constitucionais, não se admite que cada um dos ocupantes receba parte ideal, conquanto possa ser diferenciada (Estatuto da Cidade, art. 10, § 3º), superior a duzentos e cinquenta metros quadrados, extensão estipulada para moradia urbana, consoante se infere do preceito contido no *caput* do mencionado art. 183 da Constituição Federal[38].

---

[37] *Tratado*, cit., v. 2, p. 944-946.
[38] Benedito Silvério Ribeiro, *Tratado*, cit., v. 2, p. 947.

O art. 10 do Estatuto da Cidade não trata de composse, em que um terreno é ocupado por várias pessoas, que exercem sobre ele posse em comum, mas de "núcleos urbanos informais". A expressão foi usada em referência ao núcleo habitacional desorganizado como uma unidade, na impossibilidade de destacar parcelas individuais. Nos aludidos núcleos habitacionais não há propriamente terrenos identificados, mas sim espaços que não seriam passíveis de regularização pela vida de usucapião individual[39].

Se alguns poucos moradores, cujas posses estejam estrategicamente localizadas no interior da gleba, se recusam a litigar no polo ativo (podem preferir usucapir individualmente, com base no art. 9º do Estatuto), devem eles ser citados para integrarem a lide, no polo ativo, por se tratar de litisconsórcio necessário. Se comparecerem e o juiz verificar que a recusa é justificada, o processo será extinto. Caso entenda injustificada, prosseguirá o feito, em situação semelhante à de suprimento de outorga de cônjuge[40].

Prevê o art. 12, III, do Estatuto da Cidade como parte legítima para a propositura da ação de usucapião especial urbana, "como substituto processual, a associação de moradores da comunidade, regularmente constituída, com personalidade jurídica, desde que explicitamente autorizada pelos representados". Trata-se de inovação permitindo legitimação para a ocupação do polo ativo da ação de usucapião coletiva.

Deve preponderar o uso do imóvel para fins residenciais, não se afastando utilização outra para finalidade comercial acanhada, como pequeno bar, por exemplo. As favelas constituem um todo orgânico e devem ser consideradas como unidades, daí por que alguns imóveis comerciais não podem, desde que exista predominância da residência, impedir futura urbanização. Aos possuidores que explorem comércio não fica afastada a via usucapiatória do Código Civil, desde que atendido um mínimo de urbanização que permita perfeita localização dos imóveis, com dados idôneos para a abertura da matrícula[41].

Impende indagar sobre a existência de ruas, vielas, caminhos e espaços reservados para pequenas praças, creches e escolas, na área objeto de usucapião. Entendem alguns que, havendo vias contidas na descrição do imóvel, automaticamente passarão para o domínio do município, como bens de uso comum do povo. No entanto, não se tratando de loteamento, mas de simples passagens, não devem ser tidas como vias públicas. É possível considerar as vielas de acesso e

---

[39] Francisco Eduardo Loureiro, Usucapião, cit., *RDI*, p. 161.
[40] Francisco Eduardo Loureiro, Usucapião, cit., *RDI*, p. 164.
[41] Benedito Silvério Ribeiro, *Tratado*, cit., v. 2, p. 951-952.

praças como área de domínio particular comum a todos os possuidores, numa espécie de "servidão" do campo possessório, que podem, assim, ser usucapidas coletiva, mas não individualmente. É a única solução plausível para permitir a urbanização da área degradada e atingir os fins propostos pelo legislador[42].

O intento do legislador, ao aprovar o Estatuto da Cidade, foi o de reconhecer direitos aos favelados ou grupos desprovidos de um teto para morarem, ou ainda moradores em habitações precárias, sem infraestrutura e sem condições viárias. Assim, foi que instituiu condomínio especial passível de extinção, desde que haja aprovação por 2/3 dos condôminos e seja feita a regularização necessária, como abertura de ruas ou passagens, perfeita localização dos imóveis e implantação de infraestrutura, tal como sucede com os loteamentos, dotados de água, luz, esgoto, guias, calçadas etc.

Há quem sustente que o regime apropriado para o condomínio especial seja o do condomínio em edificações e não o condomínio comum. Primeiramente, porque o próprio legislador o nominou de especial. Fosse outra a intenção do legislador, teria dito que condomínio era o comum só que dotado de regras especiais. Além disso, é indivisível[43].

Todavia, não se trata, *in casu*, do condomínio especial previsto na Lei n. 4.591/64, com as modificações introduzidas pelo novo Código Civil, que o denomina condomínio edilício, nem do condomínio comum ou tradicional regido por este último diploma nos arts. 1.314 a 1.330. O condomínio em edificações é dividido em partes ideais, mas *certas*, com destaque das unidades autônomas. O condomínio comum pode ser dividido ou extinto, a pedido de qualquer dos condôminos. Já o condomínio especial criado pelo Estatuto da Cidade pode ser extinto, dependendo de deliberação, no mínimo, de 2/3 dos condôminos, mas só "no caso de execução de urbanização posterior à constituição do condomínio". Mesmo a unanimidade dos condôminos não consegue extinguir a comunhão.

E, finalmente: tanto o condomínio tradicional quanto o da Lei n. 4.591/64 não se referem à coletividade, uma vez que ambos disciplinam a propriedade individual, não a coletiva.

Na ação judicial de usucapião especial de imóvel urbano, o rito processual a ser observado é o sumário (Estatuto, art. 14). Na sentença, o juiz atribuirá igual fração ideal de terreno a cada possuidor, independentemente da dimensão do

---

[42] Francisco Eduardo Loureiro, Usucapião, cit., *RDI*, p. 163.
[43] Nesse sentido a manifestação de Caramuru Afonso Francisco, *Estatuto da Cidade comentado*, cit., p. 151-152.

terreno que cada um ocupe, salvo hipótese de acordo escrito entre os condôminos, estabelecendo frações ideais diferenciadas (art. 10, § 3º).

A usucapião especial de imóvel urbano poderá ser invocada como matéria de defesa, valendo a sentença que a reconhecer como título para registro no cartório de registro de imóveis (Estatuto, art. 13). Na pendência da ação ficarão sobrestadas quaisquer outras ações, petitórias ou possessórias, que venham a ser propostas relativamente ao imóvel usucapiendo (art. 11).

O Estatuto da Cidade cria, assim, por meio das diretrizes gerais e dos instrumentos de política urbana, um complexo de normas que permitem o racional aproveitamento do solo urbano, planificando a vida em comunidade, dando à propriedade sua função social, decorrente dos princípios encampados em todo o mundo, com o objetivo de melhoria da qualidade de vida, em todas as suas dimensões.

4.3.2.3. Usucapião imobiliária administrativa

A Lei n. 11.977, de 7 de julho de 2009, que criou o programa "Minha Casa, Minha Vida" (PMCMV), destinado ao custeio de moradia à população de baixa renda, instituiu também a regularização fundiária, com as alterações introduzidas pela Lei n. 12.424, de 16 de junho de 2011. Trata-se de um processo para transformar terra urbana em terra urbanizada, com infraestrutura e integração à cidade.

A referida lei disciplina modalidade de usucapião administrativa, requerida e processada no Cartório de Registro de Imóveis, e não em juízo, prevendo a possibilidade de o Poder Público legitimar a posse de ocupantes de imóveis públicos ou particulares. Foi ela, no entanto, alterada pela Lei n. 13.465, de 11 de julho de 2017, que trata da questão dentro do Instituto da Regularização Fundiária Urbana (REURB).

Dispõe, com efeito, o art. 25 da lei em apreço:

"Art. 25. A legitimação de posse, instrumento exclusivo para fins de regularização fundiária, constitui ato do Poder Público destinado a conferir título, por meio do qual fica reconhecida a posse de imóvel objeto da REURB, com a identificação de seus ocupantes, do tempo da ocupação e da natureza da posse, o qual é conversível em direito real de propriedade, na forma desta Lei. § 1º A legitimação de posse poderá ser transferida por *causa mortis* ou por *ato inter vivos*. § 2º A legitimação de posse não se aplica aos imóveis urbanos situados em área de titularidade do Poder Público".

Estatui, por sua vez, o art. 26 da citada lei que, "sem prejuízo dos direitos decorrentes do exercício da posse mansa e pacífica no tempo, aquele em cujo favor for expedido título de legitimação de posse, decorrido o prazo de cinco anos de seu registro, terá a conversão automática dele em título de propriedade, desde que atendidos os termos e as condições do art. 183 da Constituição Federal, independentemente de prévia provocação ou prática de ato registral". Aduz o § 1º: "Nos casos não contemplados pelo art. 183 da Constituição Federal, o título de legitimação de posse poderá ser convertido em título de propriedade, desde que satisfeitos os requisitos de usucapião estabelecidos na legislação em vigor, a requerimento do interessado, perante o registro de imóveis competente". Complementa, por sua vez, o § 2º: "A legitimação de posse, após convertida em propriedade, constitui forma originária de aquisição de direito real, de modo que a unidade imobiliária com destinação urbana regularizada restará livre e desembaraçada de quaisquer ônus, direitos reais, gravames ou inscrições, eventualmente existentes em sua matrícula de origem, exceto quando disserem respeito ao próprio beneficiário".

Acrescenta o art. 27 da mencionada lei: "O título de legitimação de posse poderá ser cancelado pelo Poder Público emitente, quando constatado que as condições estipuladas nesta Lei deixaram de ser satisfeitas, sem que seja devida qualquer indenização àquele que irregularmente se beneficiou do instrumento". Observa-se, assim, que a legislação em vigor prevê, por essa nova modalidade de usucapião, a conversão da legitimação da posse em propriedade.

Segundo MALHIM NAMEN CHALHUB, "o Capítulo III da Lei n. 11.977/2009 transpõe para o direito positivo o reconhecimento da eficácia jurídica da posse com função social, e, para maior celeridade de sua conversão em propriedade, admite seja processada extrajudicialmente a usucapião de imóveis localizados em favelas e assentamentos assemelhados. Por esse meio, a lei desata amarras que, no âmbito judicial, dificultam o acesso do possuidor ao título de propriedade. A extrajudicialidade do procedimento se justifica, dentre outros fundamentos, pela necessidade de simplificar e desburocratizar os meios de realização da função social da propriedade e das cidades, e contribui decisivamente para consecução dessas funções, não havendo afronta alguma aos requisitos da aquisição da propriedade por usucapião, nem às garantias constitucionais do direito de propriedade, desde que cumprida sua função social, e, ainda, aos requisitos do contraditório"[44].

4.3.3. Usucapião familiar

A Lei n. 12.424, de 16 de junho de 2011, criou uma nova modalidade de usucapião especial urbana – também denominada usucapião pró-moradia e que vem sendo chamada de *usucapião familiar* –, inserindo no Código Civil o art. 1.240-A e seu § 1º, do seguinte teor:

---

[44] *Usucapião administrativa*. Apud Flávio Tartuce e José Fernando Simão, *Direito Civil*, v. 4, p. 176.

"Art. 1.240-A. Aquele que exercer, por 2 (dois) anos ininterruptamente e sem oposição, posse direta, com exclusividade, sobre imóvel urbano de até 250 m² (duzentos e cinquenta metros quadrados) cuja propriedade divida com ex-cônjuge ou ex-companheiro que abandonou o lar, utilizando-o para sua moradia ou de sua família, adquirir-lhe-á o domínio integral, desde que não seja proprietário de outro imóvel urbano ou rural.

§ 1º O direito previsto no caput *não será reconhecido ao mesmo possuidor mais de uma vez".*

O que seria o § 2º do aludido dispositivo tratava de isenção de despesas, em favor do hipossuficiente, para o registro da sentença de reconhecimento do direito e foi vetado.

Trata-se, como mencionado, de nova modalidade de usucapião especial urbana, instituída em favor de pessoas de baixa renda, que não têm imóvel próprio, seja urbano ou rural. A lei em apreço disciplina o novo instituto nos mesmos moldes previstos no art. 183 da Constituição Federal. Tanto no caso da usucapião especial urbana, como no da usucapião familiar, é necessário que o usucapiente não seja proprietário de outro imóvel urbano ou rural e exerça posse mansa, pacífica e ininterrupta sobre imóvel urbano de até 250 metros quadrados, para fins de sua moradia ou de sua família, não sendo permitida a concessão da medida mais de uma vez em favor da mesma pessoa.

Podem ser apontadas, no entanto, as seguintes diferenças entre as duas modalidades: a) na usucapião familiar, ao contrário do que sucede na usucapião especial urbana disciplinada no art. 1.240 do Código Civil, exige-se, além dos requisitos mencionados, que o usucapiente seja coproprietário do imóvel, em comunhão ou condomínio com seu ex-cônjuge ou ex-companheiro; b) exige-se, também, que estes tenham abandonado o lar de forma voluntária e injustificada; e c) o tempo necessário para usucapir é flagrantemente inferior às demais espécies de usucapião, consumando-se a prescrição aquisitiva no prazo de dois anos.

A principal crítica que se tem feito à nova espécie é que ela ressuscita a discussão sobre a causa do término do relacionamento afetivo, uma vez que o abandono do lar deve ser voluntário, isto é, culposo, numa época em que se prega a extinção da discussão sobre a culpa para a dissolução do casamento e da união estável. É evidente que, se a saída do lar, por um dos cônjuges, tiver sido determinada judicialmente, mediante, por exemplo, o uso das medidas previstas no art. 22 da Lei Maria da Penha (Lei n. 11.340/2006), não estará caracterizado o abandono voluntário exigido pela nova lei.

Observe-se que um dos pressupostos da nova espécie é que a propriedade seja dividida com ex-cônjuge ou ex-companheiro, deixando dúvida sobre o *dies a quo* da fluência do prazo prescricional. À primeira vista pode parecer que o referido prazo somente começaria a fluir a partir da decretação do divórcio ou da dissolução da união estável, uma vez que, antes disso, não se pode falar em ex-cônjuge ou ex-companheiro, além do que não corre prescrição entre cônjuges e companheiros, na constância da sociedade conjugal ou da união estável (CC, arts. 197, I, e 1.244).

Todavia, a mera separação de fato, por erodir a arquitetura conjugal, acarreta o fim de deveres do casamento e, assim, do regime patrimonial, não se comunicando os bens havidos depois daquele desate matrimonial, como vem decidindo o *Superior Tribunal de Justiça*. Confira-se:

"1. O cônjuge que se encontra separado de fato não faz jus ao recebimento de quaisquer bens havidos pelo outro por herança transmitida após decisão liminar de separação de corpos.

2. Na data em que se concede a separação de corpos, desfazem-se os deveres conjugais, bem como o regime matrimonial de bens; e a essa data retroagem os efeitos da sentença de separação judicial ou divórcio"[45].

Ante tal orientação, a separação de fato poderá ser o marco inicial da contagem do prazo da usucapião familiar, uma vez caracterizado o abandono voluntário do lar por um dos cônjuges ou companheiros. Ressalte-se, por fim, que o prazo de dois anos estabelecido na Lei n. 12.424, de 16 de junho de 2011, só começou a contar, para os interessados, a partir de sua vigência. O novo direito não poderia retroagir, surpreendendo um dos coproprietários com uma situação jurídica anteriormente não prevista. Assim, os primeiros pedidos somente poderão ser formulados a partir de 16 de junho de 2013. Confira-se:

"Usucapião familiar. Abandono do lar. Art. 1.240-A do Código Civil. Prazo da prescrição aquisitiva. Termo inicial – data da vigência da lei.

O prazo de dois anos da prescrição aquisitiva exigido para a usucapião familiar, fundada no abandono do lar de ex-cônjuge – modalidade introduzida no art. 1.240-A do Código Civil –, tem como termo *a quo* o início da vigência da Lei n. 12.424/2011, pois orientação diversa permitiria que, eventualmente, aquele que abandonou o lar perdesse automaticamente a propriedade, em flagrante ofensa ao princípio da segurança jurídica"[46].

Segundo o *Superior Tribunal de Justiça*, a separação de fato de um casal é suficiente para fazer cessar a causa impeditiva da fluência do prazo necessário ao reconhecimento da usucapião entre cônjuges. Assim entendendo, a referida Corte deu provimento ao recurso de uma mulher que ajuizou, em 2014, a ação de usucapião do imóvel no qual residia com o marido até a separação de fato, em 2009, quando ele deixou o lar. Segundo consta dos autos, os dois se casaram em 1986 e passaram

---
[45] REsp 1.065.209-SP, 4ª T., rel. Min. João Otávio de Noronha, j. 8-6-2010.
[46] TJMG, AC 1.070.212.035.148.2001, 1ª Câm., rel. Des. Eduardo Andrade, j. 29-4-2014.

a morar na propriedade adquirida por ele em 1985. A relatora, Min. Nancy Andrighi, ressaltou, com base em ensinamentos doutrinários, que o impedimento ao cômputo da prescrição entre cônjuges, previsto no art. 197, I, do CC, embora situado no capítulo das prescrições extintivas, também se aplica à prescrição aquisitiva, ou seja, à usucapião. Segundo ela, esse impedimento – "constância da sociedade conjugal" – cessa pela separação judicial ou pelo divórcio, como estabelecido nos incisos III e IV do art. 1.571 do Código Civil. No entanto, ressaltou a mencionada relatora que, recentemente, a 3ª Turma reconheceu a possibilidade de se admitir a fluência da prescrição entre cônjuges a partir da separação de fato[47].

Acerca dessa modalidade de usucapião, destacam-se os seguintes *Enunciados das Jornadas de Direito Civil*:

Enunciado n. 499, V Jornada: "A aquisição da propriedade na modalidade de usucapião prevista no art. 1.240-A do Código Civil só pode ocorrer em virtude de implemento de seus pressupostos anteriormente ao divórcio. O requisito 'abandono do lar' deve ser interpretado de maneira cautelosa, mediante a verificação de que o afastamento do lar conjugal representa descumprimento simultâneo de outros deveres conjugais, tais como assistência material e sustento do lar, onerando desigualmente aquele que se manteve na residência familiar e que se responsabiliza unilateralmente pelas despesas oriundas da manutenção da família e do próprio imóvel, o que justifica a perda da propriedade e a alteração do regime de bens quanto ao imóvel objeto de usucapião".

Enunciado n. 595, VII Jornada: "O requisito 'abandono do lar' deve ser interpretado na ótica do instituto da usucapião familiar como abandono voluntário da posse do imóvel somado à ausência da tutela da família, não importando em averiguação da culpa pelo fim do casamento ou união estável".

Enunciado 664, IX Jornada: "O prazo da usucapião contemplada no art. 1.240-A só iniciará seu curso caso a composse tenha cessado de forma efetiva, não sendo suficiente, para tanto, apenas o fim do contato físico com o imóvel".

4.4. Usucapião indígena

Índios ou silvícolas são os habitantes das selvas, não integrados à civilização. Nos termos do art. 4º, parágrafo único, do Código Civil de 2002, a "*capacidade dos índios será regulada por legislação especial*".

O diploma legal que atualmente regula a situação jurídica dos índios no País é a Lei n. 6.001, de 19 de dezembro de 1973, que dispõe sobre o Estatuto do Índio, proclamando que ficarão sujeitos à tutela da União, até se adaptarem à civilização.

---

[47] STJ, REsp 1.693.732, 3ª T., rel. Min. Nancy Andrighi, disponível em: *Revista Consultor Jurídico*, de 10-8-2020.

Referida lei considera *nulos* os negócios celebrados entre um índio e pessoa estranha à comunidade indígena, sem a participação da Fundação Nacional do Índio (Funai). Entretanto, declara que se considerará válido tal ato se o índio revelar consciência e conhecimento do ato praticado e, ao mesmo tempo, tal ato não o prejudicar.

A Fundação Nacional do Índio foi criada pela Lei n. 5.371/67 para exercer a tutela dos indígenas, em nome da União.

Proclama o art. 32 do mencionado Estatuto do Índio que "são de propriedade plena do índio ou da comunidade indígena (...) as terras havidas por qualquer das formas de aquisição do domínio, nos termos da legislação civil". Por sua vez, preceitua o art. 33: "O índio, integrado ou não, que ocupe como próprio, por dez anos consecutivos, trecho de terra inferior a cinquenta hectares, adquirir-lhe-á a propriedade plena".

É beneficiado pelo favor legal, podendo usucapir, portanto, o índio já integrado na civilização, bem como aquele ainda não integrado. Segundo dispõe o art. 3º do mesmo diploma, índio ou silvícola "é todo indivíduo de origem e ascendência pré-colombiana que se identifica e é identificado como pertencente a um grupo étnico cujas características culturais o distinguem da sociedade nacional".

A tutela dos índios origina-se no âmbito administrativo. O que vive nas comunidades não integradas à civilização já nasce sob tutela. É, portanto, independentemente de qualquer medida judicial, incapaz desde o nascimento, até que preencha os requisitos exigidos pelo art. 9º da mencionada Lei n. 6.001/73 (idade mínima de 21 anos, conhecimento da língua portuguesa, habilitação para o exercício de atividade útil à comunidade nacional, razoável compreensão dos usos e costumes da comunhão nacional) e seja liberado por ato judicial, diretamente, ou por ato da Funai homologado pelo órgão judicial.

Poderá o Presidente da República, por decreto, declarar a emancipação de uma comunidade indígena e de seus membros. Competente para cuidar das questões referentes aos índios é a Justiça Federal.

Se o índio possuir plena capacidade, poderá propor diretamente a ação de usucapião. Não a tendo, será representado pela Funai.

A área usucapienda é somente a rural e particular, uma vez que a própria Constituição Federal proíbe a usucapião de bens públicos (art. 191, parágrafo único). Também o parágrafo único do retrotranscrito art. 33 da Lei n. 6.001/73 enfatiza que "o disposto neste artigo não se aplica às terras do domínio da União, ocupadas por grupos tribais, às áreas reservadas de que trata esta Lei, nem às terras de propriedade coletiva de grupo tribal". Com efeito, as terras habitadas pelos silvícolas, constituindo bens públicos federais, são intangíveis, insuscetíveis de serem adquiridas por usucapião.

A ocupação a que alude o mencionado art. 33 do Estatuto do Índio tem o significado de posse, que deve ser exercida por dez anos seguidos com *ani-*

mus domini, ou seja, com a intenção de ter a coisa para si, na condição de verdadeiro proprietário. Daí a expressão "como próprio", empregada no dispositivo em apreço.

O trecho de terra usucapível não pode ultrapassar cinquenta hectares, estabelecido como limite máximo. Não há previsão para um tamanho mínimo.

4.5. Usucapião extrajudicial

O art. 1.071 do Código de Processo Civil em vigor introduziu na Lei dos Registros Públicos (Lei n. 6.015/73) o art. 216-A, admitindo a usucapião extrajudicial, processada diretamente perante o cartório do registro de imóveis da comarca em que situado o imóvel usucapiendo.

O pedido será formulado pelo interessado, representado por advogado, instruído com:

"I – ata notarial lavrada pelo tabelião, atestando o tempo de posse do requerente e seus antecessores, conforme o caso e suas circunstâncias;

II – planta e memorial descritivo assinado por profissional legalmente habilitado, com prova de anotação de responsabilidade técnica no respectivo conselho de fiscalização profissional, pelos titulares de direitos reais e de outros direitos registrados ou averbados na matrícula do imóvel usucapiendo e na matrícula dos imóveis confinantes;

III – certidões negativas dos distribuidores da comarca da situação do imóvel e do domicílio do requerente;

IV – justo título ou quaisquer outros documentos que demonstrem a origem da posse, continuidade, natureza e tempo, tais como o pagamento dos impostos e taxas que incidirem sobre o imóvel".

Verifica-se que o reconhecimento extrajudicial da usucapião será efetivado perante o Registro de Imóveis, com apresentação de documentos e uma ata notarial lavrada pelo tabelião de notas. A ata notarial, regulada no art. 384 do Código de Processo Civil, é o instrumento público pelo qual o tabelião atesta "a existência e o modo de existir de algum fato", ou seja, é o documento público que tem por finalidade comprovar um fato do conhecimento do tabelião.

A inovação da via extrajudicial é facultativa, pois o interessado poderá optar pela propositura da ação judicial ainda que não haja litígio, e integra o fenômeno da desjudicialização do direito, no qual se inserem, por exemplo, dentre outros, o inventário e o divórcio extrajudiciais (Lei n. 11.441/2007). O próprio art. 216-A, com a alteração promovida pela Lei n. 13.105/2015, contém a seguinte redação:

"*Sem prejuízo da via jurisdicional, é admitido o pedido de reconhecimento extrajudicial de usucapião, que será processado diretamente perante o cartório do registro de imóveis da comarca em que estiver situado o imóvel usucapiendo, a requerimento do interessado, representado por advogado, instruído com (...)".*

Nessa linha de raciocínio tem-se firmado a jurisprudência da *3ª Turma do Superior Tribunal de Justiça,* que decidiu: "O ajuizamento de ação de usucapião independe de pedido prévio na via extrajudicial. Precedente da Terceira Turma e exegese doutrinária"[48].

O pedido será autuado pelo registrador, prorrogando-se o prazo da prenotação até o acolhimento ou rejeição do pedido. O oficial do registro de imóveis dará ciência à União, ao Estado, ao Distrito Federal e ao Município, para que se manifestem, em quinze dias, sobre o pedido, bem como promoverá a publicação de edital em jornal de grande circulação, onde houver, para a ciência de terceiros eventualmente interessados, que podem manifestar-se em quinze dias.

Encontrando-se em ordem a documentação e não havendo impugnação, o oficial do registro de imóveis registrará a aquisição do imóvel com as descrições apresentadas. A rejeição do pedido extrajudicial não impede o ajuizamento da ação de usucapião.

Em caso de impugnação ao pedido de reconhecimento extrajudicial da usucapião, o oficial de registro de imóveis remeterá os autos ao juízo competente da comarca da situação do imóvel, cabendo ao requerente emendar a petição inicial para adequá-la ao procedimento comum (LRP, art. 216-A).

A legitimação da posse e a consequente usucapião administrativa são agora reguladas nos arts. 25 a 27 da Lei n. 13.465, de 11 de julho de 2017. Não há mais menção aos documentos que devem ser apresentados – o que depende de regularização administrativa pelas respectivas Corregedorias Gerais de Justiça dos Estados, que regulamentam a atuação dos cartórios. Na sua falta, a decisão sobre a exigência cabe ao registrador de imóveis.

Com a aprovação da referida lei, "a comprovação da propriedade de um imóvel através da posse prolongada ficou mais rápida e simplificada. Desde 2017, se o titular do imóvel for comunicado sobre o processo de usucapião e não demonstrar nenhuma manifestação no cartório em até 15 dias, passa-se a entender que ele concorda com o processo estabelecido e perde o direito sobre o imóvel. A lei permitiu que o processo de usucapião seja feito nos cartórios de registros de imóveis em que o bem estiver situado, acompanhado de um advogado. Para dar sequência ao processo, é necessário apresentar uma série de documentos. A partir disso e com o protocolo iniciado, a nova possibilidade reduz o tempo de duração do processo em até 90%"[49].

---

[48] REsp 1.796.394-RJ, 3ª T., rel. Min. Ricardo Villas Bôas Cueva, j. 24-5-2022.
[49] "Comprovação de usucapião em cartório tornou processo mais simples", Camila Katrin Kuppas, disponível em: *Revista Consultor Jurídico,* de 29-5-2017.

5. PRESSUPOSTOS DA USUCAPIÃO

Os pressupostos da usucapião são: coisa hábil (*res habilis*) ou suscetível de usucapião, posse (*possessio*), decurso do tempo (*tempus*), justo título (*titulus*) e boa-fé (*fides*). Os três primeiros são indispensáveis e exigidos em todas as espécies de usucapião. O justo título e a boa-fé somente são reclamados na usucapião ordinária.

Malgrado o entendimento contrário de alguns autores, o fato de o art. 1.238 do Código Civil aludir à circunstância de poder o possuidor requerer ao juiz que declare a aquisição da propriedade não transforma a sentença em pressuposto essencial da prescrição aquisitiva. A ação de usucapião é de natureza meramente declaratória. Na sentença o julgador limita-se a declarar uma situação jurídica preexistente. Tanto assim que, segundo iterativa e consagrada jurisprudência, a usucapião pode ser arguida em defesa, na reivindicatória (antes, portanto, da sentença), como proclama a *Súmula 237 do Supremo Tribunal Federal*.

5.1. Coisa hábil

Preliminarmente, é necessário verificar se o bem que se pretende usucapir é suscetível de prescrição aquisitiva (*res habilis*), pois nem todos se sujeitam a ela, como os *bens fora do comércio* e os *bens públicos*.

Consideram-se fora do comércio os bens *naturalmente* indisponíveis (insuscetíveis de apropriação pelo homem, como o ar atmosférico, a água do mar), os *legalmente* indisponíveis (bens de uso comum, de uso especial e de incapazes, os direitos da personalidade e os órgãos do corpo humano) e os indisponíveis pela *vontade humana* (deixados em testamento ou doados, com cláusula de inalienabilidade).

São, assim, insuscetíveis de apropriação pelo homem os bens que se acham em abundância no universo e escapam de seu poder físico, como a luz, o ar atmosférico, o mar alto etc.

Bens legalmente inalienáveis são os que, por lei, não podem ser transferidos a outrem, não se incluindo nesse conceito os que se tornaram inalienáveis pela vontade do testador ou do doador. A inalienabilidade decorrente de ato jurídico não tem força de subtrair o bem gravado da prescrição aquisitiva, não o colocando fora do comércio. Decidiu, com efeito, o *Superior Tribunal de Justiça* que, "com o usucapião simplesmente extingue-se o domínio do proprietário anterior, bem como os direitos reais que tiver ele constituído e sem embargo de quaisquer limitações a seu dispor"[50]. Se assim não fosse, decidiu a mesma Corte em outra oportunidade, a inalienabilidade por ato voluntário "poderia ensejar a burla da lei se o

---

[50] REsp 207.167-RJ, 4ª T., rel. Min. Sálvio de Figueiredo.

proprietário instituísse o gravame sobre o imóvel possuído por terceiro, apenas para afastar a possível pretensão aquisitiva deste"[51].

Também admitem a prescritibilidade extraordinária de bem onerado com cláusula de inalienabilidade autores como LAFAYETTE, CAIO MÁRIO DA SILVA PEREIRA, LENINE NEQUETE, SERPA LOPES e outros.

A questão não é, todavia, pacífica. Outra corrente entende inadmissível a aquisição, por usucapião, do bem objeto de cláusula de inalienabilidade. Assinala ORLANDO GOMES[52] que o proprietário do bem inalienável pode vir a perdê-lo por desapropriação. Não o perde, porém, deixando que outrem o adquira pela usucapião, conquanto não ocorra, na hipótese, alienação. Do contrário, a proibição poderia ser frustrada mediante conluio entre o proprietário e o possuidor. Prevalece, de resto, o princípio de que a usucapião não é aplicável aos bens inalienáveis.

Nesse sentido já decidiu o *Supremo Tribunal Federal*, quando ainda tinha competência para o julgamento de ações dessa natureza, apoiado nas lições de CLÓVIS BEVILÁQUA, WASHINGTON DE BARROS MONTEIRO e ORLANDO GOMES[53].

O art. 1.244 do Código Civil manda aplicar à usucapião os preceitos relativos às causas que obstam, suspendem ou interrompem a prescrição. Desse modo, não corre prescrição extintiva nem aquisitiva contra as pessoas mencionadas nos arts. 197 e 198 do Código Civil. Não se pode usucapir, por exemplo, coisa móvel ou imóvel de propriedade de pessoa absolutamente incapaz (art. 198, I)[54].

O Código Civil considera, no art. 197, as condições subjetivas das pessoas contra as quais não corre a prescrição, como a confiança e amizade entre elas existentes e que não deve ser afetada por nenhum litígio judicial. Assim, o cônjuge não pode usucapir bem contra o outro cônjuge, na constância da sociedade conjugal, não o podendo o ascendente, contra o descendente, durante o poder familiar, nem o tutor ou curador, contra o tutelado ou curatelado, durante a tutela ou curatela.

No art. 198, o aludido diploma leva em conta as circunstâncias objetivas em que se encontra a pessoa que visa proteger. Denota-se a preocupação de proteger pessoas que se encontram em situações especiais, como o absolutamente incapaz; os ausentes do País em serviço público da União, dos Estados ou dos Municípios; e os que se acharem servindo nas Forças Armadas, em tempo de guerra.

---

[51] REsp 418.945-SP, 4ª T., rel. Min. Ruy Rosado de Aguiar Júnior.
[52] *Direito das sucessões*, n. 137, p. 198.
[53] *RTJ*, 106/770 e *RT*, 574/268.
[54] "Prescrição aquisitiva. Suspensão. Período em que a coerdeira era absolutamente incapaz. Indivisibilidade da herança. Aproveitamento aos demais proprietários. Ação julgada improcedente. Recurso não provido" (*JTJ*, Lex, 257/184).

Os bens, nas situações previstas no art. 199 do Código Civil, embora capazes os seus proprietários, não podem ser usucapidos, justamente por não correr lapso prescricional, faltando, pois, condição básica ao exercício da prescrição.

Os bens públicos também não podem ser objeto de usucapião. Dispõe o art. 2º do Decreto n. 22.785/33 que "os bens públicos, seja qual for sua natureza, não são sujeitos a prescrição". Com relação aos imóveis, essa orientação foi reiterada no art. 200 do Decreto-Lei n. 9.760, de 5 de setembro de 1946, que disciplina os bens imóveis da União, ao estatuir que, "seja qual for a sua natureza, não são sujeitos a usucapião".

A jurisprudência consolidou-se nesse sentido, conforme se verifica pela *Súmula 340 do Supremo Tribunal Federal*: "Desde a vigência do Código Civil (*de 1916*), os bens dominicais, como os demais bens públicos, não podem ser adquiridos por usucapião". Também a Constituição Federal de 1988, ao tratar da usucapião especial urbana e rural, respectivamente nos arts. 183 e 191, proclama que "os imóveis públicos não serão adquiridos por usucapião". E o Código Civil de 2002, nessa linha, enfatiza: "*Os bens públicos não estão sujeitos a usucapião*" (art. 102)[55].

Assim, somente podem ser objeto de usucapião bens do domínio particular, não podendo sê-lo os terrenos de marinha e as terras devolutas. Estas não mais podem ser objeto de usucapião *pro labore*, em face da expressa proibição constante do parágrafo único do mencionado art. 191 da Constituição Federal.

Tem decidido o *Superior Tribunal de Justiça* que "a vedação constitucional e infraconstitucional, quanto ao usucapião, alcança somente os bens públicos, excluídos, pois, os imóveis pertencentes às sociedades de economia mista. Por conseguinte, lícito o pedido, afora o impedimento legal"[56].

Alguns poucos autores[57], no entanto, sustentam ser possível usucapir bens públicos, ao fundamento de que tais bens devem cumprir sua função social, consagrada na Constituição Federal. Esta não isenta os referidos bens do dever de cumprir função social. Não é concebível, aduzem, que apenas os bens privados devam se dedicar ao interesse social, exonerando os bens públicos de tal mister. Assim, os bens dominicais, quando não tiverem uma destinação específica, pode-

---

[55] "Usucapião. Área que se constitui em bem público, subjetivamente indisponível e insuscetível de usucapião. Mera detenção, sendo irrelevante o período em que perdura" (*RT*, 803/226).
[56] REsp 725.764-DF, 3ª T., rel. Min. Nancy Andrighi, *DJU*, 3-5-2005. No mesmo sentido: REsp 120.702/DF, rel. Min. Ruy Rosado de Aguiar, *DJU*, 20-8-2001; REsp 37.906-7-ES, rel. Min. Barros Monteiro, *DJU*, 15-12-1997.
[57] Cristiano Chaves de Farias e Nelson Rosenvald, *Direitos reais*, p. 264; Cristiana Fortini, *A função social dos bens públicos e o mito da imprescritibilidade*; Karine de Carvalho Guimarães, *A função social da propriedade e a vedação de usucapião sobre bens públicos*.

rão não efetivar o comando constitucional de cumprir sua função social. Seria o caso, por exemplo, de bem dessa espécie relegado ao abandono e que, por essa razão, serviu de moradia a determinada família ou conjunto de famílias, durante lapso de tempo suficiente para a aquisição da propriedade por usucapião, estando presentes os demais pressupostos legais.

Como observam FLÁVIO TARTUCE e JOSÉ FERNANDO SIMÃO, tal entendimento é minoritário na doutrina. Embora a tese seja sedutora, seria necessário, para que pudesse vingar, rever o conceito de propriedade, superdimensionando a valorização de sua função social, o que não é aceito pela maioria dos juristas e aplicadores do direito. Seria mister, ainda, flexibilizar substancialmente o que consta da Constituição Federal[58].

Decidiu o *Tribunal de Justiça de São Paulo* que o fato de o imóvel rural possuir área inferior ao módulo regional não constitui empeço à sua aquisição pela usucapião extraordinária, havendo prevalência das regras do Código Civil, em matéria de usucapião, sobre o art. 65 da Lei n. 4.504/64, denominada Estatuto da Terra, havendo, no caso, possibilidade jurídica do pedido e interesse processual[59].

Há, no entanto, decisões em sentido contrário, inadmitindo usucapião de imóvel rural de área inferior ao módulo[60], que merecem prestigiadas, uma vez que o Estatuto da Terra (Lei n. 4.504/64), sendo lei especial, deve prevalecer sobre o Código Civil, lei geral.

A prescrição aquisitiva, como já foi dito, pode recair tanto sobre a propriedade plena quanto sobre certos direitos reais que dela se desmembram, como o domínio útil da enfiteuse, as servidões aparentes, o usufruto, o uso e a habitação. O verbete 139 das *Súmulas do Superior Tribunal de Justiça* proclama: "*O direito de uso de linha telefônica pode ser adquirido por usucapião*".

O *Superior Tribunal de Justiça*, entendendo que unicamente com a sentença declaratória de vacância se opera a transferência do imóvel ao Poder Público, e não desde a morte do titular, havendo um período intermediário em que a herança permanece jacente, proclamou: "Se a sentença declaratória de vacância foi proferida depois de completado o prazo da prescrição aquisitiva em favor das autoras da ação de usucapião, não procede a alegação de que o bem não poderia ser usucapido porque do domínio público, uma vez que deste somente se poderia cogitar depois da sentença que declarou vagos os bens jacentes"[61].

---

[58] *Direito civil*, v. 4, p. 182.
[59] *JTJ*, Lex, 247/75.
[60] *RT*, 652/65; *RJTJSP*, 90/335.
[61] *RSTJ*, 133/400. No mesmo sentido: "Usucapião. Herança jacente. Sentença de declaração de vacância proferida depois de completado o prazo da prescrição aquisitiva. Fato que não

A mesma Corte Superior admitiu a usucapião extraordinária na relação entre herdeiros, tendo em vista que um deles exercia a posse sobre a coisa em nome próprio, afirmando: "O condômino tem legitimidade para usucapir em nome próprio, desde que comprovados os requisitos legais atinentes à usucapião, bem como tenha sido exercida posse exclusiva com efetivo *animus domini* pelo prazo determinado em lei, sem qualquer oposição dos demais proprietários. Sob essa ótica, tem-se, assim, que é possível à recorrente pleitear a declaração da prescrição aquisitiva em desfavor de seu irmão – o outro herdeiro/condômino –, desde que, obviamente, observados os requisitos para a configuração da usucapião extraordinária, previstos no art. 1.238 do CC/2002, quais sejam, lapso temporal de 15 (quinze) anos cumulado com a posse exclusiva, ininterrupta e sem oposição do bem"[62].

5.2. Posse

A posse (*possessio*) é fundamental para a configuração da prescrição aquisitiva. Não é qualquer espécie de posse, entretanto, que pode conduzir à usucapião. Exige a lei que se revista de certas características. A posse *ad interdicta*, justa, dá direito à proteção possessória, mas não gera a usucapião.

Segundo a lição de Lafayette, a posse jurídica é a base de toda prescrição aquisitiva; "mas carece que ela seja adquirida de um *modo justo*, isto é, que não começasse ou por violência (*vi*) ou clandestinamente (*clam*), ou a título precário (*precario*). O vício da violência continua a subsistir, ainda que a posse no decurso da sua duração se torne pacífica; e, enquanto não é expurgado, impede a prescrição; mas não se transmite à posse do terceiro que em boa-fé recebe a coisa do esbulhador"[63].

---

impede que o bem seja usucapido porque de domínio público. Arrecadação dos bens que não interrompe, por si só, a posse que os autores exercem e continuam exercendo sobre o imóvel" (STJ, *RT*, 778/233). "Usucapião. Herança jacente. Admissibilidade se não houve declaração de vacância" (STJ, *RT*, 755/201). "Herança jacente. Bem que só se integrará ao patrimônio público após declarada a vaga. Possibilidade legal de reconhecimento de aquisição por usucapião" (*RT*, 810/366). "Usucapião. Herança jacente. Admissibilidade. Processo de jacência instaurado quando já decorrido o prazo de prescrição aquisitiva. Usucapião procedente" (*JTJ*, Lex, 237/131).
[62] STJ, REsp 1.631.859-SP, 3ª T., rel. Min. Nancy Andrighi, *DJe* 29-5-2018.
[63] *Direito das coisas*, cit., t. I, p. 192.
"Usucapião extraordinário. Admissibilidade. Necessidade de comprovar a posse e o tempo de permanência, sendo a primeira justa e desprovida de violência. Presunção de boa-fé. Comprovação do tempo aquisitivo, constatada a realização de benfeitorias, sendo que não foram contestadas. Posse justa. Caracterização. Procedência da ação" (*RT*, 804/346).

Em realidade, cessadas a violência e a clandestinidade, a mera detenção, que então estava caracterizada, transforma-se em posse injusta em relação ao esbulhado, que permite ao novo possuidor ser mantido provisoriamente, contra os que não tiverem melhor posse. Na posse de mais de ano e dia, o possuidor será mantido provisoriamente, inclusive contra o proprietário, até ser convencido pelos meios ordinários (CC, arts. 1.210 e 1.211; CPC, art. 924).

Cessadas a violência e a clandestinidade, a posse passa a ser "útil", surtindo todos os efeitos, nomeadamente para a usucapião e para a utilização dos interditos. Se o possuidor precário perpetrar o esbulho (se o locatário, que não tem *animus domini*, se negar a restituir a coisa, passando a possuí-la em nome próprio), começa a fluir o prazo de usucapião, porquanto, a partir de então, estará ele imbuído do aludido *animus* (*v.* a propósito Título I, "Da posse", Capítulo II, n. 4, *retro*).

Posse *ad usucapionem* é a que contém os requisitos exigidos pelos arts. 1.238 a 1.242 do Código Civil, sendo o primeiro deles o *ânimo de dono* (*animus domini* ou *animus rem sibi habendi*). Requer-se, de um lado, atitude ativa do possuidor que exerce os poderes inerentes à propriedade; e, de outro, atitude passiva do proprietário, que, com sua omissão, colabora para que determinada situação de fato se alongue no tempo[64].

Exigem os aludidos dispositivos, com efeito, que o usucapiente possua o imóvel "como seu". Não tem ânimo de dono o locatário, o comodatário, o arrendatário e todos aqueles que exercem posse direta sobre a coisa, sabendo que não lhe pertence e com reconhecimento do direito dominial de outrem, obrigando-se a devolvê-la[65].

Ressalte-se que é possível ocorrer a modificação do caráter da posse, quando, acompanhando a mudança da vontade, sobrevém uma nova *causa possessionis*. Assim, diz Lenine Nequete, "se o que vinha possuindo *animo domini* entende-se que renunciou a este ânimo a partir do reconhecimento do direito dominial de outrem, da mesma forma o que possuía como locatário, por

---

[64] Silvio Rodrigues, *Direito civil*, v. 5, p. 111-112.
"Usucapião. Posse decorrente de mera liberalidade e tolerância do proprietário do imóvel. Inadmissibilidade do reconhecimento do domínio, pois ausente o ânimo de ter a coisa como própria" (*RT*, 761/389). "Usucapião. Inadmissibilidade. Mera detenção do imóvel decorrente de ato de tolerância. Ausência do *animus domini*. Elemento subjetivo fundamental para a caracterização da posse *ad usucapionem*" (*RT*, 807/241).
[65] "Prescrição aquisitiva. Inocorrência. Posse exercida pelo genitor a título de arrendatário, e posteriormente transferida aos sucessores pela *mortis causa*" (*RT*, 750/431); "Usucapião. Improcedência da demanda. Inexiste *animus domini* daquele que ingressa no imóvel apenas por força da relação de emprego que possuía com o proprietário da coisa e por autorização deste" (TJRS, Ap. 70.015.727.332, 18ª Câm. Cív., rel. Des. Pedro Celso Dal Prá, j. 21-9-2006).

exemplo, desde que adquira a propriedade a um *non dominus*, ou que tenha repelido o proprietário, deixando de pagar-lhe os aluguéis e fazendo-lhe sentir inequivocamente a sua pretensão dominial, é fora de dúvida que passou a possuir como dono"[66].

Adverte o mencionado jurista que "os fatos de oposição, por seu turno, devem ser tais que não deixem nenhuma dúvida quanto à vontade do possuidor de transmutar a sua posse precária em posse a título de proprietário: pois que a mera falta de pagamento dos locativos, ou outras circunstâncias semelhantes das quais o proprietário não possa concluir claramente a intenção de se inverter o título, não constituem atos de contradição eficazes" (*v*. ainda Título I, "Da posse", Capítulo II, n. 4, *retro*).

O segundo requisito da posse *ad usucapionem* é que seja *mansa e pacífica*, isto é, exercida *sem oposição*. Se o possuidor não é molestado, durante todo o tempo estabelecido na lei, por quem tenha legítimo interesse, ou seja, pelo proprietário, diz-se que a sua posse é mansa e pacífica. Requer-se a "ausência de contestação à posse, não para significar que ninguém possa ter dúvida sobre a *conditio* do possuidor, ou ninguém possa pô-la em dúvida, mas para assentar que a contestação a que se alude é a de quem tenha legítimo interesse, ou seja, da parte do proprietário contra quem se visa a usucapir"[67].

Todavia, se este tomou alguma providência na área judicial, visando a quebrar a continuidade da posse, descaracterizada fica a *ad usucapionem*. Providências extrajudiciais não significam, verdadeiramente, oposição.

Em julgamento, a *2ª Turma do Superior Tribunal de Justiça* destacou que "é pacífico o entendimento no sentido de que a ação possessória, cujos pedidos foram julgados improcedentes, não interrompe o prazo para a aquisição da propriedade por usucapião". Contudo, na fundamentação do acórdão, a ministra relatora obtemperou que em julgamento de recurso pela 4ª Turma restou confirmado "que o ajuizamento de ação reivindicatória, que demonstra o claro intento de retomada do imóvel pelos proprietários, provoca a interrupção do prazo da prescrição aquisitiva para fins de usucapião, independentemente da procedência daquela pretensão"[68].

---

[66] *Da prescrição aquisitiva*, cit., p. 123.
"Usucapião extraordinário. Modificação do caráter originário da posse que teve origem em relação locatícia. Admissibilidade, visto que, a partir de um determinado momento, essa mesma assumiu a feição de posse em nome próprio, sem subordinação ao antigo dono e, por isso mesmo, com força *ad usucapionem*. Comprovação, ademais, dos requisitos dispostos no art. 550 do CC (*de 1916; CC/2002: art. 1.238*)".
[67] Caio Mário da Silva Pereira, *Instituições*, cit., v. IV, p. 140.
[68] STJ, EAREsp 1.542.609-RS, 2ª T., rel. Min. Nancy Andrighi, j. 8-3-2023.

Se o possuidor defendeu a sua posse em juízo contra invectivas de terceiros e evidenciou o seu ânimo de dono, não se pode falar em oposição capaz de retirar da posse a sua característica de mansa e pacífica.

ADROALDO FURTADO FABRÍCIO[69] considera problema delicado saber se a atividade contrária de outrem, proprietário ou não, obrigando o possuidor ao desforço ou à ação em juízo, retira à posse o caráter de pacífica. No seu entendimento, a resposta "é negativa, sem desconhecer as respeitáveis opiniões em contrário".

Se o possuidor logrou sair vitorioso, aduz o aludido jurista, "seja no desforço próprio, seja no seu apelo ao Poder Judiciário, o caráter de sua posse não foi afetado, porque a conduta ilícita de outrem não pode prejudicar o possuidor. Mesmo que o turbador seja o proprietário, é ineficaz a tentativa violenta de retomada da posse, eis que omisso em relação ao emprego do petitório, único remédio útil de que se poderia servir – ou, pelo menos, do protesto formal em juízo, para interromper o curso do prazo. Se outra fosse a interpretação da regra, a quem quer que interessasse obstar a usucapião bastaria atacar a posse para forçar o possuidor à reação".

Nessa linha, obtempera TUPINAMBÁ MIGUEL CASTRO DO NASCIMENTO, com razão, que "mesmo as oposições feitas na área judiciária devem ser sérias e procedentes. Não bastam processos judiciais, citações do possuidor e oposições definidas. O que importa é que a ação tenha seu término com o reconhecimento do direito de quem se opõe. Se a ação é julgada improcedente ao contrário do que se poderia argumentar, declara-se, à saciedade, que a oposição com existência formal não tinha conteúdo substancial"[70].

Em abono de sua tese, acrescenta o mencionado autor que a 1ª Câmara Cível do *Tribunal de Justiça de Santa Catarina*, tendo como relator o Des. Eduardo Luz, "em decisão de 1º de setembro de 1977, ementou que 'a citação para a demanda perde o seu efeito interruptivo da prescrição aquisitiva desde que a ação seja rejeitada, pois se assim não fosse até as ações ajuizadas com puro espírito de emulação impediriam o reconhecimento da prescrição'".

O *Tribunal de Justiça de São Paulo*, seguindo a mesma trilha, assentou que a interrupção só ocorre "se a ação de esbulho é julgada contra o possuidor"[71]. No caso em julgamento, não tendo havido a interrupção aludida, consumou-se a prescrição aquisitiva.

Não se há confundir, por outro lado, *inconformidade* com *oposição*. Esta, "no sentido que lhe emprestou o legislador, não significa tratativa, ponderação ou parlamentação com a finalidade de convencer alguém a demitir de si a posse de

---

[69] *Comentários*, cit., v. VIII, t. III, p. 519.
[70] *Usucapião* (comum e especial), p. 115.
[71] *RJTJSP*, 70/187. No mesmo sentido: *RT*, 735/260.

determinada coisa. Antes, isto sim, traduz medidas efetivas e concretas, identificáveis na área judicial, visando quebrar a continuidade da posse, opondo à vontade do possuidor uma outra vontade que lhe contesta o exercício daqueles poderes inerentes ao domínio qualificador da posse"[72].

Como terceiro requisito, deve a posse ser *contínua*, isto é, sem *interrupção*. O possuidor não pode possuir a coisa a intervalos, intermitentemente. É necessário que a tenha conservado durante todo o tempo e até o ajuizamento da ação de usucapião. O fato de mudar-se para outro local não significa, necessariamente, abandono da posse, se continuou comportando-se como dono em relação à coisa.

Para evitar a interrupção da posse, em caso de esbulho, deve o usucapiente procurar recuperá-la imediatamente pela força, se ainda for possível (CC, art. 1.210, § 1º), ou ingressar em juízo com a ação de reintegração de posse.

O Código Civil brasileiro não prevê prazo para que a posse seja interrompida pelo esbulho praticado por terceiro, mas o *Tribunal de Justiça de São Paulo* já decidiu que, se "o esbulhado interpõe, dentro de ano e dia, interdito possessório, e vence, conta-se em seu favor o tempo em que esteve privado da posse"[73]. Se o interdito for julgado em favor da outra parte, reconhecendo-se-lhe melhor posse, a do usucapiente será considerada descontínua.

Ocorrerá a interrupção natural, assim, quando o possuidor esbulhado deixar passar um ano sem intentar a ação de esbulho ou quando abdicar da posse. Já a interrupção civil ocorre na hipótese de promover o proprietário a reivindicação antes de findo o prazo prescricional, o que se dará com a citação inicial e mediante protesto contra o prescribente junto à autoridade competente. Verificar-se-á ainda quando reconhecer o possuidor o direito do proprietário ou quando sobrevier uma das hipóteses previstas no art. 1.244 do Código Civil[74].

A interrupção natural não produzirá efeito se, como foi dito, dentro de ano e dia o possuidor tiver recuperado a posse por meio dos interditos. Esse prazo, entretanto, em se tratando de esbulho praticado clandestinamente, será contado a partir da data de seu conhecimento. Por outro lado, em se tratando de interrupção civil, a citação do possuidor para a demanda perde, como igualmente foi afirmado, o seu efeito interruptivo da prescrição aquisitiva desde que a ação reivindicatória seja julgada improcedente.

A interrupção acarreta o reinício da contagem do prazo prescricional, com observância dos demais requisitos, sem aproveitamento do tempo antes decorrido.

---

[72] RT, 457/252.
[73] RF, 123/469.
[74] Benedito Silvério Ribeiro, *Tratado*, cit., v. 1, p. 699.

Embora exija a continuidade da posse, admite o Código Civil, no art. 1.243, que o possuidor acrescente *"à sua posse a dos seus antecessores"*, para o fim de contar o tempo exigido para a usucapião (*accessio possessionis*), *"contanto que todas sejam contínuas, pacíficas e, nos casos do art. 1.242, com justo título e de boa-fé".*

O possuidor pode, portanto, demonstrar que mantém posse *ad usucapionem* por si e por seus antecessores. Ultrapassada a jurisprudência que exigia prova escrita da transmissão negocial da posse, sendo admitida também a oral[75]. Com efeito, não se exige, para a *accessio possessionis*, escritura pública ou documento escrito. A lei (CC, arts. 1.207 e 1.243) não subordina a soma das posses à existência de título devidamente formalizado. Desde que o usucapiente demonstre por prova testemunhal concludente e incontroversa que, por si e por seus antecessores, detém o imóvel mansa e pacificamente com *animus domini*, de forma contínua, pelo prazo de lei, terá reconhecida em seu favor a propriedade do imóvel adquirida pela usucapião extraordinária[76].

A junção das posses pode decorrer, ainda, da *successio possessionis* (aquisição a título universal), quando o herdeiro se reputa na continuação da posse do falecido (CC, art. 1.207). Veja-se: "Usucapião. Prazo para aquisição da propriedade. Possibilidade de o herdeiro utilizar o tempo de posse do imóvel dos seus genitores para adquiri-lo. Hipótese em que o sucessor universal recebe e continua a posse do seu antecessor com os vícios e qualidades a ela inerentes"[77].

Na sucessão a título universal, o herdeiro sucede nas virtudes e nos vícios da posse do defunto, prosseguindo nesta obrigatoriamente. A soma das posses na sucessão a título singular (*accessio possessionis*) não é, todavia, obrigatória, mas facultativa, ou seja, utilizada somente quando lhe aproveitar (CC, art. 1.207).

---

[75] "Usucapião. Pedido amparado na *accessio possessionis*. Obrigatoriedade de os autores provarem o efetivo exercício da posse pelos seus antecessores pelo tempo necessário" (*RT*, 764/212).
[76] "A interpretação menos rigorosa do texto legal admite a prova da conjunção da posse exclusivamente testemunhal, impondo-se, porém, que ela seja concludente e incontrovertida, no sentido de configurar a continuação na posse entre antecessores e sucessores com todos os requisitos legais e detalhes das cessões havidas" (*RT*, 472/187). "A transmissão da posse, permissiva da *accessio possessionis*, pode ser comprovada não apenas por ato translativo formalizado, mas, também, passando-se num plano predominantemente fático, por prova testemunhal concludente, máxime se presente e depoente o próprio transmitente da posse, ou sucessor seu autorizado" (*RT*, 596/182).
[77] *RT*, 817/227. No mesmo sentido: "Usucapião. Ação movida por herdeiros. Posse exercida pelos pais dos requerentes de forma ininterrupta e sem oposição. Comprovação do justo título, da posse, o *tempus* e o *animus domini*. Somatória do tempo para a prescrição aquisitiva. Admissibilidade" (*JTJ*, Lex, 271/231).

5.3. Tempo

A posse (*possessio*) e o tempo (*tempus*) constituem pressupostos básicos, estruturais da aquisição por usucapião. Para que a primeira se converta em propriedade torna-se necessário que a ela se associe o fator tempo (*continuatio possessionis*).

O tempo necessário para usucapir varia conforme o sistema jurídico e a época histórica, não havendo um padrão rígido. Constitui um problema de política legislativa. O Código Civil de 1916 estabelecia os prazos de trinta e de vinte anos para, respectivamente, a usucapião de imóveis extraordinária e a ordinária entre ausentes. A Lei n. 2.437, de 7 de março de 1955, reduziu-os para vinte e quinze anos, respectivamente, reconhecendo que não mais se justificavam intervalos tão longos, numa fase histórica em que se proclamava o sentido profundamente social das regras sobre prescrição aquisitiva.

O atual Código Civil voltou a reduzir os prazos da usucapião, não mais prevendo tempo maior para os ausentes. Para a extraordinária, é exigido o de quinze anos (art. 1.238), que se reduzirá a dez anos (parágrafo único) se o possuidor houver estabelecido no imóvel a sua moradia habitual, ou nele realizado obras ou serviços de caráter produtivo (*posse-trabalho*). Para a ordinária, em que o possuidor deve ter justo título e boa-fé, basta o prazo de dez anos (art. 1.242). Será de cinco anos se o imóvel houver sido adquirido, onerosamente, com base em transcrição constante do registro próprio, cancelada posteriormente, desde que os possuidores nele tiverem estabelecido a sua moradia, ou realizado investimentos de interesse social e econômico (parágrafo único).

A posse deve ter sido exercida por todo o lapso temporal de modo contínuo, não interrompido e sem impugnação. Tal assentimento ou aquiescência dos vizinhos, bem como a diuturnidade da posse, faz presumir que não existe direito contrário ao manifestado pelo possuidor. Se essa situação permanecer durante todo o tempo estabelecido na lei, consuma-se a usucapião e qualquer oposição subsequente mostrar-se-á inoperante, porque esbarrará ante o fato consumado[78].

Há decisões no sentido de que a posse exercida entre a propositura e o julgamento da ação pode ser computada no prazo exigido para a aquisição por usucapião[79]. O *Superior Tribunal de Justiça*, por exemplo, proclamou que é possível complementar o prazo da usucapião no curso de demanda judicial, visto que "é dever do magistrado levar em consideração algum fato constitutivo ou extintivo do direito ocorrido após a propositura da ação, podendo fazê-lo independentemente de provocação das partes. O legislador consagrou o princípio de que a decisão deve refletir o estado de fato e de direito no momento de julgar a demanda, desde que guarde pertinência com a causa de pedir e com o pedido. Com essa conduta evita-se que o Judiciário seja demandado novamente para apreciar a

---

[78] Washington de Barros Monteiro, *Curso*, cit., v. 3, p. 124.
[79] *JTJ*, Lex, 236/202.

existência de direito que já poderia ter sido reconhecido se o juiz tivesse analisado eventual fato constitutivo superveniente, o que é compatível com os princípios da economia processual e da razoável duração do processo"[80].

A mesma Turma Julgadora reiterou o entendimento de que é possível reconhecer usucapião quando o prazo é cumprido no curso do processo. Nessas hipóteses, salientou a Relatora, Min. Nancy Andrighi, o juiz deve proferir sua decisão tendo como base o estado em que se encontra a ação, recepcionando, se for o caso, fato constitutivo que se concretizou após o ajuizamento da demanda, na forma do art. 462 do CPC/73. A prestação jurisdicional deve ser concedida de acordo com a situação dos fatos no momento da sentença[81].

Na *V Jornada de Direito Civil* do CJF, aprovou-se o *Enunciado n. 497* com os seguintes dizeres: "O prazo, na ação de usucapião, pode ser completado no curso do processo, ressalvadas as hipóteses de má-fé processual do autor".

No tocante ao decurso do tempo, contam-se os anos por dias (*de die ad diem*), e não por horas. O prazo começa a fluir no dia seguinte ao da posse. Não se conta o primeiro dia (*dies a quo*), porque é necessariamente incompleto, mas conta-se o último (*dies ad quem*).

Em que pese o art. 189 do CC considere que o prazo prescricional é contado a partir do momento em que se toma ciência da lesão ao direito, em se tratando da usucapião, a *3ª Turma do Superior Tribunal de Justiça* assinalou que "o termo inicial da prescrição aquisitiva é o do exercício da posse *ad usucapionem*, e não da ciência do titular do imóvel quanto a eventual irregularidade da posse, devendo ser afastada a aplicação da teoria da *actio nata* em seu viés subjetivo"[82].

A Lei n. 14.010, de 10 de junho de 2020, "*institui normas de caráter transitório e emergencial para a regulação de relações jurídicas de Direito Privado em virtude da pandemia do coronavírus (Covid-19)*" (art. 1º). Para os fins da referida lei, "*considera-se 20 de março de 2020, data da publicação do Decreto Legislativo n. 6, como termo inicial dos eventos derivados da pandemia do coronavírus (Covid-19)*" (parágrafo único). A suspensão da aplicação das normas referidas na referida Lei, "*não implica sua revogação ou alteração*" (art. 2º).

A Lei em apreço dispõe, no art. 10, que "*suspendem-se os prazos de aquisição para a propriedade imobiliária ou mobiliária, nas diversas espécies de usucapião, a partir da entrada em vigor desta lei até 30 de outubro de 2020*".

---

[80] STJ, REsp 1.361.226, 3ª T., rel. Min. Villas Bôas Cueva, j. 24-8-2018.
[81] STJ, REsp 1.720.288, 3ª T., rel. Min. Nancy Andrighi, disponível em: *Revista Consultor Jurídico*, de 28-7-2020.
[82] STJ, REsp 1.837.425-PR, 3ª T., rel. Min. Marco Aurélio Bellizze, j. 13-6-2023.

5.4. Justo título

Para a consumação da usucapião extraordinária não se exige que o possuidor tenha justo título, nem boa-fé (CC, art. 1.238). Tal exigência também não é feita na usucapião especial. O justo título (*titulus*) é, entretanto, requisito indispensável para a aquisição da propriedade pela usucapião ordinária, conforme dispõe o art. 1.242 do Código Civil:

"*Adquire também a propriedade do imóvel aquele que, contínua e incontestadamente, com justo título e boa-fé, o possuir por dez anos*".

Segundo LENINE NEQUETE, "justo título (*justa causa possessionis*) é todo ato formalmente adequado a transferir o domínio ou o direito real de que trata, mas que deixa de produzir tal efeito (e aqui a enumeração é meramente exemplificativa) em virtude de não ser o transmitente senhor da coisa ou do direito, ou de faltar-lhe o poder de alienar"[83].

Justo título, em suma, como foi dito no capítulo concernente à posse de boa-fé e posse de má-fé (Título I, "Da posse", Capítulo II, n. 5, *retro*), é o que seria hábil para transmitir o domínio e a posse se não contivesse nenhum vício impeditivo dessa transmissão. Uma escritura de compra e venda, devidamente registrada, por exemplo, é um título hábil para a transmissão de imóvel. No entanto, se o vendedor não era o verdadeiro dono (aquisição *a non domino*) ou se era um menor não assistido por seu representante legal, a aquisição não se perfecciona e pode ser anulada. Porém a posse do adquirente presume-se de boa-fé, porque estribada em justo título.

Com efeito, o título normalmente hábil a transferir o domínio, e que se apresenta formalmente perfeito, provoca no adquirente a crença (*opinio domini*) de que se tornou dono. Não se confunde tal crença, indispensável à caracterização da usucapião ordinária, com o *animus domini*, que é a vontade de possuir como dono, de ser dono, necessário para a configuração da usucapião extraordinária.

Tem-se entendido que o justo título, para originar a crença de que se é dono, deve revestir as formalidades externas e estar registrado no cartório de registro imobiliário.

CAIO MÁRIO DA SILVA PEREIRA[84] entende, todavia, que não se pode levar ao extremo a exigência, pois que se destina o instituto da usucapião precisamente a consolidar *tractu temporis* a aquisição fundada em título que apenas em tese era hábil a gerar a aquisição.

A conceituação do justo título, aduz, "leva, pois, em consideração a faculdade abstrata de transferir a propriedade, e é neste sentido que se diz justo qualquer

---

[83] *Da prescrição aquisitiva*, cit., p. 207.
[84] *Instituições*, cit., v. IV, p. 149.

fato jurídico que tenha o poder em tese de efetuar a transmissão, embora na hipótese lhe faltem os requisitos para realizá-la. Assim, se a compra e venda, a doação, a arrematação, etc., transmitem a propriedade (em tese), constituem justo título para a aquisição *per usucapionem* no caso de ocorrer uma falha, um defeito, um vício formal ou intrínseco, que lhe retirem aquele efeito na hipótese. Inquinado, porém, de falha, não mais poderá ser atacado, porque o lapso de tempo decorrido expurgou-o da imperfeição, e consolidou a propriedade do adquirente".

Na mesma linha, BENEDITO SILVÉRIO RIBEIRO[85] afirma que, a par do título devidamente formalizado e registrado, não se pode afastar que o justo título afirmado no art. 1.238 do Código Civil seja aquele hábil, em tese, para transferir o domínio. A entender que o título, para ser justo, "deva, além de válido, certo e real, ser registrado, chegaríamos à conclusão de que o domínio já estaria cabalmente adquirido, pois obedecidas todas as formalidades legais intrínsecas ou extrínsecas. Estaria afastada a possibilidade de promover-se usucapião ordinária, salvo mínimas exceções".

Também JOSÉ CARLOS DE MORAES SALLES[86] assim se posiciona, malgrado ponto de vista contrário de expressiva corrente jurisprudencial, em consideração à circunstância de que a exigência de registro acarretaria a quase impossibilidade da utilização prática da usucapião ordinária, com evidente desatenção ao espírito da norma específica, que é, exatamente, o de converter em situação de direito situações de fato, no tocante à posse, já de longa data constituídas.

A jurisprudência tem evoluído nesse sentido. Veja-se: "Usucapião ordinário. Justo título. Caracterização. Sinal de compra de lote e pagamento do preço em parcelas integralizado. Ocorrência, ademais, do usucapião urbano referido no artigo 183 da Constituição da República. Ação procedente"[87].

O compromisso de compra e venda irretratável e irrevogável, por conferir direito real ao compromissário comprador e possibilitar a adjudicação compulsória, mesmo não registrado, é considerado justo título, para os efeitos de usucapião ordinária.

Consoante o magistério de JOSÉ OSÓRIO DE AZEVEDO JÚNIOR, "forçoso é admitir o compromisso como título hábil para gerar usucapião ordinário. Trata-se

---

[85] *Tratado*, cit., v. 2, p.779-781.
[86] *Usucapião*, cit., p. 98.
[87] *JTJ*, Lex, 248/244. Por seu turno, decidiu o *Superior Tribunal de Justiça*: "O usucapião ordinário exige, para sua caracterização, além da posse mansa e pacífica pelo decurso de 10 anos entre presentes, o justo título e a boa-fé. Justo título é aquele hábil para transmitir o domínio e a posse, tal como se apresenta a cessão de direitos hereditários, ainda que o registro do formal de partilha se concretize posteriormente" (REsp 448.675-MS, 3ª T., rel. Min. Menezes Direito, j. 26-6-2003).

de um negócio jurídico que, abstratamente considerado, leva à aquisição do domínio, pois, negando-se o promitente vendedor a outorgar a escritura definitiva, a sentença produzirá os mesmos efeitos. Caracteriza-se, portanto, como *ato traslativo*, como temos insistido"[88].

Na sequência, aduz o ilustre jurista: "O fato de, por alguma razão, não ter sido registrado o compromisso não impede que seja ele havido como justo título, desde que exista aquela causa que torne evidente que o compromissário está possuindo a coisa como dono, o que deve acontecer praticamente na totalidade dos casos, pois essa causa é geralmente ínsita e natural ao compromisso".

O *Supremo Tribunal Federal* já decidiu em sentido contrário[89]. Contudo, o *Superior Tribunal de Justiça*, posteriormente, proclamou: "Usucapião ordinário. Promessa de compra e venda. Justo título. Tendo direito à aquisição do imóvel, o promitente-comprador pode exigir do promitente-vendedor que lhe outorgue a escritura definitiva de compra e venda, bem como pode requerer ao juiz a adjudicação do imóvel. Segundo a jurisprudência do *STJ*, não são necessários o registro e o instrumento público, seja para o fim da *Súmula 84*, seja para que se requeira a adjudicação. Podendo dispor de tal eficácia, a promessa de compra e venda, gerando direito à adjudicação, gera direito à aquisição por usucapião ordinário"[90].

O decurso do tempo, a posse de dez anos e a concorrência dos demais requisitos mencionados vêm sanar as eventuais irregularidades e defeitos desses títulos. O vício, contudo, não deve ser de forma, nem constituir nulidade absoluta. Se o título é nulo, não enseja a usucapião ordinária. Sendo nulo, não é justo. Somente o título anulável não impede a usucapião ordinária, visto que é título eficaz e produz efeitos, enquanto não se lhe decreta a anulação. Se a escritura pública, por exemplo, é nula por falta de assinatura do outorgante vendedor, não constitui justo título hábil à aquisição do bem pela usucapião.

É óbvio que o possuidor, tendo título devidamente registrado, não necessitará ajuizar a ação de usucapião, após o decurso do referido prazo. Já tem a sua situação jurídica definida no título. Poderá simplesmente, se algum dia vier a ser molestado por terceiro, arguir a aquisição *per usucapionem*, em defesa, como o permite a *Súmula 237 do Supremo Tribunal Federal*.

---

[88] *Compromisso de compra e venda*, p. 79-80.
[89] *RTJ*, 97/796.
[90] *RSTJ*, 88/101 e *RT*, 732/181. No mesmo sentido: "Usucapião ordinário. Justo título. Compromisso de compra e venda. Inocorrência de registro. Aceitação. Existência de causa válida a justificar a transferência da posse. Demonstração, ademais, de estar o compromissário possuindo a coisa como dono" (TJSP, *JTJ*, Lex, 236/205).

Nada impede, no entanto, que tome a iniciativa de obter a declaração judicial do domínio, mediante ação de usucapião (CC, art. 1.241).

5.5. Boa-fé

Diz-se de boa-fé (*fides*) a posse se o possuidor ignora o vício ou o obstáculo que lhe impede a aquisição da coisa. Segundo Lafayette[91], boa-fé é a crença do possuidor de que legitimamente lhe pertence a coisa sob sua posse.

Assinala Lacerda de Almeida, por sua vez, que, "ao contrário da boa-fé em matéria de percepção de frutos, a qual consiste na crença plausível da verdade e validade da aquisição, pouco importando os vícios do título e até o erro de direito, a boa-fé em assunto de prescrição aquisitiva é a crença positiva da parte do prescribente, a confiança inteira no direito que exerce"[92].

Essa crença, aduz o insigne jurista, "repousa em erro de fato, erro que se resume em ignorar o obstáculo que se opõe à transferência do domínio, como se a coisa não era do alienante ou este não tinha o poder de aliená-la. Essa ignorância porém deve ser desculpável, e tal se não reputa o erro de direito ou o erro sobre fato próprio. A ignorância ou erro indesculpável, as dúvidas e apreensões sobre a legitimidade do título de aquisição ou sobre o bom direito do alienante são impróprias para levar à aquisição, pois excluem a boa-fé".

No tocante às dúvidas e apreensões, discute-se amiúde se está de má-fé quem duvida da legitimidade do direito adquirido. Para uns, a dúvida exclui sempre a boa-fé, porque esta é a crença firme e completa na legitimidade e regularidade do título. Entendem outros, ao contrário, como Lafayette[93], que as dúvidas e apreensões sobre a legitimidade do domínio não constituem o possuidor em má-fé, porquanto não excluem de uma maneira absoluta a convicção de proprietário.

Lenine Nequete[94], por seu turno, considera a opinião dos praxistas e canonistas como a melhor doutrina. Entendem estes que se deve distinguir entre a dúvida inicial, que obsta à prescrição, e a subsequente, que não induz má-fé. Com efeito, afirma o mencionado autor, "indesculpável é a conclusão do negócio jurídico sem que se desenvolvam certas diligências para eliminar as dúvidas e apreensões sobre a sua legitimidade: não se poderia afirmar que, persistindo elas, foi o negócio celebrado em boa-fé. Mas, se assim é, não é menos exato que as dúvidas subsequentes à obtenção do título não servem para eliminar a boa-fé inicial, nem para caracterizar a má-fé, que é a convicção duma aquisição ilegítima".

---

[91] *Direito das coisas*, cit., t. I, p. 201.
[92] *Direito das cousas*, v. I, p. 250.
[93] *Direito das coisas*, cit., t. I, p. 202.
[94] *Da prescrição aquisitiva*, cit., p. 230.

Aduz, na sequência, Lenine Nequete que "a boa-fé subsiste, então, inegavelmente, enquanto não destruída pela superveniência da má-fé: quem entra, *a posteriori*, em dúvida, não está ainda de má-fé, não adquiriu a convicção, contrária, de que não é proprietário ou titular do direito em prescrição. Assim, a *bona fides media* – como a chamavam os canonistas – deve reputar-se hábil à usucapião".

A boa-fé costuma ser atrelada ao justo título, embora se trate de realidade jurídica autônoma. Acham-se ambos intimamente irmanados, sendo o título o ato exterior que justifica a posse e motiva a boa-fé. Esta é a integração ética do justo título e reside na convicção de que o fenômeno jurídico gerou a transferência da propriedade[95].

Como preleciona Lafayette, "boa-fé e justo título são coisas distintas, mas o justo título estabelece a presunção da boa-fé. Daí procede que na prescrição ordinária, uma vez provado o justo título, a boa-fé se presume. A boa-fé pode existir sem o justo título, como se o possuidor está na crença de haver comprado a coisa e na realidade não a comprou; e *vice-versa*, pode se dar justo título sem boa-fé, como se o comprador soube que a coisa comprada não pertencia ao vendedor"[96].

O art. 1.201, parágrafo único, do Código Civil estabelece presunção *juris tantum* de boa-fé em favor de quem tem justo título. Deve ela existir no começo da posse e permanecer durante todo o decurso do prazo. Se o possuidor vem a saber da existência do vício, deixa de existir a boa-fé, não ficando sanada a mácula. Nesse contexto, "o instrumento de promessa de compra e venda insere-se na categoria de justo título apto a ensejar a declaração de usucapião ordinária"[97].

Dispõe, com efeito, o art. 1.202 do Código Civil que "*a posse de boa-fé só perde este caráter no caso e desde o momento em que as circunstâncias façam presumir que o possuidor não ignora que possui indevidamente*".

Aduza-se que o parágrafo único do art. 1.242 do Código Civil trouxe uma inovação: prevalece a aquisição por usucapião ordinária, ainda no caso de ter sido o imóvel adquirido por ato oneroso e conste o instrumento de registro público, cancelado posteriormente por sentença. Neste caso, o tempo fica reduzido a cinco anos, "*desde que os possuidores nele tiverem estabelecido a sua moradia, ou realizado investimentos de interesse social e econômico*", ou seja, desde que nele tenham feito despesas que não sejam de interesse apenas do possuidor, mas que se projetem socialmente.

---

[95] Benedito Silvério Ribeiro, *Tratado*, cit., v. 2, p. 759; Caio Mário da Silva Pereira, *Instituições*, cit., v. IV, p. 149.
[96] *Direito das coisas*, cit., t. I, p. 203.
"Usucapião ordinária. Caracterização. Justo título. Má-fé dos possuidores não demonstrada. Ação julgada procedente" (*JTJ*, Lex, 258/219).
[97] REsp 941.464-SC, rel. Min. Luis Felipe Salomão, j. 24-4-2012.

O inconveniente maior desta última ressalva, pondera CAIO MÁRIO[98], é a margem aberta ao subjetivismo do juiz, devido à falta de um parâmetro em que se possa apoiar.

Se o cancelamento do título decorre da nulidade do negócio jurídico, não se tem justo título. Isso só é possível em sendo o negócio jurídico anulável, ou se o que se debateu foi a respeito da validade do registro. E assim o é porque o sistema brasileiro de registro é substantivo, ou seja, a eficácia ou ineficácia do negócio jurídico repercute no registro de imóveis[99].

Preleciona, com efeito, WALTER CENEVIVA que "a diferença essencial entre o sistema alemão e o brasileiro está em que o nosso é substantivo: a eficácia ou a ineficácia do negócio causal repercutem no registro, o qual, aqui, não tem natureza de negócio jurídico abstrato. É *ato jurídico causal* vinculado ao título originário. Opera a transferência da propriedade dentro das forças e sob condição da validade formal e material"[100].

Registre-se, por fim, a lição de WASHINGTON DE BARROS MONTEIRO, no sentido de que "o último requisito do usucapião ordinário, quiçá o mais importante, porque valoriza e moralmente dignifica o usucapiente, é a boa-fé, vale dizer, a crença de que realmente lhe pertence a coisa possuída. É a certeza de seu direito, a confiança inabalável no próprio título, sem vacilações, sem possibilidade de temperamentos ou de meio-termo. A boa-fé ou é integral, ou não existe. Ela há de verificar-se ao ter início a posse do usucapiente e subsistir por todo o tempo dela. Se o mesmo tem ciência do vício que lhe impede a aquisição do domínio, inexiste boa-fé, capaz de conduzir ao usucapião ordinário, e só pelo extraordinário conseguirá ele depurá-lo de sua mácula"[101].

Reportamo-nos ao estudo da posse de boa-fé e posse de má-fé (Título I, "Da posse", Capítulo II, n. 5, *retro*), onde a matéria tratada neste item foi amplamente desenvolvida.

6. AÇÃO DE USUCAPIÃO

Dispõe o art. 1.241 do Código Civil:

"*Poderá o possuidor requerer ao juiz seja declarada adquirida, mediante usucapião, a propriedade imóvel*".

---

[98] *Instituições*, cit., v. IV, p. 150.
[99] Marco Aurélio S. Viana, *Comentários*, cit., v. XVI, p. 110.
[100] Walter Ceneviva, *Lei dos Registros Públicos comentada*, n. 397, p. 342.
[101] *Curso*, cit., v. 3, p. 127.

O possuidor com posse *ad usucapionem* pode, assim, ajuizar ação declaratória no foro da situação do imóvel, que será clara e precisamente individuado na inicial, uma vez que é reivindicado o domínio sobre determinado imóvel. O Código de Processo Civil, diferentemente do anterior, não prevê um procedimento especial para a ação de usucapião, embora a ela se refira nos arts. 246, § 3º, e 259, I.

Na ação de usucapião de imóvel, segundo dispõe o mencionado § 3º do art. 246, "os confinantes serão citados pessoalmente, exceto quando tiver por objeto unidade autônoma de prédio em condomínio, caso em que tal citação é dispensada".

Deve o autor, além de expor o fundamento do pedido, juntar planta da área usucapienda (LRP, art. 216-A, II). A planta pode ser substituída por croqui se há nos autos elementos suficientes para a identificação do imóvel, como sua descrição, área e confrontações[102].

Todavia, proclamou o *Superior Tribunal de Justiça* ser necessário georreferenciamento para identificar imóveis rurais objetos de ação de usucapião. Frisou a relatora, Min. Nancy Andrighi que, em se tratando de "processos que versam acerca de imóveis rurais, a apresentação de sua descrição georreferenciada, por meio de memorial descritivo, ostenta caráter obrigatório, constituindo imposição legal relacionada à necessidade de perfeita individualização do bem". A mencionada relatora aduziu que "a completa e perfeita descrição do imóvel é necessária não só para efeitos práticos do exercício do direito de propriedade, mas principalmente para atender aos pressupostos registrais"[103].

No entanto, "é dispensável o georreferenciamento do imóvel rural em ações possessórias nas quais a procedência dos pedidos formulados na inicial não enseja a modificação no registro do imóvel"[104].

Devem ser obrigatoriamente citados para a ação: a) aquele em cujo nome estiver registrado o imóvel; na falta desse registro, juntar-se-á indeclinavelmente certidão negativa comprobatória do fato[105]; b) os confinantes do imóvel[106]; c) se

---

[102] *RT*, 741/347; *JTJ*, Lex, 151/88.
[103] STJ, REsp 1.123.850-RS, 3ª T., rel. Min. Nancy Andrighi, j. maio/2013.
[104] REsp 1.646.179-MT, 3ª T., rel. Min. Ricardo Villas Bôas Cueva, *DJe* 7-12-2018.
[105] "Para prevenir nulidade, deve o autor juntar certidão positiva ou negativa do registro de imóveis" (*RT*, 510/217). "Tendo sido citado o titular do domínio do imóvel, não há que se questionar de nulidade pela falta de citação de eventuais sucessores para a ação de usucapião" (STJ, REsp 32.586-SP, 3ª T., rel. Min. Sálvio de Figueiredo, *DJU*, 24-3-1997, p. 9019).
[106] Súmula 391 do STF: "O confinante certo deve ser citado, pessoalmente, para a ação de usucapião". "A citação dos confinantes é necessária, sob pena de nulidade" (*RF*, 255/313). "O

estiverem em lugar incerto, serão citados por editais, o mesmo ocorrendo em relação a eventuais interessados[107].

O art. 259, I, do Código de Processo Civil determina a publicação de editais "na ação de usucapião de imóvel", tendo em vista, obviamente, os terceiros interessados.

É indispensável, ainda, a intimação, pessoalmente, por intermédio do oficial de registro de títulos e documentos, ou por via postal, para que manifestem interesse na causa os representantes da Fazenda Pública da União, dos Estados, do Distrito Federal e dos Municípios (LRP, art. 216-A, § 3º). Embora tal dispositivo conste somente da Lei dos Registros Públicos, introduzido pelo art. 1.071 do atual Código de Processo Civil, que trata da usucapião extrajudicial, mostra-se relevante e de aplicação obrigatória na ação de usucapião.

Se o autor é casado, deve, sob pena de nulidade, intervir no feito sua mulher. Igualmente, no que tange à parte passiva, é preciso que o cônjuge integre a lide. Nos termos do § 1º do art. 73 do Código de Processo Civil, "ambos os cônjuges serão necessariamente citados para a ação: I – que verse sobre direito real imobiliário, salvo quando casados sob o regime de separação absoluta de bens".

Aduz a propósito BENEDITO SILVÉRIO RIBEIRO: "A necessidade da participação do casal na ação de usucapião é inafastável, inexistindo como refutar que se trata de ação real e imobiliária, bastando ver que o art. 941 do Código de Processo Civil [*de 1973*] refere-se a direitos reais. Como óbvio se descortina, essa providência torna-se dispensável para as ações que visem reconhecimento de coisa móvel ou semovente"[108].

O espólio do possuidor tem legitimidade para propor ação de usucapião[109].

A usucapião por condômino é possível, desde que a posse seja exercida com exclusividade sobre o bem almejado[110].

Ainda que o imóvel já se ache registrado no Registro de Imóveis em nome do possuidor, pode ele mover ação de usucapião, máxime se há dúvida quanto à regularidade de seu título de propriedade[111]. Decidiu, com efeito, o *Superior Tri-*

---

confrontante não citado para a ação de usucapião tem legitimidade para pleitear a nulidade da sentença proferida nesta" (*RT*, 609/59).
[107] Washington de Barros Monteiro, *Curso*, cit., v. 3, p. 132.
[108] *Tratado*, cit., v. 2, p. 1129-1130. No mesmo sentido: *RJTJSP*, 130/204.
[109] STJ, REsp 28.817-8-SP, 4ª T., rel. Min. Barros Monteiro, *DJU*, 23-10-1995, p. 35675.
[110] *RJ*, 175/59.
[111] *RJ*, 229/70; *RT*, 731/369.

bunal de Justiça: "É cabível a ação de usucapião por titular de domínio que encontra dificuldade, em razão de circunstância ponderável, para unificar as transcrições ou precisar área adquirida escrituralmente"[112].

"Não havendo regra específica sobre a fixação do valor da causa nas ações de usucapião, deve-se adotar o critério estabelecido para a ação reivindicatória no art. 292, IV, do Código de Processo Civil de 2015, que corresponde ao "valor de avaliação da área ou do bem objeto do pedido". Se assim é no juízo petitório, em que se busca a restituição do imóvel, pela mesma razão será na ação de usucapião, cujo objetivo é o reconhecimento do domínio.

A sentença que julgar procedente aludida ação será registrada, mediante mandado, no registro de imóveis, satisfeitas as obrigações fiscais. Intervirá obrigatoriamente em todos os atos do processo o Ministério Público, sob pena de nulidade. Veja-se: "Usucapião. Ministério Público. Intervenção obrigatória. Ausência do *Parquet* que viola frontalmente o art. 944 do CPC [*de 1973*]. Nulidade processual"[113].

Malgrado o Código de Processo Civil não mencione expressamente a necessidade de intervenção do Ministério Público, ela se justifica por se tratar de matéria de interesse social relevante (art. 178, I).

Há entendimento de que a propositura da ação de usucapião somente é permitida a quem tem posse *atual* do imóvel. Se o usucapiente, depois de consumada a usucapião, sofre esbulho e perde a posse, terá de recuperá-la pelos interditos possessórios. Mas se o imóvel tiver sido transferido a terceiro pelo esbulhador, contra aquele caberá *ação publiciana*, uma espécie de reivindicatória sem título, para poder, assim, ajuizar a ação de usucapião e obter uma sentença favorável, que lhe servirá de título, malgrado já se tenha tornado dono desde o momento do exaurimento do lapso prescricional (CC, art. 1.238), sendo a sentença de natureza meramente declaratória.

Poderá a publiciana ser ajuizada, também, por aquele que está em via de adquirir a coisa por meio de prescrição ainda não consumada e perdeu a posse para o esbulhador, que em seguida a transferiu para terceiro. Assinala LAFAYETTE[114] que esse terceiro não se considera esbulhador em relação ao prescribente; contra ele, portanto, não poderia este empregar o interdito possessório. A necessidade de suprir esta falta, aduz, "determinou a criação de uma ação especial: o que se alcan-

---

[112] REsp 292.356-SP, 3ª T., rel. Min. Menezes Direito, *DJU*, 8-10-2001.
[113] *RT*, 816/339.
[114] *Direito das coisas*, cit., t. I, p. 245.

çou por meio de uma *ficção*, consistente em se considerar antecipadamente como proprietário quem está em via de prescrever e em se lhe conferir, para vindicar a coisa cuja posse perdera, uma ação real, que do nome de seu introdutor se ficou chamando *publiciana*".

No tocante à usucapião especial parece fora de dúvida que somente o possuidor atual e único, ou seja, somente aquele que se encontra na posse do imóvel pelo prazo mínimo exigido pela lei, ou seus herdeiros, podem requerer o reconhecimento da prescrição, sendo vedada a soma de posses anteriores, evitando-se, assim, a comercialização da posse, o que descaracterizaria esse instituto como remédio social de distribuição e aproveitamento produtivo da terra, como comenta Nélson Luiz Pinto[115].

Entende o mencionado autor, no que tange à usucapião ordinária e extraordinária, que todavia não há necessidade de que a posse do usucapiente seja atual, sendo também plenamente admitida a soma de posses por alienações sucessivas, para se completar o lapso temporal exigido por lei. Sendo a sentença da ação de usucapião apenas declaratória do domínio, aduz, "não vemos qualquer objeção a que aquele que, tendo preenchido todos os requisitos legais e completado o lapso de tempo exigido pela lei para usucapir ordinária ou extraordinariamente, mesmo tendo posteriormente perdido a posse para terceiro, venha requerer o reconhecimento judicial de seu domínio, para, somente então, tentar reaver sua posse, agora com fundamento no título dominial, através de ação reivindicatória".

Concluindo, enfatiza Nélson Luiz Pinto: "Ora, já se tendo o usucapião consumado, quando a posse foi perdida, não vemos como negar o direito à ação declaratória deste, àquele titular desse direito, mesmo sem posse atual".

Na mesma trilha assevera Adroaldo Furtado Fabrício[116], refutando o argumento de que a posse teria de ser *atual*, que o que se faz indispensável "é a continuidade da posse durante o tempo necessário e com os qualificativos exigidos. No momento em que se completou o lapso temporal, a usucapião já se consumou; vale dizer, a aquisição já se aperfeiçoou nesse mesmo momento, e não será afetada por qualquer ocorrência superveniente, salvo nova prescrição. A sentença que *declara* o domínio apenas reconhece uma situação jurídica já constituída pela só conjugação de uma série de dados fáticos. Essa conjugação se terá completado em determinado momento, depois do qual a perda da posse, sua

---

[115] *Ação de usucapião*, p. 73.
[116] *Comentários*, cit., v. VIII, t. III, p. 531.

modificação ou interrupção são fatos irrelevantes, não tendo o condão de desfazer o domínio já adquirido".

Estatui a *Súmula 263 do Supremo Tribunal Federal*: "O possuidor deve ser citado, pessoalmente, para a ação de usucapião". Observa THEOTONIO NEGRÃO que, "normalmente, só o possuidor pode intentar ação de usucapião; mas, se após haver preenchido todos os requisitos para a prescrição aquisitiva, perdeu a posse, também poderá mover ação de usucapião; nesta hipótese, o possuidor atual terá de ser citado"[117].

Mas, decidiu o *Superior Tribunal de Justiça*, "Ainda que se entenda que necessária a citação pessoal de possuidores, após a vigência do Código de 73, a exigência estará limitada aos que o fossem quando ajuizada a ação"[118].

A *referida Corte Superior* divulgou, em setembro de 2019, *dentre 12 teses consolidadas na Corte*, as seguintes:

"6) O contrato de promessa de compra e venda constitui justo título apto a ensejar a aquisição da propriedade por usucapião.

7) A inexistência de registro imobiliário de imóvel objeto de ação de usucapião não induz presunção de que o bem seja público (terras devolutas), cabendo ao Estado provar titularidade do terreno como óbice ao reconhecimento da prescrição aquisitiva.

8) A usucapião é forma de aquisição originária da propriedade, de modo que não permanecem os ônus reais que gravavam o imóvel antes da sua declaração.

9) A citação na ação possessória julgada improcedente não interrompe o prazo para aquisição da propriedade por usucapião".

DA AQUISIÇÃO PELO REGISTRO DO TÍTULO

Sumário: 7. Do registro do título. 8. Princípios que regem o registro de imóveis. 8.1. Princípio da publicidade. 8.2. Princípio da força probante (fé pública) ou presunção. 8.3. Princípio da legalidade. 8.4. Princípio da territorialidade. 8.5. Princípio da continuidade. 8.6. Princípio da prioridade. 8.7. Princípio da especialidade. 8.8. Princípio da instância. 9. Matrícula, registro e averbação. 10. Livros obrigatórios. 11. Retificação do registro.

---

[117] *Código de Processo Civil e legislação processual civil em vigor*, nota 3 ao art. 942.
[118] REsp 19.066-0-PR, 3ª T., rel. Min. Eduardo Ribeiro, *DJU*, 24-5-1993, p. 10003.

7. DO REGISTRO DO TÍTULO

Para a aquisição da propriedade imóvel, no direito brasileiro, não basta o contrato, ainda que perfeito e acabado. Por ele, criam-se apenas obrigações e direitos, segundo estatui o art. 481 do Código Civil, *verbis*:

"Pelo contrato de compra e venda, um dos contratantes se obriga a transferir o domínio de certa coisa, e o outro, a pagar-lhe certo preço em dinheiro".

A transferência do domínio, porém, só se opera pela tradição, se for coisa móvel (CC, art. 1.267) e pelo registro do título translativo, se for imóvel (art. 1.245). No direito pré-codificado, diferentemente, atribuía-se força translativa ao contrato, admitindo-se que os imóveis se transmitissem mediante simples acordo de vontades, sem a necessidade de outra qualquer exigência. Perfilhava-se doutrina análoga à dos Códigos francês (art. 712) e italiano (art. 922). Naquela época, portanto, escritura de compra e venda de imóvel operava, só por si, a transferência do domínio.

Por influência de Teixeira de Freitas e Lafayette, o Código Civil de 1916, com a finalidade de melhor garantir a propriedade imóvel, passou a exigir, para a transferência do domínio, que o acordo de vontades se complete pelo registro. Tal sistema foi mantido no diploma de 2002, cujo art. 1.245 proclama:

"Transfere-se entre vivos a propriedade mediante o registro do título translativo no Registro de Imóveis.

§ 1º Enquanto não se registrar o título translativo, o alienante continua a ser havido como dono do imóvel.

§ 2º Enquanto não se promover, por meio de ação própria, a decretação de invalidade do registro, e o respectivo cancelamento, o adquirente continua a ser havido como dono do imóvel".

O nosso legislador aproximou-se do sistema germânico, atenuando-lhe, porém, o rigor. No sistema alemão o registro tem valor absoluto. Só é proprietário aquele em cujo nome se acha registrado o imóvel, o que constar dos livros cadastrais *pro veritate habetur*. Se alguém, louvado em seus dados, adquire determinada propriedade, que vem a perder mais tarde, por força de decisão judicial, tem direito de voltar-se contra o Estado, para dele reclamar indenização[119].

O BGB oferece, todavia, meios de proteção contra as inscrições inexatas, autorizando as retificações, e até mesmo o cancelamento, uma vez observado o procedimento adequado. Reconhecendo ser excepcional o desa-

---

[119] Washington de Barros Monteiro, *Curso*, cit., v. 3, p. 102.

cordo entre a verdadeira situação jurídica e o registro, o sistema germânico assenta-se em dois princípios: o da presunção de exatidão do registro (BGB, art. 891) e o da proteção a quem confia no registro, embora inexato (BGB, art. 892)[120].

Não dispomos de um sistema rígido de cadastramento como a Alemanha, mesmo porque as condições da propriedade no país são diversas. O nosso legislador limitou-se a adotar a técnica germânica da aquisição do domínio pelo registro, mas sem estabelecer uma presunção absoluta ao registro imobiliário. Entre nós o registro confere apenas presunção *juris tantum* de domínio: uma vez efetuada a matrícula, presume-se pertencer o direito real à pessoa em cujo nome se registrou (CC, art. 1.245, § 2º). E a propriedade considera-se adquirida na data da apresentação do título a registro (art. 1.246), ainda que entre a prenotação e o registro haja decorrido bastante tempo.

Perante o nosso direito, pois, o registro não é apenas meio de se dar publicidade do ato translativo, como no direito francês e nos países que a este se ligaram pela mesma técnica. Ao contrário, é tradição solene, que gera direito real para o adquirente, transferindo-lhe o domínio. Mas também não é o registro do direito germânico, uma vez que seu valor não é absoluto, admitindo prova em contrário[121].

A importância do registro é fundamental na organização jurídica da propriedade brasileira, pois há espécies de atos e fatos jurídicos que, por exigência da lei, devem ser conhecidas por todos, real ou presumidamente. Os atos e fatos alusivos à propriedade imóvel incluem-se nesse rol. O significado do bem imóvel na estrutura jurídico-econômica capitalista exige que a coletividade o identifique e conheça, bem como ao titular do direito dominial e aos encargos que o podem onerar. A relevância do significado gerou a criação de um sistema especial de segurança e de publicidade, tomado este último termo no sentido de direito divulgado, transmitido por meio de serventias do Estado aos que estão submetidos ao mesmo ordenamento[122].

A relação dos atos sujeitos a registro encontra-se na Lei dos Registros Públicos (Lei n. 6.015, de 31-12-1973). A lei anterior sujeitava alguns atos, como os transmissivos da propriedade, à transcrição, e outros, como a hipoteca, à inscrição. A atual e o novo Código Civil usam apenas a expressão "registro", que engloba os antigos atos de transcrição e de inscrição.

---

[120] Caio Mário da Silva Pereira, *Instituições*, cit., v. IV, p. 121.
[121] Washington de Barros Monteiro, *Curso*, cit., v. 3, p. 102.
[122] Walter Ceneviva, *Manual do registro de imóveis*, p. 27.

A Lei n. 6.015/73 sofreu importantes alterações com a edição da Lei n. 14.382/2022, que, entre outras coisas, acrescentou os §§ 3º e 4º ao art. 1º da Lei, estabelecendo que: "§ 3º os registros serão escriturados, publicizados e conservados em meio eletrônico, nos termos estabelecidos pela Corregedoria Nacional de Justiça do Conselho Nacional de Justiça, em especial quanto aos: I – padrões tecnológicos de escrituração, indexação, publicidade, segurança, redundância e conservação; e II – prazos de implantação nos registros públicos de que trata este artigo. § 4º É vedado às serventias dos registros públicos recusar a recepção, a conservação ou o registro de documentos em forma eletrônica produzidos nos termos estabelecidos pela Corregedoria Nacional de Justiça do Conselho Nacional de Justiça".

8. PRINCÍPIOS QUE REGEM O REGISTRO DE IMÓVEIS

Para proporcionar maior segurança aos negócios imobiliários, criou o legislador, como foi dito, um sistema de registros públicos, regulado pela Lei dos Registros Públicos (Lei n. 6.015, de 31-12-1973), informado por diversos princípios, que garantem a sua eficácia.

8.1. Princípio da publicidade

O primeiro desses princípios é o da *publicidade*. O registro confere publicidade às transações imobiliárias, valendo contra terceiros. Qualquer pessoa poderá requerer certidão do registro sem informar ao oficial ou ao funcionário o motivo ou interesse do pedido (LRP, art. 17).

Com efeito, quaisquer que sejam os característicos ou o fim dos assentamentos mencionados pela Lei n. 6.015/73, devem estar os registros permanentemente abertos, com poucas exceções, ao integral conhecimento de todos. O serventuário é obrigado, sob penas disciplinares, a expedir certidões e informar a parte. O registro, assim, salvo exceções relativas a direitos alusivos à família e à filiação, torna público o que nele se contém, criando a presunção de seu conhecimento ou de sua cognoscibilidade.

Aqueles que se acham submetidos ao ordenamento jurídico brasileiro devem respeitar o direito registrado, pois a todos ele é oponível. Registrado, ninguém pode ignorar o direito a que corresponde, porque impedido pela publicidade consequente do registro, no âmbito do ordenamento nacional. Pelo sistema obrigatório de publicidade imobiliária defluente do registro (LRP, art. 169), qualquer transformação (objetiva e subjetiva) da propriedade imóvel torna-se cognoscível por todos[123].

8.2. Princípio da força probante (fé pública) ou presunção

O segundo princípio é o da *força probante* (fé pública) ou *presunção*. Os registros têm força probante, pois gozam da presunção de veracidade. Presume-se pertencer o direito real à pessoa em cujo nome se encontra registrado.

Trata-se de presunção *juris tantum*, sendo o adquirente tido como titular do direito registrado, até que o contrário se demonstre, como estatui o art. 1.247 do Código Civil:

"*Se o teor do registro não exprimir a verdade, poderá o interessado reclamar que se retifique ou anule*".

Aduz o art. 1.245, § 2º, do mesmo diploma:

"*Enquanto não se promover, por meio de ação própria, a decretação de invalidade do registro, e o respectivo cancelamento, o adquirente continua a ser havido como dono do imóvel*".

Adotou o Código Civil brasileiro, nesse particular, como foi dito no item n. 7, *retro*, solução intermediária, não considerando absoluta tal presunção (*juris et de jure*), como o fez o direito alemão (na Alemanha, a propriedade imóvel está toda cadastrada), nem afastando a relevância do registro, como o fez o direito francês, para o qual o domínio se adquire pelo contrato, servindo o registro apenas como meio de publicidade.

Podemos dizer que a Alemanha adotou simultaneamente os princípios da presunção e da fé pública e que o Brasil encampou somente o princípio da presunção, que prevalece até prova em contrário. No Brasil, apenas o registro pelo sistema *Torrens* (LRP, art. 277) acarreta presunção absoluta sobre a titularidade do domínio, mas só se aplica a imóveis rurais. Assume caráter contencioso, com citação de todos os interessados, sendo o pedido julgado por sentença.

Anota WALTER CENEVIVA que, "no sistema germânico, o contrato de compra e venda regula as relações entre vendedor e comprador, mas a questão da propriedade, e com ela sua eficácia quanto a terceiros, depende unicamente da realização válida do ato traslativo real. A diferença essencial entre o sistema alemão e o brasileiro está em que o nosso é substantivo: a eficácia ou a ineficácia do negócio causal repercutem no registro, o qual, aqui, não tem natureza de negócio jurídico abstrato. É *ato jurídico causal* vinculado ao título originário. Opera a transferência da propriedade dentro das forças e sob condição da validade formal e material"[124].

---

[123] Walter Ceneviva, *Manual*, cit., p. 28.
[124] *Lei dos Registros Públicos comentada*, cit., n. 397, p. 342.

A presunção estabelecida pelo registro não beneficia apenas o direito de propriedade, mas todo e qualquer direito. Assim como o proprietário por ele beneficiado não precisa provar a sua propriedade, tampouco precisa provar o seu direito de hipoteca o credor com registro, ou o seu direito de servidão o titular com acesso ao fólio real, bastando qualquer deles invocar tão só o registro. A presunção registral restringe-se, todavia, ao campo processual, não atingindo de nenhum modo o direito material. A sua importância prática se cinge em dispensar aquele que propõe uma ação de provar a existência do direito real que afirma, porque tem a seu favor a presunção.

A presunção, diz AFRÂNIO DE CARVALHO, "significa que a sinalização feita pelo registro, seja da aquisição, seja do cancelamento, prevalece pró e contra quem for por ela atingido, enquanto não for produzida prova contrária. Se foi fixada a aquisição do direito, prevalece em favor do titular inscrito; se foi fixado o cancelamento do direito, prevalece contra o titular inscrito. Como se vê, tanto pode operar *em favor* do inscrito, como *contra* ele, embora geralmente opere no sentido positivo, para permitir-lhe invocar a qualidade de titular do direito perante quem quer que seja, sem precisar provar que a inscrição é exata"[125].

Aduz o mencionado autor que, "todavia, a presunção pode ser destruída por prova contrária, que demonstre que o direito inscrito não foi efetivamente constituído ou que o direito cancelado não se acha extinto, mas, ao contrário, sobrevive ao cancelamento. Essa possibilidade empresta à presunção um valor *relativo*, visto ser destrutível por prova adversa.

8.3. Princípio da legalidade

O princípio da *legalidade* pode ser mencionado *em terceiro lugar*. Incumbe ao oficial do cartório, por dever de ofício, examinar a legalidade e a validade dos títulos que lhe são apresentados para registro, nos seus aspectos intrínsecos e extrínsecos. Não lhe cabe, entretanto, segundo respeitável corrente de opinião, arguir vícios do consentimento, destituídos de interesse público e somente invocáveis pelos interessados, devendo limitar-se à verificação de sua natureza, se registrável ou não[126].

Salienta AFRÂNIO DE CARVALHO que, todavia, "de acordo com a doutrina dominante na prática dos cartórios, onde o costume está inegavelmente fazendo lei,

---

[125] *Registro de imóveis*, p. 195.
[126] "Dúvida. Exame de aspectos substanciais do título considerado. Desnecessidade. Procedimento administrativo em que se discute simplesmente a possibilidade do registro. Inaplicabilidade dos rigores formais do estatuto processual civil" (*RJTJSP*, 104/547). "Dúvida. Processo. Exame formal do título, pelo escrivão. Não cabimento em questão que envolve reconhecimento de alienação em fraude à execução. Existência de penhora, ainda que inscrita, que não impede a alienação do imóvel" (*RJTJSP*, 45/399).

o exame da legalidade dos títulos e, por conseguinte, o levantamento das dúvidas deve ultrapassar as nulidades para alcançar as anulabilidades ostensivas. Neste particular, sem a menor discrepância, vigora por toda parte a regra costumeira traduzida, em termos precisos, pelo tribunal mineiro, segundo a qual 'o oficial pode levantar toda e qualquer dúvida, quer com relação às formalidades externas, quer internas, do título, desde que deste, única e exclusivamente, ela provenha'"[127].

Tão logo o título seja protocolizado, faz-se a prenotação, devendo o oficial examiná-lo. O prazo para tanto será de 10 dias, nos termos do art. 188 da LRP, com a redação que lhe foi dada pela Lei n. 14.382/2022, cabendo observar que a contagem deve considerar apenas os dias úteis, nos termos do art. 9º, § 1º, da LRP. Se estiver em ordem, será registrado. Havendo exigência a ser satisfeita, indicá-la-á por escrito, tendo o interessado vinte dias para a regularização, prazo durante o qual fica mantida a prenotação, nos termos do art. 205 da LRP, com a redação da Lei n. 14.383/2022. Não se conformando o apresentante com a exigência do oficial, será o título, a seu requerimento e com a declaração de *dúvida*, remetido ao juízo competente para dirimi-la (LRP, art. 198). Neste caso, o prazo de vinte dias permanecerá suspenso, até a solução a ser dada pelo juiz[128].

Suscitada a *dúvida* pelo oficial (*suscitante*), a pedido do interessado, cujo procedimento é de jurisdição voluntária (em que o juiz administra interesses privados), será o apresentante do título (*suscitado*) cientificado dos seus termos, para impugná-la. O Ministério Público será ouvido, e a dúvida julgada, por sentença. Se procedente, poderão interpor recurso de apelação o interessado, o Ministério Público e o terceiro prejudicado. Se improcedente, não poderá o oficial apelar, por falta de legítimo interesse, tendo-a suscitado apenas por dever de ofício. Todavia, poderão fazê-lo o representante do Ministério Público e o terceiro prejudicado[129].

---

[127] *Registro de imóveis*, cit., p. 277.
[128] "Dúvida. Formalidades. Instauração que não pode ser feita de ofício, mas suscitada a requerimento do apresentante do título. Nulidade do processo de dúvida, à falta de pessoa interessada, devendo restituir-se o título, após cancelada a prenotação" (*RJTJSP*, 49/388). "Dúvida. Deve ser suscitada pelo Oficial do Registro de Imóveis, se o mandado judicial apresentado, a cumprir, versar sobre um direito constante do registro e que não fora objeto da *res judicata* ou quando a ordem judicial implique na ofensa a direito de terceiros que não foram partes na ação" (*RJTJSP*, 36/329).
[129] "Dúvida. Citação de terceiro. Desnecessidade. Procedimento administrativo em que se discute a possibilidade do registro de um título e não o direito nele consubstanciado. Terceiro que, sendo prejudicado, poderá interpor recurso sem que isso implique seu chamamento prévio. Nulidade rejeitada" (*RJTJSP*, 94/513). "Dúvida. Intervenção de terceiros. Inadmissibilidade. Processo que não traz lide e não comporta assistência ou intervenção" (*RJTJSP*, 80/442).

O recurso será endereçado *ao Conselho Superior da Magistratura, que em São Paulo é constituído por 7 Desembargadores, a saber: Presidente do Tribunal de Justiça, Vice-Presidente, Corregedor-Geral da Justiça, Presidente da Seção Criminal, Presidente da Seção de Direito Privado, Presidente da Seção de Direito Público e Decano.* Mantida a sentença de improcedência, o interessado apresentará de novo os documentos, para que se proceda ao registro (LRP, art. 203).

Quando é o próprio interessado que peticiona diretamente ao juiz, requerendo a instauração do procedimento de dúvida (passando, então, a suscitante, e o oficial a suscitado), o expediente denomina-se *dúvida inversa*, não prevista na Lei dos Registros Públicos, mas em geral admitida pelos juízes, por uma questão de economia processual[130].

8.4. Princípio da territorialidade

Em quarto lugar aparece o princípio da *territorialidade*. É o que exige o registro na circunscrição imobiliária da situação do imóvel.

A escritura pública pode ser lavrada no Cartório de Notas de qualquer localidade, mas o registro só pode ser efetuado no Registro de Imóveis da situação do imóvel, o que, sem dúvida, facilita a pesquisa em torno dos imóveis (LRP, art. 169).

Como assinala Silvio Rodrigues, dada a importância que o legislador atribui aos bens imóveis, "procurou criar um sistema que, possibilitando-lhes a individuação e dando aos negócios imobiliários adequada publicidade, proporcionasse considerável grau de segurança à circulação dos bens de raiz. Isso foi alcançado por meio de um sistema de registros públicos, em que os negócios imobiliários devem ser registrados nas próprias circunscrições onde se encontram os prédios. *Dessa maneira, qualquer interessado pode, a todo tempo, verificar a existência, ou não, de um negócio, tendo por objeto determinado imóvel*"[131].

Havendo na comarca *mais de uma circunscrição imobiliária, a atribuição do registro de atos pertinentes ao imóvel será a definida nas leis de organização judiciária*. Deve o oficial, ao receber a documentação a ser registrada, apurar, preliminarmente, se é sua, ou não, a competência territorial, indicando, na hipótese negativa, a circunscrição. Neste caso está dispensado de prenotar o título e suscitar dúvida. Surgida, porém, a controvérsia, insistindo a parte na atribuição que o serventuário nega, será decidida pelo corregedor permanente, em processo de dúvida[132].

---

[130] "Dúvida. Cabimento. Irrelevância de se tratar de dúvida inversa. Questão de simples *nomen juris*. Rejeição de preliminar" (*RJTJSP*, 43/402, 52/408). "Dúvida inversa. Título judicial. Análise pelo registrador. Necessidade" (*JTJ*, Lex, 257/497).
[131] *Direito civil*, v. 5, p. 94-95.
[132] Walter Ceneviva, *Lei dos Registros Públicos comentada*, cit., p. 363.

Em se tratando de bens situados em comarcas diversas, o registro deverá ser feito em todas elas. O desmembramento da comarca não exige, porém, repetição de registro já efetuado no novo cartório (LRP, art. 170).

8.5. Princípio da continuidade

Em quinto lugar figura o princípio da *continuidade*, um dos princípios fundamentais do registro imobiliário, pelo qual somente se admite o registro de um título se a pessoa que nele aparece como alienante é a mesma que figura no registro como o seu proprietário.

Assim, se "A" consta como o proprietário no registro e aliena o seu imóvel a "B", que por sua vez o transfere a "C", a escritura outorgada por "B" a "C" somente poderá ser registrada depois que "B" figurar como dono no registro de imóveis, ou seja, apenas depois de registrada a escritura outorgada por "A" a "B".

Esse princípio está consagrado *no art. 195 da Lei dos Registros Públicos, que assim dispõe:* "Se o imóvel não estiver matriculado ou registrado em nome do outorgante, o oficial exigirá a prévia matrícula e o registro do título anterior, qualquer que seja a sua natureza, *para manter a continuidade do registro*"[133].

O princípio da continuidade determina, pois, o imprescindível encadeamento entre assentos pertinentes a um dado imóvel e às pessoas nele interessadas. Cumpre ao oficial zelar pela sua observância, cabendo-lhe exigir a matrícula, mesmo para o imóvel adquirido antes do Código Civil de 1916.

O aludido princípio obedece a duas linhas mestras: a) a do imóvel, como transposto para os livros registrários; e b) a das pessoas com interesse nos registros. Ambas devem ser seguidas de modo rigoroso e ininterrupto[134].

8.6. Princípio da prioridade

O sexto princípio é o da *prioridade*, que protege quem primeiro registra o seu título. A prenotação assegura a prioridade do registro. Se mais de um título for apresentado a registro no mesmo dia, será registrado aquele prenotado em primeiro lugar no protocolo (LRP, art. 191).

---

[133] "Registro de imóveis. Exigência da certidão de casamento dos alienantes para verificação de seu estado civil e constatação da regularidade de suas identidades. Admissibilidade. Preservação do princípio da continuidade. Pedido de alvará improcedente" (JTJ, Lex, 261/251). "Formal de partilha. Imóvel adquirido na constância do casamento, sob o regime da separação de bens. Ausência de prévio inventário do marido. Comunicação dos aquestos. Ofensa ao princípio da continuidade. Inviabilidade do registro" (JTJ, Lex, 267/624).

[134] "Registro de imóveis. Compromisso de compra e venda. Instituição financeira alienante. Modificação da razão social. Necessário o registro da alteração ainda que o número do CGC continue inalterado. Preservação dos princípios da continuidade e da especialidade. Recurso não provido" (JTJ, Lex, 542).

Caso a parte interessada, em trinta dias, não atenda às exigências formuladas pelo oficial, cessam os efeitos da prenotação, podendo ser examinado e registrado, se estiver em ordem, o título apresentado em segundo lugar. Se o primeiro apresentante não se conformar com as exigências indicadas e requerer a suscitação de dúvida, o prazo fica prorrogado até o julgamento do referido procedimento.

O art. 192 da Lei dos Registros Públicos declara que "o disposto nos arts. 190 e 191 não se aplica às escrituras públicas, da mesma data e apresentadas no mesmo dia, que determinem, taxativamente, a hora da sua lavratura, prevalecendo, para efeito de prioridade, a que foi lavrada em primeiro lugar".

A aplicação desse dispositivo restringe-se a hipóteses pouco frequentes.

8.7. Princípio da especialidade

Em sétimo lugar aponta-se o princípio da *especialidade*, previsto no art. 225 da Lei dos Registros Públicos, *que exige a minuciosa individualização, no título, do bem a ser registrado*.

É o que trata dos dados geográficos do imóvel, especialmente os relativos às suas metragens e confrontações. Objetiva proteger o registro de erros que possam confundir as propriedades e causar prejuízos aos seus titulares. Significa tal princípio que todo registro deve recair sobre um objeto precisamente individuado.

Compete ao oficial do cartório exigir que, nas escrituras públicas, nos instrumentos particulares e nos autos judiciais as partes indiquem, com precisão, os característicos, as confrontações e as localizações dos imóveis, mencionando os nomes dos confrontantes e, ainda, quando se tratar de terreno, se fica do lado par ou do lado ímpar do logradouro, em que quadra e a que distância métrica da edificação ou da esquina mais próxima, exigindo dos interessados certidão do registro imobiliário (LRP, art. 225).

No tocante aos vizinhos, não são mais aceitas as velhas indicações tais como "com quem de direito", ou "com fulano ou sucessores". É necessária a expressa indicação do confrontante.

A *4ª Turma do Superior Tribunal de Justiça* estabeleceu que, para fins de registro imobiliário rural, a certificação do memorial descritivo de propriedade deve considerar as matrículas individualizadas de cada imóvel que a compõe[135].

Se o título não estiver em ordem, será exigida a sua retificação, para que se conforme com a descrição dos imóveis que consta do registro[136].

---

[135] STJ, REsp 1.706.088-ES, 4ª T., rel. Min. Raul Araújo, j. 14-5-2024.
[136] "Registro de imóveis. Descrição do imóvel em desacordo com o assento registrário. Retificação do título. Necessidade. Princípio da especialidade. Dúvida procedente. Recurso não provido" (*JTJ*, Lex, 260/550). "Escritura de venda e compra. Exigência de retificação do título para que

8.8. Princípio da instância

Por último, pode ser mencionado o princípio da *instância, que não permite que o oficial proceda a registros de ofício, mas somente a requerimento do interessado, ainda que verbal*. Sem solicitação ou instância da parte ou da autoridade, o registrador não pratica os atos do seu ofício.

Dispõe, com efeito, o art. 13 da Lei dos Registros Públicos: "Salvo as anotações e as averbações obrigatórias, os atos do registro serão praticados: I – por ordem judicial; II – a requerimento verbal ou escrito dos interessados; III – a requerimento do Ministério Público, quando a lei autorizar". Até mesmo a instauração de procedimento de dúvida será feita a requerimento do interessado (LRP, art. 198).

Manteve-se a prática tradicional, facilitadora dos negócios imobiliários, em que não se exige sequer que o interessado formule *expressamente* o requerimento de registro, pois o ofício do Registro de Imóveis se satisfaz com o requerimento tácito decorrente da apresentação do título registrável. Essa apresentação pode ser feita por qualquer pessoa, transformando-se assim o interessado em simples *portador*, de acordo com uma prática mais que centenária[137].

De observar-se, por fim, que, no que concerne à abertura de matrícula, o princípio da instância sofre uma mitigação, já que o § 14 do art. 176 da LRP, introduzido pela Lei n. 14.382/2022, autoriza a abertura, de ofício, por conveniência de serviço.

9. MATRÍCULA, REGISTRO E AVERBAÇÃO

A Lei n. 6.015, de 31 de dezembro de 1973, atual Lei dos Registros Públicos, pretendendo melhor individualizar os imóveis, instituiu a *matrícula*, exigindo a sua realização antes do registro, quando o imóvel sofrer a primeira alteração na titularidade após a sua vigência (arts. 176, § 1º, e 228).

Os imóveis, antes da referida lei, recebiam um novo número de transcrição a cada alienação. Depois da sua entrada em vigor, só conservam o antigo número de transcrição os imóveis que não sofreram nenhuma alteração em sua titularidade. Os que foram vendidos, doados, permutados ou transferidos por sucessão hereditária receberam um número de matrícula, por ocasião do registro do título translativo (escritura pública, formal de partilha), número este que sempre os acompanhará.

---

se conforme com a descrição dos imóveis que consta do registro" (*JTJ*, Lex, 267/617). "Escritura pública de compra e venda. Loteamento. Área maior não levada a registro. Gleba sem medidas perimetrais ou pontos de amarração. Princípio da especialidade. Violação. Inviabilidade do registro" (*JTJ*, Lex, 267/619). "Escritura. Inserção unilateral de dados. Inadmissibilidade. Ofensa ao princípio da especialidade. Acesso negado" (*JTJ*, Lex, 268/601).
[137] Afrânio de Carvalho, *Registro de imóveis*, cit., p. 326-327.

As alienações posteriores serão registradas na mesma matrícula. Esta é feita somente por ocasião do primeiro registro, após a vigência da atual Lei dos Registros Públicos, e o antecede. Não é a matrícula que produz a transferência da propriedade, mas sim o registro.

Como foi dito, a matrícula será efetuada por ocasião do primeiro registro a ser lançado na vigência da atual Lei dos Registros Públicos, mediante os elementos constantes do título apresentado e do registro anterior nele mencionado, nos termos do art. 228 da aludida lei.

Se o registro anterior tiver sido efetuado no mesmo cartório em que se pretende matricular o imóvel, deverá o oficial confrontar os dados de identificação constantes do título exibido com os inseridos no registro, para verificar se foi obedecido o princípio da continuidade. Se o registro anterior for de outra circunscrição imobiliária, deverá o interessado no registro apresentar, além do título a ser registrado, certidão atualizada daquele registro que, após a abertura da matrícula, deverá ficar arquivada, para eventual exame. Também nesse caso deverá o oficial comparar os dados de identificação do imóvel contidos no título registrando com os da certidão do registro anterior[138].

A matrícula constitui o núcleo do registro imobiliário e exige controle rigoroso e exatidão das indicações que nela se contêm. Seu aperfeiçoamento culminará por conferir ao assentamento da propriedade imobiliária brasileira uma feição cadastral, a exemplo do direito alemão.

Na sistemática da lei, "cada imóvel" (expressão usada no § 1º, I, do art. 176) corresponde a prédio matriculado, estremando-o de dúvida em relação aos vizinhos. Tratando-se de imóveis autônomos, mesmo negociados em um só título, cada um tem matrícula individual[139].

A Lei dos Registros Públicos adotou, assim, *o princípio da unicidade da matrícula*: cada imóvel terá matrícula própria, de maneira que nenhum poderá ser matriculado mais de uma vez, nem duas matrículas poderão ter por objeto o mesmo imóvel, em sua integridade ou partes ideais (frações ideais) do mesmo imóvel[140].

Se parte de um imóvel for alienada, caracterizando um *desmembramento*, constituirá ela um novo imóvel, que deverá, então, ser matriculado, recebendo número próprio. Pode dar-se, também, o fenômeno inverso, que é a *fusão*, ou seja, a unificação de matrículas de imóveis pertencentes ao mesmo titular do direito real. *Admite-se, com efeito, a fusão de dois ou mais imóveis contíguos, pertencentes ao mesmo proprietário, em uma só matrícula, de novo número, encerrando-se as primitivas* (LRP, art. 234).

---

[138] Walter Cruz Swensson, Manual de registro de imóveis, p. 64.
[139] Walter Ceneviva, Manual, cit., p. 82.
[140] Walter Cruz Swensson, Manual, cit., p. 62.

A fusão de matrículas dá homogeneidade jurídica a imóveis fisicamente contíguos e que, não obstante constituírem um todo harmônico, aparecem para o direito como entidades apartadas. As matrículas a unificar, embora autônomas, devem permitir verificação registrária da proximidade física dos imóveis. O encerramento das matrículas primitivas é averbado. Serão feitas averbações em todas as matrículas e registros dos imóveis fundidos.

O *registro* sucede à matrícula e é o ato que efetivamente acarreta a transferência da propriedade. O número inicial da matrícula é mantido, mas os subsequentes registros receberão numerações diferentes, em ordem cronológica, vinculados ao número da matrícula-base.

A *averbação* é qualquer anotação feita à margem de um registro, para indicar as alterações ocorridas no imóvel, seja quanto à sua situação física (edificação de uma casa, mudança de nome de rua), seja quanto à situação jurídica do seu proprietário (mudança de solteiro para casado, p. ex.).

Averbam-se fatos posteriores à matrícula e ao registro que não alteram a essência desses atos, modificando apenas as características do imóvel ou do sujeito.

10. LIVROS OBRIGATÓRIOS

Os livros obrigatórios do Registro de Imóveis são em número de cinco. Dispõe, com efeito, o art. 173 da Lei dos Registros Públicos:

"Haverá, no Registro de Imóveis, os seguintes livros:

I – Livro n. 1 – Protocolo;

II – Livro n. 2 – Registro Geral;

III – Livro n. 3 – Registro Auxiliar;

IV – Livro n. 4 – Indicador Real;

V – Livro n. 5 – Indicador Pessoal.

Parágrafo único. Observado o disposto no § 2º do art. 3º desta Lei, os Livros ns. 2, 3, 4 e 5 poderão ser substituídos por fichas".

O Livro n. 1 – *Protocolo* – serve para anotação de todos os títulos apresentados diariamente. É conhecido como "a chave do registro de imóveis" ou a porta de entrada, pela qual devem passar todos os títulos registráveis.

A data do registro, para os efeitos legais, é a da prenotação do título no protocolo, ainda que efetuado posteriormente (CC, art. 1.246).

O Livro n. 2 – *Registro Geral* – é destinado à matrícula e ao registro dos títulos, além de outros atos. É nesse livro que se pratica o ato que transfere o domínio dos imóveis (registro, anteriormente chamado de transcrição).

O Livro n. 3 – *Registro Auxiliar* – destina-se ao registro de atos que devem, por lei, ser registrados, embora não sirvam à transferência do domínio, como as convenções antenupciais, as convenções de condomínio, as cédulas de crédito rural etc. (LRP, art. 178).

Os Livros ns. 4 e 5 funcionam como uma espécie de índices. O n. 4 – *Indicador Real* – é o repositório de todos os imóveis que figurarem nos demais livros, podendo ser localizados por seus dados e características. O Livro n. 5 – *Indicador Pessoal* – contém o nome de todas as pessoas que figuram no registro como proprietárias, em ordem alfabética, facilitando a expedição de certidões.

11. RETIFICAÇÃO DO REGISTRO

É admissível a retificação do registro do imóvel quando há inexatidão nos lançamentos, isto é, "*se o teor do registro não exprimir a verdade*" (CC, art. 1.247; LRP, art. 212).

Ao admitir retificação, a lei se mostra de acordo com a realidade brasileira, de imensa extensão física e com grandes áreas de duvidosa confiabilidade dominial e possessória. Não é viável entre nós um sistema de presunção de validade absoluta do assentamento imobiliário, confiado a cartórios cujos elementos humanos e materiais nem sempre são de boa qualidade[141].

A retificabilidade, disciplinada nos arts. 212 e 213 da Lei dos Registros Públicos, é um dos elementos distintivos dos sistemas brasileiro e alemão. Em sua redação original, os citados dispositivos permitiam o processamento da retificação somente perante o juiz corregedor do registro imobiliário. Todavia, a Lei n. 10.931, de 2 de agosto de 2004, deu-lhes nova redação, permitindo que o pedido de retificação seja feito ao próprio Oficial do Registro de Imóveis competente, na hipótese de o registro ou a averbação serem *omissos, imprecisos* ou *não exprimirem a verdade*, mas facultando ao interessado "requerer a retificação por meio de procedimento judicial". Enquanto o mencionado art. 212 refere-se apenas a "requerimento do interessado", o art. 213 prevê também *ato de ofício*, nas hipóteses descritas nas letras *a* a *g* do inciso I.

Foi adotado, assim, um sistema misto, ou seja, administrativo, com alguma forma de contenciosidade: na retificação de área, para aumentá-la ou diminuí-la, ou na alteração de divisas, alienantes e confrontantes são citados e, da decisão proferida, cabe apelação.

Há, atualmente, quatro espécies de retificação: a) a exigida por lei; b) a realizada por vontade da parte; c) a cumprida pelo registrador como ato de ofício; e d) a efetuada em cumprimento de decisão judicial, de natureza administrativa ou contenciosa. A intervenção judicial se dará: a) quando o interessado requerer a retificação diretamente ao juiz competente; e b) quando a adoção do procedimento administrativo puder acarretar prejuízo para qualquer interessado ou ter-

---

[141] Walter Ceneviva, *Manual*, cit., p. 129.

ceiros[142]. *O Ministério Público atua nos procedimentos concernentes aos registros públicos, devendo, pois, ser ouvido no pedido de retificação.*

Pelo novo sistema, diversos atos, como retificações de área, descrição de perímetros de imóveis, correção de nomes de pessoas e de outros dados importantes, poderão ser praticados pelo Oficial do Registro de Imóveis, sem a necessidade de instauração de procedimento perante o juiz corregedor – o que contribuirá para a desburocratização dos serviços registrários. Somente se houver impugnação fundamentada e não ocorrer transação entre os interessados, ou se o pedido envolver direitos de terceiros, a retificação será decidida pelo juiz, ainda em sede correcional. Se, todavia, a controvérsia versar sobre direito de propriedade de alguma das partes, a matéria deverá ser objeto de processo judicial[143].

A principal inovação trazida pela mencionada Lei n. 10.931/2004 encontra-se na permissão concedida ao oficial do registro imobiliário para realizar diligências no imóvel e constatar a sua situação em face dos confrontantes e localização na quadra (art. 213, § 12), deixando a estática posição de recebedor de títulos para se transformar em fiscal da realidade física do bem a ser retificado, com afastamento, nesse particular, do princípio de instância[144].

Cumpre salientar que *a retificação de erro constante do registro não se confunde com o erro cometido no negócio causal que originou o assentamento imobiliário*[145].

Se remetidas as partes às vias ordinárias, caberá ao interessado na retificação de registro ajuizar a ação ordinária de retificação de registro imobiliário. Pode igualmente ingressar desde logo com a referida ação, abrindo mão do direito de pleitear a retificação objetivada pela via administrativa (LRP, art. 216).

Têm legitimidade para pleitear a retificação de registro imobiliário não só o titular do direito real *ali lançado senão também qualquer interessado, como, por exemplo, o titular de direito real imobiliário impedido de ter acesso ao Registro Público em razão de erro, falha ou omissão do registro anterior, a ser retificado. Confira-se: "Retificação de matrícula. Ilegitimidade de parte. Inocorrência. Pedido que pode ser formulado por qualquer interessado e não só pelo titular. Art. 213 da Lei dos Registros Públicos"*[146].

---

[142] Walter Ceneviva, *Lei dos Registros Públicos comentada*, 17. ed., p. 461 e 466.
[143] Sílvio Venosa, *Direito civil*, 7. ed., v. V, p. 169.
[144] Walter Ceneviva, *Lei dos Registros Públicos comentada*, 17. ed., p. 466.
[145] Walter Ceneviva, *Lei dos Registros Públicos comentada*, 17. ed., p. 465.
[146] *RJTJSP*, 97/550. No mesmo sentido: "Registro de imóveis. Retificação de área. Pretensão que pode ser exercida pelo prejudicado ou interessado. Arts. 212 e 213 da Lei dos Registros Públicos" (*RJTJSP*, 119/283).

O *Enunciado 624 da VIII Jornada de Direito Civil do Conselho da Justiça Federal enfatiza*: "A anulação do registro, prevista no art. 1.247 do Código Civil, não autoriza a exclusão dos dados invalidados do teor da matrícula".

A Lei n. 13.865, de 8 de agosto de 2019, alterou a Lei dos Registros Públicos para "dispensar o habite-se na averbação de construção residencial urbana unifamiliar de um só pavimento finalizada há mais de 5 (cinco) anos em área ocupada predominantemente por população de baixa renda, inclusive para o fim de registro ou averbação decorrente de financiamento à moradia".

DA AQUISIÇÃO POR ACESSÃO

Sumário: 12. Conceito e formas de acessão. 13. Acessões físicas ou naturais. 13.1. Acessão pela formação de ilhas. 13.2. Aluvião. 13.3. Avulsão. 13.4. Álveo abandonado. 14. Acessões industriais: construções e plantações.

12. CONCEITO E FORMAS DE ACESSÃO

O atual Código Civil, seguindo a tradição romana, incluiu a acessão entre os modos de adquirir a propriedade. Aconteceu o mesmo com o Código de Napoleão e o Código Civil alemão. Algumas legislações, no entanto, como a italiana, a consideram uma extensão normal do direito de propriedade, uma resultante do poder intrínseco de expansão desta.

Acessão é, pois, *modo de aquisição da propriedade, criado por lei, em virtude do qual tudo o que se incorpora a um bem fica pertencendo ao seu proprietário*. Ou, segundo a lição de BEVILÁQUA, "é o modo originário de adquirir, em virtude do qual fica pertencendo ao proprietário tudo quanto se une ou incorpora ao seu bem"[147].

Em todas as suas formas, a acessão depende do concurso de dois requisitos: a) a conjunção entre duas coisas, até então separadas; b) o caráter acessório de uma dessas coisas, em confronto com a outra. Na acessão predomina, com efeito, o princípio segundo o qual a coisa acessória segue a principal (*accessorium sequitur suum principale*). A coisa acedida é a principal, a coisa acedente, a acessória[148].

Entretanto, com relação às suas consequências, aplica-se também o princípio que *veda o enriquecimento sem causa*. O legislador entendeu mais conveniente atribuir o domínio da coisa acessória também ao dono da principal, para evitar o

---
[147] *Código Civil*, cit., v. 7, p. 356.
[148] Washington de Barros Monteiro, *Curso*, cit., v. 3, p. 108-109.

estabelecimento de um condomínio forçado e indesejado, porém, ao mesmo tempo, procurou evitar o locupletamento indevido, possibilitando ao proprietário desfalcado o percebimento de uma indenização[149].

A *acessão pode dar-se pela formação de ilhas, aluvião, avulsão, abandono de álveo e plantações ou construções (CC, art. 1.248). A última forma é denominada acessão industrial, por decorrer do trabalho ou indústria do homem, sendo acessão de móvel a imóvel. As demais são acessões físicas ou naturais, por decorrerem de fenômenos naturais, sendo acessões de imóvel a imóvel.*

A acessão de móvel a móvel será estudada adiante, no capítulo concernente à aquisição de propriedade móvel.

13. ACESSÕES FÍSICAS OU NATURAIS

13.1. Acessão pela formação de ilhas

O legislador, no art. 1.249 do Código Civil, focaliza o problema da atribuição do domínio das ilhas surgidas em *rios particulares*, ou seja, *em rios não navegáveis*. Refoge ao estudo do direito civil acessão de ilhas ou ilhotas formadas no curso de rios navegáveis ou que banhem mais de um Estado, *uma vez que tais correntes são públicas* (CF, art. 20, n. IV). *Consideram-se navegáveis os rios e as lagoas em que a navegação seja possível, por embarcações de qualquer espécie (Dec. n. 21.235, de 2-4-1932).*

Interessam, pois, ao direito civil somente as ilhas e ilhotas surgidas nos rios não navegáveis, por pertencerem ao domínio particular, visto que as ilhas que por acaso surjam nos álveos das correntes públicas têm idêntico caráter.

O aparecimento das ilhas pode ser determinado pelas causas mais diversas. A aquisição da propriedade das que se formaram por força natural (acúmulo de areia e materiais levados pela correnteza, movimentos sísmicos, desagregação repentina de uma porção de terra etc.) ocorre de acordo com sua situação ou posição no leito dos rios.

Assim, as ilhas que se formam no meio do rio distribuem-se na proporção das testadas dos terrenos até a linha que dividir o álveo ou leito do rio em duas partes iguais; as que se formam entre essa linha e uma das margens consideram-se acréscimos aos terrenos ribeirinhos fronteiros desse mesmo lado. Dispõe efetivamente o art. 1.249 do Código Civil:

"*As ilhas que se formarem em correntes comuns ou particulares pertencem aos proprietários ribeirinhos fronteiros, observadas as regras seguintes:*

---

[149] Silvio Rodrigues, *Direito civil*, cit., v. 5, p. 98.

I – as que se formarem no meio do rio consideram-se acréscimos sobrevindos aos terrenos ribeirinhos fronteiros de ambas as margens, na proporção de suas testadas, até a linha que dividir o álveo em duas partes iguais;

II – as que se formarem entre a referida linha e uma das margens consideram-se acréscimos aos terrenos ribeirinhos fronteiros desse mesmo lado;

III – as que se formarem pelo desdobramento de um novo braço do rio continuam a pertencer aos proprietários dos terrenos à custa dos quais se constituíram".

Pondera SILVIO RODRIGUES[150] que o último inciso parece supérfluo, pois apenas diz que o dono do terreno, transformado em ilha pelo desdobro de um braço do rio, não o perde em virtude dessa circunstância. O que é evidente, dispensando, portanto, menção. Todavia, aduz, tal dispositivo ganhou "algum sentido, ao ser completado pelo parágrafo único do art. 24 do Código de Águas, que dispôs: 'Se a corrente, porém, é navegável ou flutuável, elas (as ilhas) poderão entrar para o domínio público, mediante prévia indenização'. Aqui se apresenta um caso de desapropriação, independentemente de utilidade, necessidade pública ou interesse social, e apenas em virtude de o rio ser navegável ou flutuável".

13.2. Aluvião

Segundo a definição de JUSTINIANO, difundida pela doutrina, *aluvião é o aumento insensível que o rio anexa às terras, tão vagarosamente que seria impossível, em dado momento, apreciar a quantidade acrescida*[151]. *Esses acréscimos pertencem aos donos dos terrenos marginais, conforme a regra de que o acessório segue o principal.* Nesse sentido dispõe o art. 1.250 do Código Civil:

"Os acréscimos formados, sucessiva e imperceptivelmente, por depósitos e aterros naturais ao longo das margens das correntes, ou pelo desvio das águas destas, pertencem aos donos dos terrenos marginais, sem indenização.

Parágrafo único. O terreno aluvial, que se formar em frente de prédios de proprietários diferentes, dividir-se-á entre eles, na proporção da testada de cada um sobre a antiga margem".

O favorecido não está obrigado a pagar indenização ao prejudicado. Nenhum particular, entretanto, pode realizar obra ou trabalho para determinar o aparecimento de terreno aluvial em seu benefício, pois aluvião é obra da natureza, não do trabalho humano.

As partes descobertas pela retração das águas dormentes, como lagos e tanques, são chamadas de *aluvião impróprio*. Não constituíam acessão, conforme

---

[150] *Direito civil*, cit., v. 5, p. 99.

[151] Clóvis Beviláqua, *Direito das coisas*, v. 1, p. 132; Washington de Barros Monteiro, *Curso*, cit., v. 3, p. 111.

dispunha o art. 539 do Código Civil de 1916, motivo pelo qual os donos dos terrenos confinantes não as adquiriam, como não perdiam o que as águas invadissem. O atual Código Civil não reproduziu a aludida restrição, passando a admitir tacitamente a aluvião imprópria como modo aquisitivo da propriedade[152].

13.3. Avulsão

Verifica-se a *avulsão* quando a força *súbita* da corrente arranca uma parte considerável de um prédio, arrojando-a sobre outro (Código de Águas, art. 19). Porém, segundo se depreende da leitura do art. 1.251 do Código Civil, a avulsão dá-se não só pela força de corrente como ainda por qualquer força natural e violenta. Não se confunde com a aluvião, que é, como visto, acréscimo vagaroso e imperceptível.

Dispõe, com efeito, o aludido dispositivo:

"*Quando, por força natural violenta, uma porção de terra se destacar de um prédio e se juntar a outro, o dono deste adquirirá a propriedade do acréscimo, se indenizar o dono do primeiro ou, sem indenização, se, em um ano, ninguém houver reclamado.*

Parágrafo único. Recusando-se ao pagamento de indenização, o dono do prédio a que se juntou a porção de terra deverá aquiescer a que se remova a parte acrescida".

Desse modo, o fenômeno pode ocorrer também por superposição. Entretanto, quando a avulsão é de coisa não suscetível de aderência natural, aplica-se o disposto quanto às coisas perdidas (CC, art. 1.233; Código de Águas, art. 21), que devem ser devolvidas ao dono.

Se, por exemplo, um furacão arremessa de um imóvel para outro madeiras cortadas, cercas de arame e outros objetos, inexiste acessão. Tais utilitários devem ser restituídos ao legítimo dono, uma vez que não vem a ocorrer consolidação de duas coisas em uma, conservando cada qual sua própria individualidade. O dono do imóvel em que caíram é obrigado a tolerar a busca e a retirada, mediante indenização, se sofrer algum prejuízo[153].

Na avulsão, o acréscimo passa a pertencer ao dono da coisa principal. Se o proprietário do prédio desfalcado reclamar dentro do prazo decadencial de um ano, o dono do prédio acrescido, se não quiser devolver, pagará indenização àquele. Decorrido, todavia, *in albis* o aludido prazo, *considera-se consumada a incorporação, perdendo o proprietário prejudicado não só o direito de reivindicar, como o de receber indenização* (Código de Águas, art. 20, parágrafo único; CC, art. 1.251).

---

[152] Caio Mário da Silva Pereira, *Instituições*, cit., v. IV, p. 129.
[153] Washington de Barros Monteiro, *Curso*, cit., v. 3, p. 114.

Cabe ao dono do prédio acrescido a opção: aquiescer a que se remova a parte acrescida, reclamada dentro de um ano, ou indenizar o reclamante (CC, art. 1.251 e parágrafo único; Código de Águas, art. 20). É dessa forma que a lei disciplina o duplo problema jurídico que a avulsão suscita: o referente ao destino da porção de terra que dela foi objeto e o do reequilíbrio dos patrimônios das partes.

13.4. Álveo abandonado

O Código de Águas define o *álveo* como "a superfície que as águas cobrem sem transbordar para o solo natural e ordinariamente enxuto" (art. 9º). É, em suma, o leito do rio. Ele será público de uso comum, ou dominical, conforme a propriedade das respectivas águas; e será particular, no caso de águas comuns ou águas particulares (Código de Águas, art. 10).

O álveo abandonado de rio público ou particular *pertence aos proprietários ribeirinhos das duas margens, na proporção das testadas, até a linha mediana daquele* (Código de Águas, art. 10 e parágrafos). Dispõe a propósito o art. 1.252 do Código Civil:

"*O álveo abandonado de corrente pertence aos proprietários ribeirinhos das duas margens, sem que tenham indenização os donos dos terrenos por onde as águas abrirem novo curso, entendendo-se que os prédios marginais se estendem até o meio do álveo*".

O dispositivo em apreço não distingue entre a corrente pública e a particular. O art. 26 do Código de Águas, por sua vez, *declara que o álveo abandonado da corrente pública pertence aos proprietários ribeirinhos das duas margens.*

Como consta do art. 1.252 do Código Civil retrotranscrito, os donos dos terrenos por onde as águas abrirem novo curso não têm o direito de exigir indenização, uma vez que se está diante de um acontecimento natural. Todavia, farão jus a ela se o acontecimento decorrer de ato humano. Se o rio retornar ao seu antigo leito, o abandonado voltará aos seus antigos donos.

Preceitua o art. 27 do Código de Águas que, "se a mudança da corrente se fez por utilidade pública, o prédio ocupado pelo novo álveo deve ser indenizado, e o álveo abandonado passa a pertencer ao expropriante para que se compense da despesa feita".

14. ACESSÕES INDUSTRIAIS: CONSTRUÇÕES E PLANTAÇÕES

As construções e plantações são chamadas de acessões *industriais* ou *artificiais, porque derivam de um comportamento ativo do homem.*

A regra básica está consubstanciada na presunção de que toda construção ou plantação existente em um terreno *foi feita pelo proprietário e à sua custa*. Trata-se, entretanto, *de presunção vencível, admitindo prova contrária*. Nesse sentido, preceitua o art. 1.253 do Código Civil:

"*Toda construção ou plantação existente em um terreno presume-se feita pelo proprietário e à sua custa, até que se prove o contrário*".

A presunção se ilide nas hipóteses mencionadas nos arts. 1.254 e s.: a) na primeira, o dono do solo edifica ou planta em terreno próprio, com sementes ou materiais alheios; b) na segunda, o dono das sementes ou materiais planta ou constrói em terreno alheio; c) na última, terceiro planta ou edifica com semente ou material alheios, em terreno igualmente alheio.

Nos aludidos dispositivos procura o legislador resolver a questão do domínio da coisa principal e da acessória, bem como a da fixação da indenização devida pela parte beneficiada àquela que, em virtude da solução legal, experimentou prejuízo. A solução varia, conforme estejam as partes de boa ou de má-fé.

Assim, se o proprietário semeia, planta ou edifica em seu próprio terreno, mas com "*sementes, plantas ou materiais alheios*", adquire a propriedade destes, visto que o acessório segue o principal. O que adere ao solo a este se incorpora. Entretanto, para evitar o enriquecimento sem causa, estabelece o aludido art. 1.254 do Código Civil que terá de reembolsar o valor do que utilizar, respondendo ainda "*por perdas e danos, se agiu de má-fé*".

Portanto, ainda que de má-fé, o proprietário do solo adquire automaticamente a propriedade das sementes, plantas e materiais, beneficiado pela acessão. Não haveria interesse social em que se arrancassem plantas e sementes, ou se destruíssem edifícios. *O proprietário torna-se dono dessas acessões, mas terá de ressarcir o seu valor*[154].

Por outro lado, segundo dispõe o art. 1.255, *caput*, do Código Civil, "*aquele que semeia, planta ou edifica em terreno alheio perde, em proveito do proprietário, as sementes, plantas e construções; se procedeu de boa-fé, terá direito a indenização*". Se, no entanto, *estiver de má-fé, o proprietário terá a opção de obrigá-lo a repor as coisas no estado anterior, retirando a planta ou demolindo a edificação, e a pagar os prejuízos, ou deixar que permaneça, a seu benefício e sem indenização*.

Não seria justo, realmente, que o plantador ou construtor que procedesse de má-fé fosse encontrar para esta uma proteção da ordem jurídica e receber indenização pelo seu ato ilícito, em condição melhor do que o possuidor de má-fé, que também nenhuma indenização recebe.

---

[154] Washington de Barros Monteiro, *Curso*, cit., v. 3, p. 117.

Para semear, plantar ou edificar é necessário que o dono da coisa esteja na posse do imóvel. Se de boa-fé, é legítimo o exercício do direito de retenção, só o restituindo após receber a indenização.

Quando o valor do terreno era inferior ao da construção ou plantação levantada de boa-fé, *mostrava-se injusta a regra do art. 547 do Código Civil de 1916, que determinava a sua perda em favor do dono do solo*. Com efeito, se a construção ou plantação, levantada de boa-fé, ultrapassasse o valor do terreno, mesmo assim o dono do imóvel adquiria a sua propriedade.

Tal situação encontra-se agora mais bem disciplinada no parágrafo único do mencionado art. 1.255 do Código Civil, que estatui: "*Se a construção ou plantação exceder consideravelmente o valor do terreno, aquele que, de boa-fé, plantou ou edificou, adquirirá a propriedade do solo, mediante pagamento da indenização fixada judicialmente, se não houver acordo*".

Esta última regra constitui inovação introduzida pelo atual Código Civil, caracterizando uma espécie de desapropriação no interesse privado. Configura a denominada "acessão inversa", lastreada no princípio da função social da propriedade.

É necessário perceber, como ponderam CRISTIANO CHAVES DE FARIAS e NELSON ROSENVALD[155], que "certas edificações são mais relevantes do ponto de vista socioeconômico do que os terrenos onde se levantam. Assim, seria contrário aos fins constitucionais da propriedade o sacrifício do construtor de boa-fé, em proveito do titular desidioso, proprietário de terreno que nada faz para impedir a edificação, quando poderia ter-se incumbido de realizar oposição judicial, preferencialmente pela via da ação de nunciação de obra nova (arts. 934/940 do CPC [*de 1973*])".

E prosseguem: "Assim, se o proprietário do terreno invadido não se opuser rapidamente à ocupação, ao final será apenas indenizado pelo possuidor de boa-fé, pelo valor do terreno invadido, consoante valor fixado pelo juiz, caso não haja acordo. A expressão contida na regra '*exceder consideravelmente o valor do terreno*' é conceito jurídico indeterminado, que será preenchido pelo magistrado conforme as circunstâncias apreciáveis no caso concreto, não se limitando apenas ao conteúdo econômico da acessão, como também ao seu próprio valor social (*v.g.* posto de saúde, escola). Poderá o magistrado se servir de perícia para constatar se efetivamente há uma grande desproporção entre o valor da construção e o do terreno. Pequenas diferenças de avaliação entre um e outro não autorizam o emprego da acessão inversa".

O art. 1.255 em apreço *somente se aplica às construções e plantações, que são acessões industriais, e não às benfeitorias, que não são coisas novas, mas apenas acréscimos ou melhoramentos em obras já feitas*. Nas acessões, o proprietário paga o justo valor,

---

[155] *Direitos reais*, cit., p. 316-317.

isto é, o valor efetivo dos materiais e da mão de obra. Nas benfeitorias, estando o possuidor de má-fé, pode o proprietário optar entre o valor atual e o seu custo (CC, art. 1.222), devendo este, no entanto, ser corrigido monetariamente[156].

Se "*de ambas as partes houver má-fé*", o proprietário adquire as sementes, plantas e construções, mas é obrigado a ressarcir o valor das acessões (CC, art. 1.256). À falta de elementos positivos, presume a lei, ainda, no parágrafo único do citado art. 1.256, a má-fé do proprietário quando o trabalho de construção ou lavoura foi realizado em sua presença e sem impugnação sua.

O mesmo critério se aplica quando terceiro, que não é dono das sementes, plantas ou materiais, *emprega-os de boa-fé em solo alheio*. Assim mesmo o proprietário os adquire, e o dono das plantas ou dos materiais poderá cobrar a indenização do dono do solo quando não puder havê-la do plantador ou construtor (CC, art. 1.257 e parágrafo único).

No tocante à invasão de solo alheio por construção, já vinha sendo acolhido na jurisprudência o entendimento de que, se a edificação invadia o terreno em parte mínima e não lhe prejudicava a utilização, *o invasor não devia ser condenado a demoli-la, mas apenas a indenizar a área invadida, segundo seu justo valor*[157].

O Código Civil em vigor, suprindo a omissão do diploma de 1916, disciplina a questão no art. 1.258, *verbis*:

"*Se a construção, feita parcialmente em solo próprio, invade solo alheio em proporção não superior à vigésima parte deste, adquire o construtor de boa-fé a propriedade da parte do solo invadido, se o valor da construção exceder o dessa parte, e responde por indenização que represente, também, o valor da área perdida e a desvalorização da área remanescente.*

Parágrafo único. Pagando em décuplo as perdas e danos previstos neste artigo, o construtor de má-fé adquire a propriedade da parte do solo que invadiu, se em proporção à vigésima parte deste e o valor da construção exceder consideravelmente o dessa parte e não se puder demolir a porção invasora sem grave prejuízo para a construção".

Os requisitos para que ocorra a aquisição da propriedade do solo são, pois, os seguintes: a) que a construção tenha sido feita parcialmente em solo próprio, mas havendo invasão de solo alheio; b) que a invasão do solo alheio não seja superior à vigésima parte deste; c) que o construtor tenha agido de boa-fé; d) que o valor da construção exceda o da parte invadida; e) que o construtor indenize o dono do terreno invadido, pagando-lhe o valor da área perdida e a desvalorização da área remanescente[158].

---

[156] STF, *RTJ*, 70/785.
[157] *RT*, 493/107, 517/201.
[158] Marco Aurélio S. Viana, *Comentários*, cit., v. XVI, p. 162.

A invasão, pela construção, de área alheia considerável é disciplinada no art. 1.259 do Código Civil:

"*Se o construtor estiver de boa-fé, e a invasão do solo alheio exceder a vigésima parte deste, adquire a propriedade da parte do solo invadido, e responde por perdas e danos que abranjam o valor que a invasão acrescer à construção, mais o da área perdida e o da desvalorização da área remanescente; se de má-fé, é obrigado a demolir o que nele construiu, pagando as perdas e danos apurados, que serão devidos em dobro*".

Capítulo III
DA AQUISIÇÃO DA PROPRIEDADE MÓVEL

Sumário: 1. Introdução. 2. Da usucapião. 3. Da ocupação. 4. Do achado do tesouro. 5. Da tradição. 6. Da especificação. 7. Da confusão, da comistão e da adjunção.

1. INTRODUÇÃO

O presente capítulo denominava-se, no Código de 1916, "Da aquisição e perda da propriedade móvel", malgrado nele só se encontrassem regras sobre a aquisição de tal propriedade. A justificativa para tal fato encontra-se na constatação de que a aquisição do domínio por parte de um indivíduo implica a perda por parte do outro.

O Código de 2002 disciplina seis modos de aquisição da propriedade móvel: a usucapião, a ocupação, o achado do tesouro, a tradição, a especificação e a confusão. Juntamente com a última, trata o aludido diploma também da comistão e da adjunção.

Essas matérias serão estudadas nos itens seguintes.

2. DA USUCAPIÃO

A usucapião de coisas móveis não apresenta a mesma importância da de imóveis. *Prevê o Código Civil prazos mais reduzidos para a primeira.*

Preceitua o art. 1.260 do aludido diploma:

"*Aquele que possuir coisa móvel como sua, contínua e incontestadamente durante três anos, com justo título e boa-fé, adquirir-lhe-á a propriedade*"[1].

É uma espécie da usucapião ordinária. A extraordinária é prevista no art. 1.261, *verbis*:

"*Se a posse da coisa móvel se prolongar por cinco anos, produzirá usucapião, independentemente de título ou boa-fé*".

Dispõe ainda o art. 1.262 do Código Civil que se aplica "*à usucapião das coisas móveis o disposto nos arts. 1.243 e 1.244*". Desse modo pode o possuidor, para efeito de obter o reconhecimento da usucapião, acrescentar à sua posse a do seu antecessor, contanto que ambas sejam contínuas e pacíficas. Aplicam-se também à usucapião dos móveis as causas que obstam, suspendem ou interrompem a prescrição.

O princípio que norteia a usucapião dos móveis é o mesmo que inspira a usucapião dos imóveis, isto é, o intuito de emprestar juridicidade a situações de fato que se alongaram no tempo[2].

Não vigora entre nós a regra do art. 2.279 do Código Civil francês, segundo a qual a posse da coisa móvel faz presumir a propriedade (*en fait de meubles, la possession vaut titre*), sendo a prescrição instantânea. Nosso direito é mais exigente, pois requer posse prolongada no tempo[3].

Dispõe a *Súmula 193 do Superior Tribunal de Justiça* que "*o direito de uso de linha telefônica pode ser adquirido por usucapião*"[4].

---

[1] "Usucapião. Bem móvel. Veículo automotor. Pedido amparado em simples registro para fins de licenciamento em repartição de trânsito. Inadmissibilidade. Inexistência de justo título" (*RT*, 750/378). "Tendo o comprador de um automóvel ciência de que tal bem móvel estava alienado à administradora de consórcio, constando do certificado de registro a sua inalienabilidade, tinha, assim, conhecimento de que a coisa havia sido provisoriamente retirada do comércio e a resolução do domínio dependia da efetiva liquidação da dívida. Portanto, não tem justo título, carecendo, ainda, de boa-fé, deixando de preencher os requisitos da usucapião ordinária" (*RT*, 733/243).

[2] Silvio Rodrigues, *Direito civil*, v. 5, p. 193.

[3] "Usucapião. Bem móvel. Ação interposta pretendendo a regularização de veículo junto à repartição de trânsito, uma vez existentes dúvidas quanto à licitude da aquisição do automóvel. Admissibilidade" (*RT*, 762/259). "Usucapião. Automóvel impedido de ser licenciado por haver adulteração de chassi. Ação movida por proprietário que tem a posse do bem, na qualidade de depositário, mas que não pode dele dispor. Interesse de agir caracterizado na necessidade de o autor consolidar o domínio sobre a coisa. Necessidade de citação editalícia dos réus desconhecidos, diante da possibilidade de se tratar de veículo roubado ou furtado" (*RT*, 806/200). "Usucapião. Bem móvel. Pretensão por agente, depositário de veículo, que anteriormente teve o bem apreendido por autoridade policial. Situação que não gera direito à proteção possessória, pois atos de mera permissão ou tolerância não induzem posse" (*RT*, 773/249).

[4] "Linha telefônica. Usucapião. Admissibilidade. Telefone não partilhado na separação judicial. Desfeita a sociedade conjugal pela separação, não partilhado o telefone, a parte pode usucapir

3. DA OCUPAÇÃO

Ocupação é modo originário de aquisição de bem móvel que consiste na tomada de posse de coisa sem dono, com a intenção de se tornar seu proprietário.

Coisas sem dono são as coisas de ninguém (*res nullius*) ou as abandonadas (*res derelicta*). Dispõe o art. 1.263 do Código Civil:

"*Quem se assenhorear de coisa sem dono para logo lhe adquire a propriedade, não sendo essa ocupação defesa por lei*".

Cumpre salientar que abandono não se presume, devendo resultar claramente da vontade do proprietário de se despojar do que lhe pertence. Destarte, não existe abandono quando, por exemplo, em virtude de mau tempo, o comandante do navio livra-se da carga, lançando-a ao mar. Se esta chega à costa ou vem a ser eventualmente recolhida por outra embarcação, assiste ao proprietário o direito de reclamar-lhe a entrega[5].

O Código Civil de 1916 tratava da caça, da pesca, da invenção (descoberta) e do tesoiro como modalidades de ocupação.

Historicamente, o direito de ocupação foi o primeiro e o mais importante dos modos de adquirir o domínio. *Atualmente, porém, mostra-se bastante restrita sua aplicação, porque extraordinariamente limitado o número de coisas sem dono*[6].

4. DO ACHADO DO TESOURO

O Código Civil denomina *tesouro* o depósito antigo de coisas preciosas, oculto e de cujo dono não haja memória. Se alguém o encontrar em prédio alheio, dividir-se-á por igual entre o proprietário deste e o que o achar casualmente. Dispõe nesse sentido o art. 1.264 do aludido diploma:

"*O depósito antigo de coisas preciosas, oculto e de cujo dono não haja memória, será dividido por igual entre o proprietário do prédio e o que achar o tesouro casualmente*".

Acrescenta o art. 1.265:

"*O tesouro pertencerá por inteiro ao proprietário do prédio, se for achado por ele, ou em pesquisa que ordenou, ou por terceiro não autorizado*".

A doutrina em geral inclui o achado do tesouro na categoria da ocupação, como a caça e a pesca. Corresponde a um acessório do solo a que adere. Pertence

---

nos termos dos arts. 48, inciso I, e 619, do CCB (*de 1916*). Possibilidade jurídica do pedido" (*RT*, 712/249).
[5] Washington de Barros Monteiro, *Curso de direito civil*, v. 3, p. 188-189.
[6] Washington de Barros Monteiro, *Curso*, cit., v. 3, p. 187.

por isso ao dono respectivo, se este o descobre por si mesmo, ou por intermédio de operário especialmente encarregado da busca. Mas se o operário, entregue a outro serviço, como a escavação do terreno para a abertura de um poço, por exemplo, casualmente descobre o tesouro, terá direito à metade. Deixará de considerar-se tesouro o depósito achado, se alguém mostrar que lhe pertence[7].

Embora se possa dizer que, em regra, não seria tesouro o achado de objetos preciosos dentro de um livro ou na gaveta de um móvel, uma vez que não haveria a necessária vetustez, *pode todavia tal modo de aquisição da propriedade móvel se configurar mediante o encontro dos aludidos bens habilmente escondidos em móvel de tal antiguidade, que difícil se tornaria a identificação do dono.*

Praticará crime quem se apropriar da quota a que tem direito o proprietário do prédio (CP, art. 169, parágrafo único, I).

5. DA TRADIÇÃO

Pelo sistema do Código Civil brasileiro, como já foi dito, o contrato, por si só, não transfere a propriedade, gerando apenas obrigações. *A aquisição do domínio de bem móvel só ocorrerá se lhe seguir a tradição.* Esta consiste, portanto, *na entrega da coisa do alienante ao adquirente, com a intenção de lhe transferir o domínio, em complementação do contrato.* Com essa entrega, torna-se pública a transferência.

Dispõe a propósito o art. 1.267 do Código Civil:

"*A propriedade das coisas não se transfere pelos negócios jurídicos antes da tradição.*

Parágrafo único. Subentende-se a tradição quando o transmitente continua a possuir pelo constituto possessório; quando cede ao adquirente o direito à restituição da coisa, que se encontra em poder de terceiro; ou quando o adquirente já está na posse da coisa, por ocasião do negócio jurídico".

A tradição pode ser *real*, *simbólica* ou *ficta*, como já demonstrado no Título I, "Da posse", Capítulo III, item n. 2.2.1 desta obra, ao qual nos reportamos.

O *constituto* possessório ou cláusula *constituti* é espécie de *tradição ficta*. Ocorre quando o vendedor, transferindo a outrem o domínio da coisa, conserva-a todavia em seu poder, por um outro título, como, por exemplo, na qualidade de locatário. A referida cláusula tem a finalidade de evitar complicações decorrentes de duas convenções, com duas entregas sucessivas.

Também pode ocorrer tradição ficta pela *traditio brevi manu*, conhecida no direito romano, pela qual o arrendatário, por exemplo, que já se encontra na posse da coisa, torna-se dono. Dispensa-se a dupla e recíproca entrega da coisa de uma parte à outra.

---

[7] Washington de Barros Monteiro, *Curso*, cit., v. 3, p. 191-192.

Havia ainda, no direito romano, a *traditio longa manu*, utilizada também no direito moderno, pela qual se considera o adquirente imitido na posse no instante em que a coisa é colocada à sua disposição. Tal situação ocorre especialmente na alienação de imóvel de grande extensão territorial. Não se faz necessário que o *accipiens* o percorra por inteiro, bastando a sua exibição – *in conspectu posita* – para que se considere imitido na sua posse.

O legislador disciplina, por igual, no parágrafo único do art. 1.267 retrotranscrito, o problema da tradição das coisas que se encontram em mãos de terceiro, *como, por exemplo, no caso da venda do prédio alugado*. Se a transferência do domínio dependesse da entrega real da coisa, o alienante deveria antes retomar o prédio locado, para depois entregá-lo ao alienatário. E todo este trabalho seria perdido quando o adquirente, desejoso de restabelecer a locação anterior, houvesse que devolver ao alienatário o prédio alugado[8].

Há, todavia, hipóteses especiais em que se dispensa a tradição, como especifica CARVALHO SANTOS[9]: a) na abertura da sucessão legítima, ou testamentária aos herdeiros e legatários da coisa certa; b) na celebração do casamento realizado sob regime da comunhão universal, em que a transferência do domínio efetua-se independentemente de tradição, em virtude da solenidade inerente a esse ato; c) por força dos pactos antenupciais, a contar da data do casamento, ao cônjuge adquirente; d) no caso de contrato de sociedade de todos os bens, em que a transferência se opera com a assinatura do referido contrato, entendendo-se haver tradição tácita; e) idem na sociedade particular, em que a transferência se opera com a simples aquisição dos bens comunicáveis.

WASHINGTON DE BARROS MONTEIRO[10], por sua vez, lembra que também: a) a transferência das ações nominativas de sociedades anônimas, ao contrário das ações ao portador que se transmitem pela simples tradição, realiza-se mediante termo lavrado no livro de "Transferência de Ações Nominativas" (Lei n. 6.404, de 15-12-1976, art. 31, § 1º); b) na compra e venda de títulos da dívida pública da União, dos Estados e dos Municípios, a celebração do contrato transfere imediatamente ao comprador a propriedade do título (Dec.-Lei n. 3.545, de 22-8-1941); c) na alienação fiduciária ocorre exceção à regra do art. 1.267, verificando-se nela a transferência do domínio para o credor independentemente de tradição, porquanto o devedor mantém a posse direta e permanece como depositário da coisa alienada.

Feita por quem não é proprietário, a tradição não alheia a propriedade, diz o art. 1.268 do Código Civil, "*exceto se a coisa, oferecida ao público, em leilão ou*

---

[8] Silvio Rodrigues, *Direito civil*, cit., v. 5, p. 189.
[9] *Código Civil brasileiro interpretado*, v. VIII, p. 277.
[10] *Curso*, cit., v. 3, p. 200-202.

estabelecimento comercial, for transferida em circunstâncias tais que, ao adquirente de boa-fé, como a qualquer pessoa, o alienante se afigurar dono".

Aduz o § 1º: *"Se o adquirente estiver de boa-fé e o alienante adquirir depois a propriedade, considera-se realizada a transferência desde o momento em que ocorreu a tradição".*

A aquisição *a non domino* é negócio inexistente, ante o verdadeiro proprietário. Entretanto, por uma questão de equidade e em respeito à boa-fé do adquirente, se aquele vem a ratificá-la, ou se o vendedor se torna proprietário, fica convalescido o ato[11].

Finaliza o § 2º do dispositivo em apreço: *"Não transfere a propriedade a tradição, quando tiver por título um negócio jurídico nulo".*

Efetivamente, sendo a tradição ato complementar do negócio jurídico, para que gere o seu principal efeito, que é a transferência do domínio, necessário se torna que o negócio em tela seja válido. Se este é inválido, a tradição que nele se apoia não pode, tampouco, ganhar eficácia, pois *quod nullum est, nullum producit effectum*.

6. DA ESPECIFICAÇÃO

Dá-se a especificação quando uma pessoa, trabalhando em matéria-prima, obtém espécie nova. Esta será do especificador, se a matéria era sua, ainda que só em parte, e não se puder restituir à forma anterior.

Assim, com efeito, dispõe o art. 1.269 do Código Civil:

"Aquele que, trabalhando em matéria-prima em parte alheia, obtiver espécie nova, desta será proprietário, se não se puder restituir à forma anterior".

Se a matéria pertence inteiramente ao especificador, não paira nenhuma dúvida de que continua ele a ser dono da espécie nova. Do mesmo modo se, embora obtendo espécie nova, a redução à forma anterior for possível sem qualquer dano, como quando, por exemplo, transformam-se barras de ouro em barras menores. Neste caso opera-se o restabelecimento do *statu quo* anterior, à custa do especificador, devolvendo-se ao verdadeiro dono o que lhe pertencia.

Se a matéria não for do especificador e a restituição à forma anterior se mostrar impossível, como no caso de esculturas ou construções realizadas com, respectivamente, mármore e cimento alheios, por exemplo, *a solução dependerá*

---

[11] "A venda a *non domino* é aquela realizada por quem não tem poder de disposição sobre a coisa. Com efeito, o que emerge como vício na venda a *non domino* é a completa falta de legitimação do alienante, que consiste na inaptidão específica para o negócio jurídico" (STJ, REsp 982.584-PE, rel. Min. Luis Felipe Salomão, *DJe* 23-3-2009).

da boa ou má-fé do especificador. Proclama a propósito o art. 1.270 do Código Civil que, *"se toda a matéria for alheia, e não se puder reduzir à forma procedente, será do especificador de boa-fé a espécie nova".* Todavia, sendo praticável a redução, ou quando impraticável, *"se a espécie nova se obteve de má-fé, pertencerá ao dono da matéria-prima"* (§ 1º).

Em casos de confecção de obras de arte (pintura, escultura, escritura e outro qualquer trabalho gráfico), em que o preço da mão de obra exceda consideravelmente o valor da matéria-prima, existe o interesse social em preservá-la e em prestigiar o trabalho artístico. Ainda que realizada de má-fé, concede a lei a propriedade da obra de arte ao especificador, mas, neste caso, sujeita-o a indenizar o valor da matéria-prima e a pagar eventuais perdas e danos (CC, arts. 1.270, § 2º, e 1.271).

7. DA CONFUSÃO, DA COMISTÃO E DA ADJUNÇÃO

Confusão é a mistura de coisas líquidas; *comistão* (houve um erro gráfico na redação final do CC, constando erradamente "comissão"), a mistura de coisas sólidas ou secas; e *adjunção,* a justaposição de uma coisa a outra.

Se as coisas pertencem a donos diversos e foram misturadas sem o consentimento deles, continuam a pertencer-lhes, sendo possível separar a matéria-prima sem deterioração. Não o sendo, ou exigindo a separação dispêndio excessivo, subsiste indiviso o todo. A espécie nova pertencerá aos donos da matéria-prima, cada qual com o seu quinhão proporcional ao valor do seu material.

Todavia, se uma das coisas puder ser considerada principal em relação às outras, a propriedade da espécie nova será atribuída ao dono da coisa principal, tendo este, contudo, a obrigação de indenizar os outros (CC, art. 1.272, §§ 1º e 2º).

Essas disposições vigem na presunção da boa-fé das partes. Se a confusão, comistão ou adjunção derivarem de má-fé de uma delas, pode a outra escolher entre guardar o todo, pagando a porção que não for sua, ou renunciar à que lhe pertence, mediante indenização completa (CC, art. 1.273).

Capítulo IV
DA PERDA DA PROPRIEDADE

> *Sumário*: 1. Introdução. 2. Modos de perda. 2.1. Perda pela alienação. 2.2. Perda pela renúncia. 2.3. Perda pelo abandono. 2.4. Perda pelo perecimento da coisa. 2.5. Perda da propriedade mediante desapropriação. 2.5.1. Fundamento jurídico. 2.5.2. Pressupostos para a desapropriação. 2.5.3. Objeto da desapropriação. 2.5.4. Processo de desapropriação. 2.5.5. Montante da indenização. 2.5.6. Retrocessão.

1. INTRODUÇÃO

O *direito de propriedade, sendo perpétuo, só poderá ser perdido pela vontade do dono (alienação, renúncia, abandono) ou por alguma outra causa legal, como o perecimento, a usucapião, a desapropriação etc.*

O simples não uso, sem as características do abandono, não determina a sua perda, se não foi usucapido por outrem, ainda que se passem mais de quinze anos.

O art. 1.275 do Código Civil enumera alguns casos de perda da propriedade. Dispõe o aludido dispositivo:

"*Além das causas consideradas neste Código, perde-se a propriedade:*

I – por alienação;

II – pela renúncia;

III – por abandono;

IV – por perecimento da coisa;

V – por desapropriação.

Parágrafo único. Nos casos dos incisos I e II, os efeitos da perda da propriedade imóvel serão subordinados ao registro do título transmissivo ou do ato renunciativo no Registro de Imóveis".

Os três primeiros são modos voluntários de perda da propriedade, sendo o perecimento e a desapropriação modos involuntários.

A enumeração do aludido dispositivo é meramente exemplificativa, referindo-se, ao usar a expressão *"além das causas consideradas neste Código"*, à existência de outras causas de extinção, como a usucapião e a acessão.

Podem ser mencionadas, ainda, como modos de perda da propriedade, no todo ou em parte, a dissolução da sociedade conjugal instituída pelo regime da comunhão universal de bens, e a morte natural, que implica a abertura da sucessão, operando-se a transmissão da herança para os herdeiros legítimos e testamentários.

2. MODOS DE PERDA

2.1. Perda pela alienação

Dá-se a *alienação* por meio de contrato, ou seja, de negócio jurídico bilateral, pelo qual o titular transfere a propriedade a outra pessoa. Pode ser a título oneroso, como na compra e venda, ou a título gratuito, como na doação. Pode ainda ser voluntária, como a dação em pagamento, e compulsória, como a arrematação, bem como decorrer de um ato potestativo, que independe da vontade do proprietário, como se dá com o exercício do direito de retrovenda (CC, art. 505).

Em qualquer caso, os efeitos da perda da propriedade imóvel serão subordinados ao registro do título transmissivo (CC, art. 1.275, parágrafo único).

2.2. Perda pela renúncia

A *renúncia* é ato unilateral pelo qual o titular abre mão de seus direitos sobre a coisa, de forma expressa.

O ato renunciativo de imóvel deve também ser registrado no Registro de Imóveis competente (CC, art. 1.275, parágrafo único). Exige-se a escritura pública para a *"renúncia de direitos reais sobre imóveis de valor superior a trinta vezes o maior salário mínimo vigente no País"* (CC, art. 108).

Também a renúncia à sucessão aberta deve constar expressamente de instrumento público ou ser tomada por termo nos autos, conforme dispõe o art. 1.806 do mesmo diploma.

2.3. Perda pelo abandono

O *abandono* também é ato unilateral, pelo qual o titular abre mão de seus direitos sobre a coisa. Neste caso, não há manifestação expressa. Pode ocorrer, por exemplo, quando o proprietário não tem meios de pagar os impostos que oneram o imóvel.

A conduta do proprietário caracteriza-se, neste caso, pela intenção (*animus*) de não mais ter a coisa para si. Simples negligência não configura abandono, que não se presume. Malgrado se dispense declaração expressa, como na renúncia, é necessária a intenção de abandonar. Dois, portanto, os requisitos do abandono: a derrelição da coisa e o propósito de não a ter mais para si[1].

Abandonado o imóvel, qualquer pessoa pode dele apossar-se. Todavia, se for arrecadado como *coisa vaga* pelo Município ou pelo Distrito Federal, por se achar nas respectivas circunscrições e *"se não encontrar na posse de outrem"*, permanecerá como coisa de ninguém durante três anos contados da arrecadação, se estiver em zona urbana, segundo dispõe o art. 1.276, *caput*, do Código Civil. *Há, portanto, a possibilidade de o proprietário arrepender-se no decurso do referido prazo.*

Em suma, se alguém se apossar do imóvel abandonado, não se operará a arrecadação, a qual se restringe aos imóveis completamente abandonados e desocupados. Dentro do lapso de três anos, se o proprietário se arrepender, poderá reivindicá-lo das mãos alheias, pois a sua condição de dono somente se extinguirá findo o aludido interregno.

Presumir-se-á de modo absoluto a intenção de não mais conservar o imóvel em seu patrimônio *"quando, cessados os atos de posse, deixar o proprietário de satisfazer os ônus fiscais"* (CC, art. 1.276, § 2º).

2.4. Perda pelo perecimento da coisa

A perda pelo perecimento da coisa decorre da perda do objeto. Se, por exemplo, um incêndio destrói uma edificação ou fortes chuvas provocam o deslizamento de um morro, fazendo-o desaparecer, os seus respectivos proprietários perdem o poder que tinham sobre eles.

O art. 1.275, IV, retrotranscrito, nada mais faz do que aplicar, no campo específico da propriedade imobiliária, o preceito genérico que determina perecer o direito se perecer seu objeto.

O perecimento da coisa decorre, em regra, de ato involuntário, de fenômenos naturais, como incêndio, terremoto, raio e outras catástrofes, mas pode resultar também de ato voluntário, com a destruição da coisa.

2.5. Perda da propriedade mediante desapropriação

2.5.1. Fundamento jurídico

Trata-se de *modo involuntário de perda do domínio*. A desapropriação é instituto de direito público, fundado no direito constitucional e regulado pelo direito

---

[1] Washington de Barros Monteiro, *Curso de direito civil*, v. 3, p. 170.

administrativo, mas com reflexo no direito civil, por determinar a perda de propriedade do imóvel, de modo unilateral, com a ressalva da prévia e justa indenização.

Na preciosa lição de JOSÉ CRETELLA JÚNIOR, "desapropriação é o procedimento complexo de direito público, pelo qual a Administração, fundamentada na necessidade pública, na utilidade pública ou no interesse social, obriga o titular de bem, móvel ou imóvel, a desfazer-se desse bem, mediante justa indenização paga ao proprietário"[2].

De acordo com o art. 1.275, V, do Código Civil, também se perde a propriedade *"por desapropriação"*. No art. 1.228, § 3º, assinala o aludido diploma que *"o proprietário pode ser privado da coisa, nos casos de desapropriação, por necessidade ou utilidade pública ou interesse social, bem como no de requisição, em caso de perigo público iminente"*. E, no § 4º, criou o novo Código uma outra espécie de desapropriação, determinada pelo Poder Judiciário na hipótese de *"o imóvel reivindicado consistir em extensa área, na posse ininterrupta e de boa-fé, por mais de cinco anos, de considerável número de pessoas, e estas nela houverem realizado, em conjunto ou separadamente, obras e serviços considerados pelo juiz de interesse social e econômico relevante"*. Nesse caso, *"o juiz fixará a justa indenização devida ao proprietário"* (§ 5º). Trata-se de inovação de grande alcance, inspirada no sentido social do direito de propriedade.

A Constituição Federal, por sua vez, garante o direito de propriedade (art. 5º, XXIV), mas ressalva a desapropriação por necessidade ou utilidade pública, ou por interesse social, mediante prévia e justa indenização em dinheiro, ressalvados os casos nela previstos.

Com a desapropriação opera-se, no interesse da coletividade, a transferência do domínio para a entidade que a promove. Não representa *confisco*, uma vez que não existe em nosso direito esse modo de perder a propriedade, salvo no caso de bem apreendido em decorrência do tráfico ilícito de entorpecentes e drogas (CF, art. 243, parágrafo único), hipótese esta que, ademais, independe de pagamento de qualquer indenização. Não se identifica também com a *compra e venda*, visto que esta decorre de um ato voluntário, ao passo que a desapropriação implica alienação compulsória. Igualmente não se confunde com a *servidão administrativa*, pois nesta o poder público não adquire o bem, que permanece no domínio do particular, devendo este apenas suportar um uso público, mediante indenização, se de tal uso lhe advier algum prejuízo.

Em realidade, a desapropriação constitui um modo de transferência compulsória, forçada, da propriedade, do domínio particular ou do domínio de outra entidade pública de grau inferior, para a Administração Pública ou seus concessionários. Representa, sem dúvida, uma limitação ao direito de propriedade, baseada porém na ideia da prevalência do interesse social sobre o individual.

---

[2] *Tratado geral da desapropriação*, v. I, p. 11.

Segundo a doutrina de AFRÂNIO DE CARVALHO, "a desapropriação oferece a peculiaridade registral de dispensar o registro do título anterior, por se entender que é um modo originário de aquisição da propriedade, em virtude do qual o Estado chama a si o imóvel diretamente, livre de qualquer ônus. Se o registro existir, a desapropriação será inscrita na folha do imóvel desapropriado para assinalar a perda da propriedade do titular ali nomeado"[3].

A desapropriação é, portanto, modo originário de aquisição da propriedade. O registro é meramente declarativo, ocorrendo a aquisição do domínio independentemente dele. Fala-se em modo originário porque, "para a perda dominial e a aquisição correspondente, não concorre a vontade do titular do direito extinto. A expropriação não é um negócio jurídico de direito privado, nem, portanto, compra e venda forçada ou transmissão forçosa"[4].

Já se decidiu que "a desapropriação é modo originário de aquisição da propriedade, sendo, portanto, registrável por força própria, desde que a carta de adjudicação contenha rigorosa individuação da coisa desapropriada, para que se considerem atendidos os pressupostos registrais"[5].

Em que momento, então, ocorre a transferência de domínio?

Dizer-se que a desapropriação "é forma originária de aquisição de propriedade significa que ela é, por si mesma, suficiente para instaurar a propriedade em favor do Poder Público, independentemente de qualquer vinculação com o título jurídico do anterior proprietário. É a só vontade do Poder Público e o pagamento do preço que constituem a propriedade do Poder Público sobre o bem expropriado"[6].

Esse, também, o entendimento de JOSÉ CARLOS DE MORAES SALLES: "*Para nós, o momento consumativo da desapropriação é aquele em que se verifica o pagamento ou o depósito judicial da indenização fixada pela sentença ou estabelecida em acordo.* A aquisição decorrente de desapropriação, pela natureza especial desta última, não se subordina à transcrição do título translativo, o que não significa, entretanto, que não seja uma formalidade útil, a fim de dar continuidade ao registro e operar efeitos extintivos da propriedade anterior. Utilidade não significa, todavia, obrigatoriedade, para que a desapropriação se consubstancie. A desapropriação se concretiza independentemente da transcrição do título aquisitivo, embora – repetimos – a transcrição seja de inegável utilidade para que haja continuidade do registro e se dê maior publicidade à aquisição originária"[7].

---

[3] *Registro de imóveis*, p. 115.
[4] *RJTJSP*, 110/569.
[5] *RT*, 594/97.
[6] Celso Antônio Bandeira de Mello, Apontamentos sobre a desapropriação no direito brasileiro, *RDP*, 23/18.
[7] *A desapropriação à luz da doutrina e da jurisprudência*, p. 520.

Igualmente para SEABRA FAGUNDES o registro *regulariza* a transferência do domínio "e deve ser feito para comodidade dos interessados, sobretudo do adquirente. Mas não é imprescindível. A transmissão do domínio, na desapropriação, se opera, mesmo em relação a terceiros, sem a transcrição do título de transferência no registro de imóveis"[8].

Nesse sentido já decidiu o Tribunal de Justiça de São Paulo.

A questão, todavia, não é pacífica. JOSÉ CRETELLA JÚNIOR, por exemplo, afirma que há transferência de domínio no instante do registro do título, aduzindo: "E o título hábil é a sentença prolatada pelo juiz"[9]. Também PONTES DE MIRANDA sustenta que "o domínio ou qualquer outro direito real sobre imóvel só se perde pela transcrição no registro de imóveis. Na desapropriação, registra-se a sentença ou o acordo"[10].

2.5.2. Pressupostos para a desapropriação

As normas básicas da desapropriação se acham consubstanciadas no Decreto-Lei n. 3.365, de 21 de junho de 1941, com as modificações posteriores.

São sujeitos ativos da desapropriação a União, os Estados, os Municípios, o Distrito Federal e os Territórios (Dec.-Lei n. 3.365/41, art. 2º), bem como os concessionários de serviços públicos e os estabelecimentos de caráter público, ou que exerçam funções delegadas, de interesse geral. Nesse caso, porém, dependem de autorização expressa, constante de lei ou contrato (art. 3º). A competência pertence ao Poder Executivo e ao Poder Legislativo. No último caso, cumpre ao Poder Executivo praticar os atos necessários à efetivação da desapropriação (arts. 6º e 8º). O Poder Judiciário apenas intervém na fase contenciosa da desapropriação.

Podem também desapropriar: a) a Petrobras (Lei n. 2.004, de 3-10-1953, art. 24); b) o Departamento de Estradas de Rodagem (Lei n. 302, de 13-7-1948, art. 24); c) a Superintendência do Desenvolvimento do Nordeste (Lei n. 3.692, de 15-12-1959, art. 16); d) o Instituto Nacional de Colonização e Reforma Agrária (Lei n. 4.504, de 30-11-1964, art. 22); e) as entidades do Sistema Nacional de Previdência e Assistência Social (Lei n. 6.439, de 1º-7-1977, art. 24).

Não basta, todavia, a legitimidade ativa para desapropriar. Faz-se mister ainda que, em cada caso concreto, exista decreto da autoridade pública competente, declarando a utilidade pública dos bens expropriados. A desapropriação deve efetuar-se, em qualquer caso, dentro do prazo de cinco anos contados da

---

[8] *Da desapropriação no direito brasileiro*, p. 388.
[9] *Tratado de direito administrativo*, v. IX, p. 304.
[10] *Comentários à Constituição de 1946*, v. IV, p. 275-276.

data do respectivo decreto. Findo o quinquênio, sem que tenha sido instaurado o processo expropriatório, caduca a desapropriação. Neste caso, somente decorrido um ano poderá o mesmo bem ser objeto de nova declaração (Dec.-Lei n. 3.365/41, art. 10).

Publicado o decreto que declara o imóvel de utilidade pública, fica o expropriante autorizado a penetrar nos prédios compreendidos na declaração, podendo, em caso de oposição, recorrer à força (art. 7º). A autorização para "penetrar nos prédios" é limitada ao trânsito pelos imóveis, necessário aos levantamentos topográficos, aos atos de avaliação e outros mais que não prejudiquem a utilização dos bens pelo proprietário. Esse direito, entretanto, não significa imissão na posse, a qual só se dará após o pagamento da justa indenização.

Com efeito, se alegar urgência e depositar a quantia adequada, o expropriante pode ainda obter imissão na posse dos bens a serem expropriados. Só após o pagamento do montante arbitrado e munido de mandado de imissão de posse é que a Administração ou seus delegados poderão utilizar os bens expropriados.

De acordo com o disposto no art. 5º, XXIV, da Constituição Federal, a desapropriação só se justifica para atender a uma necessidade ou utilidade pública, ou a um interesse social.

A *necessidade pública* surge quando a Administração defronta problemas que só se podem resolver com a transferência de bens particulares para o domínio da pessoa administrativa incumbida de solucioná-los. A *utilidade pública* se apresenta quando a utilização de bens particulares é conveniente aos interesses administrativos, embora não sejam imprescindíveis. E o *interesse social* ocorre quando a transferência de bens particulares para o domínio público ou de delegados do poder público se impõe, como medida destinada a resolver problemas da coletividade criados pela propriedade particular de um ou de alguns indivíduos (Lei n. 4.132, de 10-9-1962, que regula a desapropriação por interesse social)[11].

Ocorre motivo de *interesse social*, segundo JOSÉ CRETELLA JÚNIOR, "quando a expropriação se destina a solucionar os chamados *problemas sociais*, isto é, aqueles diretamente atinentes às classes pobres, aos trabalhadores e à massa do povo em geral pela melhoria nas condições de vida, pela mais equitativa distribuição da riqueza, enfim, pela atenuação das desigualdades sociais; quando as circunstâncias impõem a distribuição da propriedade para melhor aproveitamento ou maior produtividade em benefício da comunidade"[12].

Assinala SEABRA FAGUNDES que, todavia, as três causas justificativas do direito de desapropriar se condensam no conceito de utilidade pública, "que é em

---

[11] Hely Lopes Meirelles, *Direito de construir*, p. 160.
[12] *Tratado de direito administrativo*, cit., v. IX, p. 50.

si tão amplo, que a menção apenas dessa causa bastaria a autorizar a incorporação do patrimônio estatal da propriedade privada, tanto quanto fosse *útil* fazê-lo, como quando tal se afigurasse *necessário* ou de *interesse social*"[13].

Não obstante, houve por bem o legislador constituinte tripartir os fundamentos jurídicos da desapropriação, indicando ao administrador as situações ou hipóteses em que ela se impõe como medida de conveniência administrativa.

2.5.3. Objeto da desapropriação

Em princípio todos os bens e direitos patrimoniais estão sujeitos a desapropriação, desde que, de um modo ou de outro, sirvam a uma utilidade ou a um interesse social, inclusive o espaço aéreo e o subsolo (Dec.-Lei n. 3.365/41, art. 2º, *caput* e § 1º). Excluem-se desse despojamento compulsório os direitos personalíssimos, indestacáveis do indivíduo (CC, art. 11), bem como a moeda corrente do país, porque ela constitui o próprio meio de pagamento da indenização.

Geralmente, no entanto, a desapropriação versa a respeito de bens imóveis. Mas bens de outra natureza podem ser também expropriados, como o direito autoral (Lei n. 9.610, de 19-12-1998), privilégio de invenção, navios (Dec. n. 11.860, de 9-12-1915), gêneros alimentícios e de primeira necessidade, gado, medicamentos, máquinas, coleções de objetos de arte e de moedas raras, combustíveis, ferramentas etc.[14]

A *desapropriação de bem imóvel pode abranger a sua totalidade, ou somente parte. Todavia, a desapropriação de edificações recairá sempre sobre a sua totalidade, indenizando-se os proprietários proporcionalmente ao valor das suas unidades autônomas* (CC, arts. 1.357, § 2º, e 1.358).

Além dos bens particulares, os bens dos Estados, dos Municípios, do Distrito Federal e dos Territórios são suscetíveis de desapropriação pela União, assim como os dos Municípios podem ser desapropriados pelos Estados, devendo o ato, em qualquer caso, ser precedido de autorização legal (Dec.-Lei n. 3.365/41, art. 2º, § 2º). Respeita-se a ordem hierárquica, seguindo-se sempre a descendente, nunca a ascendente.

É, porém, vedada a desapropriação pelos Estados, Distrito Federal, Territórios e Municípios de ações, cotas e direitos representativos do capital de instituições e empresas cujo funcionamento dependa de autorização do Governo Federal e se subordine à sua fiscalização, salvo mediante prévia autorização, por decreto do Presidente da República (Dec.-Lei n. 856, de 11-9-1969, art. 1º).

---

[13] A desapropriação no direito constitucional brasileiro, *RDA*, 14/1.
[14] Washington de Barros Monteiro, *Curso*, cit., v. 3, p. 176-177.

Podem ser desapropriados terrenos, prédios, fazendas, usinas, águas e estradas de ferro, bem como "a área contígua necessária ao desenvolvimento da obra a que se destina, e as zonas que se valorizarem extraordinariamente, em consequência da realização do serviço. Em qualquer caso, a declaração de utilidade pública deverá compreendê-las, mencionando-se quais as indispensáveis à continuação da obra e as que se destinam à revenda" (Dec.-Lei n. 3.365/41, art. 4º).

A *Súmula 157 do Supremo Tribunal Federal considera necessária "prévia autorização do Presidente da República para desapropriação, pelos Estados, de empresa de energia elétrica".* Por outro lado, proclama a Súmula 476 da aludida Corte: "Desapropriadas as ações de uma sociedade, o poder desapropriante, imitido na posse, pode exercer, desde logo, todos os direitos inerentes aos respectivos títulos".

São bastante comuns, hodiernamente, desapropriações parciais para a instituição de servidão, seja para a passagem de fios condutores de energia elétrica e instalação de postes e torres de transmissão, seja para a passagem de oleodutos. Não necessitando de todo o imóvel, o Poder Público o desapropria para certa finalidade, impondo-lhe certas restrições, ou o utiliza sem afastar o proprietário, que continua a usá-lo com alguma limitação. Trata-se da denominada desapropriação administrativa para a instituição da servidão, pela qual o apossamento do imóvel não envolve todos os direitos sobre ele, mas apenas alguns.

Como preleciona PONTES DE MIRANDA, "pode-se só desapropriar o elemento do direito de propriedade, *e.g.*, o direito de usufruto, o direito de uso, o direito de servidão (ou elemento para constituí-la)... Se o Estado somente quer a desapropriação do uso, ou da habitação, tem de ser avaliado o direito, para que o usuário, ou o habitador receba a indenização. Dá-se o mesmo se somente outro direito real, fora o domínio"[15].

Alguns julgados estabelecem, *no caso de servidão administrativa, um percentual fixo sobre o valor da área utilizada pelo desapropriante.* Em muitos casos esse percentual é estabelecido em 20% sobre o valor do bem serviente. Todavia, não há fundamento algum para que se adote um percentual fixo nesses casos, visto que a indenização há de corresponder ao efetivo prejuízo causado ao imóvel, segundo sua normal destinação. Deve o magistrado fugir à fixação de critérios aprioristicos para o estabelecimento da indenização devida, buscando em cada caso a solução que melhor atenda ao justo ressarcimento do proprietário onerado pela serventia pública[16].

Em hipótese na qual se discutia o *quantum* da indenização devida ao proprietário pela servidão administrativa instituída para a passagem de oleodutos da Petrobras, decidiu o Tribunal de Justiça de São Paulo: "Perito que considerou a

---

[15] *Tratado de direito privado*, v. XIV, § 1.613, p. 184-185.
[16] José Carlos de Moraes Salles, *A desapropriação*, cit., p. 802.

possibilidade de, no futuro, existir um projeto de loteamento. Inadmissibilidade. Indenização que deve ter por base a situação atual do imóvel, sem levar em conta hipotética alteração de seu uso. Restrições severas que justificam indenização correspondente a dois terços do valor da faixa atingida"[17].

Em outra oportunidade, o antigo *Primeiro Tribunal de Alçada Civil de São Paulo*, tendo em vista a alta limitação ao domínio trazido pela construção de oleoduto subterrâneo, condenou a mesma expropriante a pagar indenização correspondente a 80% do valor da terra nua[18].

Quando, todavia, *a instituição da servidão administrativa acarreta a inutilização da exploração econômica do imóvel objeto do ato, a indenização devida "deve corresponder à totalidade da propriedade, revestindo-se das características da efetiva desapropriação, sem qualquer ofensa à ordem jurídica"*[19].

Já se decidiu, d'outra feita, inocorrer servidão administrativa no fato de serem impostas restrições à plantação de árvores e à altura das edificações, dada sua proximidade com campo de aviação. Entendeu-se tratar-se de "meros condicionantes do exercício dos poderes inerentes ao domínio, que revertem em benefício de um interesse público genérico e abstrato, e não de um interesse público corporificado, individualizado, perfeitamente identificado"[20].

2.5.4. Processo de desapropriação

A desapropriação pode efetivar-se *amigavelmente, mediante acordo entre expropriante e expropriado sobre o montante da indenização, consubstanciado em escritura pública se o imóvel tiver valor superior ao legal*[21].

Não havendo entendimento entre os interessados, será observado o processo expropriatório judicial regulado nos arts. 11 a 30 do Decreto-Lei n. 3.365/41. A ação será proposta no foro da situação do imóvel, salvo se a União for autora. Neste caso, a competência será do foro da Justiça Federal com sede na Capital do

---

[17] *JTJ*, Lex, 245/184.
[18] Ap. 186.354, j. 5-12-1972.
[19] *RT*, 786/452. No mesmo sentido: "Servidão administrativa. Desapropriação. Energia elétrica. Instituição do gravame sobre pequenos lotes, de molde a tornar inviável o aproveitamento econômico da área pelos proprietários. Hipótese que não impede o prosseguimento da ação desapropriatória, eis que a indenização devida há de ser total, revestindo-se das características de efetiva desapropriação" (*RT*, 798/420).
[20] *RT*, 785/427.
[21] "Desapropriação. Ajuste entre as partes quanto ao preço do imóvel desapropriado. Acordo que prescinde de confirmação judicial, bastando ser consubstanciado em escritura pública. Transação passível de chancela judicial que pressupõe a existência de processo em andamento" (*RT*, 790/267).

Estado onde for domiciliado o réu. Intentada pelo Estado, tramitará na vara privativa; pelos Municípios, perante os juízes das respectivas comarcas, que tiverem as garantias de vitaliciedade, inamovibilidade e irredutibilidade dos vencimentos (arts. 11 e 12).

A petição inicial observará os requisitos exigidos para qualquer ação, indicados no art. 319 do Código de Processo Civil, e conterá a oferta do preço, sendo instruída ainda com um exemplar do contrato ou do jornal oficial que houver publicado o decreto de desapropriação, bem como a planta ou descrição dos bens e suas confrontações (art. 13).

Ao despachar a inicial, o juiz designará um perito de sua confiança, sempre que possível engenheiro (Lei n. 5.194, de 24-12-1966, arts. 12 e 13), para proceder à avaliação dos bens, podendo as partes indicar também assistentes técnicos.

Faculta-se ao autor, mesmo antes da citação do réu, alegando urgência e depositando a importância arbitrada pelo juiz, requerer a imissão provisória na posse dos bens (art. 15). Veja-se: "Desapropriação. Imissão provisória na posse, independente de citação do réu e mediante depósito. Admissibilidade. Incidência do art. 15 do Decreto-Lei Federal n. 3.365/41. Depósito que deve corresponder à avaliação prévia ordenada judicialmente. Aplicação do art. 5º, XXIV, da Constituição da República"[22].

O *Supremo Tribunal Federal* tem admitido, no entanto, que seja depositada quantia inferior ao do valor de mercado do bem, ponderando que o pagamento integral deve ser efetuado no momento da transferência definitiva do domínio ao desapropriante. Confira-se: "Desapropriação. Imóvel urbano. Imissão provisória na posse *initio litis*. Depósito prévio, pelo Poder Público, de metade do valor arbitrado. Admissibilidade. Inexistência de conflito com o princípio da justa e prévia indenização. Pagamento definitivo e justo que somente será estabelecido na decisão final, após procedimento previsto em lei, com a definição do valor justo, inclusive com base em perícia judicial, assegurados o contraditório, o devido processo legal e a ampla defesa"[23].

Dispõe, com efeito, o Decreto-Lei n. 1.075, de 22 de janeiro de 1970, que regula a imissão de posse, *initio litis*, em imóveis residenciais urbanos, que o expropriante, alegando urgência, poderá imitir-se provisoriamente na posse do bem, mediante o depósito do preço oferecido. Se o expropriado impugnar a oferta, o juiz fixará o valor

---

[22] *JTJ*, Lex, 261/352. No mesmo sentido: "Imissão provisória na posse. Admissibilidade somente após o depósito do valor da avaliação prévia do bem, realizada sob o crivo do contraditório" (*RT*, 787/245).

[23] STF, *RT*, 798/185, 802/143. No mesmo sentido: "Imissão provisória na posse. Exigibilidade de depósito integral da verba devida ao expropriado. Inadmissibilidade. Pagamento prévio e justo que somente é aplicável no caso de indenização final que precede à transferência definitiva do domínio" (STF, *RT*, 788/188).

provisório do imóvel, servindo-se, se necessário, de perito avaliador, devendo o expropriante complementar o depósito até metade do valor arbitrado, que não poderá ultrapassar, porém, o montante de 2.300 salários mínimos (arts. 3º e 4º).

Se o réu, citado, aceitar a oferta, o juiz homologará o acordo por sentença. Se discordar, oferecerá contestação, na qual poderá arguir somente vícios do processo ou insuficiência da oferta, tornando-se inadmissível qualquer alegação a respeito da ausência de utilidade ou necessidade pública. Dispõe, com efeito, o art. 20 do Decreto-Lei n. 3.365/41: "A contestação só poderá versar sobre vício do processo judicial ou impugnação do preço; qualquer outra questão deverá ser decidida por ação direta".

Em geral o debate se restringe ao montante da indenização. *Apresentado o laudo e terminada a fase instrutória, o juiz proferirá sentença, fixando o quantum da indenização.*

A desapropriação por interesse social para fins de reforma agrária segue o procedimento da Lei Complementar n. 76, de 6 de julho de 1993. A Constituição Federal determina a rápida tramitação da ação, estabelecendo, no art. 184, § 3º, o procedimento sumário.

Quando o Poder Público desapossa alguém sem o processo expropriatório regular, pratica esbulho. A jurisprudência, porém, ao fundamento de que a obra pública não pode ser demolida e de que ao proprietário nada mais resta, vem convertendo os interditos possessórios em ação de indenização, denominada *desapropriação indireta*. Diante disso, os proprietários costumam ingressar diretamente com a ação de indenização contra o Poder Público. A sentença de procedência declarará a incorporação do imóvel ao domínio público[24].

2.5.5. Montante da indenização

A indenização deve ser justa e prévia. Deve também ser paga sempre em dinheiro (CF, art. 5º, XXIV), salvo no caso dos arts. 184 e 182, § 4º, III, da Constituição Federal.

Para que seja justa, a indenização há de ser a mais completa, devendo abranger não só o valor real e atual dos bens à data da avaliação, como também os lucros cessantes do proprietário, as despesas com a sub-rogação se se tratar de imóvel

---

[24] "Desapropriação indireta. Caracterização. Destinação pública a imóvel particular expropriado irregularmente. Circunstância que impõe a transformação da ação de reintegração de posse em ação indenizatória" (*RT*, 772/392). "Indenização. Pagamento inexistente. Circunstância que impossibilita a transferência do imóvel ao domínio público. Alienação do imóvel pelo expropriado que impõe a sub-rogação ao adquirente dos direitos e ações decorrentes do apossamento administrativo" (STJ, *RT*, 780/194).

vinculado, juros da mora e juros compensatórios, custas, salários de peritos e honorários de advogado se o *quantum* for fixado judicialmente, em importância superior à oferecida pela Administração.

No tocante aos honorários de advogado, a Lei n. 2.786, de 21 de maio de 1956, alterando o Decreto-Lei n. 3.365/41, assim dispôs no art. 4º: "A sentença que fixar o valor da indenização, quando este for superior ao preço oferecido, condenará o desapropriante a pagar honorários de advogado sobre o valor da diferença".

Dispõe a *Súmula 131 do Superior Tribunal de Justiça* que "*nas ações de desapropriação incluem-se no cálculo da verba advocatícia as parcelas relativas aos juros compensatórios e moratórios, devidamente corrigidos*".

Duas espécies de juros admitem-se na indenização: *os moratórios e os compensatórios*. Os primeiros correspondem à reparação devida pelo retardamento no cumprimento da obrigação de indenizar. Segundo dispõe o art. 15-B do Decreto-Lei n. 3.365/41, acrescentado pela Medida Provisória n. 2.183-56, de 24 de agosto de 2001, "nas ações a que se refere o art. 15-A, os juros moratórios destinam-se a recompor a perda decorrente do atraso no efetivo pagamento da indenização fixada na decisão final de mérito, e somente serão devidos à razão de até 6% ao ano, a partir de 1º de janeiro do exercício seguinte àquele em que o pagamento deveria ser feito, nos termos do art. 100 da Constituição".

Os juros *compensatórios* equivalem aos frutos civis do capital empregado. São devidos a partir do ato que retira o imóvel da posse do dono. Justifica-se o seu pagamento em face da antecipada perda da posse, visando substituir os frutos que o proprietário deixou de perceber[25].

O art. 15-A, *caput*, do Decreto-Lei n. 3.365/41, com os acréscimos determinados pela Medida Provisória n. 2.183-56, de 24 de agosto de 2001, estabelece que, havendo divergência entre o preço ofertado em juízo e o valor do bem, fixado na sentença, expressos em termos reais, incidirão juros compensatórios de até 6% ao ano sobre o valor da diferença eventualmente apurada, a contar da imissão na posse, vedado o cálculo de juros compostos.

O Supremo Tribunal Federal, em liminar concedida em 5 de setembro de 2001, na Ação Direta de Inconstitucionalidade (ADIn) n. 2.332, publicada no *DJU* de 13-9-2001, decidiu suspender a eficácia da expressão "de até seis por cento ao ano", dando ao final do *caput* do aludido art. 15-A interpretação conforme a Constituição "de que a base de cálculo dos juros compensatórios será a diferença eventualmente apurada entre 80% do preço ofertado em juízo e o valor do bem fixado na sentença".

---

[25] "Desapropriação. Desistência na fase de execução, por parte do expropriante. Juros compensatórios devidos até a efetiva devolução do imóvel ao expropriado. Processamento que deve dar-se nos próprios autos por economia processual" (*RT*, 791/228).

Nessa linha, decidiu o *Tribunal de Justiça de São Paulo*: "Desapropriação. Indenização. Juros compensatórios. Incidência em 6% ao ano. Inadmissibilidade. Artigo 15-A do Decreto-Lei Federal n. 3.365/41. Suspensão por decisão do Supremo Tribunal Federal. Incidência que deve ser à taxa de 12% ao ano"[26].

Destinam-se os juros compensatórios, apenas, *"a compensar a perda de renda comprovadamente sofrida pelo proprietário"* (Dec.-Lei n. 3.365/41, art. 15-A, § 1º). Não serão, todavia, devidos juros compensatórios "quando o imóvel possuir graus de utilização da terra e de eficiência na exploração iguais a zero" (§ 2º).

Proclama a *Súmula 12 do Superior Tribunal de Justiça*: "Em desapropriação, são cumuláveis juros compensatórios e moratórios"[27]. Por sua vez, declara a Súmula 164 do Supremo Tribunal Federal: "No processo de desapropriação, são devidos juros compensatórios desde a antecipada imissão de posse, ordenada pelo juiz, por motivo de urgência".

No *quantum* da indenização serão computadas as benfeitorias necessárias posteriores, e as úteis, quando autorizadas pelo expropriante.

O expropriante responde, também, pelos gastos que o expropriado tiver de fazer para levantar o preço da indenização, como certidões negativas, obtenção de documentos, publicação de editais etc. Responde, igualmente, pela desvalorização da área remanescente, consequente à desapropriação. Pela mesma razão, deve influir também como elemento redutor da indenização, valorização que o imóvel venha a experimentar, não a valorização de ordem geral, mas a que diretamente beneficia o expropriado[28].

Dispõe o art. 1º da Lei n. 4.686, de 21 de junho de 1965, que, "decorrido prazo superior a um ano a partir da avaliação, o juiz ou tribunal, antes da decisão final, determinará a correção monetária do valor apurado". Nessa trilha, proclama a Súmula 561 do Supremo Tribunal Federal: "Em desapropriação, é devida a correção monetária até a data do efetivo pagamento da indenização, devendo proceder-se à atualização do cálculo, ainda que por mais de uma vez"[29].

O art. 27 do Decreto-Lei n. 3.365/41 determina que o montante da indenização será calculado com base especialmente em alguns elementos, tais como a

---

[26] *JTJ*, Lex, 265/243.
[27] V. ainda, da mesma Corte, a Súmula 56: "Na desapropriação para instituir servidão administrativa são devidos os juros compensatórios pela limitação de uso da propriedade"; e a Súmula 113: "Os juros compensatórios, na desapropriação direta, incidem a partir da imissão na posse, calculados sobre o valor da indenização, corrigidos monetariamente".
[28] Washington de Barros Monteiro, *Curso*, cit., v. 3, p. 181.
[29] "Desapropriação. Atualização monetária. Admissibilidade, ainda que por mais de uma vez. Irrelevância do decurso de prazo superior a um ano entre o cálculo e o efetivo pagamento da indenização. Intel. da Súm. 67 do STJ" (*RT*, 800/351). "Desapropriação. Correção monetária. Incidência sobre juros compensatórios" (*RT*, 809/374).

estimação dos bens para efeitos fiscais; o preço de aquisição e interesse que deles aufere o proprietário; sua situação, estado de conservação e segurança; valor venal dos da mesma espécie nos últimos cinco anos; valorização ou depreciação da área remanescente, de propriedade do réu.

Anota Silvio Rodrigues[30] que tais elementos não são absolutos, uma vez que o dispositivo em apreço determina que o juiz, ao fixar a indenização, deverá atender *especialmente* àqueles elementos, podendo, por conseguinte, considerar outros.

Pode-se, portanto, afirmar, na esteira de Hely Lopes Meirelles, que, no cômputo dos elementos valorizantes do imóvel (terreno, edificação, renda e utilidades) entram também "as condições locais, a forma geométrica do terreno, a situação topográfica, a natureza do solo, orientação magnética, a renda atual auferida pelo proprietário, o estado de conservação do edifício, os meios de transporte de que é servido, os valores venais dos lotes circunvizinhos e o valor potencial do terreno, tendo-se em vista o seu máximo aproveitamento e os gabaritos permitidos pelo Código de Obras do Município"[31].

A *1ª Seção do Superior Tribunal de Justiça* definiu que: "O prazo prescricional aplicável à desapropriação indireta, na hipótese em que o Poder Público tenha realizado obras no local ou atribuído natureza de utilidade pública ou de interesse social ao imóvel, é de 10 anos, conforme parágrafo único do art. 1.238 do CC"[32].

2.5.6. Retrocessão

Se a Administração Pública deixa de utilizar o imóvel desapropriado, não lhe dando a destinação mencionada no decreto de expropriação, exsurge a obrigação de oferecê-lo ao ex-proprietário, pelo preço atual da coisa. Nesse sentido dispõe o art. 519 do Código Civil:

"*Se a coisa expropriada para fins de necessidade ou utilidade pública, ou por interesse social, não tiver o destino para que se desapropriou, ou não for utilizada em obras ou serviços públicos, caberá ao expropriado direito de preferência, pelo preço atual da coisa*".

O legislador tratou do assunto no capítulo concernente à compra e venda, na seção atinente às cláusulas especiais, como hipótese de *preferência* ou *preempção legal*, ao lado da preferência convencional.

Considera-se que age de forma condenável o Poder Público que, após despojar o particular da coisa que lhe pertence, para um fim determinado e admitido

---

[30] *Direito civil*, cit., v. 5, p. 184.
[31] *Direito de construir*, cit., p. 163.
[32] REsp 1.757.352-SC, 1ª Seção, rel. Min. Herman Benjamin, *DJe* 7-5-2020.

pela lei, desvia-se dessa finalidade e a utiliza em obra ou atividade diversa, não lhe dando o aproveitamento previsto no decreto expropriatório. Por essa razão, é sancionado com a obrigação de oferecê-la ao ex-proprietário, para que a readquira pelo preço atual da coisa.

Tem a jurisprudência proclamado que não caberá a retrocessão se, desapropriado o terreno para nele ser construída, por exemplo, uma escola, outra destinação lhe for dada, também de interesse público (se, em vez da escola, construir-se uma creche, p. ex.)[33].

Se em cinco anos não for dada ao imóvel expropriado nenhuma finalidade de interesse público ou social, haverá lugar, em tese, para a retrocessão, nos termos do mencionado art. 519 do Código Civil. Mas a jurisprudência entende também ser inadmissível a reivindicatória contra o Poder Público, devendo o direito do ex-proprietário resolver-se em *perdas e danos*, mediante a propositura de ação de indenização, dentro de cinco anos (Dec. n. 20.910/32), para receber a diferença entre o valor do imóvel à época em que devia ter sido oferecido ao ex-proprietário e o atual[34].

Os tribunais têm dado à retrocessão, assim, apenas o caráter de direito pessoal do ex-proprietário às *perdas e danos* e não um direito de reaver o bem, na hipótese de o expropriante não lhe oferecer o bem pelo mesmo preço da desapropriação, quando desistir de aplicá-lo a um fim público[35].

Anota SILVIO RODRIGUES que, "na hipótese de o prédio ser devolvido ao expropriado, por se lhe não haver dado o destino para o que foi desapropriado, não há incidência do imposto de transmissão *inter vivos*, pois não há transferência de domínio, mas apenas desfazimento de negócio jurídico (cf., do Tribunal de Justiça de São Paulo, *RT*, 276/342; e do Tribunal de Alçada, desse Estado, citada Revista, 287/673)"[36].

---

[33] "Não há desvio de finalidade no caso de desapropriação por necessidade ou utilidade pública, sendo incabível o direito de preferência ou *retrocessão* quando o bem expropriado tiver destinação diferente do ato de desapropriação, mas permanecendo de utilidade pública" (STJ, REsp 7.683-0-SP, rel. Min. Américo Luz, *DJU*, 30-5-1994). "Pedido de retrocessão parcial de propriedade de imóvel expropriado. Inadmissibilidade. Bem que teve, em parte, a destinação constante do decreto desapropriatório e na área restante é utilizado para fins públicos inerentes à Municipalidade. Pleito que revela intenção de locupletamento por parte dos desapropriados" (*RT*, 801/310).
[34] Carlos Roberto Gonçalves, *Direito civil brasileiro*, v. 3, p. 279.
[35] "Desapropriação. Desvio de finalidade. Perdas e danos. Resolve-se em perdas e danos o conflito surgido com o desvio de finalidade do bem expropriado. Evidenciado, no caso, o desvio de bem que, destinado à construção de uma quadra esportiva, veio a ser cedido para a construção de 'Loja Maçônica'" (STJ, REsp 43.651-SP, 2ª T., rel. Min. Eliana Calmon, *DJU*, 5-6-2000).
[36] *Direito civil*, cit., v. 5, p. 186.

Capítulo V
DOS DIREITOS DE VIZINHANÇA

> *Sumário*: 1. Introdução. 2. Do uso anormal da propriedade. 2.1. Espécies de atos nocivos. 2.2. Soluções para a composição dos conflitos. 3. Das árvores limítrofes. 4. Da passagem forçada. 5. Da passagem de cabos e tubulações. 6. Das águas. 7. Dos limites entre prédios e do direito de tapagem. 8. Do direito de construir. 8.1. Limitações e responsabilidades. 8.2. Devassamento da propriedade vizinha. 8.3. Águas e beirais. 8.4. Paredes divisórias. 8.5. Do uso do prédio vizinho.

1. INTRODUÇÃO

O direito de propriedade, malgrado seja o mais amplo dos direitos subjetivos concedidos ao homem no campo patrimonial, sofre inúmeras restrições ao seu exercício, impostas não só no interesse coletivo, senão também no interesse individual. Dentre as últimas destacam-se as determinadas pelas relações de vizinhança.

As regras que constituem o direito de vizinhança destinam-se a evitar conflitos de interesses entre proprietários de prédios contíguos. Têm sempre em mira a necessidade de conciliar o exercício do direito de propriedade com as relações de vizinhança, uma vez que sempre é possível o advento de conflitos entre os confinantes.

Não se confundem, todavia, as limitações impostas às propriedades contíguas com as *servidões propriamente ditas*. Estas resultam da vontade das partes e só excepcionalmente da usucapião, ao passo que os direitos de vizinhança emanam da lei. As servidões constituem direitos reais sobre coisa alheia, estabelecidos no interesse do proprietário do prédio dominante, enquanto os direitos de vizinhança limitam o domínio, estabelecendo uma variedade de direitos e deveres recíprocos entre proprietários de prédios contíguos.

Por fim, enquanto a servidão, como direito real sobre imóvel, só se constitui ou se transmite por atos entre vivos após seu registro no cartório de Registro de Imóveis (CC, art. 1.227; Lei n. 6.015/73, art. 167, I, n. 6), *os direitos de vizinhança dispensam registro e surgem da mera contiguidade entre os prédios*[1].

Como bem esclarece WASHINGTON DE BARROS MONTEIRO, "os direitos de vizinhança constituem limitações impostas pela boa convivência social, que se inspira na lealdade e na boa-fé. A propriedade deve ser usada de tal maneira que se torne possível a coexistência social. Se assim não se procedesse, se os proprietários pudessem invocar uns contra os outros seu direito absoluto e ilimitado, não poderiam praticar qualquer direito, pois as propriedades se aniquilariam no entrechoque de suas várias faculdades"[2].

Os direitos de vizinhança são obrigações *propter rem*, porque vinculam os confinantes, acompanhando a coisa. Obrigações dessa natureza só existem em relação à situação jurídica do obrigado, de titular do domínio ou de detentor de determinada coisa, *e, portanto, de vizinho*.

Como acontece com toda obrigação *propter rem*, a decorrente das relações de vizinhança se transmite ao sucessor a título particular. Por se transferir a eventuais novos ocupantes do imóvel (*ambulat cum domino*), é também denominada *obrigação ambulatória*.

Podemos distinguir, entre as limitações impostas aos vizinhos, as regras que geram a obrigação de *permitir* a prática de certos atos, sujeitando o proprietário a uma invasão de sua esfera dominial, das que criam o dever de se *abster* da prática de outros.

Dentre as primeiras, que implicam uma sujeição, podem ser mencionadas: a que incide sobre o vizinho do prédio encravado, obrigado a conceder passagem ao dono deste (CC, art. 1.285); a que recai sobre o dono do prédio inferior, obrigado a receber as águas que fluem naturalmente do superior (art. 1.288); a que impõe ao proprietário a obrigação de permitir a entrada do vizinho em seu prédio, quando seja indispensável à reparação, construção e reconstrução da casa deste (art. 1.313, *caput*, I, e § 3º) etc.

Dentre as segundas, ou seja, dentre as regras que determinam uma abstenção, apontam-se a proibição imposta ao proprietário de fazer mau uso de seu prédio, suscetível de prejudicar a saúde, o sossego ou a segurança do vizinho (CC, art. 1.277); e a de abrir janela, eirado ou terraço, a menos de metro e meio do prédio de seu confinante, devassando, desse modo, a propriedade deste (art. 1.301).

---

[1] Silvio Rodrigues, *Direito civil*, v. 5, p. 120-121.
[2] *Curso de direito civil*, v. 3, p. 135.

2. DO USO ANORMAL DA PROPRIEDADE

2.1. Espécies de atos nocivos

Dispõe o art. 1.277 do Código Civil:

"*O proprietário ou o possuidor de um prédio tem o direito de fazer cessar as interferências prejudiciais à segurança, ao sossego e à saúde dos que o habitam, provocadas pela utilização de propriedade vizinha.*

Parágrafo único. Proíbem-se as interferências considerando-se a natureza da utilização, a localização do prédio, atendidas as normas que distribuem as edificações em zonas, e os limites ordinários de tolerância dos moradores da vizinhança".

A expressão "*interferências prejudiciais*" substituiu a locução "mau uso" empregada pelo Código de 1916. As interferências ou atos prejudiciais à segurança, ao sossego e à saúde capazes de causar conflitos de vizinhança podem ser classificados em três espécies: ilegais, abusivos e lesivos.

Ilegais são os atos ilícitos que obrigam à composição do dano, nos termos do art. 186 do Código Civil, como, por exemplo, atear fogo no prédio vizinho. Ainda que não existisse o supratranscrito art. 1.277, o prejudicado estaria protegido pela norma do art. 186, combinada com o art. 927, *caput*, do mesmo diploma, que lhe garantem o direito à indenização. Se o vizinho, por exemplo, danifica as plantações de seu confinante, o ato é ilegal e sujeita o agente à obrigação de ressarcir o prejuízo causado.

Abusivos são os atos que, embora o causador do incômodo se mantenha nos limites de sua propriedade, mesmo assim vem a prejudicar o vizinho, muitas vezes sob a forma de barulho excessivo. Consideram-se abusivos não só os atos praticados com o propósito deliberado de prejudicar o vizinho, senão também aqueles em que o titular exerce o seu direito de modo irregular, em desacordo com a sua finalidade social.

Esclarece ORLANDO GOMES que "o conceito de *uso nocivo da propriedade* determina-se relativamente, mas não se condiciona à intenção do ato praticado pelo proprietário. O propósito de prejudicar, ou incomodar, pode não existir e haver mau uso da propriedade"[3].

Como se observa, o critério de verificação é eminentemente objetivo, descabendo alegação de erro ou ignorância. É o fato, por si só, "condição necessária e suficiente para dar ensejo à verificação do direito subjetivo de vizinhança apto a implicar a cessação de interferência. Afasta-se, pois, uma verificação dos motivos

---

[3] *Direitos reais*, p. 224.

ou razões para esse efeito, qual seja, o de constatação quanto à existência da situação jurídica respectiva"⁴.

A *teoria do abuso do direito* é, hoje, acolhida em nosso direito, como se infere do art. 187 do Código Civil, *que permite considerar ilícitos os atos praticados no exercício irregular de um direito.*

São *lesivos* os atos que causam dano ao vizinho, embora o agente não esteja fazendo uso anormal de sua propriedade e a atividade tenha sido até autorizada por alvará expedido pelo Poder Público. É o caso, por exemplo, de uma indústria cuja fuligem esteja prejudicando ou poluindo o ambiente, embora normal a atividade⁵.

A passagem de uma estrada de ferro ou a instalação de uma estação rodoviária em bairro residencial podem, como observa Silvio Rodrigues⁶, trazer acentuado mal-estar aos vizinhos, pelos barulhos ou movimento que produzem, suficientes para provocar séria baixa nos preços dos prédios aí situados. Entretanto, tais atos do proprietário interferente, aduz, *não são ilegais nem abusivos. São atos absolutamente lícitos e regulares, causando, não obstante, dano ao vizinho.*

Não havia, no Código de 1916, um dispositivo que cuidasse de interferência resultante de uso regular de direito, como sucede agora com a norma do art. 1.279 do diploma de 2002.

Os *atos ilegais e abusivos* estão abrangidos pela norma do aludido art. 1.277, pois neles há o *uso anormal* da propriedade. O dispositivo em apreço confere não só ao proprietário como também ao possuidor o direito de fazer cessar as interferências ilegais ou abusivas provocadas pela utilização da propriedade vizinha, em detrimento de sua segurança, de seu sossego e de sua saúde.

Uso *anormal* é tanto o ilícito como o abusivo, *em desacordo com sua finalidade econômica ou social, a boa-fé ou os bons costumes.* Preleciona Washington de Barros Monteiro que, "se normal, regular, ordinário e comum o uso da propriedade, sem

---

⁴ Luiz Edson Fachin, *Comentários ao Código Civil*, v. 15, p. 3.
⁵ "Construção nociva. Direito de o proprietário de imóvel vizinho exigir a demolição da obra. Irrelevância de a Prefeitura ter expedido alvará, pois a autorização administrativa não cria direitos contra a lei nem contra normas edilícias" (*RT*, 760/297). "Embora a construção de heliponto em bairro estritamente residencial tenha sido autorizada por ato administrativo junto à Prefeitura de São Paulo e muito embora tenha o laudo pericial constatado que o ruído existente quando do pouso e decolagem do helicóptero seja compatível com as normas técnicas pertinentes, o enfoque da questão deve levar em consideração não apenas o sossego, mas, acima de tudo, a segurança dos vizinhos" (2º TACiv., Ap. 517.388-00/5-SP, 12ª Câm., rel. Juiz Gama Pellegrini, j. 27-8-1998). "Construção de hotel de grande porte. Fato que acarreta transtorno aos vizinhos. Dano moral. Indenização. Responsabilidade objetiva do dono da obra pelos danos causados" (*RT*, 807/300).
⁶ *Direito civil*, cit., v. 5, p. 125.

que se lhe increpe qualquer excesso malicioso ou intencional, se tem como justo e jurídico; se, porém, nele se vislumbra qualquer exorbitância, qualquer exagero, suscetível de ser remediado ou atenuado, mas não foi, o uso será nocivo, ilícito, condenado pelo direito"[7].

Para se aferir a normalidade ou a anormalidade da utilização de um imóvel procura-se:

a) *Verificar a extensão do dano ou do incômodo causado* – Se, nas circunstâncias, este se contém no limite do *tolerável*, não há razão para reprimi-lo. Com efeito, a vida em sociedade impõe às pessoas a obrigação de suportar certos incômodos, desde que não ultrapassem os limites do razoável e do tolerável[8]. Em consequência, ninguém pode pretender, sob a invocação do direito ao descanso, como acentua HELY LOPES MEIRELLES, "que tudo em derredor se imobilize e se cale. O que a lei confere ao vizinho é o poder de impedir que os outros o incomodem em excesso, com ruídos intoleráveis, que perturbem o sossego natural do lar, do escritório, da escola, do hospital, na medida da quietude exigível para cada um destes ambientes"[9].

b) *Examinar a zona onde ocorre o conflito, bem como os usos e costumes locais* – Não se pode apreciar com os mesmos padrões a normalidade do uso da propriedade em um bairro residencial e em um industrial, em uma cidade tranquila do interior e em uma capital. O parágrafo único do art. 1.277 determina que se considere "*a natureza da utilização, a localização do prédio, atendidas as normas que distribuem as edificações em zonas, e os limites ordinários de tolerância dos moradores da vizinhança*".

Assim, "tratando-se de zona mista – residencial, comercial e industrial – é intuitivo que as residências têm que suportar o rumor da indústria e do comércio, nas horas normais dessas atividades, mas esses ruídos não poderão exceder

---

[7] *Curso*, cit., v. 3, p. 137.
"Condomínio. Cláusula que proíbe a permanência de animais nos apartamentos ou dependências do edifício. Restrição que somente se justifica quando a presença do irracional prejudique a tranquilidade e a higiene ou seja agressivo. Não comprovação, ademais, da nocividade do animal" (*RT*, 791/213).
[8] "Nem todo o incômodo é reprimível, só o é o anormal, o intolerável, pois o que não excede a medida da normalidade entra na categoria dos encargos primários da vizinhança" (*RT*, 354/404). "Não se pode considerar mau uso o funcionamento de bomba de gasolina com posto de lavagem de automóveis durante a noite, ainda que produza algum ruído com a carga e descarga do elevador" (STJ, AgRg no AgI 1.769-RJ, 4ª T., rel. Min. Barros Monteiro). "Não pode uma igreja, sob o fundamento de liberdade religiosa, adotar uso nocivo da propriedade, mediante produção de poluição sonora, porque extrapola limite legal. Entretanto, tem a igreja o direito de utilizar música no interior do templo, desde que os sons não atinjam o exterior, causando dano ao sossego dos vizinhos" (TAMG, AgI 279.713-3-Contagem, 2ª Câm., rel. Juiz Caetano Levi Lopes, j. 16-5-2000).
[9] *Direito de construir*, p. 21.

o limite razoável da tolerância, nem se estender aos dias e horas reservados ao repouso humano"[10].

c) *Considerar a anterioridade da posse* – Porque, em princípio, não teria razão para reclamar quem construísse nas proximidades de estabelecimentos barulhentos ou perigosos. É o que sustenta a teoria da *pré-ocupação*. Por ela, aquele que primeiramente se instala em determinado local acaba, de certo modo, estabelecendo a sua destinação. Tal teoria não pode, entretanto, ser aceita em todos os casos e sem reservas. Se o barulho é demasiado ou se a lei proíbe o incômodo, o proprietário não pode valer-se da anterioridade de seu estabelecimento para continuar molestando o próximo.

Os bens tutelados pelo art. 1.277 são *a segurança, o sossego e a saúde*. Assim, constituirá ofensa à *segurança* pessoal, ou dos bens, a exploração de indústrias de explosivos e inflamáveis, a provocação de fortes trepidações, o armazenamento de mercadorias excessivamente pesadas, enfim, todo e qualquer ato que possa comprometer a estabilidade e a solidez do prédio; ao *sossego*, os ruídos exagerados em geral, provocados por gritarias, festejos espalhafatosos, atividades de danceterias, emprego de alto-falantes de grande potência etc.[11]; e, à *saúde*, emanações de gases tóxicos, depósito de lixo, poluição de águas pelo lançamento de resíduos etc.

O *decoro* não está abrangido pelo aludido artigo. Desse modo, o proprietário ou o possuidor de um prédio não tem como impedir que prostitutas se instalem nos apartamentos, desde que não perturbem o sossego dos demais moradores.

2.2. Soluções para a composição dos conflitos

Na doutrina e na jurisprudência são propostas soluções para a composição dos conflitos de vizinhança. Assinale-se que o vocábulo *vizinhança* não se restringe à propriedade confinante, possuindo em direito significado mais largo do que na linguagem comum. Estende-se até onde o ato praticado em um prédio possa propagar-se nocivamente, alcançando via de regra não só os confinantes como também outros prédios próximos.

---

[10] Hely Lopes Meirelles, *Direito de construir*, cit., p. 21.
[11] "Ruídos intoleráveis. Ofensa ao direito à tranquilidade e sossego. Abusividade reconhecida. Intel. do art. 1.277 do CC/2002" (*RT*, 817/298). "Uso nocivo da propriedade. Exploração abusiva de atividade comercial. Caracterização. Manutenção de sistema de som em ambiente aberto e aglomeração de clientes em via pública, provocando poluição sonora que incomoda os vizinhos" (*RT*, 785/283). "O confinamento de grande número de cães de grande porte no quintal da residência, gerando incômodo, tanto em razão do mau cheiro como em decorrência do barulho, constitui abuso do direito de propriedade, justificando a imposição de medidas limitatórias" (2º TACiv., Ap. 590.936-00/1-Barueri, rel. Juiz Antonio Rigolin, j. 1º-8-2000).

Quanto às soluções alvitradas, em resumo:

a) *Se o incômodo é normal, tolerável, não deve ser reprimido* – A reclamação da vítima será aferida segundo o critério do *homo medius*. Só serão atendidas reclamações relativas a danos considerados insuportáveis ao homem normal[12].

b) *Se o dano for intolerável, deve o juiz, primeiramente, determinar que seja reduzido a proporções normais* – Pode o juiz, por exemplo, fixar horários de funcionamento da atividade considerada nociva (somente durante o dia, p. ex.), exigindo a colocação de aparelhos de controle da poluição, levantando barreiras de proteção etc.

Preceitua, com efeito, o art. 1.279 do Código Civil: "*Ainda que por decisão judicial devam ser toleradas as interferências, poderá o vizinho exigir a sua redução, ou eliminação, quando estas se tornarem possíveis*".

c) *Se não for possível reduzir o incômodo a níveis suportáveis, determinará o juiz a cessação da atividade* – Quando nem mediante o emprego de medidas adequadas se conseguir reduzir o incômodo a níveis suportáveis, ou quando a ordem judicial para que sejam adotadas não for cumprida, determinará o juiz o fechamento da indústria ou do estabelecimento, a cessação da atividade ou até a demolição de obra, se forem de *interesse particular*[13].

d) *Não se determinará a cessação da atividade se a causadora do incômodo for indústria ou qualquer atividade de interesse social* – Se o incômodo não puder ser reduzido aos graus de tolerabilidade mediante medidas adequadas, será imposto ao causador do dano a *obrigação de indenizar* o vizinho. Dispõe efetivamente o art. 1.278 do Código Civil que o direito atribuído ao prejudicado, de fazer cessar as interferências nocivas especificadas no art. 1.277, não prevalece quando "*forem justificadas por interesse público, caso em que o proprietário ou o possuidor, causador delas, pagará ao vizinho indenização cabal*".

Há, na hipótese, um conflito de interesses. Os dois, tanto o de caráter privado como o de cunho público, são dignos de proteção. Todavia, considerando a

---

[12] "As relações de vizinhança exigem tolerância recíproca, pois há incômodos que devem ser suportados por não excederem os limites da normalidade" (TJDFT, APC 20100710086319, 6ª T. Cív., rel. Esdras Neves, *DJe* 24-6-2014).
[13] "Poluição sonora. Ação de dano infecto. Sentença que impõe limites à emissão de ruídos. Descumprimento. Impedimento do funcionamento da atividade poluidora. Ato lícito do juiz" (*RT*, 805/404). "Mesmo que os ruídos produzidos por estabelecimento comercial estejam dentro dos limites máximos permitidos pela legislação municipal, havendo prova pericial de que os mesmos causam incômodos à vizinhança, aquele que explora a atividade causadora da ruidosidade excessiva e vibrações mecânicas é obrigado a realizar obras de adaptação em seu prédio, com o objetivo de diminuir a sonoridade e as vibrações que prejudicam os prédios lindeiros" (2º TACiv., Ap. 548.842-00/0-SP, 5ª Câm., rel. Juiz Pereira Calças, j. 10-8-1999).

prevalência do interesse público, sacrifica-se o interesse privado em favor daquele, mas sem se olvidar da situação do proprietário que sofre a interferência, porque, embora obrigado a suportá-la, lhe é devida indenização cabal. Para estabelecer o seu montante é de se levar em conta a depreciação do imóvel sob o ponto de vista da sua alienação e também da locação[14].

"Demonstra bem a imbricação entre o público e o privado, no regramento do uso anormal da propriedade, o bem colocado no *Enunciado n. 319 da IV Jornada de Direito Civil realizada pelo Conselho da Justiça Federal /STJ: 'Art. 1.277*. A condução e a solução das causas envolvendo conflitos de vizinhança devem guardar estreita sintonia com os princípios constitucionais da intimidade, da inviolabilidade da vida privada e da proteção do meio ambiente'"[15].

A ação apropriada para a tutela dos direitos mencionados é a *cominatória*, na qual se imporá ao réu a obrigação de se abster da prática dos atos prejudiciais ao vizinho, ou a de tomar as medidas adequadas para a redução do incômodo, sob pena de pagamento de multa diária, com base nos arts. 536, § 4º, e 537 do Código de Processo Civil[16].

Pode a ação ser movida pelo proprietário, pelo compromissário comprador titular de direito real ou pelo possuidor. Se há dano consumado, cabível a ação de ressarcimento de danos.

Prescreve, ainda, o art. 1.280 do Código Civil:

"*O proprietário ou o possuidor tem direito a exigir do dono do prédio vizinho a demolição, ou a reparação deste, quando ameace ruína, bem como que lhe preste caução pelo dano iminente*".

Cuida-se, ainda, de uso anormal de propriedade, pois a ameaça de desabamento de prédio em ruína constitui negligência do proprietário. O vizinho ameaçado pode, simplesmente, forçar a reparação, exigindo que a outra parte preste, em juízo, *caução pelo dano iminente* (CPC/2015, art. 300, § 1º).

Essa caução pelo dano iminente é chamada de "caução de dano infecto" (cf. Capítulo I deste Título, n. 4.2, *retro*), mas pode o prejudicado preferir mover ação cominatória contra o proprietário negligente, em forma de ação demolitória, ou para exigir a reparação do prédio em ruínas.

---

[14] Marco Aurélio S. Viana, *Comentários ao novo Código Civil*, v. XVI, p. 220-221.
[15] Marco Aurélio Bezerra de Melo, *Código Civil comentado*: doutrina e jurisprudência, p. 1103.
[16] "Construção nociva. Caracterização. Obrigação de não fazer. Admissibilidade. Utilização de terreno para a abertura de passagem e acesso de caminhões e veículos em loteamento de natureza exclusivamente residencial no qual o titular do lote explora jazida de água mineral" (*RT*, 791/286).

Acentua HELY LOPES MEIRELLES que a caução de dano infecto se lhe afigura possível "até mesmo em ação indenizatória comum, quando, além dos danos já consumados, outros estejam na iminência de consumar-se ante o estado ruinoso da obra vizinha, ou dos trabalhos lesivos da construção confinante. Embora a lei civil só se refira a danos decorrentes do estado ruinoso da obra, admite-se que a caução se estenda a outras situações capazes de produzir danos, como trabalhos perigosos executados na construção vizinha, deficiência de tapume da obra, perigo de queda de andaimes e outra mais"[17].

A ação em apreço tem sido admitida também contra interferências prejudiciais nos casos de mau uso da propriedade vizinha, que prejudique o sossego, a segurança e a saúde do proprietário ou inquilino de um prédio. Veja-se: "Direito de vizinhança. Ação de *dano infecto*. Direito do proprietário ou inquilino de prédio, de impedir que o mau uso da propriedade vizinha venha a causar prejuízos quanto à segurança, ao sossego e à saúde. Possibilidade de o proprietário exigir que o dono do prédio vizinho lhe preste caução pelo dano iminente"[18].

Assiste também à Municipalidade o direito de fazer as exigências especificadas no aludido art. 1.280 do Código Civil, uma vez que cabe ao poder público, "não só no exercício de seu poder de polícia como no de cumprimento da obrigação de zelar pela segurança do povo, o direito de ajuizar ação, a fim de obter a cessação do uso nocivo da propriedade. Assim, se determinado prédio ameaça ruína, podendo ocasionar acidente pessoal a qualquer momento, cabe à Prefeitura Municipal providenciar no sentido de que cesse tal estado de coisas"[19].

Segundo ainda dispõe o art. 1.281 do Código Civil, "*o proprietário ou o possuidor de um prédio, em que alguém tenha direito de fazer obras, pode, no caso de dano iminente, exigir do autor delas as necessárias garantias contra o prejuízo eventual*".

O dispositivo trata da hipótese de alguém estar legalmente autorizado a entrar na propriedade e nela edificar passagem de tubos, tubulações e outros condutos, ou de se permitir que o dono de prédio encravado faça obra para ter passagem, ou, ainda, construir canais pelo terreno do vizinho, para receber águas, entre outras hipóteses. Nesses casos, o proprietário ou possuidor, cujo prédio está obrigado a aceitar a execução das obras, está legitimado a exigir garantia, desde que prove, inclusive mediante perícia, se necessária, a presença do dano iminente[20].

---
[17] *Direito de construir*, cit., p. 353.
[18] RT, 814/338.
[19] Washington de Barros Monteiro, *Curso*, cit., v. 3, p. 138.
[20] Marco Aurélio S. Viana, *Comentários*, cit., v. XVI, p. 226-227.

3. DAS ÁRVORES LIMÍTROFES

Preceitua o art. 1.282 do Código Civil:

"*A árvore, cujo tronco estiver na linha divisória, presume-se pertencer em comum aos donos dos prédios confinantes*".

Institui-se, assim, a presunção de condomínio, que admite, no entanto, prova em contrário. A árvore que não tem seu tronco na linha divisória pertence ao dono do prédio em que ele estiver.

Sendo comum a árvore, os frutos e o tronco pertencem a ambos os proprietários. Do mesmo modo, se for cortada ou arrancada deve ser repartida entre os donos. Não pode um deles arrancá-la sem o consentimento do outro. Se a sua presença estiver causando prejuízo e não obtiver o consentimento do vizinho, deverá recorrer ao Judiciário.

Com relação aos frutos que caírem naturalmente, aplica-se a regra do art. 1.284 do Código Civil: pertencem ao dono do solo onde tombarem, "*se este for de propriedade particular*". Tal regra constitui exceção ao princípio de que o acessório segue o principal, adotado no art. 1.232 do mesmo diploma.

Segundo SILVIO RODRIGUES, o dispositivo "visa evitar as contendas, que certamente se apresentariam cada vez que o dono da árvore quisesse entrar no terreno confinante para apanhar os frutos ali caídos. Se estes, por disposição de lei, pertencem ao dono do solo onde caírem, a questão não mais se propõe. Para evitar o prejuízo, pode o dono da árvore apanhá-los antes de naturalmente tombarem. Pois é óbvio que só pertencem ao dono do solo os frutos que caírem sem sua provocação"[21].

Conclui-se, pois, que não assiste ao vizinho o direito de sacudir a árvore para provocar a queda dos frutos, nem colher os pendentes, ainda que o galho invada o seu terreno. Pode, no entanto, colhê-los e entregá-los ao dono da árvore[22].

Todavia, se os frutos caírem em uma propriedade pública, não mais existirá o perigo das contendas e, por essa razão, o proprietário continuará sendo o seu dono, cometendo furto quem deles se apoderar.

Estatui ainda o art. 1.283 do Código Civil:

"*As raízes e os ramos de árvore, que ultrapassarem a estrema do prédio, poderão ser cortados, até o plano vertical divisório, pelo proprietário do terreno invadido*".

Trata-se de uma espécie de justiça privada, em oposição à negligência do dono da árvore, que tem o dever de mantê-la em tal situação que não prejudique a propriedade vizinha, as vias públicas, os fios condutores de alta tensão. Por essa razão, *se as raízes e ramos forem cortados pelo proprietário do terreno invadido, pela*

---

[21] *Direito civil*, cit., v. 5, p.137.
[22] Washington de Barros Monteiro, *Curso*, cit., v. 3, p. 140.

Municipalidade ou pela empresa fornecedora de energia elétrica, não terá aquele direito a qualquer indenização.

O exercício do direito assegurado no dispositivo em apreço não se subordina a qualquer formalidade, como prévia reclamação ou aviso ao dono da árvore. Tal direito, segundo Washington de Barros Monteiro, "de natureza imprescritível (*in facultativis non datur praescriptio*), só pode ser exercitado pelo proprietário e jamais pelo inquilino, a quem, no máximo, cabe do locador solicitar as providências necessárias. O dono da árvore que sofre a mutilação não tem direito a qualquer ressarcimento, ainda que ela venha a morrer em virtude do corte"[23].

É, portanto, irrelevante que o corte das raízes ou ramos que invadiram a propriedade vizinha acarrete a morte da árvore. Ainda que tal fato aconteça, não terá o confrontante que a mutilou a obrigação de indenizar perdas e danos.

O *Tribunal de Justiça do Distrito Federal* ponderou acerca dos limites do direito de mantença das árvores limítrofes:

"É lícito ao proprietário de imóvel manter espécie arbórea nos limites de sua propriedade, caracterizando-se como exercício regular de direito. Todavia, eventuais danos causados ao prédio vizinho, se não decorrentes de caso fortuito ou força maior, e provada negligência ou imprudência, devem ser reparados"[24].

4. DA PASSAGEM FORÇADA

Dispõe o art. 1.285, *caput*, do Código Civil:

"*O dono do prédio que não tiver acesso a via pública, nascente ou porto, pode, mediante pagamento de indenização cabal, constranger o vizinho a lhe dar passagem, cujo rumo será judicialmente fixado, se necessário*".

O imóvel encravado não pode ser explorado economicamente e deixará de ser aproveitado, por falta de comunicação com a via pública. O instituto da passagem forçada atende, pois, ao interesse social. O direito é exercitável contra o proprietário contíguo e, se necessário, contra o vizinho não imediato.

Ao julgar demanda que discutia o direito a passagem forçada, o *Superior Tribunal de Justiça* considerou que "o vizinho que recusa passagem ao possuidor do imóvel encravado, exerce seu direito de maneira não razoável, em desacordo com o interesse social e em prejuízo da convivência harmônica em comunidade, o que configura não apenas uso anormal da propriedade, mas também ofensa à sua função social, situação que não merece a tutela do ordenamento jurídico"[25].

---

[23] *Curso*, cit., v. 3, p. 140.
[24] TJDFT, ACJ 20070610164533, rel. Juiz Romulo de Araújo Mendes, j. 27-1-2009.
[25] REsp 2.029.511-PR, 3ª T., rel. Min. Nancy Andrighi, *DJe* 16-3-2023.

O direito de exigir do vizinho que lhe deixe passagem *só existe quando o encravamento é natural e absoluto*. Não pode ser provocado pelo proprietário. Não pode este vender a parte do terreno que lhe dava acesso à via pública e, depois, pretender que outro vizinho lhe dê passagem. Nesse caso, e porque nenhum imóvel deve permanecer encravado, poderá voltar-se somente contra o adquirente do terreno em que existia a passagem[26].

Da mesma forma, o adquirente da parte que ficou encravada pelo desmembramento voluntário só pode exigir passagem do alienante[27]. A propósito, preceitua o Código Civil: *"Se ocorrer alienação parcial do prédio, de modo que uma das partes perca o acesso a via pública, nascente ou porto, o proprietário da outra deve tolerar a passagem"*. Aplica-se tal regra *"ainda quando, antes da alienação, existia passagem através de imóvel vizinho, não estando o proprietário deste constrangido, depois, a dar uma outra"* (art. 1.285, §§ 2º e 3º).

A razão é que seria injusto deixar ao alvedrio do vendedor tornar encravado o seu prédio e ao mesmo tempo lhe conceder a faculdade de exigir passagem de qualquer vizinho, impondo, assim, ao arbítrio do malicioso ou do negligente, uma restrição à propriedade alheia[28].

Não se considera encravado o imóvel que tenha outra saída, ainda que difícil e penosa. Razões de comodidade não são atendidas, para obrigar o vizinho a suportar a passagem por seu imóvel. Veja-se: "Imprescindível à configuração de servidão de passagem seja o prédio dominante encravado de modo a impossibilitar o acesso a ele, não se admitindo a servidão na hipótese de consistir em mera comodidade para encurtamento de caminho"[29]. Assim, se o imóvel não se encontra encravado por força natural e de forma absoluta, "impossível se torna a imposição do ônus quando, mediante obras, o proprietário da parte relativamente encravada pode ter acesso à via pública através de suas terras. Direito que não existe para garantir maior comodidade ao interessado, mas para assegurar passagem a quem efetivamente não a tenha"[30].

---

[26] *RT*, 499/74.
[27] *RT*, 363/224.
[28] Silvio Rodrigues, *Direito civil*, cit., v. 5, p. 140.
[29] *RT*, 723/430. No mesmo sentido: "Passagem forçada. Medida realizada através de ações que encerram cunho mandamental-possessório. Admissibilidade, ainda que inexistente a servidão, mas comprovado o estado de encravamento do imóvel" (*RT*, 772/357).
[30] *RT*, 773/327. No mesmo sentido: "Imprescindível à configuração da servidão de passagem seja o prédio dominante encravado, de modo a impossibilitar o acesso a fontes, pontes ou lugares públicos, não se admitindo tal servidão na hipótese de consistir em mera comodidade, salvo se adquirida através de contrato ou por meio de usucapião" (*RT*, 694/168).

Tal direito equivale a uma desapropriação no interesse particular, pois o proprietário do prédio onerado com a passagem tem direito a indenização cabal, expressamente prevista no art. 1.285 do Código Civil. E, se o proprietário do prédio encravado perder, por culpa sua (não uso), o direito de trânsito pelos prédios contíguos, terá de novamente pleiteá-lo, sujeitando-se a arbitramento novo e atual da retribuição pecuniária.

Contudo, o *Enunciado n. 88 da I Jornada de Direito Civil* abranda que: "O direito de passagem forçada, previsto no art. 1.285 do CC, também é garantido nos casos em que o acesso à via pública for insuficiente ou inadequado, consideradas, inclusive, as necessidades de exploração econômica".

Não havendo acordo entre os interessados, a fixação da passagem, em qualquer caso, será feita judicialmente (CC, art. 1.285). Deverá o juiz, então, impor o menor ônus possível ao prédio serviente. Havendo vários imóveis, escolherá aquele que menor dano sofrerá com a imposição do encargo[31]. Dispõe, com efeito, o art. 1. 285, § 1º, do Código Civil: *"Sofrerá o constrangimento o vizinho cujo imóvel mais natural e facilmente se prestar à passagem"*.

Extingue-se a passagem forçada e desaparece o encravamento em casos, por exemplo, de abertura de estrada pública que atravessa ou passa ao lado de suas divisas, ou quando é anexado a outro, que tem acesso para a via pública[32]. A limitação imposta ao prédio serviente só se justifica, efetivamente, em função da necessidade imperiosa de seu vizinho. Cessada tal necessidade, desaparece a razão para a permanência do aludido ônus.

Servidão de passagem ou *de trânsito* constitui direito real sobre coisa alheia e não se confunde com *passagem forçada*, ora estudada e pertencente ao direito de vizinhança. Esta decorre da lei, tendo a finalidade de evitar que um prédio fique sem destinação ou utilização econômica. Ocorrendo a hipótese, o dono do prédio encravado pode exigir a passagem, mediante o pagamento da indenização que for judicialmente arbitrada.

A servidão, no entanto, constitui direito real sobre coisa alheia e geralmente nasce de um contrato, não correspondendo necessariamente a um imperativo determinado pela situação dos imóveis, mas à simples conveniência e comodidade do dono de um prédio não encravado que pretende uma comunicação mais fácil e próxima (*v.* n. 1 deste Capítulo, *retro*).

---

[31] RT, 491/177.
[32] RT, 376/218.

5. DA PASSAGEM DE CABOS E TUBULAÇÕES

Consoante inovação trazida pelo atual Código Civil, o proprietário é, igualmente, obrigado a tolerar, mediante recebimento de indenização que atenda também à desvalorização da área remanescente, a passagem, através de seu imóvel, de cabos, tubulações e outros condutos subterrâneos de serviços de utilidade pública (luz, água, esgoto, p. ex.), em proveito de proprietários vizinhos, quando de outro modo for impossível ou excessivamente onerosa.

Dispõe, com efeito, o art. 1.286 do aludido diploma:

"Mediante recebimento de indenização que atenda, também, à desvalorização da área remanescente, o proprietário é obrigado a tolerar a passagem, através de seu imóvel, de cabos, tubulações e outros condutos subterrâneos de serviços de utilidade pública, em proveito de proprietários vizinhos, quando de outro modo for impossível ou excessivamente onerosa.

Parágrafo único. O proprietário prejudicado pode exigir que a instalação seja feita de modo menos gravoso ao prédio onerado, bem como, depois, seja removida, à sua custa, para outro local do imóvel".

O dispositivo em apreço soluciona problemas que afetam diretamente os moradores das grandes cidades, concernentes a passagem de linhas de transmissão elétrica, telefonia e processamento de dados, bem como de grandes adutoras subterrâneas. O direito de passagem, nesses casos, envolve serviços de utilidade pública, podendo ser citados, ainda, além dos já mencionados, os atinentes a serviços de água e gás, geralmente prestados por concessionárias, como aqueles. Nessa linha, não é qualquer serviço que autoriza, aos vizinhos, exigir a passagem, mas apenas aqueles de utilidade pública[33].

É previsto o pagamento de justa indenização ao proprietário que teve o seu imóvel atingido, observando-se, na instalação dos cabos e tubulações, o critério da menor onerosidade.

O parágrafo único do dispositivo em tela disciplina a remoção ou a instalação dos dutos e cabos em local diverso. Se após a realização das obras o dono do prédio onerado entender de removê-las para outro local no imóvel, que lhe seja mais conveniente, poderá fazê-lo, mas pagando as respectivas despesas. Não poderá, logicamente, exigir que o pagamento seja efetuado pelos vizinhos, em proveito dos quais foram os serviços realizados, uma vez que adotaram estes, segundo a exigência legal, a solução menos gravosa.

---

[33] Marco Aurélio S. Viana, *Comentários*, cit., v. XVI, p. 246.

Acrescenta o art. 1.287 do Código Civil:

"*Se as instalações oferecerem grave risco, será facultado ao proprietário do prédio onerado exigir a realização de obras de segurança*".

Sempre serão necessárias "as cautelas devidas, principalmente no que toca a segurança, que será sempre de responsabilidade do poder público ou das concessionárias que exploram o serviço considerado perigoso, embora essencial, principalmente se levarmos em consideração que a prestação deste serviço é remunerada"[34]. A obra de segurança antecede à instalação dos cabos e tubulações.

6. DAS ÁGUAS

Cumpre ressaltar inicialmente a importância das águas, não só no cotidiano das cidades, como especialmente na zona rural. O papel de relevo que a água desempenha na economia e na vida das pessoas fez com que, desde os tempos mais antigos, as grandes cidades se desenvolvessem às margens de algum rio.

Mesmo nos dias atuais, especialistas de todo o mundo apontam a água como um dos grandes motivos de preocupação da humanidade, já que a degradação do meio ambiente, pela má ação do ser humano, aliada a outros fatores, apontam pela escassez de tal recurso, que constitui uma das necessidades mais importantes à vida e à economia humana e social[35].

O *Tribunal de Justiça de Minas Gerais*, a propósito, decidiu pela presença de danos morais pelo fato de o esbulho de determinada área ter causado desabastecimento de água. Constou da ementa:

"Demonstrada a posse do autor sobre a servidão de águas e a perda da posse, por esbulho do proprietário do imóvel dominante, deve ser deferida a reintegração. Constatada a ilegalidade da conduta do requerido ao danificar o sistema de canalização e propulsão de águas do autor, deve indenizá-los pelos danos materiais decorrentes dos reparos realizados e pelos danos morais advindos da falta de abastecimento de água ao imóvel"[36].

Apesar de sua inegável importância, o Código Civil dedicou-lhe poucos artigos, reproduzidos ou complementados pelo Código de Águas (Dec. n. 24.643, de 10-7-1934, modificado pelo Dec.-Lei n. 852/38).

---

[34] Washington de Barros Monteiro, *Curso*, cit., v. 3, p. 143.
[35] Zaiden Geraige Neto, *Comentários ao Código Civil brasileiro*, v. XII, p. 39-40.
[36] TJMG, Apel. 1.0479.13.012042-7/001, rel. Des. Cabral da Silva, *DJe* 8-9-2017.

O Código Civil disciplina a utilização de *aqueduto* ou *canalização de águas* no art. 1.293, permitindo a todos canalizar pelo prédio de outrem as águas a que tenham direito, mediante prévia indenização a seu proprietário, não só para as primeiras necessidades da vida como também para os serviços da agricultura ou da indústria, escoamento de águas supérfluas ou acumuladas, ou a drenagem de terrenos.

O dispositivo em apreço consagra o direito à servidão de aqueduto, adotando a orientação do art. 117 do Código de Águas. Impõe uma restrição ao direito de propriedade, em favor do vizinho, que em muito se assemelha a uma expropriação feita no interesse particular. Ao mesmo tempo incentiva, indiretamente, a produção, proporcionando a quem por ela se interessa os meios necessários para alcançá-la.

O § 1º prevê indenização ao proprietário que sofre prejuízo com a construção da obra destinada à canalização, com infiltrações ou irrupções, advindas do canal; o § 2º dispõe que o proprietário pode exigir que a canalização seja subterrânea, para não afetar áreas edificadas, hortas, jardins etc.; e o § 3º, por fim, estabelece que a construção do aqueduto é incumbência do seu dono e deve ser feita de modo a causar o menor prejuízo aos proprietários dos imóveis vizinhos.

O art. 1.290 do aludido diploma prevê o direito às sobras das águas nascentes e das águas pluviais, dispondo: "*O proprietário de nascente, ou do solo onde caem águas pluviais, satisfeitas as necessidades de seu consumo, não pode impedir, ou desviar o curso natural das águas remanescentes pelos prédios inferiores*". De modo semelhante dispõe o art. 90 do Código de Águas.

Trata-se da servidão das águas supérfluas, pela qual o prédio inferior pode adquirir sobre as sobras uma servidão destinada a usos domésticos, bebedouro de gado e a outras finalidades, especialmente as agrícolas.

Observe-se que o direito do prédio inferior é apenas o de receber as sobras de fonte não captada. As águas pluviais são, sabidamente, coisas sem dono. Desde que escoem por terrenos particulares são de propriedade dos respectivos proprietários. "O dono da nascente pode usá-la inteira, e nesse caso não há sobejo, nem, portanto, qualquer direito a ele. Mas se houver sobras, o dono do prédio inferior tem o direito de recebê-las e de recebê-las limpas"[37].

Cumpre salientar que "lícito não será ao dono da nascente, satisfeitas as necessidades de seu consumo, desviar o curso das sobras, de maneira que estas, ao saírem de seu imóvel, sigam rumo diverso do que lhe havia traçado a natureza do terreno. Por igual, o dono do prédio inferior não tem direito de alterar também o curso natural das águas"[38].

---

[37] Silvio Rodrigues, *Direito civil*, cit., v. 5, p. 149.
[38] Washington de Barros Monteiro, *Curso*, cit., v. 3, p. 146.

Os prédios inferiores são obrigados a receber as águas que correm naturalmente dos superiores. Se o dono ou possuidor do prédio superior fizer obras-de-arte para facilitar o escoamento, procederá de modo que não piore a condição natural e inferior do outro (CC, art. 1.288). Todavia, não se pode forçá-lo a fazer obras de canalização. A lei não lhe impõe obrigação de fazer obras de escoamento ou canalização de águas de chuva[39].

Fácil observar, como salienta Zaiden Geraige Neto, que "o legislador se preocupou em reproduzir e autorizar, legalmente, aquilo que a própria natureza já impõe. Isto é, *as águas que correm naturalmente do prédio superior* decorrem de uma das leis da física, cuja revelação é atribuída ao inglês Isaac Newton, qual seja, a gravidade. Assim, é claro que as águas referidas são aquelas que têm origem nas chuvas ou brotem do solo (pluviais e nascentes). Nestes casos, portanto, o dono ou possuidor do prédio inferior é obrigado a recebê-las, sendo-lhe vedada a realização de *obras que embaracem seu fluxo total*"[40]. Mas não se pode obrigá-lo a suportar o escoamento de detritos e fezes de animais no prédio inferior, como já decidiu o *antigo Segundo Tribunal de Alçada Civil de São Paulo*[41].

Também já se decidiu ser inadmissível a conduta do vizinho que, injustificadamente, impede o ingresso em sua propriedade do proprietário de imóvel superior, para desobstruir rede de esgoto e águas pluviais, de molde a solucionar danos causados a seu imóvel[42].

Prescreve o art. 1.289, *caput*, do Código Civil: *"Quando as águas, artificialmente levadas ao prédio superior, ou aí colhidas, correrem dele para o inferior, poderá o dono deste reclamar que se desviem, ou se lhe indenize o prejuízo que sofrer"*. Aduz o parágrafo único: *"Da indenização será deduzido o valor do benefício obtido"*.

Nada impede que o proprietário ou possuidor recolha ou leve ao seu imóvel, de modo *artificial*, a água de que necessita. Todavia, ao contrário do que sucede com

---

[39] "Águas pluviais. Imóvel em posição inferior ao prédio vizinho do qual escoam as águas. Pretensão de que o proprietário do imóvel superior faça obras de canalização. Inadmissibilidade. Lei que não impõe obrigação de fazer obras de escoamento ou canalização de águas de chuva" (*RT*, 790/314). No mesmo sentido: *RT*, 798/301.
[40] *Comentários*, cit., v. XII, p. 40.
"As águas correm naturalmente para jusante. Este é o seu ciclo inexorável, *ratio legis* da regra consagrada no art. 69 do Código de Águas, reprodução do enunciado contido no art. 563 do Código Civil (*de 1916*). Evidente, pois, que o prédio do Réu, sendo inferior, vale dizer, estando a jusante, deve receber as águas que escoam naturalmente do prédio superior, a montante, qual seja o pertencente à Autora. As águas cujo escoamento o Réu está obrigado a suportar, no seu trânsito até o córrego, são as provenientes das chuvas, as quais, ao lado das originárias de nascentes e lençóis d'água, são chamadas de águas naturais" (STJ, REsp 100.419-RJ, 3ª T., rel. Min. Waldemar Zveiter, j. 11-11-1996).
[41] *RT*, 758/259.
[42] *RT*, 798/301.

as águas que correm *naturalmente*, não está o proprietário do prédio inferior obrigado as suportar as interferências decorrentes de seu escoamento, podendo exigir que se desvie o fluxo ou optar pela indenização dos prejuízos que venha a sofrer.

O art. 92 do Código de Águas retirou a primeira opção deixada aos proprietários dos prédios inferiores, que também constava do Código de 1916, tendo eles que se contentar com a indenização pelos prejuízos eventualmente sofridos. A justificativa era baseada no fato de que, se o vizinho situado a jusante impedisse o escoamento das águas artificiais (extraídas de um poço artesiano, p. ex.), poderia prejudicar uma exploração agrícola ou industrial, contrariando indiretamente o interesse da coletividade.

Todavia, o Código Civil adota, no citado art. 1.289, o mesmo critério do diploma de 1916, concedendo aos proprietários localizados a jusante a opção de exigir que se desviem as águas artificiais, ou se lhe indenize o prejuízo que sofrer. Ante a incompatibilidade entre as duas regras, perdeu eficácia o mencionado art. 92 do Código de Águas, com exceção de seu parágrafo único, que é reproduzido pelo parágrafo único do retrotranscrito art. 1.289.

Tratam os aludidos dispositivos das hipóteses em que o dono ou possuidor do prédio inferior é beneficiado pelo escoamento artificial de tais águas. Assim ocorrendo, da indenização eventualmente devida será deduzido o valor do benefício obtido.

Por sua vez, estatui o art. 1.291 que "*o possuidor do imóvel superior não poderá poluir as águas indispensáveis às primeiras necessidades da vida dos possuidores dos imóveis inferiores; as demais, que poluir, deverá recuperar, ressarcindo os danos que estes sofrerem, se não for possível a recuperação ou o desvio do curso artificial das águas*".

Preleciona WASHINGTON DE BARROS MONTEIRO, na versão de sua obra atualizada por CARLOS ALBERTO DABUS MALUF, que o dispositivo em apreço traz para o bojo do Código Civil em vigor "a preocupação com o meio ambiente (Lei n. 6.838, de 31-8-1981, que dispõe sobre a Política Nacional do Meio Ambiente). Representa importante inovação, pois proíbe a poluição, e, se esta ocorrer, obriga o poluidor a recuperar as águas poluídas, sob pena do pagamento de indenização"[43].

Na sequência, proclama o art. 1.292 que "*o proprietário tem direito de construir barragens, açudes, ou outras obras para represamento de água em seu prédio; se as águas represadas invadirem prédio alheio, será o seu proprietário indenizado pelo dano sofrido, deduzido o valor do benefício obtido*".

---

[43] *Curso*, cit., v. 3, p. 147.

Disciplina o dispositivo em tela o direito de represamento de água mediante a construção de barragens de todas as formas, inclusive para a construção de hidrelétricas. Todavia, no exercício desse direito não pode o proprietário prejudicar os vizinhos. Se houver invasão de prédio alheio, está obrigado a indenizar o prejudicado, deduzindo-se do valor da indenização o benefício obtido pelo prédio alheio. Cuida-se de aplicação de regra de equidade, estabelecendo-se perfeito equilíbrio entre os direitos em confronto[44].

O Código de Águas, mais amplo, aplica-se às questões decorrentes da utilização das águas no que não contrariar as normas do Código Civil.

7. DOS LIMITES ENTRE PRÉDIOS E DO DIREITO DE TAPAGEM

Estabelece o Código Civil regras para a demarcação dos limites entre prédios, dispondo que o proprietário *"pode constranger o seu confinante a proceder com ele à demarcação entre os dois prédios, a aviventar rumos apagados e a renovar marcos destruídos ou arruinados, repartindo-se proporcionalmente entre os interessados as respectivas despesas"* (art. 1.297, *caput*, segunda parte).

Ao proferir decisão sobre tema repetitivo, a *4ª Turma do Superior Tribunal de Justiça* considerou que o acordo prévio entre as partes é dispensável para fins de direito à meação das despesas de construção do muro lindeiro[45].

A ação apropriada é a *demarcatória* (CPC/2015, arts. 569 a 587). É a *actio finium regundorum* do direito romano. O que caracteriza a demarcação como direito de vizinhança é o fato de repartirem-se proporcionalmente entre os interessados as respectivas despesas. Com efeito, a prerrogativa concedida às partes é não apenas a de haverem delimitado a sua propriedade pela fixação de limites, como a de obterem que tal delimitação se faça com a divisão de despesas pelos interessados. Nesse sentido é que a lei impõe uma restrição ao domínio e ainda que se trata de um direito e de um dever de vizinhança[46].

Somente se admite a *ação demarcatória* quando há confusão de limites na linha divisória. Se existem limites há longo tempo respeitados, ainda que não correspondam aos títulos dominiais, ou muro divisório construído fora da linha,

---

[44] Marco Aurélio S. Viana, *Comentários*, cit., v. XVI, p. 266.
[45] "O direito de tapagem disposto do art. 1.297 do Código Civil prevê o direito ao compartilhamento de gastos decorrentes da construção de muro comum aos proprietários lindeiros. O acordo prévio de vontades não é requisito à meação das despesas de construção do muro pretendidas" (STJ, REsp 2035008-SP, 4ª T., rel. Min. Maria Isabel Gallotti, *DJe* 5-5-2023).
[46] Silvio Rodrigues, *Direito civil*, cit., v. 5, p. 154.

não cabe a referida ação, que não se confunde com a reivindicatória nem com as ações possessórias. Se o autor pretende também obter restituição de áreas invadidas ou usurpadas, deve cumulá-la com a possessória ou a reivindicatória[47].

Estatui ainda o art. 1.298 do Código Civil que, *"sendo confusos, os limites, em falta de outro meio, determinar-se-ão de conformidade com a posse justa; e, não se achando ela provada, o terreno contestado se dividirá por partes iguais entre os prédios, ou, não sendo possível a divisão cômoda, se adjudicará a um deles, mediante indenização ao outro"*.

Em princípio o juiz levará em conta os títulos dominiais, que devem instruir a petição inicial, como determina *o art. 574 do Código de Processo Civil*. Somente se forem colidentes ou incapazes de provar, com segurança, a real situação dominial, é que o juiz recorrerá ao critério da posse, pois se mostra evidente que o legislador estabeleceu uma hierarquia entre os vários critérios. Assim, se a posse também se afigurar obscura, daí então o juiz estará autorizado a ordenar a divisão da área litigiosa. A adjudicação, com indenização ao confinante pelo desfalque, ocorrerá em última instância, ou seja, se todos os critérios anteriores não puderem ser utilizados e a divisão se revelar impossível ou antieconômica.

A expressão "por partes iguais", adotada no art. 1.298 supratranscrito, em lugar de "proporcionalmente", empregada pelo Código de 1916, atende às críticas que eram dirigidas a esta última, cuja aplicação indiscriminada podia conduzir à injustiça, como, por exemplo, na hipótese de um prédio cem ou duzentas vezes maior do que o outro. Se o terreno litigioso fosse dividido *proporcionalmente* às áreas dos prédios em conflito, um receberia cem ou duzentas vezes mais que o outro, o que decerto não corresponderia à solução justa, como vinha reconhecendo a jurisprudência[48].

A lei concede ao proprietário o direito de *"cercar, murar, valar ou tapar de qualquer modo o seu prédio"*, quer seja urbano, quer rural (CC, art. 1.297, *caput*, primeira parte).

Na expressão "tapume", empregada nos parágrafos do aludido dispositivo, incluem-se os muros, cercas, sebes vivas, gradis ou quaisquer outros meios de separação dos terrenos. Presumem-se, até prova em contrário, *"pertencer a ambos os proprietários confinantes, sendo estes obrigados, de conformidade com os costumes da localidade, a concorrer, em partes iguais, para as despesas de sua construção e conservação"* (CC, art. 1.297, § 1º).

---

[47] *RT*, 453/83. No mesmo sentido: "Cabe ação demarcatória, cumulada com reivindicação, ainda que a dúvida quanto aos limites das propriedades confinantes seja concernente à própria validade dos títulos de propriedade que estabelecem os limites da área" (*RJTJSP*, 127/48).
[48] Silvio Rodrigues, *Direito civil*, cit., v. 5, p. 156.

Essa presunção, contudo, é *juris tantum* e admite prova em contrário. Por força de tal presunção relativa configura-se o condomínio forçado em cercas, muros e valas. Todavia, tal presunção legal cede se o dono de um dos prédios confinantes logra provar seu domínio.

Em preciosa síntese, afirma ORLANDO GOMES: "São tapumes divisórios, para os efeitos legais, as sebes vivas, as cercas de arame ou madeira, as valas ou banquetas, enfim, tudo quanto sirva a separar dois terrenos. São *comuns* ou *especiais*. Os tapumes comuns compreendem os que podem impedir a passagem de animais de grande porte, como o gado *vacum*, cavalar e muar. *Tapumes especiais* são os que podem impedir a passagem de animais de pequeno porte, como as aves domésticas. A distinção é interessante porque, enquanto a construção ou levantamento dos tapumes comuns é um direito do proprietário do prédio, a dos tapumes especiais apresenta-se, entre nós, como obrigação dos donos e detentores dos animais de pequeno porte. Não têm direito de criar no aberto, salvo se o terreno é baldio, hipótese na qual se estabelece o compáscuo regulado pela legislação municipal"[49].

Tem-se entendido que a divisão das despesas deve ser previamente convencionada. À falta de acordo, o proprietário interessado na construção da obra deve obter o reconhecimento judicial da obrigação do confinante de contribuir para a construção do tapume, se a construção decorrer de exigência administrativa constante de lei ou regulamento.

O proprietário que já tenha fechado o seu terreno por outra forma (cerca de arame ou de bambus, p. ex.) não está obrigado a levantar tapume especial, a não ser que o exijam as posturas municipais[50]. Esclarece o *Superior Tribunal de Justiça*: "Edificação de tapume divisório. Obrigação entre os confinantes, de partilhar as despesas com a obra que independe de prévio acordo ou de reconhecimento judicial, mas que está condicionado à inexistência de tapume anterior na linha divisória ou da prova da necessidade da substituição daquele existente"[51].

Somente existe a obrigação do vizinho de participar das despesas quando se cogita de tapume destinado a evitar a passagem de animais de grande porte, como o gado vacum, cavalar e muar. Não pode o proprietário abastado e rico impor ao vizinho pobre e sem recursos a feitura de tapume dispendioso ou muito caro. Devem eles ser feitos de conformidade com as posturas municipais e costumes de cada lugar[52].

---

[49] *Direitos reais*, p. 237-238.
[50] RT, 499/193.
[51] RT, 782/366.
[52] Washington de Barros Monteiro, *Curso*, cit., v. 3, p. 158.

Quanto aos tapumes especiais, destinados à vedação de animais de pequeno porte (aves domésticas, cabritos, porcos e carneiros), ou a adorno da propriedade ou sua preservação, entende-se que a sua construção, conservação e utilização cabem unicamente ao interessado, que provocou a necessidade deles (CC, art. 1.297, § 3º), ou seja, ao dono desses animais, que poderá ser responsabilizado se não os construir e os animais causarem danos.

Nesse sentido a orientação do *Superior Tribunal de Justiça*: "Conservação de tapumes divisórios comuns para impedir a passagem de animais de grande porte. Obrigação que abrange os proprietários de imóveis confinantes, ainda que alguns deles não se destinem a atividade pecuária, mas a reflorestamento. Meação dos gastos com os reparos que somente seria indevida se se tratasse da construção de tapumes especiais[53].

8. DO DIREITO DE CONSTRUIR

8.1. Limitações e responsabilidades

O Código Civil trata também, no capítulo concernente ao direito de vizinhança, do direito de construir e das limitações a ele impostas.

O direito de construir constitui emanação do direito de propriedade. Assegura este ao proprietário a faculdade de usar e dispor do que lhe pertence, como lhe aprouver (CC, art. 1.228), nele incluído a de edificar as construções que quiser. Todavia, o exercício do direito de propriedade não é absoluto, condicionando-se a outros valores, que merecem igual tutela da lei, seja no interesse dos vizinhos, seja naquele do bem-estar da coletividade.

Tal direito encontra, assim, limitações no direito dos vizinhos e nos regulamentos administrativos, para que seja preservada a harmonia social, submetendo-se o uso do solo urbano aos princípios gerais disciplinadores da função social da propriedade.

Dispõe, com efeito, o art. 1.299 do Código Civil:

"*O proprietário pode levantar em seu terreno as construções que lhe aprouver, salvo o direito dos vizinhos e os regulamentos administrativos*".

As limitações de ordem pública são impostas pelos regulamentos administrativos e geralmente integram os códigos de posturas municipais. Têm em vista considerações de caráter urbanístico, como altura dos prédios e zoneamento das construções conforme a finalidade, impedindo a construção de edifícios de grande

---

[53] *RT*, 795/167.

porte e de fábricas em bairros residenciais, bem como considerações relacionadas à segurança, higiene e estrutura dos prédios.

Já as limitações de direito privado constituem as restrições de vizinhança, consignadas em normas civis ou resultantes de convenções particulares. Assim, por exemplo, *"não é lícito encostar à parede divisória chaminés, fogões, fornos"* suscetíveis de produzir interferências prejudiciais ao vizinho (CC, art. 1.308), nem construir de maneira que o seu prédio *"despeje águas, diretamente, sobre o prédio vizinho"* (art. 1.300).

As ações mais comuns entre vizinhos são a *demolitória* e a *indenizatória*. A primeira visa especificamente à demolição do prédio em ruína (CC, art. 1.280), ou de obra em desacordo com as prescrições da lei civil (art. 1.312). Os dispositivos citados concedem ação de demolição ao vizinho para situações diferentes: o art. 1.280 faculta a ação para a hipótese de estar o prédio em ruína, oferecendo perigo para os confrontantes; o art. 1.312 a concede para o lesado por alguma violação das regras de vizinhança[54].

O pedido de demolição pode ser cumulado com o de indenização dos prejuízos causados e com o de caução de dano iminente pelas lesões futuras, se for o caso.

A *3ª Turma do Superior Tribunal de Justiça* confirmou decisão segundo a qual, em ação para demolição de obra em desacordo com a legislação, é desnecessária a formação de litisconsórcio passivo entre todos os proprietários do imóvel[55].

Nem sempre, porém, o juiz determina a demolição da obra, fazendo-o somente quando esta apresenta vícios insanáveis. Se, no entanto, puder, mediante os devidos reparos, ser colocada em condições de uso e adaptada aos regulamentos edilícios, poderá permanecer ilesa.

Para a obtenção de indenização basta a prova do dano e da relação de causalidade entre o dano e a construção vizinha, sendo desnecessária a demonstração de culpa do agente. A responsabilidade pelos danos causados a vizinhos em virtude de construção é *objetiva*[56], independentemente de culpa de quem quer que seja, decorrendo exclusivamente da lesividade ou da nocividade da construção ou de seus atos preparatórios. Não se exige, para a reparação, como acentua HELY LOPES MEIRELLES[57], nem dolo, nem culpa, nem voluntariedade do agente da ação lesiva.

---

[54] "Construção nociva. Direito de o proprietário de imóvel vizinho exigir a demolição da obra. Irrelevância de a Prefeitura ter expedido alvará, pois a autorização administrativa não cria direitos contra a lei nem contra normas edilícias" (*RT*, 760/297).
[55] REsp 1.721.472-DF, 3ª T., rel. Min. Paulo de Tarso Sanseverino, j. 15-6-2021.
[56] "Prejuízos causados ao prédio vizinho. Obrigação de indenizar que independe de culpa" (*RT*, 749/319). "Construção de hotel de grande porte. Fato que acarreta transtorno aos vizinhos. Dano moral. Indenização. Responsabilidade objetiva do dono da obra pelos danos causados" (*RT*, 807/300).
[57] *Direito de construir*, cit., p. 340-341.

Pode o ato danoso, aduz o mencionado autor, "ser legítimo, como geralmente o é a construção; pode resultar de um ato involuntário do dono da obra; pode provir de um fato estranho à vontade do construtor: em qualquer caso sujeitará o proprietário e o construtor à obrigação de indenizar o dano causado pela construção às pessoas e bens da vizinhança. É exceção prevista na lei (Cód. Civil – *de 1916* –, art. 572) reconhecida pela jurisprudência dominante de nossos tribunais".

Os prejuízos hão de ser ressarcidos por quem os causa e por quem aufere os proveitos da construção, sendo solidária a obrigação do dono da obra e do engenheiro que a executa[58].

Desde que a construção civil passou a ser uma atividade legalmente regulamentada, e se tornou privativa de profissionais habilitados e de empresas autorizadas a executar trabalhos de engenharia e arquitetura, tornaram-se os construtores, os arquitetos ou a sociedade autorizada a construir responsáveis técnica e economicamente pelos danos da construção perante vizinhos, em solidariedade com o proprietário que encomenda a obra[59].

Se, entretanto, o proprietário pagar sozinho a indenização, poderá mover ação regressiva contra o construtor, se os danos decorreram de imperícia ou de negligência de sua parte.

Podem, ainda, ser utilizadas, para solucionar conflitos de vizinhança decorrentes de construção, ação cominatória, de nunciação de obra nova, de caução de dano infecto, possessória etc.[60].

8.2. Devassamento da propriedade vizinha

Com o propósito de impedir que a propriedade particular seja devassada pelo vizinho, proíbe a lei que este construa de modo a perturbar o recato e a privacidade familiar do confrontante.

Prescreve, com efeito, o art. 1.301 do Código Civil:

"É defeso abrir janelas, ou fazer eirado, terraço ou varanda, a menos de metro e meio do terreno vizinho.

§ 1º As janelas cuja visão não incida sobre a linha divisória, bem como as perpendiculares, não poderão ser abertas a menos de setenta e cinco centímetros.

---

[58] *RT*, 400/161; *RJTJSP*, 48/61.
[59] "Ação indenizatória. Reparação de danos. Realização de aterro que causou danos no prédio vizinho. Verba devida pelo proprietário ou possuidor daquele, ainda que não seja o autor direto da obra" (*RT*, 748/290).
[60] "Construção nociva. Caracterização. Obrigação de não fazer. Admissibilidade. Utilização de terreno para a abertura de passagem e acesso de caminhões e veículos em loteamento de natureza exclusivamente residencial no qual o titular de lote explora jazida de água mineral" (*RT*, 791/286).

§ 2º As disposições deste artigo não abrangem as aberturas para luz ou ventilação, não maiores de dez centímetros de largura sobre vinte de comprimento e construídas a mais de dois metros de altura de cada piso".

Conta-se a distância de metro e meio da linha divisória e não do edifício vizinho. Em caso de desrespeito à norma legal, o proprietário lesado pode embargar a construção, mediante o embargo de obra nova (CPC/2015, *vide* Título I, Capítulo VII, n. 2, *retro*).

A finalidade dessa servidão negativa é preservar a intimidade das famílias, resguardando-as da indiscrição dos vizinhos. O § 2º do dispositivo em apreço, entretanto, exclui da proibição as aberturas para luz ou ventilação, não maiores de dez centímetros de largura sobre vinte de comprimento e construídas a mais de dois metros de altura de cada piso, pois tais vãos dificultam, pelas pequenas dimensões e pela altura, a observação do que se passa no vizinho.

O dispositivo em tela deve ser interpretado em consonância com o disposto no art. 1.305, segundo o qual "*o confinante, que primeiro construir, pode assentar a parede divisória até meia espessura no terreno contíguo, sem perder por isso o direito a haver meio valor dela se o vizinho a travejar, caso em que o primeiro fixará a largura e a profundidade do alicerce*".

Conclui-se, pois, que o proprietário pode construir não só em seu terreno, como também no do vizinho, até meia espessura da parede. Ultrapassado tal limite, assiste ao vizinho prejudicado o direito de embargar a construção, interpondo a ação possessória. Quando ocorre invasão mínima do terreno vizinho, mostrando-se desaconselhável a paralisação ou a demolição de obra de certo vulto, tem-se convertido, pretorianamente, a pretensão em ação de indenização da área invadida, sem caracterizar decisão *extra petita*[61]. Nesse sentido, inovando, dispõe o art. 1.258 do atual Código Civil de 2002.

A jurisprudência tem interpretado restritivamente o art. 1.301 do diploma em vigor. Assim, tem-se admitido a abertura de janelas a menos de metro e meio, quando entre os prédios existe muro alto[62]. Do mesmo modo permite-se a abertura de portas a menos de metro e meio, uma vez que o mencionado dispositivo só se refere a janela, eirado, terraço ou varanda, não aludindo a portas[63].

Igualmente admite-se a construção de janelas a menos de metro e meio se se apresentam tapadas com caixilhos não basculantes, mas fixos com vidros opacos e que não permitam o devassamento, com base na Súmula 120 do Supremo Tribunal Federal, que assim dispõe: "Parede de tijolos de vidro translúcido pode

---

[61] STF, *RTJ*, 58/484; *RT*, 606/97.
[62] *RT*, 495/51.
[63] *RT*, 491/72.

ser levantada a menos de metro e meio do prédio vizinho, não importando servidão sobre ele".

Já a Súmula 414 desse Sodalício estabelece: "Não se distingue a visão direta da oblíqua, na proibição de abrir janela, ou fazer terraço, eirado, ou varanda, a menos de metro e meio do prédio de outrem". Contudo, preceitua o § 1º do retrotranscrito art. 1.301 do Código Civil, como visto, que "*as janelas cuja visão não incida sobre a linha divisória, bem como as perpendiculares, não poderão ser abertas a menos de setenta e cinco centímetros*".

Se as aberturas para luz tiverem dimensão superior a dez centímetros de largura sobre vinte de cumprimento, serão consideradas janelas e caberá ao proprietário prejudicado impugná-las dentro do prazo de ano e dia.

Dispõe o art. 1.302 do Código Civil:

"O proprietário pode, no lapso de ano e dia após a conclusão da obra, exigir que se desfaça janela, sacada, terraço ou goteira sobre o seu prédio; escoado o prazo, não poderá, por sua vez, edificar sem atender ao disposto no artigo antecedente, nem impedir, ou dificultar, o escoamento das águas da goteira, com prejuízo para o prédio vizinho.

Parágrafo único. Em se tratando de vãos, ou aberturas para luz, seja qual for a quantidade, altura e disposição, o vizinho poderá, a todo tempo, levantar a sua edificação, ou contramuro, ainda que lhes vede a claridade".

Há, portanto, um prazo mínimo, de ano e dia, dentro do qual é possível exigir que seja desfeita a obra. Tal prazo é decadencial, contado da conclusão da obra, ou seja, da expedição do alvará de ocupação, comumente denominado "habite-se", e não da abertura da janela, da construção da sacada, terraço, ou da goteira[64].

Vencido o prazo constitui-se verdadeira servidão, que se corporifica pela posse e decurso do prazo, e que tem como título a concessão presumida do vizinho. Por se tratar de servidão é que o vizinho prejudicado dispõe de dois remédios: pedir a demolição ou ajuizar ação negatória. Mas se passou ano e dia, nada mais lhe resta, constituindo-se servidão a favor do vizinho dono da obra[65].

Estatui o aludido art. 1.302, expressamente, na segunda parte, que, escoado o prazo de ano e dia, o vizinho prejudicado não pode edificar sem observar o

---

[64] "Ação demolitória. Decadência. Construção de terraço a menos de metro e meio do terreno lindeiro. Prazo decadencial de ano e dia que se inicia a partir da conclusão da obra. Lapso que não se interrompe com notificação administrativa" (STJ, *RT*, 798/238).
[65] Marco Aurélio S. Viana, *Comentários*, cit., v. XVI, p. 299.
"Abertura de janelas em parede limítrofe sem a observância do recuo mínimo de um metro e meio. Inadmissibilidade. De todo irrelevante estivessem os réus autorizados pela Municipalidade local a realizar aquela obra, pois as posturas municipais não podem atentar contra as normas de direito de vizinhança regradas pelo Código Civil, como ocorreu na espécie" (*RT*, 724/352).

mandamento do art. 1.301, nem lhe é assegurado impedir ou dificultar o escoamento das águas da goteira, se isso implica prejuízo para o prédio em favor do qual se constituiu a servidão.

Tal regra põe fim a antiga polêmica sobre a constituição, ou não, de servidão em favor do vizinho infrator, quando o proprietário lesado, deixa transcorrer *in albis* o lapso decadencial, pois entendiam alguns, como Pontes de Miranda[66], em comentários ao art. 576 do Código de 1916, que não há servidão sem texto expresso.

O parágrafo único do retrotranscrito art. 1.302 consigna exceção à regra geral para as hipóteses concernentes a vãos, aberturas para luz, pouco importando a quantidade, altura e disposição. Nesse caso não nasce para o infrator servidão de luz por usucapião a prazo reduzido, pois o proprietário do prédio poderá construir junto à divisa, ainda que a construção vede a claridade[67].

Em relação aos aludidos vãos, pois, não há qualquer restrição para que o vizinho edifique. Ele pode, a qualquer tempo, levantar sua edificação, ou contramuro, mesmo que isso, como foi dito, vede a claridade.

Na zona rural, não se pode edificar "*a menos de três metros do terreno vizinho*" (CC, art. 1.303).

Frise-se, ainda, que a jurisprudência tem admitido também as claraboias e janelas bem altas, colocadas a uma altura tal que torne impossível observar a propriedade vizinha.

Por fim, vale lembrar a observação de Silvio Rodrigues no sentido de que as proibições estabelecidas na presente seção concernente ao direito de construir, eficazes em época antiga, em que as construções eram em sua maioria baixas, perderam, de certo modo, seu sentido "nos centros onde se multiplicam os edifícios de apartamentos, em que as janelas de uns se debruçam sobre as de outros e onde o espaço de alguns metros não impede que os habitantes de um prédio devassem a vida dos vizinhos. Todavia, de qualquer forma, os dispositivos conservam algum interesse, pois, como observa Lafayette, 'o devassamento de maior distância não é tão vexatório'"[68].

8.3. Águas e beirais

Dispõe o art. 1.300 do Código Civil:

"*O proprietário construirá de maneira que o seu prédio não despeje águas, diretamente, sobre o prédio vizinho*".

---

[66] *Tratado de direito privado*, v. XIII, § 1.547.
[67] *RT*, 506/71.
[68] *Direito civil*, cit., v. 5, p. 165.

Proíbe tal dispositivo o *estilicídio* propriamente dito, isto é, o despejo de águas por gotas, uma vez que ao proprietário sobre o qual deitem goteiras é facultado o direito de embargar a construção da obra (art. 1.302)[69].

Repete o art. 105 do Código de Águas a regra que obriga o proprietário a edificar de maneira que o beiral de seu telhado não despeje sobre o prédio vizinho, acrescentando que "deixará entre este e o beiral, quando por outro modo não o possa evitar, um intervalo de 10 centímetros, quando menos, de modo que as águas se escoem".

Não pode o proprietário, portanto, construir de modo que o beiral de seu telhado despeje sobre o vizinho. Embora esteja este obrigado a receber as águas que correm naturalmente para o seu prédio, não pode ser compelido a suportar as que ali fluam artificialmente, por meio de calhas ou beirais.

Depreende-se, da parte final do dispositivo retrotranscrito, que se o proprietário colocar calhas que recolham as goteiras, impedindo que caiam na propriedade vizinha, poderá encostar o telhado na linha divisória.

8.4. Paredes divisórias

O Código Civil trata das questões referentes a paredes divisórias nos arts. 1.304 a 1.307. A denominada "parede-meia" é hoje de reduzida importância.

Paredes divisórias são as que integram a estrutura do edifício, na linha de divisa. Distinguem-se dos muros divisórios, que são regidos pelas disposições concernentes aos tapumes. Muro é elemento de vedação, enquanto parede é elemento de sustentação e vedação[70].

No tocante ao assentamento da parede divisória ou parede-meia, o art. 1.305 abre ao proprietário que primeiro edificar a seguinte alternativa: assentar a parede somente no seu terreno, ou assentá-la, até meia espessura, no terreno vizinho. Na primeira hipótese, a parede pertencer-lhe-á, inteiramente; na segunda, será de ambos. Nas duas hipóteses, os vizinhos podem usá-la livremente.

O dono do terreno invadido tem o direito de travejá-la. Se o fizer, aquele que a construiu pode cobrar metade de seu valor. Enquanto não a travejar, pode, se o desejar, e nos termos do art. 1.328 do Código Civil, adquirir meação nela. Porém, após havê-la travejado, não tem mais opção, pois quem a construiu pode exigir o pagamento da meação.

Acrescenta o parágrafo único do mencionado art. 1.305 que, "*se a parede divisória pertencer a um dos vizinhos, e não tiver capacidade para ser travejada pelo outro, não poderá este fazer-lhe alicerce ao pé sem prestar caução àquele, pelo risco a que expõe a construção anterior*".

---

[69] Orlando Gomes, *Direitos reais*, cit., p. 231.
[70] Hely Lopes Meirelles, *Direito de construir*, cit., p. 42.

Para que o condômino de parede-meia possa utilizá-la, é preciso que, com isso, não ponha em risco a segurança ou a separação dos dois prédios, e avise previamente o outro comunheiro.

Dispõe também o art. 1.304 que, "*nas cidades, vilas e povoados cuja edificação estiver adstrita a alinhamento, o dono de um terreno pode nele edificar, madeirando na parede divisória do prédio contíguo, se ela suportar a nova construção; mas terá de embolsar ao vizinho metade do valor da parede e do chão correspondentes*".

Corresponde esse direito, segundo o ensinamento de WASHINGTON DE BARROS MONTEIRO, "à servidão de meter trave (*de tigni immittendi*) e subordinado está a duas condições: *a*) que a nova construção se levante em cidade, vila ou povoado; *b*) que a edificação esteja obrigada a determinado alinhamento. Se não existe este, pode o proprietário edificar pouco mais à frente, ou pouco mais atrás, evitando assim madeiramento no prédio contíguo, a ser usado apenas como último recurso. Desde que o proprietário venha, porém, a madeirar no prédio adjacente, terá de embolsar o vizinho meio valor da parede e do chão correspondente"[71].

O direito de madeirar somente pode ser exercido, como foi dito, se a parede do prédio contíguo suportar a nova construção. Condiciona-se ele, segundo ORLANDO GOMES, "à conjunção dos seguintes requisitos: *a*) que o prédio seja urbano; *b*) que esteja sujeito a alinhamento; *c*) que a parede divisória pertença ao vizinho; *d*) que aguente a nova construção; *e*) que o dono do terreno vago, que nele quer edificar, embolse o dono da parede divisória, pagando-lhe meio valor da mesma e do chão correspondente"[72].

O legislador regula, ainda, no art. 1.306, o *condomínio de paredes divisórias*. Cada condômino pode utilizá-las até o meio da respectiva espessura, desde que não ponha em perigo a segurança ou a separação dos dois prédios e fazendo ao proprietário vizinho a devida comunicação das obras que pretende realizar. "*Não pode, porém, sem o consentimento do outro, fazer, na parede-meia, armários, ou obras semelhantes, correspondendo a outras, da mesma natureza, já feitas do lado oposto*" (art. 1.306, segunda parte). Não pode, outrossim, demolir parede-meia sem expresso consentimento do vizinho.

Permite o art. 1.307, por sua vez, a qualquer dos confinantes, "*altear a parede divisória, se necessário reconstruindo-a, para suportar o alteamento*". Nesse caso, aduz o aludido dispositivo, o confinante "*arcará com todas as despesas, inclusive de conservação, ou com metade, se o vizinho adquirir meação também na parte aumentada*".

As disposições sobre madeiramento e travejamento na parede divisória, ora estudadas, são hoje obsoletas, uma vez que a multiplicação e diversidade de construções, muitas de grande porte, não permitem, do ponto de vista técnico, a utilização

---

[71] *Curso*, cit., v. 3, p. 165.
[72] *Direitos reais*, cit., p. 232.

da parede anteriormente construída. O mais lógico e correto será a não utilização da faculdade de assentar a parede divisória até meia espessura no terreno do vizinho, levantando cada qual a sua construção exclusivamente em seu terreno.

8.5. Do uso do prédio vizinho

Dispõe o art. 1.313 do Código Civil que o proprietário ou ocupante do imóvel é obrigado a tolerar que o vizinho entre no prédio, mediante aviso prévio, para: *"I – dele temporariamente usar, quando indispensável à reparação, construção, reconstrução ou limpeza de sua casa ou do muro divisório; II – apoderar-se de coisas suas, inclusive animais que aí se encontrem casualmente"*.

Tal dispositivo aplica-se também *"aos casos de limpeza ou reparação de esgotos, goteiras, aparelhos higiênicos, poços e nascentes e ao aparo de cerca viva"* (§ 1º). A regra é meramente exemplificativa, não taxativa, podendo ser aplicada a outras hipóteses em que fique demonstrada a necessidade temporária de ingresso no prédio vizinho[73].

Uma vez entregues as coisas buscadas pelo vizinho, *"poderá ser impedida a sua entrada no imóvel"* (§ 2º). Se do exercício do mencionado direito provier dano, *"terá o prejudicado direito a ressarcimento"* (§ 3º).

Muitas vezes, o proprietário tem necessidade de penetrar no imóvel vizinho, para proceder aos serviços mencionados no art. 1.313. Tem direito de fazê-lo, desde que avise previamente o vizinho. Este, quando muito, poderá fazer restrições quanto a horários, disciplinando-os. Todavia, o que tiver de penetrar no imóvel confinante fica obrigado, por lei, a reparar o dano que porventura causar.

São ainda impostas ao direito de construir outras restrições, como as do art. 1.308, relativas à feitura de fornalhas, fornos de forja ou de fundição, aparelhos higiênicos, fossos, canos de esgoto, depósitos de substâncias corrosivas, ou suscetíveis de infiltração daninha. Apenas se toleram as chaminés ordinárias e os fornos de cozinha (art. 1.308, parágrafo único). Qualquer obra, realizada com infração à lei, pode ser embargada, assistindo ainda ao dono do prédio ameaçado o direito de reclamar indenização, provando o prejuízo.

"São proibidas" construções capazes de poluir, ou inutilizar, para uso ordinário, *a água do poço, ou nascente alheia, a elas preexistentes"* (art. 1.309). Igualmente não se permite *"fazer escavações ou quaisquer obras que tirem ao poço ou à nascente de outrem a água indispensável às suas necessidades normais"* (art. 1.310).

Proclama o art. 1.312 do aludido diploma: *"Todo aquele que violar as proibições estabelecidas nesta Seção é obrigado a demolir as construções feitas, respondendo por perdas e danos"*. Tal dispositivo serve de fundamento para a propositura de ação demolitória.

---

[73] Pontes de Miranda, *Tratado*, cit., v. XIII, § 1.554.

Capítulo VI
DO CONDOMÍNIO GERAL

> *Sumário*: 1. Do condomínio voluntário. 1.1. Conceito e espécies. O condomínio fechado ou condomínio de lotes. 1.2. Direitos e deveres dos condôminos. 1.3. Extinção do condomínio. 1.4. Administração do condomínio. 2. Do condomínio necessário.

1. DO CONDOMÍNIO VOLUNTÁRIO

1.1. Conceito e espécies. O condomínio fechado ou condomínio de lotes

Em regra, a propriedade de qualquer coisa pertence a uma só pessoa. Pode-se dizer que a noção tradicional de propriedade está ligada à ideia de assenhoreamento de um bem, com exclusão de qualquer outro sujeito. Mas há casos em que uma coisa pertence a duas ou mais pessoas simultaneamente. Esta situação é designada por *indivisão, compropriedade, comunhão* ou *condomínio*[1].

O vocábulo *comunhão* é mais abrangente do que *condomínio*, embora os termos sejam usados muitas vezes como sinônimos. Com efeito, compreende a comunhão, além da propriedade em comum, todas as relações jurídicas em que apareça uma pluralidade subjetiva. De acordo com a abalizada lição de Carlos Maximiliano, "comunhão, no sentido próprio, técnico, estrito, ocorre toda vez que pertencente uma coisa simultaneamente a duas ou mais pessoas em virtude de um direito real. Há comunhão de propriedade, servidão, usufruto, uso e habitação. Denomina-se condomínio em geral a comunhão de propriedade"[2].

---

[1] Cunha Gonçalves, *Da propriedade e da posse*, p. 95; Caio Mário da Silva Pereira, *Instituições de direito civil*, v. IV, p. 175.
[2] *Condomínio*, p. 7.

Segundo Cunha Gonçalves, a indivisão ou compropriedade pode ter uma das causas seguintes: "a) falecimento de um proprietário, deixando dois ou mais herdeiros, que lhe sucedem conjuntamente no gozo dos seus bens; b) alienação feita pelo proprietário de uma coisa a dois ou mais adquirentes, ou a outra pessoa de uma parte da sua coisa; c) aquisição feita em comum por dois ou mais indivíduos; d) ocupação efetuada por duas ou mais pessoas de uma coisa que não tinha dono; e) dissolução de uma sociedade, seguida da fase de liquidação, mas só enquanto esta não se concluir"[3].

Quando os direitos elementares do proprietário (CC, art. 1.228) pertencerem a mais de um titular, existirá o condomínio ou domínio comum de um bem. Configura-se este, portanto, quando determinado bem pertence a mais de uma pessoa, cabendo a cada uma delas igual direito, idealmente, sobre o todo e cada uma de suas partes[4].

A cada condômino é assegurada uma quota ou fração ideal da coisa, e não uma parcela material desta. Atribui-se, por outro lado, a exclusividade jurídica ao conjunto de comproprietários, em relação a qualquer pessoa estranha.

Não há conflito, na hipótese, com o princípio da exclusividade que rege os direitos reais, pois entende-se que o direito de propriedade é um só e incide sobre as partes ideais de cada condômino. Perante terceiros, cada comunheiro atua como proprietário exclusivo do todo.

Esclarece Washington de Barros Monteiro que o Código Civil brasileiro "aceitou a teoria da subsistência, em cada condômino, da propriedade sobre toda a coisa, delimitada naturalmente pelos iguais direitos dos demais consortes; entre todos se distribui a utilidade econômica da coisa; o direito de cada condômino, em face de terceiros, abrange a totalidade dos poderes imanentes ao direito de propriedade; mas, entre os próprios condôminos, o direito de cada um é autolimitado pelo de outro, na medida de suas quotas, para que possível se torne sua coexistência"[5].

O Código Civil disciplina o condomínio *geral* (tradicional ou comum), que pode ser *voluntário* (arts. 1.314 e s.) e *necessário* ou legal (arts. 1.327 e s.), e o condomínio *edilício* ou em *edificações* (arts. 1.331 e s.).

Quanto à *origem*, o condomínio pode ser convencional, eventual ou legal. *Convencional* ou *voluntário* é o que se origina da vontade dos condôminos, ou seja, quando duas ou mais pessoas adquirem o mesmo bem. *Eventual* é o que resulta da vontade de terceiros, ou seja, do doador ou do testador, ao efetuarem uma liberalidade a várias pessoas. *Legal* ou *necessário* é o imposto pela lei, como no caso de paredes, cercas, muros e valas (CC, art. 1.327).

---

[3] *Da propriedade e da posse*, cit., p. 95.
[4] Caio Mário da Silva Pereira, *Instituições*, cit., v. IV, p. 175.
[5] *Curso de direito civil*, v. 3, p. 205-206.

Quanto à *forma*, o condomínio pode ser *pro diviso* ou *pro indiviso*, transitório ou permanente. No condomínio *pro diviso*, apesar da comunhão de direito, há mera aparência de condomínio, porque cada condômino encontra-se localizado em parte certa e determinada da coisa, agindo como dono exclusivo da porção ocupada. No condomínio *pro indiviso*, não havendo a localização em partes certas e determinadas, a comunhão é de direito e de fato.

Costuma ser apontado como exemplo característico de partes *pro diviso* o condomínio edilício, estabelecido em prédios cujos andares pertencem a proprietários diversos.

Condomínio *transitório* é o convencional ou eventual, que pode ser extinto a todo tempo pela vontade de qualquer condômino. *Permanente* é o legal, que perdura enquanto persistir a situação que o determinou (paredes divisórias, p. ex.).

Quanto ao *objeto*, o condomínio pode ser *universal*, quando abrange todos os bens, inclusive frutos e rendimentos, como na comunhão hereditária, e *singular*, incidente sobre coisa determinada (muro divisório, p. ex.).

Os chamados "condomínios fechados", que proliferaram em virtude de preocupações com a segurança individual e familiar, não passam de loteamentos fechados, que nenhum vínculo guardam com o condomínio edilício. Trata-se de figura anômala, que não se submete à disciplina do condomínio tradicional, nem do condomínio edilício, tendo acesso ao registro imobiliário somente como modalidade de parcelamento do solo urbano.

Todavia, a jurisprudência tem reconhecido legitimidade às associações de proprietários desses loteamentos para a cobrança de despesas de manutenção, para evitar o enriquecimento sem causa daqueles que se beneficiam com os serviços e se recusam a efetuar qualquer pagamento. Veja-se: "Um condomínio, ainda que atípico, caracteriza uma comunhão e não se afigura justo, nem jurídico, em tal circunstância, que um participante, aproveitando-se do 'esforço' dessa comunhão e beneficiando-se dos serviços e das benfeitorias realizadas e suportadas pelos outros condôminos, dela não participe contributivamente"[6].

A matéria não é, entretanto, pacífica, tendo a *Segunda Seção do Superior Tribunal de Justiça*, bem como as Turmas que a compõem, entendimento contrário, como se pode verificar: "As taxas de manutenção criadas por associação de moradores não podem ser impostas a proprietário de imóvel que não é associado, nem aderiu ao ato que instituiu o encargo"[7].

---

[6] STJ, REsp 139.952-RJ, 3ª T., rel. Min. Waldemar Zveiter, *DJU*, 19-4-1999, p. 134.
[7] STJ, EREsp 444.931-SP, 2ª Seção, rel. Min. Fernando Gonçalves, rel. p/acórdão Min. Humberto Gomes, *DJU*, 1º-2-2006, p. 427. V., ainda: REsp 1.071.772-RJ, rel. Min. Carlos Fernando Mathias, *DJE*, 17-11-2008; REsp 636.358-SP, rel. Min. Nancy Andrighi, *DJE*, 11-4-2008; REsp 623.274-RJ, rel. Min. Menezes Direito, *DJE*, 18-6-2007.

Há, ainda, um posicionamento intermediário, no sentido da proibição da cobrança da cota de condomínio quando o loteamento não "nasce" fechado. Nesse sentido, aresto da *3ª Turma do Superior Tribunal de Justiça*: "Nada impede que os moradores de determinado loteamento constituam condomínio, mas deve ser obedecido o que dispõe o art. 8º da Lei 4.591/1964. No caso, isso não ocorreu, sendo a autora sociedade civil e os estatutos sociais obrigando apenas aqueles que o subscreverem ou forem posteriormente admitidos"[8].

No caso em exame, a associação se formou posteriormente, ou seja, o requerido já era proprietário da gleba. Ora, afirmou o relator, Min. MENEZES DIREITO, "se uma associação civil é constituída e a pessoa dela não participa porque já tinha a propriedade anterior, não se pode compeli-la a participar, pelo princípio da liberdade de associação".

Parece-nos, todavia, que a solução mais justa é a encontrada pela mesma *3ª Turma do Superior Tribunal de Justiça* em outro julgamento, *verbis*: "O proprietário de lote integrante de loteamento aberto ou fechado, sem condomínio formalmente instituído, cujos moradores constituíram sociedade para prestação de serviços de conservação, limpeza e manutenção, deve contribuir com o valor correspondente ao rateio das despesas daí decorrentes, pois não se afigura justo nem jurídico que se beneficie dos serviços prestados e das benfeitorias realizadas sem a devida contraprestação"[9].

Entretanto, a *Segunda Seção do Superior Tribunal de Justiça* reiterou o seu posicionamento, no julgamento de dois recursos especiais, agora sob o rito dos repetitivos, aprovando a seguinte tese: "As taxas de manutenção criadas por associação de moradores não obrigam os não associados ou os que a elas não anuíram"[10].

Esse posicionamento, todavia, deverá sofrer alteração em virtude da promulgação da Lei n. 13.465, de 11 de julho de 2017, que assim dispõe, em seu art. 78:

"A Lei n. 6.766, de 19 de dezembro de 1979 (Lei do Parcelamento do Solo Urbano), passa a vigorar com as seguintes alterações:

'Art. 2º (...).

§ 7º O lote poderá ser constituído sob a forma de imóvel autônomo ou de unidade imobiliária integrante de condomínio de lotes.

§ 8º Constitui loteamento de acesso controlado a modalidade de loteamento, definida nos termos do § 1º deste artigo, cujo controle de acesso será regulamentado por ato do Poder Público Municipal, sendo vedado o impedimento de acesso a pedestres ou a condutores de veículos, não residentes, devidamente identificados ou cadastrados'.

---

[8] STJ, REsp 623.274-RJ, rel. Min. Menezes Direito, *DJU*, 18-6-2007, p. 254.
[9] STJ, AgRg no REsp 490.419-SP, 3ª T., rel. Min. Nancy Andrighi, *DJU*, 30-6-2003, p. 248.
[10] STJ, REsp 1.439.163-SP, 2ª Seção, rel. Min. Marco Buzzi, j. 11-3-2015.

'Art. 4º (...).

§ 4º No caso de lotes integrantes de condomínio de lotes, poderão ser instituídas limitações administrativas e direitos reais sobre coisa alheia em benefício do Poder Público, da população em geral e da proteção da paisagem urbana, tais como servidões de passagem, usufrutos e restrições à construção de muros'.

'Art. 36-A. As atividades desenvolvidas pelas associações de proprietários de imóveis, titulares de direitos ou moradores em loteamento ou empreendimentos assemelhados, desde que não tenham fins lucrativos, bem como pelas entidades civis organizadas em função da solidariedade de interesses coletivos desse público com o objetivo de administração, conservação, manutenção, disciplina de utilização e convivência, visando à valorização dos imóveis que compõem o empreendimento, tendo em vista a sua natureza jurídica, vinculam-se, por critérios de afinidade, similitude e conexão, à atividade de administração de imóveis.

Parágrafo único. A administração de imóveis na forma do *caput* deste artigo sujeita seus titulares à normatização e à disciplina constantes de seus atos constitutivos, cotizando-se na forma desses atos para suportar a consecução dos seus objetivos'".

O lote é definido, na aludida lei especial, como o terreno servido de infraestrutura básica cujas dimensões atendam aos índices urbanísticos definidos pelo plano diretor ou lei municipal para a zona em que se situa (art. 2º, § 4º, da Lei n. 6.766/79).

O art. 58 da mencionada Lei n. 13.465/2017 acrescentou, na Parte Especial do Código Civil, Livro III, Título III, Capítulo VII, a Seção IV, com o art. 1.358-A, que dispõe:

"*Seção IV*

Do Condomínio de Lotes

Art. 1.358-A. Pode haver, em terrenos, partes designadas de lotes que são propriedade exclusiva e partes que são propriedade comum dos condôminos.

§ 1º A fração ideal de cada condômino poderá ser proporcional à área do solo de cada unidade autônoma, ao respectivo potencial construtivo ou a outros critérios indicados no ato de instituição.

§ 2º Aplica-se, no que couber, ao condomínio de lotes o disposto sobre condomínio edilício neste Capítulo, respeitada a legislação urbanística.

§ 3º Para fins de incorporação imobiliária, a implantação de toda a infraestrutura ficará a cargo do empreendedor*".

A aplicação ao condomínio de lotes, também denominado "condomínio de acesso controlado", do disposto sobre condomínio edilício reforça o entendimento de que os condôminos deverão contribuir com o pagamento das taxas de manutenção.

1.2. Direitos e deveres dos condôminos

Com relação aos direitos, dispõe o art. 1.314 do Código Civil:

"*Cada condômino pode usar da coisa conforme sua destinação, sobre ela exercer todos os direitos compatíveis com a indivisão, reivindicá-la de terceiro, defender a sua posse e alhear a respectiva parte ideal, ou gravá-la*".

O aludido dispositivo assegura, portanto, a cada condômino, discriminada e expressamente, o direito de: a) usar da coisa conforme sua destinação, e sobre ela exercer todos os direitos compatíveis com a indivisão; b) reivindicá-la de terceiro; c) defender a sua posse; d) alhear a respectiva parte indivisa ou gravá-la.

Quanto ao primeiro item (a), pode o condômino exercer sobre a coisa *todos os direitos compatíveis com a indivisão*, não podendo impedir que os demais consortes se utilizem também de seus direitos, na proporção da cota de cada um e de acordo com a destinação do bem. Tratando-se de imóvel, pode nele instalar-se, desde que não afaste os demais consortes. Qualquer dos compossuidores pode valer-se do interdito possessório ou da legítima defesa para impedir que outro compossuidor exerça uma posse exclusiva sobre qualquer fração da comunhão.

Podem também os coproprietários estabelecer uma divisão de fato para a utilização pacífica do direito de cada um, surgindo, assim, a composse *pro diviso*. Nesse caso, exercendo os compossuidores poderes apenas sobre uma parte definida da coisa, e estando tal situação consolidada no tempo (há mais de ano e dia), poderá cada qual recorrer aos interditos contra aquele que atentar contra tal exercício[11].

O direito de *usar da coisa*, no entanto, não permite ao condômino alterar a destinação da coisa, "*sem o consenso dos outros*" (CC, art. 1.314, parágrafo único). Não pode alterar a substância da coisa nem o modo como é tradicionalmente usada.

Cada condômino responde aos outros "*pelos frutos que percebeu da coisa comum e pelo dano que lhe causou*" (CC, art. 1.319). Assim, se o imóvel é urbano e estiver ocupado por um dos condôminos, podem os demais exigir-lhe pagamento de quantia mensal correspondente ao valor locativo[12].

Tem a jurisprudência entendido que o termo inicial da obrigação de pagar o aluguel aos consortes é o da citação do condômino que usufrui da coisa com exclusividade, uma vez que o período anterior ao reclamo tem natureza equiparada ao comodato[13].

---

[11] "No condomínio *pro diviso* assiste ao condômino esbulhado o direito a defender a sua posse contra o consorte que o espolie" (*RT*, 401/183).

[12] "Penhora. Condômina condenada a pagar indenização ao coproprietário, por ocupar com exclusividade imóvel pertencente a ambos. Inexistência de bens penhoráveis para o pagamento da dívida. Possibilidade de a constrição recair sobre parte ideal da propriedade em comum. Inteligência do art. 3º, IV, da Lei 8.009/90" (*RT*, 778/256).

[13] "Condomínio. Arbitramento de aluguel entre um condômino e o espólio de outro. *Quantum* a ser apurado desde a ocupação do imóvel. Inadmissibilidade. Ocorrência anterior de comodato.

Não se tem admitido, todavia, nos casos de separação apenas de fato do casal, a cobrança de aluguel do cônjuge que permanece no imóvel, em geral com os filhos de ambos, uma vez que somente após a separação judicial e consequente partilha se estabelecerá o condomínio sobre o aludido bem. Antes haverá apenas comunhão, estabelecida pelo regime de bens adotado. Confira-se:
"Casamento. Regime de comunhão parcial. Casal separado de fato. Cobrança de alugueres promovida pelo varão, contra a mulher, pelo uso exclusivo da residência do casal. Descabimento. Hipótese de comunhão quanto à área edificada e não de condomínio. Enquanto persistir o casamento, não tem o apelante direito a perceber alugueres pelo fato da apelada residir com os filhos do casal, ambos menores, na casa em apreço, irrelevante possa ser proprietário exclusivo da parte ideal do terreno onde foi edificada"[14].

A questão não é, igualmente, pacífica. Obtempera MARIA BERENICE DIAS[15] que "a doutrina chama de mancomunhão o estado de indivisão patrimonial decorrente do regime de bens. Tal orientação leva boa parte da jurisprudência a negar à separação de fato e à separação judicial a possibilidade de romper o regime de bens, o que só ocorreria com a ultimação da partilha. Esta posição pode levar a injustiças enormes, pois, estando o casal separado, a posse de fato dos bens por um deles, sem se impor a ele qualquer dever pelo uso, gera injustificável locupletamento". No seu entender, "quando cessa a convivência, o casamento não gera mais efeitos, faltando apenas a chancela estatal. O casamento nada mais produz,

---

Existência de relação *ex locato* somente verificável após a citação do espólio comodatário. Cálculos dos alugueres a ser efetuado a partir de então" (TJSP, Ap. 228.884-2-Campinas, rel. Des. Benedicto Camargo, j. 3-5-1994). "Coisa comum. Arbitramento de aluguel. Termo inicial que é o da citação da condômina que usufrui da coisa com exclusividade, uma vez que o período anterior ao reclamo tem natureza equiparada ao comodato" (*JTJ*, Lex, 259/38). "Condomínio. Arbitramento de aluguel. Uso exclusivo por um dos condôminos. Ilegalidade configurada a partir do momento em que o outro condômino opõe-se àquela exclusividade. Obrigação, daí por diante, de pagar aluguel com feição indenizatória" (TJSP, Ap. 168.043-2-SP, rel. Des. Franklin Neiva, j. 7-5-1991).

[14] TJSP, Ap. 42.259.4/2-00-Praia Grande, 3ª Câm. Dir. Priv., rel. Des. Waldemar Nogueira Filho. Em caso símile, em que o varão-réu discordou apenas do valor cobrado pela esposa, da qual encontrava-se separada de fato, submetendo-se ao arbitramento judicial por ela requerido, negou o mesmo Tribunal pedido de trancamento da ação, argumentando o ilustre relator, Des. Roberto Stucchi, que "a utilização do bem comum, ou o exercício de um direito de família próprio, realmente não gera paga ou obrigação em relação ao outro cônjuge, mas quando há uma família, quando há uma união conjugal, quando há um lar, a serem resguardados. Idêntica não é a situação quando há separação de fato" (*JTJ*, Lex, 256/235). Pesou bastante, todavia, no referido julgamento, como se percebe pela leitura integral do aresto, o fato de o varão não ter resistido à pretensão e impugnado apenas o valor postulado pela autora.

[15] *Manual de direito das famílias*, 5. ed., p. 279-280.

porque simplesmente deixou de existir. Não há mais sequer o dever de fidelidade, a impedir a constituição de novos vínculos afetivos. Tanto isso é verdade que os separados de fato podem constituir união estável. Só há proibição de casar".

Nessa linha, decidiu o *Tribunal de Justiça de São Paulo:* "Imóvel indivisível pertencente ao casal separado e ainda não partilhado. Possibilidade de impor pagamento pelo uso exclusivo do bem comum, sob pena de enriquecimento injustificado. Decisão mantida"[16].

Se o imóvel estiver locado a terceiro, tem o condômino direito de pedi-lo para uso próprio, sem a necessidade de obter a anuência prévia dos demais comunheiros, uma vez que, se pode *reivindicar*, pode propor simples despejo, que é menos[17].

Também nenhum condômino pode, sem prévio consenso dos outros, "*dar posse, uso ou gozo da propriedade a estranhos*" (art. 1.314, parágrafo único), pois o uso autorizado pela lei é o pessoal.

Embora o Código prescreva que o condômino pode usar da coisa, tem ele de sujeitar-se à deliberação da maioria, que é quem decide se ela deve ser administrada, vendida ou alugada, se não for possível o uso e gozo em comum (art. 1.323).

Dispõe, ainda, o citado art. 1.314 que pode cada condômino *reivindicar* a coisa que esteja em poder de terceiro (item b). Aplica-se à hipótese o art. 1.827, que autoriza o herdeiro a "*demandar os bens da herança, mesmo em poder de terceiros*", bem como o parágrafo único do art. 1.791, *verbis:* "*Até a partilha, o direito dos coerdeiros, quanto à propriedade e posse da herança, será indivisível, e regular-se-á pelas normas relativas ao condomínio*".

Qualquer dos coerdeiros pode reclamar a universalidade da herança ao terceiro que indevidamente a possua. Não pode, assim, o terceiro opor-lhe, em exceção, o caráter parcial do seu direito nos bens da herança.

Como o direito de reivindicar é deferido ao proprietário, o condômino só pode propor ação reivindicatória contra terceiro, e não contra outro condômino, porque este também é proprietário e oporia ao reivindicante direito igual. Contra outro condômino só pode caber a possessória.

Mas a reivindicação, intentada pelo condômino contra terceiro, deve versar sobre todo o imóvel indiviso, e não sobre a quota do reivindicante somente. A procedência da ação aproveita a todos os consortes, indistintamente, e não apenas ao autor[18].

O condômino, como qualquer outro possuidor, poderá (item c) *defender a sua posse contra outrem* (art. 1.314). A defesa que lhe é assegurada pode ser exercida contra terceiro e contra outro condômino. Não basta, todavia, ser condômino para

---

[16] AgI 678.438.4/3-Cruzeiro, 4ª Câm. Dir. Priv., rel. Des. Francisco Loureiro, j. 15-10-2009.
[17] Washington de Barros Monteiro, *Curso*, cit., v. 3, p. 209.
[18] Washington de Barros Monteiro, *Curso*, cit., v. 3, p. 209-210.

estar legitimado a fazer uso dos interditos possessórios. Só o condômino que for também possuidor tem o direito de ser mantido na posse em caso de turbação, restituído no de esbulho, e segurado de violência iminente, se tiver justo receio de ser molestado (CC, art. 1.210).

Pode cada consorte, ainda, *alhear* a respectiva parte indivisa ou *gravá-la* (item d). O primeiro direito sofre a restrição contida no art. 504, que prevê o direito de preempção ou preferência em favor dos demais condôminos. O preterido poderá, depositando o valor correspondente ao preço, *"haver para si a parte vendida a estranhos, se o requerer no prazo de cento e oitenta dias, sob pena de decadência"*. Conta-se esse prazo da data em que teve ciência inequívoca da venda[19].

E o valor para a adjudicação compulsória deve ser o da escritura pública. Veja-se:

"A interpretação sistemática e teleológica do comando legal permite concluir que o melhor norte para definição do preço a ser depositado pelo arrendatário (art. 92, § 4º, da Lei n. 4.505/1964) é aquele consignado na escritura pública de compra e venda registrada no cartório de registro de imóveis"[20].

Preceitua o art. 1.793, § 2º, do Código Civil que *"é ineficaz a cessão, pelo coerdeiro, de seu direito hereditário sobre qualquer bem da herança considerado singularmente"*. Tem-se entendido que, se a cota ideal é alienada, com localização do quinhão, descrição das divisas e confrontações, tal venda será condicional e só prevalecerá se, na divisão futura, coincidir o quinhão atribuído ao vendedor com o que havia alienado ao adquirente. Do contrário, ficará desfeita.

O art. 1.314 menciona ainda que o condômino pode *gravar* sua parte indivisa. Pode, portanto, dá-la em hipoteca. Nesse mesmo sentido proclama o art. 1.420, § 2º: *"A coisa comum a dois ou mais proprietários não pode ser dada em garantia real, na sua totalidade, sem o consentimento de todos; mas cada um pode individualmente dar em garantia real a parte que tiver".*

O dever de *concorrer para as despesas de conservação ou divisão* da coisa, na proporção de sua parte, e a *responsabilidade pelas dívidas contraídas em proveito da comunhão* são impostos ao condômino nos arts. 1.316 a 1.318.

Aos direitos dos comproprietários, relativos ao uso e administração da coisa comum, correspondem as *obrigações recíprocas*, a saber: a) todo comproprietário deve usar da coisa comum de maneira que não a deteriore, sem privar desse uso os outros consortes; b) todo comproprietário deve contribuir para as despesas de conservação da coisa e todas as outras de interesse comum, tais como imposto, seguro, licenças e taxas municipais, cultura e colheita, grandes reparações, custas das demandas com terceiros.

Qualquer comproprietário pode, todavia, segundo o disposto no art. 1.316

---

[19] STF, *RTJ*, 57/322, 59/591.
[20] STJ, REsp 1.175.438-PR, 4ª T., rel. Min. Luis Felipe Salomão, j. 25-3-2014.

do Código Civil, *"eximir-se do pagamento das despesas e dívidas, renunciando à parte ideal"*. Não havia dispositivo semelhante no diploma de 1916.

Acrescenta o § 1º do dispositivo em apreço que, *"se os demais condôminos assumem as despesas e as dívidas, a renúncia lhes aproveita, adquirindo a parte ideal de quem renunciou, na proporção dos pagamentos que fizerem"*. Por sua vez, o § 2º estabelece: *"Se não há condômino que faça os pagamentos, a coisa comum será dividida"*.

Quando a dívida houver sido contraída por todos os condôminos, sem se discriminar a parte de cada um na obrigação, nem se estipular solidariedade, *"entende-se que cada qual se obrigou proporcionalmente ao seu quinhão na coisa comum"* (art. 1.317).

As dívidas contraídas por um dos condôminos em proveito da comunhão, e durante ela, *"obrigam o contratante; mas terá este ação regressiva contra os demais"* (art. 1.318). Trata o dispositivo em tela da hipótese em que a dívida se faz por utilidade ou necessidade, embora contraída em nome do próprio condômino. Concerne, em regra, às benfeitorias necessárias. Como o consorte atuou no interesse de todos, terá direito à ação regressiva, sob pena de haver enriquecimento à custa alheia.

É indispensável a prova do benefício para todos. Se a dívida foi contraída visando um melhoramento de mero recreio, ou nenhuma vantagem trouxe para a comunhão, não compromete os demais comunheiros, salvo se a ela deram o seu consentimento.

1.3. Extinção do condomínio

O Código Civil facilita a extinção do condomínio, que é tido por escritores antigos e modernos como fonte de atritos e desavenças. Esse preconceito contra o condomínio, fruto de séculos de tradição, baseia-se na convicção de ser impossível um harmonioso funcionamento da comunhão. *Communio est mater discordiarum*, eis o aforismo consagrado pela jurisprudência romana[21].

É por essa razão, certamente, que o aludido diploma dispõe, no art. 1.320: *"A todo tempo será lícito ao condômino exigir a divisão da coisa comum, respondendo o quinhão de cada um pela sua parte nas despesas da divisão"*[22].

Se os condôminos fizerem um pacto de não dividi-la, a avença valerá apenas

---

[21] Silvio Rodrigues, *Direito civil*, v. 5, p. 196; Washington de Barros Monteiro, *Curso*, cit., v. 3, p. 212.
[22] "É lícito ao condômino exigir a divisão do bem em comunhão, a qualquer tempo. Este princípio garante o direito de um condômino não precisar viver, por toda a vida, em comunhão com outros proprietários, contra sua vontade" (TJSP, Ap. 260.784-1-Quatá, 5ª Câm. Dir. Priv., rel. Des. Marcus Andrade, j. 26-9-1996).

por "*cinco anos, suscetível de prorrogação ulterior*" (art. 1.320, § 1º). E mais: se a indivisão for condição estabelecida pelo "*doador ou pelo testador*", entende-se que o foi somente por "*cinco anos*" (§ 2º). A requerimento de qualquer interessado e se graves razões o aconselharem, "*pode o juiz determinar a divisão da coisa comum antes do prazo*" (§ 3º).

A *divisão* é o meio adequado para se extinguir o condomínio em *coisa divisível*. Pode ser amigável ou judicial. Só se admite a primeira forma, por escritura pública, se todos os condôminos forem maiores e capazes. Se um deles for menor, ou se não houver acordo, será necessária a divisão judicial. Isso porque o art. 1.321 do Código Civil determina que se apliquem à divisão do condomínio, no que couber, as regras de partilha da herança (arts. 2.013 a 2.022).

O art. 2.016 do Código Civil, por sua vez, estabelece: "*Será sempre judicial a partilha, se os herdeiros divergirem, assim como se algum deles for incapaz*". Pela divisão, cada condômino terá o seu quinhão devidamente individualizado.

A *ação de divisão* (CPC/2015, art. 588) é *imprescritível* (*in facultativis non datur praescriptio*), podendo ser ajuizada a qualquer tempo. Todavia, se o estado de comunhão veio a cessar pela posse exclusiva de um dos condôminos, por lapso de tempo superior a quinze anos, consuma-se a prescrição aquisitiva e o imóvel não mais pode ser objeto de divisão[23].

Em princípio, não é lícito a um condômino excluir a posse dos demais. Dispõe a propósito o art. 1.324 do Código Civil que "*o condômino que administrar sem oposição dos outros presume-se representante comum*". Por essa razão, mostra-se, em regra, incompatível com a prescrição aquisitiva a convivência condominial, que, por sua natureza, exclui a posse *cum animo domini*.

A jurisprudência tem, todavia, admitido tal modalidade aquisitiva do domínio em casos especiais, ou seja, desde que a posse do condômino tenha sido exclusiva sobre o bem usucapiendo e com ânimo de dono, caracterizado por atos exteriores que demonstrem a vontade de impedir a posse dos demais condôminos, como se proprietário único do imóvel fosse[24].

Nessa linha, decidiu-se: "Ora, consoante doutrina e jurisprudência, é possível o reconhecimento de usucapião em favor de um condômino contra o outro quando o condomínio deixa de existir pela posse exclusiva, exteriorizada por um dos possuidores sobre o imóvel, *animo domini*, e, pois, a impedir a composse dos demais. Em tal hipótese, a comunhão de direito cede passo à comunhão de fato e com isto passa a ter livre curso a prescrição *ad usucapionem*"[25].

Acontecerá o mesmo quando diversos condôminos possuírem, durante

---

[23] Washington de Barros Monteiro, *Curso*, cit., v. 3, p. 213.
[24] *JTJ*, Lex, 177/252.
[25] *RT*, 525/77. No mesmo sentido: *RJTJSP*, 62/197, 63/161, 91/234; *RT*, 493/237; *RTJ*, 76/855.

quinze anos, as respectivas porções materialmente determinadas no solo, estabelecendo o condomínio *pro diviso*, como se tivesse havido efetivamente divisão entre eles. A ação de divisão esbarrará, nesse caso, na usucapião já consumada.

Para efeitos de usucapião de área urbana, o art. 183 da Constituição não distingue a espécie de imóvel: se individual propriamente dito ou se situado em condomínio edilício. Além disso, os requisitos constitucionais visam a viabilizar a manutenção da moradia de imóvel que não ultrapasse 250 metros quadrados.

Seguindo esse entendimento, o *Supremo Tribunal* deu parcial provimento a recurso extraordinário sob sua relatoria, reconhecendo que apartamentos podem ser objeto de usucapião urbana. A referida Corte não reconheceu o direito, em si, de a Recorrente usucapir o imóvel, mas apenas determinou que o caso seja julgado no mérito. Em suma, ou seja, afastou a impossibilidade jurídica do pedido[26].

A divisão entre condôminos *é simplesmente declaratória e não atributiva da propriedade* (CPC/2015, art. 597). Esta poderá, entretanto, ser julgada preliminarmente no mesmo processo. Os condôminos já eram proprietários; a divisão apenas declara e localiza a parte de cada um. A sentença retroage, pois, à data do início da comunhão, produzindo efeitos *ex tunc*.

Decidiu a *2ª Seção do Superior Tribunal de Justiça*, em julgamento sob o rito dos recursos especiais repetitivos (Tema 985), que o reconhecimento da usucapião extraordinária, mediante o preenchimento de seus requisitos específicos, não pode ser impedido.

A referida Corte levou em consideração o precedente do Supremo Tribunal Federal no RE 422.349, segundo o qual, preenchidos os requisitos do art. 183 da Constituição, o reconhecimento do direito à usucapião especial urbana não pode ser impedido por legislação infraconstitucional que estabeleça módulos urbanos na área em que o imóvel está situado.

O relator esclareceu que, na decisão do Supremo Tribunal Federal, estabeleceu-se a inexistência de inconstitucionalidade na lei municipal que fixa o módulo urbano em área superior a 250 metros quadrados, desde que isso não impeça ao particular a aquisição do direito de propriedade de área menor, no caso de o órgão de controle não questionar a aquisição no prazo legal[27].

As sentenças que nas ações de divisão puserem termo à comunhão estão sujeitas a registro (Lei n. 6.015, de 31-12-1973, art. 167, I, n. 23), embora a divisão não seja meio de aquisição da propriedade.

Se a coisa é *indivisível*, o condomínio só poderá extinguir-se pela *venda judi-*

---

[26] STF, RE 305.416, Min. Marco Aurélio, j. 28-8-2020, disponível em: *Revista Consultor Jurídico*, de 30-8-2020.
[27] STF, REsp 1.667.843 e 1.667.842, disponível em: *Revista Consultor Jurídico*, de 7-12-2020.

cial da coisa comum. Estatui o art. 1.322 do Código Civil:

"*Quando a coisa for indivisível, e os consortes não quiserem adjudicá-la a um só, indenizando os outros, será vendida e repartido o apurado, preferindo-se, na venda, em condições iguais de oferta, o condômino ao estranho, e entre os condôminos aquele que tiver na coisa benfeitorias mais valiosas, e, não as havendo, o de quinhão maior.*

Parágrafo único. Se nenhum dos condôminos tem benfeitorias na coisa comum e participam todos do condomínio em partes iguais, realizar-se-á licitação entre estranhos e, antes de adjudicada a coisa àquele que ofereceu maior lanço, proceder-se-á à licitação entre os condôminos, a fim de que a coisa seja adjudicada a quem afinal oferecer melhor lanço, preferindo, em condições iguais, o condômino ao estranho".

Se todos quiserem vender, a venda será feita amigavelmente. Se houver divergência e um ou mais condôminos quiserem vender, observar-se-á o procedimento de jurisdição voluntária estabelecido nos arts. 720 e 730 e s. do Código de Processo Civil de 2015[28].

A alienação, depois da avaliação, será feita em hasta pública, durante a qual o condômino poderá manifestar o seu direito de preferência. Vêm os tribunais, todavia, abrandando a exigência de que a venda de imóvel de incapaz se faça por hasta pública, pois esta forma, muitas vezes, não traz as vantagens que se esperam[29].

A preferência ao condômino é concedida também pelo art. 504 do Código Civil. A propósito, dispõe o *Enunciado 623 da VIII Jornada de Direito Civil do Conselho da Justiça Federal*: "Ainda que sejam muitos os condôminos, não há direito de preferência na venda da fração de um bem entre dois coproprietários, pois a regra prevista no art. 504, parágrafo único, do Código Civil, visa somente a resolver eventual concorrência entre condôminos na alienação da fração a estranhos ao condomínio".

E se o bem for indivisível e houver cláusula de inalienabilidade gravando uma das quotas? Decidiu a propósito o *Tribunal de Justiça de São Paulo*: "A regra do art. 1.676 do Código Civil (*de 1916; CC/2002:1911*) veda em qualquer situação a alienação judicial do bem clausulado. Mas é necessário harmonizar essa norma com as dos arts. 629 e 632 do mesmo estatuto (*de 1916; CC/2002: 1.320*

---

[28] "Condomínio. Extinção. Venda judicial. Valor de mercado do imóvel enaltecido pelo condômino que produziu benfeitorias no imóvel. Rateio do produto do leilão acrescido até a concorrência da valorização da coisa pela benfeitoria. Admissibilidade. Medida que inibe o enriquecimento injurioso do condômino omisso" (*RT*, 808/229).

[29] "Condomínio. Extinção. Procedimento de jurisdição voluntária. Pretendida autorização para que a venda do bem se dê por intermédio de corretores de imóveis em vez do leilão público. Admissibilidade, ainda que presente o interesse de incapazes no espólio de um dos condôminos ou que a solicitação tenha tido discordância da minoria dos condôminos" (*RT*, 767/238). No mesmo sentido: *RJTJRS*, 176/609.

e 1.322), que outorgam ao condômino o direito de exigir a extinção da comunhão. Não se pode impingir a inalienabilidade a quem, de direito, recebeu o bem livre e desembaraçado. A solução, portanto, é admitir a venda judicial, transferindo-se o vínculo para o depósito judicial da meação do preço"[30].

1.4. Administração do condomínio

Os condôminos podem usar a coisa comum pessoalmente. Se não o desejarem ou por desacordo tal não for possível, então resolverão se a coisa deve ser administrada, vendida ou alugada.

Se os condôminos resolverem que a coisa deve ser administrada, por maioria escolherão também o administrador, que poderá ser estranho ao condomínio. Deliberarão também, se o desejarem, a respeito do regime de administração, remuneração do administrador, prestação de contas etc. Resolvendo alugá-la, preferir-se-á, em condições iguais, o condômino ao que não o é (CC, art. 1.323).

Proclama o art. 1.324 do Código Civil que "*o condômino que administrar sem oposição dos outros presume-se representante comum*". Por não ter ânimo de dono, não pode usucapir, salvo em situações excepcionais, em que o referido ânimo restar demonstrado em razão de circunstâncias especiais, como foi dito no item anterior. Os poderes que lhe são conferidos são os de simples administração. Não pode praticar atos que exijam poderes especiais, tais como alienar a coisa, receber citações etc. Poderá, entretanto, alienar bens que ordinariamente se destinam à venda, como frutos ou produtos de propriedade agrícola.

Combinando-se o dispositivo em apreço com o art. 1.323 do mesmo diploma, que prestigia as deliberações da maioria, deve-se entender que também neste caso deve prevalecer a vontade desta, sendo irrelevante a discordância ou oposição da minoria.

Para que ocorra a venda, basta a vontade de um só condômino. Só não será vendida se todos concordarem que se não venda (CC, arts. 1.320 e 1.322). Neste caso, a maioria deliberará sobre a administração ou locação da coisa comum. A maioria será calculada não pelo número, senão pelo valor dos quinhões, e as deliberações só terão validade quando tomadas por maioria absoluta (art. 1.325, § 1º), isto é, por votos que representem mais de metade do valor total.

O critério adotado para o cálculo da maioria é econômico porque considera o valor dos quinhões, desprezando o número de interessados. Na prática isso implica que um comunheiro possa ter em mãos a maioria absoluta, por ser o seu

---

[30] Ap. 273.921-4/5-Guarulhos, 2ª Câm. Dir. Priv., rel. Des. Morato de Andrade, j. 10-8-2004, *Adcoas*, 8233713.

quinhão correspondente a mais de meio valor do total dos quinhões da comunhão. Vale dizer: pode surgir, no condomínio, a figura autônoma das ditaduras de condôminos detentores de número maior de frações ideais que passam a impor sua vontade à dos demais. Não se pode impedir, no entanto, em caso de abuso de direito, que o condômino dissidente ingresse em juízo para proteger o seu direito[31].

Não sendo possível alcançar maioria absoluta, decidirá o juiz, a requerimento de qualquer condômino, ouvidos os outros (CC, art. 1.325, § 2º). Havendo dúvida quanto ao valor do quinhão, será este avaliado judicialmente (art. 1.325, § 3º).

"*Os frutos da coisa comum, não havendo em contrário estipulação ou disposição de última vontade, serão partilhados na proporção dos quinhões*" (CC, art. 1.326). Os consortes podem, portanto, convencionar de forma diferente. O condomínio pode resultar, por exemplo, de um contrato, como ocorre quando diversas pessoas adquirem um prédio para o revender. Nesta hipótese poderá ser estipulada uma divisão de lucros segundo a vontade dos partícipes[32].

2. DO CONDOMÍNIO NECESSÁRIO

Condomínio necessário ou legal é o imposto pela lei, como no caso de paredes, cercas, muros e valas, que se regula pelo disposto nos arts. 1.297 e 1.298, e 1.304 a 1.307 do Código Civil, como preceitua o art. 1.327 do referido diploma, *verbis*:

"*O condomínio por meação de paredes, cercas, muros e valas regula-se pelo disposto neste Código (arts. 1.297 e 1.298; 1.304 a 1.307)*".

Reportamo-nos, assim, aos n. 7 e 8.4 do Capítulo V do Título III desta obra, que tratam, respectivamente, "dos limites entre prédios e do direito de tapagem" e das "paredes divisórias".

Nas referidas hipóteses, o "*proprietário que tiver direito a estremar um imóvel com paredes, cercas, muros, valas ou valados, tê-lo-á igualmente a adquirir meação na parede, muro, valado ou cerca do vizinho, embolsando-lhe metade do que atualmente valer a obra e o terreno por ela ocupado*" (CC, art. 1.328).

O que de especial se salienta no preceito, observa Caio Mário da Silva Pereira, "é que se não leva em consideração o preço de custo, porém aquilo que a obra valer, no momento em que o confrontante exerce o direito. Demais disso, note-se que, embora o referido dispositivo legal remeta ao art. 1.297, este trata de

---

[31] Marco Aurélio S. Viana, *Comentários ao novo Código Civil*, v. XVI, p. 359; João Batista Lopes, *Comentários ao Código Civil brasileiro*, v. XII, p. 118.
[32] Clóvis Beviláqua, *Código Civil dos Estados Unidos do Brasil comentado*, obs. ao art. 638 do Código de 1916.

situação oposta, em que o confrontante lança mão do direito de constranger seu confinante a proceder com ele à demarcação entre os dois prédios"[33].

Não havendo acordo entre os vizinhos quanto ao preço da obra, será ele *"arbitrado por peritos, a expensas de ambos os confinantes"* (CC, art. 1.329). Qualquer que seja o valor da meação, enquanto aquele que pretender a divisão não o pagar ou depositar, *"nenhum uso poderá fazer na parede, muro, vala, cerca ou qualquer outra obra divisória"* (art. 1.330).

Exige-se que o pagamento do valor da meação se faça previamente, resulte ele de acordo entre as partes ou de arbitramento. Somente com o pagamento ou o depósito é que o vizinho adquire a meação e, por consequência, está autorizado a construir. Se antes disso edificar, pode ser compelido a demolir.

O condomínio necessário não se origina, portanto, de uma convenção ou de sucessão hereditária. Decorre de imposição da ordem jurídica, em razão de situações peculiares determinadas pelo direito de vizinhança. O que o caracteriza é a sua natureza permanente, pois perdura enquanto persistir a situação que o determinou, diferentemente do condomínio voluntário, de caráter transitório, suscetível de divisão. A indivisibilidade daquele decorre da própria natureza da coisa. As paredes, cercas, muros e valas tornar-se-iam, com efeito, imprestáveis ao fim a que se destinam se fossem fisicamente divididas.

O Código Civil de 1916 regulava, como caso especial de condomínio, o *compáscuo*, que é a utilização em comum de grandes áreas de pastagens destinadas a gado, pertencentes a proprietários diversos. O diploma de 2002 não contém norma específica a esse respeito, aplicando-se à hipótese, pois, supletivamente, o regime do condomínio.

---

[33] *Instituições*, cit., v. IV, p. 182.

Capítulo VII
DO CONDOMÍNIO EDILÍCIO

> *Sumário*: 1. Considerações iniciais. 2. Natureza jurídica. 3. Instituição e constituição do condomínio. 4. Estrutura interna do condomínio. 5. Direitos e deveres dos condôminos. 5.1. Deveres dos condôminos. 5.2. Direitos dos condôminos. 6. Da administração do condomínio em edificações. 7. Da extinção do condomínio edilício. 8. Do condomínio de lotes. 9. Do condomínio em multipropriedade.

1. CONSIDERAÇÕES INICIAIS

A ideia da divisão jurídica e econômica do solo entre diferentes proprietários, para sua melhor utilização, *remonta ao direito romano*, embora os textos não sejam muito claros e pareçam indicar que o sistema existente não tinha o mesmo caráter do instituto da propriedade horizontal.

Na Idade Média já era conhecido um sistema de propriedade similar ao atual. Todavia, somente no século XVIII desenvolveu-se a propriedade horizontal, malgrado não houvesse uma disciplina jurídica definida. Tal regulamentação veio a surgir no direito francês em Auxerre, em 1561, reproduzida em seguida em Nantes, Saint Malo, Caen, Roeun, Rennes e principalmente Grénoble, para depois ser inserta no Código Napoleão, porém em um único artigo (664)[1].

Os poucos diplomas legais que passaram a se referir à propriedade horizontal não cuidaram de regulá-la convenientemente. Também o Código Civil português de 1867, em seu art. 2.335, só se referia aos encargos de reparação e conserto.

No Brasil, o Código de 1916 nada dispôs sobre o assunto. Entretanto, o extraordinário surto de desenvolvimento observado após a 1ª Grande Guerra Mundial de 1914-1918, dando início à era da industrialização, provocou o aumento

---

[1] João Batista Lopes, *Condomínio*, p. 20-22.

demográfico e a valorização dos terrenos urbanos, bem como a consequente necessidade de aproveitamento de espaço, suscitando então a ideia de se instituir condomínio nos prédios de mais de um andar, distribuindo-os por diversos proprietários.

O primeiro diploma a tratar do condomínio edilício ou em edificações, também chamado de horizontal, foi o Decreto-Lei n. 5.481, de 25 de junho de 1928, que regulou a matéria, no entanto, de forma muito tímida e foi posteriormente modificado pelo Decreto-Lei n. 5.234, de 8 de fevereiro de 1943, e pela Lei n. 285, de 5 de junho de 1948[2].

Posteriormente o assunto passou a ser regido pela Lei n. 4.591, de 16 de dezembro de 1964, com as alterações da Lei n. 4.864, de 29 de novembro de 1965. As principais inovações trazidas pela referida legislação foram: a) compõem-se a lei de dois títulos, cuidando o primeiro do condomínio e o segundo das incorporações; b) permitiu o condomínio em prédios de um pavimento; c) ao determinar, no parágrafo único do art. 4º, que o adquirente responde pelos débitos do alienante, atribuiu o caráter de *propter rem* a essas obrigações; d) estabeleceu a obrigatoriedade da existência de uma convenção de condomínio e de um regulamento; e) determinou que a representação do condomínio fosse feita pelo síndico; f) cuidou das incorporações na segunda parte, visando impedir que o incorporador cause prejuízo aos condôminos, especialmente proibindo reajuste de preços, se não convencionados expressamente.

O atual Código Civil, apesar de expressa remissão à lei especial, que continua em vigor, contém dispositivos regrando os direitos e deveres dos condôminos, bem como a competência das assembleias e dos síndicos. Nesses assuntos, a referida Lei n. 4.591, de 1964, aplica-se apenas subsidiariamente.

Caracteriza-se o condomínio edilício pela apresentação de uma propriedade comum ao lado de uma propriedade privativa. Cada condômino é titular, com exclusividade, da unidade autônoma (apartamento, escritório, sala, loja, sobreloja, garagem) e titular de partes ideais das áreas comuns (terreno, estrutura do prédio, telhado, rede geral de distribuição de água, esgoto, gás e eletricidade, calefação e refrigeração centrais, corredores de acesso às unidades autônomas e ao logradouro público etc.) (CC, art. 1.331).

2. NATUREZA JURÍDICA

Diversas teorias buscam explicar a natureza jurídica do condomínio em edificações, tendo em vista que não se lhe aplicam os rígidos e tradicionais princípios consagrados para o condomínio geral.

---

[2] Caio Mário da Silva Pereira, *Instituições de direito civil*, v. IV, p. 184.

A teoria segundo a qual a propriedade horizontal seria uma *comunhão de bens* é afastada porque cada condômino é titular de uma unidade autônoma e, ao mesmo tempo, utiliza áreas em comum com outros condôminos. Igualmente se revela inadequada a teoria da *sociedade imobiliária*, visto que não se encontra, no condomínio, a *affectio societatis*, que caracteriza a sociedade. Também são afastadas as teorias que invocam institutos tradicionais para explicar a sua existência, como o *direito superficiário*, a *enfiteuse* e a *servidões*.

A teoria da *personalização do patrimônio comum* é uma das mais citadas. Todavia, como acentua João Batista Lopes[3], a pretendida personalização do patrimônio comum é, porém, insustentável, porque não existe uma pessoa jurídica titular das unidades autônomas e das partes comuns do edifício.

Prevalece, com efeito, o entendimento de que o condomínio não tem personalidade jurídica[4]. Entretanto, está legitimado a atuar em juízo, ativa e passivamente, representado pelo síndico (CPC/2015, art. 75, XI), em situação similar à do espólio e da massa falida[5].

Também Caio Mário da Silva Pereira[6] critica as teorias mencionadas, especialmente a última, afirmando que é despiciendo mobilizar todos esses velhos conceitos para a caracterização do condomínio edilício. É ele, aduz, "um fenômeno econômico e jurídico moderno. Não se compraz com os institutos invocados para sua explicação, nem deles necessita. Especialmente deve ser lembrado que, se fosse uma pessoa, o condomínio, como tal, é que seria o sujeito de todas as relações jurídicas. Não é isso que se verifica. Os titulares dos direitos, quer sobre as unidades autônomas, quer sobre as partes e coisas comuns, são os condôminos e não uma inexistente ou fictícia pessoa jurídica. O condomínio dito edilício explica-se por si mesmo. É uma modalidade nova de condomínio, resultante da conjugação orgânica e indissolúvel da propriedade exclusiva e da copropriedade".

---

[3] *Condomínio*, cit., p. 49.

[4] "Ação proposta por condomínio e condôminos contra incorporadora destituída, objetivando a emissão pela ré de declaração de vontade na outorga de escrituras definitivas de compra e venda de cada unidade. Carência decretada quanto ao condomínio autor, já que não tem personalidade jurídica" (TJSP, AgI 170.900-2, rel. Des. Carlos Ortiz, j. 26-3-1992).

[5] "Pessoa formal, o condomínio é representado em juízo pelo síndico" (STJ, REsp 9.584-SP, 4ª T., rel. Min. Sálvio de Figueiredo, *DJU*, 9-3-1992). "O condomínio tem capacidade para estar em juízo, ainda que não tenha sido registrado, pois o teor do art. 12, VII, do CPC permite que a sociedade de fato possa estar em juízo, dispondo, portanto, de capacidade de ser parte, como autora, ré, assistente ou oponente" (*RT*, 776/288). "É impossível o condomínio figurar no polo ativo das ações perante os Juizados Especiais Cíveis" (*Adcoas*, 8234453).

[6] *Instituições*, cit., v. IV, p. 187.

O principal argumento em favor da teoria da personalização do condomínio edilício encontra-se no fato de o art. 63, § 3º, da Lei n. 4.591/64, não revogado pelo Código Civil de 2002, conceder preferência, após a realização do leilão final, ao condomínio, ao qual serão adjudicados os bens.

A circunstância de o aludido dispositivo aludir ao *condomínio* como adquirente dos bens levados ao leilão final não confere a este, por si só, os atributos de pessoa jurídica. A situação é similar à do espólio que, embora também não tenha personalidade jurídica, é representado pelo inventariante, comparece em escritura de alienação e adquire direitos; ou da massa falida, igualmente representada e à qual é reconhecida a faculdade de cumprir contratos bilaterais de que resulta eventualmente a aquisição de direitos[7].

Interpretação em sentido contrário, reforça JOÃO BATISTA LOPES[8], entraria em conflito aberto com o sistema do atual Código Civil, em que fica clara a inexistência de personalidade jurídica no condomínio, como se vê dos arts. 1.331, 1.332 e 1.335.

3. INSTITUIÇÃO E CONSTITUIÇÃO DO CONDOMÍNIO

Todo condomínio em edificações deve ter, obrigatoriamente, o ato de instituição, a Convenção de Condomínio e o Regulamento (Regimento Interno).

O Código Civil ora em vigor distingue, de maneira objetiva, os atos de *instituição* e os de *constituição* do condomínio. O *ato de instituição* é previsto no art. 1.332 do referido diploma e pode resultar de ato entre vivos ou testamento, com inscrição obrigatória no Registro de Imóveis, devendo conter, além do disposto em lei especial, a individualização de cada unidade, a determinação da fração ideal atribuída a cada uma relativamente ao terreno e partes comuns, e o fim a que se destina.

O ato de instituição do condomínio é sempre um ato de vontade. Segundo ORLANDO GOMES[9], as formas de instituição consagradas pela prática são: a) por destinação do proprietário do edifício; b) por incorporação; c) por testamento.

Assinala o mencionado autor que, pela primeira, o dono do terreno constrói um edifício, dividindo-o em apartamentos autônomos. Edifício já construído também é suscetível de ser adaptado para o mesmo fim, mediante escritura pública. A venda das unidades pode ser efetuada depois de concluída a obra ou no

---

[7] Caio Mário da Silva Pereira, *Condomínio e incorporações*, p. 345.
[8] *Condomínio*, cit., p. 50.
[9] *Direitos reais*, p. 256.

período da construção, mas, no caso, é o próprio dono do edifício quem constitui o condomínio *sui generis*, ao alienar as unidades em que o secionou.

A *incorporação imobiliária* é considerada na lei uma atividade, mas tecnicamente é o negócio jurídico de constituição da propriedade horizontal. Normalmente, os apartamentos ou conjuntos são vendidos na *planta*. O incorporador compromete-se a construir o edifício e entregar, apta à habitação, a cada adquirente a unidade que este se comprometeu a comprar. A incorporação é economicamente um empreendimento que consiste em obter o capital necessário à construção do edifício, geralmente mediante a venda, por antecipação, dos apartamentos de que se constituirá.

A terceira forma de instituição do condomínio é pelo *testamento*, em que se recebe, por herança, um prédio que deverá ter tal configuração. Assim, se constar do acervo hereditário um edifício de apartamentos da propriedade exclusiva do *de cujus* e se a partilha entre os coerdeiros consistir na outorga de apartamentos a cada um deles, claro está que esse fato dá origem a uma propriedade horizontal.

O condomínio pode ser instituído por vários herdeiros, após a homologação da partilha, se o bem, objeto da herança, for um edifício, e pode também ser instituído por arrematação em hasta pública, doação ou compra de frações do edifício, e ainda por sentença judicial em ação de divisão[10].

A *convenção de condomínio*, apontada no art. 1.333 do Código Civil como *ato de constituição* do condomínio edilício, é um documento escrito no qual se estipulam os direitos e deveres de cada condômino, e deve ser subscrita pelos titulares de, no mínimo, dois terços das frações ideais. A utilização do prédio é por ela regulada. Difere dos contratos em geral porque estes obrigam somente as partes contratantes, enquanto a convenção sujeita todos os titulares de direitos sobre as unidades, ou quantos sobre elas tenham posse ou detenção, atuais ou futuros. Por essa razão reconhece a melhor doutrina o seu caráter predominantemente estatutário ou institucional[11].

Com efeito, a força coercitiva da convenção ultrapassa as pessoas que assinaram o instrumento de sua constituição. Assim, não só os condôminos, mas também os locatários se sujeitam às suas disposições, mesmo não tendo legitimidade para modificá-la. Assim também os adquirentes de unidades autônomas, em

---

[10] Carlos Alberto Dabus Maluf e Márcio Antero Motta Ramos Marques, *O condomínio edilício no novo Código Civil*, p. 24.
[11] João Batista Lopes, *Condomínio*, cit., p. 69; Caio Mário da Silva Pereira, *Condomínio e incorporações*, cit., p. 130-131; Carlos Alberto Dabus Maluf e Márcio Antero Motta Ramos Marques, *O condomínio edilício*, cit., p. 100; Rodrigo Azevedo Toscano de Brito, *Incorporação imobiliária à luz do CDC*, p. 169-170; Silvio Rodrigues, *Direito civil*, v. 5, p. 215.

caso de revenda, sendo irrelevante a alegação de que não assinaram a convenção ou não foram cientificados de suas disposições. Os seus efeitos atingem qualquer indivíduo que penetre na esfera jurídica de irradiação de suas normas.

Nessa linha decidiu o *Superior Tribunal de Justiça*: "Convenções e regimentos internos de edifício em condomínio, surgindo embora da manifestação coletiva da vontade, têm natureza distinta do contrato, por obrigarem ainda os dissidentes e aqueles que, à época, não participavam da propriedade comum. Os princípios regentes, porém, são basicamente os mesmos"[12].

A convenção é, assim, uma autêntica lei interna da comunidade, destinada a regrar o comportamento não só dos condôminos, como foi dito, mas de todas as pessoas que ocupem o edifício, na qualidade de seus sucessores, prepostos, inquilinos, comodatários etc.

Daí, como acentua J. NASCIMENTO FRANCO[13], ter o síndico ação direta contra o locatário, e não propriamente contra o condômino-locador, para puni-lo no caso de violação de qualquer uma de suas disposições, bem como para obrigá-lo a desfazer obras irregulares ou remover coisas instaladas inconvenientemente. Como *lex mater*, enfatiza o mencionado autor, "situa-se hierarquicamente acima de toda e qualquer outra norma, como o regulamento interno, decisão da assembleia geral, resolução do conselho fiscal etc. Com efeito, todas as demais disposições constituem normas infraconvencionais, que só têm eficácia jurídica na medida em que se ajustarem à convenção e jamais quando com ela conflitarem".

Todavia, a despeito de seu caráter normativo, a convenção de condomínio não pode sobrepor-se à lei. São nulas as cláusulas da convenção que contrariem não só as disposições da lei condominial, cujo caráter cogente tem sido proclamado pela doutrina nacional e estrangeira, como especialmente a Constituição Federal, limitando o direito de propriedade ou outros direitos nela assegurados[14].

A convenção e o regimento interno podem regular a destinação das áreas e coisas de uso comum. Algumas delas, tais como jardins, piscinas, salas de reuniões, *halls* de entrada, estacionamento, elevadores etc., podem ser destinadas exclusivamente a determinadas pessoas e interditadas a outras, como visitantes, pessoas estranhas, empregados do edifício, fornecedores etc.

---

[12] *JSTJ*, 31/251.
[13] *Condomínio*, p. 19-20.
[14] "Convenção condominial que proíbe que o proprietário de unidade autônoma a alugue para estudantes. Inadmissibilidade. Discriminação que atenta direitos, e assim é ineficaz, porque ilegal" (*RT*, 779/277). "Garagem. Condômino que deverá cadastrar seu veículo, para só ele ser colocado na vaga a que tem direito. Inadmissibilidade. Garagem que pode ser utilizada por qualquer carro do condômino, seja o seu, emprestado ou alugado" (*RT*, 785/287).

O *Tribunal de Justiça do Rio de Janeiro* deixou assentado, em ação de reparação de dano moral movida por doméstica, impedida de utilizar o elevador social do prédio em que trabalhava, que "as partes comuns de um edifício são propriedade particular dos condôminos, que podem estabelecer, na convenção do condomínio e no regimento interno, restrições de caráter geral ao uso das mesmas. O fato de o regimento interno estabelecer que o acesso dos empregados, fornecedores, caixeiros e empregadas domésticas deverá ser feito pela entrada de serviço, por si só, não implica em discriminação. A disciplina do acesso às portarias e à utilização dos elevadores leva em conta, não a raça, ou a cor, ou a condição social da pessoa, mas a natureza do uso – se social ou de serviço. Tanto assim que os próprios condôminos, quando transportam embrulhos volumosos, ou compras de feira ou mercado, ou quando estão em trajes de banho de mar estão igualmente impedidos de utilizarem a portaria e os elevadores sociais"[15].

A Lei Municipal n. 11.995/96, de São Paulo, visando combater preconceito social, proibiu a discriminação em virtude de raça, sexo, cor, origem, condição social, idade, nos elevadores dos edifícios públicos municipais ou particulares, comerciais, industriais ou residenciais multifamiliares existentes no município.

Todavia, juristas de escol, como assinala J. Nascimento Franco[16], consideram referida lei inconstitucional porque interfere na disciplina do uso de propriedade particular. Ao município, sustenta-se, cabe apenas regular o funcionamento do elevador do ponto de vista técnico, determinando medidas que evitem acidentes[17]. Nunca mais que isso, descabendo-lhe, portanto, penetrar na intimidade de um edifício nitidamente domiciliar, para normatizar as relações pessoais dos condôminos com seus empregados domésticos e como devem estes comportar-se.

Assiste razão ao mencionado doutrinador quando afirma, na sequência: "Se se admitir competência do legislador municipal para regular a destinação do elevador social, ter-se-á de admitir, também, o absurdo de ele pretender, daqui a pouco, franquear aos serviçais o uso da sala de visitas para receber amigos, a sala de banho, piscina, quadra de esportes etc., a pretexto de que reservá-los aos patrões importa em discriminação".

Nesse sentido também já decidiu o *antigo Tribunal de Alçada Civil do Rio de Janeiro*: "Cláusula proibitiva do uso do elevador social. Consabido que todo regulamento do edifício sói ser repositório de ordens, deveres e proibições, a cláusula proibitiva

---

[15] *RT*, 757/298.
[16] *Condomínio*, cit., p. 172.
[17] Acórdão do *Superior Tribunal de Justiça* julgou válida determinação de lei do Estado do Rio de Janeiro para que os elevadores dos edifícios não residenciais sejam obrigatoriamente manobrados por ascensoristas (*RT*, 725/151).

do uso de elevador social por empregada doméstica, malgrado nalguns casos embaraçantes, não malfere o art. 153, §§ 1º e 2º, da Carta Magna. Validade da cláusula"[18].

Dispõe o art. 1.333 do Código Civil que a convenção de condomínio edilício *"deve ser subscrita por titulares de, no mínimo, dois terços das frações ideais e torna-se, desde logo, obrigatória para os titulares de direito sobre as unidades, ou para quantos sobre elas tenham posse ou detenção".*

Entre os subscritores da convenção ela é perfeitamente válida e eficaz, independentemente de registro[19]. Todavia, sua oponibilidade a terceiros começa a partir de seu registro *"no Cartório de Registro de Imóveis",* por força do disposto no parágrafo único do mencionado artigo.

A obrigatoriedade da convenção em relação aos subscritores independentemente de registro tem consequências práticas importantes. Por exemplo: não pode o condômino recusar-se ao pagamento das despesas alegando ausência daquela formalidade, nem lhe é lícito, sob essa alegação, alterar a natureza da destinação de sua unidade[20].

A convenção poderá ser feita *"por escritura pública ou por instrumento particular"* (CC, art. 1.334, § 1º). São equiparados aos proprietários, *"salvo disposição em contrário",* os promitentes compradores e os cessionários de direitos relativos às unidades autônomas (art. 1.334, § 2º).

A convenção pode conter outras normas aprovadas pelos interessados, além das obrigatórias, desde que, como foi dito, não contrariem a lei. Objetiva, pois, estabelecer regramento para o bom aproveitamento do edifício por todos e para que haja tranquilidade interna.

Segundo dispõe o art. 1.334, *caput,* do Código Civil, a convenção deve obrigatoriamente conter, além das cláusulas que os condôminos houverem por bem estipular:

"I – *a quota proporcional e o modo de pagamento das contribuições dos condôminos para atender às despesas ordinárias e extraordinárias do condomínio;*

II – *sua forma de administração;*

III – *a competência das assembleias, forma de sua convocação e 'quorum' exigido para as deliberações;*

IV – *as sanções a que estão sujeitos os condôminos, ou possuidores;*

V – *o regimento interno".*

Qualquer alteração posterior da convenção reclama o *quorum* de dois terços das frações ideais, também deliberada em assembleia. A modificação da destinação

---

[18] *RT,* 618/201.
[19] "Convenção aprovada mas não registrada. Condômino que se recusa ao seu cumprimento. Inadmissibilidade, pois tem validade para regular as relações entre as partes" (STJ, *RT,* 772/178).
[20] João Batista Lopes, *Comentários ao Código Civil brasileiro,* v. XII, p. 145-146.

originária das unidades autônomas, bem como mudanças na fachada do prédio, nas frações ideais, nas áreas de uso comum e outras exigem a unanimidade de votos (CC, art. 1.351; Lei n. 4.591/64, art. 10, § 2º).

O *regulamento*, ou regimento interno, complementa a convenção. Geralmente, contém regras minuciosas sobre o uso das coisas comuns e é colocado em quadros, no andar térreo, próximo aos elevadores ou à portaria, fixados na parede. É ato *interna corporis*, que regula o uso e o funcionamento do edifício.

No regimento interno encontram-se aquelas regras relativas ao dia a dia da vida condominial. Ele desce ao casuísmo, visando estabelecer as regras necessárias à disciplina do uso e funcionamento do condomínio. É nele que encontramos disposições sobre horário de funcionamento da sauna, da piscina, a utilização das entradas de serviço e social, horário de mudança, utilização dos elevadores etc.

Observa Marco Aurélio S. Viana que "sob a égide da Lei n. 4.591/64 o regimento interno podia vir na convenção de condomínio ou ser elaborado à parte. A orientação do diploma civil é diferente porque ele exige que o regimento interno conste da convenção. Sua aprovação se faz por dois terços dos condôminos e integra o estatuto condominial"[21].

Sendo também fruto de deliberação coletiva, o regulamento do edifício é igualmente ato normativo.

4. ESTRUTURA INTERNA DO CONDOMÍNIO

O condomínio é composto de unidades autônomas e áreas comuns. Preceitua efetivamente o art. 1.331, *caput*, do Código Civil:

"Pode haver, em edificações, partes que são propriedade exclusiva, e partes que são propriedade comum dos condôminos".

A *unidade autônoma* pode consistir em apartamentos, escritórios, salas, lojas, sobrelojas, abrigos para veículos ou casas em vilas particulares, não se reclamando número mínimo de peças nem metragem mínima. Nenhuma unidade autônoma pode ser privada de saída para a via pública (CC, art. 1.331, § 4º). Exige a Lei n. 4.591/64 que cada uma tenha designação especial, numérica ou alfabética (arts. 1º, § 1º, e 2º).

É indispensável que o edifício se componha de múltiplas unidades autônomas, isoladas entre si. Além das edificações, são também considerados condomínio edilício os conjuntos de edificações.

Pode o proprietário de cada unidade alugá-la, cedê-la, gravá-la, sem que necessite de autorização dos outros condôminos, segundo dispõe o art. 4º da Lei n.

---

[21] *Comentários ao novo Código Civil*, v. XVI, p. 419.

4.591/64. Na mesma linha estatuía o § 1º do citado art. 1.331 do Código Civil, afirmando que as partes suscetíveis de utilização independente poderiam "ser alienadas e gravadas livremente por seus proprietários". A Lei n. 12.607, de 4 de abril de 2012, todavia, deu nova redação ao aludido dispositivo, excetuando os abrigos para veículos (garages), "que não poderão ser alienados ou alugados a pessoas estranhas ao condomínio, salvo autorização expressa na convenção do condomínio".

Os demais condôminos, exceto agora no caso das garages, não têm preferência na aquisição, ao contrário do que acontece no condomínio comum e como é previsto no art. 504 do Código Civil. Se, no entanto, uma mesma unidade pertencer a dois ou mais proprietários, aplicam-se-lhes as regras do condomínio comum, tais como as referentes à administração, venda da coisa comum e pagamento de despesas e dívidas (Lei n. 4.591/64, art. 6º).

O art. 1.339, § 2º, do Código Civil permite ao condômino *"alienar parte acessória de sua unidade imobiliária a outro condômino, só podendo fazê-lo a terceiro se essa faculdade constar do ato constitutivo do condomínio, e se a ela não se opuser a respectiva assembleia geral"*.

Se o condômino resolver *"alugar área no abrigo para veículos, preferir-se-á, em condições iguais, qualquer dos condôminos a estranhos, e, entre todos, os possuidores"* (CC, art. 1.338). Tal regra constitui exceção ao princípio de que o condômino pode alienar e gravar livremente o bem, sem necessidade de dar preferência aos consortes.

Para efeitos tributários, cada unidade autônoma será tratada como prédio isolado. Dispõe a esse respeito o art. 11 da Lei n. 4.591/64: "Para efeitos tributários, cada unidade autônoma será tratada como prédio isolado, contribuindo o respectivo condômino, diretamente, com as importâncias relativas aos impostos e taxas federais, estaduais e municipais, na forma dos respectivos lançamentos".

Os arts. 1.331, § 2º, do Código Civil e 3º da Lei n. 4.591/64 enumeram as *áreas comuns* do condomínio. Dispõe o primeiro dispositivo citado: *"O solo, a estrutura do prédio, o telhado, a rede geral de distribuição de água, esgoto, gás e eletricidade, a calefação e refrigeração centrais, e as demais partes comuns, inclusive o acesso ao logradouro público, são utilizados em comum pelos condôminos, não podendo ser alienados separadamente, ou divididos"*.

Tem a jurisprudência reconhecido que "o condômino, em face da obrigação *propter rem*, pode ter sua unidade penhorada para satisfazer execução movida contra o condomínio. Os condôminos suportam, na propriedade horizontal, e na proporção da respectiva quota-parte, as consequências decorrentes de obrigações do condomínio inadimplente"[22].

---

[22] STJ, REsp 1.654-RJ, 4ª T., rel. Min. Sálvio de Figueiredo Teixeira, j. 11-12-1989. No mesmo sentido: STJ, REsp 45.692-7-SP, 3ª T., rel. Min. Eduardo Ribeiro, j. 22-4-1996; TJSP, Ag 7.313.305-8, rel. Des. Álvaro Torres, j. 3-8-2009.

Por sua vez, estabelece o § 3º do aludido dispositivo, com redação determinada pela Lei n. 10.931, de 2 de agosto de 2004: "*A cada unidade imobiliária caberá, como parte inseparável, uma fração ideal no solo e nas outras partes comuns, que será identificada em forma decimal ou ordinária no instrumento de instituição do condomínio*".

Quanto à utilização das partes comuns, prescreve o art. 19 da Lei n. 4.591/64 que cada consorte poderá "usar as partes e coisas comuns, de maneira a não causar dano ou incômodo aos demais condôminos ou moradores, nem obstáculo ou embaraço ao bom uso das mesmas partes por todos". Para usá-las com exclusividade, só com anuência da unanimidade dos condôminos.

Não se admite, pois, usucapião de área comum de condomínio edilício. Todavia, há decisões do *Superior Tribunal de Justiça* admitindo a continuidade da utilização dessas áreas por condôminos que delas desfrutam com exclusividade há muitos anos, com autorização da assembleia geral. Haveria violação ao princípio da boa-fé objetiva se o condomínio criou a justa expectativa no condômino de que poderia permanecer utilizando a área com exclusividade e, depois, procedeu à sua retomada. Decidiu a aludida Corte, com efeito: "É possível a utilização pelos condôminos, em caráter exclusivo, de parte de área comum, quando autorizados por assembleia geral, nos termos do art. 9º, § 2º, da Lei n. 4.591/64. O alcance da regra do art. 3º da Lei n. 4.591/64, que em sua parte final dispõe que as regras de uso comum são insuscetíveis '*de utilização exclusiva por qualquer condômino*', esbarra na determinação da própria lei de que a convenção de condomínio deve estabelecer o '*modo de usar as coisas e serviços comuns*' (art. 3º, § 3º, 'c', da mencionada Lei). Obedecido o *quorum* prescrito no art. 9º, § 2º, da Lei de Condomínio, não há falar em nulidade da convenção. Consoante precedentes desta Casa: 'o princípio da boa-fé objetiva tempera a regra do art. 3º da Lei n. 4.591/64' e recomenda a manutenção das situações consolidadas há vários anos (REsp ns. 214.680-SP e 356.821-RJ, dentre outros)"[23].

A fachada do edifício é propriedade de todos. Assim, o condômino não pode alterá-la, a menos que obtenha anuência de todos os consortes (Lei n. 4.591, art. 10, § 2º).

---

[23] REsp 281.290-RJ, 4ª T., rel. Min. Luis Felipe Salomão, j. 2-10-2008. O citado REsp 356.821-RJ tem a seguinte ementa: "Diante das circunstâncias concretas dos autos, nos quais os proprietários de duas unidades condominiais fazem uso exclusivo de área de propriedade comum, que há mais de 30 anos só eram utilizadas pelos moradores das referidas unidades, pois eram os únicos com acesso ao local, e estavam autorizados por assembleia condominial, tal situação deve ser mantida, por aplicação do princípio da boa-fé objetiva" (3ª T., rel. Min. Nancy Andrighi, *DJU*, 5-8-2002, p. 334). No mesmo sentido: REsp 254.095-RJ, 3ª T., rel. Min. Menezes Direito, e REsp 325.870-RJ, 3ª T., rel. Min. Humberto Gomes de Barros, *DJU*, 20-9-2004, p. 280).

Proclama ainda o § 5º do art. 1.331 do Código Civil: "*O terraço de cobertura é parte comum, salvo disposição contrária da escritura de constituição do condomínio*". Desse modo, ao proprietário da unidade situada no último andar do edifício não assiste o direito de introduzir-lhe inovações, nem de utilizá-la com exclusividade, salvo previsão expressa no título.

Acentua JOÃO BATISTA LOPES que "a *ratio essendi* da proibição reside na circunstância de o terraço a todos pertencer, ser propriedade comum dos condôminos, e não propriedade exclusiva do ocupante do último andar"[24]. Além disso, aduz, "não dispondo da correspondente fração ideal de terreno, não pode o condômino residente no último andar proceder à construção de nova unidade autônoma sobre o teto, porque a cada unidade autônoma deve corresponder uma fração ideal do terreno. Entretanto, pode a escritura de constituição do condomínio dispor livremente, hipótese em que será respeitado o que for estabelecido".

5. DIREITOS E DEVERES DOS CONDÔMINOS

A vida em uma comunidade restrita como a existente no condomínio edilício exige, para que se tenha uma convivência harmoniosa, a observância de diversas normas, algumas delas restritivas de direitos e enumeradas como "deveres" dos condôminos, outras indicativas dos "direitos" a eles reconhecidos.

Referidas normas encontram-se nos arts. 1.335 a 1.338, no § 2º do art. 1.339 e nos arts. 1.345 e 1.346 do Código Civil, estudados a seguir.

5.1. Deveres dos condôminos

Os deveres do condômino são elencados de modo taxativo no art. 1.336, *caput*, I a IV, do Código Civil, que assim dispõe:

"*São deveres do condômino:*

I – contribuir para as despesas do condomínio, na proporção de suas frações ideais, salvo disposição em contrário na convenção;

II – não realizar obras que comprometam a segurança da edificação;

III – não alterar a forma e a cor da fachada, das partes e esquadrias externas;

IV – dar às suas partes a mesma destinação que tem a edificação, e não as utilizar de maneira prejudicial ao sossego, salubridade e segurança dos possuidores, ou aos bons costumes".

A primeira obrigação do condômino é *contribuir para as despesas de conservação* do prédio, sejam elas destinadas aos reparos necessários, à realização de

---

[24] *Condomínio*, cit., p. 128.

obras que interessam à estrutura integral da edificação ou ao serviço comum. Trata-se de obrigação *propter rem*, uma vez que deve ser suportada por quem tiver a coisa em seu domínio. Tem-se decidido, com efeito: "Despesas condominiais. Ação que pode ser proposta contra o adquirente do imóvel. Encargos que constituem uma espécie peculiar de ônus real, gravando a própria unidade do bem"[25].

Precisamente em razão da *ambulatoriedade* que caracteriza a obrigação *propter rem*, enfatiza João Batista Lopes[26], citando lição de Trabucchi, não pode o adquirente da coisa eximir-se do pagamento de despesas relativas a período anterior à transferência da unidade. Nessa linha proclama o art. 1.345 do Código Civil:

"*O adquirente de unidade responde pelos débitos do alienante, em relação ao condomínio, inclusive multas e juros moratórios*".

Veja-se, a propósito:

"Cobrança de taxa condominial. Legitimidade ativa do condomínio. Contrato de cobrança formulado com empresa especializada. Sub-rogação. Inocorrência. Legitimidade passiva da COHAB configurada. Dívida *propter rem* que acompanha o imóvel. O condomínio é parte legítima para figurar no polo ativo da ação de cobrança, vez que o fato de se valer de empresa especializada para cobrança de taxas de condomínio, mediante sistema de antecipação de pagamento do débito pelos condôminos, no caso, não constitui sub-rogação em favor desta. A legitimidade da COHAB, para figurar no polo passivo da lide, decorre da sua condição de proprietária, pois ao readquirir o imóvel, assumiu para si o ônus que sobre este recaia, por se tratar de obrigação *propter rem*"[27].

Acerca da cobrança da taxa condominial, vale a transcrição do recente posicionamento do STJ:

"As contribuições ordinárias ou extraordinárias de condomínio edilício, previstas na respectiva convenção ou aprovadas em assembleia geral, desde que documentalmente comprovadas, autorizam a propositura de execução de título extrajudicial (art. 784, X, do CPC/15). São documentos aptos a comprovar o crédito condominial a cópia da convenção de condomínio e/ou da ata da assembleia que estabeleceu o valor das cotas condominiais ordinárias ou extraordinárias (art. 1.333, *caput*, do CC/02) somados aos demais documentos demonstrativos

---

[25] *RT*, 811/449. No mesmo sentido: "Despesas condominiais. Obrigação de natureza *propter rem*. Dívida que é de responsabilidade do adquirente do bem. Irrelevância de o imóvel ter sido adquirido por meio de adjudicação ou arrematação" (*RT*, 815/410). "Despesas condominiais. Obrigação *propter rem*. Responsabilidade pelo pagamento que cabe, em princípio, ao adquirente do imóvel. Direito de regresso assegurado" (*RT*, 817/417).
[26] *Condomínio*, cit., p. 94.
[27] STJ, REsp 1.545.412, 3ª T., rel. Min. Villas Bôas Cueva, *DJE*, 26-6-2017.

da inadimplência. Mostra-se desnecessário – e indevidamente oneroso ao credor/exequente – exigir que seja apresentado 'orçamento anual, votado e aprovado em assembleia geral ordinária', bem como que a 'convenção condominial seja registrada no Cartório de Registro de Imóveis'"[28].

A alienação de imóvel, a rigor, só se aperfeiçoa com o registro do título aquisitivo no Cartório de Registro de Imóveis. Todavia, para os fins do art. 12 da Lei n. 4.591/64, o compromissário comprador ostenta o mesmo *status* de proprietário. Desse modo, sendo-lhe transferida a posse direta, responde pelas despesas de condomínio. Veja-se a jurisprudência: "Em princípio, o responsável pelas despesas condominiais é o proprietário. Admite-se a ação diretamente contra o compromissário comprador desde que o fato, ou seja, a existência do compromisso de compra e venda, tenha sido comunicado ao condomínio, ou se encontre registrado o contrato"[29].

Reforçando esse entendimento, o Código Civil equipara expressamente o compromissário comprador ao proprietário, afirmando no § 2º do art. 1.334: "*São equiparados aos proprietários, para fins deste artigo, salvo disposição em contrário, os promitentes compradores e os cessionários de direitos relativos às unidades autônomas*".

Não paira, assim, nenhuma dúvida quanto à legitimidade do compromissário comprador na ação de cobrança de despesas de condomínio[30]. Todavia, não está ele obrigado a pagar cotas condominiais antes da imissão na posse. Decidiu o *Superior Tribunal de Justiça*, com efeito, que o promitente comprador de imóvel só passa a ser responsável pelo pagamento das cotas de condomínio após a imissão na posse do bem. É a partir daí que ele passa a exercer o domínio direto sobre o imóvel, usufruindo dos serviços prestados pelo condomínio – o que justificaria sua contribuição. Até então, pagar a taxa é obrigação do promitente vendedor[31].

---

[28] STJ, REsp 2.048.856-SC, 3ª T., rel. Min. Nancy Andrighi, *DJe* 25-5-2023.
[29] 2º TACSP, Ap. 542.783-9, 1ª Câm., Rel. Magno Araújo, j. 16-3-1999. No mesmo sentido: "Despesas condominiais. Ação de cobrança. Demanda que pode ser proposta tanto em face do proprietário, quanto do compromissário comprador" (2º TACSP, *RT*, 808/297). "Despesas condominiais. Ação de cobrança. Demanda que pode ser interposta tanto contra aquele em nome de quem está o imóvel registrado no Cartório Imobiliário como contra o promissário comprador sem registro" (2º TACSP, *RT*, 811/286).
[30] João Batista Lopes, *Comentários*, cit., v. XII, p. 175.
[31] STJ, REsp 1.297.239, 3ª T., rel. Min. Nancy Andrighi, j. 8-4-2014.
No mesmo sentido: "É entendimento jurisprudencial que somente quando ficar patente a disponibilidade da posse, do uso e do gozo da coisa é que se reconhece a legitimidade passiva ao promitente comprador de unidade autônoma quanto às obrigações respeitantes aos encargos condominiais, ainda que não tenha havido o registro do contrato de promessa de compra e venda" (TJMS, Ap. 2003.013254-6/0000-00, 3ª T., rel. Des. Oswaldo Rodrigues de Melo, j. 22-11-2004).

A expressão "*salvo disposição em contrário na convenção*" não constava da redação original do inciso I do retrotranscrito art. 1.336 do Código Civil, tendo sido introduzida pela Lei n. 10.931, de 2 de agosto de 2004.

Com essa alteração pode agora a convenção de condomínio fixar a contribuição para as despesas condominiais em valor que não seja proporcional à fração ideal. Tal alteração permite que a contribuição do condômino seja fixada, por exemplo, com base no número de pessoas que utilizam a unidade ou mesmo no seu valor de mercado, onerando mais as unidades habitadas por mais pessoas ou de maior valor por estar em andar mais alto, ou mesmo mais baixo[32].

Quando o condomínio deixa de pagar valor devido a terceiro, a natureza da obrigação *propter rem* das dívidas condominiais pode justificar o redirecionamento de uma execução para os proprietários das unidades individuais, mesmo se o imóvel for bem de família e ainda adquirido depois da sentença que reconheceu o débito. Nessa linha, o *Superior Tribunal de Justiça* reconheceu a penhora de imóvel de um condômino como forma de assegurar o pagamento de uma dívida condominial, no limite de sua fração ideal[33].

Aduz o § 1º do aludido dispositivo, com a redação dada pela Lei n. 14.905/2024, que "o condômino que não pagar a sua contribuição ficará sujeito à correção monetária e aos juros moratórios convencionados ou, não sendo previstos, aos juros estabelecidos no art. 406 deste Código, bem como à multa de até 2% (dois por cento) sobre o débito".

Na Lei n. 4.591/64 a multa por impontualidade era de vinte por cento. A redução para dois por cento tem sido motivo de preocupação das administradoras de imóveis, por incentivar a inadimplência, prejudicando os condôminos que pagam em dia suas obrigações. A Lei n. 10.931, de 2 de agosto de 2004, propôs nova redação para o citado parágrafo, com a finalidade de estabelecer multa progressiva diária de 0,33% sobre o valor do débito das despesas de condomínio, até o máximo fixado na convenção, o qual não poderia ser superior a dez por cento, mas o texto sofreu veto presidencial.

Como corretamente assinala Carlos Alberto Dabus Maluf, atualizador do volume concernente ao direito das coisas da obra de Washington de Barros Monteiro, "a multa e os juros previstos no § 1º do art. 1.336 só têm aplicação nos condomínios constituídos na vigência da nova lei civil de 2002. Aos condo-

---

[32] Carlos Alberto Dabus Maluf e Márcio Antero Motta Ramos Marques, *O condomínio edilício*, cit., p. 60-61.
[33] STJ, REsp 1.473.484, 4ª T., rel. Min. Luis Felipe Salomão, disponível em: *Revista Consultor Jurídico*, de 23-6-2018.

mínios constituídos na vigência da lei anterior, em cujas convenções estiver prevista a multa de vinte por cento, esta deve ser aplicada. Isso porque o art. 6º, § 1º, da Lei de Introdução às Normas do Direito Brasileiro (Dec.-lei n. 4.657, de 4-9-1942) diz que a lei nova, embora tenha aplicação imediata, deverá respeitar, entre outras hipóteses, o ato jurídico perfeito, que deve ser entendido como aquele praticado e consumado na vigência da lei anterior"[34].

Nesse sentido, proclamou o *Superior Tribunal de Justiça* que a multa por atraso de condomínio é de dois por cento a partir do atual Código Civil (2002), devendo as prestações vencidas durante a vigência da Lei n. 4.591/64 continuarem com a multa de vinte por cento estabelecida na convenção[35].

Na mesma linha decidiu o antigo *Segundo Tribunal de Alçada Civil de São Paulo*: "Cabível a pretensão do autor de ação de cobrança de despesas condominiais de condenação do réu na multa de 20% da Lei 4.591/1964, em vigor quando ocorreu o inadimplemento *tempus regit actum*"[36].

Em decisão mais recente, proclamou a *3ª Turma do Superior Tribunal de Justiça*, tendo como relator o Min. Carlos Alberto Menezes Direito (REsp 722.904), que, estando previsto no novo Código Civil o patamar de 2%, deve ele ser aplicado mesmo se a convenção for anterior à data em que entrou em vigor a nova lei, ou seja, 11 de janeiro de 2003. Para as prestações devidas "antes da entrada em vigor", afirmou o mencionado relator, "aplica-se sobre o débito a multa de 20%, como previsto na legislação de regência da época. Todavia, para as prestações devidas após a entrada em vigor, aplica-se a multa de 2% prevista no art. 1.336 do novo Código".

No mesmo sentido acórdão da 4ª Turma da mencionada Corte: REsp 679.019-SP, relatado pelo Min. Jorge Scartezzini, *DJU*, 20-6-2005.

Observa CRISTIANO CASSETTARI[37] que muitos condomínios tentaram buscar uma alternativa para resolver o problema do aumento da inadimplência que a redução do percentual da cláusula penal lhes causou. Uma saída muito utilizada foi a cláusula de bonificação ou *abono de pontualidade*, que é um desconto, geralmente de 10%, para o condômino que pagar a taxa até o dia do vencimento. Esse instituto foi criado com intuito de estimular os condôminos a pagarem em dia as despesas mensais do condomínio.

O abono não se limita aos condomínios, uma vez que vários prestadores de serviços, como as universidades particulares, por exemplo, e os locadores em

---

[34] *Curso de direito civil*, v. 3, p. 229.
[35] REsp 663.285, rel. Min. Aldir Passarinho Júnior.
[36] Ap. 837.231-0/0-Santos, 5ª Câm., rel. Juiz Luiz de Carvalho, j. 28-4-2004.
[37] *Multa contratual – Teoria e prática da cláusula penal*, 1. ed., 2009.

geral, o incluem em seus contratos, escalonando as datas de pagamentos e concedendo descontos para pagamentos antecipados.

O *Tribunal de Justiça de São Paulo* tem considerado indevida a cumulação, nos contratos, do referido abono com cláusula penal moratória, por importar previsão de dupla multa e alteração da real data de pagamento da prestação[38].

Comentando o assunto, JOSÉ FERNANDO SIMÃO[39] oferece o seguinte exemplo: "O contrato prevê que, se a mensalidade escolar, no importe de R$ 100,00, for paga até o dia 5 do mês, haverá um desconto de 20%; se paga até o dia 10, o desconto será de 10%; e, se paga na data do vencimento, dia 15, não haverá desconto. Entretanto, se houver atraso a multa moratória será de 10%".

Na realidade, aduz o mencionado jurista, "o valor da prestação é de R$ 80,00, pois se deve descontar o abono de pontualidade de 20%, que é cláusula penal disfarçada. Então, temos no contrato duas cláusulas penais cumuladas: a primeira, que transforma o valor da prestação de R$ 80,00 em R$ 100,00; e a segunda, aplicada após o vencimento, que transforma o valor de R$ 100,00 em R$ 110,00".

Entendem alguns, entretanto, que é válida a cláusula contratual que prevê desconto para a taxa paga até o respectivo vencimento, tratando-se de estímulo à pontualidade. As cláusulas contratuais representam a vontade comum das partes no ato de contratar. Assim, somente podem ser desconsideradas tais disposições se atentarem contra a lei, a ordem pública, os bons costumes ou, ainda, quando a lei expressamente as declarar nulas ou ineficazes.

O que se verbera, todavia, é a cumulação de tal desconto com a cláusula penal moratória, como se tem decidido: "A 'bonificação ou abono pontualidade' ostenta subliminarmente a natureza de evidente 'multa moratória', porquanto tem o desiderato de infligir pena à impontualidade. Perfeitamente legal a estipulação de abono de pontualidade em contrato de locação quando inexiste previsão de cumulação com multa moratória"[40]. A decisão vale também para o pagamento das despesas condominiais.

---

[38] Confira-se: "Abono por pontualidade. Bonificação por pagamento em dia que só pode ser exigida desde que no contrato não exista cláusula prevendo multa moratória (TJSP, Ap. 992.090.665.693, 32ª Câm. Dir. Priv., rel. Des. Ruy Coppola, j. 28-8-2009). "Prestação de serviços educacionais. Cobrança. Desconto ou abatimento por pontualidade. Cláusula penal. Apuração dos valores devidos a título de mensalidades não pagas. Deverá ser considerado o valor líquido da prestação, descontado o abatimento por pontualidade. Multa contratual. Redução para 2%. Incidência do Código de Defesa do Consumidor. Recurso improvido" (TJSP, Ap. 987.905.004, 31ª Câm. Dir. Priv., rel. Des. Francisco Casconi, j. 11-8-2009).
[39] Cláusula penal e abono de pontualidade ou cláusula penal e cláusula penal disfarçada, *Carta Forense*, nov./2009, p. A5.
[40] TJSP, Ap. 992.09.037291-2-Campinas, 31ª Câm. Dir. Priv., rel. Des. Adilson de Araújo, j. 23-2-2010.

Conclui-se, assim, que as partes têm liberdade para convencionar o abono de pontualidade. Nesse caso, porém, não devem estabelecer a cumulação do referido desconto com multa para a hipótese de atraso no cumprimento da prestação. Atende-se, com isso, à função social limitadora da autonomia privada, assegurada no parágrafo único do art. 2.035 do Código Civil.

Observe-se que as despesas de condomínio suportadas pelo condomínio edilício não decorrem de relação de consumo, sendo consideradas, simplesmente, pagamento de serviços prestados por terceiros. Não se lhe aplicam, por conseguinte, as normas do Código de Defesa do Consumidor, que estabelece em dois por cento o teto da multa moratória (art. 52, § 1º). Nesse sentido a jurisprudência: "Despesas condominiais. Multa moratória. Pretendida aplicação do Código de Defesa do Consumidor. Inadmissibilidade. Débito condominial que não encerra relação de consumo. Aplicação do valor estipulado na Convenção Condominial"[41].

Segundo entendimento do *Superior Tribunal de Justiça*, a cobrança de cotas condominiais prescreve em cinco anos, a contar do vencimento de cada parcela, tendo em vista que os débitos condominiais são dívida líquida constante de instrumento particular e o prazo aplicável é o estabelecido pelo art. 206, § 5º, I, do Código Civil. Ressaltou o acórdão que "apenas quando o condomínio define o valor das cotas condominiais, à luz da convenção (arts. 1.333 e 1.334 do CC) e das deliberações das assembleias (arts. 1.350 e 1.341 do CC), é que o crédito passa a ser líquido, tendo o condômino todos os elementos necessários para cumprir a obrigação a ele imposta"[42].

O atual Código de Processo Civil alterou a forma de cobrança de taxas e despesas de condomínio, que passaram a ter natureza de título executivo extrajudicial (CPC/2015, art. 784, VIII). Justifica-se a inovação por tornar mais célere a cobrança judicial de contribuições condominiais, dispensando o condomínio de enfrentar o moroso processo de conhecimento. O título executivo extrajudicial, *in casu*, expressando obrigação certa, líquida e exigível, consiste no conjunto da convenção de condomínio, da qual se extrai o critério de divisão das despesas entre as unidades autônomas, a ata da assembleia aprovando o orçamento, a especificação do débito e a data prevista para o seu vencimento.

Na conformidade do disposto no § 2º do mencionado art. 1.336 do Código Civil, "*o condômino, que não cumprir qualquer dos deveres estabelecidos nos incisos II a IV, pagará a multa prevista no ato constitutivo ou na convenção, não podendo ela ser superior a cinco vezes o valor de suas contribuições mensais, independentemente das perdas e danos*

---

[41] *RT*, 808/297.
[42] STJ, REsp 1.139.030-RJ, 3ª T., rel. Min. Nancy Andrighi, disponível em: <www.editoramagister.com>, de 8-9-2011.

que se apurarem; não havendo disposição expressa, caberá à assembleia geral, por dois terços no mínimo dos condôminos restantes, deliberar sobre a cobrança da multa".

Verifica-se que o dispositivo em apreço refere-se à multa a ser imposta aos condôminos que descumprirem os incisos II a IV do art. 1.336 do novo diploma. A imposição da multa não exclui a responsabilidade do condômino infrator pela indenização por perdas e danos que causar, como expressamente é afirmado.

Estabelece o art. 1.336 do Código Civil, ora comentado, no inciso II, a *proibição de o condômino realizar obras que possam comprometer a segurança da edificação*. Trata-se de obrigação negativa imposta aos condôminos, vedando a prática de qualquer ato que possa ameaçar a segurança do edifício, ou prejudicar-lhe a higiene e limpeza.

Assim, ao condômino é vedado introduzir quaisquer inovações nas partes comuns porque, em relação a elas, ele não é proprietário. Não lhe é lícito, por exemplo, fechar parte do corredor para utilização pessoal ou apossar-se do terraço comum, privando os demais condôminos de igual direito.

Dispõe o art. 1.341 do Código Civil que a realização de obras no condomínio depende: "*I – se voluptuárias, de voto de dois terços dos condôminos; II – se úteis, de voto da maioria dos condôminos*". As obras ou reparações *necessárias* independem de deliberação da assembleia (§ 1º).

O terceiro dever é o de *não modificar a forma nem a cor da fachada, das partes e esquadrias externas* (CC, art. 1.336, III). Desse modo, nenhum condômino pode alterar a fachada do edifício, pintar suas paredes e esquadrias externas em cor diversa da nele empregada ou realizar qualquer modificação arquitetônica. Qualquer alteração depende da aquiescência da unanimidade dos condôminos, como exige a Lei n. 4.591/64 no seu art. 10, § 2º, que continua em vigor ante a ausência de disposição expressa a esse respeito no Código Civil em vigor.

Observa, todavia, J. Nascimento Franco que "o que se proíbe é a alteração nociva e capaz de deteriorar o perfil originário da fachada e não propriamente inovações modernizadoras ou úteis aos moradores. A solução é casuística e, assim, depende de cada situação concreta a ser verificada em perícia, motivo pelo qual em tais hipóteses não se tem admitido julgamento antecipado, com sacrifício dessa prova fática essencial"[43].

Tem-se admitido, efetivamente, afirma o mencionado autor, pequenas alterações nas fachadas e seu aproveitamento para colocação, nas janelas e sacadas, de grades ou redes de proteção, persianas ou venezianas de material diferente

---

[43] *Condomínio*, cit., p. 201-202.

(esquadrias de alumínio) do utilizado no restante da fachada, principalmente quando, com o passar do tempo, o material originariamente utilizado não mais existe no mercado, ou quando seu uso se torna obsoleto.

Quanto ao fechamento dos terraços, malgrado algumas decisões contrárias, tem-se permitido o envidraçamento que não afeta propriamente a harmonia da fachada, ou quando já existirem, na mesma face do edifício, outros terraços fechados com material idêntico[44].

Também já se decidiu que o simples fechamento de terraço externo não constitui alteração da coisa, tal como definida no parágrafo único do art. 1.314 do Código Civil, razão pela qual pode ser autorizada pela maioria simples dos condôminos[45].

Em quarto lugar (CC, art. 1.336, IV), os condôminos estão sujeitos, ainda, às *normas de boa vizinhança, não podendo usar nocivamente a propriedade*. Prevê o art. 1.336, IV, do Código Civil que o condômino deve dar à sua fração ideal a mesma destinação que tem o condomínio, devendo utilizá-la de modo a não causar prejuízo ao sossego, salubridade e segurança dos demais condôminos, ou abalo aos bons costumes.

A destinação genérica do edifício – residencial, não residencial ou mista – deve ser estabelecida na convenção. O desvio de destinação constitui uma das mais graves infrações da lei e da convenção. Para impedir que tal ocorra, ou para restabelecer o uso compatível com a finalidade para a qual foi construído o edifício, deve o síndico tomar as providências cabíveis, inclusive judiciais, contra os infratores, sejam condôminos, seus familiares, inquilinos e prepostos, mormente quando o desvio põe em risco a tranquilidade e a segurança dos demais condôminos[46].

A utilização do condomínio sofre, portanto, *limitações* impostas pela lei e *restrições* previstas na convenção. Além da norma genérica do art. 1.277 do Código Civil, proibindo o uso anormal da propriedade, o art. 1.336, IV, do mesmo diploma considera dever do condômino não utilizar as suas partes de maneira prejudicial ao sossego, salubridade e segurança dos possuidores, ou aos bons costumes.

O art. 10, III, da Lei n. 4.591/64 traz idêntica limitação, também prescrevendo que o condômino não pode destinar sua unidade à utilização diversa da finalidade do prédio. Assim, se é residencial, não podem existir escritórios, gabinetes dentários etc.

---

[44] *RF*, 170/252. No mesmo sentido: "Fechamento de fachada. Colocação de vidros fumê, de forma discreta e sem alterar a harmonia do conjunto. Admissibilidade. Inexistência de infração ao art. 10, I, da Lei 4.591/64" (*RT*, 783/416).
[45] *RT*, 346/296. No mesmo sentido: STF, *RF*, 128/458.
[46] *RT*, 702/116 e 708/159.

Com relação à manutenção de animais no prédio, deve haver disposição pertinente na convenção. Se omissa, não poderá, em princípio, tal conduta ser censurada. Se a convenção vedar somente a presença de animais que causam incômodo aos vizinhos ou ameaçam sua segurança, as questões que surgirem serão dirimidas em função da prova dessas duas situações de fato. Se a proibição for genérica, atingindo animais de qualquer espécie, poderá mostrar-se exagerada na hipótese de um condômino possuir um animal de pequeno porte e inofensivo.

Por essa razão têm os tribunais exigido a demonstração de que o animal, de alguma forma, prejudica a segurança, o sossego ou a saúde dos condôminos. Veja-se: "Cláusula que proíbe a permanência de animais nos apartamentos ou dependências do edifício. Restrição que somente se justifica quando a presença do irracional prejudique a tranquilidade e a higiene ou seja agressivo. Não comprovação, ademais, da nocividade do animal"[47].

Nessa linha, acentuou o *Superior Tribunal de Justiça*, no julgamento de recurso em que a condômina pretendia ter o direito de criar sua gata de estimação no apartamento, que "a convenção de condomínio residencial não pode proibir de forma genérica a criação e a guarda de animais de qualquer espécie nas unidades autônomas, se não representarem risco à segurança, à higiene, à saúde e ao sossego dos demais moradores e dos frequentadores ocasionais do local". Segundo o relator, Min. Villas Bôas Cueva, "nada no caso demonstrou que a gata atrapalhasse a harmonia dos moradores"[48].

As cláusulas restritivas e proibitivas da convenção devem ser, assim, interpretadas em consonância com as normas legais referentes aos condomínios, especialmente os arts. 10 e 19 da Lei n. 4.591/64 e 1.277 e 1.336, IV, do Código Civil.

O atual Código Civil inovou ao estatuir como dever dos condôminos a *preservação dos bons costumes*. Isto não significa que estejam proibidas visitas de pessoa de outro sexo a homem, ou mulher, que morar sozinho num apartamento, salvo na hipótese de serem infringidas as normas de discrição e boa vizinhança, quando então estará caracterizada a violação do dever previsto na última parte do inciso IV do art. 1.336 do novo diploma.

Não podem, com efeito, os donos dos outros apartamentos alegar que a pessoa que mora no edifício não é casada, ou que tem amante, ou que o homem que habita algum dos apartamentos recebe amante. Não havendo violação das regras de convivência social, pode o morador receber as visitas que entender. Nada impede que o proprietário de apartamento ali mantenha amante ou receba visitas para prazeres fugazes, desde que se ressalve o decoro, não se provoquem escân-

---

[47] *RT*, 791/213.
[48] STJ, REsp 1.783.076, 3ª T., 14-5-2019.

dalos ou algazarras. O que se proíbe é o uso do apartamento como casa de tolerância, porque o dever implícito de moralidade repele a aludida destinação. Tudo depende do caso concreto, em que o ocupante de apartamento ultrapassa os limites do razoável[49].

Relata J. NASCIMENTO FRANCO[50] que nos raros casos em que os zeladores ou os administradores dos edifícios tentaram impedir que o ocupante de apartamento recebesse tais visitas, a pretexto de se preservar os bons costumes, os tribunais atuaram prontamente, proibindo a interferência abusiva, quer julgando improcedentes ações de despejo contra locatários, quer garantindo a livre utilização do imóvel por via do interdito proibitório, nos termos dos arts. 932 e 933 do Código de Processo Civil de 1973; arts. 567 e 568 do Código de Processo Civil de 2015.

O mesmo procedimento deve ser adotado nos casos de casais homossexuais que mantenham um comportamento discreto, dentro dos padrões normalmente aceitos pela sociedade. Não infringem eles a norma prevista no citado inciso IV do art. 1.336 do referido Código Civil de 2002.

É de esperar que a restrição à violação dos bons costumes, prevista expressamente no aludido dispositivo, não provoque a mudança dessa orientação jurisprudencial, uma vez que o que se quer coibir é o abuso, e não o livre exercício das preferências sexuais das pessoas adultas, constitucionalmente garantido[51].

Além dos deveres já mencionados, estabelece ainda o art. 1.346 do Código Civil a obrigatoriedade de se contratar *"o seguro de toda a edificação contra o risco de incêndio ou destruição, total ou parcial"*. A seguradora será escolhida livremente pelo síndico, mas cada condômino poderá contratá-lo em separado para sua unidade autônoma.

O art. 1.337 do Código Civil prevê *multa* de até um quíntuplo da cota condominial para o condômino ou possuidor que é reincidente e não cumpre seus deveres perante o condomínio, podendo ser imposta, inclusive, ao condômino que reiteradamente não paga as suas cotas condominiais, sobrecarregando os demais partícipes. Deve essa multa ser fixada em assembleia por três quartos dos condôminos restantes, excluído o infrator, considerando-se a reiteração e a gravidade da falta, não eximindo o condômino infrator de responder por perdas e danos.

Por sua vez, o parágrafo único do dispositivo em apreço permite que se aplique pesada multa, correspondente a dez vezes o valor da cota condominial,

---

[49] Carlos Alberto Dabus Maluf e Márcio Antero Motta Ramos Marques, *O condomínio edilício*, cit., p. 69-71; J. Nascimento Franco, *Condomínio*, cit., p. 175-177.
[50] *Condomínio*, cit., p. 176.
[51] Carlos Alberto Dabus Maluf e Márcio Antero Motta Ramos Marques, *O condomínio edilício*, cit., p. 70.

ao "*condômino ou possuidor que, por seu reiterado comportamento antissocial, gerar incompatibilidade de convivência com os demais condôminos ou possuidores*". Tal multa pode ser imposta de imediato pelo síndico, ou pelo corpo diretivo do edifício, na forma do que for regulado na convenção, devendo, porém, sua imposição ser ratificada por ulterior deliberação da assembleia.

O comportamento antissocial deve trazer incômodo e prejuízo à vida no condomínio, gerando incompatibilidade de convivência com os demais condôminos ou possuidores. Não basta, porém, tratar-se de condômino pouco comunicativo, que não cumprimenta os consortes. Não é nesse sentido que o citado parágrafo único utiliza a expressão "comportamento antissocial". Só se justifica a aplicação da elevada multa quando o comportamento recriminado é nocivo e provoca atritos de vizinhança ou gera insegurança e desconforto aos demais condôminos, inclusive no aspecto da moralidade.

A multa por comportamento antissocial só pode ser aplicada a condômino, todavia, depois que ele exercer o direito de defesa. Nessa linha, proclamou o *Superior Tribunal de Justiça*: "A doutrina especializada reconhece a necessidade de garantir o contraditório ao condômino infrator, possibilitando, assim, o exercício de seu direito de defesa. A propósito, esta é a conclusão do *Enunciado 92 da I Jornada de Direito Civil* do CJF: 'Art. 1.337. As sanções do art. 1.337 do novo Código Civil não podem ser aplicadas sem que se garanta o direito de defesa ao condômino nocivo'"[52].

E se a aplicação de severas multas não for suficiente para evitar condutas nocivas e antissociais do condômino recalcitrante? Controverte-se, na doutrina e na jurisprudência, sobre a possibilidade de expulsar o aludido condômino, em virtude da omissão da legislação específica. Admitindo tal possibilidade, decidiu o *Tribunal de Justiça do Rio Grande do Sul*:

"Assim, em que pese não haja previsão expressa a amparar a pretensão de exclusão do réu do condomínio autor, uma vez que o art. 1.337 do CC/2002 não contempla tal possibilidade, pode o magistrado, verificando que o comportamento antissocial extravasa a unidade condominial do 'infrator' para as áreas comuns do edifício, levando o condomínio à impossibilidade de corrigir tal comportamento mesmo após a imposição do constrangimento legal – multa –, decidir pela exclusão do proprietário da unidade autônoma, continuando este com seu patrimônio, podendo ainda dispor do imóvel, perdendo, entretanto, o direito de convivência naquele condomínio.

(...)

---

[52] STJ, REsp 1.365.279-SP, 4ª T., rel. Min. Luis Felipe Salomão, j. 25-8-2015, *DJE*, 29-9-2015.

Aliás, o que deflui do processado é que o demandante está a carecer de tratamento médico-psiquiátrico, voluntário ou compulsório, já que suas atitudes denotam acentuados desvios de comportamento, o que está a reclamar atitude de algum familiar seu ou de quem eventualmente por ele se responsabilizar"[53].

Por sua vez, acentuou o *Tribunal de Justiça de São Paulo*:

"Condomínio edilício – Situação criada por morador, sargento da Polícia Militar, que, reincidente no descumprimento das normas regulamentares, renova condutas antissociais, apesar da multa aplicada e que não é paga, construindo, com isso, clima de instabilidade ao grupo e uma insegurança grave, devido ao seu gênio violento e ao fato de andar armado no ambiente, por privilégio profissional – Adequação da tutela antecipada emitida para obrigá-lo a não infringir a convenção, sob pena de multa ou outra medida específica do § 5º do art. 461 do CPC [*de 1973*], inclusive o seu afastamento"[54].

No mesmo sentido, proclamou o *Tribunal de Justiça do Rio de Janeiro*:

"Da mesma forma, a avaliação da possibilidade jurídica do pedido quanto à expulsão do primeiro réu também deve ser verificada segundo as suas asserções, as quais indicam a sua admissibilidade com respaldo de interpretação doutrinária, ainda que somente em situações extremas em que a progressão da multa não se revelou eficaz a ilidir a ameaça à tranquilidade ou à segurança dos demais moradores"[55].

Em sentido contrário decidiram algumas Câmaras do *Tribunal de Justiça de São Paulo*, entendendo ser o pedido juridicamente impossível ante a inexistência de previsão legal[56]. Mais recentemente enfatizou a referida Corte estadual:

"Condomínio. Ação de exclusão de ocupante antissocial. Sentença de improcedência. Ausência de previsão legal expressa no ordenamento jurídico que permita a expulsão de condômino por mau comportamento. Aplicação estrita do disposto no art. 1.337 do Código Civil de 2002. Ainda que o direito de propriedade esteja limitado em sua função social, devendo o condômino observar regras mínimas de bom comportamento e convívio, a medida de expulsão não encontra amparo legal. Hipótese em que o condomínio pode aplicar multas de elevado valor, como forma de compelir o proprietário a sair de sua zona de conforto e tomar providências quanto à sua locatária. Expulsão que se mostra ainda mais temerária quando se observa estarmos diante de situação emergencial em razão da pandemia da CO-

---

[53] TJRS, Ap. 70.036.235.224, 17ª Câm. Cív., rel. Bernadete Coutinho Friedrich, j. 15-7-2010.
[54] TJSP, Ap. 994071089530 (5139324300), 4ª Câm. Dir. Priv., rel. Des. Ênio Zuliani, j. 21-8-2007.
[55] TJRJ, Ap. 0089754-33.2009.8.19.001, 3ª Câm. Cív., rel. Des. Márcia Alvarenga, j. 30-4-2010.
[56] TJSP, MS 994071158974 (5506874500), 4ª Câm. Dir. Priv., rel. Des. Maia da Cunha, j. 24-7-2008; Ap. 994040779411 (3400074700), 3ª Câm. Dir. Priv., rel. Des. Donegá Morandini, j. 15-2-2007; Ap. 994990488166 (1125744500), 2ª Câm. Dir. Priv., rel. Des. José Roberto Bedran, j. 24-5-2000.

VID-19, além de ser a Ré pessoa de extrema vulnerabilidade por ser pessoa idosa. Sentença mantida. Honorários majorados. Recurso desprovido"[57].

Na doutrina, assevera AMÉRICO ISIDORO ANGÉLICO[58] que "pode o juiz, então, ante a evidência dos fatos, da prova inequívoca e do convencimento da verossimilhança, decidir pela exclusão do coproprietário da unidade condominial, continuando este com seu patrimônio, podendo locá-lo, emprestá-lo ou vendê-lo, perdendo, porém, o direito de convivência naquele condomínio".

Destaque-se a lição de SÍLVIO VENOSA[59]:

"Nossa conclusão propende para sentido de que a permanência abusiva ou potencialmente perigosa de qualquer pessoa no condomínio deve possibilitar sua exclusão mediante decisão assemblear, com direito de defesa assegurado, submetendo-se a questão ao Judiciário. Entender-se diferentemente na atualidade é fechar os olhos à realidade e desatender ao sentido social dado à propriedade pela própria Constituição. A decisão de proibição não atinge todo o direito de propriedade do condômino em questão, como se poderia objetar; ela apenas o limita, tolhendo seu direito de habitar e usar da coisa em prol de toda uma coletividade".

Segundo ÊNIO ZULIANI[60], "o direito dos demais condôminos é prioritário e resulta da necessidade de ser combatido o abuso de direito (art. 187 do CC) e o desvio da função social da propriedade (art. 5º, XXIII, da CF) que o lesante reiteradamente pratica, bem como para permitir qualidade de vida digna aos vizinhos (art. 1º, III, da CF). Evidentemente, esse direito poderá ser exercido somente quando as infrações reiteradas atingirem um patamar de insuportabilidade, grau de insatisfação que se reconhece em se constatando que nada mudou mesmo depois do exaurimento das providências previstas (as multas)".

É lícito, pois, concluir com RUBENS CARMO ELIAS FILHO[61] que, "observada a função social da propriedade e a vedação ao abuso do direito, em situações excepcionais em que a aplicação das severas multas previstas nos arts. 1.336 e 1.337, do Código Civil, não forem suficientes para evitar condutas nocivas e antissociais pelo condômino recalcitrante, será cabível a propositura de ação judicial com a

---

[57] TJSP, AC 1029307-52.2018.8.26.0001-SP, 34ª Câm. Dir. Priv., rel. Des. L. G. COSTA WAGNER, j. 26-1-2021.
[58] Exclusão do condômino por reiterado comportamento antissocial à luz do novo Código Civil, *BDI*, outubro 2003, n. 29/3.
[59] *Direito civil*, v. V, p. 305. No mesmo sentido, Álvaro Villaça de Azevedo, *O condomínio*, p. 1033.
[60] O que fazer com o condômino antissocial que não muda o comportamento nocivo, apesar das multas aplicadas? (<http://www.tj.sp.gov.br>).
[61] A exclusão do condômino nocivo ou antissocial à luz dos atuais contornos do direito de propriedade, in Fundamentos do Direito Civil Brasileiro, Campinas/SP: Millennium Editora, Organização de Everaldo Augusto Cambler, 2012, p. 372-373.

finalidade de afastamento do condômino do universo condominial, sendo, *a priori*, recomendável que a medida se limite a restringir o uso da propriedade, remanescendo ao condômino antissocial os atributos de fruir e dispor da propriedade. Em situações mais extremas, as medidas judiciais poderão envolver também a alienação compulsória da propriedade, mediante o procedimento de alienação judicial, na forma do art. 1.113, do Código de Processo Civil [*de 1973; art. 730, CPC/2015*], com observância aos arts. 126 do mesmo *Codex* [*de 1973; art. 140, CPC/2015*] e 4º da Lei de Introdução ao Código Civil (*atual Lei de Introdução às Normas do Direito Brasileiro*)".

Os condôminos, o condomínio ou o possuidor prejudicado, em que pese a aplicação da multa, poderão propor ação indenizatória ou de obrigação de fazer ou não fazer, com pedidos de tutela específica, conforme prevê o Código de Processo Civil em seus arts. 139, IV, 497 a 500, 536, § 1º, e 537. Entre essas possibilidades previstas nos dispositivos retromencionados consta que "o juiz poderá determinar, entre outras medidas, a imposição de multa, a busca e apreensão, a remoção de pessoas e coisas, o desfazimento de obras e o impedimento de atividade nociva, podendo, caso necessário, requisitar o auxílio de força policial" (art. 536, § 1º)[62].

Nessa linha o *Enunciado 508 da V Jornada do Centro de Estudos Judiciários do Superior Tribunal de Justiça*: "Verificando-se que a sanção pecuniária mostrou-se ineficaz, a garantia fundamental da sanção social da propriedade (arts. 5º, XXIII, da Constituição, e 1.228, § 1º, do Código Civil) justifica a exclusão do condômino antissocial, desde que a ulterior assembleia prevista na parte final do parágrafo único do art. 1.337 do Código Civil delibere a propositura de ação judicial com esse fim, asseguradas todas as garantias inerentes ao devido processo legal".

Multas, portanto, não constituem a única sanção contra condômino antissocial contumaz[63].

Decidiu o *Superior Tribunal de Justiça* que o condomínio não responde por briga de moradores. Assim, mesmo que haja vigilância externa, o condomínio não é responsável pela ocorrência de atos ilícitos praticados pelos seus condôminos. O condomínio, assentou-se, não responde pelos danos morais sofridos, em suas áreas comuns, por condômino, decorrente de lesão corporal provocada por outro morador do mesmo local. A exceção acontece se o dever jurídico de agir e impedir a ocorrência do resultado estiver previsto na respectiva convenção condominial[64].

---

[62] Eduardo Rodolpho Vasconcelos de Morais, Multas não devem ser única sanção contra condômino antissocial contumaz. Disponível em: *Revista Consultor Jurídico*, de 11-6-2017.
[63] Nesse sentido, artigo de Eduardo Rodolpho Vasconcelos de Moraes, disponível em: *Revista Consultor Jurídico* de 11-6-2017.
[64] STJ, REsp 1.036.917, 3ª T., rel. Min. Nancy Andrighi, *Revista Consultor Jurídico* de 4-12-2009.

Proclamou, todavia, o *Tribunal Superior do Trabalho* que o condomínio responde diretamente, observado o direito de regresso, pelos atos de condômino que agrediu física e verbalmente o porteiro do prédio. Segundo a aludida Corte, o condomínio equipara-se a empregador e, sendo assim, responde pela saúde física e moral de seus empregados em ambiente de trabalho. O condomínio ainda foi condenado a reconhecer a rescisão indireta do contrato de trabalho[65].

Controverte-se, também, sobre a possibilidade de o condomínio aplicar aos condôminos inadimplentes penas restritivas de direito, tais como limitação do direito de uso dos bens comuns ou interrupção do fornecimento de serviços básicos. Argumentam alguns estudiosos que não há, na lei, nenhum impedimento a que os condôminos regulem, na convenção de condomínio, novas formas de sanção além das multas já previstas no diploma civil, desde que compatíveis com o ordenamento pátrio. Aduzem os adeptos desse entendimento que o próprio Código Civil autoriza, no inciso IV do art. 1.334, que as convenções determinem *"as sanções a que estão sujeitos os condôminos, ou possuidores".*

Para RUBENS CARMO ELIAS FILHO por exemplo, "nada se verifica de irregular na restrição de uso das áreas comuns e na supressão de fornecimento de serviços essenciais, quando possível. Obviamente, tais medidas devem ser precedidas de aprovação em assembleia geral especialmente convocada para tal finalidade, observado o *quorum* específico para a regulamentação das áreas e serviços comuns, sempre com o objetivo de preservar o condomínio e seu síndico de responsabilidade civil e criminal, por eventuais excessos"[66].

Nessa linha, decidiu o *Tribunal de Justiça de São Paulo*: "Ação anulatória de assembleia condominial. Deliberação que impede o condômino inadimplente de se valer do gerador do edifício e de usufruir dos equipamentos de lazer do condomínio. Inexistência de ilegalidade a envolver a deliberação. Providência que não alcança serviços essenciais. Restrição ao inadimplente introduzida pelo novo Código Civil quanto à participação em assembleias (artigo 1.334, inciso III, Código Civil), que pode ser ampliada pela assembleia geral, órgão soberano do condomínio. Intolerável uso dos equipamentos de lazer pelo inadimplente à custa daqueles que pagam em dia a quota condominial. Improcedência da demanda preservada"[67].

Essa corrente encontra fortes opositores, na doutrina e na jurisprudência, ao fundamento, especialmente, de que a suspensão do fornecimento de serviços básicos ao condômino inadimplente mostra-se abusiva, violando o princípio

---

[65] TST, RR-849-39.2012.5.09.0013, 6ª T., rel. Min. Aloysio Corrêa da Veiga, j. 5-2-2014.
[66] *As despesas do condomínio edilício*, p. 195.
[67] Ap. 516.142-4/0-00-SP, 3ª Câm. Dir. Priv., rel. Des. Donegá Morandini, j. 21-10-2008.

constitucional da dignidade humana. Ademais, o condomínio tem à sua disposição os meios judiciais próprios para a cobrança da dívida.

Nesse sentido, a doutrina de JORGE TARCHA e LUIZ ANTONIO SCAVONE JÚNIOR: "O fato de o condômino estar inadimplente não autoriza, *manus militaris*, o rompimento dos serviços, e, tampouco, o impedimento à utilização de salões de festas, piscinas, churrasqueiras, quadras e demais equipamentos comuns, até porque o condomínio possui meios processuais e legais de fazer valer seu direito subjetivo de receber as quotas em atraso"[68].

Por sua vez, o *Tribunal de Justiça de São Paulo*, em outra oportunidade, decidiu que não há embasamento legal para tais medidas, tendo em vista que as penalidades previstas na lei limitam-se às penas pecuniárias (arts. 1.336, § 1º, e 1.337, *caput*, do novo Código Civil) e à restrição prevista no art. 1.335, III, do mesmo diploma, cuja interpretação deve ser realizada de forma restritiva e não extensiva. Desse modo, fere os direitos fundamentais dos condôminos a aplicação de sanções diversas, ainda que previstas na convenção, especialmente aquelas que vedam a utilização do imóvel e de áreas e equipamentos comuns[69].

Para JOSÉ ROBERTO NEVES AMORIM, "as limitações devem estar de acordo com os direitos inerentes à propriedade, que não podem ser feridos, assim como a afinidade ao seu fim social"[70].

Esse nos parece o posicionamento adequado, uma vez que os condôminos inadimplentes são coproprietários das áreas e equipamentos comuns, não podendo, nessa condição, ter os seus direitos de "*usar*" e "*gozar*" limitados pela convenção ou assembleia condominial. A situação difere daquela em que o comportamento antissocial do condômino traz incômodo e prejuízo à vida no condomínio, uma vez que a dívida pode ser cobrada judicialmente, com penhora de bens do inadimplente.

Assim também decidiu o *Tribunal de Justiça de Mato Grosso*, afirmando que impedir que devedores da taxa de condomínio usem áreas comuns é medida coercitiva, ilegal e ilegítima. Frisou a relatora que, embora a condômina estivesse inadimplente com as taxas condominiais, "essa dívida já se encontra em discussão judicial, inclusive com penhora do total do débito. Além disso, os artigos 1.336 e 1.337 do Código Civil dão diversas opções de cobrança a credores, sem precisar que eles imponham medidas graves como restrições de circulação. Não justifica o comportamento da administração condominial que se utilizou de procedimento indevido

---

[68] *Despesas ordinárias e extraordinárias de condomínio*, p. 126.
[69] TJSP, Ap. 445.634.4/3-00-Campinas, rel. Des. Francisco Loureiro, j. 27-9-2007.
[70] Convenção de condomínio e a legalidade das limitações, in *Condomínio edilício*, coord. de Francisco Antonio Casconi e José Roberto Neves Amorim, p. 190.

e de verdadeira coação ilegítima, na tentativa de buscar seu crédito, especialmente considerando, repito, que esta dívida está sendo discutida judicialmente"[71].

Segundo o *Colendo Superior Tribunal de Justiça*, "*Na separação e no divórcio, sob pena de gerar enriquecimento sem causa, o fato de certo bem comum ainda pertencer indistintamente aos ex-cônjuges, por não ter sido formalizada a partilha, não representa automático empecilho ao pagamento de indenização pelo uso exclusivo do bem por um deles, desde que a parte que toca a cada um tenha sido definida por qualquer meio inequívoco. Na hipótese dos autos, tornado certo pela sentença o quinhão que cabe a cada um dos ex-cônjuges, aquele que utiliza exclusivamente o bem comum deve indenizar o outro, proporcionalmente*"[72].

5.2. Direitos dos condôminos

No regime do condomínio edilício há uma combinação de dois direitos reais: a propriedade sobre as unidades autônomas e a copropriedade sobre as partes comuns.

Os principais direitos dos condôminos estão elencados, no Código Civil, no art. 1.335, *verbis*:

"*São direitos do condômino:*

I – usar, fruir e livremente dispor de suas unidades;

II – usar das partes comuns, conforme a sua destinação, e contanto que não exclua a utilização dos demais compossuidores;

III – votar nas deliberações da assembleia e delas participar, estando quite".

Outros direitos estão previstos nos arts. 1.338 e 1.339, § 2º, do aludido diploma.

Como proprietário da *unidade autônoma* (inciso I), o seu titular pode exercer, em relação a ela, todos os poderes inerentes ao domínio, como usar, gozar, dispor e reavê-la de quem quer que injustamente a possua ou detenha, nos termos do art. 1.228 do Código Civil. Pode assim vendê-la, alugá-la, cedê-la, emprestá-la, ocupá-la ou deixar de fazê-lo, sem necessidade da anuência dos demais condôminos e sem a obrigação de lhes dar preferência.

O seu poder jurídico sobre a unidade deve ser exercido, todavia, dentro dos limites estabelecidos em lei e na convenção do condomínio, que é lei particular da comunidade e pode proibir, por exemplo, o aluguel de unidades ou lojas para determinados usos. As alterações internas da unidade autônoma podem ser rea-

---

[71] TJMG, Processo 1008956-78.2018.8.11.000, 3ª Câm. Dir. Priv., rel. Des. Cleuci Pereira da Silva, j. 6-1-2019.

[72] STJ, REsp 1.250.362-RS, 2ª Seção, rel. Min. Raul Araújo, *DJe* 20-2-2017.

lizadas livremente, desde que não haja comprometimento da segurança da edificação (CC, art. 1.336, II)[73].

A *utilização das partes comuns* (inciso II) deve obedecer à destinação do edifício, sendo proibido mudar a finalidade residencial para comercial, ou vice-versa. Não podem, por exemplo, os corredores ser utilizados como área de lazer, as vagas de garagem ser transformadas em depósito ou o salão de festas ser usado como escritório particular de condômino etc. Uma das características mais marcantes do condomínio edilício é a vedação do uso exclusivo das partes comuns[74], salvo se o condômino receber a anuência da totalidade dos consortes ou houver aprovação em assembleia geral.

Não pode o condômino, igualmente, na utilização de sua unidade, excluir, perturbar ou embaraçar a utilização dos demais condôminos. Todos têm o mesmo direito de usar as partes comuns, devendo o síndico zelar pela observância desse direito. Caso não o faça, pode o condômino tomar as providências necessárias, inclusive judiciais, uma vez que a turbação ou esbulho cometido contra a parte comum atinge o poder de uso de todos.

O *direito de votar* e participar das deliberações nas assembleias (inciso III) é assegurado por lei, desde que o condômino esteja quite com o pagamento da cota condominial. Essa exigência constitui inovação e "revela sensibilidade do legislador relativamente à importância de que se reveste a pontualidade no pagamento das despesas de condomínio"[75].

"O direito do condômino de exercer o voto nas assembleias do condomínio edilício está adstrito à sua unidade condominial, desde que *adimplente*. Sendo ele proprietário de diversas unidades, terá assegurado o direito a tantos votos quantas forem as unidades em que ele estiver adimplente"[76]. A possibilidade de exercício do direito à votação subsiste somente com relação às unidades adimplentes.

O proprietário pode fazer-se representar nas assembleias por procurador com poderes específicos para delas participar e votar nas deliberações.

---

[73] "Condomínio. Alteração das partes comuns. Mudança de portas dos apartamentos. As portas dos apartamentos existentes nos corredores internos não são áreas comuns do prédio e podem ser alteradas tanto no tocante ao material empregado como no desenho e até nas dimensões, pecando por erro de interpretação o entendimento de proibição da mudança das aludidas características, segundo a regra que zela pela uniformidade do espaço comum dos prédios de apartamentos" (TJRJ, Ap. 2004.001.14758, 17ª Câm. Cív., rel. Des. Rudi Loewenkron, *DJE*, 28-10-2004).
[74] João Batista Lopes, *Comentários*, cit., v. XII, p. 152.
[75] João Batista Lopes, *Condomínio*, cit., p. 90.
[76] STJ, REsp 1.375.160-SC, 3ª T., rel. Min. Nancy Andrighi, j. 1º-10-2013.

O locatário não tem, todavia, legitimidade para questionar normas de convivência eleitas pelos condôminos e pleitear a declaração de invalidade de disposições da convenção e do regimento interno. Em hipótese em que a locatária pleiteava o afastamento da proibição de animais em unidades autônomas, proclamou o *Tribunal de Justiça do Distrito Federal* que cabe aos condôminos, promitentes compradores, cessionários ou promitentes cessionários dos direitos pertinentes à aquisição das unidades autônomas edificadas em condomínio a missão de elaborar a convenção e o regimento interno, de modo a disciplinar o modo de usar as coisas, espaços e serviços comuns de forma a não causar dano, obstáculo, incômodo ou embaraço aos demais condôminos ou moradores. Frisou o acórdão que no contrato de locação da unidade residencial não constava que o locador havia transferido à locatária o direito de representá-lo junto ao condomínio ou em juízo[77].

O art. 1.338 do Código Civil assegura aos condôminos direito de preferência no caso de um deles pretender locar a sua garagem. Dispõe o aludido dispositivo:

"Resolvendo o condômino alugar área no abrigo para veículos, preferir-se-á, em condições iguais, qualquer dos condôminos a estranhos, e, entre todos, os possuidores".

Por sua vez, o § 2º do art. 1.339 do mesmo diploma permite ao condômino *"alienar"* vaga de garagem, que é *"parte acessória"* de sua unidade, a outro condômino, *"só podendo fazê-lo a terceiro se essa faculdade constar do ato constitutivo do condomínio, e se a ela não se opuser a respectiva assembleia geral".*

Corrobora a disposição anterior o Enunciado n. 91 da I Jornada de Direito Civil, que assegura: "A convenção de condomínio ou a assembleia geral podem vedar a locação de área de garagem ou abrigo para veículos a estranhos ao condomínio".

A utilização dos apartamentos para locação por temporada é, para o Min. MARCO AURÉLIO BELLIZZE, do *Superior Tribunal de Justiça*, "uma prática corriqueira e legal, inclusive com previsão no art. 48 da Lei n. 8.145/91. (...) o Código Civil assegura aos proprietários o direito de gozar de seus bens. Igualmente, a lei de locações determina que os aluguéis temporários possuem prazo máximo de noventa dias (art. 48). Diante dessas circunstâncias, convém perceber que a norma regimental encontra-se em expresso descompasso com a legislação, pois ao estabelecer apenas um prazo máximo para os aluguéis por temporada, a norma, *a contrario sensu*, autoriza tal instituto por qualquer prazo inferior a este. É evidente o silêncio eloquente do legislador, pois poderia ter estabelecido prazo mínimo, mas contentou-se em apenas ditar o prazo máximo para essa modalidade de contrato (...). Desta maneira, não há nenhuma ilegalidade no fato da autora/

---

[77] TJDFT, Proc. 20090110007990, 4ª T. Cív., disponível em: *Revista Consultor Jurídico*, de 5-2-2012.

agravada promover a locação do seu apartamento a pessoas estranhas ao condomínio por curto período de tempo"[78].

Segundo o Des. MORAIS PUCCI, do *Tribunal de Justiça de São Paulo*, "a simples locação da unidade autônoma por curtos períodos não caracteriza hospedagem e nem mesmo desvirtua a destinação exclusivamente residencial do condomínio". (...) "A proibição efetuada pelo condomínio de locação por temporada das unidades autônomas restringe os direitos dos condôminos, em especial o de gozar do imóvel e, para tanto, a convenção do condomínio exige aprovação em assembleia por unanimidade" (...). "Não havendo unanimidade entre os condôminos, o que é exigência de sua própria convenção condominial, deve-se, pois, considerar nula a tentativa de alteração da convenção para proibir a locação por temporada (...)"[79].

6. DA ADMINISTRAÇÃO DO CONDOMÍNIO EM EDIFICAÇÕES

A administração do condomínio é regulada em seção própria do Código Civil, nos arts. 1.347 a 1.356. Será exercida por um síndico, cujo mandato não pode exceder de dois anos, permitida a reeleição, pelo conselho fiscal e pelas assembleias gerais, que terão como diretriz a convenção e o regimento interno.

Preceitua, com efeito, o art. 1.347 do Código Civil:

"*A assembleia escolherá um síndico, que poderá não ser condômino, para administrar o condomínio, por prazo não superior a dois anos, o qual poderá renovar-se*".

Os interesses comuns dos condôminos reclamam um administrador. Compete ao síndico, como tal, dentre outras atribuições (CC, art. 1.348), representar ativa e passivamente o condomínio, em juízo ou fora dele (inciso II). Não faz jus a remuneração se não estiver regularmente prevista. Pode ser condômino ou pessoa física ou jurídica estranha ao condomínio. Geralmente, são empresas especializadas, podendo ser a mesma que administra o condomínio.

O síndico representa a coletividade condominial, agindo em nome alheio nos limites da convenção e sob a fiscalização da assembleia, praticando os atos de defesa dos interesses comuns. Nas ações movidas contra o condomínio é ele citado e tem poderes para representar e defender a comunidade. Do poder de representação do condomínio em juízo resulta que a decisão proferida faz coisa

---

[78] STJ, ARESP 1.174.291 SE 2017/0240403-5, rel. Min. Marco Aurélio Bellizze, *DJe* 24-11-2017.
[79] TJSP, Apel. 1124567-87.2017.8.26.0100-SP, rel. Des. Morais Pucci, disponível em: *Revista Consultor Jurídico* de 28-10-2019.

julgada contra ou a favor, sendo oponível aos condôminos individualmente, não obstante não tenham sido partes no feito, porém nos limites em que o objeto da ação esteja adstrito aos interesses comuns[80].

Como o síndico administra bens alheios, deve prestar contas, dever esse inerente a todo administrador de coisa de terceiros. Assim, as contas do síndico devem ser prestadas em assembleia anual, ao findar seu mandato, sempre perante assembleia, e "*quando exigidas*" (CC, art. 1.348, VIII). Havendo fundadas suspeitas de manobra para que as contas não sejam prestadas em assembleia, os condôminos podem requerer que sejam prestadas diretamente a eles[81].

Tem-se decidido, com efeito, que, "se é verdade, por um lado, que o síndico presta contas à assembleia, por outro não é menos verdadeiro que o condômino tem o direito de exigi-las se as circunstâncias peculiares do caso tornam claro que poderá haver manipulação para que não se as prestem"[82].

Decidiu, todavia, a Terceira Turma do *Superior Tribunal de Justiça* que o condômino, isoladamente, não tem legitimidade para propor ação de prestação de contas, pois a obrigação do síndico é prestar contas à assembleia, nos termos da Lei n. 4.591/64. Destacou o relator, Min. Villas Bôas Cuevas, que a Lei n. 4.591/64 estabelece que compete ao síndico prestar contas à assembleia dos condôminos. No mesmo sentido, o art. 1.348, VIII, do Código Civil, dispõe que compete ao síndico, entre outras atribuições, prestar contas à assembleia, anualmente e quando exigidas. Assim, frisou, "por expressa vedação legal, o condômino não possui legitimidade para propor ação de prestação de contas, porque o condomínio, representado pelo síndico, não teria obrigação de prestar contas a cada um dos condôminos, mas a todos, perante a assembleia. O condômino não pode se sobrepor à assembleia, órgão supremo do condomínio, cujas deliberações expressam a vontade da coletividade dos condôminos sobre todos os interesses comuns. Na eventualidade de não serem prestadas as contas, assiste aos condôminos o direito de convocar assembleia, como determina o art. 1.350, § 1º, do Código Civil. Por essa razão, torna-se inviável ao condômino, isoladamente, exigir a prestação de contas, que deve ser apresentada à coletividade"[83].

O entendimento acima restou reiterado em recente julgado do *Superior Tribunal de Justiça* que assim dispôs:

---

[80] Caio Mário da Silva Pereira, *Instituições*, cit., v. IV, p. 197.
[81] Carlos Alberto Dabus Maluf e Márcio Antero Motta Ramos Marques, *O condomínio edilício*, cit., p. 107.
[82] TJRJ, AC 2001.001.28951, rel. Des. Gustavo Kuhl Leite, j. 27-6-2002.
"Prestação de contas. Síndico. Ação contra este ajuizada por condôminos. Interesse de agir. Falta. Contas já prestadas e julgadas boas em assembleia geral. Carência da ação" (*JTJ*, Lex, 253/38).
[83] STJ, REsp 1.046.652-RJ, 3ª T., rel. Min. Villas Bôas Cuevas, 16-9-2014.

"O condômino não tem legitimidade para propor, individualmente, a ação de exigir contas. O síndico tem a obrigação de prestar contas a todos os condôminos, na assembleia de condomínio. O condômino somente pode atuar sozinho para requerer a reunião da assembleia e ¼ dos condôminos podem convocar a assembleia se o síndico não o fizer (art. 1.350, §§ 1º e 2º, do CC/02). O direito de examinar os livros e documentos relativos ao condomínio não se confunde com o direito da coletividade dos condôminos de obter a prestação de contas da administração do condomínio"[84].

A convenção pode prever a figura do subsíndico, que será eleito pela assembleia para auxiliar o síndico em suas funções e eventualmente substituí-lo. Pode ainda estipular que dos atos do síndico caiba recurso para a assembleia, convocada pelo interessado.

Como inovação, o § 1º do art. 1.348 do Código Civil admite que a assembleia desdobre os poderes do síndico, quanto à representação do condomínio, e neles invista outra pessoa, neste termos: *"Poderá a assembleia investir outra pessoa, em lugar do síndico, em poderes de representação".*

Tal regra deve ser interpretada no sentido de que a assembleia poderá constituir representante para determinado ato, sem retirar todos os poderes de representação do síndico. Em muitos casos, como observa JOÃO BATISTA LOPES[85], seja pelo porte do edifício, seja pela complexidade das questões, não é possível ao síndico dar conta de suas múltiplas funções. Diante disso, permite a lei que a assembleia invista outro condômino em poderes de representação. Assim, por exemplo, se se cuidar da contratação de obras, poderá a assembleia indicar um condômino engenheiro para negociá-las; se se cuidar de matéria jurídica (*v. g.*, exame de minuta de contrato para reforma de elevadores), poderá ser escolhido um advogado; se a questão for contábil, um contador etc.

Nessa consonância, aquele que assumir o poder de representação, atribuído pela assembleia geral, atua sem qualquer dependência em relação ao síndico, devendo prestar contas dos seus atos à assembleia geral. Mas o síndico, fora do território em que foi atribuído o poder de representação a outra pessoa, continua a exercer aquilo que lhe compete. Exerce suas funções normais e a representação que lhe cabe, e que não foi atribuída a outra pessoa[86].

Também inovando, o § 2º do aludido art. 1.348 autoriza o próprio síndico a *"transferir a outrem, total ou parcialmente, os poderes de representação ou as funções administrativas, mediante aprovação da assembleia, salvo estipulação em contrário da convenção".*

---

[84] REsp 2.050.372-MT, 3ª T., rel. Min. Nancy Andrighi, *DJe* 27-4-2023.
[85] *Comentários*, cit., v. XII, p. 188-189.
[86] Marco Aurélio S. Viana, *Comentários*, cit., v. XVI, p. 491.

A lei não exige *quorum* especial para a assembleia aprovar a transferência de poderes proposta pelo síndico, o que permite concluir seja suficiente a maioria simples. A transferência de funções pode ser vedada pela convenção de condomínio, como consta da parte final do dispositivo. A ressalva é facilmente explicável: o síndico é, por definição, o órgão executivo do condomínio e, portanto, investido dos poderes de administração e representação. A transferência de poderes é excepcional e, portanto, só deve ser admitida se a convenção não a proibir[87].

A destituição do síndico é regulada pelo art. 1.349 do Código Civil, que assim dispõe:

"A assembleia, especialmente convocada para o fim estabelecido no § 2º do artigo antecedente, poderá, pelo voto da maioria absoluta de seus membros, destituir o síndico que praticar irregularidades, não prestar contas, ou não administrar convenientemente o condomínio".

Verifica-se, assim, que a destituição do síndico pela assembleia pode ocorrer em três hipóteses: a) prática de irregularidades; b) falta de prestação de contas; e c) administração não conveniente. A "prática de irregularidades" e "administração não conveniente" constituem conceitos vagos e só o exame das circunstâncias indicará, em cada caso, a configuração do requisito legal. Pequenos deslizes que não revelem má-fé, nem causem danos ao condomínio, não justificam a severa medida, sendo certo que não é qualquer irregularidade causa de destituição do síndico.

Já a ausência de prestação de contas constitui conceito preciso e grave violação a um dos principais deveres do síndico. Para a sua caracterização não se exige a má-fé, nem a existência de prejuízo concreto para o condomínio. Desse modo, a simples omissão já representa um prejuízo potencial, gerando insegurança na vida condominial, servindo de fundamento para a aludida destituição, salvo se comprovado motivo justo para a falta, como razões de saúde ou outro impedimento relevante.

A destituição não é a única consequência possível dos atos ou omissões do síndico, podendo ser ele, presentes os pressupostos legais, responsabilizado civil ou penalmente pelo condomínio, conforme a tal respeito deliberar a assembleia.

O síndico é assessorado por um conselho consultivo, constituído de três condôminos, com mandatos que não podem exceder a dois anos, permitida a reeleição. É órgão de assessoramento e fiscalização (Lei n. 4.591/64, art. 23). Poderá haver no condomínio *"um conselho fiscal, composto de três membros, eleitos pela assembleia, por prazo não superior a dois anos, ao qual compete dar parecer sobre as contas do síndico"* (CC, art. 1.356).

---

[87] João Batista Lopes, *Comentários*, cit., v. XII, p. 189-190.

Deve haver, anualmente, uma *assembleia geral* ordinária, convocada pelo síndico na forma prevista na convenção, à qual compete, além das demais matérias inscritas na ordem do dia, aprovar, por maioria dos presentes, "*o orçamento das despesas, as contribuições dos condôminos e a prestação de contas, e eventualmente eleger-lhe o substituto e alterar o regimento interno*" (CC, art. 1.350).

As decisões da assembleia, tomadas, em cada caso, pelo *quorum* que a convenção fixar, obrigam todos os condôminos, mesmo os vencidos e os que não compareceram.

As assembleias gerais extraordinárias podem ser convocadas pelo síndico ou por condôminos que representem um quarto, no mínimo, do condomínio, sempre que o exijam os interesses gerais (CC, art. 1.355).

A convenção de condomínio e o regimento interno, bem como a mudança da destinação do edifício ou da unidade imobiliária só podem ser modificados em assembleia geral extraordinária, pela aprovação de dois terços dos votos dos condôminos (CC, art. 1.351). A assembleia é o órgão máximo do condomínio, tendo poderes, inclusive, para modificar a própria convenção. Sujeita-se somente à lei e às disposições estabelecidas nesta, podendo ser controlada pelo Judiciário.

Se, embora regularmente convocada, a assembleia não se reunir, qualquer condômino poderá promover procedimento judicial, cabendo ao juiz suprir a vontade condominial, proferindo decisão a respeito dos assuntos que tenham sido objeto da convocação (CC, art. 1.350, § 2º).

Instalada a assembleia, as deliberações tomam-se por maioria de votos dos condôminos presentes, que representem pelo menos a metade das frações ideais (CC, art. 1.352), salvo aqueles para os quais é exigido *quorum* especial. Os votos são proporcionais às frações ideais, salvo se diversamente dispuser a convenção de constituição do condomínio. Em segunda convocação, a assembleia pode deliberar por maioria dos votos dos presentes, salvo quando exigido *quorum* especial (CC, art. 1.353)[88].

A Lei n. 14.309, de 8 de março de 2022, incluiu parágrafos ao art. 1.353, que assim dispõe:

"*Art. 1.353. Em segunda convocação, a assembleia poderá deliberar por maioria dos votos dos presentes, salvo quando exigido quorum especial.*

§ 1º Quando a deliberação exigir quórum especial previsto em lei ou em convenção e ele não for atingido, a assembleia poderá, por decisão da maioria dos presentes, autorizar o presidente a converter a reunião em sessão permanente, desde que cumulativamente:

---

[88] Caio Mário da Silva Pereira, *Instituições*, cit., v. IV, p. 201.

I – sejam indicadas a data e a hora da sessão em seguimento, que não poderá ultrapassar 60 (sessenta) dias, e identificadas as deliberações pretendidas, em razão do quórum especial não atingido;

II – fiquem expressamente convocados os presentes e sejam obrigatoriamente convocadas as unidades ausentes, na forma prevista em convenção;

III – seja lavrada ata parcial, relativa ao segmento presencial da reunião da assembleia, da qual deverão constar as transcrições circunstanciadas de todos os argumentos até então apresentados relativos à ordem do dia, que deverá ser remetida aos condôminos ausentes

IV – seja dada continuidade às deliberações no dia e na hora designados, e seja a ata correspondente lavrada em seguimento à que estava parcialmente redigida, com a consolidação de todas as deliberações.

§ 2º Os votos consignados na primeira sessão ficarão registrados, sem que haja necessidade de comparecimento dos condôminos para sua confirmação, os quais poderão, se estiverem presentes no encontro seguinte, requerer a alteração do seu voto até o desfecho da deliberação pretendida.

§ 3º A sessão permanente poderá ser prorrogada tantas vezes quantas necessárias, desde que a assembleia seja concluída no prazo total de 90 (noventa) dias, contado da data de sua abertura inicial".

A convocação de todos os condôminos é obrigatória, sob pena de nulidade, pois o art. 1.354 do Código Civil estabelece que "*a assembleia não poderá deliberar se todos os condôminos não forem convocados para a reunião*".

A Lei n. 14.309/2022 incluiu o art. 1.354-A ao Código Civil, dispondo que a convocação, a realização e a deliberação de quaisquer modalidades de assembleia poderão dar-se de forma eletrônica, desde que tal possibilidade não seja vedada na convenção de condomínio e também que sejam preservados aos condôminos os direitos de voz, de debate e de voto.

A Lei também incluiu seis parágrafos ao art. 1.354-A, dispondo:

"§ 1º Do instrumento de convocação deverá constar que a assembleia será realizada por meio eletrônico, bem como as instruções sobre acesso, manifestação e forma de coleta de votos dos condôminos.

§ 2º A administração do condomínio não poderá ser responsabilizada por problemas decorrentes dos equipamentos de informática ou da conexão à internet dos condôminos ou de seus representantes nem por quaisquer outras situações que não estejam sob o seu controle.

§ 3º Somente após a somatória de todos os votos e a sua divulgação será lavrada a respectiva ata, também eletrônica, e encerrada a assembleia geral.

§ 4º A assembleia eletrônica deverá obedecer aos preceitos de instalação, de funcionamento e de encerramento previstos no edital de convocação e poderá ser realizada *de forma híbrida, com a presença física e virtual de condôminos concomitantemente no mesmo ato.*

§ 5º Normas complementares relativas às assembleias eletrônicas poderão ser previstas no regimento interno do condomínio e definidas mediante aprovação da maioria simples dos presentes em assembleia convocada para essa finalidade. (Incluído pela Lei n. 14.309, de 2022)

§ 6º Os documentos pertinentes à ordem do dia poderão ser disponibilizados de forma física ou eletrônica aos participantes".

A Lei n. 14.010, de 10 de junho de 2020 *"Dispõe sobre o Regime Jurídico Emergencial e Transitório das relações jurídicas de Direito Privado (RJET) no período da pandemia do coronavírus (Covid-19)".* No Capítulo VIII a referida lei dispõe sobre os condomínios edilícios, nestes termos:

"Art. 12. A assembleia condominial, inclusive para os fins dos arts. 1.349 e 1.350 do Código Civil, e a respectiva votação poderão ocorrer, em caráter emergencial, até 30 de outubro de 2020, por meios virtuais, caso em que a manifestação de vontade de cada condômino será equiparada, para todos os efeitos jurídicos, à sua assinatura presencial.

Parágrafo único. Não sendo possível a realização de assembleia condominial na forma prevista no caput, os mandatos de síndico vencidos a partir de 20 de março de 2020 ficam prorrogados até 30 de outubro de 2020.

Art. 13. É obrigatória, sob pena de destituição do síndico, a prestação de contas regular de seus atos de administração".

7. DA EXTINÇÃO DO CONDOMÍNIO EDILÍCIO

Diferentemente do condomínio tradicional, que pode ser extinto, a todo tempo, pela divisão ou venda da coisa comum, o condomínio edilício, que incide sobre o solo e partes e coisas comuns do edifício e sobre a propriedade exclusiva das unidades, tem como característica essencial a indivisibilidade, sendo constituído para perpetuar-se no tempo.

Desse modo, não pode ser extinto pelos condôminos, por convenção ou por via judicial, pois a indivisibilidade é da própria essência do instituto.

Todavia, o condomínio pode extinguir-se por vários motivos, casuais ou jurídicos, como:

a) pela destruição do imóvel por qualquer motivo, como, por exemplo, incêndio, terremoto, inundação (CC, art. 1.357, primeira parte);

b) pela demolição voluntária do prédio, por razões urbanísticas ou arquitetônicas, ou por condenação do edifício pela autoridade pública, por motivo de insegurança ou insalubridade (Lei n. 6.709/79, art. 1º) ou por ameaça de ruína (CC, art. 1.357, segunda parte);

c) pela desapropriação do edifício, caso em que a indenização será repartida na proporção do valor das unidades imobiliárias (CC, art. 1.358);

d) pela confusão, se todas as unidades autônomas forem adquiridas por uma só pessoa[89].

Dispõe, com efeito, o art. 1.357 do Código Civil:

"Se a edificação for total ou consideravelmente destruída, ou ameace ruína, os condôminos deliberarão em assembleia sobre a reconstrução, ou venda, por votos que representem metade mais uma das frações ideais.

§ 1º Deliberada a reconstrução, poderá o condômino eximir-se do pagamento das despesas respectivas, alienando os seus direitos a outros condôminos, mediante avaliação judicial;

§ 2º Realizada a venda, em que se preferirá, em condições iguais de oferta, o condômino ao estranho, será repartido o apurado entre os condôminos, proporcionalmente ao valor das suas unidades imobiliárias".

A primeira causa de extinção do condomínio mencionada no dispositivo em apreço é, pois, a ocorrência de sinistro que *destrua a edificação* na sua totalidade ou de maneira considerável. A segunda é a *demolição voluntária* do prédio, que pode ocorrer em caso de *ameaça de ruína*, contemplada na segunda parte do *caput* do dispositivo supratranscrito, ou nos casos previstos no art. 1º da Lei n. 6.709/79: a) quando, por razões urbanísticas ou arquitetônicas, for aconselhável a demolição do prédio; b) por condenação do edifício pela autoridade pública; c) por motivo de insegurança ou insalubridade.

Em ambos os casos, os condôminos, pelo voto da maioria absoluta das frações ideais, deliberam sobre a *reconstrução* ou *venda*. Optando por esta, promover-se-á o rateio da importância apurada, proporcionalmente ao valor das unidades imobiliárias. Decidindo pela reconstrução, far-se-á esta a expensas de todos os condôminos, que contribuirão proporcionalmente às respectivas frações ideais.

O condômino dissidente poderá eximir-se de participar das despesas, mediante alienação de sua parte, que será adquirida pela maioria, mediante avaliação judicial.

O § 2º do dispositivo em apreço estabelece a preferência do condômino ao estranho na venda do edifício e prevê a divisão do valor apurado proporcionalmente ao valor das frações ideais.

O art. 1.358 do Código Civil cogita da desapropriação do edifício, dispondo:

---

[89] Carlos Alberto Dabus Maluf e Márcio Antero Motta Ramos Marques, *O condomínio edilício*, cit., p. 123-124.

"*Se ocorrer desapropriação, a indenização será repartida na proporção a que se refere o § 2º do artigo antecedente*".

Empregando genericamente o vocábulo *desapropriação*, o dispositivo abrange a que atinge a totalidade do edifício ou apenas parte dele. Pode ocorrer, também, mais remotamente, a desapropriação de uma única ou algumas unidades autônomas. Neste caso a indenização competirá somente aos proprietários das unidades expropriadas.

Releva observar que, no caso de desapropriação do condomínio edilício, todos os condôminos deverão ser citados. Não basta citar o síndico, que representa o condomínio somente no que tange aos interesses comuns e não no tocante aos interesses particulares dos condôminos. Estes são os titulares do domínio sobre as unidades autônomas e coproprietários das partes comuns. Por essa razão deverão ser citados regularmente na ação de desapropriação, tendo em vista que esta implica perda de propriedade.

"A incorporação imobiliária que tenha por objeto o condomínio de lotes poderá ser submetida ao regime do patrimônio de afetação, na forma da lei especial" (*Enunciado 625 da VIII Jornada de Direito Civil do Conselho da Justiça Federal*).

A Lei n. 10.931, de 2 de agosto de 2004, instituiu o Regime Especial Tributário do Patrimônio de Afetação aplicável às incorporações imobiliárias, em caráter opcional e irretratável, enquanto perdurarem direitos de créditos ou obrigações do incorporador junto aos compradores dos imóveis que compõem a incorporação, com o objetivo de recuperar a construção civil com a venda de imóvel em planta pelos incorporadores imobiliários brasileiros, em face dos prejuízos causados por alguns empreendedores. A adesão por esse regime será efetivada quando da entrega do termo e de opção junto à Secretaria da Receita Federal pelo incorporador/proprietário do lote e da afetação do terreno e das acessões constantes do processo de incorporação.

8. DO CONDOMÍNIO DE LOTES

A Lei n. 13.465, de 11 de julho de 2017, conhecida como "Lei da Reurb", dispôs, no art. 58, que o Código Civil passa a vigorar acrescido da Seção IV no capítulo concernente ao condomínio edilício, do seguinte teor, com as alterações subsequentes trazidas pela Lei n. 14.382/2022:

"*Seção IV*

Do Condomínio de Lotes

Art. 1.358-A. *Pode haver, em terrenos, partes designadas de lotes que são propriedade exclusiva e partes que são propriedade comum dos condôminos.*

§ 1º A fração ideal de cada condômino poderá ser proporcional à área do solo de cada unidade autônoma, ao respectivo potencial construtivo ou a outros critérios indicados no ato de instituição.

§ 2º Aplica-se, no que couber, ao condomínio de lotes:

I – o disposto sobre condomínio edilício neste Capítulo, respeitada a legislação urbanística; e

II – o disposto sobre condomínio edilício neste Capítulo, respeitada a legislação urbanística; e

§ 3º Para fins de incorporação imobiliária, a implantação de toda a infraestrutura ficará a cargo do empreendedor".

O objetivo principal foi regulamentar os denominados "loteamentos fechados". Observa-se que os loteamentos passam a seguir o mesmo regime do condomínio edilício, com áreas comuns e áreas de convivência.

O art. 45 da referida Lei n. 13.465 dispõe que, quando se tratar de imóvel sujeito a regime de condomínio geral a ser dividido em lotes com indicação, na matrícula, da área deferida a cada condômino, o Município poderá indicar, de forma individual ou coletiva, as unidades imobiliárias correspondentes às frações ideais registradas, sob sua exclusiva responsabilidade, para a especialização das áreas registradas em comum. Observa-se que o objetivo é regularizar os denominados "loteamentos fechados", com o aval do Município.

O art. 78 da lei em apreço introduziu no ordenamento jurídico o denominado "loteamento de acesso controlado", nestes termos:

"Constitui loteamento de acesso controlado a modalidade de loteamento, definida nos termos do § 1º deste artigo, cujo controle de acesso será regulamentado por ato do Poder Público Municipal, sendo vedado o impedimento de acesso a pedestres ou a condutores de veículos, não residentes, devidamente identificados ou cadastrados".

O legislador previu também a possibilidade de se vedar o cercamento do condomínio com muros, incluindo o § 4º ao art. 4º da Lei n. 6.766/79 (art. 78 da Lei n. 13.465/17), nos seguintes termos:

"§ 4º No caso de lotes integrantes de condomínio de lotes, poderão ser instituídas limitações administrativas e direitos reais sobre coisa alheia em benefício do Poder Público, da população em geral e da proteção da paisagem urbana, tais como servidões de passagem, usufrutos e restrições à construção de muros".

Como observam Ivan Carneiro Castanheiro e Andreia Mara de Oliveira, "A exemplo do que foi feito com o fechamento do loteamento, o legislador, por meio do art. 78 da Lei n. 13.465/17, introduziu o art. 36-A à Lei n. 6.766/79, de maneira a evitar a incidência da regra constitucional de que ninguém está obrigado a se associar ou manter-se associado (art. 5º, XX), equiparando a atividade da associação de condomínio residencial à atividade de administração de imóveis. Dessa forma, em tese, foi contornada a celeuma existente sobre a cobrança da taxa condominial para aqueles moradores que não mais se mantiverem associados, de maneira que estes, ainda assim, ficarão com a incumbência de pagar pelo recebimento dos serviços prestados ou colocados à sua disposição, sob pena de ser considerado enriquecimento sem causa"[90].

Trata-se do que se denomina de condomínio de fato, mencionado por MARCO AURÉLIO BEZERRA DE MELO, que inclui nele o *loteamento de acesso controlado*, observando que "os atuais artigos 2º, § 8º, e 36-A, da Lei n. 6.766/79, com redação dada pela Lei n. 13.465/2017, de 11 de julho de 2017, parecem não deixar dúvidas do retorno ao ordenamento jurídico do condomínio de fato com todas as suas implicações jurídicas, atingindo aqueles que participaram da sua formação, assim como outros adquirentes que adquiriram a sua unidade depois da instituição do condomínio de fato".

O referido civilista sustenta a constitucionalidade da obrigação de pagamento das contribuições pelos moradores do condomínio, afirmando que "não se está afirmando que a pessoa é obrigada a associar-se, mas sim que o interesse da coletividade no tocante à funcionalização da propriedade deve prevalecer e que não é lícito o enriquecimento sem causa (art. 884, do CC) que se dará com o gozo das benesses condominiais sem a devida contraprestação. Eventuais abusos na cobrança, como, por exemplo, inexistência de contraprestação, há de ser identificados pelos tribunais estaduais a quem compete aferir no mundo dos fatos a seriedade ou não dos condomínios de fato"[91].

9. DO CONDOMÍNIO EM MULTIPROPRIEDADE

A Lei n. 13.777/2018, de 20 de dezembro de 2018, introduziu novo capítulo no Código Civil, denominado "Condomínio em Multipropriedade", inserindo 19 artigos (arts. 1.358-B a 1.358-U) e alterando os arts. 176 e 178 da Lei n. 6.015/73.

Conforme MÁRCIO ANDRÉ LOPES CAVALCANTE[92], "A multipropriedade ocorre quando um bem é dividido entre vários proprietários sendo que cada um deles utilizará a coisa, com exclusividade, durante certo(s) período(s) de tempo por ano, em um sistema de rodízio".

Segundo o art. 1.358-C, "Multipropriedade é o regime de condomínio em que cada um dos proprietários de um mesmo imóvel é titular de uma fração de tempo, à qual corresponde a faculdade de uso e gozo, com exclusividade, da totalidade do imóvel, a ser exercida pelos proprietários de forma alternada".

---

[90] "A regularização dos loteamentos fechados e condomínio de lotes pela Lei n. 13.465/17", disponível em: *Revista Consultor Jurídico* de 29-11-2018.
[91] Marco Aurélio Bezerra de Melo, *Direito civil*. Coisas, Rio de Janeiro: Forense, 2018, p. 286.
[92] *Breves comentários* à Lei 13.777/2018, Condomínio em Multipropriedade, 23-12-2018.

Para Maria Helena Diniz[93] "O sistema *time-sharing* ou multipropriedade imobiliária é uma espécie condominial relativa aos locais de lazer, pela qual há um aproveitamento econômico de bem imóvel (casa, chalé, apartamento) repartido, como ensina Gustavo Tepedino, em unidades fixas de tempo, assegurando a cada cotitular o seu uso exclusivo e perpétuo durante certo período anual".

Registre-se que o condomínio edilício poderá adotar o regime de multipropriedade em parte ou na totalidade de suas unidades autônomas, mediante previsão no instrumento de instituição ou deliberação da maioria absoluta dos condôminos.

No tocante às penalidades aos condôminos multiproprietários, preceitua o § 1º do art. 1.358-J que, conforme previsão que deverá constar da convenção condominial, o multiproprietário estará sujeito: a) à multa, no caso de descumprimento de qualquer de seus deveres; b) à multa progressiva e perda temporária do direito de utilização do imóvel no período correspondente à sua fração de tempo, no caso de descumprimento reiterado de deveres.

As referidas penalidades não impedem a imposição de outras, como as impostas ao condômino nocivo ou antissocial, em caso de descumprimento reiterado dos deveres (CC, art. 1.337).

O aludido art. 1.358-J prescreve ainda, no § 2º, que a responsabilidade pelas despesas referentes a reparos no imóvel, bem como em suas instalações, equipamentos e mobiliários será: a) de todos os multiproprietários, quando decorrentes de uso normal e do desgaste natural do imóvel; b) exclusivamente do multiproprietário responsável pelo uso anormal, sem prejuízo de multa, quando decorrentes de uso anormal do imóvel.

Por seu turno, preceitua o § 1º do art. 1.358-L que não haverá direito de preferência na alienação de fração de tempo, salvo se estabelecido no instrumento de instituição ou na convenção do condomínio em multipropriedade em favor dos demais multiproprietários ou do instituidor do condomínio em multipropriedade, isto é, não se aplica o direito de preempção ou prelação legal existente no caso de condomínio de coisa indivisível, como dispõe o art. 504 do Código Civil, com o correspondente direito de adjudicação caso o condomínio seja preterido em sua preferência. Na multipropriedade, essa preempção é exceção, e não regra, devendo estar convencionada diante do atendimento de sua função social e econômica.

---

[93] *Curso de Direito Civil Brasileiro*. 34. ed. São Paulo: Saraiva, 2007, v. 4, p. 299-300.

Capítulo VIII
DA PROPRIEDADE RESOLÚVEL

> *Sumário*: 1. Conceito. 2. Natureza jurídica. 3. Causas de resolução da propriedade. 3.1. Resolução pelo implemento da condição ou pelo advento do termo. 3.2. Resolução por causa superveniente.

1. CONCEITO

O Código Civil, no título concernente à propriedade, dedica o Capítulo VIII, composto de dois artigos (1.359 e 1.360), à propriedade resolúvel.

Diz-se que a propriedade é *resolúvel* quando o título de aquisição está subordinado a uma condição resolutiva ou ao advento do termo. Ou, segundo CLÓVIS BEVILÁQUA[1], é aquela que no próprio título de sua aquisição encerra o princípio que a tem de extinguir, realizada a condição resolutória, ou vindo o termo extintivo, seja por força da declaração, seja por determinação da lei.

Nesse caso, deixa de ser plena, assim como quando pesa sobre ela ônus reais, passando a ser limitada.

2. NATUREZA JURÍDICA

É controvertida a natureza jurídica da propriedade resolúvel. Para uma corrente, ela é domínio de natureza especial. Neste caso, aplicam-se os princípios especiais do direito de propriedade, sendo considerada um de seus institutos, colocado na parte do direito civil que sistematiza os direitos reais.

Para outra corrente, trata-se apenas de um caso de aplicação das regras gerais relativas à condição e ao termo, previstas na Parte Geral do Código Civil,

---

[1] *Código Civil dos Estados Unidos do Brasil comentado*, v. 3, p. 177.

e dos princípios concernentes à dissolução dos contratos. Nessa hipótese, aplicar-se-iam, pura e simplesmente, os preceitos legais atinentes à resolução dos atos jurídicos em geral.

Para ORLANDO GOMES "melhor será, nestas condições, considerar a *propriedade resolúvel* como uma das modalidades do domínio, ainda se reconheça que a revogação deste é mera consequência da resolução do ato jurídico de que se originou"[2].

Essa sugestão foi acolhida pelo atual Código Civil, ao disciplinar a propriedade resolúvel no título que regula a propriedade, como uma de suas modalidades.

3. CAUSAS DE RESOLUÇÃO DA PROPRIEDADE

O Código Civil trata dos casos de resolução da propriedade em dois artigos, que estabelecem exceções ao princípio de que o direito de propriedade é perpétuo e irrevogável: pelo advento de uma condição ou termo e pelo surgimento de uma causa superveniente. No art. 1.359, a causa da resolução se encontra inserta no título; no art. 1.360, o elemento que resolve a relação jurídica é superveniente.

3.1. Resolução pelo implemento da condição ou pelo advento do termo

Dispõe o art. 1.359 do Código Civil:

"Resolvida a propriedade pelo implemento da condição ou pelo advento do termo, entendem-se também resolvidos os direitos reais concedidos na sua pendência e o proprietário, em cujo favor se opera a resolução, pode reivindicar a coisa do poder de quem a possua ou detenha".

A condição ou termo referidos constam do título constitutivo da propriedade, de tal forma que o terceiro que a adquiriu não poderá alegar surpresa. Se alguém, por exemplo, adquirir imóvel em cuja escritura existia um *pacto de retrovenda*, não poderá reclamar se o primeiro alienante exercer o seu direito de retrato antes do prazo de três anos (CC, art. 505). Nesse caso, resolve-se o domínio do terceiro e o primeiro alienante poderá reivindicar o imóvel (*resoluto jure dantis, resolvitur jus accipientis*).

Conforme enfatiza SILVIO RODRIGUES, "o adquirente de algum bem, sobre o qual pende condição ou termo resolutivo, não pode alegar prejuízo, advindo da subsequente resolução. Pois ou o prejuízo decorreu de sua própria negligência, ou, então, assumiu espontaneamente o risco da resolução. Aliás, não raro esta

---

[2] *Direitos reais*, p. 268.

última hipótese é que ocorre, já que o comprador enfrenta o risco, adquirindo, desse modo, a preço mais conveniente, o domínio resolúvel"[3].

A condição ou termo resolutivo operam retroativamente (*ex tunc*), e todos os direitos constituídos em sua pendência se desfazem, como se jamais houvessem existido. A devolução da coisa faz-se como se nunca tivesse havido mudança de proprietário, aplicando-se o princípio da retroatividade das condições consagrado no art. 128 do Código Civil.

Outros exemplos de propriedade resolúvel podem ser lembrados, além do pacto de retrovenda já mencionado, tais como: a) a venda a estranho, pelo condômino, de sua quota na coisa comum indivisível, sem respeito ao *direito de preferência* assegurado aos consortes. Qualquer destes pode exercer o aludido direito no prazo de seis meses (CC, art. 504), havendo para si a quota vendida e resolvendo-se a propriedade do adquirente estranho; b) *o fideicomisso*, pelo qual o testador dispõe que a herança passe a determinada pessoa, chamada fiduciário, para, por morte desta, ou dentro de certo tempo, transmitir-se a outra (fideicomissário). A propriedade do primeiro (fiduciário) é revogável. Verificado o termo prefixado (morte ou vencimento do prazo), resolve-se a propriedade, a fim de transmitir-se ao fideicomissário; c) a *alienação fiduciária em garantia*, na qual o fiduciário adquire propriedade restrita e resolúvel, estando estabelecido no próprio título de constituição desse direito a causa de sua extinção; d) na *venda com reserva de domínio*, pelas mesmas razões; e) *na venda a contento sob condição resolutiva*, pela qual se estipula que o negócio será desfeito se a coisa vendida não agradar o comprador; f) na *doação com cláusula de reversão*, em que o doador determina que os bens doados voltem ao seu patrimônio, se sobreviver ao donatário[4].

3.2. Resolução por causa superveniente

O art. 1.360 do Código Civil cuida de outra hipótese. Preceitua o aludido dispositivo:

"*Se a propriedade se resolver por outra causa superveniente, o possuidor, que a tiver adquirido por título anterior à sua resolução, será considerado proprietário perfeito, restando à pessoa, em cujo benefício houve a resolução, ação contra aquele cuja propriedade se resolveu para haver a própria coisa ou o seu valor*".

Se alguém, por exemplo, receber um imóvel em doação e depois o alienar, o adquirente será considerado proprietário perfeito se, posteriormente, o doador

---

[3] *Direito civil*, v. 5, p. 238.
[4] Orlando Gomes, *Direitos reais*, cit., p. 270-272; Washington de Barros Monteiro, *Curso de direito civil*, v. 3, p. 241-242; Marco Aurélio S. Viana, *Comentários ao novo Código Civil*, v. XVI, p. 514.

resolver revogar a doação por ingratidão do donatário (CC, art. 557). Embora se permita a revogação, não pode ela prejudicar direitos adquiridos por terceiros. Como se trata de causa superveniente, o adquirente não podia prevê-la. O doador, nesse caso, só poderá cobrar do donatário o valor da coisa, porque esta continuará pertencendo ao adquirente de boa-fé.

      O retrotranscrito art. 1.360 do Código Civil não cuida verdadeiramente de propriedade resolúvel, como o reconhece o próprio CLÓVIS BEVILÁQUA[5]. ORLANDO GOMES[6] chama de "propriedade temporária" a matéria tratada nos arts. 647 e 648 do Código de 1916, correspondentes aos arts. 1.359 e 1.360 do novo diploma, chamando de propriedade resolúvel aquela cuja causa de resolução se encontra no próprio título constitutivo, e de "propriedade *ad tempus*" a propriedade cuja causa de resolução é superveniente.

---

[5] *Código Civil*, cit., obs. ao art. 648.
[6] *Direitos reais*, cit., p. 266-267.

Capítulo IX
DA PROPRIEDADE FIDUCIÁRIA

Sumário: 1. Conceito. 2. Modos de constituição. 3. Direitos e obrigações do fiduciante. 4. Direitos e obrigações do fiduciário. 5. Pacto comissório. 6. Procedimento no caso de inadimplemento do contrato.

1. CONCEITO

O art. 1.361, *caput*, do Código Civil conceitua a propriedade fiduciária nestes termos:

"Considera-se fiduciária a propriedade resolúvel de coisa móvel infungível que o devedor, com escopo de garantia, transfere ao credor".

Constitui-se mediante negócio jurídico de disposição condicional. Subordinado a uma condição resolutiva, porque a propriedade fiduciária cessa em favor do alienante, uma vez verificado o implemento da condição resolutiva, não exige nova declaração de vontade do adquirente ou do alienante, nem requer a realização de qualquer novo ato. O alienante, que transferiu fiduciariamente a propriedade, readquire-a pelo só pagamento da dívida[7].

A complexidade da vida moderna gerou a necessidade da criação de novos instrumentos de garantia, ao lado daqueles de cunho tradicional. O penhor, exigindo, na maioria das vezes, a tradição da coisa apenhada, dificulta as negociações mercantis. A hipoteca tem o seu campo de incidência bastante restrito, uma vez limitada aos bens imóveis, navios e aviões. A anticrese, em razão dos inconvenientes que apresenta, caiu em completo desuso entre nós.

Suprindo essas deficiências, a Lei de Mercado de Capitais (Lei n. 4.728/65, art. 66) introduziu no direito brasileiro a "alienação fiduciária em garantia", inspi-

---

[7] Caio Mário da Silva Pereira, *Instituições de direito civil*, v. IV, p. 426.

rada na *fiducia cum creditore* do direito romano, pela qual o devedor transferia, por venda, bens seus ao credor, com a ressalva de recuperá-los se, dentro em certo tempo, ou sob dada condição, efetuasse o pagamento da dívida.

O aludido direito conheceu também a *fiducia cum amico*, baseada na confiança e que permitia a uma pessoa acautelar seus bens contra determinados riscos, alienando-o a um amigo, com ressalva de lhe serem restituídos após passado o perigo.

O contrato de venda a crédito com *reserva de domínio* representava uma garantia somente para o comerciante de bens móveis duráveis. Com a participação cada vez maior das financeiras nessa relação jurídica, surgiu a necessidade de se dar maior garantia a essas intermediárias. O art. 66 da aludida Lei de Mercado de Capitais foi modificado pelo Decreto-Lei n. 911/69, que passou a regular o referido instituto. O Código Civil de 2002 disciplinou-o, em linhas gerais, sob o título "Da propriedade fiduciária" (arts. 1.361 a 1.368), permanecendo aplicáveis somente os dispositivos de ordem instrumental da referida legislação especial.

O mencionado Decreto-Lei n. 911/69, cujo art. 3º foi alterado pela Lei n. 10.931, de 2 de agosto de 2004, aplica-se, com efeito, apenas, no que couber, às questões de natureza processual, estando revogado naquilo que respeita ao direito material. Nessa linha, assevera JOEL DIAS FIGUEIRA JÚNIOR: "Em outros termos, o Decreto-Lei 911/69 encontra-se derrogado pelo NCC, aplicando-se apenas, no que couber, para as questões de ordem instrumental específica (valendo ressaltar que se trata de norma especial) em ação de *busca e apreensão* (arts. 3º, 4º e 5º). Ademais, não deixa qualquer dúvida a regra insculpida, a esse respeito, no art. 2.043 do NCC"[8].

Na *propriedade fiduciária* dá-se a transferência do domínio do bem móvel ao credor, denominado *fiduciário* (em geral, uma financeira, que forneceu o numerário para a aquisição), em garantia do pagamento, permanecendo o devedor (*fiduciante*) com a posse direta da coisa. O *domínio* e a *posse indireta* passam ao credor, em garantia. Não se dá tradição *real*, mas sim *ficta*, pelo constituto possessório. O domínio do credor é *resolúvel*, pois resolve-se automaticamente em favor do devedor alienante, sem necessidade de outro ato, uma vez paga a última parcela da dívida.

A Súmula 6 do antigo *Primeiro Tribunal de Alçada Civil de São Paulo* admite a legitimidade dos consórcios para efetuar financiamentos mediante alienação fiduciária, malgrado o entendimento, sob a égide do Decreto-Lei n. 911/69, de que o fiduciário deveria ser uma instituição financeira em sentido amplo ou outra entidade à qual a lei previu a legitimação, tais como ente estatal ou paraestatal.

---

[8] A propriedade fiduciária como novo instituto de direito real no Código Civil brasileiro de 2002, *Informativo INCIJUR*, n. 32, mar./2002, p. 2.

Todavia, com a inserção da propriedade fiduciária no Código Civil, afigura-se que a restrição de outrora não pode mais ser acolhida, de tal sorte que qualquer pessoa física ou jurídica pode se colocar na condição de fiduciário, a exemplo do que ocorre com a alienação fiduciária de imóveis instituída pela Lei n. 9.514/97[9].

No regime anterior admitia-se a alienação fiduciária de bens fungíveis, que não fossem consumíveis, ainda que por destinação. A *2ª Seção do Superior Tribunal de Justiça*, competente no tema, uniformizou, todavia, seu entendimento proclamando a inadmissibilidade da alienação fiduciária de bens fungíveis e consumíveis (comerciáveis)[10].

O atual Código Civil é incisivo nessa questão e restringe à coisa móvel infungível o objeto da propriedade fiduciária. Infungível, segundo interpretação *a contrario sensu* do art. 85 do Código Civil, é o bem móvel que não pode substituir-se por outro da mesma espécie, qualidade e quantidade.

Quanto ao bem que já integre o patrimônio do devedor, é pacífico que pode ser objeto de propriedade fiduciária. Dispõe nesse sentido a *Súmula 28 do Superior Tribunal de Justiça*: "O contrato de alienação fiduciária em garantia pode ter por objeto bem que já integrava o patrimônio do devedor".

A propriedade fiduciária disciplinada no Código Civil em vigor é um novo *direito real de garantia*, que tem por objeto somente bens *móveis infungíveis* e *alienáveis*. A alienação fiduciária de *bens imóveis* continua regulada pela Lei n. 9.514, de 20 de novembro de 1997. O art. 22 da referida lei foi modificado pela Lei n. 11.481, de 31 de maio de 2007, e pela Lei n. 14.711/2023, tendo agora a seguinte redação:

"Art. 22. (...)

§ 1º A alienação fiduciária poderá ser contratada por pessoa física ou jurídica, não sendo privativa das entidades que operam no SFI, podendo ter como objeto, além da propriedade plena:

I – bens enfitêuticos, hipótese em que será exigível o pagamento do laudêmio, se houver a consolidação do domínio útil no fiduciário;

II – o direito de uso especial para fins de moradia;

III – o direito real de uso, desde que suscetível de alienação;

IV – a propriedade superficiária.

§ 2º Os direitos de garantia instituídos nas hipóteses dos incisos III e IV do § 1º deste artigo ficam limitados à duração da concessão ou direito de superfície, caso tenham sido transferidos por período determinado.

§ 3º A alienação fiduciária da propriedade superveniente, adquirida pelo fiduciante, é suscetível de registro no registro de imóveis desde a data de sua celebração,

---

[9] Gleydson Kleber Lopes de Oliveira, *Comentários ao Código Civil brasileiro*, v. XII, p. 219-220.
[10] REsp 19.915-8-MG-ED, rel. Min. Sálvio de Figueiredo, *DJU*, 17-12-1992, p. 24207. No mesmo sentido: *RSTJ*, 65/444.

tornando-se eficaz a partir do cancelamento da propriedade fiduciária anteriormente constituída.

§ 4º Havendo alienações fiduciárias sucessivas da propriedade superveniente, as anteriores terão prioridade em relação às posteriores na excussão da garantia, observado que, no caso de excussão do imóvel pelo credor fiduciário anterior com alienação a terceiros, os direitos dos credores fiduciários posteriores sub-rogam-se no preço obtido, cancelando-se os registros das respectivas alienações fiduciárias.

§ 5º O credor fiduciário que pagar a dívida do devedor fiduciante comum ficará sub-rogado no crédito e na propriedade fiduciária em garantia, nos termos do inciso I do *caput* do art. 346 da Lei n. 10.406, de 10 de janeiro de 2002 (Código Civil).

§ 6º O inadimplemento de quaisquer das obrigações garantidas pela propriedade fiduciária faculta ao credor declarar vencidas as demais obrigações de que for titular garantidas pelo mesmo imóvel, inclusive quando a titularidade decorrer do disposto no art. 31 desta Lei.

§ 7º O disposto no § 6º aplica-se à hipótese prevista no § 3º deste artigo.

§ 8º O instrumento constitutivo da alienação fiduciária na forma do § 3º deve conter cláusula com a previsão de que trata o § 6º deste artigo.

§ 9º Na hipótese de o fiduciário optar por exercer a faculdade de que trata o § 6º deste artigo, deverá informá-lo na intimação de que trata o § 1º do art. 26 desta Lei.

§ 10. O disposto no § 3º do art. 49 da Lei n. 11.101, de 9 de fevereiro de 2005, beneficia todos os credores fiduciários, mesmo aqueles decorrentes da alienação fiduciária da propriedade superveniente".

Dispõe o art. 1.368-A do Código Civil, acrescentado pela Lei n. 10.931, de 2 de agosto de 2004: "*As demais espécies de propriedade fiduciária submetem-se à disciplina específica das respectivas leis especiais, somente se aplicando as disposições deste Código naquilo que não for incompatível com a legislação especial*".

A Lei n. 9.514, de 20 de novembro de 1997, admite que as operações de financiamento imobiliário em geral sejam garantidas, dentre outras formas, por *cessão fiduciária* de direitos creditórios decorrentes de contratos de alienação de imóveis. O referido instituto teve a sua finalidade ampliada, na medida em que o § 3º do art. 66-B passou a admitir a cessão fiduciária também de direitos sobre coisas móveis e títulos de crédito. A essa nova espécie de cessão fiduciária aplicam-se as regras materiais e procedimentais previstas nos arts. 18 a 20 da referida lei.

Nos casos de alienação ou cessão fiduciária previstas na Lei n. 4.728, de 1965, conforme a alteração determinada pela Lei n. 10.931, de 2004, salvo se disposto de forma contrária no contrato, a posse direta e indireta do bem objeto da propriedade fiduciária ou do título representativo do direito ou do crédito é sempre atribuída ao credor fiduciário (em geral, o banco), conferindo-lhe maior segurança para a liquidação da garantia em caso de inadimplemento da obrigação principal.

A Lei n. 13.043, de 13 de novembro de 2014, alterou o art. 1.367 e acrescentou o art. 1.368-B ao Código Civil. Dispõe, com efeito, o art. 102 da referida lei:

"Art. 102. A Lei n. 10.406, de 10 de janeiro de 2002 – Código Civil, passa a vigorar com as seguintes alterações:

Art. 1.367. A propriedade fiduciária em garantia de bens móveis ou imóveis sujeita-se às disposições do Capítulo I do Título X do Livro III da Parte Especial deste Código e, no que for específico, à legislação especial pertinente, não se equiparando, para qualquer efeito, à propriedade plena de que trata o art. 1.231.

Art. 1.368-B. A alienação fiduciária em garantia de bem móvel ou imóvel confere direito real de aquisição ao fiduciante, seu cessionário ou sucessor.

Parágrafo único. O credor fiduciário que se tornar proprietário pleno do bem, por efeito de realização da garantia, mediante consolidação da propriedade, adjudicação, dação ou outra forma pela qual lhe tenha sido transmitida a propriedade plena, passa a responder pelo pagamento dos tributos sobre a propriedade e a posse, taxas, despesas condominiais e quaisquer outros encargos, tributários ou não, incidentes sobre o bem objeto da garantia, a partir da data em que vier a ser imitido na posse direta do bem".

Observa-se que o primeiro objetivo do legislador foi ressaltar que se aplicam à espécie de propriedade fiduciária regida pelo Código Civil as normas dos arts. 1.419 a 1.430 do referido diploma, que tratam das disposições gerais concernentes ao penhor, à hipoteca e à anticrese; em segundo lugar, destacar que há várias espécies de alienação fiduciária e que cada uma delas possui um regramento próprio, esclarecendo que se aplicam as normas do Código Civil apenas aos casos em que a alienação fiduciária não for disciplinada em lei específica; e, por último, esclarecer que as regras da propriedade fiduciária são diversas e especiais em relação à propriedade plena, mencionada no art. 1.231 do Código Civil.

Ressalte-se que a Lei n. 13.874, de 20 de setembro de 2019, no capítulo da propriedade fiduciária e do fundo de investimento, dispôs:

"Art. 1.368-C. O fundo de investimento é uma comunhão de recursos, constituído sob a forma de condomínio de natureza especial, destinado à aplicação em ativos financeiros, bens e direitos de qualquer natureza.

§ 1º Não se aplicam ao fundo de investimento as disposições constantes dos arts. 1.314 ao 1.358-A deste Código.

§ 2º Competirá à Comissão de Valores Mobiliários disciplinar o disposto no *caput* deste artigo.

§ 3º O registro dos regulamentos dos fundos de investimentos na Comissão de Valores Mobiliários é condição suficiente para garantir a sua publicidade e a oponibilidade de efeitos em relação a terceiros".

"Art. 1.368-D. O regulamento do fundo de investimento poderá, observado o disposto na regulamentação a que se refere o § 2º do art. 1.368-C desta Lei, estabelecer:

I – a limitação da responsabilidade de cada investidor ao valor de suas cotas;

II – a limitação da responsabilidade, bem como parâmetros de sua aferição, dos prestadores de serviços do fundo de investimento, perante o condomínio e entre si, ao cumprimento dos deveres particulares de cada um, sem solidariedade; e

III – classes de cotas com direitos e obrigações distintos, com possibilidade de constituir patrimônio segregado para cada classe.

§ 1º A adoção da responsabilidade limitada por fundo de investimento constituído sem a limitação de responsabilidade somente abrangerá fatos ocorridos após a respectiva mudança em seu regulamento.

§ 2º A avaliação de responsabilidade dos prestadores de serviço deverá levar sempre em consideração os riscos inerentes às aplicações nos mercados de atuação do fundo de investimento e a natureza de obrigação de meio de seus serviços.

§ 3º O patrimônio segregado referido no inciso III do *caput* deste artigo só responderá por obrigações vinculadas à classe respectiva, nos termos do regulamento".

2. MODOS DE CONSTITUIÇÃO

A propriedade fiduciária é negócio jurídico formal. Para que possa constituir-se juridicamente e tornar-se hábil a produzir seus efeitos no mundo jurídico, deve observar os requisitos contidos no art. 1.361, § 1º, do Código Civil, que estatui:

"*Constitui-se a propriedade fiduciária com o registro do contrato, celebrado por instrumento público ou particular, que lhe serve de título, no Registro de Títulos e Documentos do domicílio do devedor, ou, em se tratando de veículos, na repartição competente para o licenciamento, fazendo-se a anotação no certificado de registro*".

O contrato deve ter, portanto, a *forma escrita*, podendo o instrumento ser público ou particular, e conter: a) o total da dívida, ou sua estimativa; b) o prazo, ou a época do pagamento; c) a taxa de juros, se houver; d) a descrição da coisa objeto da transferência, com os elementos indispensáveis à sua identificação (CC, art. 1.362).

A aquisição do domínio exige a *tradição*, que é ficta, na hipótese, como já dito. O formalismo do ato completa-se com o *registro* do contrato no Cartório de Títulos e Documentos do domicílio do devedor, ou, em se tratando de veículos, na repartição competente para o seu licenciamento, com anotação no certificado de registro (Código de Trânsito Brasileiro, art. 121), conferindo com isso existência legal à propriedade fiduciária e gerando oponibilidade a terceiros.

Não andou bem o legislador ao permitir a substituição do registro da alienação fiduciária de veículos no cartório de títulos e documentos pela anotação no certificado de registro. As atividades de registro devem ser fiscalizadas pelo Poder Judiciário, não sendo de bom alvitre permitir a transferência pela mencionada anotação em órgão sujeito a supervisão do Executivo. O correto seria determinar tal providência junto ao órgão de licenciamento como adicional necessário, e não como alternativa.

Proclama a *Súmula 92 do Superior Tribunal de Justiça*: "A terceiro de boa-fé não é oponível a alienação fiduciária não anotada no Certificado de Registro do veículo automotor".

Decidiu a 1ª Turma do referido Tribunal que a exigência de registro em cartório do contrato de alienação fiduciária não é requisito de validade do negócio jurídico. Para as partes signatárias, o acordo entre elas é perfeito e plenamente válido, independentemente do registro, que, se ausente, traz como única consequência a ineficácia do contrato perante o terceiro de boa-fé. Destacou o relator, Min. LUIZ FUX, a eficácia do registro no licenciamento do veículo, considerando-a maior do que a mera anotação no cartório de títulos e documentos[11].

Preceitua o § 2º do aludido art. 1.361 que, "*com a constituição da propriedade fiduciária, dá-se o desdobramento da posse, tornando-se o devedor possuidor direto da coisa*". Por sua vez, aduz o § 3º: "*A propriedade superveniente, adquirida pelo devedor, torna eficaz, desde o arquivamento, a transferência da propriedade fiduciária*". A referida aquisição se dá com o adimplemento do contrato em todos os seus termos.

Antes de vencida a dívida, diz o art. 1.363 do Código Civil, "*o devedor, a suas expensas e risco, pode usar a coisa segundo sua destinação, sendo obrigado, como depositário: I – a empregar na guarda da coisa a diligência exigida por sua natureza; II – a entregá-la ao credor, se a dívida não for paga no vencimento*".

O fiduciante pode, assim, fruir do bem livremente, respondendo sempre como depositário fiel, devendo, por outro lado, entregá-lo ao credor em caso de inadimplemento.

O credor pode exigir outras garantias, como a fiança e o aval. Se o débito é saldado por terceiro, em geral o avalista ou fiador, dá-se a sub-rogação "*de pleno direito no crédito e na propriedade fiduciária*" (CC, art. 1.368).

3. DIREITOS E OBRIGAÇÕES DO FIDUCIANTE

Os direitos e obrigações do *fiduciante* (devedor) resumem-se em: a) ficar com a posse direta da coisa e o direito eventual de reaver a propriedade plena, com o pagamento da dívida; b) purgar a mora, em caso de lhe ser movida ação de busca e apreensão; c) receber o saldo apurado na venda do bem efetuada pelo fiduciário para satisfação de seu crédito; d) responder pelo remanescente da dívida, se a garantia não se mostrar suficiente; e) não dispor do bem alienado, que pertence ao fiduciário (nada impede que ceda o direito eventual de que é titular, consistente na expectativa de vir a ser titular, independentemente da anuência do credor, levando a cessão a registro); f) entregar o bem, em caso de inadimplemento de sua obrigação, sujeitando-se ao pagamento de perdas e danos, como depositário infiel.

---

[11] STJ, REsp 686.932, 1ª T., rel. Min. Luiz Fux.

Tendo em vista a existência de uma relação jurídica de consumo, comum na alienação fiduciária de garantia que tem veículos por objeto, considera-se aplicável na hipótese, no tocante à mora do devedor fiduciante, o art. 53, *caput*, do Código de Defesa do Consumidor (Lei n. 8.078/90, *verbis*:

"Art. 53. Nos contratos de compra e venda de móveis ou imóveis mediante pagamento em prestações, bem como nas alienações fiduciárias em garantia, consideram-se nulas de pleno direito as cláusulas que estabeleçam a perda total das prestações pagas em benefício do credor que, em razão do inadimplemento, pleitear a resolução do contrato e a retomada do produto alienado".

E assim tem decidido o *Superior Tribunal de Justiça*. Confira-se:

"No contrato de alienação fiduciária, o credor tem o direito de receber o valor do financiamento, o que pode obter mediante a venda extrajudicial do bem apreendido, e o devedor tem o direito de receber o saldo apurado, mas não a restituição integral do preço pago"[12].

Além disso, a aludida Corte tem aplicado nesses casos a teoria do *adimplemento substancial* para impedir a busca e apreensão da coisa na alienação fiduciária em garantia de bens móveis. Conforme a mencionada teoria, não caberá a extinção do negócio nos casos em que o contrato estiver quase todo cumprido, e sim a cobrança dos valores devidos.

A recuperação da propriedade plena opera-se pela averbação da *quitação* do credor no cartório em que registrado o contrato, que pode ser obtida, em caso de recusa, por meio da ação de consignação em pagamento. A recusa do credor pode sujeitá-lo ao ressarcimento das perdas e danos, pois é curial que a subsistência do direito real após a liquidação do débito acarreta prejuízo ao devedor, pelo qual o credor responde[13].

4. DIREITOS E OBRIGAÇÕES DO FIDUCIÁRIO

A obrigação principal do *credor fiduciário* consiste em proporcionar ao alienante o financiamento a que se obrigou, bem como em respeitar o direito ao uso regular da coisa por parte deste. Deve, portanto, não molestar a posse direta do fiduciante e não se apropriar da coisa alienada, uma vez que é defesa a cláusula comissória.

Se o devedor é inadimplente, fica o credor obrigado a vender o bem, aplicando o preço no pagamento de seu crédito, acréscimos legais, contratuais e despesas, e a entregar o saldo, se houver, ao devedor (CC, art. 1.364). Para esse fim, pode ajuizar ação de busca e apreensão contra o devedor, a qual poderá ser convertida em ação de depósito, caso o bem não seja encontrado.

---

[12] STJ, REsp 401.702-DF, 4ª T., rel. Min. Barros Monteiro, j. 7-6-2005.
[13] Caio Mário da Silva Pereira, *Instituições*, cit., v. IV, p. 434.

Para a 3ª *Turma do Superior Tribunal de Justiça*, em se tratando de alienação fiduciária de bem imóvel, "após o inadimplemento e a constituição em mora do devedor, é lícito o ajuizamento de ação de reintegração de posse independentemente de prévia realização de leilão público do bem"[14].

Ademais, conforme julgado do *Superior Tribunal de Justiça*, cabe ao fiduciário a prestação de contas em favor do fiduciante:

"É do credor fiduciário, após a consolidação da propriedade fiduciária decorrente da mora do devedor, o ônus de comprovar a venda do bem e o valor auferido com a alienação, porquanto a administração de interesse de terceiro decorre do comando normativo que exige destinação específica do *quantum* e a entrega de eventual saldo ao devedor, principalmente após a entrada em vigor da Lei n. 13.043/2014, que alterou o art. 2º do Decreto-Lei n. 911/1969, a qual consignou, expressamente, a obrigação do credor fiduciário de prestar contas"[15].

Quando, vendida a coisa, o produto não bastar para o pagamento da dívida e das despesas de cobrança, "*continuará o devedor obrigado pelo restante*" (CC, art. 1.366). Por outro lado, preceitua o art. 1.367 do novo diploma: "*Aplica-se à propriedade fiduciária, no que couber, o disposto nos arts. 1.421, 1.425, 1.426, 1.427 e 1.436*".

Os dispositivos mencionados dizem respeito às disposições gerais dos direitos reais de garantia: penhor, hipoteca e anticrese. Devem elas ser aplicadas à propriedade fiduciária "no que couber", ou seja, naquilo que mostra compatibilidade com o aludido instituto. Assim, por exemplo, o pagamento de uma ou mais prestações da dívida não importa exoneração da correspondente garantia, ainda que esta compreenda vários bens, salvo disposição expressa no título ou na aquisição, como prescreve o art. 1.421 do Código Civil, que consagra o princípio da indivisibilidade da garantia.

5. PACTO COMISSÓRIO

O art. 1.365 do Código Civil proíbe, declarando nula, a inserção, no contrato, de cláusula que permita ao credor ficar com a coisa alienada em garantia, em caso de inadimplemento contratual (*pacto comissório*). Se o devedor é inadimplente, cumpre-lhe promover as medidas judiciais mencionadas.

Mas o parágrafo único do aludido dispositivo preceitua que "*o devedor pode, com a anuência do credor, dar seu direito eventual à coisa em pagamento da dívida, após o vencimento desta*".

A proibição da estipulação de cláusula comissória nos direitos de garantia é tradicional. Sendo o devedor inadimplente, não pode o credor ficar com a coisa dada em garantia, mesmo que seu crédito seja maior. Incumbe-lhe promover as

---

[14] STJ, REsp 2.092.980-PA, 3ª T., rel. Min. Nancy Andrighi, j. 20-2-2024.
[15] REsp 1.742.102-MG, 4ª T., rel. Min. Marcos Buzzi, *DJe* 4-4-2023.

medidas legais para vender, judicial ou extrajudicialmente, a coisa a terceiros, e aplicar o preço no pagamento de seu crédito, entregando o saldo, se houver, ao devedor (CC, art. 1.364), como já foi dito.

A nulidade, que é *ipso iure*, atinge somente a cláusula comissória, permanecendo íntegro o restante da avença.

6. PROCEDIMENTO NO CASO DE INADIMPLEMENTO DO CONTRATO

Comprovada a mora do devedor, pode o credor considerar vencidas todas as obrigações contratuais e ajuizar *ação de busca e apreensão*, obtendo a liminar. A mora decorrerá do simples vencimento do prazo para pagamento, mas deverá ser comprovada mediante carta registrada com aviso de recebimento, não se exigindo que a assinatura constante do referido aviso seja do próprio destinatário (art. 2º, § 2º, do Dec.-lei n. 911/69, com a redação dada pela Lei n. 13.043/2014).

Dispõe a *Súmula 72 do Superior Tribunal de Justiça* que "a comprovação da mora é imprescindível à busca e apreensão do bem alienado fiduciariamente". Por sua vez, estabelece a Súmula 245 do aludido Sodalício que "a notificação destinada a comprovar a mora nas dívidas garantidas por alienação fiduciária dispensa a indicação do valor do débito".

Cinco dias após executada a liminar, consolidar-se-ão a propriedade e a posse plena e exclusiva do bem no patrimônio do credor fiduciário, cabendo às repartições competentes, quando for o caso, expedir novo certificado de registro de propriedade em nome do credor, ou de terceiro por ele indicado, livre do ônus da propriedade fiduciária. No aludido prazo o devedor fiduciante poderá pagar a integralidade da dívida pendente, segundo os valores apresentados pelo credor fiduciário na inicial, hipótese na qual o bem lhe será restituído livre do ônus. O devedor fiduciante apresentará resposta no prazo de quinze dias da execução da liminar. A resposta poderá ser apresentada ainda que o devedor se tenha utilizado da faculdade de saldar a dívida segundo os valores apontados na inicial, caso entenda ter havido pagamento a maior e desejar restituição (Dec.-Lei n. 911/69, art. 3º, §§ 1º a 4º, com a redação dada pela Lei n. 10.931, de 2-8-2004).

A *sentença*, de que cabe apelação apenas no *efeito devolutivo*, em caso de procedência da ação (na hipótese de improcedência, deve ser recebida em ambos os efeitos)[16], não impedirá a venda extrajudicial do bem. Na sentença que decretar

---

[16] JTACSP, 125/258.

a improcedência da ação de busca e apreensão, o juiz condenará o credor fiduciário ao pagamento de multa, em favor do devedor fiduciante, equivalente a cinquenta por cento do valor originalmente financiado, devidamente atualizado, caso o bem já tenha sido alienado. A mencionada multa não exclui a responsabilidade do credor fiduciário por perdas e danos (Dec.-Lei n. 911/69, art. 3º, §§ 5º a 7º, com a redação dada pela Lei n. 10.931/2004).

A venda pode ser extrajudicial ou judicial (CC, art. 1.364). Preferida esta, aplica-se o disposto no art. 730 do Código de Processo Civil de 2015.

Se o bem não for encontrado ou não se achar na posse do devedor, o credor poderá requerer a *conversão* do pedido de busca e apreensão em ação executiva, com o procedimento do CPC (Dec.-Lei n. 911/69, art. 4º com a redação dada pela Lei n. 13.043/2014). Antes da alteração legislativa, a conversão se fazia para a ação de depósito, e não para execução.

O *Superior Tribunal de Justiça*, entretanto, não vinha admitindo a prisão do depositário, após a vigência da Constituição de 1998, ao fundamento de que se trata de depósito atípico. O Supremo Tribunal Federal, por sua vez, no dia 3 de dezembro de 2008, por maioria do Plenário, negou provimento ao RE 466.343-SP, oriundo de uma ação concernente a um contrato de alienação fiduciária. A referida decisão pôs fim à prisão civil do depositário infiel, tanto nas hipóteses de contratos, como os de depósito, de alienação fiduciária, de arrendamento mercantil ou *leasing*, por exemplo, como no caso do depositário judicial. Em consequência, o mesmo Tribunal revogou a Súmula 619, que permitia a decretação da prisão deste último no próprio processo em que se constituiu o encargo, independentemente da propositura da ação de depósito. Por essa razão, em boa hora a Lei n. 13.043/2014 alterou a solução legislativa, determinando que a conversão se faça para a ação de execução, e não mais para a ação de depósito.

A tese majoritária atribuiu *status* supralegal, acima da legislação ordinária, aos tratados sobre *Direitos Humanos*, embora situados em nível abaixo da Constituição. Por força da Emenda Constitucional n. 45/2004, foi acrescentado ao art. 5º da Constituição Federal um novo parágrafo (§ 3º), que confere valor de emenda constitucional ao tratado que for aprovado com *quorum* qualificado de três quintos dos votos de cada Casa Legislativa, em duas votações – o que ainda não veio a ocorrer com nenhum tratado internacional.

Prevaleceu, no aludido julgamento da nossa Suprema Corte, o entendimento de que o direito à liberdade é um dos direitos humanos fundamentais priorizados pela Constituição Federal, somente podendo ocorrer a sua privação em casos excepcionalíssimos, como no da prisão por dívida alimentar. O Pacto de São José da Costa Rica, ao qual o Brasil aderiu, proíbe, em seu art. 7º, n. 7, a prisão civil por dívida, excetuando apenas o devedor voluntário de pensão alimentícia.

O mesmo ocorre com outros tratados sobre direitos humanos aos quais o Brasil também aderiu, como, *verbi gratia*, o Pacto Internacional sobre Direitos Civis e Políticos, de 1966, patrocinado pela ONU, e a Declaração Americana dos Direitos da Pessoa Humana, firmada em Bogotá em 1948.

De acordo com a *Súmula 20 do extinto Primeiro Tribunal de Alçada Civil*, o valor da coisa, para efeito da mais adequada estimação do equivalente em dinheiro, "é o correspondente ao do débito contratual, isto é, ao do saldo devedor em aberto".

Se ocorrer a falência do devedor e a busca não tiver ainda sido efetivada, o credor fiduciário poderá simplesmente formular pedido de restituição no juízo falimentar, não estando sujeito a habilitação (Lei n. 11.101, de 9-2-2005, que regula a recuperação e a falência do empresário e da sociedade empresária, arts. 49, § 3º, e 85).

Se, ao ser decretada a falência, a liminar de busca e apreensão já havia sido cumprida, a ação prosseguirá até final, no juízo em que foi proposta, passando o administrador a representar o falido[17].

A Segunda Seção do *Superior Tribunal de Justiça*, em recurso repetitivo (Tema 722), assentou que "compete ao devedor, no prazo de cinco dias após a execução da liminar na ação de busca e apreensão, pagar a integralidade da dívida, sob pena de consolidação da propriedade do bem móvel objeto da alienação". E a Terceira Turma da mencionada Corte proclamou:

a) "Com base nas disposições sobre busca e apreensão estabelecidas pelo Decreto-lei n. 911/69, é válido o lançamento de restrição de circulação de veículo com alienação fiduciária no sistema de Restrições Judiciais sobe Veículos Automotores (Renajud)"[18].

b) "Uma vez consolidada a propriedade em favor do credor, é descabida a determinação no sentido de que ele somente possa alienar, transferir ou retirar o bem da comarca com autorização do juízo competente para julgar a ação de busca e apreensão"[19].

A Lei n. 14.711/2023 passou a regulamentar a execução extrajudicial dos débitos garantidos por alienação fiduciária em garantia, acrescentando os arts. 8º-B, 8º-C, 8º-D e 8º-E ao Decreto-lei n. 911/69, que assim estabelecem:

"Art. 8º-B Desde que haja previsão expressa no contrato em cláusula em destaque e após comprovação da mora na forma do § 2º do art. 2º deste Decreto-Lei, é facultado ao credor promover a consolidação da propriedade perante o

---

[17] *RTJ*, 81/620.
[18] STJ, REsp 1.744.401, 3ª T., rel. Min. Nancy Andrighi, j. 13-11-2018.
[19] STJ, REsp 1.790.211, 3ª T., rel. Min. Marco Aurélio Bellizze, j. 7-5-2019.

competente cartório de registro de títulos e documentos no lugar do procedimento judicial a que se referem os arts. 3º, 4º, 5º e 6º deste Decreto-Lei.

§ 1º É competente o cartório de registro de títulos e documentos do domicílio do devedor ou da localização do bem da celebração do contrato.

§ 2º Vencida e não paga a dívida, o oficial de registro de títulos e documentos, a requerimento do credor fiduciário acompanhado da comprovação da mora na forma do § 2º do art. 2º deste Decreto-Lei, notificará o devedor fiduciário para:

I – pagar voluntariamente a dívida no prazo de 20 (vinte) dias, sob pena de consolidação da propriedade;

II – apresentar, se for o caso, documentos comprobatórios de que a cobrança é total ou parcialmente indevida.

§ 3º O oficial avaliará os documentos apresentados na forma do inciso II do § 2º deste artigo e, na hipótese de constatar o direito do devedor, deverá abster-se de prosseguir no procedimento.

§ 4º Na hipótese de o devedor alegar que a cobrança é parcialmente indevida, caber-lhe-á declarar o valor que entender correto e pagá-lo dentro do prazo indicado no inciso I do § 2º deste artigo.

§ 5º É assegurado ao credor optar pelo procedimento judicial para cobrar a dívida ou o saldo remanescente na hipótese de frustração total ou parcial do procedimento extrajudicial.

§ 6º A notificação, a cargo do oficial de registro de títulos e documentos, será feita preferencialmente por meio eletrônico, a ser enviada ao endereço eletrônico indicado em contrato pelo devedor fiduciário.

§ 7º A ausência de confirmação do recebimento da notificação eletrônica em até 3 (três) dias úteis, contados do recebimento, implicará a realização da notificação postal, com aviso de recebimento, a cargo do oficial de registro de títulos e documentos, ao endereço indicado em contrato pelo devedor fiduciário, não exigido que a assinatura constante do aviso de recebimento seja a do próprio destinatário, desde que o endereço seja o indicado no cadastro.

§ 8º Paga a dívida, ficará convalescido o contrato de alienação fiduciária em garantia.

§ 9º Não paga a dívida, o oficial averbará a consolidação da propriedade fiduciária ou, no caso de bens cuja alienação fiduciária tenha sido registrada apenas em outro órgão, o oficial comunicará a este para a devida averbação.

§ 10. A comunicação de que trata o § 6º deste artigo deverá ocorrer conforme convênio das serventias, ainda que por meio de suas entidades representativas, com os competentes órgãos registrais.

§ 11. Na hipótese de não pagamento voluntário da dívida no prazo legal, é dever do devedor, no mesmo prazo e com a devida ciência do cartório de registro de títulos e documentos, entregar ou disponibilizar voluntariamente a coisa ao credor para a venda extrajudicial na forma do art. 8º-C deste Decreto-Lei, sob pena de sujeitar-se a multa de 5% (cinco por cento) do valor da dívida, respeitado o direito do devedor a recibo escrito por parte do credor.

§ 12. No valor total da dívida, poderão ser incluídos os valores dos emolumentos, das despesas postais e das despesas com remoção da coisa na hipótese de o devedor tê-la disponibilizado em vez de tê-la entregado voluntariamente.

§ 13. A notificação deverá conter, no mínimo, as seguintes informações:

I – cópia do contrato referente à dívida;

II – valor total da dívida de acordo com a possível data de pagamento;

III – planilha com detalhamento da evolução da dívida;

IV – boleto bancário, dados bancários ou outra indicação de meio de pagamento, inclusive a faculdade de pagamento direto no competente cartório de registro de títulos e documentos;

V – dados do credor, especialmente nome, número de inscrição no Cadastro de Pessoas Físicas (CPF) ou no Cadastro Nacional da Pessoa Jurídica (CNPJ), telefone e outros canais de contato;

VI – forma de entrega ou disponibilização voluntárias do bem no caso de inadimplemento;

VII – advertências referentes ao disposto nos §§ 2º, 4º, 8º e 10 deste artigo."

"Art. 8º-C Consolidada a propriedade, o credor poderá vender o bem na forma do art. 2º deste Decreto-Lei."

"Art. 8º-D No caso de a cobrança extrajudicial realizada na forma dos arts. 8º-B e 8º-C deste Decreto-Lei ser considerada indevida, o credor fiduciário sujeitar-se-á à multa e ao dever de indenizar de que tratam os §§ 6º e 7º do art. 3º deste Decreto-Lei."

"Art. 8º-E Quando se tratar de veículos automotores, é facultado ao credor, alternativamente, promover os procedimentos de execução extrajudicial a que se referem os arts. 8º-B e 8º-C desta Lei perante os órgãos executivos de trânsito dos Estados, em observância às competências previstas no § 1º do art. 1.361 da Lei n. 10.406, de 10 de janeiro de 2002 (Código Civil)."

Em julgamento sob o rito dos recursos repetitivos, a *Segunda Seção do Superior Tribunal de Justiça* vai definir se, "para a comprovação da mora nos contratos garantidos por alienação fiduciária, é suficiente, ou não, o envio de notificação extrajudicial ao endereço do devedor indicado no instrumento contratual, dispensando-se, por conseguinte, que a assinatura do aviso de recebimento seja do próprio destinatário"[20].

---

[20] STJ, 2ª Seção, REsp 1.951.888, rel. Min. Marcos Buzzi, *Revista Consultor Jurídico*, 16-4-2022.

Título IV
DA SUPERFÍCIE

Sumário: 1. Conceito. 2. Modos de constituição. 3. Transferência do direito de superfície. 4. Extinção do direito de superfície.

1. CONCEITO

O Código Civil em vigor reintroduziu no direito brasileiro o direito de superfície, previsto na legislação do Reino de Portugal aqui aplicada no direito pré--codificado, mas não contemplado no diploma de 1916.

Trata-se de direito real de fruição ou gozo sobre coisa alheia, de origem romana. Surgiu da necessidade prática de se permitir edificação sobre bens públicos, permanecendo o solo em poder do Estado. No direito romano o Estado arrendava suas terras a particulares, que se obrigavam ao pagamento dos *vectigali*, com o objetivo precípuo de manter a posse das largas terras conquistadas.

No direito moderno o aludido instituto é regulado, entre outros, no direito italiano (CC, arts. 952 a 956), no direito português (CC, arts. 1.524 a 1.542), no direito alemão (arts. 1.012 a 1.017), no direito austríaco (arts. 1.125, 1.147 e 1.150), no direito suíço (arts. 675 e 779), no direito holandês (arts. 758 e 766) e no direito belga (Lei de 10-1-1824). Confere ele, em essência, a uma ou várias pessoas o direito de construir ou plantar em terreno alheio.

A Lei n. 10.257, de 10 de julho de 2001, denominada "Estatuto da Cidade" e que regulamentou os arts. 182 e 183 da Constituição Federal, antecipou-se ao novo Código Civil, disciplinando o direito de superfície, limitado, porém, a imóvel urbano, enquanto este cuida do urbano e também do rural. Com a entrada em vigor, porém, do último diploma houve a derrogação do aludido Estatuto, passando o instituto em apreço a ser regulado inteiramente pelos arts. 1.369 a 1.377 do novo *Codex*[1].

Não se aplica à hipótese, com efeito, o princípio da especialidade, segundo o qual *lex specialis derogat legi generali* quando disciplinar, de forma diversa, o mesmo assunto. Ocorre a revogação tácita quando a lei nova, de caráter amplo e geral, passa a regular inteiramente a matéria versada na lei anterior, vindo a lei revogadora, neste caso, substituir inteiramente a antiga. Desse modo, se toda uma matéria é submetida a nova regulamentação, desaparece inteiramente a lei anterior que tratava do mesmo assunto[2].

Como assinala CAIO MÁRIO DA SILVA PEREIRA, "se toda uma província do direito é submetida a nova regulamentação, desaparece inteiramente a lei caduca, em cujo lugar se colocam as disposições da mais recente"[3].

Com a entrada em vigor, por exemplo, do Código de Defesa do Consumidor, deixaram de ser aplicadas às relações de consumo as normas de natureza privada estabelecidas no Código Civil de 1916 e em leis esparsas que tratavam dessa matéria. Do mesmo modo, com a entrada em vigor do Código Civil de 2002, regulando de forma ampla e geral o instituto da superfície, deixaram de ser aplicadas as normas do Estatuto da Cidade que tratavam do mesmo assunto.

O direito de superfície é definido no art. 1.369 do Código Civil, *verbis*:

"O proprietário pode conceder a outrem o direito de construir ou de plantar em seu terreno, por tempo determinado, mediante escritura pública devidamente registrada no Cartório de Registro de Imóveis.

Parágrafo único. O direito de superfície não autoriza obra no subsolo, salvo se for inerente ao objeto da concessão".

O atual Código Civil aboliu a enfiteuse, substituindo-a pelo direito de superfície gratuito ou oneroso. Considera-se vantajosa a substituição porque este último permite melhor e mais ampla utilização da coisa. Se o proprietário de uma área de terras não tiver recursos para explorá-la, poderá cedê-la a alguém em superfície para, na referida gleba, por exemplo, construir e explorar um hotel.

Alguns países, todavia, mantêm em seus códigos a superfície ao lado da enfiteuse, distinguindo-lhes as finalidades, como o faz o Código Civil italiano, ou não as distinguindo, como ocorre com o Código Civil português.

---

[1] Joel Dias Figueira Jr., *Novo Código Civil comentado*, p. 1210; Carlos Alberto Dabus Maluf, atualizador da obra de Washington de Barros Monteiro, *Curso de direito civil*, v. 3, p. 253-254; José Guilherme Braga Teixeira, *Comentários ao Código Civil brasileiro*, v. XII, p. 266-268.
[2] Carlos Roberto Gonçalves, *Direito civil brasileiro*, v. 1, p. 64.
[3] *Instituições de direito civil*, v. I, p. 83-84.

Pelo novo instituto, uma pessoa cujo terreno não seja apropriado para a construção que pretende erigir pode, por exemplo, permutar o uso do solo, temporariamente, mantendo a propriedade deste, com outra pessoa que possua terreno que atenda às suas necessidades, cedendo, por outro lado, a esta, que nele tem interesse, o direito de superfície de seu imóvel.

Assim, o proprietário de um terreno localizado na zona central, próprio para a edificação de um prédio de escritórios, mas que deseja investir na construção e montagem de uma indústria, pode permutar o uso do solo de seu imóvel com o de um terreno localizado na periferia da cidade cujo proprietário tem interesse em construir um prédio de escritórios.

Verifica-se, destarte, que a reintegração em nosso ordenamento dessa modalidade de direito real, com nova roupagem, atende a razões de ordem sociológica, cujas origens encontram-se na Constituição Federal, que define a exigência dos fins sociais da propriedade.

Sem o caráter real que lhe foi atribuído, o direito de superfície não seria mais do que um arrendamento. Igualmente não se confunde o aludido instituto com a locação ou a parceria, pois estes são direitos obrigacionais e a superfície é um direito real. São também seus parentes no campo jurídico, embora com ele não se confundam, o uso, o usufruto e a enfiteuse.

Trata-se, em suma, de uma limitação espontânea ao direito de propriedade por intermédio de concessão por escritura pública registrada no Cartório de Registro Imobiliário, na qual o titular do direito real mais amplo concede à outra parte contratante, doravante denominada *superficiário*, o direito real de construir *ou* plantar em seu terreno[4].

Destaca-se que a disjuntiva *ou* (construir *ou* plantar) não foi empregada no art. 1.369 com sentido restritivo. Nada impede que o proprietário concedente e o superficiário convencionem que a concessão terá por objeto o direito de construir *e* plantar. Igualmente nada obsta que mais de uma pessoa seja titular do direito de superfície ou que o superficiário construa para alugar, ou ainda institua hipoteca sobre o imóvel a fim de obter recursos para nele construir.

Tendo por objeto a construção de uma obra, o direito de superfície pode abranger uma parte do solo não necessária à sua implantação, desde que ela tenha utilidade para o uso da obra, como prescreve o art. 1.525 do Código Civil português.

O parágrafo único do art. 1.369 retrotranscrito não autoriza obra no *subsolo*, salvo se for ela pertinente ao objeto da concessão. Exige-se, portanto, que a utilização do subsolo seja inerente à obra superficiária.

---

[4] Carlos Alberto Dabus Maluf, atualizador da obra de Washington de Barros Monteiro, *Curso*, cit., v. 3, p. 253.

Embora o aludido dispositivo seja omisso no tocante ao *espaço aéreo*, nada impede a sua utilização pelo superficiário, uma vez que constitui ele parte integrante do solo, como expressamente enunciava o art. 43, I, do Código Civil de 1916, *verbis*: "Art. 43. São bens imóveis: I – o solo com a sua superfície, os seus acessórios e adjacências naturais, compreendendo as árvores e frutos pendentes, o espaço aéreo e o subsolo".

A rigor não se pode ter propriedade ou direitos diversos entre o solo e os bens que lhe são acessórios, salvo expressa disposição legal, como sucede no caso do direito de superfície, que opera a dissociação entre o titular de poderes inerentes ao domínio do solo e do subsolo do titular das acessões industriais, ou seja, das construções e plantações.

Com efeito, o fenômeno da edificação (*inaedificatio*) e da plantação (*plantatio*) é dominado pelo princípio *superficies solo cedit*, por força do qual tudo que se planta ou constrói em solo alheio é da propriedade do dono do solo (*dominus soli*). Pode ocorrer, contudo, como assinala RICARDO PEREIRA LIRA[5], a *suspensão* dos efeitos da acessão, quando se terá a superfície temporânea, ou a *interrupção* dos efeitos da acessão, quando se consubstanciará caso de superfície perpétua. Não incidirá, nessas hipóteses, o aludido princípio *superficies solo cedit*, pois a propriedade da construção ou plantação é de quem a realizou, continuando o terreno no domínio do dono do solo. Essa suspensão ou interrupção resulta do direito de superfície.

Podem as partes, todavia, de comum acordo, estabelecer limites no contrato, subordinando a utilização do espaço aéreo ao necessário para as construções ou plantações, ou seja, sintonizando-a com o objeto da concessão.

Embora várias legislações, como o Código Civil português, o italiano, o suíço e o de Quebec, permitam seja a superfície constituída por tempo indeterminado, o Código Civil brasileiro de 2002 só admite a sua contratação *por tempo determinado*. Não se justifica, realmente, a permissão para que seja indefinida a duração dos direitos reais imobiliários de uso e gozo que implicam desmembramento do domínio. Deve ficar a critério dos contratantes a estipulação de prazo que atenda aos seus interesses.

O direito de superfície tem como objeto, como foi dito, as construções e plantações que se levantam no terreno do concedente. O art. 1.369 retrotranscrito refere-se de modo bem claro a direito de *"construir ou plantar"*.

Destarte, imóvel edificado não está sujeito ao aludido direito, uma vez que o citado dispositivo não prevê a possibilidade de constituição do direito de superfície

---

[5] O direito de superfície e o novo Código Civil. *Aspectos controvertidos do novo Código Civil*: escritos em homenagem ao Ministro José Carlos Moreira Alves, p. 541.

por *cisão*, admitida nos direitos civis italiano e português. Essa modalidade parte de um imóvel construído ou plantado, no qual já se tenham operado os efeitos da acessão. O dono do imóvel retém em seu domínio o terreno e transfere a outrem, que passa a ser superficiário, a propriedade da construção ou plantação.

De acordo com o sistema adotado pelo atual Código Civil, porém, se o imóvel já possuir construção ou plantação não poderá ser objeto de direito de superfície, porque somente o terreno se presta a essa finalidade, salvo se for convencionada a demolição da construção existente para a reconstrução ou construção de outra, ou a erradicação da plantação existente para fins de utilização do terreno para os mesmos fins.

O referido diploma não contempla também a possibilidade da *sobrelevação* ou da superfície em segundo grau, autorizada nos direitos português, francês (*surélévation*) e suíço (*superfície au deuxième degré*) e que consiste na concessão feita a terceiro, pelo superficiário, do direito de construir sobre a sua propriedade superficiária, ou seja, sobre a sua laje.

Tendo em vista que, durante o período de vigência do contrato, o proprietário confere ao superficiário a propriedade útil de seu imóvel, para que nele construa ou plante como titular de um direito real oponível *erga omnes* e com a prerrogativa de sequela, é natural que incumba a este o pagamento dos encargos e tributos que incidirem sobre o imóvel, bem como as despesas de conservação ou manutenção, como preceitua o art. 1.371 do Código Civil.

Tal responsabilidade do superficiário abrange o imóvel em sua totalidade, compreendendo tanto a área do solo cuja superfície lhe foi concedida quanto os acréscimos que recaírem sobre a construção ou sobre a plantação[6]. A regra, no entanto, é supletiva, podendo as partes convencionar de forma diferente, distribuindo os encargos e tributos que recaem sobre o imóvel de forma diversa. O descumprimento da obrigação poderá ser sancionado com a resolução do direito de superfície, uma vez constituído o superficiário em mora[7].

Preceitua o art. 1.377 do Código Civil:

"*O direito de superfície, constituído por pessoa jurídica de direito público interno, rege-se por este Código, no que não for diversamente disciplinado em lei especial*".

A legislação especial em vigor, que cuida de concessão de terras públicas e respectivo direito de uso, é a seguinte: Leis n. 4.504/64, 9.636/98, 4.937/66, 8.629/93 e Decreto-Lei n. 271/67.

---

[6] José Guilherme Braga Teixeira, *Comentários*, cit., v. XII, p. 279-280.
[7] Caio Mário da Silva Pereira, *Instituições de direito civil*, v. IV, p. 244-245; Marco Aurélio S. Viana, *Comentários ao novo Código Civil*, v. XVI, p. 551.

2. MODOS DE CONSTITUIÇÃO

O Código Civil exige que o direito de superfície se constitua por intermédio de escritura pública devidamente registrada no Cartório de Registro de Imóveis (CC, art. 1.369). Em se tratando de negócio jurídico que envolve bem imóvel, não poderia realmente ser dispensada a escritura pública, solenidade necessária à própria validade do ato (art. 108).

À escritura pública equipara-se a carta de sentença que for extraída de acordo homologado judicialmente que estipule a constituição de direito de superfície. Pode este ser adquirido também por ato de última vontade, cujo título é o testamento. O direito hereditário é, com efeito, modo aquisitivo e transmissível da propriedade e dos direitos reais sobre imóveis. Nesse caso, o registro do formal de partilha deve ser efetuado na matrícula do imóvel, em atendimento ao art. 1.227 do Código Civil. Embora a superfície seja direito diverso do de propriedade, o registro deverá ser feito, em qualquer hipótese, na própria matrícula do imóvel, não sendo caso de matrícula autônoma, uma vez que os direitos são exercidos sobre um só imóvel[8].

O direito de superfície, embora constituído pelos modos mencionados, somente nascerá quando do registro da escritura pública no registro de imóveis (CC, art. 1.227). No direito brasileiro, como se sabe, o contrato, por si só, não basta para a transferência do domínio. Por ele criam-se apenas obrigações e direitos (art. 481). O domínio, porém, só se adquire pela *tradição*, se for coisa móvel (art. 1.226), e pelo *registro do título*, se for imóvel (art. 1.227). Desse modo, enquanto o contrato que institui o direito de superfície não estiver registrado no Cartório de Registro de Imóveis, existirá entre as partes apenas um vínculo obrigacional. O direito real, com todas as suas características, somente surgirá após aquele registro.

O direito de superfície, como foi dito, importa concessão *temporária*, fixando o documento constitutivo o tempo de duração (CC, art. 1.369). Será ela gratuita ou onerosa. Se onerosa, diz o art. 1.370 do Código Civil, "*estipularão as partes se o pagamento será feito de uma só vez, ou parceladamente*". O *solarium* ou *canon superficiário* é a importância paga periodicamente, ou de uma só vez, pelo concessionário ao concedente, na superfície remunerada.

Surge, em consequência da superfície, uma propriedade resolúvel (art. 1.359). No caso de efetuar o superficiário um negócio jurídico que tenha por

---

[8] José Guilherme Braga Teixeira, *Comentários*, cit., v. XII, p. 275; Regis Fernandes de Oliveira, *Comentários ao Estatuto da Cidade*, p. 70; Caramuru Afonso Francisco, *Estatuto da Cidade comentado*, p. 177.

objeto o direito de superfície, ou no de sucessão *mortis causa*, o adquirente recebe--o subordinado à condição resolutiva[9].

Controverte-se na doutrina sobre a possibilidade da constituição da superfície por *usucapião*. Em tese, tal possibilidade existe, uma vez comprovados os requisitos deste, observando-se que nada impede a modificação do caráter originário da posse, quando, acompanhando a mudança da vontade, sobrevém igualmente uma nova *causa possessionis*, ocorrendo então a inversão do ânimo da posse. Registre-se que o Código Civil português consigna, no art. 1.528, que "o direito de superfície pode ser constituído por contrato, testamento ou usucapião, e pode resultar da alienação de obra ou árvores já existentes, separadamente da propriedade do solo".

A maior dificuldade, que praticamente inviabiliza a sua ocorrência, concerne à usucapião extraordinária, uma vez que, se determinada pessoa exerce a posse de certa edificação com o *animus rem sibi habendi*, desde que satisfeitos os demais requisitos da usucapião adquirirá necessariamente o domínio do trato de terra sobre o qual assenta dita edificação, tornando-se, dessa maneira, proprietário do todo, não se caracterizando logicamente uma propriedade separada, superficiária, mantida sobre o solo de outrem.

Pode, no entanto, dar-se a aquisição do aludido direito pela usucapião ordinária, na hipótese, por exemplo, de sua concessão ter sido feita anteriormente *a non domino*. Nesse caso, o concessionário adquire o direito de superfície contra o senhor do solo, desde que haja conservado a posse na qualidade de superficiário pelo tempo necessário, demonstrando ser portador de boa-fé.

Menciona-se também a possibilidade de se configurar a usucapião quando a concessão do direito de construir foi feita por *instrumento particular*, permanecendo a edificação ou plantação na posse do adquirente pelo prazo legal; e, ainda, no caso de uma edificação, relativamente à qual se tenham operado os efeitos da acessão, em que o possuidor da edificação, com *animus domini*, passe a pagar, pelo prazo suficiente à consumação da prescrição aquisitiva, um salário, que implica evidentemente o reconhecimento do domínio do trato de terra sobre o qual está a edificação, aperfeiçoando-se, assim, a aquisição pelo usucapiente, da edificação, pousada sobre o solo de outrem[10].

---

[9] Caio Mário da Silva Pereira, *Instituições*, cit., v. IV, p. 244.
[10] Ricardo Pereira Lira, O direito de superfície, cit., p. 543; Joel Dias Figueira Júnior, *Novo Código Civil comentado*, cit., p. 1208-1209; José Guilherme Braga Teixeira, *Comentários*, cit., v. XII, p. 276.

3. TRANSFERÊNCIA DO DIREITO DE SUPERFÍCIE

Dispõe o art. 1.372 do Código Civil:
"*O direito de superfície pode transferir-se a terceiros e, por morte do superficiário, aos seus herdeiros.*
Parágrafo único. Não poderá ser estipulado pelo concedente, a nenhum título, qualquer pagamento pela transferência".

A proibição imposta ao proprietário do solo de cobrar qualquer taxa ou retribuição pela transferência do direito de superfície incide *ipso iure*, independentemente de previsão no contrato.

Ao contrário do que sucede no caso da enfiteuse, em que o proprietário ou senhorio recebe o laudêmio toda vez que se transfere, a título oneroso, o domínio útil da coisa, e que é representado por uma percentagem sobre o preço da venda, não se pode estipular, no caso da superfície, a qualquer título, nenhum pagamento pela transferência.

Tal orientação se amolda à tendência universal de se eliminar qualquer cobrança, por parte dos proprietários de imóveis, quando da transferência a terceiros de direitos reais constituídos sobre os mesmos. O Código Civil italiano e o português anteriores (dos anos de 1865 e 1867, respectivamente) já haviam eliminado os laudêmios, lutuosas e outras prestações análogas que, nas enfiteuses mais antigas, nas quais os resquícios do feudalismo se faziam mais evidentes, representavam uma espécie de homenagem ao senhor feudal pelo consentimento deste na transferência onerosa da enfiteuse que o vassalo fizesse a terceiro (*laudemium*) ou na transmissão de um feudo aos herdeiros do vassalo que falecera ("lutuosa"), pois, como assinala José Guilherme Braga Teixeira[11], com tal consentimento o senhor feudal, titular do domínio direto, abria mão do seu direito de prelação e da consolidação do domínio do imóvel na sua pessoa.

O art. 1.373 do Código Civil confere o "*direito de preferência, em igualdade de condições*", no caso de alienação, seja do imóvel ou da superfície, ao superficiário ou ao proprietário, respectivamente. O aludido dispositivo estabelece, assim, o direito de preferência *recíproco* sobre os direitos reais, em benefício de ambos os titulares dos direitos objeto da avença.

Desse modo, se o proprietário concedente resolver alienar o imóvel, o superficiário terá preferência na aquisição. Se, por outro lado, este último optar por alienar o direito real de superfície, deverá respeitar a preferência instituída em favor do primeiro, sempre em igualdade de condições para ambas as partes.

---

[11] *Comentários*, cit., v. XII, p. 282.

Em se tratando de direito patrimonial de caráter privado, a preferência na aquisição pode ser objeto de transação ou renúncia, sendo lícito consignar esta última no instrumento de constituição[12].

Na *V Jornada de Direito Civil do CJF/STJ* foi aprovado o Enunciado n. 510, nos seguintes termos: "Ao superficiário que não foi previamente notificado pelo proprietário para exercer o direito de preferência previsto no art. 1.373 do CC é assegurado o direito de, no prazo de seis meses, contado do registro da alienação, adjudicar para si o bem mediante depósito de preço".

4. EXTINÇÃO DO DIREITO DE SUPERFÍCIE

Embora várias legislações, como foi dito, permitam seja a superfície constituída por tempo indeterminado, o Código Civil brasileiro só admite a sua contratação por *tempo determinado* (art. 1.369). Extingue-se, portanto, o direito de superfície com o *advento do termo* estabelecido no contrato.

Dispõe o art. 1.374 do Código Civil que, "*antes do termo final, resolver-se-á a concessão se o superficiário der ao terreno destinação diversa daquela para que foi concedida*".

Se, por exemplo, foi concedido o direito de construir um edifício e o superficiário simplesmente o aluga para estacionamento, sem que haja sinais de início da obra, configura-se o desvio de finalidade contratual, que pode ensejar a extinção da concessão, se nenhum motivo justo for apresentado para a prática do ato faltoso. Pode, por exemplo, a demora justificar-se pela dificuldade na aprovação da planta ou por outro motivo imperioso. Não havendo, cabe a retomada do imóvel.

O dispositivo em tela objetiva evitar burla aos termos estabelecidos na avença e ofensa ao princípio da boa-fé objetiva, que deve ser observado e respeitado durante todo o período de execução do contrato (CC, art. 422). É defesa, portanto, a alteração unilateral. Qualquer modificação posterior da destinação da utilização do solo deve ser realizada de comum acordo com o proprietário, denominado concedente ou fundieiro, por termo aditivo, observando-se as mesmas formalidades exigidas anteriormente: escritura pública, devidamente registrada no Cartório de Registro de Imóveis.

Prescreve o art. 1.375 do Código Civil, por sua vez, que, "*extinta a concessão, o proprietário passará a ter a propriedade plena sobre o terreno, construção ou plantação, independentemente de indenização, se as partes não houverem estipulado o contrário*".

---

[12] Caio Mário da Silva Pereira, *Instituições*, cit., v. IV, p. 246.

O proprietário concedente tem, desse modo, a expectativa de receber a coisa com a obra ou plantação.

Extinta a concessão, a construção ou a plantação incorporam-se ao solo em definitivo, retornando ao princípio *superficies solo cedit*. Tendo em vista que a superfície importa em desmembramento da propriedade, a extinção dela implica o remembramento, que opera em favor do *dominus soli*[13].

Têm os interessados a faculdade de ajustar o que melhor lhes convenha, no caso de ficar extinta a superfície. O art. 1.375 supratranscrito tem, portanto, caráter supletivo, aplicando-se na falta de estipulação contrária. Nada impede que se convencione o pagamento de indenização pelo dono do terreno ao superficiário, considerando-se que este devolve o terreno em regra valorizado.

O art. 1.376 do Código Civil prevê outro modo de extinção da concessão superficiária: *a desapropriação*. Neste caso, "*a indenização cabe ao proprietário e ao superficiário, no valor correspondente ao direito real de cada um*". Destarte, o dono do terreno recebe o equivalente ao seu valor, enquanto o superficiário é indenizado pela construção ou plantação.

Outros modos de extinção do direito de superfície são previstos nas legislações de outros países, como: a) renúncia do superficiário; b) confusão, quando na mesma pessoa reúnem-se as condições de proprietário do solo e da superfície; c) resolução, em virtude do descumprimento das obrigações contratuais assumidas pelo superficiário; d) resilição bilateral; e) prescrição; f) perecimento do objeto; g) não conclusão da construção ou plantação, pelo superficiário, no prazo estabelecido; h) inviabilidade da construção ou plantação, ou destruição de uma ou outra; i) falta de pagamento das prestações periódicas, quando adotada esta modalidade de remuneração[14].

O descumprimento das obrigações e encargos impostos ao superficiário necessita ser comprovado em juízo, para que ocorra a resolução por culpa deste. Devem eles estar previstos e devidamente delimitados no contrato, para que possam regular as relações dele originadas.

---

[13] Caio Mário da Silva Pereira, *Instituições*, cit., v. IV, p. 246; Regis Fernandes de Oliveira, *Comentários*, cit., p. 72.
[14] José Guilherme Braga Teixeira, *Comentários*, cit., v. XII, p. 284; Caio Mário da Silva Pereira, *Instituições*, cit., v. IV, p. 246.

Título V
DAS SERVIDÕES

Sumário: 1. Conceito. 2. Características das servidões. 3. Classificação das servidões. 4. Modos de constituição. 4.1. Servidão constituída por ato humano. 4.1.1. Negócio jurídico *causa mortis* ou *inter vivos*. 4.1.2. Sentença proferida em ação de divisão. 4.1.3. Usucapião. 4.1.4. Destinação do proprietário. 4.2. Servidão constituída por fato humano. 5. Regulamentação das servidões. 5.1. Obras necessárias à sua conservação e uso. 5.2. Exercício das servidões. 5.3. Remoção da servidão. 6. Ações que protegem as servidões. 7. Extinção das servidões.

1. CONCEITO

A utilização de vantagens de prédio alheio, vizinho ou próximo, pode, sem ser indispensável, mostrar-se necessária ou útil, pelo menos, ao prédio dominante, por aumentar-lhe as possibilidades e condições de uso, implicando alguma restrição àquele.

Essa utilização de um prédio por outro, não indispensável, mas necessária ou vantajosa, é o que, segundo Lacerda de Almeida[1], se chama servidão real, predial, ou simplesmente servidão. *Servidão* porque coloca na relação de sujeito ativo e passivo os prédios entre os quais se constitui; *predial* porque se estabelece entre prédios; e *real* porque origina uma relação direta de prédio a prédio e não de prédio a pessoa, como ocorre, por exemplo, no usufruto.

Servidão, assim, é um ônus real, voluntariamente imposto a um prédio (o serviente) em favor de outro (o dominante), em virtude do qual o proprietário do primeiro perde o exercício de algum de seus direitos dominicais sobre o seu

---
[1] *Direito das cousas*, v. II, p. 6-8.

prédio, ou tolera que dele se utilize o proprietário do segundo, tornando este mais útil, ou pelo menos mais agradável[2].

A palavra "servidão" tem sua origem no direito romano, estando relacionada a escravidão. Implicava a ideia de que uma pessoa (*servus*, escravo) era obrigada a servir perpetuamente a outrem (senhor). Foi no período de JUSTINIANO que o conceito de servidão passou a abarcar a relação de sujeito entre dois prédios e também o direito real de gozo que alguém pode exercer sobre coisa alheia.

O Código Civil trata, no presente Título, das servidões conhecidas como *prediais*, que se distinguem das *pessoais*, como eram chamadas, no direito romano, as vantagens proporcionadas a alguém, como o usufruto, o uso e a habitação.

Para que o proprietário de um prédio possa dele utilizar-se amplamente, torna-se necessário, muitas vezes, como foi dito, valer-se dos prédios vizinhos. As servidões constituem, assim, direitos, por efeito dos quais uns prédios *servem* a outros. Daí a origem dessa expressão, que é definida como a restrição imposta a um prédio, para uso e utilidade de outro pertencente a dono diverso.

Dispõe a propósito o art. 1.378 do Código Civil:

"*A servidão proporciona utilidade para o prédio dominante, e grava o prédio serviente, que pertence a diverso dono, e constitui-se mediante declaração expressa dos proprietários, ou por testamento, e subsequente registro no Cartório de Registro de Imóveis*".

As servidões constituem direito real instituído em favor de um prédio (dominante) sobre outro (serviente) pertencente a dono diverso. Estabelecem-se pela separação de certos direitos elementares, que se destacam do domínio sobre o prédio serviente e passam para o domínio do prédio dominante.

A servidão de trânsito, por exemplo, não é senão uma fração do domínio do prédio serviente exercida pelo senhor do prédio dominante. O desmembramento, que forma a servidão, tem por objeto ou uma parcela do direito dominial de *usar* (*jus utendi*), como a servidão de trânsito, ou uma parcela do direito de *usufruir* (*jus fruendi*), como a servidão de pasto, ou uma parcela do direito de retirar produtos que não são frutos, como a servidão de tirar água[3].

A servidão predial nasce da vontade dos proprietários, não se confundindo com as servidões legais, que são direitos de vizinhança impostos coativamente. É, assim, um ônus imposto voluntariamente. A *voluntariedade* é, pois, da essência da servidão.

As servidões podem tomar as mais variadas formas. A mais conhecida é a servidão de *trânsito* ou de *passagem*, que assegura ao proprietário de um imóvel a prerrogativa de transitar pelo imóvel de outrem. Mas existem outras, como a de

---

[2] Spencer Vampré, *Manual de direito civil brasileiro*, v. II, p. 159.
[3] Lafayette Rodrigues Pereira, *Direito das coisas*, t. I, p. 310.

aqueduto (canalização), pela qual o proprietário de um prédio tem o direito de fazer com que a água a este necessária atravesse pelo prédio serviente; a de *iluminação* ou *ventilação*, que impede o dono do prédio serviente de construir em determinada área de seu terreno, para não prejudicar o acesso de luz ou de ar ao prédio dominante; a de *pastagem*, que confere ao pecuarista o direito de fazer com que o seu gado penetre e se alimente nos pastos do imóvel serviente; a de *não construir a certa altura*, que proíbe o proprietário do prédio serviente de prejudicar a vista que o dono do prédio dominante desfruta de determinada paisagem etc.[4]

Nos exemplos mencionados observa-se a serventia estabelecida em favor de um prédio em detrimento de outro, aumentando as utilidades do primeiro e diminuindo as do segundo.

Os prédios devem ser vizinhos (*praedia debent esse vicina*), embora não haja necessidade de que sejam contíguos. Hão de guardar tal proximidade que a servidão se exerça em efetiva utilidade do prédio dominante. É o que sucede, por exemplo, na servidão de aqueduto, em que o proprietário de um prédio tem o direito real de passar água por muitos outros, dos quais só um deles lhe é contíguo[5].

2. CARACTERÍSTICAS DAS SERVIDÕES

A teoria das servidões prediais norteia-se por vários princípios que traçam o seu perfil e realçam as suas características. Assim:

a) A servidão é uma *relação entre dois prédios distintos*: o serviente e o dominante. O prédio serviente sofre as restrições em benefício do outro, chamado dominante (*qui servitutem debet*). Estabelece-se um ônus, que se consubstancia num dever, para o proprietário, de abstenção ou de permitir a utilização do imóvel para certo fim (*cui servitus debetur*).

A vantagem ou desvantagem adere ao imóvel e transmite-se com ele, tendo existência independente da pessoa do proprietário. Gera uma obrigação *propter rem*: vincula o dono do prédio serviente, seja ele quem for. Assinalam COLIN e CAPITANT[6], nessa linha, que o que se quer dizer ao afirmar que a servidão se estabelece não em benefício de uma pessoa, mas de um prédio, é que a pessoa que se beneficia de fato com a servidão e a que suporta o ônus são indiferentes, e que a relação jurídica continuará subsistindo mesmo que os proprietários tenham mudado, desde que o prédio dominante e o serviente subsistam e não tenha ocorrido nenhum dos fatos que acarretam a extinção da servidão.

---

[4] Silvio Rodrigues, *Direito civil*, v. 5, p. 278.
[5] Caio Mário da Silva Pereira, *Instituições de direito civil*, v. IV, p. 276; Silvio Rodrigues, *Direito civil*, cit., v. 5, p. 278.
[6] *Derecho civil*, t. 2, v. II, p. 424.

b) Os *prédios devem pertencer a donos diversos*, como já se dizia no direito romano: *nemini res sua servit*. Se forem do mesmo proprietário, este simplesmente usará o que é seu, sem que se estabeleça uma servidão. Enquanto os prédios se encontram em mãos de um mesmo dono não existe servidão, mas mera serventia. Este exerce integralmente os direitos decorrentes do domínio, uno e indivisível.

A serventia se transforma em direito real no momento em que o domínio passa para titulares diferentes, como se verá a seguir, no estudo da servidão por destinação do proprietário.

c) Nas servidões, *serve a coisa e não o dono* (*servitus in faciendo consistere nequit*). Este nada tem a fazer. Sua obrigação não consiste em um *facere*, mas apenas em uma abstenção (obrigação negativa) ou no dever de suportar o exercício da servidão, pois em razão dela perde ele alguns dos seus poderes dominicais.

Como direito real que é, a servidão grava um dos prédios e o acompanha nas mutações por que venha a passar, até que se extinga por uma das causas legais. Mas não se pode daí concluir que o sujeito da relação jurídica seja o imóvel. Sujeito de direito é sempre o homem: *hominum causa omne ius constitutum*[7].

d) A *servidão não se presume*, pois constitui-se mediante declaração expressa dos proprietários, ou por testamento, e subsequente registro no Cartório de Registro de Imóveis (CC, art. 1.378). Deve ser cumpridamente provada por quem alega sua existência. Na dúvida, decide-se contra ela. Sua interpretação é sempre restrita, por implicar limitação ao direito de propriedade.

Segundo WASHINGTON DE BARROS MONTEIRO, do princípio legal em apreço decorrem as consequências seguintes: "*a*) a servidão deve ser comprovada de modo explícito, cabendo o ônus da prova a quem lhe afirme a existência. No conflito de provas, apresentadas pelo autor e pelo réu, decide-se, na dúvida, contra a servidão; *b*) sua interpretação é sempre *stricti juris*, visto implicar, invariavelmente, limitação ao direito de propriedade; *c*) seu exercício deve ser sempre o menos oneroso possível para o prédio serviente"[8].

e) A servidão *deve ser útil ao prédio dominante* (*servitus fundo utilis esse debet*). A servidão há de trazer alguma vantagem, de modo a aumentar o valor do imóvel dominante. A vantagem não precisa ser reduzida a dinheiro. Pode consistir em maior utilidade para o prédio dominante ou em simples comodidade ou deleite.

f) A servidão é *direito real* e *acessório*. É direito real porque, como já foi dito, incide diretamente sobre bens imóveis, embora alheios. Está munida de sequela e ação real e é oponível *erga omnes*. E é direito acessório porque depende do direito de propriedade. Acompanha os prédios quando alienados.

---

[7] Caio Mário da Silva Pereira, *Instituições*, cit., v. IV, p. 276-277.
[8] *Curso de direito civil*, v. 3, p. 278.

g) *A servidão é de duração indefinida* porque perde sua característica de servidão quando estabelecida por tempo limitado. Dura indefinidamente, enquanto não extinta por alguma causa legal, ainda que os prédios passem a outros donos. Por isso, costuma-se dizer que a servidão é *perpétua*. É de tal relevância o princípio que se entende, como mencionado, perder a característica de servidão quando estabelecida por tempo limitado. Se isto se der, passa a relação jurídica a qualificar-se como direito pessoal ou de crédito[9].

h) A servidão é *indivisível* porque não se desdobra em caso de divisão do prédio dominante ou do prédio serviente (*pro parte dominii servitutem adquiri non posse*). Só pode ser reclamada como um todo, ainda que o prédio dominante venha a pertencer a diversas pessoas. Significa dizer que a servidão não se adquire nem se perde por partes.

Nessa consonância, dispõe o art. 1.386 do Código Civil que "*as servidões prediais são indivisíveis, e subsistem, no caso de divisão dos imóveis, em benefício de cada uma das porções do prédio dominante, e continuam a gravar cada uma das do prédio serviente, salvo se, por natureza, ou destino, só se aplicarem a certa parte de um ou de outro*".

Do *princípio da indivisibilidade* resultam, segundo a doutrina de WASHINGTON DE BARROS MONTEIRO, as consequências seguintes: "*a*) a servidão não pode ser instituída em favor de parte ideal do prédio dominante, nem pode incidir sobre parte ideal do prédio serviente; *b*) se o proprietário do imóvel dominante se torna condômino do serviente, ou vice-versa, mantém-se a servidão; *c*) defendida a servidão por um dos condôminos do prédio dominante, a todos aproveita a ação"[10].

i) A servidão é *inalienável*. Por decorrer de uma necessidade do prédio dominante, não se concebe sua transferência a outro prédio, pois implicaria extinção da antiga servidão e constituição de outra. Daí decorre que o titular desse direito não pode associar outra pessoa ao seu exercício ou sobre ele constituir novo direito real (*servitus servitutis esse non potest*), nem dá-la em hipoteca em separado. Não se pode, assim, de uma servidão constituir outra. O dono do prédio dominante não tem direito de estendê-la ou ampliá-la a outras propriedades.

Todavia, se a servidão é insuscetível de alienar-se, passando a outra pessoa ou a outro prédio, transmite-se por sucessão *mortis causa*, ou *inter vivos*, acompanhando o prédio nas suas mutações subjetivas, por uma ou outra causa[11].

---

[9] Caio Mário da Silva Pereira, *Instituições*, cit., v. IV, p. 279.
[10] *Curso*, cit., v. 3, p. 278-279.
"Um dos benefícios legais da servidão é a sua indivisibilidade e um dos corolários dessa característica é que, defendida por um dos condôminos do prédio dominante, a todos aproveita a ação" (*RT*, 163/345). "Servidão de passagem. Caracterização. Canalização de água. Imóvel que depende de ação de divisão para identificar os seus proprietários. Fato que, enquanto não se verificar, faz com que a água que passa por terreno lindeiro a todos pertença" (*RT*, 811/376).
[11] Caio Mário da Silva Pereira, *Instituições*, cit., v. IV, p. 279.

3. CLASSIFICAÇÃO DAS SERVIDÕES

A classificação mais importante das servidões é a que as distingue pelo *exercício*. Sob esse prisma podem ser contínuas e descontínuas, positivas e negativas.

Uma servidão é *contínua* quando exercida independentemente de uma ação humana e, em geral, ininterruptamente. Exemplo típico é a de aqueduto, em que as águas correm de um prédio a outro, sem necessidade da atuação das pessoas. Podem ser mencionadas, ainda, as de passagem de cabos e tubulações condutores de energia elétrica e de outros serviços públicos e as de iluminação e ventilação. Uma vez estabelecidas, subsistem e exercem-se independentemente de ato humano, ainda que na realidade possam deixar de ser praticadas ininterruptamente.

Servidão *descontínua* é a que tem o seu exercício condicionado a algum ato humano atual, como na de trânsito e na de retirada d'água. Todas as servidões que dependem do fato do homem são, necessariamente, descontínuas, como consta expressamente do art. 688 do Código de Napoleão.

Ainda quanto ao *modo de seu exercício*, as servidões dividem-se em *positivas* e *negativas*. As primeiras conferem ao dono do prédio dominante o poder de praticar algum ato no prédio serviente, como a servidão de trânsito e a de tirada d'água. As segundas impõem-lhe o dever de abster-se da prática de determinado ato de utilização, como a *non edificandi*.

Quanto à sua *visibilidade*, as servidões podem ser *aparentes* e *não aparentes*.

Aparente é a servidão que se manifesta por obras exteriores, visíveis e permanentes, como a de passagem e a de aqueduto, em que o caminho e os condutos podem ser vistos. *Não aparente* é a servidão que não se revela por obras exteriores, como a de não edificar além de certa altura ou de não construir em determinado local.

Essas espécies podem combinar-se, dando origem, então, às servidões *contínuas e aparentes*, como as de aqueduto; às *contínuas e não aparentes*, como as de não construir além de certa altura (servidão *altius non tollendi*); às *descontínuas e aparentes*, como as de passagem por caminho demarcado; às *descontínuas e não aparentes*, como as de retirar água, sem caminho visível.

A importância da aludida classificação é ressaltada em razão da existência de regras diferentes para a sua constituição, execução e extinção, aplicando-se algumas somente às servidões contínuas e aparentes.

Assim, o art. 1.213 do Código Civil, referindo-se à proteção possessória e coerentemente com o entendimento de que a posse é a exteriorização do domínio, nega os interditos às servidões não aparentes, "*salvo quando os respectivos títulos provierem do possuidor do prédio serviente, ou daqueles de quem este o houve*". Na mesma linha, o art. 1.379 do referido diploma proclama que somente as servidões *contínuas e aparentes* se estabelecem pela usucapião. As *descontínuas* extinguem-se pelo não uso durante certo lapso de tempo – o que não ocorre com as contínuas.

Mencione-se ainda a situação prevista nos arts. 1.286 e 1.287 do novo diploma, disciplinando a passagem de cabos e tubulações e que se aplicam a quaisquer condutos subterrâneos de serviços de utilidade pública.

Antiga classificação divide as servidões, quanto à *localização do imóvel sobre o qual recaem*, em *urbanas* e *rústicas*. As primeiras recaem sobre prédios urbanos, e as segundas, sobre prédios rústicos. São servidões urbanas, por exemplo: *tigni immittendi* (meter trave na parede do vizinho), *altius non tollendi* (não edificar além de certa altura), *oneris ferendi* (direito de apoiar sua construção no edifício do vizinho), *luminis* (direito de abrir janelas na própria parede, ou na do vizinho, para obter luz), *ne luminibus officiatur* (obrigação do dono do prédio serviente em não criar obstáculo à entrada de luz no prédio dominante) etc.

Como exemplos de servidões rústicas ou rurais podem ser mencionadas as seguintes: *aquae haustus* (tomada d'água), *aquaeductus* (aqueduto), *servitus pascendi* (pastagem), *pecoris ad aquam ad pulsus* (condução do gado ao poço vizinho), *iter* (servidão de passagem), *actus* (servidão de passagem com rebanhos ou carro) e outras[12].

São denominadas *irregulares* as servidões que não impõem limitações a um prédio em favor de outro, mas limitação a prédio em favor de determinada pessoa, como a de colher frutos em prédio alheio (*pomum decerpere*)[13].

4. MODOS DE CONSTITUIÇÃO

As servidões podem ser constituídas de diversos modos. Alguns deles estão previstos na lei (CC, arts. 1.378 e 1.379), enquanto outros resultaram da doutrina e da jurisprudência.

As servidões podem nascer de ato ou fato humano. O *ato humano* gerador de uma servidão pode ser: a) negócio jurídico; b) sentença; c) usucapião; d) destinação do proprietário. O *fato humano* é gerador somente da servidão de trânsito.

Os modos de constituição das servidões por *destinação do proprietário* e por *fato humano* não constam da lei e são criações da doutrina e da jurisprudência.

Na realidade, sendo a servidão direito real sobre imóvel, só se constitui, por ato *inter vivos*, depois de registrada no Registro de Imóveis (CC, arts. 1.227 e 1.378). Desse modo, os modos de constituição mencionados servem apenas como *títulos* ou *pressupostos* à aquisição do direito real de servidão. Este só nasce, como referido, com o aludido registro. Antes disso, tais títulos constituem mero direito pessoal.

---

[12] Washington de Barros Monteiro, *Curso*, cit., v. 3, p. 279-280.
[13] Washington de Barros Monteiro, *Curso*, cit., v. 3, p. 281.

4.1. Servidão constituída por ato humano

4.1.1. Negócio jurídico *causa mortis* ou *inter vivos*

Embora as servidões possam ser constituídas por negócio jurídico *causa mortis*, como o testamento (a lei não menciona o codicilo), o modo mais frequente, no entanto, de sua constituição é por ato *inter vivos*, isto é, pelo contrato, em regra, a título oneroso. Neste caso deve o ato revestir a forma pública se o valor exceder o limite legal, ou ser realizado por instrumento particular em caso contrário, complementado pelo registro imobiliário (CC, arts. 108 e 1.378).

Em qualquer caso, em se tratando de ato de vontade, pressupõe capacidade das partes, não apenas a genérica para os atos da vida civil, senão também a específica para os atos de disposição do prédio serviente.

Assim, somente os proprietários podem estipular servidão. Como ato de alienação, só pode constituí-la quem tiver poder de disposição, como o proprietário, o enfiteuta e o fiduciário. Consequentemente, não podem institui-la o condômino (a não ser com a anuência dos demais condôminos), o nu-proprietário, o senhorio direto, o locatário, o compromissário comprador, o credor anticrético e o simples possuidor. Se casado o concedente, depende de outorga uxória (CC, art. 1.647, II)[14].

A doutrina assentou, segundo observa ARNALDO RIZZARDO, "a constituição da servidão por testamento desde que dois prédios pertencentes a proprietários diversos sejam envolvidos e figure o testador como proprietário do prédio que pretende gravar com o ônus da servidão, em proveito do prédio vizinho. Desnecessário dizer que não pode ele impor restrições em imóvel que não seja de sua propriedade. A mesma condição se reclama do legatário. Terá que ser proprietário do imóvel que o testador pretende favorecer com a instituição da servidão"[15].

4.1.2. Sentença proferida em ação de divisão

A ação de divisão (*actio communi dividundo*) é regulada no Código de Processo Civil de 2015, nos arts. 588 a 598. Dispõe o art. 596, parágrafo único, II, do aludido diploma que, na partilha, "instituir-se-ão as servidões, que forem indispensáveis, em favor de uns quinhões sobre os outros, incluindo o respectivo valor no orçamento para que, não se tratando de servidões naturais, seja compensado o condômino aquinhoado com o prédio serviente".

---

[14] Washington de Barros Monteiro, *Curso*, cit., v. 3, p. 281; Caio Mário da Silva Pereira, *Instituições*, cit., v. IV, p. 280; Orlando Gomes, *Direitos reais*, p. 327.
[15] *Direito das coisas*, p. 886.

A servidão pode, assim, ser instituída judicialmente pela sentença que homologar a divisão, declarando-se na folha de pagamento as servidões indispensáveis que recaírem sobre o quinhão demarcado ou que a seu favor forem instituídas. A servidão, nesta hipótese, surge como forma de proporcionar maior utilidade a um dos quinhões, especialmente quando, em virtude da demarcação, fica ele encravado, sem acesso à via pública.

4.1.3. Usucapião

Dispõe o art. 1.379 do Código Civil:

"O exercício incontestado e contínuo de uma servidão aparente, por dez anos, nos termos do art. 1.242, autoriza o interessado a registrá-la em seu nome no Registro de Imóveis, valendo-lhe como título a sentença que julgar consumado a usucapião".

Observa-se que a palavra *"consumado"* deveria estar no feminino, concordando com usucapião, que o Código trata como substantivo feminino.

Acrescenta o parágrafo único do citado dispositivo:

"Se o possuidor não tiver título, o prazo da usucapião será de vinte anos".

Para a usucapião ordinária exige-se, portanto, justo título e posse incontestada e contínua por dez anos. O parágrafo único supratranscrito, que cuida da usucapião extraordinária, reclama, todavia, prazo maior, ou seja, vinte anos, mas dispensa o título.

No entanto, o *Enunciado n. 251 da III Jornada de Direito Civil* dispõe que: "O prazo máximo para o usucapião extraordinário de servidões deve ser de 15 anos, em conformidade com o sistema geral de usucapião previsto no Código Civil".

O Código Civil aperfeiçoou a redação do dispositivo, ficando explicitado que a usucapião abrange a servidão aparente. Todavia, houve uma falha no que tange ao requisito temporal, uma vez que o mais longo prazo de usucapião deveria ser o de quinze anos, que é o da prescrição extraordinária (CC, art. 1.238). Mas foi fixado em vinte, no aludido parágrafo único, mesmo sabendo-se que a servidão é apenas parcela da propriedade.

A posse é elemento básico à prescrição aquisitiva. A exigência de que a servidão seja aparente decorre do próprio conceito que àquela é atribuído. Sendo definida como exteriorização do domínio, a sua configuração supõe a visibilidade, a publicidade, que inexiste na servidão não aparente.

A doutrina se refere à posse das servidões como quase-posse (a *quasi possessio* dos romanos). Segundo a clássica lição de LAFAYETTE[16], a noção de posse aplica-se, por força de analogias íntimas, às servidões e toma a denominação

---

[16] *Direito das coisas*, cit., t. I, p. 352.

quase posse. Consiste esta no *exercício* dos atos físicos pelos quais elas se manifestam, praticados com a intenção de quem usa de um direito próprio.

Para os romanos só se considerava posse a emanada do direito de propriedade. A exercida nos termos de qualquer direito real menor (*iura in re aliena* ou direitos reais sobre coisas alheias) desmembrado do direito de propriedade, como a servidão e o usufruto, era chamada de *quase posse*, por ser aplicada aos direitos ou coisas incorpóreas. Assim também o poder de fato ou posse emanada de um direito obrigacional ou pessoal, como na locação, no comodato etc. Tal distinção não passa, entretanto, de uma reminiscência histórica, pois não se coaduna com o sistema do Código Civil brasileiro, que não a prevê. Com efeito, as situações que os romanos chamavam de *quase posse* são, hoje, tratadas como *posse propriamente dita*.

Admite-se a ação de usucapião *ao possuidor de servidão predial* que, preenchendo os requisitos legais, quiser transcrevê-la no Registro de Imóveis. Tradicionalmente, porém, só se admitia tal ação no caso de servidão aparente e contínua. O uso prolongado de uma serventia, sem oposição, faz presumir o consentimento do proprietário vizinho. Esta presunção, como anota ORLANDO GOMES[17], não cabe quando a serventia não tem sinais exteriores de existência.

Assim, a servidão não aparente, devido à falta de visibilidade da posse, e a descontínua, devido ao uso intermitente, como no caso da *servidão de trânsito*, não autorizavam o reconhecimento da prescrição aquisitiva. Todavia, a jurisprudência passou a admitir, somente com relação à referida modalidade, desde que se revele por sinais exteriores, a proteção possessória, como resulta da *Súmula 415 do Supremo Tribunal Federal, verbis*: "Servidão de trânsito não titulada, mas tornada permanente, sobretudo pela natureza das obras realizadas, considera-se aparente, conferindo direito à proteção possessória".

4.1.4. Destinação do proprietário

Dá-se a constituição da servidão por destinação do proprietário quando este estabelece uma serventia em favor de um prédio sobre outro, sendo ambos de sua propriedade, e um deles é alienado.

É conhecida a lição de LAFAYETTE nesse sentido: "Se o senhor de dois prédios estabelece sobre um serventias visíveis em favor do outro e posteriormente aliena um deles, ou um e outro passam por sucessão a pertencer a donos diversos, as serventias estabelecidas assumem a natureza de servidões, salvo cláusula expressa em contrário"[18].

---

[17] *Direitos reais*, cit., p. 327.
[18] *Direito das coisas*, cit., t. I, p. 358.

A servidão nasce, portanto, no momento em que os prédios passam a pertencer a donos diversos, deixando de ser mera serventia do anterior e único proprietário. É óbvio que no título de alienação nada constou, porque senão teria ela surgido do contrato. Mesmo assim, considera-se transformada a serventia em servidão porque o adquirente contava com ela, já que fora estabelecida pelo proprietário, que dela se valia. Por isso, é necessário que a serventia seja visível ou que exista obra que revele a destinação, bem como a falta de declaração contrária ao estabelecimento da servidão[19].

Pode surgir também a servidão por destinação do proprietário quando a serventia foi estabelecida entre partes de uma mesma gleba e o proprietário aliena uma delas, ou então aliena as duas a pessoas diferentes. A servidão só surgirá quando os prédios, dominante e serviente, passarem a pertencer a pessoas diversas.

Esse modo de constituição das servidões subordina-se, segundo a lição de WASHINGTON DE BARROS MONTEIRO, ao concurso de três requisitos: "*a*) o estado visível da coisa, existência de obras que revelem a destinação; *b*) a separação dos dois prédios, que passam a pertencer a proprietários diferentes; *c*) a falta de declaração contrária ao estabelecimento da servidão"[20].

O nosso ordenamento não prevê esse modo de constituição das servidões – o que deu margem a muitas controvérsias. Hoje, a jurisprudência o tem admitido, exigindo, porém, como foi dito, o requisito de que o ato de alienação não exclua expressamente a servidão e que esta seja aparente, porque assim se pode aceitar que o adquirente tinha a justa expectativa de continuar utilizando as vantagens do prédio dominante, estabelecidas pelo anterior proprietário.

4.2. Servidão constituída por fato humano

A jurisprudência revelou uma modalidade de constituição de servidão, aplicável exclusivamente à de trânsito, decorrente de fato humano. Tem-se entendido que, se o dono do prédio dominante costuma servir-se de determinado caminho aberto no prédio serviente, e se este se exterioriza por sinais visíveis, como aterros, mata-burros, bueiros, pontilhões etc., nasce o direito real sobre coisa alheia, digno de proteção possessória.

Tal entendimento se encontra cristalizado na *Súmula 415 do Supremo Tribunal Federal*, transcrita no item 4.1.3, *retro*. Depreende-se da aludida Súmula que cabe aquisição por usucapião se as servidões de trânsito se apresentarem ostensi-

---

[19] "Servidão de passagem. Destinação do proprietário. Subsistência. Porteira interditando estrada, única via de acesso à propriedade dos demandantes. Prova testemunhal no sentido de que a produção das terras destes se escoava pela aludida estrada. Demonstrada a servidão por destinação do proprietário. Procedência da ação de reintegração de posse" (*RJTJSP*, 23/163).
[20] *Curso*, cit., v. 3, p. 282.

vas e materializadas em obras externas, tais como pontes, viadutos, trechos pavimentados e outros sinais visíveis.

Entendia-se, antes, que a servidão de trânsito seria não aparente e, portanto, somente nasceria de título transcrito, por se limitar ao direito de passar. Mas a jurisprudência evoluiu, como foi dito, para considerar que tal servidão se torna, então, aparente e suscetível de proteção possessória se a passagem se dá por estrada ou caminho demarcado, e visível em virtude das obras realizadas.

Se o caminho não é demarcado e visível, a situação será encarada como mera tolerância do dono do prédio serviente. Destarte, se alguém passa constantemente por determinada propriedade, ora por aqui, ora por ali, ou mesmo sempre pelo mesmo lugar, mas sem que exista um caminho visível e conservado, sem possuir título transcrito de servidão, tal passagem será sempre encarada como mera tolerância do dono do prédio serviente[21].

Todavia, se a passagem se dá sempre por determinado caminho, que é conservado pelo usuário e se exterioriza por obras visíveis, como aterros, bueiros, pontilhões e outros, tornando-se assim permanente, nasce a servidão por fato humano, suscetível de proteção possessória[22].

Quando se trata de mera tolerância não haverá essa proteção, ainda que a passagem se prolongue por mais de ano e dia.

5. REGULAMENTAÇÃO DAS SERVIDÕES

5.1. Obras necessárias à sua conservação e uso

Os arts. 1.380 a 1.382 do Código Civil cuidam da matéria em epígrafe. O primeiro assegura ao dono do prédio dominante os meios necessários à "*conservação e uso*" das servidões. Pode ele, na servidão de trânsito, ingressar no prédio serviente, a fim de reparar o caminho, levantar aterro, corrigir erosões etc., bem como fazer a limpeza necessária para a condução e escoamento das águas, na servidão de aqueduto.

---

[21] "Servidão de passagem. Atravessadouros e passagens particulares. Ato de mera tolerância concedido para facilitar o acesso a prédio não encravado. Insuscetibilidade de usucapião e de tutela possessória" (*RT*, 755/410).
[22] "Servidão de trânsito. Possessória. Embaraço do uso de estrada que liga a propriedade dos autores à estrada asfaltada, que facilita o caminho para a cidade. Inadmissibilidade. Posse prolongada e constante utilização comprovadas. Decretada a procedência da ação" (*RT*, 725/247). "Servidão de trânsito contínua e aparente. Existência de outra estrada em favor do imóvel dominante. Circunstância que não tem o condão de obstar a manutenção da servidão. Inteligência da Súm. 415 do STF" (*RT*, 789/246).

Para a realização das obras e serviços necessários pode o dono da servidão, ainda, penetrar no prédio serviente com operários e depositar materiais de construção, fazer uso de trator, animais ou veículos. Se houver injustificada oposição do dono deste, o direito do titular do direito real pode ser assegurado por meio do interdito de manutenção de posse.

Deverá ele, contudo, proceder de modo a impor o menor incômodo possível ao dono do prédio serviente. Se causar dano ou estrago a este, por culpa (colocando o material de construção sobre uma plantação, por exemplo, estragando-a desnecessariamente), poderá ser responsabilizado civilmente.

Para que o dono do prédio dominante atinja os fins colimados com o estabelecimento da servidão se torna preciso, realmente, como assevera WASHINGTON DE BARROS MONTEIRO, "se lhe concedam também os meios adequados. Esses meios aptos à consecução dos fins da servidão constituem *adminicula servitutis* ou servidões acessórias. Ainda que omisso o título constitutivo da servidão, tem o dono do prédio dominante direito de lançar mão desses meios, direito que decorre da própria lei. De nada vale, realmente, a servidão se negados ao titular meios tendentes a assegurar-lhe o uso e conservação"[23].

Acrescenta a segunda parte do aludido art. 1.380 que "*se a servidão pertencer a mais de um prédio, serão as despesas rateadas entre os respectivos donos*". A solução se amolda ao princípio da indivisibilidade das servidões, já comentado, uma vez que o benefício se efetua em favor de vários prédios.

Normalmente as despesas correm por conta do beneficiado, pois que em princípio a servidão não consiste em fazer alguma coisa (*aliquid facere*), mas em abster-se de algo ou suportar algum ônus (*aliquid non facere vel pati*). Somente no caso de convenção explícita é que o dono do prédio serviente tem de suportar esse encargo (CC, art. 1.381). Ficará, entretanto, exonerado de fazê-las "*abandonando, total ou parcialmente*", o prédio em favor do proprietário do prédio dominante.

Assim, na servidão *pecoris pascendi* (direito de fazer pastar o gado nas invernadas do vizinho), por exemplo, ao dono do prédio serviente lícito é abandonar todo o pasto; na de aqueduto, pode renunciar a todo o imóvel, ou apenas o trecho percorrido pelas instalações. Mas, se o proprietário do prédio dominante se recusar a receber a propriedade serviente, ou parte dela, "*caber-lhe-á custear as obras*" (CC, art. 1.382, parágrafo único)[24].

---

[23] *Curso*, cit., v. 3, p. 285.
[24] Caio Mário da Silva Pereira, *Instituições*, cit., v. IV, p. 282; Washington de Barros Monteiro, *Curso*, cit., v. 3, p. 286.
"Construção de tapumes laterais para proteção aos usuários da passagem. Em princípio, a posição do titular do prédio serviente é de passividade, cabendo ao dono do prédio encravado o encargo das obras ligadas ao uso da serventia" (*RJTJRS*, 32/361).

O abandono do prédio pelo dono do prédio serviente, quando convencionado que lhe incumbe realizar as obras de conservação, não tem o condão de transferir o domínio a quem quer que seja, pois tal ato não se enquadra em nenhum dos modos de aquisição da propriedade imóvel previstos no Código Civil. Ademais, o registro na circunscrição imobiliária permanece em seu nome. O abandono apenas o libera da obrigação de executar as obras ou de custeá-las, ao mesmo tempo em que exonera o dono do prédio dominante de efetuar o pagamento de remuneração pelo uso da servidão, quando convencionado.

Se, abandonado o imóvel, o dono do prédio dominante se recusar a receber a propriedade, mas continuar exercendo a posse, custeando as obras, poderá vir a adquirir o domínio mediante usucapião.

5.2. Exercício das servidões

O exercício propriamente dito das servidões é disciplinado nos arts. 1.383 e 1.385 do Código Civil. O primeiro dispõe que *"o dono do prédio serviente não poderá embaraçar de modo algum o exercício legítimo da servidão"*. Se o fizer, impedindo o dono do prédio dominante de, por exemplo, realizar obras de conservação ou de limpeza, ou exigindo sua expressa autorização para a fruição da servidão de tirada de água, poderá este utilizar-se dos interditos possessórios, para resguardar os seus direitos.

Embora o dono do prédio serviente não fique inibido de conceder novas servidões em favor de outros prédios, somente poderá fazê-lo, todavia, em consequência da regra em apreço, se não prejudicar, com isso, as anteriormente constituídas.

Proclama o art. 1.385 que *"restringir-se-á o exercício da servidão às necessidades do prédio dominante, evitando-se, quanto possível, agravar o encargo ao prédio serviente"*.

Ao serem analisadas as características das servidões (item 2, *retro*), foi dito que sua interpretação é sempre restrita, por implicar limitação ao direito de propriedade. Esse motivo impede que o beneficiário amplie, por qualquer modo, o *jus in re aliena*. Instituído para certo fim, não se pode estendê-lo a outro (CC, art. 1.385, § 1º), salvo em se tratando de servidão de trânsito, em que a de maior ônus inclui a de menor, como estatui o § 2º do supratranscrito dispositivo. Todavia, a recíproca não é verdadeira, pois a de menor ônus *"exclui a mais onerosa"*.

Por conseguinte, se o dono da servidão está autorizado, pelo título, a passar com veículo, naturalmente pode passar a pé. Mas o contrário não é permitido: não pode passar com caminhão, se a servidão é de passar a pé, pois tal fato constituiria um ônus maior para o prédio serviente.

Duas exceções se apresentam, porém. A primeira, fundada na anuência do prejudicado. Concordando expressamente com o aumento do gravame, terá de suportá-lo. A segunda, prevista no § 3º do citado art. 1.385 do Código Civil, que estabelece ampliação compulsória da extensão da servidão, prescrevendo que, *"se as necessidades da cultura, ou da indústria, do prédio dominante impuserem à servidão maior largueza, o dono do serviente é obrigado a sofrê-la; mas tem direito a ser indenizado pelo excesso"*.

Observa SILVIO RODRIGUES[25] que a regra foge à sistemática do Código Civil. O legislador permite um aumento da servidão contra a vontade do dono do prédio serviente, para facilitar a exploração do prédio dominante. Trata-se, portanto, de um caso de expropriação por interesse particular, pois é para satisfazer ao interesse do prédio dominante que a lei obriga o dono do prédio serviente a sofrer restrições em seu domínio.

Indiretamente, entretanto, aduz o aludido civilista, "o preceito visa atender a um interesse social, de desenvolvimento da produção, pois pretende evitar que a necessidade de ampliação da servidão, ditada por um aumento da produção, esbarre com a recusa injustificada do proprietário do prédio serviente, possivelmente escorado no espírito de emulação ou em uma razão de menor interesse social".

5.3. Remoção da servidão

Dispõe o art. 1.384 do Código Civil:

"A servidão pode ser removida, de um local para outro, pelo dono do prédio serviente e à sua custa, se em nada diminuir as vantagens do prédio dominante, ou pelo dono deste e à sua custa, se houver considerável incremento da utilidade e não prejudicar o prédio serviente".

O legislador mantém a ideia de que o ônus representado pela servidão deve ser o menor possível, mas avança quando admite que o dono do prédio dominante também possa remover a servidão, uma vez que o Código de 1916 assegurava tal direito somente ao dono do prédio serviente.

A inovação é digna de aplauso, visto que, malgrado a servidão, em regra, deva ser conservada sempre no mesmo lugar, pode surgir a necessidade, tanto por parte de um proprietário como do outro, de removê-la para outro local. A atribuição do direito a ambos já existe há tempos em outros países, como Itália, Venezuela e Portugal (CC português, art. 1.568º).

O direito de remover a servidão predial se subordina, portanto, no novo diploma, a três requisitos: a) a mudança não deve acarretar qualquer prejuízo às

---

[25] *Direito civil*, cit., v. 5, p. 291.

vantagens anteriormente desfrutadas pelo dono do prédio dominante; b) todas as despesas devem correr por conta do dono do prédio serviente; c) pode ser feita pelo dono do prédio dominante se isso não prejudicar o dono do prédio serviente, proporcionando ao dono do prédio dominante maior utilidade da coisa[26].

A necessidade de que a mudança feita pelo dono do prédio serviente, à sua custa, não diminua em nada as vantagens do prédio dominante, impede o seu deferimento se, por exemplo, acarreta significativo aumento de distância para o prédio dominante ou maior risco ou despesa.

Deve o interessado na mudança obter prévia autorização do outro proprietário. Contudo, se a negativa deste em dar o consentimento for fruto de capricho e em nada o prejudicar, poderá haver suprimento judicial, pois o retrotranscrito art. 1.384 assegura esse direito a cada proprietário.

Basta a ausência de prejuízo para o outro prédio e o pagamento das despesas, quando a remoção é promovida pelo dono do prédio serviente, não sendo exigida a redução do ônus como elemento integrante necessário da pretensão. Basta que não o aumente. Não se opõe nenhum obstáculo à mudança, ainda que ela ocorra mais de uma vez, nem existe limitação temporal.

Com efeito, o direito assegurado no citado art. 1.384 do Código Civil está sujeito à regra *in facultatis non datur praescriptio*. Sendo imprescritível pode ser exercido a qualquer tempo, mesmo que haja decorrido mais de vinte anos de sua constituição.

Quando, todavia, a remoção é promovida pelo dono do prédio dominante, não basta a inexistência de prejuízo para o dono do prédio serviente. Faz-se mister que acarrete *"considerável incremento"* da utilidade daquele. Os requisitos exigidos, nesse caso, são: a) incremento da utilidade do prédio dominante; b) ausência de prejuízo para o prédio serviente; c) que o dono do prédio dominante faça a remoção à sua custa.

Assinala MARCO AURÉLIO S. VIANA[27] que se aplicam, aqui, os princípios que orientam a remoção pelo prédio serviente, a saber: a) é possível a remoção de um local para outro, dentro do mesmo prédio, de um prédio para outro vizinho, do mesmo proprietário, ou para prédio de terceiro, se este concordar; b) a remoção pode se fazer mais de uma vez; c) a faculdade é imprescritível; d) o proprietário do prédio dominante deve informar ao prédio serviente o seu intento e com ele acordar a remoção. Não sendo possível a solução amigavelmente, está autorizado a exigir, em juízo, que lhe seja assegurada a faculdade de mudança; e) admite-se mudança do próprio exercício da servidão; f) a remoção independe da causa que deu origem à servidão.

---

[26] Washington de Barros Monteiro, *Curso*, cit., v. 3, p. 283-284.
[27] *Comentários ao novo Código Civil*, v. XVI, p. 590.

A solução prevista na lei, para a remoção da servidão, baseia-se não só na equidade, como também na ideia, de natureza econômica, de permitir uma maior utilização do imóvel, evitando que, em razão de circunstâncias diversas, venha a se tornar inaproveitável ou tenha a sua utilidade diminuída.

6. AÇÕES QUE PROTEGEM AS SERVIDÕES

As ações que amparam as servidões são as seguintes:

a) *Confessória*, que visa à obtenção do reconhecimento judicial da existência de servidão negada ou contestada. Esta ação é também competente para proteger o usufruto, o uso e a habitação. Segundo a lição de LAFAYETTE[28], aplicada às servidões ela se rege pelos princípios seguintes: I – só pode ser invocada e exercida pelo dono do prédio dominante; II – é intentada contra o autor da lesão, que o mais das vezes é o senhor do prédio gravado, mas que pode ser um simples possuidor, ou ainda um terceiro sem posse nem domínio.

Acrescenta o mencionado jurista que o autor é obrigado a provar: I – que a servidão lhe pertence de direito: o que pressupõe a prova anterior do domínio sobre o prédio dominante; II – que a servidão está sendo lesada (negada ou contestada). Tem a confessória por fim fazer reconhecer a existência da servidão e, em consequência, condenar o réu a cessar a lesão, prestando caução de não reproduzi-la, e a pagar os danos e perdas que houver causado.

b) *Negatória*, destinada a possibilitar ao dono do prédio serviente a obtenção de sentença que declare a inexistência de servidão ou de direito à sua ampliação. É ajuizada contra aquele que, sem título, pretende ter servidão sobre o imóvel, ou, então, almeja ampliar direitos já existentes.

c) *Possessória*, em favor do prédio dominante, que é molestado ou esbulhado pelo proprietário do prédio serviente. Também pode ser utilizada quando este não permite a realização de obras de conservação da servidão. Sendo a servidão direito real suscetível de posse, pode o seu titular defendê-la por meio dos interditos possessórios (manutenção de posse, reintegração de posse e interdito proibitório), intentados não somente contra o outro proprietário, como também contra terceiros.

Alguns autores sustentam ser cabível somente a manutenção de posse, por não se consumar a perda do próprio imóvel. Entretanto, tem a jurisprudência admitido a possibilidade de esbulho. Assim, se o dono do prédio serviente se opõe, por exemplo, à tirada de água, constituída em favor do prédio dominante, pratica esbulho, de que resulta a perda do *jus in re aliena*[29].

---

[28] *Direito das coisas*, cit., t. I, p. 366.
[29] Washington de Barros Monteiro, *Curso*, cit., v. 3, p. 283.

A possessória pode ser invocada, por exemplo, em hipóteses como estas: I – quando alguém, usufruindo a servidão com boa-fé e sendo justa a posse, for impedido ou embaraçado na continuidade de seu exercício; II – no caso de turbação ou impedimento na servidão de aqueduto, a qual vem perdurando de boa-fé e revelar-se justa a posse; III – nas proibições de uma pessoa em retirar água do interior de uma fonte ou cisterna alheia, situada em imóvel de outrem, ou de até lá conduzir animais para beber[30].

d) *De nunciação de obra nova*. Já se decidiu, com efeito, que a servidão *tigni immittendi* (meter trave na parede do vizinho) comporta defesa pela nunciação de obra nova[31].

e) De *usucapião*, conforme expresso no art. 1.379 do Código Civil.

7. EXTINÇÃO DAS SERVIDÕES

Dispõe o art. 1.387 do Código Civil:

"*Salvo nas desapropriações, a servidão, uma vez registrada, só se extingue, com respeito a terceiros, quando cancelada.*

Parágrafo único. Se o prédio dominante estiver hipotecado, e a servidão se mencionar no título hipotecário, será também preciso, para a cancelar, o consentimento do credor".

O dispositivo ora transcrito encontra-se em sintonia com o sistema de constituição das servidões, que só podem ser estabelecidas por meio de registro (CC, art. 1.378). Sendo assim, enquanto permanecerem registradas no Cartório de Registro de Imóveis, subsistirão em favor do dono do prédio dominante.

A oponibilidade do *jus in re aliena* a todos exige publicidade, que se alcança com o registro, quando da constituição da servidão. Com o cancelamento do registro, deixa tal direito de ser oponível a terceiros.

Somente no caso de desapropriação é que a extinção ocorre sem necessidade de cancelamento do registro. Segundo a doutrina de José Carlos de Moraes Salles, "o momento consumativo da desapropriação é aquele em que se verifica o pagamento ou o depósito judicial de indenização fixada pela sentença ou estabelecida em acordo. A aquisição decorrente de desapropriação, pela natureza

---

"Servidão de passagem. Atos de permissão ou mera tolerância que não induzem posse. Fechamento de caminho pelo proprietário que não implica ato de esbulho" (*RT*, 770/386). "Possessória. Servidão de trânsito. Embaraço do uso de estrada que liga a propriedade dos autores à estrada asfaltada, que facilita o caminho para a cidade. Inadmissibilidade. Posse prolongada e constante utilização comprovadas. Procedência da ação" (*RT*, 725/247).
[30] Arnaldo Rizzardo, *Direito das coisas*, cit., p. 920.
[31] *RT*, 189/299.

especial desta última, não se subordina ao registro do título translativo, o que não significa, entretanto, que não seja uma formalidade útil, a fim de dar continuidade ao registro e operar efeitos extintivos da propriedade anterior"[32].

Preleciona, por sua vez, CELSO ANTÔNIO BANDEIRA DE MELLO: "Dizer-se que a desapropriação é forma originária de aquisição de propriedade significa que ela é, por si mesma, suficiente para instaurar a propriedade em favor do Poder Público, independentemente de qualquer vinculação com o título jurídico do anterior proprietário. É a só vontade do Poder Público e o pagamento do preço que constituem a propriedade do Poder Público sobre o bem expropriado"[33].

No capítulo concernente à extinção das servidões cuida o legislador, em dois artigos, das diversas maneiras como as servidões se extinguem. No art. 1.388, defere ao dono do prédio serviente o direito de promover o cancelamento do registro da servidão, ainda que o dono do prédio dominante lho impugne, nos seguintes casos: "*I – quando o titular houver renunciado a sua servidão; II – quando tiver cessado, para o prédio dominante, a utilidade ou a comodidade, que determinou a constituição da servidão; III – quando o dono do prédio serviente resgatar a servidão*".

O titular da servidão pode abrir mão do benefício instituído em seu favor, renunciando-o expressamente (art. 1.388, I), desde que seja capaz e tenha poder de disposição. A *renúncia*, segundo CLÓVIS BEVILÁQUA, "é ato voluntário do titular do direito e deve ser expressa. É o ato renunciativo, que, apresentado ao registro, autoriza ao cancelamento da servidão, e consequentemente, a liberação do prédio"[34].

Embora a renúncia deva ser expressa e revestir a forma jurídica adequada, admite-se, no entanto, que possa ser tácita. É tácita, segundo LAFAYETTE, quando, por exemplo, "o senhor do prédio não impede que o dono do serviente faça nele obra incompatível com o exercício da servidão"[35].

O inciso II do mencionado art. 1.388 autoriza o cancelamento da servidão em decorrência da *perda da utilidade ou comodidade* que determinou a sua constituição. É comum a substituição de uma servidão por uma obra pública. Tal fato afasta, em regra, a razão para a sua manutenção. Não raramente os locais destinados ao escoamento de águas, ou à passagem de pessoas, perdem a utilidade em virtude de esgotos e estradas que o Poder Público constrói. A continuação da servidão, por capricho de uma pessoa, é desarrazoada e injustificável, como salienta ARNALDO RIZZARDO[36].

---

[32] *A desapropriação à luz da doutrina e da jurisprudência*, p. 520.
[33] Apontamentos sobre a desapropriação no direito brasileiro, *RDP*, 23/18.
[34] *Código Civil dos Estados Unidos do Brasil comentado*, comentários ao art. 709 (CC/1916), p. 1173.
[35] *Direito das coisas*, cit., t. I, p. 362.
[36] *Direito das coisas*, cit., p. 913.

Efetivamente, malgrado o prédio serviente deva suportar as águas que correm do superior em local determinado, deixa de existir razão para que o ônus seja mantido no caso de ser instalada rede de esgoto.

O art. 709, II, do Código de 1916 dispunha que a abertura de estrada pública acessível ao prédio dominante constituía causa de extinção da servidão de passagem. Embora o legislador tivesse feito confusão, nesse caso, entre servidão de trânsito e passagem forçada, que é admitida somente na hipótese de o prédio se encontrar encravado, a regra era aplicada como causa de extinção das servidões.

A fórmula do atual Código Civil é mais abrangente, não se restringindo a uma espécie de servidão, malgrado a ideia central permaneça: a extinção sobrevém em decorrência da perda da razão de ser da servidão.

Admite-se também a extinção da servidão pelo mesmo fundamento quando o dono do prédio dominante adquire área contígua, que já possuía saída para estrada pública. A regra ora em estudo tem sido especialmente utilizada para negar a existência de servidões de trânsito não tituladas, quando o prédio pertencente a quem a postula tem acesso a estrada pública.

Já se decidiu, todavia, que "a construção de estrada municipal, perto do local litigioso, não altera a situação, uma vez que esse novo acesso não se mostra menos oneroso para os autores, titulares da servidão de trânsito, contínua e aparente"[37].

O *resgate*, mencionado no inciso III do aludido art. 1.388 do Código Civil, só poderá ocorrer quando convencionado, ou seja, quando previsto e regulado pelas partes. Difere, pois, da enfiteuse, que autoriza sempre o resgate (CC/1916, art. 683).

Extinguem-se, ainda, as servidões prediais, nos termos do art. 1.389 do Código Civil:

a) Pela reunião dos dois prédios no domínio da mesma pessoa. Nesse caso opera-se a *confusão* (*neminem res sua servit*). Sendo pressuposto básico da existência das servidões a pluralidade de prédios pertencentes a proprietários diferentes, ocorre a sua extinção quando os imóveis passam ao domínio do mesmo dono.

b) Pela *supressão das respectivas obras*, por efeito de contrato ou de outro título expresso. Trata-se de modo de extinção que se aplica às servidões aparentes.

c) Pelo *não uso*, durante dez anos contínuos. A falta de uso por prazo prolongado revela não só o desinteresse do titular, como a desnecessidade da servidão, para o prédio dominante. Conta-se o prazo, nas servidões positivas, a partir do

---

[37] *RT*, 789/246.
V. ainda: "Se a passagem é onerosa ao réu e este entende que o prédio dominante ficou favorecido por nova via pública, a solução para o dono do prédio serviente é a ação negatória, e não o fechamento daquela passagem" (*RT*, 463/74).

momento em que cessa o seu exercício; e, nas negativas, do instante em que o dono do prédio serviente passa a praticar aquilo que devia omitir.

Observa WASHINGTON DE BARROS MONTEIRO que "o não uso pode resultar de causa natural, como o desabamento de uma ponte, ou de causa jurídica, como a decorrente de proibição das autoridades militares. A doutrina dominante manifesta-se no sentido de que o não uso outra coisa não é senão a própria prescrição. Nessas condições, todas as normas gerais peculiares à prescrição se aplicam também ao não uso"[38].

Além das causas de extinção mencionadas e elencadas na lei, as servidões podem extinguir-se, ainda: a) pela destruição do prédio dominante, como a invasão das águas do mar, ou a inundação definitiva em virtude do erguimento de uma barragem; b) pela destruição do prédio serviente, nos mesmos casos do item anterior; c) por se ter realizado a condição ou por se ter chegado ao termo convencionado; d) pela preclusão do direito da servidão, em virtude de atos opostos; e) por decisão judicial, como na hipótese de desapropriação, e f) pela resolução do domínio do prédio serviente[39].

---

[38] *Curso*, cit., v. 3, p. 289-290.
[39] Arnaldo Rizzardo, *Direito das coisas*, cit., p. 912.

Título VI
DO USUFRUTO

> *Sumário*: 1. Conceito. 2. Características do usufruto. 3. Modos de constituição. 4. Coisas objeto de usufruto. 5. Analogias com o fideicomisso, a enfiteuse e a locação. 6. Espécies de usufruto. 7. Dos direitos do usufrutuário. 8. Modalidades peculiares de usufruto. 8.1. Usufruto dos títulos de crédito. 8.2. Usufruto de um rebanho. 8.3. Usufruto de bens consumíveis (quase usufruto). 8.4. Usufruto de florestas e minas. 8.5. Usufruto sobre universalidade ou quota-parte. 9. Dos deveres do usufrutuário. 9.1. Obrigações anteriores ao usufruto. 9.2. Obrigações simultâneas ao usufruto. 9.3. Obrigações posteriores ao usufruto. 10. Da extinção do usufruto.

1. CONCEITO

Segundo o conceito clássico, originário do direito romano, *usufruto* é o direito de usar uma coisa pertencente a outrem e de perceber-lhe os frutos, ressalvada sua substância (*usus fructus est ius alienis rebus utendi fruendi, salva rerum substantia*).

Nessa linha o Código Civil de 1916 definia o aludido instituto, no art. 713, como "o direito real de fruir as utilidades e frutos de uma coisa, enquanto temporariamente destacado da propriedade".

O atual Código Civil não repetiu esse preceito, preferindo deixar implícita a noção. Alguns dos poderes inerentes ao domínio são transferidos ao usufrutuário, que passa a ter, assim, direito de uso e gozo sobre coisa alheia. Como o usufruto é temporário, ocorrendo sua extinção passará o nu-proprietário a ter o domínio pleno da coisa.

A ideia de preservação da substância é essencial à noção de usufruto. Efetivamente, enquanto ao usufrutuário se transfere o direito temporário de usar e gozar da coisa alheia, impõe-se-lhe o dever de preservar a substância, como salienta LAFAYETTE: "O proprietário no uso e gozo da coisa tem a faculdade ampla de alterá-la, transformá-la, de destruir-lhe, enfim, a substância. Mas o direito do usufrutuário não pode ser levado tão longe. Desde que o proprietário conserva direito à substância do objeto, o usufrutuário é obrigado a respeitá-lo: não há direito contra direito. Assim o usufruto é um direito sobre a coisa alheia, *salva a substância da mesma coisa*"[1].

Em resumo, diz o respeitado jurista: "O usufruto é o direito real de retirar da coisa alheia durante um certo período de tempo, mais ou menos longo, as utilidades e proveitos que ela encerra, sem alterar-lhe a substância ou mudar-lhe o destino".

Caracteriza-se o usufruto, assim, pelo desmembramento, em face do princípio da elasticidade, dos poderes inerentes ao domínio: de um lado fica com o nu-proprietário o direito à substância da coisa, a prerrogativa de dispor dela, e a expectativa de recuperar a propriedade plena pelo fenômeno da consolidação, tendo em vista que o usufruto é sempre temporário; de outro lado, passam para as mãos do usufrutuário os direitos de uso e gozo, dos quais transitoriamente se torna titular.

Passa a existir, destarte, a coexistência harmônica dos direitos do *usufrutuário*, concernentes à utilização e fruição da coisa, e dos direitos do *proprietário*, que os perde em proveito daquele, conservando todavia a substância da coisa e a condição jurídica de nu-proprietário[2].

O usufruto teve origem em Roma, por razões essencialmente familiares, ou seja, para assegurar a subsistência do cônjuge sobrevivente, nos casamentos *sine manu*, sem que saíssem os bens do patrimônio da família. Embora a propriedade tivesse feição absoluta e exclusiva, reconheciam-se, portanto, a vantagem e a utilidade de ceder a outrem o gozo de uma coisa, conservando o dono, para si, a propriedade de sua substância[3].

O usufruto tem, assim, finalidade primordialmente assistencial e alimentar, restringindo-se praticamente às relações familiares. Em geral advém de testamento ou de doação com reserva de usufruto, resultando, pois, de negócio gratuito, em que se procura disponibilizar ao usufrutuário os direitos de uso e gozo, para assegurar-lhe os meios de prover a sua subsistência.

Todavia, a ideia de usufruto é muito difundida por mais de uma província do direito civil, sendo cultivado: a) nas relações de família, precipuamente, como foi dito (usufruto do marido sobre os bens da mulher, usufruto dos bens do filho

---

[1] *Direito das coisas*, t. I, p. 256-258.
[2] Silvio Rodrigues, *Direito civil*, v. 5, p. 296; Caio Mário da Silva Pereira, *Instituições de direito civil*, v. IV, p. 289.
[3] Washington de Barros Monteiro, *Curso de direito civil*, v. 3, p. 292; Mário Müller Romitti, *Comentários ao Código Civil brasileiro*, v. XIII, p. 4.

sob poder familiar); b) no direito das sucessões, como expressão de vontade testamentária; c) no direito das obrigações, ligado ao contrato de doação; e d) no direito das coisas, como direito real de gozo ou fruição.

2. CARACTERÍSTICAS DO USUFRUTO

Além das já mencionadas, de ter por conteúdo a possibilidade de usar e fruir e de não permitir alteração da substância da coisa ou do direito, outras características fundamentais apresenta o usufruto, encarado sob o prisma do usufrutuário:

a) *É direito real sobre coisa alheia*, pois se reveste de todos os elementos que identificam os direitos dessa natureza. Entretanto, foi considerado a princípio como *servidão pessoal*, ao lado do uso e da habitação. Ainda hoje é apontado por muitos autores como tal – o que não se justifica, porque não incide sobre pessoas, mas sobre coisas.

Trata-se de direito real sobre coisa alheia porque "recai diretamente *sobre a coisa*, não precisando seu titular, para exercer seu direito, de prestação positiva de quem quer que seja. Vem munido do direito de sequela, ou seja, da prerrogativa concedida ao usufrutuário de perseguir a coisa nas mãos de quem quer que injustamente a detenha, *para usá-la e desfrutá-la* como lhe compete. É um direito oponível *erga omnes* e sua defesa se faz através de ação real"[4].

Tal característica distingue o usufruto de qualquer utilização pessoal de coisa alheia, como locação e comodato, por exemplo. Nesta categoria de *ius in re*, difere do usufruto de direito de família que, pela própria natureza, dispensa a formalidade do registro, como ainda das diversas modalidades de utilização obrigacional, submetidas ao direito das obrigações[5].

b) *Tem caráter temporário* porque se extingue com a morte do usufrutuário (CC, art. 1.410, I) ou no prazo de trinta anos se constituído em favor de pessoa jurídica, e esta não se extinguir antes (art. 1.410, III), sendo admitida, porém, duração menor, como na hipótese de ser constituído por prazo certo, ou ainda determinado em razão de atingir o beneficiado idade limite ou alcançar certa condição ou estado (obtenção de diploma de nível universitário, casamento). Desfigura-se o usufruto se lhe for atribuída perpetuidade.

Nesse sentido, o *Superior Tribunal de Justiça* evidenciou que: "Sobrevindo a morte do usufrutuário (que é causa de extinção desse direito real), a posse, enquanto não devolvida ou reivindicada pelo proprietário, transmite-se aos sucessores daquele, mas com o caráter de injusta, dada a sua precariedade, excepcionando a

---

[4] Silvio Rodrigues, *Direito civil*, cit., v. 5, p. 297.
[5] Caio Mário da Silva Pereira, *Instituições*, cit., v. IV, p. 291-292.

regra do art. 1.206 do CC. Com isso, o possuidor não perde tal condição em decorrência da mácula que eventualmente recaia sobre sua posse"[6].

c) *É inalienável*, permitindo-se, porém, a cessão de seu *exercício* por título gratuito ou oneroso. Dispõe, com efeito, o art. 1.393 do Código Civil: *"Não se pode transferir o usufruto por alienação, mas o seu exercício pode ceder-se por título gratuito ou oneroso"*. O benefício só pode aproveitar ao seu titular, não se transmitindo a seus herdeiros devido a seu falecimento. A inalienabilidade é apontada como a principal vantagem do usufruto porque, assim, melhor corresponde aos intuitos do instituidor.

O art. 717 do Código Civil de 1916 abria uma única exceção à inalienabilidade do usufruto: podia ele ser transferido, por alienação, ao dono da coisa. O diploma de 2002 não reproduziu a aludida regra. Todavia, mesmo tendo silenciado, a exceção permanece porque permite a reintegração da propriedade em sua plenitude pela consolidação. A alienação só poderá ocorrer, assim, para enfeixar todos os poderes em mãos de uma só pessoa, extinguindo o direito real de usufruto pela *consolidação* (CC, art. 1.410, VI)[7].

Embora vedada a alienação do usufruto, a cessão do seu *exercício* é permitida, como expresso no art. 1.393 retrotranscrito. Desse modo, o usufrutuário pode, por exemplo, arrendar propriedade agrícola que lhe foi dada em usufruto, recebendo o arrendamento, em vez de ele mesmo colher os frutos e assumir os riscos do investimento. É o que se infere do art. 1.399 do mesmo diploma, que confere ao usufrutuário o direito de *"usufruir em pessoa, ou mediante arrendamento, o prédio"*, embora não possa mudar-lhe a destinação econômica, sem expressa autorização do proprietário.

d) É *insuscetível de penhora*. A inalienabilidade ocasiona a *impenhorabilidade* do usufruto. O direito em si não pode ser penhorado, em execução movida por dívida do usufrutuário, porque a penhora destina-se a promover a venda forçada do bem em hasta pública[8]. Mas como o seu *exercício* pode ser cedido, é passível, em consequência, de ser penhorado. Nesse caso, o usufrutuário fica provisoriamente privado do direito de retirar da coisa os frutos que ela produz[9].

---

[6] REsp 1.758.946-SP, 3ª T., rel. Min. Marco Aurélio Bellizze, *DJe* 11-6-2021.
[7] Marco Aurélio S. Viana, *Comentários ao novo Código Civil*, v. XVI, p. 633; Mário Müller Romitti, *Comentários*, cit., v. XIII, p. 11.
[8] "Se os direitos de usufruto, por expressa disposição legal, são inalienáveis – exceto ao nu--proprietário – decorrência lógica disso é sua também impenhorabilidade, porquanto a penhora não é ato judicial fim, mas, apenas meio para, passando pela alienação judicial do bem penhorado, satisfazer a obrigação do devedor frente ao credor" (*RT*, 796/304).
[9] "Penhora. Constrição incidente sobre usufruto. Inadmissibilidade, mormente em não se tratando de execução movida pelos nu-proprietários contra os usufrutuários. Possibilidade,

O juiz que deferir a penhora nomeará um administrador do imóvel. Os frutos produzidos e colhidos servirão para pagar o credor até que se extinga totalmente a dívida. Nessa hipótese, a penhora será levantada, readquirindo o usufrutuário o direito de uso e gozo da coisa (CPC/2015, art. 868). Observa-se que o usufrutuário não perde o direito de usufruto, o que ocorreria se este pudesse ser penhorado e arrematado por terceiro. Perde apenas, temporariamente, o exercício desse direito, em razão da penhora.

No entanto, se a dívida for do nu-proprietário, a penhora pode recair sobre os seus direitos. O nu-proprietário tem o direito de dispor da coisa. O imóvel pode ser penhorado, portanto, e alienado em hasta pública, mas a todo tempo, inclusive depois de arrematação, incidirá sobre ele o direito real de usufruto, pertencente ao usufrutuário, até que venha a extinguir-se, nas hipóteses previstas no art. 1.410[10].

Decidiu o *Superior Tribunal de Justiça*, em ação de arbitramento de aluguel em que a usufrutuária havia sido condenada a pagar aluguel correspondente ao valor locatício do bem ao nu-proprietário, que era impossível a penhora do exercício do direito de usufruto. Proclama a ementa: "I – Da inalienabilidade resulta a impenhorabilidade do usufruto. O direito não pode, portanto, ser penhorado em ação executiva movida contra o usufrutuário; apenas o seu exercício pode ser objeto de constrição, mas desde que os frutos advindos dessa cessão tenham expressão econômica imediata. II – Se o imóvel se encontra ocupado pela devedora, que nele reside, não produz frutos que possam ser penhorados. Por conseguinte, incabível se afigura a pretendida penhora do exercício do direito de usufruto do imóvel ocupado pela recorrente, por ausência de amparo legal"[11].

3. MODOS DE CONSTITUIÇÃO

O usufruto pode constituir-se por determinação legal, ato de vontade e usucapião.

Por *determinação legal* é o modo estabelecido pela lei em favor de certas pessoas, como o usufruto dos pais sobre os bens do filho menor (CC, art. 1.689,

---

no entanto, de que o gravame recaia sobre as comodidades e a faculdade de receber os frutos e vantagens da coisa frutuária" (*RT*, 793/283).

[10] "Usufruto. Caráter vitalício. Arrematação ou adjudicação da nua-propriedade. Posse do imóvel penhorado não afetada. Direito do usufrutuário resguardado. Constrição que atinge somente a nua-propriedade e não o direito de permanecer no imóvel dos usufrutuários" (*RT*, 733/330).

[11] REsp 883.085-SP, 3ª T., rel. Min. Sidnei Beneti, j. 19-8-2010.

I). A administração e o usufruto legais são corolários do poder familiar. Tal usufruto não é vitalício, pois que cessa com a maioridade dos filhos. E tem tantos encargos a favor destes, que não podem os pais ser havidos, na opinião de CUNHA GONÇALVES[12], como verdadeiros usufrutuários. Por isso, este usufruto é, apenas, uma compensação dos encargos e trabalho que os pais têm com o sustento e educação dos filhos, bem como na administração dos respectivos bens.

São também exemplos de usufruto constituído por determinação legal o do cônjuge sobre bens do outro, quando lhe competir tal direito (CC, art. 1.652, I); o da brasileira casada com estrangeiro sob regime que exclua a comunhão universal, por morte do marido, sobre a quarta parte dos bens deste, se o casal tiver filhos brasileiros, e de metade, se não os tiver (Dec.-Lei n. 3.200/41, art. 17, alterado pelo Dec.-Lei n. 5.187/43); e o dos silvícolas, na hipótese do art. 231, § 2º, da Constituição Federal.

O art. 1.611, § 1º, do Código Civil de 1916 previa também um caso de usufruto legal, denominado *usufruto vidual*, concedido ao cônjuge viúvo sobre uma parte do patrimônio do falecido, se o regime de bens não era o da comunhão universal, e enquanto durasse a viuvez. De acordo, porém, com o sistema do Código Civil de 2002, não lhe assiste mais tal direito, em razão da concorrência à herança com os descendentes e ascendentes.

Ainda a Lei n. 8.971, de 29 de dezembro de 1994, a primeira a regulamentar a norma constitucional que trata da união estável, concedia ao companheiro sobrevivente, enquanto não constituísse nova união, o usufruto de parte dos bens do *de cujus*. Tal lei restou revogada em face da inclusão da união estável no âmbito do Código Civil em vigor, de 2002.

Usufruto constituído por *ato de vontade* é o que resulta de contrato ou testamento. Na primeira hipótese, o ato pode ser oneroso ou gratuito, *inter vivos* ou *mortis causa*. Em geral, como já foi dito, surge a título gratuito, seja na doação com reserva de usufruto, seja na doação da nua-propriedade a um beneficiário, e na do usufruto a outro.

O *negócio jurídico* em si não basta, todavia, para constituir o usufruto. De fato, quando este tiver por objeto um *imóvel*, a sua aquisição por atos entre vivos só se dará com o registro do título aquisitivo no Cartório de Registro de Imóveis, segundo dispõe o art. 1.277 do Código Civil. A exigência do aludido registro é reforçada no art. 1.391 do mesmo diploma, segundo o qual "*o usufruto de imóveis, quando não resulte de usucapião, constituir-se-á mediante registro no Cartório de Registro de Imóveis*".

---

[12] *Da propriedade e da posse*, p. 154.

O registro é apenas necessário para o usufruto relativo a bens imóveis. No concernente aos bens *móveis*, é indispensável a tradição para a sua transferência (CC, art. 1.267). Igualmente não depende de registro o usufruto decorrente do direito de família.

A fonte mais frequente de constituição do usufruto por ato de vontade, todavia, é o *testamento*, quando o ato de última vontade atribui a uma pessoa a fruição e utilização da coisa, destacada da nua-propriedade deixada ou legada a outra. Segundo LAFAYETTE[13], o usufruto pode ser constituído pelo testador de três modos: a) quando lega simplesmente o usufruto do objeto; neste caso a nua-propriedade se entende pertencer ao herdeiro; b) quando lega a propriedade da coisa, reservando o usufruto (*deducto usufructu*): a reserva é em benefício do herdeiro; c) quando lega expressamente a um a propriedade e a outro o usufruto.

Todavia, "ainda que o usufruto não esteja expressamente incluído na lista de vedações do art. 1.848 do Código Civil, é certo que não se pode admitir que seja instituído sobre os bens da legítima dos herdeiros. Isso porque o usufruto é um ato de disposição, ainda que não plena, de poderes inerentes à propriedade (uso e fruição), e o testador não pode dispor livremente sobre os bens que a lei reserva aos herdeiros necessários (art. 1.789 do Código Civil". Assim decidiu o Tribunal de Justiça de Santa Catarina em caso de inclusão em testamento de cônjuge, casado no regime da separação obrigatória, com direito ao usufruto sobre os bens da legítima[14].

Admite-se, ainda, a constituição do usufruto pela *usucapião*, ordinária ou extraordinária, desde que concorram os requisitos legais. Configura-se, de ordinário, quando adquirido pelo decurso de lapso prescricional em favor, v. g., de quem não seja proprietário, ou seja, quando o objeto sobre que recai não pertence àquele que o constitui. Consumada a prescrição, o direito do usufrutuário subsiste em pleno vigor com todos os seus efeitos diante do verdadeiro proprietário, como se por ele mesmo houvesse sido estabelecido[15].

4. COISAS OBJETO DE USUFRUTO

Dispõe o art. 1.390 do Código Civil:

"*O usufruto pode recair em um ou mais bens, móveis ou imóveis, em um patrimônio inteiro, ou parte deste, abrangendo-lhe, no todo ou em parte, os frutos e utilidades*".

---

[13] *Direito das coisas*, cit., t. I, p. 261.
[14] TJSC, AI: 40215475820188240000, 3ª Câm. Dir. Cív., rel. Des. Marcus Sartorato, j. 9-4-2019.
[15] Lafayette, *Direito das coisas*, cit., t. I, p. 263; Caio Mário da Silva Pereira, *Instituições*, cit., v. IV, p. 294.

O usufruto tem, assim, um campo de incidência bastante amplo, recaindo sobre bens móveis ou imóveis individualmente considerados, sejam corpóreos ou incorpóreos, seja um patrimônio todo inteiro ou parte dele, abrangendo-lhe no todo ou em parte os frutos e utilidades. Ao se referir à possibilidade de o usufruto recair sobre um patrimônio inteiro, o dispositivo ora transcrito viabiliza a sua incidência sobre uma universalidade, como, por exemplo, uma empresa ou determinado patrimônio.

A lei ainda cogita, como veremos adiante, de casos especiais de usufruto, como o de rebanhos, de bens incorpóreos como os direitos autorais, os títulos de crédito, as apólices e ações; disciplina o usufruto sobre coisas que não dão frutos, mas produtos, como ocorre no caso das minas e florestas; e vai mais longe, permitindo o usufruto de coisas consumíveis.

Preceitua, ainda, o art. 1.392 do Código Civil:

"*Salvo disposição em contrário, o usufruto estende-se aos acessórios da coisa e seus acrescidos*".

Desse modo, se se trata de imóvel agrícola, o usufruto abrange, além da sede, lavoura, animais, pertenças etc.; se se cuida de imóvel residencial, o usufrutuário tem direito a desfrutar amplamente de todas as suas utilidades, como quintal, jardim, piscina, churrasqueira etc. Alcança, enfim, o que lhe é integrante e o que, por disposição de lei e vontade do proprietário, é acessório.

A regra legal tem, porém, caráter supletivo, uma vez que as partes estão autorizadas a dispor do modo como entenderem melhor.

Os acréscimos a que se refere o texto são os produtos da acessão, ressalvando-se a hipótese do tesouro, regulada pelo art. 1.392, § 3º, do Código Civil.

5. ANALOGIAS COM O FIDEICOMISSO, A ENFITEUSE E A LOCAÇÃO

Malgrado a semelhança entre usufruto e *fideicomisso*, decorrente do fato de existirem, em ambos, dois beneficiários ou titulares, nítida é a diferença entre os dois institutos: a) o primeiro é direito real sobre coisa alheia, enquanto o fideicomisso constitui espécie de substituição testamentária; b) naquele, o domínio se desmembra, cabendo a cada titular certos direitos (ao usufrutuário, os de usar e gozar; ao nu-proprietário, os de dispor e de reaver), ao passo que no fideicomisso cada titular tem a propriedade plena; c) o usufrutuário e o nu-proprietário exercem simultaneamente os seus direitos sobre as parcelas em que se fraciona o domínio; já o fiduciário e o fideicomissário exercem-nos sucessivamente: primeiro se chama o fiduciário à propriedade da coisa, para transmiti-la, depois de sua morte, ou decurso de certo prazo, ao fideicomissário (CC, art. 1.951); d) no usufruto, são contempladas pessoas já existentes, enquanto o fideicomisso somente se permite em favor dos não concebidos ao tempo da morte do testador, ou seja, em favor da prole eventual (CC, art. 1.952).

Também com a *enfiteuse* o usufruto apresenta analogia. Malgrado proibida a constituição de novas enfiteuses pelo art. 2.038 do Código Civil de 2002, as existentes subordinam-se, até sua extinção, às disposições do Código anterior e leis posteriores.

Na enfiteuse e no usufruto coexistem, simultaneamente, dois titulares, mas os direitos do enfiteuta se revelam muito mais amplos, pois pode alienar a coisa, o que não sucede com o usufrutuário. Ademais, a enfiteuse caracteriza-se pela sua perpetuidade, ao passo que o usufruto, por natureza, é temporário[16].

Justifica-se a perpetuidade da enfiteuse, uma vez que tem em vista não só a proteção do enfiteuta, que cultiva a terra inexplorada e a faz produzir, como o interesse da sociedade, que reclama melhores condições para a exploração de sua riqueza imobiliária. No usufruto, ao contrário, visa-se apenas à proteção do usufrutuário. Por conseguinte, a proteção só se justifica enquanto o protegido viver – o que explica a sua transitoriedade[17].

Outras diferenças podem ainda ser apontadas: o usufruto pode recair sobre móveis, ao passo que a enfiteuse tem por objeto exclusivamente imóveis, consistentes em terras não cultivadas e terrenos não edificados; o usufruto é, em regra, gratuito, enquanto o pagamento do foro é da essência da enfiteuse.

O usufruto apresenta, igualmente, acentuada analogia com a *locação*, quanto ao uso e gozo da coisa. Todavia, distinguem-se, como o demonstra Washington de Barros Monteiro, tendo em vista que "locação é relação pessoal, enquanto usufruto é direito real. Recai a primeira, exclusivamente, sobre coisas corpóreas, ao passo que o segundo incide também sobre créditos, direitos de autor, patentes de invenção, fundo de comércio e outros valores incorpóreos. A locação decorre apenas do contrato, enquanto o usufruto nasce da convenção e também da lei"[18].

6. ESPÉCIES DE USUFRUTO

As várias espécies de usufruto são classificadas sobre diversos prismas: a) quanto à origem ou modo de constituição; b) quanto à duração; c) quanto ao objeto; d) quanto à extensão; e) quanto aos titulares.

---

[16] Washington de Barros Monteiro, *Curso*, cit., v. 3, p. 294.
[17] Silvio Rodrigues, *Direito civil*, cit., v. 5, p. 297.
[18] *Curso*, cit., v. 3, p. 295.

Quanto à *origem* ou *modo de constituição*, o usufruto pode ser legal e convencional (voluntário).

Usufruto *legal* é o instituído por lei em benefício de determinadas pessoas, como os mencionados no item n. 3, *retro*, ao qual nos reportamos (dos pais sobre os bens do filho menor, do cônjuge sobre os bens do outro quando lhe competir tal direito etc.).

Usufruto *convencional* é o que resulta de um negócio jurídico, seja bilateral e *inter vivos*, como o contrato (em geral sob a forma de doação), seja unilateral e *mortis causa*, como o testamento.

O usufruto constituído por usucapião não se enquadra em nenhuma dessas espécies, por não decorrer de determinação legal e configurar modo originário de aquisição do direito real, não havendo nenhuma transmissão de um sujeito para outro.

Quanto à sua *duração*, o usufruto pode ser temporário ou vitalício. Usufruto *temporário* é o estabelecido com prazo certo de vigência. Extingue-se com o advento do termo. Todo usufruto é, por definição, temporário. Mas pode durar toda a vida do usufrutuário, extinguindo-se somente com a sua morte, ou pode ter a duração subordinada a termo certo.

O usufruto estabelecido para durar enquanto viver o usufrutuário chama-se *vitalício*[19]. É assim denominado, portanto, o usufruto que perdura até a morte do usufrutuário ou enquanto não sobrevier causa legal extintiva (CC, arts. 1.410 e 1.411).

Quanto ao seu *objeto*, o usufruto divide-se em próprio ou impróprio. *Próprio* é o que tem por objeto coisas inconsumíveis e infungíveis, cujas substâncias são conservadas e restituídas ao nu-proprietário. *Impróprio* é o que incide sobre bens consumíveis ou fungíveis, sendo denominado *quase usufruto* (CC, art. 1.392, § 1º). Tais espécies serão estudadas no item n. 8, *infra*, como uma das modalidades peculiares de usufruto.

Quanto à sua *extensão*, o usufruto divide-se em universal e particular, pleno e restrito. *Universal* é o usufruto que recai sobre uma universalidade de bens, como a herança, o patrimônio, o fundo de comércio, ou parte alíquota desses valores; *particular* é o que incide sobre determinado objeto, como uma casa, uma fazenda etc.

Pleno é o usufruto que compreende todos os frutos e utilidades que a coisa produz, sem exclusão de nenhum; *restrito* é o que restringe o gozo da coisa a alguma de suas utilidades. Todas as espécies de usufruto classificadas

---

[19] Orlando Gomes, *Direitos reais*, p. 341.

quanto à sua extensão são apontadas no art. 1.390 do Código Civil, quando este dispõe que "*o usufruto pode recair em um ou mais bens, móveis ou imóveis, em um patrimônio inteiro, ou parte deste, abrangendo-lhe, no todo ou em parte, os frutos e utilidades*"[20].

Quanto aos *titulares*, o usufruto pode ser simultâneo e sucessivo. Simultâneo é o constituído em favor de duas ou mais pessoas, ao mesmo tempo, extinguindo-se gradativamente em relação a cada uma das que falecerem, salvo se expressamente estipulado o *direito de acrescer*. Neste caso, o quinhão do usufrutuário falecido acresce ao do sobrevivente, que passa a desfrutar do bem com exclusividade (CC, art. 1.411).

Esse direito, nos usufrutos instituídos por testamento, rege-se pelo disposto no art. 1.946 do Código Civil, que assim dispõe: "*Legado um só usufruto conjuntamente a duas ou mais pessoas, a parte da que faltar acresce aos colegatários*".

Usufruto *sucessivo* é o instituído em favor de uma pessoa, para que depois de sua morte transmita-se a terceiro. Essa modalidade não é admitida pelo nosso ordenamento, que prevê a extinção do usufruto pela morte do usufrutuário.

Se o doador, ao reservar para si o usufruto *deducto* do bem doado, estabelecer a sua inalienabilidade, esse gravame só poderá ser cancelado após sua morte, se estiver bem evidenciada a sua intenção de não permitir a alienação do bem somente enquanto permanecer como usufrutuário. Falecendo este, cancelam-se o usufruto *deducto* e a cláusula de inalienabilidade de caráter temporário. Nessa linha, assentou o Tribunal de Justiça de São Paulo: "Podem ser canceladas cláusulas de inalienabilidade e impenhorabilidade impostas por doadores que se reservaram o usufruto do bem doado se a intenção dos doadores era de instituir o vínculo só pelo tempo em que vivessem"[21].

Tem a jurisprudência repelido a possibilidade de os pais, nas doações com reserva de usufruto, estipularem o direito de acrescer em favor do doador sobrevivente, por vulnerar a legítima do herdeiro. Entende-se que, em tal hipótese, extingue-se o usufruto com relação ao doador falecido.

---

[20] Washington de Barros Monteiro, *Curso*, cit., v. 3, p. 295-296; Maria Helena Diniz, *Curso de direito civil brasileiro*, v. 4, p. 491.

[21] *RT*, 541/79. No mesmo sentido: "Devem ser cancelados os vínculos de impenhorabilidade, inalienabilidade e incomunicabilidade, impostos em doação, se os mesmos visaram a apenas garantir a renda para os doadores" (*RT*, 497/90). "Cessando o usufruto vitalício a favor do doador, cessa, no mesmo instante, a eficácia da cláusula de inalienabilidade, porque este gravame está intimamente ligado ao primeiro, ambos estabelecidos no interesse do doador, e não para tornar bem inalienável enquanto viver o donatário" (*RT*, 600/72).

7. DOS DIREITOS DO USUFRUTUÁRIO

Neste item são examinados os direitos de ordem geral que competem ao usufrutuário, como a posse, o uso, a administração e a percepção dos frutos. Dentro da seção relativa aos direitos do usufrutuário, o Código Civil cuida de algumas modalidades peculiares de usufruto, que serão estudadas no item seguinte.

Dispõe o art. 1.394 do Código Civil:

"*O usufrutuário tem direito à posse, uso, administração e percepção dos frutos*".

Nada impede que o ato constitutivo do usufruto amplie tais direitos, para melhor atender às necessidades do usufrutuário, contendo-se, todavia, no limite do respeito ao direito do *dominus* à substância da coisa usufruída. Por tal razão, afirma a doutrina que os direitos especificados no dispositivo supratranscrito têm caráter supletivo, aplicando-se no silêncio do título constitutivo. Se este é deficiente, ou não dispõe a respeito desse ou daquele direito, aplica-se à hipótese concreta o regime geral contido na lei.

Tal assertiva é confirmada pelo art. 1.446 do Código Civil português, que preceitua: "Os direitos e obrigações do usufrutuário são regulados pelo título constitutivo do usufruto; na falta ou insuficiência deste, observar-se-ão as disposições seguintes". Trata o aludido diploma, na sequência, dos direitos que integram o denominado regime geral.

Parece-nos, entretanto, que os direitos elencados no citado art. 1.394 constituem o mínimo assegurado ao usufrutuário, pois são elementares ao instituto, ou seja, são os que o caracterizam, podendo, efetivamente, mediante acordo de vontades, ser complementados e ampliados, como foi dito.

A *transferência da posse* é condição necessária para que o usufrutuário possa exercer seus direitos. Tem o usufrutuário a posse direta e justa da coisa frugífera, cabendo ao nu-proprietário a posse indireta (CC, art. 1.197), sendo-lhe reconhecido, ainda em consequência, o uso dos interditos possessórios, além do desforço imediato, contra quem quer que venha a molestar a utilização da coisa, ou dela o prive, ou seja, contra terceiros e também contra o nu-proprietário, se este impedir ou dificultar o livre exercício do usufruto[22].

Cumpre observar que ao nu-proprietário impõe-se o dever negativo ou a obrigação de não molestar o uso pacífico da coisa usufruída nem lhe diminuir a utilidade (*ne deteriorem conditionem fructuarii faciat proprietarius*, como proclamava ULPIANO, no *Digesto*)[23]. Para a defesa de sua posse legítima pode o usufrutuário valer-se não só das ações possessórias, como mencionado, mas também das ações confessória e de-

---

[22] *RT*, 496/199.
[23] Caio Mário da Silva Pereira, *Instituições*, cit., v. IV, p. 295.

claratória. Pode, ainda, propor ação de imissão de posse contra o proprietário da coisa ou contra o instituidor do usufruto, se estes se recusarem a entregá-la[24].

O *direito de uso* da coisa é uma decorrência natural do usufruto. O usufrutuário pode usar pessoalmente a coisa, como também ceder tal uso, a título oneroso ou gratuito (CC, arts. 1.393 e 1.399). A extensão do poder de uso deve ser perquirida no título, podendo abranger a utilização direta e material da coisa em sua totalidade, ou em parte desta (art. 1.390). É certo, todavia, que se estende *"aos acessórios da coisa e seus acrescidos"*, salvo disposição em contrário (art. 1.392).

A propósito de usufruto vitalício, posse, esbulho e reintegração de posse, decidiu o *Tribunal de Justiça de Minas Gerais* de acordo com a seguinte ementa:

"AGRAVO DE INSTRUMENTO. AÇÃO ANULATÓRIA C/C REINTEGRAÇÃO DE POSSE. USUFRUTO VITALÍCIO. POSSE E ESBULHO. OCORRÊNCIA. REQUISITOS PRESENTES. DEFERIMENTO. RECURSO PROVIDO.

Nos termos do art. 1.394 do Código Civil, o usufrutuário tem direito à posse, uso, administração e percepção dos frutos. Havendo comprovação do usufruto vitalício, está também demonstrada a posse do usufrutuário, independente do seu exercício de fato. Presentes os requisitos autorizadores da liminar reintegratória requerida, previstos no art. 561 do Código de Processo Civil, impõe-se a reforma da decisão agravada para deferi-la[25].

Enfim, o *direito de usar* consiste, segundo a lição de LAFAYETTE, "no direito de se servir da coisa, de aproveitá-la em todos os misteres conciliáveis com o seu destino, sem todavia destruir-lhe a substância. O uso, pois, exprime a ideia de um emprego que se repete indefinidamente, que não *consome* o objeto, que o deixa subsistir em seu ser. Habitar uma casa, empregar um navio mercante no transporte de cargas, fazer trabalhar uma máquina, são verdadeiros atos de *uso*"[26].

Entre as faculdades de uso são mencionadas as servidões, aluviões, animais, utensílios etc.

A doutrina costuma dizer que a utilização da coisa pelo usufrutuário é tão extensa quanto a do proprietário. Tal afirmação consta inclusive do art. 2.863 do Código Civil argentino, segundo o qual o usufrutuário pode usar a coisa "como el propietario mismo". Tal afirmação não pode ser tomada em sentido absoluto, uma vez o proprietário, no uso e gozo da coisa, tem a faculdade ampla de alterá-la, transformá-la, de destruir-lhe, enfim, a substância. Mas o direito do usufrutuário não pode ser levado tão longe. Pode usufruí-la em pessoa, ou mediante arrendamento, mas não pode sequer *"dar-lhe a destinação econômica, sem expressa autorização do proprietário"* (CC, art. 1.399).

---

[24] Maria Helena Diniz, *Curso*, cit., v. 4, p. 494; Silvio Rodrigues, *Direito civil*, cit., v. 5, p. 302.
[25] TJMG, AI 1000019165616001-MG, rel. Des. ROGÉRIO MEDEIROS, j. 20-8-2020.
[26] *Direito das coisas*, cit., t. I, p. 266.

Melhor, por isso, a redação do art. 1.446 do Código Civil português, *verbis*: "O usufrutuário pode usar, fruir e administrar a coisa ou o direito como faria um bom pai de família, respeitando o seu destino econômico".

Marco Aurélio S. Viana[27] chama a atenção para um ponto: o usufrutuário pode fazer da coisa os usos que ela é capaz, segundo sua natureza e destinação, ainda que o proprietário dela fizesse uso incompleto. Nessa linha, aduz o mencionado autor, "se durante o usufruto a coisa se torna capaz de maiores usos, nada impede que o usufrutuário assim proceda, como o faria o proprietário se fosse um diligente pai de família, sob cujo tipo deve orientar-se o usufrutuário no uso da coisa. Mas não se perca de vista que, em que pese ter a coisa um destino traçado pela natureza, prevalece a destinação que lhe seja dada pelo proprietário, pois a este cabe estabelecer a medida do uso que deva fazer o usufrutuário".

O terceiro direito do usufrutuário é o de *administrar a coisa* sem ingerência do proprietário. Cabendo ao usufrutuário extrair toda a utilização da coisa usufruída, compete-lhe, em consequência, a administração dela. O poder de administrar constitui consectário da faculdade de fruir. Privar o usufrutuário da administração será desnaturar a própria essência do instituto. Nesse mister, cabe-lhe dar à coisa frugífera o devido destino, podendo arrendar os bens, habitá-los ou emprestá-los, se se trata de prédios urbanos; cultivá-los e explorá-los, se se trata de imóveis rurais. Não lhe assiste, todavia, a prática de atos que envolvam a disposição da coisa, pois que tem o *jus utendi* e o *jus fruendi*, mas não tem o *jus abutendi*.

O usufrutuário somente pode alienar o usufruto ao nu-proprietário, como já exposto. Mas neste caso o usufruto ficará extinto, visto se dar a *consolidação* do domínio pleno (CC, art. 1.410, VI).

A administração do usufrutuário é direta e só lhe será subtraída se negligenciar no cumprimento da obrigação de conservar a coisa, permitindo que se deteriore e não prestando a caução exigida no art. 1.400 do Código Civil.

Compete, por fim, ao usufrutuário a *percepção dos frutos*. Nesse direito reside a essência do usufruto, pois a sua precípua finalidade é proporcionar ao usufrutuário a fruição da coisa, dela extraindo os frutos naturais ou civis por ela produzidos. O vocábulo "frutos" não está empregado no art. 1.394 do Código Civil com rigor técnico, pois abrange não só as utilidades que a coisa produz, renovando-se periodicamente, senão também os produtos que exaurem a fonte quando utilizados, como o carvão retirado da mina.

No exercício do aludido direito pode o usufrutuário gozar da coisa, tirando-lhe todos os proveitos. Pode colher ou perceber os frutos naturais e civis, salvo restrição contida no título, e consumi-los, vendê-los ou alugá-los. É, destarte, a exploração econômica da coisa que se reserva ao usufrutuário[28].

---

[27] *Comentários*, cit., v. XVI, p. 637-638.
[28] *RT*, 597/147.

Frutos *naturais* são os que se desenvolvem e se renovam periodicamente, em virtude da força orgânica da própria natureza, como as frutas das árvores, os vegetais, as crias dos animais etc.

Dispõe o art. 1.396 do Código Civil que, "*salvo direito adquirido por outrem, o usufrutuário faz seus os frutos naturais, pendentes ao começar o usufruto, sem encargo de pagar as despesas de produção*". Acrescenta o parágrafo único que "*os frutos naturais, pendentes ao tempo em que cessa o usufruto, pertencem ao dono, também sem compensação das despesas*".

Se alguém, por exemplo, adquire o usufruto de uma propriedade agrícola em que está plantado um laranjal, a colheita das laranjas lhe pertencerá por inteiro, ainda que a constituição do usufruto se faça nas vésperas da colheita. O usufrutuário somente não terá direito aos *frutos naturais* pendentes ao começar o usufruto se houver direito adquirido por outrem. A ressalva feita pelo diploma civil justifica-se porque o proprietário poderá ter alienado a alguém os frutos pendentes[29].

Por outro lado, cessado o usufruto, os frutos pendentes transferem-se ao domínio do proprietário, que passa a ter disponibilidade sobre eles, sem também a obrigação de indenizar as despesas feitas. Isto porque tem ele, extinto o usufruto, o direito de receber a coisa no estado em que se acha, com seus acréscimos e melhoramentos.

O art. 1.398 do Código Civil, por outro lado, cuida dos *frutos civis*, estabelecendo que os vencidos na data inicial do usufruto pertencem ao proprietário, e ao usufrutuário os vencidos na data em que cessa o usufruto.

Frutos *civis* são os rendimentos produzidos pela coisa, em virtude de sua utilização por outrem que não o proprietário, como os juros e os aluguéis. A solução dada pelo dispositivo em apreço é uma decorrência do fato de que "*os frutos civis reputam-se percebidos dia por dia*", ou seja, *de die in diem*.

No tocante às *acessões industriais*, aplicam-se as regras dos arts. 1.253 e seguintes do Código Civil, concernentes às construções e plantações. Assim, se o usufrutuário edifica no terreno objeto do usufruto, perde a construção em favor do proprietário, assistindo-lhe, porém, direito à indenização (art. 1.255).

Se o usufrutuário arrenda ou loca o prédio a terceiro, resolve-se o contrato desde que ocorra um dos casos legais de extinção do usufruto. A hipótese atinente à locação encontra-se disciplinada atualmente no art. 7º da Lei do Inquilinato (Lei n. 8.245/91).

---

[29] Marco Aurélio S. Viana, *Comentários*, cit., v. XVI, p. 644.

8. MODALIDADES PECULIARES DE USUFRUTO

O Código Civil, além de enunciar regra geral relativa aos direitos do usufrutuário, cuida também de algumas modalidades especiais de usufruto, que serão a seguir analisadas, algumas reguladas no Capítulo I, concernente às disposições gerais, outras no Capítulo II, atinente aos direitos do usufrutuário.

8.1. Usufruto dos títulos de crédito

Dispõe o art. 1.395 do Código Civil:

"Quando o usufruto recai em títulos de crédito, o usufrutuário tem direito a perceber os frutos e a cobrar as respectivas dívidas.

Parágrafo único. Cobradas as dívidas, o usufrutuário aplicará, de imediato, a importância em títulos da mesma natureza, ou em títulos da dívida pública federal, com cláusula de atualização monetária segundo índices oficiais regularmente estabelecidos".

O usufruto recai sobre o objeto da prestação devida pelo devedor ao credor, somente se concretizando depois de realizado o respectivo pagamento.

Pode o usufrutuário, antes de vencida a dívida, perceber os frutos e, após o seu vencimento, cobrar o capital, não só do devedor como também dos fiadores, como se dele fosse o crédito, sem o concurso do nu-proprietário. Para evitar que o devedor pague diretamente a este os juros ou o capital, deve o usufrutuário notificá-lo, dando-lhe ciência do seu direito ao usufruto do título, sob pena de pagar novamente.

O parágrafo único do dispositivo em apreço impõe limites ao usufrutuário, determinando o modo como se deve dar a aplicação do numerário recebido. Diante da omissão sobre qualquer responsabilidade que lhe possa advir no cumprimento do comando legal, decorrente de eventual perda, deve-se entender que somente terá a obrigação de indenizar se houver culpa de sua parte[30].

8.2. Usufruto de um rebanho

Preceitua o art. 1.397 do Código Civil:

"As crias dos animais pertencem ao usufrutuário, deduzidas quantas bastem para inteirar as cabeças de gado existentes ao começar o usufruto".

As crias dos animais são frutos naturais. Como tais, devem pertencer ao usufrutuário, ao começar o usufruto (CC, art. 1.396). Delas pode ele dispor, deduzidas apenas as necessárias para completar o número de animais existentes *ab initio*.

---

[30] Marco Aurélio S. Viana, *Comentários*, cit., v. XVI, p. 642.

Objetiva o dispositivo supratranscrito, pois, assegurar a integridade do rebanho ao extinguir-se o usufruto, de modo que o nu-proprietário venha a receber o mesmo número de reses inicialmente entregues ao usufrutuário. Morto um ou mais animais, eles são automaticamente substituídos.

O usufruto de um rebanho autoriza o usufrutuário a utilizá-lo na conformidade do estabelecido no título. Em princípio, o direito inclui a faculdade de valer-se do trabalho dos animais e de desfrutar de tudo por eles produzido, como o leite e a lã, seja no usufruto sobre uma universalidade (*uti universitas*), seja no que recai sobre algumas cabeças consideradas destacadamente (*uti singuli*)[31].

LAFAYETTE[32], em valiosa síntese, anota que as crias, no momento em que nascem, são do usufrutuário e só passam ao domínio do proprietário pela substituição efetiva. Aduz o mencionado jurista que "as crias que nascem ao tempo em que o rebanho se acha completo ficam pertencendo definitivamente ao usufrutuário, devendo ele preencher os claros que se forem abrindo com as que vierem posteriormente. Se o usufrutuário deixa de fazer a substituição devida, fica responsável ao proprietário pelo valor do animal morto ou inutilizado. Perecendo a cria posta em substituição, o usufrutuário deve repor outra".

A doutrina em geral entende que o dispositivo em apreço aplica-se analogicamente às árvores frutíferas, de modo que as mortas se substituam por plantas vivas, a fim de que não desfalque o respectivo número. O Código de Napoleão contém regra específica sobre o assunto, dizendo, no art. 594, que pertence ao usufrutuário o domínio das árvores que morrerem ou forem arrancadas por acidente, contanto que ele as substitua por outras.

8.3. Usufruto de bens consumíveis (quase usufruto)

Em regra, o usufruto recai sobre bens inconsumíveis, que não perdem a substância pelo uso. Desse modo, podem ser restituídos ao nu-proprietário, extinto o direito real menor instituído em favor do usufrutuário. Este o perfil do aludido direito.

O Código Civil de 1916, todavia, disciplinava, no art. 726, o usufruto de bens móveis consumíveis, denominado pela doutrina *quase usufruto* ou *usufruto impróprio* e que se assemelha ao mútuo, porque o usufrutuário torna-se verdadeiro proprietário, ficando obrigado a restituir coisa equivalente.

O diploma de 2002 não reproduziu o aludido dispositivo, não prevendo, assim, usufruto que tenha por objeto coisas consumíveis. Todavia, admitiu que o

---

[31] Washington de Barros Monteiro, *Curso*, cit., v. 3, p. 303-304; Silvio Rodrigues, *Direito civil*, cit., v. 5, p. 304-305; Marco Aurélio S. Viana, *Comentários*, cit., v. XVI, p. 646-647.
[32] *Direito das coisas*, cit., t. I, p. 273.

usufruto pode alcançar *acessórios* e *acrescidos consumíveis*. Dispõe, com efeito, o § 1º do art. 1.392:

"*Se, entre os acessórios e os acrescidos, houver coisas consumíveis, terá o usufrutuário o dever de restituir, findo o usufruto, as que ainda houver e, das outras, o equivalente em gênero, qualidade e quantidade, ou, não sendo possível, o seu valor, estimado ao tempo da restituição*".

Malgrado o dispositivo somente se refira a bens acessórios consumíveis, a realidade é que, mesmo implicitamente, admitiu a possibilidade de o usufruto ter por objeto bens consumíveis.

Recaindo, portanto, o usufruto em coisas que se consomem pelo uso – *primo usu consummuntur* –, pode desde logo delas dispor o usufrutuário, obrigado, entretanto, findo o usufruto, a restituí-las em gênero, qualidade e quantidade. Não sendo possível, a devolução se converte no valor respectivo, mas pelo preço corrente ao tempo da restituição, ou pelo de avaliação no caso de se terem estimado no título constitutivo.

Na realidade, como assevera CAIO MÁRIO DA SILVA PEREIRA, não se trata propriamente de usufruto, "pois que este consiste na utilização e fruição da coisa sem alteração na sua substância, o que é incompatível com o consumo ao primeiro uso. Outro ponto de diferenciação está em que, no usufruto regular ou próprio, ocorre a utilização e fruição de coisa alheia, e no impróprio, o usufrutuário adquire a sua propriedade, sem o que não poderia consumi-la ou aliená-la devolvendo coisa da mesma espécie. Isto leva à sustentação de não ser verdadeiro usufruto, senão aquisição da coisa, com o encargo de realizar a sua restituição"[33].

Há um consenso na doutrina a esse respeito. COLIN e CAPITANT[34] obtemperam que o direito do quase usufrutuário *se parece* com um usufruto no sentido de que, como o usufrutuário, está ele *obrigado à restituição* dentro de um prazo determinado. Mas esse direito apresenta, em relação ao usufruto propriamente dito, a diferença essencial de que não são as mesmas coisas que o quase usufrutuário deve devolver, senão a mesma quantidade de coisas semelhantes. Na realidade, o suposto usufrutuário se converte em *proprietário*. E o suposto nu-proprietário não é senão um *credor* do valor das coisas de que o quase usufrutuário tem a propriedade.

8.4. Usufruto de florestas e minas

Preceitua o § 2º do art. 1.392 do Código Civil:

---

[33] *Instituições*, cit., v. IV, p. 298-299.
[34] *Derecho civil*, t. 2, v. II, p. 331.

"*Se há no prédio em que recai o usufruto florestas ou os recursos minerais a que se refere o art. 1.230, devem o dono e o usufrutuário prefixar-lhe a extensão do gozo e a maneira de exploração*".

A regra é bastante simples e objetiva fazer com que as partes convencionem previamente a respeito da exploração dos recursos minerais e das florestas, a fim de evitar abusos e a necessidade de regulamentação posterior.

SILVIO RODRIGUES assinala que "o problema a ser resolvido é o da extensão do usufruto, quando silente o título. Cumpre repelir as soluções extremas. É evidente que não pode o usufrutuário exaurir a mina ou a floresta abusivamente, pois então destruiria a substância da coisa, o que lhe é vedado; como também não se lhe pode impedir a retirada do produto, uma vez que nesse caso o usufruto perderia o seu sentido. O meio-termo se encontra na permissão de uma utilização razoável da coisa"[35].

Por "utilização razoável", aduz o aludido mestre, deve se entender, de acordo com o espírito da lei, a que "possibilita ao usufrutuário uma utilização da coisa em ritmo idêntico ao que se vinha fazendo anteriormente; caso não haja elementos para tal julgamento, a extensão do usufruto deve ser fixada pelo juiz, de acordo com sua necessidade".

8.5. Usufruto sobre universalidade ou quota-parte

Estatui o § 3º do art. 1.392 do Código Civil:

"*Se o usufruto recai sobre universalidade ou quota-parte de bens, o usufrutuário tem direito à parte do tesouro achado por outrem, e ao preço pago pelo vizinho do prédio usufruído, para obter meação em parede, cerca, muro, vala ou valado*".

A universalidade compreende várias coisas singulares, que se encontram agrupadas, consideradas como um todo unitário, como sucede com a herança, por exemplo. Na quota-parte apresenta-se a propriedade de uma parte ideal dentro do todo, não se especificando a parte do bem em que esta incide.

O dispositivo em tela aplica o ensinamento de CLÓVIS BEVILÁQUA no sentido de que, "quando usufruto recai sobre uma universalidade, uma herança, por exemplo, ou sobre uma quota-parte dela, entende-se que abrange quaisquer vantagens que lhe advenham, que o usufruto não abrange somente as utilidades comuns e os frutos da coisa"[36].

Em se tratando, pois, de usufruto que tem por objeto uma universalidade, ou quota-parte desta, o usufrutuário tem direito tanto à parte do tesouro que nos

---

[35] *Direito civil*, cit., v. 5, p. 305.
[36] *Código Civil dos Estados Unidos do Brasil comentado*, comentários ao art. 728 do Código Civil de 1916.

bens do patrimônio usufruído vier a se encontrar quanto ao preço pago para obter meação, porque, neste caso, o direito real abrange quaisquer vantagens sobre a totalidade dos bens e direitos a eles relativos. Recaindo, todavia, em imóvel ou imóveis determinados, tem-se que tesouro e pagamento de meação em parede não fazem parte do usufruto sobre o imóvel, pertencendo ao nu-proprietário[37].

Assinalou o Tribunal de Justiça de Minas Gerais que, nos termos do art. 1.384 do Código Civil, "o usufrutuário tem direito à posse, uso, administração e percepção dos frutos. Havendo comprovação do usufruto vitalício, está também demonstrada a posse do usufrutuário, independente do seu exercício de fato. Presentes os requisitos autorizadores da liminar reintegratória requerida, previstos no art. 561 do Código de Processo Civil, impõe-se a reforma da decisão agravada para deferi-la"[38].

9. DOS DEVERES DO USUFRUTUÁRIO

Depois de regular os direitos outorgados ao usufrutuário, no exercício do usufruto, passa o Código Civil a discriminar-lhe as obrigações, no capítulo intitulado "Dos deveres do usufrutuário", que compreende os arts. 1.400 a 1.409.

Algumas dessas obrigações são anteriores ao usufruto, outras simultâneas e outras, ainda, posteriores.

9.1. Obrigações anteriores ao usufruto

Constituem obrigações do usufrutuário, anteriores ao usufruto: I – inventariar, à sua custa, os bens que receber, determinando o estado em que se acham; II – dar caução de lhes velar pela conservação e entregá-los findo o usufruto (CC, art. 1.400).

Não se exige forma especial para o inventário dos bens dados em usufruto. Se as partes forem maiores e capazes, basta uma declaração, datada e assinada, com a discriminação dos aludidos bens e o estado em que se encontram. Se houver interesse de menores, efetuar-se-á em juízo, a expensas do usufrutuário.

A finalidade do inventário é facilitar o ajuste de contas, ao final do usufruto, entre usufrutuário e nu-proprietário, permitindo a verificação do que foi recebido e do que deve ser restituído.

A *caução* a que está obrigado o usufrutuário pode ser *real* ou *fidejussória*. Só há obrigação de prestá-la, no entanto, se o nu-proprietário a exigir. Ela tem por

---

[37] Mário Müller Romitti, *Comentários*, cit., v. XIII, p. 10.
[38] TJMG, AgI 10000191615616001, rel. Des. ROGÉRIO MEDEIROS, *DJe* 22-8-2020.

finalidade garantir, cessado o usufruto, a restituição da coisa usufruída, bem como as perdas e danos a este devidas, no caso de gozo abusivo pelo usufrutuário. Sobreleva a utilidade e conveniência da caução no usufruto de bens consumíveis e fungíveis, inclusive de créditos, cujas quantias devam ser levantadas pelo usufrutuário. Se o nu-proprietário não exigi-la, nessas modalidades de usufruto, correrá sério risco o seu direito[39].

A falta de inventário não acarreta qualquer sanção, estabelecendo apenas a presunção (*juris tantum*, porque admite prova em contrário) de que o usufrutuário recebeu os bens em bom estado de conservação. Mas a falta de prestação de caução, quando exigida, traz como consequência a perda do direito de administrar o usufruto, que passará ao nu-proprietário.

Dispõe, com efeito, o art. 1.401 do Código Civil que o usufrutuário que não quiser ou não puder dar caução suficiente "*perderá o direito de administrar o usufruto*". Não perde, todavia, o usufruto; tão somente, nesse caso, "*os bens serão administrados pelo proprietário, que ficará obrigado, mediante caução, a entregar ao usufrutuário o rendimento deles, deduzidas as despesas de administração, entre as quais se incluirá a quantia fixada pelo juiz como remuneração do administrador*".

Alguns usufrutuários são, no entanto, dispensados do dever de prestar caução, como: I – *o doador, que se reserva o usufruto da coisa doada*, uma vez que o benefício é instituído em seu favor; e II – *os pais, usufrutuários, por lei, dos bens dos filhos menores*, usufruto este inerente ao poder familiar e inspirado na ideia de que se destina a compensar os gastos que o pai efetua com a criação e educação do filho.

Também não se acha obrigado à caução, como foi dito, o usufrutuário que foi dispensado pelo instituidor, ao se constituir o usufruto. Tal dispensa não autoriza, porém, o último a proceder abusivamente, dissipando os bens. Se o fizer, responderá por perdas e danos. Admite-se que o usufrutuário possa, neste caso, reclamar caução, em má hora dispensada pelo instituidor[40].

9.2. Obrigações simultâneas ao usufruto

As principais obrigações, que incumbem ao usufrutuário durante o exercício do usufruto, são: I – conservar a coisa; II – fazer as reparações ordinárias; III – pagar certas contribuições.

A obrigação de *conservar a coisa* (item I) decorre da própria natureza do usufruto. Deve o usufrutuário fruí-la como *bonus pater familias*, para que possa ser restituída no mesmo estado em que foi recebida. Só não está obrigado a pagar "*as*

---

[39] Washington de Barros Monteiro, *Curso*, cit., v. 3, p. 307.
[40] Washington de Barros Monteiro, *Curso*, cit., v. 3, p. 307; Orlando Gomes, *Direitos reais*, cit., p. 345; Caio Mário da Silva Pereira, *Instituições*, v. IV, p. 301.

deteriorações resultantes do exercício regular do usufruto" (CC, art. 1.402). Não responde ele, assim, pelo desgaste natural, resultante do uso regular e ordinário da coisa.

Sendo obrigado a conservar a coisa, cumpre ao usufrutuário, em consequência, fazer as *reparações ordinárias* (item II) que a coisa exige para sua manutenção. De acordo com o sistema instituído nos arts. 1.403 e 1.404 do Código Civil, os gastos ordinários e de custo módico correm por conta do usufrutuário; as reparações extraordinárias, porém, bem como as ordinárias que não forem de custo módico, incumbem ao nu-proprietário. Como compensação pelo gasto que fizer, em despesas ordinárias ou em ordinárias não módicas, tem este o direito de cobrar juros do usufrutuário.

Para resolver as dificuldades que poderiam advir da interpretação da expressão *reparações de custo módico*, estabeleceu o diploma de 2002, no § 1º do mencionado art. 1.404: "*Não se consideram módicas as despesas superiores a dois terços do líquido rendimento em um ano*". Não prevê a lei nenhuma sanção para o nu-proprietário que se nega a efetuar as reparações a que está obrigado e que são indispensáveis à conservação da coisa. Neste caso, sofrerá ele o prejuízo, com a depreciação que ela certamente experimentará. No entanto, se o usufrutuário resolver realizá-las, a suas expensas, poderá cobrar daquele "*a importância despendida*" (CC, art. 1.404, § 2º).

O usufrutuário é obrigado, ainda, *a pagar certas contribuições* (item III), que se restringem, de acordo com o inciso II do art. 1.403 do Código de 2002, às prestações e aos tributos devidos pela "*posse ou rendimento da coisa usufruída*". No diploma de 1916 (art. 733, II) a responsabilidade alcançava os foros, as pensões e tributos que incidissem sobre a posse ou rendimento da coisa usufruída.

Cabem ainda ao usufrutuário as *contribuições de seguro*, durante o usufruto, caso a coisa esteja segura (CC, art. 1.407). A lei não exige que o usufrutuário faça seguro do bem usufruído. Todavia, se ele estiver segurado, não pode escusar-se ao pagamento das contribuições devidas. Não prevê o estatuto civil a possibilidade de o nu-proprietário assegurar a coisa frugífera, obrigando o usufrutuário a pagar os prêmios. O mencionado art. 1.407 só impõe a este a obrigação de pagar as contribuições do seguro "*se a coisa estiver segurada*". Se o usufrutuário não quiser colocá-la no seguro, pode o nu-proprietário fazê-lo a suas expensas. Neste caso, ocorrendo o sinistro, o usufrutuário não se beneficia com a indenização[41].

Se, embora não obrigado, o usufrutuário segurar a coisa, o direito resultante do seguro, contra o segurador, caberá ao proprietário (CC, art. 1.407, § 1º). Todavia, competirá ao usufrutuário o uso e gozo da indenização eventualmente paga no caso

---

[41] Silvio Rodrigues, *Direito civil*, cit., v. 5, p. 309.

de sinistro. Dispõe, com efeito, o § 2º do aludido art. 1.407 que, *"em qualquer hipótese, o direito do usufrutuário fica sub-rogado no valor da indenização do seguro".*

Registre-se que, se houver seguro e o usufrutuário não honrar as prestações, dando causa à perda culposa do direito à indenização, responderá pelas perdas e danos se o sinistro sobrevier.

Estatui ainda o art. 1.405 do Código Civil que, *"se o usufruto recair num patrimônio, ou parte deste, será o usufrutuário obrigado aos juros da dívida que onerar o patrimônio ou parte dele".*

A responsabilidade do usufrutuário limita-se aos juros da dívida que onera o patrimônio ou parte dele. Justifica-se a regra pelo fato de, em se tratando de patrimônio, a totalidade dos bens que o integram responderem pela dívida. O usufrutuário está obrigado pessoalmente, ainda que os frutos e rendimentos do usufruto não atinjam a importância a ser paga, uma vez que o usufrutuário é um sucessor a título universal, a quem passam as vantagens e os ônus que entram para a formação do patrimônio[42].

9.3. Obrigações posteriores ao usufruto

São *obrigações posteriores* ao usufruto as que incumbem ao usufrutuário em consequência da extinção do usufruto. A obrigação fundamental é a de *restituir* a coisa usufruída. Sendo o usufruto um direito temporário, uma vez extinto, volta o bem à posse plena do proprietário, devendo ser devolvido pelo usufrutuário no mesmo estado em que o recebeu[43].

Proclama o art. 1.408 do Código Civil que, *"se um edifício sujeito a usufruto for destruído sem culpa do proprietário, não será este obrigado a reconstruí-lo, nem o usufruto se restabelecerá, se o proprietário reconstruir à sua custa o prédio; mas se a indenização do seguro for aplicada à reconstrução do prédio, restabelecer-se-á o usufruto".*

Em caso de destruição do prédio, pois, por incêndio, inundação, terremoto ou guerra extingue-se o usufruto pelo perecimento de seu objeto. O seu restabelecimento somente se dará na hipótese de o prédio se encontrar segurado e vier a ser reconstruído com o valor recebido a título de indenização, pois neste caso o direito real sub-roga-se, como visto, no uso e gozo do montante pago pela seguradora.

Também fica sub-rogada no ônus do usufruto, em lugar do prédio, *"a indenização paga, se ele for desapropriado".* Aplica-se o mesmo princípio no caso de indenização paga por terceiro, *"responsável no caso de danificação ou perda"* (CC, art.1.409).

---

[42] Marco Aurélio S. Viana, *Comentários*, cit., v. XVI, p. 663-664.
[43] Orlando Gomes, *Direitos reais*, cit., p. 345-346.

Assinale-se, por fim, que o *nu-proprietário* também tem direitos e obrigações. Correspondem, porém, feita a necessária inversão, aos direitos e obrigações do usufrutuário. Assim, o nu-proprietário tem o direito de exigir que o usufrutuário preste caução, que conserve a coisa, que faça reparações e assim por diante. Obrigado está, por seu turno, a reparações extraordinárias, às que não forem de custo módico e, de modo geral, a não dificultar o exercício do usufruto[44].

10. DA EXTINÇÃO DO USUFRUTO

O art. 1.410 do Código Civil elenca os modos de extinção do usufruto, cancelando-se o registro no Cartório de Registro de Imóveis:

"*I – pela renúncia ou morte do usufrutuário;*

II – pelo termo de sua duração;

III – pela extinção da pessoa jurídica, em favor de quem o usufrutuário foi constituído, ou, se ela perdurar, pelo decurso de trinta anos da data em que se começou a exercer;

IV – pela cessação do motivo de que se origina;

V – pela destruição da coisa, guardadas as disposições dos arts. 1.407, 1.408, 2ª parte, e 1.409;

VI – pela consolidação;

VII – por culpa do usufrutuário, quando aliena, deteriora ou deixa arruinar os bens, não lhes acudindo com os reparos de conservação, ou quando, no usufruto de títulos de crédito, não dá às importâncias recebidas a aplicação prevista no parágrafo único do art. 1.395;

VIII – pelo não uso, ou não fruição, da coisa em que o usufruto recai (arts. 1.390 e 1.399)".

O primeiro caso de extinção do usufruto resulta, pois, da *renúncia* ou *morte* do usufrutuário (art. 1.410, I). Exige-se que a *renúncia* seja feita por escritura pública, se o direito se refere a bens imóveis de valor superior ao estabelecido no art. 108 do mesmo diploma (trinta vezes o maior salário mínimo vigente no País) e de forma expressa. Exige-se, também, a capacidade do usufrutuário e a disponibilidade do direito.

Tratando-se o usufruto de um direito patrimonial de ordem privada, é suscetível de *renúncia*, que ocorre, frequentemente, nos casos em que os pais doam

---

[44] Orlando Gomes, *Direitos reais*, cit., p. 346.

um imóvel aos filhos e reservam para si o usufruto. Posteriormente, por alguma razão, em geral por problemas financeiros, necessitam vendê-lo e os filhos concordam em renunciar ao usufruto, no mesmo instrumento em que aqueles realizam a alienação do imóvel.

Tendo caráter temporário e sendo intransmissível, como já referido, o usufruto cessa com o *falecimento* do seu titular. Esta causa extintiva se aplica ao usufruto vitalício, cujo término é condicionado à sua ocorrência, bem como ao usufruto temporário, extinguindo-se, neste caso, antes do termo final. Pode, no entanto, sobreviver à morte de um dos usufrutuários quando se constitui em favor de várias pessoas *conjuntamente*.

Dispõe, com efeito, o art. 1.411 do Código Civil que, sendo dois ou mais os usufrutuários, extingue-se o usufruto em relação aos que faleceram, subsistindo *pro parte* em relação aos sobreviventes. Mas se o título estabelece a sua indivisibilidade, ou expressamente estipula o direito de acrescer entre os usufrutuários, subsiste íntegro e irredutível até que todos venham a falecer[45].

Como já mencionado no item 6, *retro*, tem a jurisprudência entendido que a cláusula pela qual, nas doações feitas aos filhos com reserva de usufruto, os pais estipulam que, por morte de um dos usufrutuários, seu direito acrescerá ao do outro, conflita com o preceito que assegura aos herdeiros necessários direito à legítima. Estes têm o direito de recebê-la, por morte do *de cujus*, sem qualquer restrição, além dos ônus estabelecidos no art. 1.848, *caput* e § 1º, do Código Civil.

Desse modo, é ineficaz a cláusula que determina o acréscimo do usufruto em favor do consorte sobrevivente, até quando prejudique a reserva dos herdeiros necessários[46]. Referida cláusula opera somente no tocante à metade disponível.

Extingue-se o usufruto, em segundo lugar, pelo advento do *termo de sua duração*, estabelecido no seu ato constitutivo (art. 1.410, II), salvo se o usufrutuário falecer antes. Não há sucessão em usufruto, ainda que estabelecido por prazo determinado. Embora não mencionado expressamente no dispositivo em apreço, desaparece também o direito real com o *implemento da condição resolutiva* estabelecida pelo instituidor. Em qualquer hipótese, porém, extingue-se o usufruto, ainda que se não tenha verificado o termo de duração, ou o implemento da condição, vindo a falecer o usufrutuário[47].

---

[45] Caio Mário da Silva Pereira, *Instituições*, cit., v. IV, p. 303.
[46] Silvio Rodrigues, *Direito civil*, cit., v. 5, p. 310; *RF*, 152/261, 155/259.
[47] Washington de Barros Monteiro, *Curso*, cit., v. 3, p. 312.

Extingue-se o usufruto, também, pela *extinção da pessoa jurídica* (art. 1.410, III). Para assegurar a temporariedade do usufruto, o legislador determina sua extinção com a morte do usufrutuário e limita sua duração, quando o usufrutuário for pessoa jurídica, a trinta anos. Neste caso não há falar em morte, mas em extinção da usufrutuária. Expira antes, todavia, o usufruto, com a extinção e liquidação desta, como no caso de dissolução da sociedade, de cessação da fundação e de supressão de um estabelecimento público.

Igualmente se extingue o usufruto pela *cessação do motivo* de que se origina (art. 1.410, IV), que pode ser pio, moral, artístico, científico etc. Se, por exemplo, o usufruto foi estabelecido para que o usufrutuário possa concluir seus estudos, findos estes cessa a causa que havia determinado a sua instituição.

Esse modo de extinção do usufruto se aplica também aos usufrutos decorrentes do direito de família, como o atribuído aos pais sobre os bens dos filhos menores, que cessa quando estes atingem a maioridade ou são emancipados, bem como o deferido ao marido, quando dissolvida a sociedade conjugal.

Em quinto lugar, extingue-se o usufruto pela *destruição da coisa*, não sendo fungível (art. 1.410, V). Perecendo o objeto, perece o direito. Poderá este, no entanto, permanecer, se a perda não for total e a parte restante puder suportá-lo. Equipara-se à destruição a modificação sofrida pela coisa, que a tornou imprestável ao fim a que se destina.

Se, no entanto, a coisa foi desapropriada ou se encontrava no seguro, o direito do usufrutuário se sub-roga na indenização recebida (arts. 1.407, 1.408, § 2º, e 1.409). Acontece o mesmo quando a destruição da coisa ocorreu por culpa de terceiro condenado a reparar o dano, como já foi comentado.

Extingue-se ainda o usufruto pela *consolidação* (art. 1.410, VI), quando na mesma pessoa se reúnem as qualidades de usufrutuário e nu-proprietário. Pode tal situação ocorrer, *verbi gratia*, quando o usufrutuário adquire o domínio do bem, por ato *inter vivos* ou *mortis causa*, ou quando o nu-proprietário adquire o usufruto.

Prevê o Código Civil, em seguida, a extinção do usufruto *por culpa do usufrutuário*, quando falta ao seu dever de cuidar bem da coisa (art. 1.410, VII). A extinção, nesse caso, depende do reconhecimento da culpa por sentença. Também pode ela ocorrer quando, no usufruto de títulos de crédito, o usufrutuário não dá às importâncias recebidas a aplicação prevista no parágrafo único do art. 1.395.

Extingue-se, por fim, o usufruto pelo *"não uso, ou não fruição"*, da coisa em que o usufruto recai (art. 1.410, VIII). Não tendo o dispositivo em epígrafe mencionado o prazo em que ocorre a aludida extinção, cabe a aplicação, à hipótese, do art. 205 do Código Civil, segundo o qual *"a prescrição ocorre em dez anos, quando a lei não lhe haja fixado prazo menor"*. Essa é a solução preconizada pela doutrina.

Todavia, o *Superior Tribunal de Justiça* decidiu que não há prazo para extinguir usufruto por imóvel não usado, uma vez que "a aplicação de prazos de natureza prescricional não é cabível quando a demanda não tem por objetivo compelir a parte adversa ao cumprimento de uma prestação. Tampouco é admissível a incidência, por analogia, do prazo extintivo das servidões, pois a circunstância que é comum a ambos os institutos – extinção pelo não uso – não decorre, em cada hipótese, dos mesmos fundamentos".

Concluiu a referida Corte que "a extinção do usufruto pelo não uso pode ser levada a efeito sempre que, diante das circunstâncias da hipótese concreta, se constatar o não atendimento da finalidade social do bem gravado"[48].

No mesmo sentido do julgado é a disposição do *Enunciado n. 252 da III Jornada de Direito Civil*: "A extinção do usufruto pelo não uso, de que trata o art. 1.410, inc. VIII, independe do prazo previsto no art. 1.389, inc. III".

---

[48] STJ, REsp 1.179.259-MG, 3ª T., rel. Min. Nancy Andrighi, j. 15-5-2013.

Título VII

DO USO

> *Sumário*: 1. Conceito e características. 2. Objeto do uso. 3. Necessidades pessoais e da família do usuário. 4. Modos de extinção do uso.

1. CONCEITO E CARACTERÍSTICAS

O *uso* é considerado um usufruto restrito, porque ostenta as mesmas características de direito *real, temporário* e *resultante do desmembramento da propriedade*, distinguindo-se, entretanto, pelo fato de o usufrutuário auferir o uso e a fruição da coisa, enquanto ao usuário não é concedida senão a utilização restrita aos limites das necessidades suas e de sua família.

Dispõe o art. 1.412 do Código Civil:

"*O usuário usará da coisa e perceberá os seus frutos, quanto o exigirem as necessidades suas e de sua família.*

§ 1º Avaliar-se-ão as necessidades pessoais do usuário conforme a sua condição social e o lugar onde viver.

§ 2º As necessidades da família do usuário compreendem as de seu cônjuge, dos filhos solteiros e das pessoas de seu serviço doméstico".

Em realidade, o uso nada mais é do que um *usufruto limitado*. Destina-se a assegurar ao beneficiário a *utilização imediata de coisa alheia*, limitada às necessidades do usuário e de sua família. Por isso, a tendência de se reduzir a um conceito único o direito de usufruto, uso e habitação. Optou, entretanto, o legislador pátrio por distingui-lo dos outros dois direitos reais mencionados[1].

O direito real de uso confere a seu titular, assim, a faculdade de, temporariamente, fruir a utilidade da coisa que grava. Ao usufrutuário correspondem o

---
[1] Marco Aurélio S. Viana, *Comentários ao novo Código Civil*, v. XVI, p. 675-676.

jus utendi e o *jus fruendi*; ao usuário, apenas o *jus utendi*, isto é, o direito de usar a coisa alheia, sem percepção de seus frutos. Era esse o conceito de uso no direito romano, tal como expresso no Digesto: *uti potest frui non potest*.

Todavia, como preleciona ORLANDO GOMES[2], esse preceito restritivo foi alterado na prática, pois em muitos casos tornava o direito inútil, vindo a admitir que, em determinadas situações, o usuário podia perceber frutos da coisa, se só assim tivesse utilidade prática. Com esta compreensão passou ao direito moderno. Algumas legislações, como a nossa, expressamente se referem ao direito do usuário de perceber frutos da coisa dada em uso.

Ao usuário, como esclarece LAFAYETTE, concede-se apenas a faculdade de perceber uma certa porção de frutos, tantos quantos bastem para as suas necessidades e das pessoas da sua família. Assim, exemplifica o mencionado jurista, "se o objeto do uso é uma fazenda de cultura, o usuário, além do direito de habitar as casas, passear e se recrear nos terrenos (atos de uso), bem pode colher frutos, mas tão somente para as suas necessidades diárias. Neste aspecto o uso, para não ficar estéril, usurpa até certo ponto atribuições do usufruto, mas dentro dos limites das necessidades pessoais do usuário, limite que não entende com o uso exercido em sua pureza, estreme de comparticipação do direito de fruir (*jus fruendi*)"[3].

Por outro lado, o uso tem características próprias. Ao contrário do usufruto, é *indivisível*, não podendo ser constituído por partes em uma mesma coisa, bem como *incessível*. Nem seu exercício pode ceder-se. Mas, se o uso que o proprietário fazia da coisa consistia exatamente em arrendá-la, ou locá-la, ou alienar os seus frutos, pode o usuário continuar a empregá-lo no mesmo mister, como, por exemplo, se foi legado o uso de matas destinadas a cortes regulares. Nestes casos, segundo LAFAYETTE[4], o uso usurpa inteiramente a natureza do usufruto.

O instituto ora em estudo não tem maior significação em nosso país. Apontam-se como hipótese de aplicação do direito de uso o jazigo perpétuo, a faculdade de nele sepultar os mortos da família. Todavia, tal questão ainda não ganhou entre nós o necessário relevo e continua disciplinada pelos regulamentos administrativos, não pela lei civil.

Há os que entendem não ser possível considerar como de uso o direito de sepulcro, pois o caráter de bem público do terreno, aliado à sua especial destinação, arreda semelhante conceituação. Por tal razão já se decidiu que o respectivo concessionário não tem posse sobre o sepulcro, muito menos sobre os restos mortais que nele se encerram[5].

---

[2] *Direitos reais*, p. 351.
[3] *Direito das coisas*, t. I, p. 304.
[4] *Direito das coisas*, cit., t. I, p. 305.
[5] Washington de Barros Monteiro, *Curso de direito civil*, v. 3, p. 315.

2. OBJETO DO USO

O direito real de *uso* pode ter como objeto tanto as coisas móveis como imóveis. Se recair sobre móvel, diz a doutrina, não poderá ser fungível nem consumível.

Todavia, há também o consenso de que são aplicáveis ao uso, no que não for contrário à sua natureza, "*as disposições relativas ao usufruto*", como expressamente estatui o art. 1.413 do Código Civil. Por essa razão, alguns autores admitem a incidência do uso sobre bens móveis consumíveis, caracterizando o *quase uso*, a exemplo do *quase usufruto*. O usuário adquiriria a propriedade da coisa cujo uso importa consumo e restituiria coisa equivalente.

Adverte, porém, ORLANDO GOMES que, "se é verdade que não há incompatibilidade conceitual para a adoção do uso de coisas consumíveis, é patente o desvio de finalidade"[6].

O Decreto-Lei n. 271, de 28 de fevereiro de 1967, disciplina, no art. 7º, a concessão de uso de terrenos públicos ou particulares, remunerada ou gratuita, por tempo certo ou indeterminado, como direito real resolúvel, para fins específicos de urbanização, industrialização, edificação, cultivo da terra, ou outra utilização de interesse social. O art. 8º prevê ainda a concessão de uso do espaço aéreo.

3. NECESSIDADES PESSOAIS E DA FAMÍLIA DO USUÁRIO

O § 1º do art. 1.412 retrotranscrito estabelece o critério para aferição das necessidades *pessoais* do usuário: serão avaliadas "*conforme a sua condição social e o lugar onde viver*".

Como o uso não é imutável e pode alterar-se em razão de diversas circunstâncias, as necessidades pessoais podem sofrer a influência dessas mudanças e aumentar, depois de constituído o direito real. Haverá a mesma adaptação se, ao contrário, diminuírem as necessidades pessoais do usuário.

Como a lei fala em necessidades pessoais, excluem-se, por conseguinte, as do comércio e da indústria do beneficiário[7].

Preceitua, por sua vez, o § 2º do mencionado art. 1.412 que "*as necessidades da família do usuário compreendem as de seu cônjuge, dos filhos solteiros e das pessoas de seu serviço doméstico*".

---

[6] *Direitos reais*, cit., p. 353.
[7] Washington de Barros Monteiro, *Curso*, cit., v. 3, p. 316.

O vocábulo *família* é empregado em acepção mais ampla do que a adotada no direito de família, pois abrange até os domésticos a seu serviço. Pouco importa se os vínculos são de parentesco civil ou consanguíneo, e se trata de família constituída pelo casamento ou em virtude de união estável.

Nada impede que o ato constitutivo do direito real possa contemplar, mediante acordo de vontades, ainda outras pessoas, além das indicadas.

4. MODOS DE EXTINÇÃO DO USO

O uso constitui-se do mesmo modo e extingue-se pela mesma forma do usufruto.

Assim, pode ocorrer a extinção do uso pelos mesmos modos elencados no art. 1.410 do Código Civil, como, por exemplo, a renúncia, a destruição da coisa, a consolidação e outros, com exceção apenas do não uso, que não se aplica também ao direito real de habitação[8].

---

[8] Orlando Gomes, *Direitos reais*, cit., p. 355.

Título VIII
DA HABITAÇÃO

> *Sumário*: 1. Conceito. 2. Regulamentação legal.

1. CONCEITO

O instituto em apreço assegura ao seu titular o direito de morar e residir na casa alheia. Tem, portanto, destinação específica: servir de moradia ao beneficiário e sua família. Não podem alugá-la ou emprestá-la. Acentua-se, destarte, a *incessibilidade* assim do direito quanto do seu exercício.

Trata-se de direito real *temporário* e *personalíssimo*. Embora tenha também se desprendido do usufruto, como o *uso*, é ainda mais restrito do que este. Tem por objeto necessariamente bem imóvel, e o titular deve nele residir, ele próprio, com sua família. Como foi dito, não pode cedê-lo a terceiro, mediante empréstimo ou locação. Trata-se, portanto, do mesmo direito de uso já estudado, restrito, porém, à casa de moradia[1].

Não pode o titular do aludido direito, com efeito, extrair do imóvel outra utilidade que não seja a de residir. Não pode dele servir-se para estabelecimento de fundo de comércio ou de indústria. Se o fizer, desaparece o direito real. Todavia, pode o aludido titular utilizar também os seus acessórios e pertenças, tais como varandas, móveis, jardins etc. Falecendo o titular, o direito se extingue, ainda que haja cônjuge e familiares[2].

Como direito real, imprescindível se torna o registro do respectivo título no Cartório de Registro de Imóveis (CC, art. 1.227; LRP, art. 167, item I, n. 7).

---

[1] Washington de Barros Monteiro, *Curso de direito civil*, v. 3, p. 318.
[2] Mário Müller Romitti, *Comentários ao Código Civil brasileiro*, v. XIII, p. 43-44.

2. REGULAMENTAÇÃO LEGAL

O direito de habitação é regulado em três artigos do Código Civil (1.414 a 1.416). Aplicam-se-lhe, entretanto, *"no que não for contrário à sua natureza, as disposições relativas ao usufruto"*, como estatui o art. 1.416. Dentre essas disposições merecem lembradas a incessibilidade e a inexistência do direito de acrescer. Morto um dos titulares, fica o imóvel liberado na parte que cabia ao que faleceu.

O primeiro dispositivo do título em epígrafe é o art. 1.414, que assim dispõe:

"Quando o uso consistir no direito de habitar gratuitamente casa alheia, o titular deste direito não a pode alugar, nem emprestar, mas simplesmente ocupá-la com sua família".

Assim como ocorre com o direito de uso, o direito real de habitação (*habitatio*) não se extingue pelo *não uso*. Extingue-se, todavia, por todos os demais modos de extinção do usufruto já mencionados.

Incumbe ao habitador a obrigação de conservar o prédio, bem como o cumprimento dos demais deveres enumerados no capítulo concernente aos deveres do usufrutuário (CC, arts. 1.400 a 1.409), especialmente o de recolher os impostos que recaiam sobre ele.

Já se decidiu que "a falta de pagamento dos tributos atinentes ao imóvel, a cargo do habitador, não é fato extintivo do direito real, podendo ser efetuada a correspondente cobrança pela via processual própria"[3].

Na sucessão por falecimento, a extinção do condomínio em relação a imóvel sobre o qual recai o direito real de habitação contraria a própria essência dessa garantia, que visa proteger o núcleo familiar. Também por causa dessa proteção constitucional e pelo caráter gratuito do direito real de habitação, não é possível exigir do ocupante do imóvel qualquer contrapartida financeira em favor dos herdeiros que não usufruem do bem.

A mencionada tese foi confirmada pela *3ª Turma do Superior Tribunal de Justiça* ao reformar acórdão do *Tribunal de Justiça de São Paulo*, que havia declarado a extinção do condomínio e condenado a companheira do falecido e a filha do casal, que permaneciam no imóvel, ao pagamento de aluguel mensal às demais herdeiras. Este último Tribunal, apesar de reconhecer o direito real de habitação da companheira, entendeu que essa prerrogativa não impede a extinção do condomínio formado com as demais herdeiras, filhas de casamento anterior do falecido. Em consequência, o tribunal determinou a alienação do imóvel, com a reserva do direito real de habitação.

---

[3] *RT*, 643/166.

A Min. NANCY ANDRIGHI, relatora do recurso interposto junto à 3ª Turma do *Superior Tribunal de Justiça*, explicou que o direito real de habitação reconhecido ao cônjuge ou companheiro sobrevivente decorre de imposição legal (arts. 1.831, do Código de Processo Civil, e 7º, parágrafo único, da Lei n. 9.278/96) e tem natureza vitalícia e personalíssima, o que significa que ele pode permanecer no imóvel até a morte. "Sua finalidade é assegurar que o viúvo ou viúva permaneça no local em que antes residia com sua família, garantindo-lhe uma moradia digna".

Acrescentou a referida Relatora que esse direito também é reconhecido aos companheiros, mesmo após a vigência do atual Código Civil, o qual não revogou a Lei n. 9.278/96; e que a intromissão do Estado na livre capacidade das pessoas de disporem de seu patrimônio só se justifica pela proteção constitucional garantida à família. Dessa forma, aduziu, é possível, em exercício de ponderação de valores, a mitigação de um deles – relacionado aos direitos de propriedade – para assegurar o outro – relacionado à proteção do grupo familiar.

A eminente Relatora também destacou que o art. 1.414 do Código Civil é expresso em relação ao caráter gratuito do direito real de habitação. E, de fato, seria um contrassenso atribuir ao viúvo a prerrogativa de permanecer no imóvel e, ao mesmo tempo, exigir dele uma contrapartida pelo uso do bem.

Em seu voto, a mencionada Ministra chamou a atenção para o fato de que o *Tribunal de Justiça de São Paulo* condenou não só a companheira do falecido ao pagamento de aluguéis, mas também a filha do casal, que é irmã por parte de pai das demais herdeiras. Nesse ponto, destacou que o art. 1.414 do Código Civil assegura ao detentor do direito real a prerrogativa de habitar na residência não apenas em caráter individual, mas com a sua família. "Sendo assim, não podem os herdeiros exigir remuneração da companheira sobrevivente, nem da filha que com ela reside no imóvel", concluiu a mencionada Relatora ao reformar o acórdão do TJSP e julgar improcedentes os pedidos de extinção do condomínio e arbitramento de aluguéis[4].

Preceitua, por sua vez, o art. 1.415:

"*Se o direito real de habitação for conferido a mais de uma pessoa, qualquer delas que sozinha habite a casa não terá de pagar aluguel à outra, ou às outras, mas não as pode inibir de exercerem, querendo, o direito, que também lhes compete, de habitá-la*".

A divisibilidade do direito é admitida de forma expressa. Trata o dispositivo da hipótese de ser ele conferido a mais de uma pessoa, estando apenas uma delas

---

[4] STJ, REsp 1.846.167, 3ª T., rel. Min. NANCY ANDRIGHI, disponível em: *Revista Consultor Jurídico*, de 29-3-2021.

habitando o imóvel. Não está ela obrigada a pagar aluguel à outra, embora não possa impedir que a última exerça também o seu direito.

Dispõe ainda o art. 1.831 do Código Civil, no capítulo concernente à ordem da vocação hereditária, que, *"ao cônjuge sobrevivente, qualquer que seja o regime de bens, será assegurado, sem prejuízo da participação que lhe caiba na herança, o direito real de habitação relativamente ao imóvel destinado à residência da família, desde que seja o único daquela natureza a inventariar".*

O § 2º do art. 1.611 do Código Civil de 1916, introduzido pela Lei n. 4.121, de 1962, já estabelecera o direito real de habitação em favor do cônjuge sobrevivente, mas somente se tivesse sido casado sob o regime da comunhão universal e sob a condição de continuar viúvo – condição esta não exigida no dispositivo do novo diploma supratranscrito.

O direito real de habitação é concedido sem prejuízo da participação da viúva ou do viúvo na herança. Mesmo que o cônjuge sobrevivente seja herdeiro ou legatário, não perde o direito de habitação.

A união estável após morte de cônjuge cessa direito real de habitação. O Ministro MARCO AURÉLIO BELLIZZE, do *Superior Tribunal de Justiça*, frisou que o importante para o recurso em julgamento era constatar que a união estável, mesmo antes do atual Código Civil, "foi sendo paulatinamente equiparada ao casamento para fins de reconhecimento de benefícios inicialmente restritos a um ou outro dos casos"[5].

Dentre as 12 teses consolidadas pelo *Superior Tribunal de Justiça* em setembro de 2019 destacam-se as duas concernentes ao direito real de habitação:

"10) A inexistência de outros bens imóveis no patrimônio de cônjuge/companheiro sobrevivente não é requisito para o reconhecimento do direito real de habitação.

11) O direito real de habitação pode ser exercido tanto pelo cônjuge como pelo companheiro supérstite".

Pronunciou-se o *Superior Tribunal de Justiça* a respeito do condomínio *pro indiviso* de um imóvel entre o falecido e terceira pessoa possibilitar ou não que o cônjuge supérstite herdasse o direito real de habitação, nestes termos:

"Direito real de habitação. Copropriedade de terceiro anterior à abertura da sucessão. Título aquisitivo estranho à relação hereditária. 1. O direito real de

---

[5] STJ, REsp 1.617.636, rel. Min. Marco Aurélio Bellizze, 3ª T., disponível em: *Revista Consultor Jurídico*, de 24-10-2019.

habitação possui como finalidade precípua garantir o direito à moradia ao cônjuge/companheiro supérstite, preservando o imóvel que era destinado à residência do casal, restringindo temporariamente os direitos de propriedade originados da transmissão da herança em prol da solidariedade familiar. 2. A copropriedade anterior à abertura da sucessão impede o reconhecimento do direito real de habitação, visto que de titularidade comum a terceiros estranhos à relação sucessória que ampararia o pretendido direito. 3. Embargos de divergência não providos"[6].

---

[6] STJ, EREsp 1.520.294-SP, 2ª Seção, rel. Min. MARIA ISABEL GALLOTTI, *DJe* 2-9-2020.

Título IX
DO DIREITO DO PROMITENTE COMPRADOR

> *Sumário*: 1. Conceito e características. 2. Evolução da promessa de compra e venda no direito brasileiro. 3. A disciplina do direito do promitente comprador no Código Civil de 2002.

1. CONCEITO E CARACTERÍSTICAS

Consiste a promessa irretratável de compra e venda no contrato pelo qual o promitente vendedor obriga-se a vender ao compromissário comprador determinado imóvel, pelo preço, condições e modos convencionados, outorgando-lhe a escritura definitiva quando houver o adimplemento da obrigação. O compromissário comprador, por sua vez, obriga-se a pagar o preço e cumprir todas as condições estipuladas na avença, adquirindo, em consequência, direito real sobre o imóvel, com a faculdade de reclamar a outorga da escritura definitiva, ou sua adjudicação compulsória havendo recusa por parte do promitente vendedor[1].

Segundo ORLANDO GOMES, é "a *promessa de venda* – que melhor se diria *compromisso de venda* para prevenir ambiguidades – o contrato típico pelo qual as partes se obrigam reciprocamente a tornar eficaz a compra e venda de um bem imóvel, mediante a reprodução do consentimento no título hábil"[2].

Aproxima-se do contrato preliminar de venda, porque seu resultado prático é adiar a transferência do domínio do bem compromissado até que o preço seja totalmente pago, diferenciando-se dele; porquanto dá lugar à adjudicação compulsória.

---

[1] Maria Helena Diniz, *Curso de direito civil brasileiro*, v. 4, p. 699.
[2] *Direitos reais*, p. 360-361.

Salienta ainda o notável mestre baiano que "o *compromisso de venda* não é verdadeiramente um *contrato* preliminar. Não é por diversas razões que completam a originalidade do seu escopo, principalmente a natureza do direito que confere ao *compromissário*. Tem ele, realmente, o singular direito de se tornar proprietário do bem que lhe foi prometido *irretratavelmente* à venda, sem que seja inevitável nova declaração de vontade do *compromitente*. Bastará pedir ao juiz a *adjudicação compulsória*, tendo completado o pagamento do preço. Assim sendo, está excluída a possibilidade de ser o *compromisso de venda* um *contrato preliminar*, porque só é possível adjudicação compulsória nas obrigações de dar e, como todos sabem, o *contrato preliminar* ou *promessa de contratar* gera uma *obrigação de fazer*, a de celebrar o contrato definitivo".

Devem estar presentes, no aludido contrato, todos os elementos característicos do gênero compra e venda (coisa, preço e consentimento), adicionando-se a promessa de transmissão da propriedade. O titular não tem os atributos do domínio sobre a coisa. Se os tivesse, não se poderia falar em direito real do promitente comprador, uma vez que a promessa se confundiria com a venda. Nesse caso, o promitente comprador, pelo só fato de o ser, já se equipararia ao comprador[3].

Cuida-se de direito real, porque o adquirente tem a utilização da coisa e pode dispor do direito mediante cessão. Desfruta, ainda, da sequela, podendo reivindicar a coisa em poder de quem quer que a detenha – o que é apanágio do direito real. Pode, também, opor-se à ação de terceiros que coloquem obstáculos ao exercício do direito, havendo oponibilidade *erga omnes* – igualmente, um dos atributos dos direitos reais[4].

ORLANDO GOMES[5] considera o compromisso de compra e venda um novo direito real, mas não pleno ou ilimitado, como a propriedade, e sim um direito real *sui generis*, que se reduziria a simples limitação do *poder de disposição* do proprietário que o constitui. Uma vez registrado, impedido fica de alienar o bem, e, se o fizer, o compromissário comprador, sendo titular de um direito de sequela, pode reivindicar a propriedade do imóvel.

Segundo o mencionado jurista, trata-se de um direito real sobre coisa alheia, mas não se configura, como pretendem alguns, como um direito real de gozo,

---

[3] Mário Müller Romitti, *Comentários ao Código Civil brasileiro*, v. XIII, p. 47; Caio Mário da Silva Pereira, *Instituições de direito civil*, v. IV, p. 445.
"Adjudicação compulsória. Inadmissibilidade. Compromisso de compra e venda. Descaracterização. Mero recibo particular de compra e venda que não contém as cláusulas necessárias para a transmissão da propriedade do imóvel. Exigibilidade de que o título apresentado preencha todas as condições da validade do contrato definitivo. Inteligência do art. 639 do CPC" (*RT*, 776/211).
[4] Marco Aurélio S. Viana, *Comentários ao novo Código Civil*, v. XVI, p. 691.
[5] *Direitos reais*, cit., p. 365-366.

apesar do direito do compromissário comprador ser tão extenso que se assemelha ao domínio útil, já que tem a posse do imóvel, podendo dele usar e gozar. Não satisfaz, também, a sua qualificação como *direito real de garantia*, destinado unicamente a assegurar a prestação prometida no contrato preliminar. Os direitos reais de garantia, aduz, têm finalidade e natureza diversas. Nem é possível identificá-lo ao *usufruto* ou à *enfiteuse*, por notórias as diferenças.

Igualmente CAIO MÁRIO DA SILVA PEREIRA considera a promessa de compra e venda um "direito real novo, pelas suas características, como por suas finalidades. E deve, consequentemente, ocupar um lugar à parte na classificação dos direitos reais. Nem é um direito real pleno ou ilimitado (propriedade), nem se pode ter como os direitos reais limitados que o Código Civil, na linha dos demais, arrola e disciplina. Mais próximo da sua configuração, assinala o aludido civilista, andou SERPA LOPES, quando fez alusão a uma categoria de *direito real de aquisição*, ocupada pela promessa de venda"[6].

2. EVOLUÇÃO DA PROMESSA DE COMPRA E VENDA NO DIREITO BRASILEIRO

O instituto ora em estudo passou por uma série de fases em nosso direito, acompanhando o crescimento urbano e o enorme aumento das vendas de terrenos loteados a prestação.

O sistema do Código Civil de 1916 permitia que o promitente, com base no seu art. 1.088, se arrependesse antes de celebrado o contrato definitivo. Com a expansão imobiliária e a crescente valorização dos terrenos urbanos, muitos loteadores inescrupulosos, estimulados pelo processo inflacionário e valendo-se desse permissivo, deixavam de outorgar a escritura definitiva, optando por pagar perdas e danos ao compromissário comprador, estipuladas geralmente sob a forma de devolução do preço em dobro, com a intenção de revender o lote, muitas vezes supervalorizado, com lucro.

Como o direito era de natureza pessoal, os adquirentes não podiam reivindicar o imóvel, mas apenas o pagamento das perdas e danos. Preferiam, então, os vendedores, como mencionado, pagar a indenização a que ficavam sujeitos, geralmente inferior ao proveito que poderiam auferir, a outorgar a escritura definitiva do imóvel.

Com o advento do Decreto-Lei n. 58, de 10 de dezembro de 1937, o compromisso tornou-se irretratável, conferindo direito real ao comprador, desde que levado ao registro imobiliário. Tal diploma veio estabelecer uma série de medidas

---

[6] *Instituições*, cit., v. IV, p. 445-446.

de proteção aos promitentes compradores de imóveis loteados, impondo, dentre outras obrigações atribuídas ao vendedor, a de apresentar na circunscrição imobiliária a prova do domínio do imóvel, o plano de loteamento, a certidão negativa de impostos e de ônus reais, bem como um exemplar do contrato-tipo de vendas.

Tais documentos passaram a ser exigidos antes do início das vendas, devidamente registrados e fiscalizados pelo oficial do Registro de Imóveis e pelo juiz. Com tais providências, introduziu-se maior segurança no mercado imobiliário. A principal inovação consistiu em atribuir ao compromissário comprador direito real oponível *erga omnes*, desde que o compromisso fosse registrado no Registro de Imóveis, como referido. Um contrato nessas condições conferia ao titular o direito de adjudicação compulsória.

Se, pagas as prestações todas, o vendedor se recusasse a outorgar a escritura definitiva, o comprador poderia recorrer ao Judiciário, que lhe adjudicaria o imóvel objeto do contrato, mediante sentença. E, se o vendedor se negasse a receber as últimas prestações, o comprador poderia consignar o seu valor e, então, requerer a adjudicação compulsória.

O aludido Decreto-Lei n. 58/37 ampliou o rol dos direitos reais contemplados no Código anterior, com a criação da promessa irretratável de venda de um bem de raiz. Tal promessa, ou compromisso de compra e venda, é, como já foi dito, um contrato pelo qual as partes se comprometem a levar a efeito um contrato definitivo de venda e compra (*pactum de contrahendo*). O consentimento já foi dado, na promessa, convencionando os contratantes reiterá-lo na escritura definitiva.

O promitente comprador não recebe o domínio da coisa, mas passa a ter direitos sobre ela. Estes são, por isso, direitos reais sobre coisa alheia e consistem em desfrutar desta, em impedir sua válida alienação a outrem e no poder de ajuizar ação de adjudicação compulsória.

O regime instituído pelo Decreto-Lei n. 58/37 veio afastar, sem dúvida, os inconvenientes decorrentes da aplicação do citado art. 1.088 do Código Civil de 1916. Mas só se aplicava aos imóveis loteados. A Lei n. 649, de 11 de março de 1949, deu nova redação ao art. 22 do aludido Decreto-Lei n. 58/37, estendendo tal proteção aos imóveis não loteados. Com a modificação introduzida posteriormente pela Lei n. 6.014, de 27 de dezembro de 1973, o citado art. 22 recebeu a seguinte redação:

"Os contratos, sem cláusula de arrependimento, de compromisso de compra e venda e cessão de direitos de imóveis não loteados, cujo preço tenha sido pago no ato de sua constituição ou deva sê-lo em uma ou mais prestações, desde que inscritos a qualquer tempo, atribuem aos compromissários direito real oponível a terceiros, e lhes conferem o direito de adjudicação compulsória nos termos dos arts. 16 desta Lei, 640 e 641 do Código de Processo Civil".

A Lei n. 6.766, de 19 de dezembro de 1979, denominada *Lei do Parcelamento do Solo Urbano*, veio derrogar o Decreto-Lei n. 58/37, que hoje se aplica somente aos loteamentos rurais. O art. 25 da referida lei declara *irretratáveis e irrevogáveis* os compromissos de compra e venda de imóveis loteados. Qualquer cláusula de arrependimento, nesses contratos, ter-se-á, pois, por não escrita.

Em se tratando, porém, de imóvel não loteado, lícito afigura-se convencionar o arrependimento, afastando-se, com isso, a constituição do direito real. Inexistindo cláusula nesse sentido, prevalece a irretratabilidade.

Finalmente, o atual Código Civil dedicou um título ao direito do promitente comprador, atribuindo-lhe, no art. 1.417, direito real à aquisição do imóvel mediante promessa de compra e venda em que não se pactuou arrependimento, celebrada por instrumento público ou particular, devidamente registrado.

3. A DISCIPLINA DO DIREITO DO PROMITENTE COMPRADOR NO CÓDIGO CIVIL DE 2002

O Código Civil em vigor disciplina o direito do promitente comprador nos arts. 1.417 e 1.418. Dispõe o primeiro:

"Mediante promessa de compra e venda, em que se não pactuou arrependimento, celebrada por instrumento público ou particular, e registrada no Cartório de Registro de Imóveis, adquire o promitente comprador direito real à aquisição do imóvel".

Trata-se, como expressamente mencionado, de *direito real à aquisição do imóvel, para o futuro.* Exige-se, para que se configure: a) inexistência de cláusula de arrependimento; b) registro no Cartório de Registro de Imóveis.

O dispositivo em apreço põe fim a antiga polêmica sobre a forma do contrato, permitindo seja utilizado o *instrumento público* ou *particular.* A nova regra atinge apenas os imóveis não loteados, uma vez que o art. 26 da Lei n. 6.766/79, que disciplina o regime dos loteamentos urbanos, já facultava a celebração do contrato por instrumento público ou particular.

A *irretratabilidade* do contrato resulta da manifestação da promessa unilateral de vontade. Constitui condição para o nascimento do direito real. Não se reclama declaração expressa. Para a caracterização da irrevogabilidade basta a ausência de pactuação sobre o direito de arrependimento. No silêncio do compromisso, pois, quanto a esse direito, a regra é a irretratabilidade.

Malgrado alguma controvérsia que ainda paira sobre a necessidade da *outorga conjugal* ao promitente vendedor, é ela indispensável, por consistir em alienação de bem imóvel sujeita a adjudicação compulsória. Segundo estatui o art. 1.647 do Código Civil, nenhum dos cônjuges pode, sem autorização do outro, exceto no regime da separação absoluta, *"alienar ou gravar de ônus real os bens imóveis".*

Por sua vez, preceitua o art. 1.418:

"*O promitente comprador, titular de direito real, pode exigir do promitente vendedor, ou de terceiros, a quem os direitos deste forem cedidos, a outorga da escritura definitiva de compra e venda, conforme o disposto no instrumento preliminar; e, se houver recusa, requerer ao juiz a adjudicação do imóvel*".

O direito de sequela atribuído ao compromissário comprador permite que exija o cumprimento da promessa de venda, esteja o imóvel com o promitente vendedor ou com o terceiro a quem foi alienado. Este o recebe onerado pelo direito real consubstanciado na aludida promessa. O promitente comprador, de acordo com o novo princípio, tem o poder de exigir a escritura definitiva do promitente vendedor, originariamente, e do terceiro, se o imóvel lhe tiver sido alienado após o registro do contrato.

Recusada a entrega do imóvel comprometido, ou alienado este a terceiro, "pode o promitente comprador, munido da promessa registrada, exigir que se efetive, adjudicando-lhe o juiz o bem em espécie, com todos os seus pertences. Ocorre, então, com a criação deste direito real, que a promessa de compra e venda se transforma de geradora de obrigação de fazer em criadora de obrigação de dar, que se executa mediante a entrega coativa da própria coisa"[7].

O aludido art. 1.418 defere a adjudicação compulsória ao titular de direito real. Segundo se infere do art. 1.417, retrotranscrito, esse direito real decorre do *registro* da promessa de compra e venda e da inexistência de cláusula de arrependimento.

Entende, por isso, JOEL DIAS FIGUEIRA JÚNIOR que perdeu eficácia a *Súmula 239 do Superior Tribunal de Justiça*, segundo a qual "o direito à adjudicação compulsória não se condiciona ao registro do compromisso de compra e venda no cartório de imóveis", tendo em vista que se trata de "condição necessária definida no próprio art. 1.417 do CC, ou seja, requisito que se opera *ex lege* para a configuração do próprio direito real, não podendo ser rechaçado por orientação pretoriana, ainda que sumulada, nada obstante perfeitamente adequada, antes do advento do novo CC"[8].

No mesmo sentido as manifestações de CARLOS ALBERTO DABUS MALUF, atualizador da obra de WASHINGTON DE BARROS MONTEIRO[9] e MÁRIO MÜLLER ROMITTI[10]. Afirma o último que, em razão do disposto no art. 1.417 do Código Civil, "só poderá postular a adjudicação do imóvel o titular de compromisso de compra e venda registrado, já que decorrente da promessa real, e não apenas da

---

[7] Caio Mário da Silva Pereira, *Instituições*, cit., v. IV, p. 450-451.
[8] *Novo Código Civil comentado*, p. 1247.
[9] *Curso de direito civil*, v. 3, p. 327.
[10] *Comentários*, cit., v. XIII, p. 51.

promessa. Deixou de ter relevância, face ao texto expresso, o posicionamento anteriormente firmado, em especial a *Súmula 239 do STJ*, segundo a qual o registro objetivaria somente oponibilidade *erga omnes*, não interferindo nas relações entre as partes".

Afigura-se-nos, todavia, que a razão se encontra com RUY ROSADO DE AGUIAR JÚNIOR quando, comentando o atual Código Civil, afirma: "Sabemos que as pessoas, quanto mais simples, menos atenção dão à forma e à exigência de regularizar seus títulos. A experiência revela que os contratos de promessa de compra e venda de imóveis normalmente não são registrados. Não há nenhum óbice em atribuir-lhes eficácia entre as partes, possível mesmo a ação de adjudicação, se o imóvel continua registrado em nome do promitente vendedor. O Código de Processo Civil (art. 639, *atual art. 501 [do CPC/2015]*) não exige o registro do contrato para o comprador ter o direito de obter do Juiz uma sentença que produza o mesmo efeito do contrato a ser firmado. Ademais, em se tratando de bens imóveis, a jurisprudência atribui ao promissário comprador a ação de embargos de terceiro, mesmo que o documento não esteja registrado; para os móveis, exclui o primitivo proprietário, promitente vendedor, da responsabilidade civil pelos danos causados com o veículo pelo promissário comprador"[11].

Já ORLANDO GOMES[12] dizia que o caráter real do compromisso de compra e venda decorre de sua irretratabilidade, e não do registro no Cartório de Imóveis. Levando-o a registro, impede-se que o bem seja alienado a terceiro. Ou seja: o registro só é necessário para a sua validade contra terceiros, produzindo efeitos, no entanto, sem ele, entre as partes.

Daí a jurisprudência do *Superior Tribunal de Justiça*, cristalizada na referida *Súmula 239* e em julgados que proclamam: "A pretensão de adjudicação compulsória é de caráter pessoal, restrita assim aos contraentes, não podendo prejudicar os direitos de terceiros que entrementes hajam adquirido o imóvel e obtido o devido registro, em seu nome, no ofício imobiliário"[13].

---

[11] Projeto do Código Civil – As obrigações e os contratos, *RT*, 775/27.
Proclama a Súmula 84 do STJ: "É admissível a oposição de embargos de terceiro fundados em alegação de posse advinda do compromisso de compra e venda de imóvel, ainda que desprovido de registro".
[12] *Contratos*, p. 268.
Em parecer publicado na *RT*, 469/39 salientou Orlando Gomes: "O novo Código de Processo Civil limpou a área para a aceitação em sentença, independentemente da inscrição, da execução coativa em forma específica da obrigação de emitir declaração negocial contraída em promessa irretratável de venda (artigos 632 a 645 do CPC)".
[13] REsp 27.246-RJ, 4ª T., rel. Min. Athos Gusmão Carneiro.
Dispõe a Súmula 168 do STF: "Para os efeitos do Decreto-Lei n. 58, de 10 de dezembro de 1937, admite-se a inscrição imobiliária do compromisso de compra e venda no curso da ação".

Também Marco Aurélio S. Viana admite que o direito ao contrato definitivo não decorre apenas da promessa *registrada*. Mesmo que se pretenda atribuir ao direito real o condão de autorizar a adjudicação do imóvel, afirma, "não nos parece que isso seja obstáculo a que se pretenda obter o mesmo resultado sem o registro"[14].

Acrescenta o mencionado autor: "Em verdade não se justifica a exigência de registro prévio do contrato senão como forma de tutelar o promitente comprador contra alienação por parte do promitente vendedor, limitando ou reduzindo o poder de disposição deste, ao mesmo tempo que arma o adquirente de sequela, admitindo que obtenha a escritura até mesmo contra terceiro, na forma indicada no art. 1.418. Fora disso, não se atende aos fins sociais a que a lei se dirige, nem à exigência do bem comum. Somente com a exegese proposta é que alcançamos o *logos do razoável*, que se encontra no âmbito do citado art. 5º da Lei de Introdução".

O *Tribunal Superior do Trabalho*, por sua vez, acolheu recurso ordinário em ação rescisória, reconhecendo a condição de terceiros estranhos ao feito do autor e sua mulher, desprezando o requisito formal do registro, em benefício da realidade dos fatos, na mesma orientação do *Superior Tribunal de Justiça*, "expresso por sua *Súmula 84*, que afirma ser 'admissível a oposição de embargos de terceiro fundados em alegação de posse advinda do compromisso de compra e venda, ainda que desprovido de registro'"[15].

Na mesma linha, sustenta Arnaldo Rizzardo[16] ser possível a adjudicação compulsória mesmo sem o registro do compromisso, malgrado os dizeres do art. 1.417 do novo Código. O art. 25 da Lei n. 6.766/79, aduz, veio esclarecer o efeito específico e único do registro: conferir "direito real oponível a terceiros".

Compete, pois, ao adquirente precaver-se contra expedientes ilícitos de venda sucessiva do mesmo bem, registrando o compromisso no ofício imobiliário. Todavia, mesmo sem o registro poderá pleitear a adjudicação compulsória do imóvel registrado em nome do promitente vendedor.

Para que o compromissário comprador possa valer-se da ação de adjudicação compulsória é mister comprovar o cumprimento cabal do que lhe competia, conforme avençado no contrato, especialmente o pagamento integral do preço. Se necessário, ante a recusa injustificada do promitente vendedor em receber o pagamento das últimas prestações para, de má-fé, prejudicar o ajuizamento da aludida ação, pode efetuar a consignação ou depositar as prestações faltantes junto à inicial da referida ação[17].

---

[14] *Comentários*, cit., v. XVI, p. 691-695.
[15] TST, SDI-II, rel. Min. Alexandre Belmonte, disponível em: *Revista Consultor Jurídico* de 24-5-2019.
[16] *Direito das coisas*, p. 1006.
[17] "Adjudicação compulsória. Indispensabilidade da demonstração da efetiva quitação do preço ajustado. Exigência que não se afasta nem mesmo diante da revelia do requerido" (*RT*,

A Lei n. 14.382/2022 incluiu o art. 216-B na Lei n. 6.015/73, dispondo acerca da possibilidade de realizar a adjudicação compulsória extrajudicialmente. O referido dispositivo legal prevê, *in verbis*:

"Art. 216-B. Sem prejuízo da via jurisdicional, a adjudicação compulsória de imóvel objeto de promessa de venda ou de cessão poderá ser efetivada extrajudicialmente no serviço de registro de imóveis da situação do imóvel, nos termos deste artigo.

§ 1º São legitimados a requerer a adjudicação o promitente comprador ou qualquer dos seus cessionários ou promitentes cessionários, ou seus sucessores, bem como o promitente vendedor, representados por advogado, e o pedido deverá ser instruído com os seguintes documentos:

I – instrumento de promessa de compra e venda ou de cessão ou de sucessão, quando for o caso;

II – prova do inadimplemento, caracterizado pela não celebração do título de transmissão da propriedade plena no prazo de 15 (quinze) dias, contado da entrega de notificação extrajudicial pelo oficial do registro de imóveis da situação do imóvel, que poderá delegar a diligência ao oficial do registro de títulos e documentos;

III – ata notarial lavrada por tabelião de notas da qual constem a identificação do imóvel, o nome e a qualificação do promitente comprador ou de seus sucessores constantes do contrato de promessa, a prova do pagamento do respectivo preço e da caracterização do inadimplemento da obrigação de outorgar ou receber o título de propriedade;

IV – certidões dos distribuidores forenses da comarca da situação do imóvel e do domicílio do requerente que demonstrem a inexistência de litígio envolvendo o contrato de promessa de compra e venda do imóvel objeto da adjudicação;

V – comprovante de pagamento do respectivo Imposto sobre a Transmissão de Bens Imóveis (ITBI);

VI – procuração com poderes específicos.

§ 2º O deferimento da adjudicação independe de prévio registro dos instrumentos de promessa de compra e venda ou de cessão e da comprovação da regularidade fiscal do promitente vendedor.

§ 3º À vista dos documentos a que se refere o § 1º deste artigo, o oficial do registro de imóveis da circunscrição onde se situa o imóvel procederá ao registro do

---

790/408). "Adjudicação compulsória. Compromisso de compra e venda. Contrato devidamente registrado, ultimado o pagamento integral do preço e estando quite com os impostos e taxas. Admissibilidade da medida se houver recusa no fornecimento da escritura de compra e venda" (*RT*, 783/438).

domínio em nome do promitente comprador, servindo de título a respectiva promessa de compra e venda ou de cessão ou o instrumento que comprove a sucessão". Destaque-se, ainda, a *cessibilidade* da promessa. É um direito que pode ser transferido mediante cessão por instrumento público ou particular. No entanto, para que produza efeitos em relação a terceiros, deve ser levada a registro.

Se o compromissário comprador deixar de cumprir a sua obrigação, atrasando o pagamento das prestações, poderá o vendedor pleitear a *resolução do contrato*, cumulada com pedido de reintegração de posse. Antes, porém, terá de constituir em mora o devedor, notificando-o (judicialmente ou pelo Cartório de Registro de Imóveis) para pagar as prestações em atraso no prazo de trinta dias, se se tratar de imóvel loteado (Lei n. 6.766/79, art. 32), ou de quinze dias, se for imóvel não loteado (Dec.-Lei n. 745/69), ainda que no contrato conste cláusula resolutiva expressa. Neste último caso, a notificação prévia ou premonitória pode ser feita judicialmente ou pelo Cartório de Títulos e Documentos.

Embora a citação para a ação constitua em mora o devedor e seja considerada a mais severa das interpelações (CPC/2015, art. 240), nos casos mencionados deve ser prévia. Dispõe a *Súmula 76 do Superior Tribunal de Justiça* que "a falta de registro do compromisso de compra e venda de imóvel não dispensa a prévia interpelação para constituir em mora o devedor"[18].

Têm os tribunais, especialmente o *Superior Tribunal de Justiça*, proclamado que "o compromissário comprador que deixa de cumprir o contrato em face da insuportabilidade da obrigação assumida tem o direito de promover ação a fim de receber a restituição das importâncias pagas". Neste caso, "a promitente vendedora tem a obrigação de devolver, de uma só vez, as parcelas pagas pelo comprador inadimplente, assistindo-lhe o direito de reter um percentual a título de perdas e danos, sendo incabível, no entanto, o desconto pela fruição do imóvel quando tal pedido tratar-se de inovação recursal. O promitente comprador tem direito à indenização pelos valores gastos com benfeitorias úteis realizadas no imóvel quando inexiste ressalva no contrato e não estava de má-fé. Se a cláusula compensatória pela rescisão intempestiva do contrato pode ficar desprovida de caráter coativo, é razoável que o gasto com corretagem seja restituído pelo promitente comprador, especialmente quando há a obrigação pela restituição de benfeitorias"[19].

---

[18] "Compromisso de compra e venda. Notificação prévia. Constituição em mora do devedor. Ausência daquela que acarreta a extinção do processo. Inteligência do art. 1º do Dec.-Lei 745/69" (STJ, *RT*, 809/215).

[19] STJ, AI 791.006-MG, 4ª T., rel. Min. Aldir Passarinho Júnior, j. 29-8-2006; EREsp 59.870-SP, 4ª T., rel. Min. Barros Monteiro, *DJU*, 9-12-2002, in *RSTJ*, 171/206).

Nessa linha *as primeiras súmulas de jurisprudência da Seção de Direito Privado do Tribunal de Justiça de São Paulo*:

1. "O compromissário comprador de imóvel, mesmo inadimplente, pode pedir a rescisão do contrato e reaver as quantias pagas, admitida a compensação com gastos próprios de administração e propaganda feitos pelo compromissário vendedor, assim como com o valor que se arbitrar pelo tempo de ocupação do bem".

2. "A devolução das quantias pagas em contrato de compromisso de compra e venda de imóvel deve ser feita de uma só vez, não se sujeitando à forma de parcelamento prevista para a aquisição".

3. "Reconhecido que o compromissário comprador tem direito à devolução das parcelas pagas por conta do preço, as partes deverão ser repostas ao estado anterior, independentemente de reconvenção".

A aludida Corte estadual, por sua Turma Especial, concluiu, em 31 de agosto de 2017, o julgamento de incidente de resolução de demandas repetitivas (IRDR) relativo a compromissos de compra e venda de imóveis, no qual foram fixadas 7 (sete) teses jurídicas a respeito do assunto, tendo, todavia, rejeitado se posicionar sobre duas outras questões. Vejam-se as teses aprovadas no referido julgamento:

1. É válido o prazo de tolerância, não superior a cento e oitenta dias corridos estabelecido no compromisso de venda e compra para entrega de imóvel em construção, desde que previsto em cláusula contratual expressa, clara e inteligível.

2. Na aquisição de unidades autônomas futuras, financiadas na forma associativa, o contrato deverá estabelecer de forma clara e inteligível o prazo certo para a formação do grupo de adquirentes e para a entrega do imóvel.

3. O atraso da prestação de entrega de imóvel objeto de compromisso de compra e venda gera obrigação de a alienante indenizar o adquirente pela privação injusta do uso do bem. O uso será obtido economicamente pela medida de um aluguel, que pode ser calculado em percentual sobre o valor atualizado do contrato, correspondente ao que deixou de receber, ou teve de pagar para fazer uso de imóvel semelhante, com termo final na data da disponibilização da posse direta ao adquirente da unidade autônoma já regularizada.

4. É lícito o repasse dos "juros de obra", ou "juros de evolução da obra", ou "taxa de evolução da obra", ou outros encargos equivalentes após o prazo ajustado no contrato para entrega das chaves da unidade autônoma, incluindo período de tolerância.

5. A restituição de valores pagos em excesso pelo promissário comprador em contratos de compromisso de compra e venda far-se-á de modo simples, salvo má-fé do promitente vendedor.

6. O descumprimento do prazo de entrega de imóvel objeto de compromisso de venda e compra, computado o período de tolerância, não faz cessar a incidência

de correção monetária, mas tão somente dos juros e multa contratual sobre o saldo devedor. Devem ser substituídos indexadores setoriais, que refletem a variação do custo da construção civil por outros indexadores gerais, salvo quando estes últimos forem mais gravosos ao consumidor.

7. Não se aplica a multa prevista no artigo 35, parágrafo 5º, da Lei n. 4.591/64 para os casos de atraso de entrega das unidades autônomas aos promissários compradores.

Segundo o *Superior Tribunal de Justiça*, "não pode ser reputada abusiva a cláusula de tolerância no compromisso de compra e venda de imóvel em construção desde que contratada com prazo determinado e razoável, já que possui amparo não só nos usos e costumes do setor, mas também em lei especial (art. 48, § 2º, da Lei n. 4.591/1964). Deve ser reputada razoável a cláusula que prevê no máximo o lapso de 180 (cento e oitenta) dias de prorrogação. Mesmo sendo válida a cláusula de tolerância para o atraso na entrega da unidade habitacional em construção com prazo determinado de até 180 (cento e oitenta) dias, o incorporador deve observar o dever de informar e os demais princípios da legislação consumerista, cientificando claramente o adquirente, inclusive em ofertas, informes e peças publicitárias, do prazo de prorrogação, cujo descumprimento implicará responsabilidade civil. Igualmente, durante a execução do contrato, deverá notificar o consumidor acerca do uso de tal cláusula juntamente com a sua justificação, primando pelo direito à informação"[20].

A *Segunda Seção do Superior Tribunal de Justiça*, no julgamento de recurso especial repetitivo (CPC/73, art. 543-C; art. 1.036, CPC/2015), fixou a seguinte tese:

"É abusiva a cláusula contratual que determina a restituição dos valores devidos somente ao término da obra ou de forma parcelada, na hipótese de resolução de contrato de promessa de compra e venda de imóvel, por culpa de qualquer dos contratantes. Assim, em tais avenças submetidas às regras do Código de Defesa do Consumidor, deve ocorrer a imediata restituição das parcelas pagas pelo promitente comprador – integralmente, em caso de culpa exclusiva do promitente vendedor/construtor, ou parcialmente, caso tenha sido o comprador quem deu causa ao desfazimento"[21].

Tal entendimento gerou a *Súmula 543*, *verbis*: "Na hipótese de resolução de contrato de promessa de compra e venda de imóvel submetido ao Código de Defesa do Consumidor, deve ocorrer a imediata restituição das parcelas pagas pelo promitente comprador – integralmente em caso de culpa exclusiva

---

[20] STJ, REsp 1.582.318-RJ, 3ª T., rel. Min. Villas Bôas Cueva, *DJE*, 21-9-2017.
[21] STJ, REsp 1.300.418-SC, Segunda Seção, rel. Min. Luis Felipe Salomão, j. 13-11-2013.

do promitente vendedor/construtor, ou parcialmente, caso tenha sido o comprador quem deu causa ao desfazimento".

A aludida Corte tem considerado que a retenção, pelo promitente vendedor, de percentual entre 10% e 25% do valor pago, para cobrir despesas administrativas, seria razoável, conforme as circunstâncias de cada caso[22].

Por sua vez, a *3ª Turma do Tribunal em epígrafe* decidiu que o atraso na entrega de imóvel comprado na planta não dá, em regra, ao comprador o direito de receber pagamento de *dano moral* da construtora responsável pela obra. Frisou o relator, Min. Villas Bôas Cueva: "O simples inadimplemento contratual não é capaz, por si só, de gerar dano moral indenizável, devendo haver consequências fáticas que repercutam na esfera de dignidade da vítima"[23].

---

[22] STJ, REsp 1.132.943-PE, 4ª T., rel. Min. Luis Felipe Salomão, disponível em: <http://www.editoramagister.com>, de 4-9-2013.
[23] STJ, REsp 1.536.354, 3ª T., rel. Min. Villas Bôas Cueva, disponível em: *Revista Consultor Jurídico*, de 16-6-2016.

Título X

DA CONCESSÃO DE USO ESPECIAL PARA FINS DE MORADIA

Sumário: 1. Conceito. 2. Regulamentação legal.

1. CONCEITO

A concessão de uso especial para fins de moradia e a concessão de direito real de uso são direitos reais sobre coisa alheia, introduzidos no Código Civil (art. 1.225, XI e XII) pela Lei n. 11.481, de 31 de maio de 2007. Buscam atender à *função social* da propriedade, especialmente com a regularização jurídica das áreas favelizadas. A mencionada lei confere nova redação ao aludido dispositivo do Código Civil e prevê medidas direcionadas à regularização fundiária de interesse social em imóvel da União. Embora constituído o direito real, o bem continua pertencendo à Administração Pública, não se concretizando a transferência do domínio.

2. REGULAMENTAÇÃO LEGAL

A concessão de uso especial para fins de moradia consta da Medida Provisória n. 2.220/2001, cujo art. 1º, com as modificações introduzidas pela Lei n. 13.465, de 11 de julho de 2017, disciplina a questão de forma análoga à usucapião especial prevista no art. 1.240 do Código Civil. O benefício se estabelece em favor da pessoa que comprovar os seguintes requisitos: a) posse até 22 de dezembro de 2016; b) ocupação pelo prazo de 5 anos; c) posse ininterrupta e sem oposição; d) imóvel localizado em zona urbana; e) ocupação para moradia do possuidor ou de sua família; f) imóvel público; g) possuidor não proprietário ou concessionário, a qualquer título, de outro imóvel rural ou urbano.

No tocante ao disposto na letra "e", aduza-se que o exercício de um pequeno comércio não inviabilizará o acesso à concessão de uso, desde que comprovada a moradia pessoal e/ou familiar no mesmo local. A propósito, a referida Lei n. 13.465/2017 deu ao art. 9º da Medida Provisória n. 2.220/2001 a seguinte redação: "É facultado ao Poder Público competente conceder autorização de uso àquele que, até 22 de dezembro de 2016, possuiu como seu, por cinco anos, ininterruptamente e sem oposição, até duzentos e cinquenta metros quadrados de imóvel público situado em área com características e finalidade urbanas para fins comerciais".

O § 1º do aludido art. 1º da citada Medida Provisória dispõe que a concessão de uso especial para fins de moradia será conferida de forma gratuita ao homem ou à mulher, ou a ambos, independentemente do estado civil. O § 2º, na sequência, limita a concessão a uma única vez. E o § 3º admite a *accessio possessionis*, permitindo que o herdeiro legítimo continue, de pleno direito, na posse de seu antecessor, desde que já resida no imóvel por ocasião da abertura da sucessão.

Por sua vez, o art. 2º da mencionada Medida Provisória, com alterações impostas pela aludida Lei n. 13.465/2017, confere o benefício às pessoas de baixa renda, ocupantes de terreno público, com área superior a duzentos e cinquenta metros quadrados, semelhantemente ao que dispõe o art. 10 do Estatuto da Cidade. Exige-se: a) posse até 22 de dezembro de 2016; b) imóvel com mais de duzentos e cinquenta metros quadrados; c) ocupação por população de baixa renda para moradia; d) posse mansa e contínua por 5 anos; e) impossibilidade de identificação dos terrenos ocupados pelo possuidor; f) ocupante não proprietário ou concessionário a qualquer título de outro imóvel rural ou urbano.

A obtenção do título de concessão para fins de moradia, segundo dispõe o art. 6º da Medida Provisória em apreço, dá-se pela via administrativa, perante o órgão competente da Administração Pública, ou pela via judicial, em caso de recusa ou omissão por parte deste. Em seguida, o título deve ser registrado no Cartório de Registro de Imóveis, para que tenha eficácia *erga omnes*.

O art. 7º, por sua vez, admite a transmissibilidade, por ato *inter vivos* ou *causa mortis*, da concessão de uso especial. Desse modo, o titular poderá, em vida, alienar o seu direito gratuita ou onerosamente, sendo que a sua morte implicará a transmissão do direito de uso especial aos herdeiros. A transmissão pode dar-se por testamento ou sucessão legítima.

A extinção do direito de concessão de uso especial para fins de moradia é disciplinada no art. 8º da Medida Provisória em tela, em duas hipóteses:

"I – Se o concessionário der ao imóvel destinação diversa da moradia para si ou para sua família.

II – Se o concessionário adquirir a propriedade ou a concessão de uso de outro imóvel urbano ou rural, uma vez que a concessão deve ser única".

A Lei n. 11.481/2007 introduziu o inciso VIII no art. 1.473 do Código Civil, pelo qual pode ser objeto de hipoteca "*o direito de uso especial para fins de moradia*" – o que facilita a obtenção de financiamento bancário para o exercício de alguma atividade econômica, com a concessão do *direito real* de uso (e não do direito de propriedade, que permanecerá sendo do Poder Público).

A Lei n. 13.865, de 8 de agosto de 2019, altera a Lei n. 6.015/1973 (Lei dos Registros Públicos) para dispensar o habite-se na averbação de construção residencial urbana unifamiliar de um só pavimento finalizada há mais de 5 (cinco) anos em área ocupada por população de baixa renda.

Título XI
DA CONCESSÃO DE DIREITO REAL DE USO

Sumário: 1. Conceito. 2. Regulamentação legal.

1. CONCEITO

A inovação legal promove o revigoramento da concessão do direito real de uso, mediante a sua adoção para fins de regularização fundiária de interesse social, e do aproveitamento sustentável das várzeas.

Como observam Cristiano Chaves de Farias e Nelson Rosenvald[1], "o objetivo do legislador foi inserir a concessão de uso dentre os instrumentos hábeis à legitimação de posse sobre bens públicos ocupados informalmente por populações de baixa renda, estendendo-se mesmo a terrenos de marinha e acrescidos, antes limitados à enfiteuse (art. 18, § 1º, Lei n. 9.363/98). Ademais, busca-se encontrar uma solução para as populações de varzenteiros que habitam, há várias gerações, as margens dos rios federais".

2. REGULAMENTAÇÃO LEGAL

O citado direito foi instituído pelo Decreto-lei n. 271, de 28 de fevereiro de 1967, tendo recebido nova redação o art. 7º, conferida pela Lei n. 11.481, de 31 de maio de 2007.

Dispõe o aludido dispositivo legal que "é instituída a concessão de uso de terrenos públicos ou particulares, remunerada ou gratuita, por tempo certo ou

---

[1] *Curso de direito civil*, v. 5, p. 745.

indeterminado, como direito real resolúvel, para fins específicos de regularização fundiária de interesse social, urbanização, industrialização, edificação, cultivo da terra, aproveitamento sustentável das várzeas, preservação das comunidades tradicionais e seus meios de subsistência ou outras modalidades de interesse social em áreas urbanas".

Em suma, a concessão de uso: a) alcança terrenos públicos ou particulares; b) pode ser gratuita ou onerosa; c) admite estipulação por tempo certo ou indeterminado; d) é direito real resolúvel; e) tem por finalidade a regularização fundiária de interesse social, urbanização, industrialização, edificação, cultivo da terra, aproveitamento sustentável das várzeas, preservação das comunidades tradicionais e seus meios de subsistência ou outras modalidades de interesse social e áreas urbanas; f) admite transmissão por ato *inter vivos* ou *causa mortis*; g) é outorgada por termo administrativo ou escritura pública; h) requer registro no Cartório de Registro de Imóveis.

A concessão de uso poderá ser contratada por instrumento público ou particular, ou ainda por simples termo administrativo firmado pelo órgão estatal, a serem inscritos em livro especial no Cartório de Registro de Imóveis (Decreto-lei n. 271/67, art. 7º, § 1º). Será ela resolvida antes de seu termo final se o concessionário der ao imóvel destinação diversa da estabelecida no instrumento de concessão ou descumprir cláusula resolutória do ajuste, perdendo, nesse caso, as benfeitorias de qualquer natureza que tenha introduzido no imóvel (art. 7º, § 3º, do Decreto-lei n. 271/67).

O § 5º do mesmo art. 7º exige a anuência prévia de entes estatais para a efetivação da concessão, por claro interesse público, nos seguintes moldes: a) do Ministério da Defesa e dos Comandos da Marinha, do Exército ou da Aeronáutica, quando se tratar de imóveis que estejam sob sua administração; e b) do Gabinete de Segurança Institucional da Presidência da República, nos casos de áreas indispensáveis à segurança do território nacional, especialmente localizadas na faixa de fronteira e as relacionadas com a preservação e a exploração dos recursos naturais de qualquer tipo.

Título XII
DA LAJE

Sumário: 1. Conceito. 2. Regulamentação legal.

1. CONCEITO

O direito real de laje, como já mencionado no Título II, Capítulo Único, Espécies, *retro*, estabelece que "o proprietário de uma construção-base poderá ceder a superfície superior ou inferior de sua construção a fim de que o titular da laje mantenha unidade distinta daquela originalmente construída sobre o solo" (art. 1.510-A do CC, introduzido pela Lei n. 13.465, de 11 de julho de 2017, anterior Medida Provisória n. 759, de 22 de dezembro de 2016).

Abrange a situação bastante comum da cessão da laje de suas casas pelos pais, para a construção na parte superior, com acesso independente, em benefício de seus filhos, genros e noras, que também participam, financeiramente ou com a mão de obra. Não se trata propriamente de transferência de "propriedade", uma vez que não abrange o solo, mas de direito real limitado à laje da construção original, desde que disponha de isolamento funcional e acesso independente.

A título meramente ilustrativo, propõe Pablo Stolze[1] que se imagine a hipótese do sujeito "que constrói um segundo andar em sua casa, conferindo-lhe acesso independente, e, em seguida, transfere o direito sobre o mesmo, mediante pagamento, para um terceiro, que passa a morar, com a sua família, nesta unidade autônoma. Não se tratando, em verdade, de transferência de 'propriedade' – que abrangeria, obviamente, o solo – este terceiro passa a exercer direito apenas sobre a extensão da construção original, ou seja, sobre a laje. Trata-se, portanto, de um

---

[1] Direito real de laje: primeiras impressões. Disponível em: jusbrasil.com.br, 28-6-2017.

direito real sobre coisa alheia – com amplitude considerável, mas que com a propriedade não se confunde –, limitado à unidade imobiliária autônoma erigida sobre a construção original, de propriedade de outrem".

2. REGULAMENTAÇÃO LEGAL

A Medida Provisória n. 759/2016 alterou o rol de direitos reais do art. 1.225 do Código Civil, acrescentando, como inciso XIII, o direito sobre a *laje*. Posteriormente, o referido direito foi disciplinado pela Lei n. 13.465, de 11 de julho de 2017, que instituiu, na Parte Especial, Livro III, o Título XI, denominado "Da Laje", tratado nos arts. 1.510-A a 1.510-E. Dispõe o primeiro:

"*Art. 1.510-A. O proprietário de uma construção-base poderá ceder a superfície superior ou inferior de sua construção a fim de que o titular da laje mantenha unidade distinta daquela originalmente construída sobre o solo*".

O referido direito real não se confunde com o condomínio horizontal, que confere direito à fração ideal do solo e das unidades autônomas, bem como das áreas comuns.

Dispõem os §§ 1º a 6º do dispositivo transcrito:

"*§ 1º O direito real de laje contempla o espaço aéreo ou o subsolo de terrenos públicos ou privados, tomados em projeção vertical, como unidade imobiliária autônoma, não contemplando as demais áreas edificadas ou não pertencentes ao proprietário da construção-base.*

§ 2º O titular do direito real de laje responderá pelos encargos e tributos que incidirem sobre a sua unidade.

§ 3º Os titulares da laje, unidade imobiliária autônoma constituída em matrícula própria, poderão dela usar, gozar e dispor.

§ 4º A instituição do direito real de laje não implica a atribuição de fração ideal de terreno ao titular da laje ou a participação proporcional em áreas já edificadas.

§ 5º Os Municípios e o Distrito Federal poderão dispor sobre posturas edilícias e urbanísticas associadas ao direito real de laje.

§ 6º O titular da laje poderá ceder a superfície de sua construção para a instituição de um sucessivo direito real de laje, desde que haja autorização expressa dos titulares da construção-base e das demais lajes, respeitadas as posturas edilícias e urbanísticas vigentes".

Verifica-se, pois, que a mencionada laje deverá estar isolada da construção original, constituindo habitação distinta. E a via de acesso a ela deverá ser independente da aludida construção.

Segundo dispõe o art. 1.510-B, "*é expressamente vedado ao titular da laje prejudicar com obras novas ou com falta de reparação a segurança, a linha arquitetônica ou o arranjo estético do edifício, observadas as posturas previstas em legislação local*".

Por seu turno, prescreve o art. 1.510-C:

"*Sem prejuízo, no que couber, das normas aplicáveis aos condomínios edilícios, para fins do direito real de laje, as despesas necessárias à conservação e fruição das partes que sirvam a todo o edifício e ao pagamento de serviços de interesse comum serão partilhadas entre o proprietário da construção-base e o titular da laje, na proporção que venha a ser estipulada em contrato*".

§ 1º São partes que servem a todo o edifício:

I – os alicerces, colunas, pilares, paredes-mestras e todas as partes restantes que constituam a estrutura do prédio;

II – o telhado ou os terraços de cobertura, ainda que destinados ao uso exclusivo do titular da laje;

III – as instalações gerais de água, esgoto, eletricidade, aquecimento, ar condicionado, gás, comunicações e semelhantes que sirvam a todo o edifício; e

IV – em geral, as coisas que sejam afetadas ao uso de todo o edifício.

§ 2º É assegurado, em qualquer caso, o direito de qualquer interessado em promover reparações urgentes na construção na forma do parágrafo único do art. 249 deste Código.

Na sequência, preceitua o art. 1.510-D:

"*Em caso de alienação de qualquer das unidades sobrepostas, terão direito de preferência, em igualdade de condições com terceiros, os titulares da construção-base e da laje, nessa ordem, que serão cientificados por escrito para que se manifestem no prazo de trinta dias, salvo se o contrato dispuser de modo diverso.*

§ 1º O titular da construção-base ou da laje a quem não se der conhecimento da alienação poderá, mediante depósito do respectivo preço, haver para si a parte alienada a terceiros, se o requerer no prazo decadencial de cento e oitenta dias, contado da data de alienação.

§ 2º Se houver mais de uma laje, terá preferência, sucessivamente, o titular das lajes ascendentes e o titular das lajes descendentes, assegurada a prioridade para a laje mais próxima à unidade sobreposta a ser alienada".

Por fim, acentua o art. 1.510-E:

"*A ruína da construção-base implica extinção do direito real de laje, salvo:*

I – se este tiver sido instituído sobre o subsolo;

II – se a construção-base não for reconstruída no prazo de cinco anos.

Parágrafo único. O disposto neste artigo não afasta o direito a eventual reparação civil contra o culpado pela ruína".

O *direito de laje* constitui, destarte, um direito real em favor de terceiro, sobre unidade imobiliária autônoma erigida sobre a *laje* de determinada construção residencial, lançada em matrícula própria. E "é passível de usucapião" (Enunciado 627 da VIII Jornada de Direito Civil do Conselho da Justiça Federal).

Título XIII
DOS DIREITOS REAIS DE GARANTIA (DO PENHOR, DA HIPOTECA E DA ANTICRESE)

Capítulo I
DISPOSIÇÕES GERAIS

> *Sumário*: 1. Conceito e características. 2. Requisitos dos direitos reais de garantia. 2.1. Requisitos subjetivos. 2.2. Requisitos objetivos. 2.3. Requisitos formais. 3. Efeitos dos direitos reais de garantia. 3.1. Direito de preferência. 3.2. Direito de sequela. 3.3. Direito de excussão. 3.4. Indivisibilidade. 4. Vencimento antecipado da dívida. 5. Garantia real outorgada por terceiro. 6. Cláusula comissória. 7. Responsabilidade do devedor pelo remanescente da dívida.

1. CONCEITO E CARACTERÍSTICAS

Nas sociedades primitivas desconhecia-se a existência da garantia real. Respondia o devedor com a sua pessoa, isto é, com o próprio corpo pelo pagamento de suas dívidas. Em alguns povos era ele adjudicado ao credor. Em outros, tornava-se escravo do seu credor, juntamente com sua mulher e filhos.

Mesmo em Roma, na época da Lei das XII Tábuas, que representou a primeira codificação de seu direito, podia o devedor ser encarcerado pelo credor, que tinha o direito de vendê-lo e até matá-lo. Se houvesse mais de um credor, instaurava-se sobre o seu corpo um estranho concurso creditório, levando-o além do Tibre, onde se lhe tirava a vida, repartindo-se o cadáver.

Posteriormente, já numa fase mais avançada, com o progresso da civilização e da ordem jurídica, a *Lex Poetelia Papiria* aboliu a execução contra a pessoa do devedor, instituindo a responsabilidade sobre seus bens, se a dívida não procedia de delito[1].

Desde então tem sido adotado, nas diversas legislações, o princípio da *responsabilidade patrimonial*, segundo o qual é o patrimônio do devedor que responde por suas obrigações. Desse modo, o patrimônio do devedor constitui a garantia geral dos credores. Efetiva-se pelos diversos modos de constrição judicial (penhora, arresto, sequestro), pelos quais se apreendem os bens do devedor inadimplente para vendê-los em hasta pública, aplicando-se o produto da arrematação na satisfação do crédito do exequente.

Essa garantia geral pode, todavia, mostrar-se ineficaz, nas diversificadas relações contratuais. Não poucas vezes, em virtude de desequilíbrios financeiros, os débitos se acumulam e acabam ultrapassando o valor do patrimônio do devedor. Diz-se que este se encontra, então, em estado de insolvência, uma vez que o seu ativo, representado por seus bens, já não é suficiente para responder pelo seu passivo.

Para contornar tal situação, procuram os credores cercar-se de maiores garantias. Podem elas ser *pessoais* ou *fidejussórias*, e *reais*. Nas de *caráter pessoal*, terceira pessoa se obriga, por meio de fiança, a solver o débito, não satisfeito pelo devedor principal. Nas de *natureza real*, o próprio devedor, ou alguém por ele, oferece todo ou parte de seu patrimônio para assegurar o cumprimento da obrigação.

Conheceram os romanos, além da garantia de natureza pessoal, sob a forma de fiança, diversas modalidades de garantia real, como a *fiducia*, o *pignus*, a hipoteca e a anticrese. A primeira a surgir foi a *fiducia*. Por intermédio dela, o devedor transmitia ao credor a propriedade de coisa que lhe pertencia e que lhe seria restituída, quando resgatado o débito. Essa garantia real não resguardava satisfatoriamente o devedor, que se via desapossado da coisa, sem meios de impedir que o credor a alienasse, frustrando a sua restituição ao devedor[2].

Procurou-se, então, a solução para tal inconveniente no *pignus*, que consistia na entrega efetiva de uma coisa ao credor, mas, em vez de fazer-se a *mancipatio*, como na fidúcia, em vez de se oferecer a propriedade, apenas se concedia ao credor a posse, protegida pelos interditos. O credor ficava com a coisa, mas não lhe adquiria a propriedade, e a devolvia depois do pagamento do débito.

Essa modalidade, denominada também *datio pignoris*, evoluiu para a forma de *conventio pignoris*, acarretando a inversão do instituto. Por motivos de utilidade econômica, a coisa, embora dada em *pignus*, ficava nas mãos do próprio devedor,

---

[1] Caio Mário da Silva Pereira, *Instituições de direito civil*, v. IV, p. 321; Washington de Barros Monteiro, *Curso de direito civil*, v. 3, p. 337.
[2] Washington de Barros Monteiro, *Curso*, cit., v. 3, p. 338.

e o credor então tinha apenas o direito de reclamar para si a coisa se a obrigação não fosse cumprida. Isto porque, se um lavrador precisasse de crédito e oferecesse em *pignus* os seus instrumentos agrícolas, os seus escravos, os seus animais, e se esses objetos vários fossem entregues ao credor, ficaria ele, como devedor, tolhido dos próprios meios de saldar a sua dívida.

Resolveu-se, então, que, em vez de uma *datio pignoris*, fazia-se uma *conventio pignoris*. O devedor dava os objetos em garantia, mas estes ficavam em mãos do devedor; e, se a dívida não fosse paga, então o credor os apreendia.

Nasceu aí o direito real de garantia, um direito que se exerce sobre a coisa e que dava lugar a uma verdadeira *actio in rem*, representando, portanto, algo mais do que um simples contrato. Os seus elementos se estenderam a outra modalidade, designada pelo nome grego de *hypotheca*, tal como até hoje subsiste[3].

No direito romano não se estabeleceu, todavia, uma distinção precisa entre o *pignus* e a *hypotheca* – o que levou alguns estudiosos a dizerem que entre o penhor e a hipoteca só difere o nome[4].

Os romanos desenvolveram também, como mencionado, a *anticrese*, outra modalidade de garantia real, pela qual o credor utiliza coisa pertencente ao devedor, dela retirando os respectivos frutos e imputando-os no pagamento da dívida.

Além dos *privilégios* a certos créditos criados pela lei, podem as partes convencionar uma segurança especial de recebimento de crédito, a que dá o nome de *garantia*, porque, como já ressaltado, muitas vezes os débitos excedem o valor do patrimônio do devedor. Pode, então, o credor exigir maiores garantias, fidejussórias ou reais, não se contentando com a garantia geral representada pelo aludido patrimônio.

A garantia *fidejussória* ou *pessoal* é aquela em que terceiro se responsabiliza pela solução da dívida, caso o devedor deixe de cumprir a obrigação. Decorre do contrato de *fiança* (CC, art. 818). É uma garantia relativa, porque pode acontecer que o fiador se torne insolvente por ocasião do vencimento da dívida.

A garantia *real* é mais eficaz, visto que vincula determinado bem do devedor ao pagamento da dívida. Em vez de ter-se, como garantia, o patrimônio do devedor, no estado em que se acha ao se iniciar a execução, obtém-se, como garantia, uma coisa, que fica vinculada à satisfação do crédito. E pouco importa, daí por diante, o estado em que se venha encontrar o patrimônio do devedor, uma vez que a coisa está ligada ao cumprimento daquela obrigação. Se o devedor perder toda a sua fortuna, inclusive a coisa que escolheu para responder pelo seu compromisso, tal fato em nada atingirá a segurança, porque a coisa, saindo

---

[3] San Tiago Dantas, *Programa de direito civil*, p. 385-386.
[4] Eduardo Espínola, *Direitos reais limitados e direitos reais de garantia*, p. 303.

do patrimônio do devedor, terá ido para outro patrimônio. E, onde quer que se encontre, poder-se-á transformá-la no seu valor, e com esse valor satisfazer o cumprimento da obrigação[5].

O Código Civil brasileiro contempla, no Título em epígrafe, as seguintes modalidades de garantia: *penhor*, *hipoteca* e *anticrese* (art. 1.419).

A Lei n. 4.728, de 14 de julho de 1965, criou uma nova modalidade: a alienação fiduciária, disciplinada no atual Código Civil como *propriedade fiduciária* (arts. 1.361 a 1.368), já por nós estudada.

Para ORLANDO GOMES, *direito real de garantia* é o que "confere ao credor a pretensão de obter o pagamento da dívida com o valor do bem aplicado exclusivamente à sua satisfação. Sua função é garantir ao credor o recebimento da dívida, por estar vinculado determinado bem ao seu pagamento. O direito do credor concentra-se sobre determinado elemento patrimonial do devedor. Os atributos de *sequela* e *preferência* atestam sua natureza substantiva e real"[6].

No caso do *penhor*, que tem por objeto bens móveis, e da *hipoteca*, que recai sobre imóveis, o bem dado em garantia é penhorado, havendo impontualidade do devedor, e levado à hasta pública. O produto da arrematação destinar-se-á preferencialmente ao pagamento do credor pignoratício ou hipotecário. Os quirografários só terão direito às sobras, que lhes serão rateadas. Na *anticrese*, a coisa dada em garantia passa às mãos do credor, que procura pagar-se com as rendas por ela produzidas.

Os direitos reais de garantia distinguem-se, em princípio, *quanto ao objeto*, porque o *penhor* recai em *coisas móveis*, enquanto a *hipoteca* e a *anticrese*, em bens imóveis. Tal distinção não pode, hoje, ser considerada absoluta, não só porque se admite penhor de imóveis, mas, também, hipotecas de móveis, como, por exemplo, a hipoteca de navios e aviões, e até de automóveis, como sucede em algumas legislações.

Levando-se em conta a *titularidade da posse do bem dado em garantia*, afirma-se que, no *penhor* e na *anticrese*, a coisa deve ser entregue ao credor, que passa a ser seu possuidor direto. Na *hipoteca*, conserva-se em poder do devedor, ou de quem o dá em garantia, não ocorrendo o deslocamento da posse. Essa distinção também vem perdendo valor, uma vez que, hoje, admitem-se formas de *penhor* nas quais o bem continua em poder do proprietário, não se verificando a tradição que investe o credor pignoratício em sua posse.

Quanto à *forma do exercício do direito* o *penhor* e a *hipoteca* distinguem-se da *anticrese*, porque tanto o credor pignoratício como o hipotecário podem, no caso de inadimplemento da obrigação, promover a venda judicial da coisa gravada para, com o preço apurado, satisfazerem-se preferencialmente. O credor anticrético não

---

[5] San Tiago Dantas, *Programa*, cit., p. 383.
[6] *Direitos reais*, p. 378.

dispõe do *jus vendendi*, mas tão somente do direito de reter a coisa enquanto a dívida não for paga[7].

Trata-se o penhor, a hipoteca e a anticrese de direitos reais (CC, art. 1.419), pois são munidos das prerrogativas próprias de tais direitos, mas *acessórios*, uma vez que visam garantir uma dívida, que é a principal.

Sendo os direitos reais de garantia *acessórios* da obrigação, cujo cumprimento asseguram, seguem o destino desta. Assim, extinta a obrigação principal, desaparece o direito real de garantia, mas a recíproca não é verdadeira. Mesmo que, por exemplo, seja anulada a garantia, subsistirá a obrigação, cujo cumprimento se destina a assegurar.

Os direitos reais de *garantia* não se confundem com os de *gozo* ou de *fruição*. Estes têm por conteúdo o uso e fruição das utilidades da coisa, da qual o seu titular tem posse direta, implicando restrições ao *jus utendi* e *fruendi* do proprietário. Nos direitos reais de garantia há vinculação de um bem, pertencente ao devedor, ao pagamento de uma dívida, sem que o credor possa dele usar e gozar, mesmo quando o tem em seu poder, como no penhor, sendo que qualquer rendimento desse bem é destinado exclusivamente à liquidação do débito, como na anticrese.

Os direitos reais de gozo são *autônomos*, enquanto os de garantia são *acessórios*. Não se confundem, também, com os *privilégios*. Estes asseguram preferência sobre todo o patrimônio do devedor e decorrem da lei, não assegurando poder imediato sobre os bens. Aqueles decorrem de convenção entre as partes e envolvem bens determinados, que ficam vinculados ao cumprimento da obrigação.

O art. 80, I, do Código Civil considera imóveis, para os efeitos legais, os direitos reais de garantia e as ações que os asseguram.

2. REQUISITOS DOS DIREITOS REAIS DE GARANTIA

2.1. Requisitos subjetivos

Para validade da garantia real exige a lei, além da *capacidade geral* para os atos da vida civil, a especial para *alienar*. Dispõe, com efeito, o art. 1.420 do Código Civil, na sua primeira parte, que "*só aquele que pode alienar poderá empenhar, hipotecar ou dar em anticrese*".

Justifica-se a exigência porque o bem dado em garantia pode, não paga a dívida, ser penhorado e vendido em hasta pública. A penhora constitui um come-

---

[7] Orlando Gomes, *Direitos reais*, cit., p. 383.

ço de venda, de alienação forçada. O estabelecimento da garantia real implica, pois, submissão a esse regime, que pode resultar, caso a dívida não seja saldada, na inexorável alienação judicial do bem.

Em regra, pois, somente o proprietário pode dar bens em garantia. Não basta, todavia, essa qualidade. Faz-se mister que, além do domínio, tenha ainda a livre disposição da coisa. Nula será a constituição desse direito, feita por quem não preenche esse requisito. Se a garantia abrange diversos bens, mas alguns deles não pertencem ao devedor, somente quanto a estes não prevalece o ato.

Em linhas gerais, *não podem* hipotecar, dar em anticrese ou empenhar[8]:

a) *os menores de 16 anos*, que o art. 3º, I, do Código Civil considera absolutamente incapazes. Isso não significa que os filhos menores não possam, por meio de seus genitores, que os representam, oferecer, nos casos de necessidade ou evidente utilidade da prole, bens em garantia real de seus débitos, mediante prévia autorização judicial (art. 1.691);

b) *os maiores de 16 anos e menores de 18*, sem a assistência do representante legal. Mesmo devidamente assistidos, necessitam também de licença da autoridade judiciária competente;

c) *os menores sob tutela*, salvo se assistidos pelo tutor e autorizados pelo juiz. Os arts. 1.748, IV, e 1.750 do Código Civil de 2002 permitem que o tutor aliene bens do tutelado, desde que devidamente *autorizado pelo juiz*. Se pode o mais, isto é, alienar, evidentemente pode o menos, que é oferecer o bem em garantia real;

d) *os interditos em geral*, salvo se representados e autorizados pelo juiz. Aplicam-se à hipótese as mesmas razões mencionadas no caso dos menores sob tutela, por força do disposto no art. 1.781 do estatuto civil;

e) *os pródigos*, quando atuam sozinhos. Quando, porém, encontram-se assistidos por seu curador, podem fazê-lo, sem mesmo necessidade de autorização judicial, uma vez que a sua situação é regida por norma especial. Dispõe, com efeito, o art. 1.782 do Código Civil que a interdição do pródigo somente o priva de, sem curador, praticar atos que não sejam de mera administração do patrimônio, dentre os quais se insere o oferecimento de garantia real[9];

f) *as pessoas casadas*, uma vez que o art. 1.647, I, do Código Civil proíbe os cônjuges de gravar de ônus reais os bens imóveis, sem autorização do outro, exceto no regime da separação absoluta. Não existe, todavia, a mesma restrição quanto ao penhor, que incide, em regra, apenas sobre bens móveis. O art. 1.656 do novo diploma permite ainda que, no pacto antenupcial que adotar o *regime de*

---

[8] Washington de Barros Monteiro, *Curso*, cit., v. 3, p. 342-343.
[9] Aldemiro Rezende Dantas Júnior, *Comentários ao Código Civil brasileiro*, v. XIII, p. 70.

participação final nos aquestos, convencionem os cônjuges "*a livre disposição dos bens imóveis*" que integrem o seu patrimônio particular. Permissão assim tão ampla abrange a de darem em garantia real os aludidos bens[10].

A falta da vênia conjugal torna anulável o ato praticado, segundo dispõe o art. 1.649 do Código Civil, podendo o outro cônjuge, e não quem o praticou, pleitear-lhe a anulação, até dois anos depois de terminada a sociedade conjugal. Não existe regra idêntica para os *companheiros*, podendo suceder a alienação unilateral de um bem, ou a constituição de direito real, por um deles, ilaqueando a boa-fé do terceiro. Nas hipóteses mencionadas serão preservados os interesses dos terceiros de boa-fé, resolvendo-se os eventuais prejuízos em perdas e danos dos companheiros[11];

g) *o inventariante* não pode igualmente constituir hipoteca ou outro direito real de garantia sobre bens que integram o acervo hereditário, salvo mediante autorização judicial. Todavia, o *herdeiro*, aberta a sucessão, pode dar em hipoteca sua parte ideal, que deverá ser separada na partilha e atribuída ao arrematante. Uma vez que o herdeiro pode ceder a terceiros os seus direitos hereditários, considerados imóveis para os efeitos legais (CC, art. 80, II), mediante escritura pública (art. 1.793), nada obsta a que os ofereça em garantia hipotecária. Em caso de execução da dívida, os coerdeiros terão preferência para a arrematação, tanto por tanto (art. 1.794).

A garantia oferecida pelo coerdeiro só pode concernir à quota hereditária. Será *ineficaz* se incidir sobre bem da herança considerado singularmente, aplicando-se analogicamente à hipótese o § 2º do citado art. 1.793, que trata da cessão de direitos hereditários. Embora ineficaz, tal oferta poderá, todavia, por força do disposto no § 1º do art. 1.420 do Código Civil, produzir todos os efeitos, desde o momento em que se constituiu a garantia, se o herdeiro cedente, após a partilha, vier a ser contemplado com o aludido bem singular, dele se tornando proprietário;

h) *o falido*, porque privado da administração de seus bens, também não pode, desde a decretação da quebra, constituir direito real de garantia, como prevê o art. 102 da nova Lei de Falências (Lei n. 11.101, de 9-2-2005). Dispõe o art. 66 da aludida lei que, "após a distribuição do pedido de recuperação judicial, o devedor não poderá alienar ou onerar bens ou direitos de seu ativo permanente, salvo evidente utilidade reconhecida pelo juiz, depois de ouvido o Comitê, com exceção daqueles previamente relacionados no plano de recuperação judicial";

i) *o mandatário* que não dispõe de poderes especiais e expressos.

O *ascendente*, malgrado respeitáveis opiniões em contrário, pode hipotecar bens a *descendente*, sem consentimento dos outros, não se lhe aplicando a limitação

---

[10] Aldemiro Rezende Dantas Júnior, *Comentários*, cit., v. XIII, p. 71.
[11] Carlos Roberto Gonçalves, *Direito civil brasileiro*, v. 6, p. 643.

referente à venda, imposta no art. 497 do Código Civil, que deve ser interpretado restritivamente, sem ampliação analógica, por cercear o direito de propriedade.

Ressalva-se no entanto, como lucidamente observa Aldemiro Rezende Dantas Júnior, que não poderiam o "credor e o devedor, no caso ascendente e descendente, valer-se da permissão contida no artigo 1.428, parágrafo único, que permite que o devedor, após o vencimento da dívida, possa ajustar com o credor a dação da coisa em pagamento da dívida, pois nesse caso estaria sendo feita a transferência do bem pelo ascendente ao descendente, e aí sim estaria presente a mesma *ratio legis* que motivou o legislador no artigo 496 do Código, ou seja, aí poderia ser facilmente burlada a norma legal que busca evitar que seja fraudada a igualdade dos quinhões dos herdeiros"[12].

Estabelece o § 1º do art. 1.420 do Código Civil que a aquisição superveniente da propriedade "*torna eficaz, desde o registro, as garantias reais estabelecidas por quem não era dono*".

Trata o dispositivo da constituição de garantia real *sobre coisa alheia*. Opera-se a revalidação da garantia real concernente a bens que não estão, em si mesmos, impossibilitados de serem alienados, mas que não o podem ser pelo agente em razão de não lhe pertencerem, como, *verbi gratia*, o que adquiriu *a non domino*. A garantia que era ineficaz revigora-se com a aquisição ulterior do domínio, como se nunca tivesse padecido do defeito.

A regra ora comentada encontra-se na mesma linha da estabelecida no art. 1.268 do Código Civil. No *caput* proclama o aludido dispositivo que a tradição, feita por quem não seja proprietário, não aliena a propriedade. Acrescenta, porém, no § 1º que, todavia, "*se o adquirente estiver de boa-fé e o alienante adquirir depois a propriedade, considera-se realizada a transferência desde o momento em que ocorreu a tradição*".

Também no instante em que se constituiu a garantia o proprietário não era proprietário da coisa. Mas o domínio superveniente valida o ato praticado, para proteger a boa-fé daquele que contratou na convicção de que o devedor era o proprietário.

O atual Código Civil evoluiu, em relação ao diploma de 1916, não mais exigindo, para que haja a revalidação da garantia, que aquele que a ofereceu, embora não fosse o proprietário, possuísse a coisa como se o fosse, mesmo porque, no caso dos bens móveis, a simples posse já é suficiente para presumir a propriedade do possuidor, inexistindo meios de o credor conferir essa propriedade aparente.

---

[12] *Comentários*, cit., v. XIII, p. 69.

2.2. Requisitos objetivos

Dispõe o art. 1.420 do Código Civil, na sua segunda parte, que *"só os bens que se podem alienar poderão ser dados em penhor, anticrese ou hipoteca".*

Não podem, assim, ser objeto de garantia, sob pena de nulidade, os bens fora do comércio, como os públicos, os inalienáveis enquanto assim permanecerem, o bem de família, os imóveis financiados pelos Institutos e Caixas de Aposentadorias e Pensões (Dec.-Lei n. 8.618, de 10-1-1946).

A possibilidade ou não de o *condômino* constituir direito real de garantia sobre coisa que pertença em comum a vários proprietários já suscitou acirrada controvérsia. O art. 757 do Código Civil de 1916 exigia a anuência de todos os condôminos não só quando a garantia recaísse sobre a coisa comum em sua totalidade, como também quando o gravame incidisse somente sobre a parte ideal do devedor hipotecário, sendo a coisa *indivisível*. Se *divisível*, tal anuência era dispensada.

A jurisprudência, entretanto, dispensava a concordância dos demais comunheiros para a oneração da parte ideal de um dos condôminos, mesmo em se tratando de coisa indivisível, por não implicar tal gravame, ainda que indiretamente, qualquer prejuízo para os demais consortes. Mesmo porque o art. 623, III, do aludido diploma autorizava o condômino a *gravar a respectiva parte indivisa*. A dificuldade residia na especificação ou individuação da coisa gravada. Mas podia ser removida, fazendo-se o registro com a referência de que o imóvel se acha em comum, discriminando-se-lhe, em seguida, as confrontações gerais, pertinentes ao todo.

O atual Código Civil afastou qualquer dúvida que ainda pudesse subsistir a respeito dessa questão, admitindo de forma expressa que cada um dos coproprietários pode oferecer sua própria quota em garantia real. Dispõe textualmente o § 2º do citado art. 1.420 que *"a coisa comum a dois ou mais proprietários não pode ser dada em garantia real, na sua totalidade, sem o consentimento de todos; mas cada um pode individualmente dar em garantia real a parte que tiver".*

O art. 1.314 do referido diploma, referindo-se ao condomínio geral, repete a regra que constava do mencionado art. 623, III, do Código anterior, admitindo que cada um dos condôminos possa alhear a respectiva parte ideal, ou *gravá-la*, oferecendo-a em garantia real. E o art. 1.420, § 2º, supratranscrito, limitou-se a salientar que cada condômino pode gravar sua quota ideal, sem fazer qualquer distinção sobre a divisibilidade ou indivisibilidade da coisa comum.

Para atender ao princípio da especialização, que orienta o registro imobiliário, deve descrever todo o imóvel e esclarecer que ele se encontra em comum, incidindo a garantia na parte ideal que lhe cabe.

2.3. Requisitos formais

Impõe a lei a observância de formalidades para que os contratos de penhor, hipoteca e anticrese tenham eficácia em relação a terceiros, atentando para a sua repercussão social, derivada do fato de destacarem do patrimônio do devedor um bem que era garantia comum a todos os credores, para tornar-se segurança de um só. Essa eficácia é alcançada pela *especialização* e pela *publicidade*.

A *especialização* é a descrição pormenorizada, no contrato, do bem dado em garantia, do valor do crédito, do prazo fixado para pagamento e da taxa de juros, se houver. A *publicidade* é dada pelo registro do título constitutivo no Registro de Imóveis (hipoteca, anticrese e penhor rural, cf. arts. 1.438 e 1.492 do CC e 167 da LRP) ou no Registro de Títulos e Documentos (penhor convencional, cf. arts. 221 do CC e 127 da LRP). A tradição constitui um elemento importante do penhor, embora possa ser constituído por instrumento particular. A sua eficácia em relação a terceiros é alcançada após o registro do contrato no Registro de Títulos e Documentos, como mencionado, na forma do art. 221 do Código Civil.

A especialização é exigida no art. 1.424 do Código Civil, que assim dispõe:

"*Os contratos de penhor, anticrese ou hipoteca declararão, sob pena de não terem eficácia:*

I – o valor do crédito, sua estimação, ou valor máximo;

II – o prazo fixado para pagamento;

III – a taxa dos juros, se houver;

IV – o bem dado em garantia com as suas especificações".

A finalidade da especialização é demonstrar a situação do devedor, colocando terceiros, que eventualmente tenham interesse em com ele negociar, ao par de sua condição econômico-financeira. Podem também verificar quais os bens destinados preferencialmente à solução daquele débito e que serão excluídos da execução promovida pelos quirografários.

A ausência desses requisitos não acarreta, porém, a nulidade do contrato, mas apenas a sua ineficácia, pois não produz os efeitos próprios de um direito real. Valerá apenas como direito pessoal, vinculando somente as partes que intervieram na convenção. Em consequência, fica o credor privado da sequela, da preferência e da ação real, restando-lhe apenas o direito de participar do concurso de credores, na condição de quirografário[13].

A ausência dos requisitos apontados impede que se constitua direito real, mas não impede que se produzam efeitos entre as partes. Configura-se hipótese

---

[13] Silvio Rodrigues, *Direito civil*, v. 5, p. 340.

de ineficácia relativa, ou de inoponibilidade, que decorre da ausência dos requisitos legais, o que inibe se possa falar em constituição de garantia real[14].

Embora o aludido art. 1.424 exija, em primeiro lugar, declaração sobre o total da dívida ou sua estimação, torna-se impossível, porém, em certos casos, a menção de quantia exata, como sucede nos contratos de financiamento para construção, ou de abertura de crédito em conta corrente. Em qualquer dessas hipóteses, basta se estime o máximo do capital mutuado, que ficará garantido; se ultrapassado, com fornecimento de novas somas, o mutuante tornar-se-á mero credor quirografário pelo excedente. Se se omitir o prazo para o pagamento do débito, prevalecerão as normas gerais do direito civil, principalmente as dos arts. 331, 332 e 134[15].

3. EFEITOS DOS DIREITOS REAIS DE GARANTIA

Dispõe o art. 1.422 do Código Civil:

"*O credor hipotecário e o pignoratício têm o direito de excutir a coisa hipotecada ou empenhada, e preferir, no pagamento, a outros credores, observada, quanto à hipoteca, a prioridade no registro*".

O principal efeito das garantias reais consiste no fato de o bem, que era segurança comum a todos os credores e que foi separado do patrimônio do devedor, ficar afetado ao pagamento prioritário de determinada obrigação. Visam elas proteger o credor da insolvência do devedor. Com a sua outorga, a coisa dada em garantia fica sujeita, por vínculo real, ao cumprimento da obrigação.

Disso decorrem, ainda, os seguintes efeitos: a) direito de preferência ou prelação; b) direito de sequela; c) direito de excussão; d) indivisibilidade.

3.1. Direito de preferência

Consiste a *preferência* (*jus praeferendi*) ou *prelação* no direito, concedido ao seu titular, de pagar-se com o produto da venda judicial da coisa dada em garantia, excluídos os demais credores, que não concorrem com o primeiro, no tocante a essa parte do patrimônio do devedor. Somente após pagar-se ao preferente é que as sobras, se houver, serão rateadas entre os demais credores[16].

O direito de preferência subsome-se no seguinte princípio: *prior tempore potior iure*, de aplicação geral em matéria de direitos reais (primeiro no tempo, melhor no direito).

---

[14] Marco Aurélio S. Viana, *Comentários ao novo Código Civil*, v. XVI, p. 711.
[15] Washington de Barros Monteiro, *Curso*, cit., v. 3, p. 346.
[16] Silvio Rodrigues, *Direito civil*, cit., v. 5, p. 336.

A preferência é assegurada ao credor com *garantia real* por todas as legislações. Tem ele o direito de receber do preço obtido na execução da coisa onerada, de preferência a qualquer outro, de modo geral, o quanto baste para o seu pagamento integral. Se o preço for insuficiente, continuará credor sem privilégio, do que faltar[17]. A sua condição quanto a essa parte será, assim, a de credor *quirografário*.

O perfil da garantia real se revela mais nitidamente na insolvência do devedor: alienados em hasta pública os seus bens, que se apura serem insuficientes para solver todas as obrigações, instaura-se concurso de credores, que receberão do acervo comum na proporção dos seus créditos. Todavia, o credor privilegiado será pago preferencialmente com o produto da venda do bem dado em garantia, gozando assim da faculdade de receber sem se sujeitar ao rateio[18].

Preferência é, destarte, a primazia deferida a determinado credor, em virtude da natureza de seu crédito, de receber, preterindo aos concorrentes. O bem gravado é aplicado à satisfação exclusiva da dívida, sendo subtraído, no limite do seu valor, à execução coletiva[19].

A aludida primazia, no entanto, não beneficia o *credor anticrético*. O direito deste é regulado no art. 1.423 do Código Civil, que lhe assegura, em compensação, a prerrogativa de *"reter em seu poder o bem, enquanto a dívida não for paga"*, direito que se extingue *"decorridos quinze anos da data de sua constituição"*.

O crédito real prefere, pois, ao pessoal, ainda que privilegiado. Dispõe, com efeito, o art. 961 do Código Civil, que *"o crédito real prefere ao pessoal de qualquer espécie; o crédito pessoal privilegiado, ao simples; e o privilégio especial, ao geral"*.

Há, todavia, exceções a esse princípio, como proclama o parágrafo único do art. 1.422 retrotranscrito: *"Excetuam-se da regra estabelecida neste artigo as dívidas que, em virtude de outras leis, devam ser pagas precipuamente a quaisquer outros créditos"*. Foram tais exceções assim enumeradas por WASHINGTON DE BARROS MONTEIRO[20]: a) em favor das custas judiciais com a execução hipotecária; b) as despesas com a conservação da coisa, feitas por terceiro, com assentimento do credor e do devedor, depois da constituição da hipoteca; c) a dívida proveniente de salário de trabalhador agrícola, pelo produto da colheita para a qual haja concorrido com o seu trabalho; d) os impostos e taxas devidos à Fazenda Pública, em qualquer tempo (Dec. n. 22.866, de 28-6-1933; Lei n. 5.172, de 25-10-1966, art. 186); e) as debêntures prevalecem também contra os outros créditos, hipotecários, pignoratícios e

---

[17] Eduardo Espínola, *Direitos reais limitados*, cit., p. 316, nota 8.
[18] Caio Mário da Silva Pereira, *Instituições*, cit., v. IV, p. 329.
[19] Carlos Roberto Gonçalves, *Comentários ao Código Civil*, v. 11, p. 565; Orlando Gomes, *Direitos reais*, cit., p. 378, n. 239.
[20] *Curso*, cit., v. 3, p. 339.

anticréticos, se as hipotecas, penhores e anticreses não se acharem anterior e regularmente inscritas (Dec. n. 177-A, de 15-9-1893, art. 1º, § 1º, ns. I e II).

Além das hipóteses mencionadas, em que o credor com garantia real é preterido pelo que desfruta do privilégio, também a nova Lei de Falências (Lei n. 11.101, de 9-2-2005) manda pagar preferentemente aos credores com garantia real os créditos derivados da legislação do trabalho, limitados a cento e cinquenta salários mínimos por credor, e os decorrentes de acidentes de trabalho (art. 83), bem como os extraconcursais enumerados no art. 84.

O Código Civil, no título concernente a preferências e privilégios creditórios, estabelece, no art. 957, que, *"não havendo título legal à preferência, terão os credores igual direito sobre os bens do devedor comum"*. E, no art. 958, estatui que *"os títulos legais de preferência são os privilégios e os direitos reais"*.

Conclui-se, portanto, que, inexistindo preferência ou privilégio, o rateio se fará tão somente em atenção ao montante dos créditos, dividindo-se somente nessa proporção o patrimônio do devedor, sem precedência de qualquer credor. *Privilégio* é um direito pessoal de ser pago de preferência aos outros, em consequência da qualidade do crédito. Representa, assim, um direito que a qualidade do crédito atribui ao credor de ser preferentemente pago em face dos demais credores. Constitui forma especial de satisfação do débito.

O privilégio não é um direito real, senão uma relação jurídica acessória. É um direito que decorre da lei. Desse modo, não pode ser estabelecido por convenção. Diz-se que o privilégio é geral quando se refere a todos os bens do devedor; e especial, quando se refere apenas a determinados bens.

Dispõe o art. 961 do Código Civil, como já mencionado, que *"o crédito real prefere ao pessoal de qualquer espécie; o crédito pessoal privilegiado, ao simples; e o privilégio especial, ao geral"*.

Crédito real é o originado pelos direitos reais de garantia a que se refere o Título X do Livro III (Direito das Coisas): o penhor, a hipoteca e a anticrese. Sem o vínculo real, o credor, ainda que privilegiado, não tem ação para reclamar, como especialmente ligada ao seu crédito, uma coisa determinada, sobre o valor da qual se efetive a sua preferência. Se o devedor alienar a coisa, o credor pode recorrer à ação pauliana, com supedâneo no princípio da responsabilidade patrimonial do devedor, e não por um poder especial que o privilégio lhe confira.

Crédito especial privilegiado é o que recai sobre coisa determinada, em virtude do vínculo existente entre esta e a dívida (CC, arts. 963 e 964). Por esse motivo, exatamente prefere ao privilégio geral e ao crédito quirografário.

De acordo, pois, com o sistema adotado pelo nosso ordenamento, a ordem de preferência entre os créditos é a seguinte: I – créditos com garantia real, salvo as exceções já mencionadas; II – créditos pessoais. Entre estes últimos, a ordem de preferência é: a) créditos que gozam de privilégio especial sobre determinados bens (CC, art. 964); b) créditos providos de privilégio geral (art. 965); c) créditos despidos de privilégios[21].

Discorrendo a respeito das diferenças entre os direitos reais de garantia e os privilégios, preleciona ORLANDO GOMES: "Consistem estes na preferência que a lei atribui a alguns credores sobre o patrimônio do devedor. Têm esses credores direito a pagamento preferencial, tal como os titulares de direito real de garantia, mas o direito do credor privilegiado estende-se a todo o patrimônio do devedor e é conferido pela lei em atenção à *causa* e à *qualidade* do crédito. O privilégio não outorga poder imediato sobre as coisas, como se verifica com os direitos reais de garantia. Enquanto estes se originam de acordo entre as partes, o privilégio resulta de determinação legal, sobrepondo-se à garantia real contratualmente estipulada, como acontece com o crédito do Estado por impostos e até contribuições, ou com o crédito de empregados por salários e indenizações. Em suma, o privilégio não é *direito real*"[22].

3.2. Direito de sequela

O *jus persequendi* é o direito de reclamar e perseguir a coisa, em poder de quem quer que se encontre, para sobre ela exercer o seu direito de excussão, pois o valor do bem está afeto à satisfação do crédito. Assim, quem adquire imóvel hipotecado, por exemplo, está sujeito a vê-lo levado à hasta pública, para pagamento da dívida que está a garantir.

Como esclarece ORLANDO GOMES, "o vínculo não se descola da coisa cujo valor está afetado ao pagamento da dívida. Se o devedor a transmite a outrem, continua onerada, transferindo-se, com ela, o gravame. Acompanha, segue a coisa, subsistindo, íntegro e ileso, seja qual for a modificação que sofra a titularidade do direito. O direito do credor tem, portanto, *sequela*"[23].

Segundo a lição de LAFAYETTE, todo direito real "tem um caráter absoluto, vigora contra todos (*adversus omnes*), e, enquanto se não extingue, acompanha a coisa pelas mutações por que passa. Daí o direito do credor de penhorar o imóvel em poder de quem quer que o detenha, e de excuti-lo. Este direito se denomina *direito de sequela*. O direito de *sequela*, tradução do *droit de suíte*, e o *jus pignus persequendi* – são o próprio direito real em atividade"[24].

---

[21] Washington de Barros Monteiro, *Curso*, cit., v. 3, p. 340.
[22] *Direitos reais*, cit., p. 382, n. 242.
[23] *Direitos reais*, cit., p. 378.
[24] *Direito das coisas*, t. II, p. 48-49, § 173.

Aduz o mencionado jurista que o *direito de sequela* e o *de preferência* constituem a *virtude*, a *força* dos direitos reais de garantia. A preferência, porém, aduz, não é, como a sequela, um corolário necessário do elemento real, mas tão somente um predicado que a lei artificialmente confere, predicado que também pode ser atribuído a direitos puramente pessoais.

O direito de sequela, *jus pignus persequendi*, é, prossegue LAFAYETTE, como anteriormente se observou, o próprio direito real em ação. A preferência não é uma consequência necessária do elemento real. Assim que: há casos de hipoteca sem o efeito da preferência; tal é a hipótese judiciária. Há casos de preferência sem hipoteca, como os privilégios criados por lei. Mas não há no nosso direito, conclui, hipoteca sem o direito de sequela.

3.3. Direito de excussão

Estabelece o art. 1.422 do Código Civil, retrotranscrito, na sua primeira parte, que "*o credor hipotecário e o pignoratício têm o direito de excutir a coisa hipotecada ou empenhada*", isto é, de promover a sua venda em hasta pública, por meio do processo de execução judicial (CPC, art. 784, II). Para a sua propositura, desnecessária se torna outorga uxória. É requisito, porém, que a obrigação esteja vencida.

Ressalva o aludido dispositivo, na parte final, que, havendo mais de uma hipoteca sobre o mesmo bem, observar-se-á "*a prioridade no registro*". Significa dizer que o credor da segunda hipoteca tem a garantia do bem hipotecado, mas goza do privilégio em segundo plano, em relação à primeira. O seu direito preferencial tem início depois de satisfeito o credor da hipoteca registrada em primeiro lugar, embora privilegiadamente em face dos quirografários. A ordem dos registros é que determina a prevalência da garantia, não a data do contrato[25].

O que caracteriza o direito real de garantia, o que é de sua essência, como foi dito, é o direito que assiste ao credor de se fazer pagar pelo produto resultante da venda da coisa onerada. Cabe-lhe, para tal fim, uma ação especial, a de *excussão* do penhor ou da hipoteca, por efeito da qual será pago pelo preço obtido na venda judicial, com exclusão dos credores quirografários, até o reembolso integral da importância que lhe for devida. Este seu direito subsiste, ainda quando a coisa onerada tenha passado para a posse e domínio de qualquer outra pessoa, sem o seu consentimento[26].

3.4. Indivisibilidade

O princípio da *indivisibilidade* do direito real de garantia encontra-se expresso no art. 1.421 do Código Civil, nos seguintes termos:

---

[25] Caio Mário da Silva Pereira, *Instituições*, cit., v. IV, p. 330.
[26] Eduardo Espínola, *Direitos reais limitados*, cit., p. 315-316, nota 7.

"*O pagamento de uma ou mais prestações da dívida não importa exoneração correspondente da garantia, ainda que esta compreenda vários bens, salvo disposição expressa no título ou na quitação*".

O pagamento parcial de uma dívida não acarreta a liberação da garantia na proporção do pagamento efetuado, ainda que esta compreenda vários bens, salvo se o contrário for convencionado. A coisa inteira, individual ou coletiva, divisível ou indivisível, continuará garantindo o remanescente da dívida: *est tota in toto et tota in qualibet parte*. A garantia adere ao bem gravado por inteiro e em cada uma de suas partes. Enquanto vigorar, não se pode eximir tal bem do ônus real e muito menos aliená-lo parcialmente[27].

Desse modo, se o devedor paga metade da dívida garantida, por exemplo, por duas casas de igual valor, ambas continuam vinculadas ao pagamento do restante da dívida, porque a garantia é indivisível. Ainda que o devedor efetue o pagamento de 90% da dívida, a coisa inteira continuará garantindo o remanescente do débito, uma vez que o pagamento parcial não altera a garantia. Não se dá a exoneração proporcional ao valor pago.

A indivisibilidade não é, todavia, da essência dos direitos reais de garantia. Admite-se, com efeito, que as partes convencionem a exoneração parcial, seja no instrumento de constituição, seja em momento posterior. Pode, assim, ser consignada expressamente, no título, disposição em contrário, permitindo a liberação proporcional dos bens gravados, na medida da redução do débito. Neste caso, prevalece a exoneração por partes, independentemente da especificação no recibo.

Também quando o credor der a quitação, poderá mencionar que está liberando, por exemplo, determinados bens sobre os quais incide a garantia.

O art. 1.429, em consequência do princípio ora em estudo, estabelece que "*os sucessores do devedor não podem remir parcialmente o penhor ou a hipoteca na proporção dos seus quinhões; qualquer deles, porém, pode fazê-lo no todo*". Destarte, o sucessor do devedor não pode liberar o seu quinhão, pagando apenas a sua cota-parte na dívida. Terá, para tanto, de pagar a totalidade do débito, sub-rogando-se nos direitos do credor pelas cotas dos coerdeiros, nos termos do parágrafo único do aludido dispositivo.

Remição, em matéria de direitos reais de garantia, significa liberação da coisa gravada, mediante pagamento do credor. Não se confunde com o vocábulo *remissão*, que significa, no direito das obrigações, *perdão da dívida*, extinção desta sem pagamento.

---

[27] "Já decidiu a Corte que, hipotecado o imóvel, 'não pode a penhora, em execução movida a um dos coproprietários, recair sobre parte dele'. Sendo indivisível o bem, importa indivisibilidade da garantia real, a teor dos artigos 757 e 758 do Código Civil (*de 1916*)" (STJ, REsp 282.478-SP, 3ª T., rel. Min. Menezes Direito, j. 18-4-2002).

Tem o devedor o direito de efetuar a remição. Mas esta só liberará os bens dados em garantia se for total. Não se admite remição parcial, por contrariar o princípio da indivisibilidade do direito real de garantia. Havendo amortização parcial da dívida, os bens permanecem integralmente onerados.

Pela mesma razão, não podem os herdeiros, em caso de falecimento do devedor pignoratício, ou hipotecário, remir parcialmente o penhor, ou a hipoteca, na proporção de seus quinhões. Exige o dispositivo em apreço que a remição seja total, ficando o herdeiro ou sucessor, que a realizar, sub-rogado nos direitos do credor pelas quotas que houver satisfeito, como já mencionado.

Assinala ALDEMIRO REZENDE DANTAS JÚNIOR[28], com razão, que a regra contida no art. 1.421 se constitui em um balizamento geral do assunto, mas pode ser desconsiderada quando as circunstâncias de cada caso assim o permitirem, especialmente quando o credor exerce de modo abusivo o seu direito de recusar a liberação parcial da garantia, como sucede na hipótese de já haver recebido o pagamento de 90% da dívida e existirem outros bens de acentuado valor garantindo o remanescente.

Uma hipótese em que a jurisprudência tem admitido a divisão da garantia hipotecária é aquela, bastante comum, em que o incorporador do condomínio edilício não paga o financiamento obtido junto à instituição financeira e esta promove a execução hipotecária, penhorando também unidades autônomas cujos adquirentes já pagaram integralmente o preço ou se encontram rigorosamente em dia com o pagamento das prestações avençadas.

As decisões judiciais têm determinado a liberação da hipoteca incidente sobre as aludidas unidades, determinando que a indivisibilidade fique restrita às frações ideais do terreno e demais partes comuns, ao fundamento de que a incorporação imobiliária altera a situação jurídica e as características do terreno, com a sua divisão através do sistema de unidades autônomas, tornando-se, cada adquirente, dono exclusivo de seu apartamento[29].

Nessa trilha, proclama a *Súmula 308 do Superior Tribunal de Justiça*: "A hipoteca firmada entre a construtora e o agente financeiro, anterior ou posterior à celebração da promessa de compra e venda, não tem eficácia perante os adquirentes do imóvel".

4. VENCIMENTO ANTECIPADO DA DÍVIDA

O art. 1.424 do Código Civil enumera os requisitos de eficácia dos contratos de penhor, anticrese e hipoteca. Dentre eles inclui-se "*o prazo fixado para paga-*

---

[28] *Comentários*, cit., v. XIII, p. 90.
[29] TJSP, Ap. 284.849-SP, 6ª Câm. Dir. Priv., rel. Des. Reis Kuntz.

mento" (inciso II). Todavia, para reforçar a garantia conferida ao credor, o aludido diploma antecipa o vencimento das dívidas com garantia real, nas hipóteses mencionadas nos cinco incisos do art. 1.425, *verbis*:

"*A dívida considera-se vencida:*

I – se, deteriorando-se, ou depreciando-se o bem dado em segurança, desfalcar a garantia, e o devedor, intimado, não a reforçar ou substituir;

II – se o devedor cair em insolvência ou falir;

III – se as prestações não forem pontualmente pagas, toda vez que deste modo se achar estipulado o pagamento. Neste caso, o recebimento posterior da prestação atrasada importa renúncia do credor ao seu direito de execução imediata;

IV – se perecer o bem dado em garantia, e não for substituído;

V – se se desapropriar o bem dado em garantia, hipótese na qual se depositará a parte do preço que for necessária para o pagamento integral do credor".

O art. 333 do estatuto civil também prevê o vencimento antecipado das obrigações em geral, em algumas dessas hipóteses. Num e noutro dispositivo objetiva o legislador favorecer o credor, diante de determinados fatos que evidenciam a diminuição da probabilidade de recebimento do crédito, se tiver de aguardar o termo final. Considerando vencida antecipadamente a dívida, os citados dispositivos permitem que o credor tome, incontinenti, as providências judiciais destinadas a fazer valer o privilégio, promovendo, enquanto ainda possível, a excussão da coisa hipotecada ou empenhada.

Anote-se que, ao estipularem a garantia, as partes podem estabelecer que, na ocorrência de determinado fato por elas previsto, além dos mencionados nos arts. 333 e 1.425, que independem de estipulação, torne-se logo exigível. É considerada, por exemplo, perfeitamente lícita a cláusula de vencimento antecipado da dívida na hipótese de ser constituída nova hipoteca sobre o mesmo imóvel.

Vence-se antecipadamente a obrigação, segundo o supracitado art. 1.425, em cinco hipóteses, ressalvando-se que "*não se compreendem os juros correspondentes ao tempo ainda não decorrido*" (art. 1.426). Tais hipóteses são, a seguir, sucintamente analisadas:

I – Se, deteriorando-se ou depreciando-se o bem dado em segurança, desfalcar a garantia, e o devedor, intimado, não a reforçar ou substituir. Trata-se de superveniente insuficiência da coisa dada em segurança. É obrigação do devedor manter íntegro o objeto da garantia. Se este sofre uma degradação física, deteriorando-se, ou uma desvalorização econômica, desvalorizando-se, incumbe-lhe o dever de colocar outra coisa em seu lugar. Não o fazendo, malgrado intimado a fazê-lo, o credor terá a faculdade de excutir a garantia, mesmo não tendo chegado a obrigação ao seu termo. Mas, "se a garantia real tiver sido constituída por terceiro, não fica obrigado este a substituí-la ou reforçá-la, salvo se tiver procedido culposamente ou a isto se obrigou por cláusula expressa"[30].

Não interessa investigar a origem da insuficiência superveniente. Mesmo que decorra do fortuito ou da força maior, pode o credor, com base no dispositivo legal em apreço, reclamar antecipado pagamento de seu crédito. O que importa é que a insuficiência seja superveniente[31].

II – *Se o devedor cair em insolvência ou falir.* O credor não está obrigado a se habilitar no processo falimentar, porque está resguardado com o objeto da garantia. Mas o Código Civil consignou o vencimento antecipado da dívida, porque a falência determina o vencimento de todas as dívidas, o que constitui vantagem de ordem geral. Tanto no caso de falência do comerciante como de liquidação de instituição financeira (Lei n. 6.024, de 13-3-1974, art. 18, *b*), de companhia de seguros (Dec.-Lei n. 73, de 21-11-1966, art. 94, *b*) e, ainda, de insolvência, ocorre tal antecipação do vencimento das obrigações, assegurado o pagamento pela garantia real.

III – *Se as prestações não forem pontualmente pagas, toda vez que deste modo se achar estipulado o pagamento.* Presume o legislador que a impontualidade do devedor revela sua insolvência. Como, porém, tal presunção pode não corresponder à verdade, declara o dispositivo em tela que *"o recebimento posterior da prestação atrasada importa renúncia do credor ao seu direito de execução imediata".*

Se não ocorresse o vencimento antecipado de toda a dívida, quando houvesse impontualidade no pagamento de uma ou duas prestações, a execução destas desfalcaria o crédito da garantia, pois o bem seria arrematado na execução das prestações em atraso e as vincendas não teriam mais a segurança avençada. Por causa disso, a lei determinou o vencimento de toda a dívida, se alguma das prestações não for paga no vencimento.

O inciso ora em estudo é omisso no tocante à ocorrência da antecipação do vencimento da dívida em caso de *impontualidade do devedor no pagamento somente dos juros.* Por causa disso, lavrou-se largo dissídio na doutrina, entendendo alguns que não se pode estender aos juros o que a lei estatui a respeito das prestações, desde que ela os não mencionou, salvo se as partes estipularem o contrário. A jurisprudência, no entanto, tem decidido, iterativamente, não importar se a prestação não paga se refere apenas ao capital, ao capital mais juros, ou apenas aos juros, pois em qualquer dessas hipóteses haverá o vencimento antecipado, se outra coisa não se convencionou no contrato[32].

---

[30] Caio Mário da Silva Pereira, *Instituições*, cit., v. IV, p. 334.
[31] Washington de Barros Monteiro, *Curso*, cit., v. 3, p. 347-348.
[32] "Na dívida pignoratícia, vencida e não paga a prestação de juros que passou a integrar o capital, torna-se vencida a dívida toda, de acordo com o art. 762, III, do Código Civil (*de 1916*)" (*RT*, 322/228).

IV – *Se perecer o bem dado em garantia, e não for substituído*. Observa-se, aqui, o princípio, expresso no art. 77 do Código Civil de 1916, de que perece o direito, perecendo o seu objeto. Mas a indenização eventualmente devida por terceiro sub-roga-se na coisa destruída, assistindo ao credor preferência até completo reembolso. Ao credor assiste, todavia, o direito de optar entre a execução imediata e o pedido de reforço da garantia, permitido pelo inciso I do art. 1.425. Se a coisa gravada está no seguro, o credor com garantia real se sub-roga na indenização paga pela seguradora, até ser completamente reembolsado[33].

V – *Se se desapropriar o bem dado em garantia*. Nesta hipótese, "*se depositará a parte do preço que for necessária para o pagamento integral do credor*". Se a desapropriação for parcial, os bens remanescentes continuarão gravados pelo saldo devedor.

Mas só se vencerá a hipoteca antes do prazo estipulado, como prescreve o § 2º do art. 1.425, "*se o perecimento, ou a desapropriação, recair sobre o bem dado em garantia, e esta não abranger outras*". Caso contrário, subsistirá "*a dívida reduzida, com a respectiva garantia sobre os demais bens, não desapropriados ou destruídos*".

Por conseguinte, quando houver outros bens dados em garantia e o perecimento, ou a desapropriação, ocorrer em relação a apenas um deles, dar-se-á o vencimento antecipado apenas de uma parte da dívida, proporcional ao bem destruído. O restante da dívida permanece seguro, escorado pelos demais bens que compõem a garantia, devendo ser observado o prazo de vencimento inicialmente previsto.

Vale ressaltar que a norma legal, nesse caso, abre exceção, em favor do devedor, ao princípio da indivisibilidade da garantia real, por reconhecer que o credor, ainda tendo garantia de parte da dívida, não tem motivo para pleitear o pagamento antecipado de toda ela[34].

Proclama o art. 1.426 do Código Civil que, "*nas hipóteses do artigo anterior, de vencimento antecipado da dívida, não se compreendem os juros correspondentes ao tempo ainda não decorrido*". Não se há falar, na hipótese, em juros moratórios, que pressupõem atraso no pagamento, uma vez que a dívida estará sendo paga antecipadamente. Cuida-se, na realidade, de *juros compensatórios*, destinados a compensar o tempo durante o qual o devedor manterá em seu poder o capital que pertence ao credor. O valor desses juros será diretamente proporcional a esse tempo.

Se o valor dos juros é proporcional ao tempo e se este foi reduzido, é evidente que os juros também deverão sê-lo, porque não podem remunerar capital não utilizado.

---

[33] Caio Mário da Silva Pereira, *Instituições*, cit., v. IV, p. 334; Washington de Barros Monteiro, *Curso*, cit., v. 3, p. 349-350; Silvio Rodrigues, *Direito civil*, v. 5, p. 345.
[34] Aldemiro Rezende Dantas Júnior, *Comentários*, cit., v. XIII, p. 132.

A antecipação do vencimento gera a exclusão dos juros compensatórios futuros, mas nada obsta que, a partir desse vencimento antecipado, haja a incidência de juros moratórios, se vier o devedor a ser constituído em mora[35].

5. GARANTIA REAL OUTORGADA POR TERCEIRO

Dispõe o art. 1.427 do Código Civil:
"Salvo cláusula expressa, o terceiro que presta garantia real por dívida alheia não fica obrigado a substituí-la, ou reforçá-la, quando, sem culpa sua, se perca, deteriore ou desvalorize".

Em regra, a garantia é oferecida por aquele que contrai a obrigação. Mas não precisa ser necessariamente assim, podendo o bem que a compõe pertencer a terceiro que, por amizade ou interesse, ofereça coisa sua em segurança da dívida de outrem.

Nesse caso, o terceiro não fica pessoalmente vinculado, não se transformando em codevedor nem em fiador, pois não assume responsabilidade que possa atingir todo o seu patrimônio, a menos que o contrato reze o contrário. Por tal razão, não fica obrigado a substituir ou reforçar a garantia se a coisa gravada se deteriora, ou se desvaloriza, pois só ela responde pela obrigação. Essa responsabilidade não se amplia aos demais componentes do patrimônio do terceiro.

Destarte, excutida a dívida, se o produto não for suficiente para a integral satisfação do credor, desonerar-se-á o terceiro, não respondendo pelo saldo devedor que por acaso remanescer. Igualmente, se o objeto da garantia vem a ser destruído, ou se desvaloriza, também desaparece ou se desvaloriza a garantia. Nessas hipóteses, o credor poderá exigir, com fulcro no art. 1.425 do Código Civil, já comentado, que o devedor preste nova garantia, sob pena de considerar a dívida antecipadamente vencida. Não poderá, todavia, fazer essa mesma exigência ao terceiro[36].

Duas exceções, todavia, prevê a lei. Em ambas fica o terceiro obrigado a restaurar a garantia. A primeira delas é quando houver estipulação expressa em contrário no título, ou seja, quando no instrumento, no qual se convencionou a garantia real, as partes inserirem cláusula dispondo que o terceiro estará obrigado a substituir ou reforçar a garantia, em caso de perda ou desvalorização do seu objeto. A segunda exceção ocorre quando a perda ou desvalorização do objeto da garantia decorrer de culpa do próprio terceiro, hipótese em que estará obrigado a reforçá-la ou substituí-la.

---

[35] Aldemiro Rezende Dantas Júnior, *Comentários*, cit., v. XIII, p. 136.
[36] Washington de Barros Monteiro, *Curso*, cit., v. 3, p. 351; Aldemiro Rezende Dantas Júnior, *Comentários*, cit., v. XIII, p. 137.

6. CLÁUSULA COMISSÓRIA

Cláusula comissória é a estipulação que autoriza o credor a ficar com a coisa dada em garantia, caso a dívida não seja paga. É, muitas vezes, chamada de pacto comissório, mas não se confunde com o pacto comissório inserido nos contratos de compra e venda e que era disciplinado no art. 1.163 do Código de 1916 como cláusula resolutiva expressa.

O atual diploma não reproduziu a regra do aludido dispositivo, por já ter regulado o pacto comissório, de forma genérica, nos arts. 127 e 128, ao tratar da condição resolutiva, bem como no art. 474, que dispõe sobre a cláusula resolutiva expressa, que pode ser inserida em qualquer modalidade de contrato.

O nosso direito proíbe a *cláusula comissória* nas garantias reais. Dispõe, efetivamente, o art. 1.428 do Código Civil:

"*É nula a cláusula que autoriza o credor pignoratício, anticrético ou hipotecário a ficar com o objeto da garantia, se a dívida não for paga no vencimento*".

A finalidade da proibição é evitar a usura. No instante da necessidade, o devedor poderia concordar com cláusula dessa espécie, confiante em sua capacidade de conseguir efetuar o pagamento no vencimento, ou então por não ter outra saída. Se a dívida não for paga e o objeto tiver valor muito superior ao da dívida, o credor experimentará um lucro desmesurado, vedado pela Lei da Usura (Dec. n. 22.626, de 7-4-1933). O credor com garantia real somente poderá excutir o bem, pagando-se com o produto da arrematação. O que sobejar, será devolvido ao devedor.

A principal razão da proibição é de ordem moral. Baseia-se no propósito de proteger o devedor, buscando resguardar o fraco contra o forte. Repugna ao direito que o credor possa submeter o devedor necessitado a cláusula dessa natureza. Por isso a lei proíbe a *lex commissoria* estipulada a qualquer tempo, ou seja, quer quando convencionada simultaneamente com a outorga da garantia, quer em data posterior (*ex intervallo*). A nulidade atinge a cláusula, mas não contamina todo o contrato (CC, art. 184), que prevalece no tocante às demais estipulações, operando então como se a avença comissória inexistisse.

Tem a jurisprudência proclamado, com efeito: "É nulo o pacto com o qual se convém que, no caso de falta de pagamento do crédito no termo estabelecido, a propriedade da coisa hipotecada ou dada em penhor passe ao credor. É princípio reconhecido por todas as legislações que o credor não poderá apropriar-se da coisa dada em garantia, se o devedor não cumprir a obrigação garantida"[37].

As mesmas razões éticas de alto valor justificam a proibição de cláusula comissória na propriedade fiduciária. Dispõe o art. 1.365 do Código Civil que "*é nula a cláusula que autoriza o proprietário fiduciário a ficar com a coisa alienada em garantia, se a dívida não for paga no vencimento*".

---

[37] RT, 687/69.

É bastante comum, nos contratos de mútuo, para maior garantia do mutuante, disfarçar-se a avença em contrato de compra e venda de imóvel com pacto de retrovenda. Se o mutuário não conseguir o numerário suficiente, correspondente ao valor do mútuo encoberto, para exercer o direito de retrato no prazo assinalado, o imóvel ficará definitivamente com o mutuante, mesmo que o seu valor seja muito superior ao do empréstimo. A invalidade subsiste neste caso e *sempre que a cláusula comissória estiver encoberta pela simulação*[38].

Embora proibido o pacto que autoriza o credor a ficar com a coisa se a dívida não for paga no vencimento, é permitido ao devedor, todavia, após o vencimento da obrigação, entregar em pagamento da dívida a mesma coisa ao credor, que a aceita, liberando-o. Configura-se, neste caso, a dação em pagamento (*datio in solutum*), admitida no parágrafo único do aludido art. 1.428 do Código Civil, nestes termos: "*Após o vencimento, poderá o devedor dar a coisa em pagamento da dívida*".

A justificativa para tal permissão reside no fato de não se tratar de pacto inserido no contrato real com a finalidade de fraudar. A dação em pagamento decorre da vontade do devedor, que a isso não está obrigado, mas que pode fazer a opção, se lhe convier. Não se cuida de direito assegurado ao credor, mas de faculdade reconhecida ao devedor, que resulta da vontade livre daquele que deve. Não se vislumbra, na espécie, a pressão da necessidade impondo a solução ao devedor. Não mais vigora, *in casu*, o mesmo fundamento ético da proibição da *lex comissoria*[39].

7. RESPONSABILIDADE DO DEVEDOR PELO REMANESCENTE DA DÍVIDA

Dispõe o art. 1.430 do Código Civil:

"*Quando, excutido o penhor, ou executada a hipoteca, o produto não bastar para pagamento da dívida e despesas judiciais, continuará o devedor obrigado pessoalmente pelo restante*".

---

[38] "A compra e venda com pacto de resgate ou retrovenda constitui fraude à lei, sendo nula se comprovado que o escopo das partes era alcançar os mesmos efeitos decorrentes do pacto comissório" (*RT*, 614/179). "Havendo pacto comissório, disfarçado por simulação, não se pode deixar de proclamar a nulidade, não pelo vício da simulação, mas em virtude de aquela avença não ser tolerada pelo direito" (STJ, *RT*, 690/173). "Compra e venda. Contrato celebrado como garantia de empréstimo em dinheiro. Imóvel vendido ao mutuante pelo valor do empréstimo e, ato contínuo, objeto de promessa de compra pelo mutuário pelo valor a ser pago como devolução ao final do prazo. Negócio de mão dupla visando a burlar a proibição do pacto comissório leonino na hipoteca, ínsita no art. 765 do CC (*de 1916*), e iludir o outro contratante. Nulidade dos ajustes decretada" (*RT*, 665/85).

[39] Marco Aurélio S. Viana, *Comentários*, cit., v. XVI, p. 718; Caio Mário da Silva Pereira, *Instituições*, cit., v. IV, p. 333.

A garantia real não exclui a pessoal. Extinta ou esgotada a primeira, pode o credor valer-se da segunda, que é subsidiária daquela. Assim, se na hasta pública não se apurar quantia suficiente para pagamento da dívida, incluindo-se o valor principal e as parcelas referentes à cláusula penal, aos juros, à correção monetária e aos ônus da sucumbência, o credor poderá requerer a penhora de outros bens existentes no patrimônio do devedor, pelo saldo. Mas nesse caso estará atuando na qualidade de credor quirografário.

Não há necessidade de ajuizar nova execução. Pode o credor, na que está em curso, requerer a citação do devedor para, no prazo de três dias, pagar o valor remanescente ou nomear bens à penhora (CPC/2015, art. 829), prosseguindo-se até a total satisfação do crédito.

Se houver outros credores na mesma situação, o produto será rateado entre eles, porque a obrigação do devedor não terá mais o caráter de real: não há mais um determinado bem, garantindo preferencialmente aquela dívida. O que havia foi excutido. Se o produto não bastou para a satisfação integral do débito, o devedor permanecerá obrigado, mas apenas pessoalmente. O que significa que, pelo saldo, o credor será quirografário.

Capítulo II
DO PENHOR

> *Sumário*: 1. Conceito. 2. Características. 3. Objeto do penhor. 4. Forma. 5. Direitos do credor pignoratício. 6. Obrigações do credor pignoratício. 7. Direitos e obrigações do devedor pignoratício. 8. Espécies de penhor. 8.1. Penhor rural. 8.1.1. Introdução. 8.1.2. Penhor agrícola. 8.1.3. Penhor pecuário. 8.2. Penhor industrial e mercantil. 8.3. Penhor de direitos e títulos de crédito. 8.4. Penhor de veículos. 8.5. Penhor legal. 9. Extinção do penhor.

1. CONCEITO

A palavra *penhor* é originária de *pignus* (derivada de *pugnus*, indicando que os bens do devedor permaneciam sob a mão do credor). No direito romano, a noção desse vocábulo era a de garantia constituída sobre um bem qualquer, móvel ou imóvel, abrangendo a ideia genérica de garantia com a vinculação da coisa. Mas não o distinguiam com precisão da hipoteca, como sucede no direito moderno.

Para CLÓVIS BEVILÁQUA[1], penhor é o direito real que submete coisa móvel ou mobilizável ao pagamento de uma dívida. EDUARDO ESPÍNOLA[2], por sua vez, define o penhor como o direito real, conferido ao credor de exercer preferência, para seu pagamento, sobre o preço de uma coisa móvel de outrem, que lhe é entregue, como garantia.

Mas o vocábulo *penhor* pode ser usado para indicar o contrato de natureza real. Nessa acepção, LAFAYETTE o conceitua como "a convenção, pela qual o devedor ou um terceiro entrega ao credor uma coisa móvel com o fim de sujeitá-la por um vínculo real ao pagamento da dívida"[3]. LACERDA DE ALMEIDA também

---

[1] *Código Civil dos Estados Unidos do Brasil comentado*, obs. 1 ao art. 768 do CC/1916, v. 3, p. 338.
[2] *Direitos reais limitados e direitos reais de garantia*, p. 327.
[3] *Direito das coisas*, t. II, p. 17.

o considera o negócio jurídico "pelo qual é garantido o pagamento de uma dívida com a entrega ao credor de uma cousa móvel para guardá-la e retê-la enquanto não é paga a dívida ou pagar-se pelo seu produto se não for satisfeita"[4].

Prescreve o art. 1.431 do Código Civil:

"*Constitui-se o penhor pela transferência efetiva da posse que, em garantia do débito ao credor ou a quem o represente, faz o devedor, ou alguém por ele, de uma coisa móvel, suscetível de alienação*".

Com base nesse dispositivo pode-se definir o penhor como *o direito real que consiste na tradição de uma coisa móvel, suscetível de alienação, realizada pelo devedor ou por terceiro ao credor, em garantia do débito*[5].

2. CARACTERÍSTICAS

O penhor apresenta as seguintes características:

a) é *direito real*, conforme prescreve o art. 1.419 do Código Civil. Por conseguinte, tem todos os caracteres comuns aos direitos reais de garantia: recai diretamente sobre a coisa, opera *erga omnes*, é munido de ação real e de sequela, deferindo ao seu titular as prerrogativas da excussão e preferência. Constitui-se mediante contrato, que deve ser levado ao Registro de Títulos e Documentos (LRP: Lei n. 6.015/73, art. 127, II) para valer contra terceiros, ou, no caso do penhor rural, ao Registro de Imóveis (LRP, art. 167, I, n. 15).

Uma vez regularmente constituído, passa o credor a ter um direito que se liga à coisa (princípio da *aderência* ou *inerência*) e a segue em poder de quem quer que a detenha (sequela), vinculando-a à satisfação da dívida. Se esta não ocorrer, poderá excuti-la e pagar-se preferentemente, devolvendo ao devedor o eventual saldo;

b) é *direito acessório*, e, como tal, segue o destino da coisa principal. Uma vez extinta a dívida, extingue-se, de pleno direito, o penhor; nula a obrigação principal, nulo será o penhor. Assim, não pode o credor, paga a dívida, recusar a entrega da coisa a quem a empenhou (CC, art. 1.435, IV), mas pode exercer o *direito de retenção* até que o indenizem das despesas, devidamente justificadas, que tiver feito, não sendo ocasionadas por culpa sua (art. 1.433, II);

c) só se perfecciona pela *tradição do objeto* ao credor. A lei, porém, criou penhores especiais, dispensando a tradição, por efeito da cláusula *constituti*, nos contratos de penhor rural, industrial, mercantil e de veículos. Dispõe, com efeito, o parágrafo único do art. 1.431 do Código Civil que, "*no penhor rural, industrial,*

---

[4] *Direito das cousas*, v. II, p. 86-87.
[5] Caio Mário da Silva Pereira, *Instituições de direito civil*, v. IV, p. 338.

mercantil e de veículos, as coisas empenhadas continuam em poder do devedor, que as deve guardar e conservar".

O credor é considerado depositário do objeto empenhado e tem suas obrigações especificadas no art. 1.435 do Código Civil. Pode, se o devedor não pagar a dívida, promover a excussão do penhor. O seu direito consiste, como dito anteriormente, em ser pago preferencialmente na venda da coisa apenhada.

O penhor figura entre os contratos que não se aperfeiçoam unicamente com o acordo de vontade das partes (*solo consensu*), mas dependem da *entrega do objeto*. Não se trata, pois, de contrato consensual, mas de *contrato real*: exige, para se aperfeiçoar, além do consentimento, a entrega (*traditio*) da coisa que lhe serve de objeto, como também sucede com os de depósito, comodato, mútuo, anticrese e arras, exceto nas espécies elencadas no mencionado parágrafo único do art. 1.431.

A transferência da coisa para as mãos do credor tem a vantagem de impedir a alienação fraudulenta do objeto da garantia, além de dar publicidade ao negócio jurídico. A publicidade é reforçada pelo registro do título no Cartório de Registro de Títulos e Documentos.

3. OBJETO DO PENHOR

O penhor recai, ordinariamente, sobre *bens móveis*, ou suscetíveis de mobilização. Tal peculiaridade constitui um dos traços distintivos entre o aludido instituto e a hipoteca. Mas se aplica somente ao penhor tradicional, visto que a lei criou penhores especiais que incidem sobre imóveis por acessão física e intelectual, como o penhor rural e o industrial (tratores, máquinas, colheitas pendentes e outros objetos incorporados ao solo), e ainda admite hipoteca sobre bens móveis, ou seja, sobre navios e aviões.

Quando o penhor incide sobre diversas coisas singulares, em garantia de um mesmo crédito, com cláusula de sujeitar cada uma delas à satisfação integral do débito, recebe o nome de "penhor solidário"[6].

O penhor recai, como dito, em regra, sobre coisa móvel, que pode ser singular ou coletiva, corpórea ou incorpórea (crédito), de existência atual ou futura (safra futura). Nos outros direitos reais de garantia, todavia, o que fica afetado à satisfação da obrigação é o imóvel, como se dá no caso da hipoteca, ou a renda imobiliária, como sucede no caso da anticrese.

É imperioso que os bens dados em penhor sejam enunciados e descritos com clareza, sob pena de a garantia não valer contra terceiros. Faz-se mister, portanto,

---

[6] Enneccerus, Kipp e Wolff, *Derecho de cosas*, v. II, §§ 159 e s., apud Caio Mário da Silva Pereira, *Instituições*, cit., v. IV, p. 330.

que se especifiquem ou se identifiquem de modo completo as coisas empenhadas, como o exige o art. 1.424, IV, do Código Civil.

Nos termos do *Enunciado n. 666 da IX Jornada de Direito Civil*: "No penhor de créditos futuros, satisfaz o requisito da especificação, de que trata o art. 1.424, IV, do Código Civil, a definição, no ato constitutivo, de critérios ou procedimentos objetivos que permitam a determinação dos créditos alcançados pela garantia".

Constituído o penhor sobre uma coisa, nela se compreendem, necessariamente, todas as partes integrantes essenciais, bem como os acessórios que não tenham sido excluídos. Assim também os frutos e produtos[7].

Segundo LACERDA DE ALMEIDA, podem ser objeto de penhor: "a) as coisas corpóreas móveis em espécie, sós ou conjuntamente com seus acessórios; b) as coisas fungíveis consideradas como espécie (moedas raras ou em saco – *pecunia obsignata*); c) coisas em coletividade, como um rebanho, uma biblioteca, os gêneros de um armazém; d) coisas fungíveis *in genere* (penhor irregular) e nomeadamente o dinheiro: e) títulos da dívida pública nominativos ou ao portador; f) ações de companhias, debêntures etc.; g) dívidas ativas, direitos e ações de qualquer natureza; h) o quinhão na coisa de propriedade comum; i) o proveito do usufruto de coisa móvel; a nua-propriedade da mesma; j) frutos pendentes, máquinas, instrumentos aratórios, acessórios e animais dos estabelecimentos agrícolas; k) mercadorias existentes nos armazéns de depósito devidamente autorizados, e o próprio direito de penhor (*subpignus*)"[8].

Quando o objeto do penhor for coisa fungível, bastará declarar-lhe a qualidade e a quantidade.

Para que tenha validade a constituição do penhor é necessário que a coisa oferecida em garantia pertença ao próprio devedor, pois é nulo o penhor de coisa alheia, salvo as hipóteses de domínio superveniente (CC, art. 1.420, § 1º) e de garantia oferecida por terceira pessoa (art. 1.427). Urge, ainda, que tal coisa seja suscetível de disposição por parte do proprietário. É ineficaz o penhor de coisa fora do comércio, bem como de coisa alheia, salvo, quanto a esta, a autorização ou ratificação do dono[9].

Tendo em vista que o penhor se destina a assegurar a satisfação de uma dívida, é pressuposto seu a circunstância de ser alienável a coisa empenhada, pois do contrário em nada aproveitaria ao credor. Na verdade, o que lhe oferece

---

[7] Eduardo Espínola, *Direitos reais limitados*, cit., p. 336.

[8] *Direito das cousas*, cit., v. II, p. 94-99.

[9] Washington de Barros Monteiro, *Curso de direito civil*, v. 3, p. 356; Caio Mário da Silva Pereira, *Instituições*, cit., v. IV, p. 340.

segurança de pagamento é a excussão da coisa e sua venda, na falta de cumprimento do avençado. E tal não seria possível, se fosse ela indisponível[10].

Em princípio, não se admite um segundo penhor sobre a coisa, em face da transmissão da posse. Contudo, quando a posse continua com o devedor, nada impede que tal ocorra. Dá-se o *subpenhor* (que pode ser proibido, no contrato) quando, instituído o penhor em favor de um credor, que recebe a posse, este, por sua vez, institui o penhor em favor de terceiro.

4. FORMA

O penhor é um *contrato solene*, pois a lei exige que seja constituído por instrumento público ou particular (CC, arts. 1.432 e 1.438), com a devida especificação. É necessário, para valer contra terceiros, como já mencionado, que seja levado ao Registro de Títulos e Documentos (LRP, art. 127) ou, no caso do penhor rural, ao Registro de Imóveis (LRP, art. 167), salvo se se tratar de penhor legal.

Cada interessado deve conservar consigo um exemplar do contrato, como prova da constituição do ônus real, para exercer seus direitos: o credor, para excutir; o devedor, para resgatar a dívida.

O instrumento do penhor, público ou particular, conterá, obrigatoriamente, a identificação e completa qualificação das partes, bem como o valor do débito, ou sua estimação, e o prazo fixado para pagamento. Não se exige declaração de valor dos objetos empenhados. Estes, como já dito, devem ser descritos com suas especificações, de modo a serem distinguidos dos congêneres, atendendo-se, assim, ao *princípio da especialização* consagrado no art. 1.424, I e II, do Código Civil. A taxa de juros, se houver, deve ser igualmente mencionada (art. 1.424, III).

5. DIREITOS DO CREDOR PIGNORATÍCIO

O art. 1.433 do Código Civil enumera os direitos do credor pignoratício. O primeiro deles é o de exercer a *posse da coisa empenhada* (inciso I).

A posse do bem empenhado é da essência do penhor. Todavia, como já comentado, tal asserção só vale para o penhor comum, pois o legislador a dispensa nos casos de penhor rural, industrial, mercantil e de veículos.

A posse do credor é direta e, nos termos do art. 1.197 do Código Civil, não anula a indireta do proprietário da coisa empenhada. É protegida pelos interditos

---

[10] Caio Mário da Silva Pereira, *Instituições*, cit., v. IV, p. 340.

possessórios e pelo desforço imediato, seja contra o devedor que embarace o seu exercício, seja contra terceiros que venham a molestá-la. Pode o credor pignoratício, também, reivindicar a coisa de quem quer que injustamente a detenha.

Em segundo lugar, o credor pignoratício tem direito à *retenção* da coisa, "*até que o indenizem das despesas devidamente justificadas, que tiver feito, não sendo ocasionadas por culpa sua*" (art. 1.433, II).

O direito de retenção é exercido como decorrência da posse que foi transferida ao credor. Destina-se a assegurar a este o ressarcimento das despesas que realizou, desde que devidamente justificadas e não tenham sido ocasionadas por culpa sua. Consideram-se devidamente justificadas as necessárias à conservação, guarda e defesa da coisa empenhada.

Comenta Eduardo Espínola que "em todas as legislações se afirma o princípio de que não se considera extinto o penhor enquanto o credor não estiver completamente satisfeito, não só com o pagamento de seu crédito, como ainda de todas as despesas que teve de fazer com a conservação da coisa. Embora paga a dívida, não pode o constituinte do penhor exigir a restituição da coisa enquanto não receber o credor a importância das despesas feitas"[11].

Embora o credor tenha direito à posse do bem objeto do penhor, não está autorizado a usá-lo, salvo se assim foi ajustado pelas partes. Se as despesas foram realizadas para sanar estragos causados por uso não autorizado, ou decorrentes de negligência na guarda da coisa, prejudicado ficará o direito de retenção.

O inciso III do aludido artigo confere ao credor o direito "*ao ressarcimento do prejuízo que houver sofrido por vício da coisa empenhada*", como na hipótese mencionada por Caio Mário da Silva Pereira[12], de contagiar-se o rebanho do credor de enfermidade portada pelo gado empenhado, com conhecimento do devedor, estendendo-se até aí o poder de retenção do penhor.

Conforme jurisprudência colacionada por Washington de Barros Monteiro[13], se se verificar que a coisa foi furtivamente obtida pelo devedor, nenhum direito assistirá ao credor. Deve simplesmente restituí-la ao dono. Entretanto, mudará o caso de figura se obtida por meio de estelionato ou de apropriação indébita. Nesse caso, indenizar-se-á o credor em atenção à sua boa-fé.

Pode o credor, também, em quarto lugar, "*promover a execução judicial, ou a venda amigável, se lhe permitir expressamente o contrato, ou lhe autorizar o devedor mediante procuração*" (art. 1.433, IV). Para fins de execução judicial, o contrato será havido como título executivo extrajudicial (CPC/73, art. 585, III; CPC/2015, art.

---

[11] *Direitos reais limitados*, cit., p. 348, nota 62.
[12] *Instituições*, cit., v. IV, p. 344.
[13] *Curso*, cit., v. 3, p. 360.

784, V). Vencida e não paga a dívida, dispõe o credor desse meio para excutir o penhor, promovendo a penhora do bem na forma prevista nas normas processuais. Poderá ainda promover a venda amigável da coisa empenhada se constar autorização expressa nesse sentido no contrato, ou mediante autorização posterior, em procuração com poderes específicos. Promovida a alienação, o credor se pagará com o que apurar, prestando contas ao devedor e restituindo-lhe o saldo, se houver.

Dada a característica do direito real em apreço, de tornar a coisa afetada à solução integral da dívida, o crédito gozará de preferência sobre o preço da arrematação. Não caberá, porém, ao credor, em nenhuma hipótese, como já exposto, apropriar-se do penhor em pagamento do débito, uma vez que a lei considera, expressamente, nula a cláusula comissória (CC, art. 1.428).

Urge ressaltar que, na hipótese de venda amigável da coisa, o credor não pode adquiri-la para si mesmo, pois tal operação configuraria um pacto comissório. Mas na hipótese de excussão do penhor mediante a execução judicial, poderá requerer a sua adjudicação, na forma regulada na lei processual[14].

Em quinto lugar, o credor pignoratício tem direito de *"apropriar-se dos frutos da coisa empenhada que se encontra em seu poder"* (art. 1.433, V). A apropriação dos frutos pelo credor constitui, além de um reforço da garantia que lhe foi concedida, um adiantamento das parcelas que lhe são devidas. Efetivamente, logo adiante, ao tratar das obrigações do credor pignoratício, o art. 1.435, III, determina que o valor dos frutos por ele apropriados seja imputado nas despesas de guarda e conservação, nos juros e no capital da obrigação garantida, sucessivamente.

Nada obsta que a ordem na qual as dívidas deverão ser quitadas com o valor dos frutos apropriados pelo credor, estabelecida pela imputação legal, seja modificada pela vontade das partes, uma vez que a norma é de ordem privada (CC, art. 354)[15].

Por fim, permite o inciso VI do art. 1.433 que o credor promova *"a venda antecipada, mediante prévia autorização judicial, sempre que haja receio fundado de que a coisa empenhada se perca ou deteriore, devendo o preço ser depositado"*. O seu dono pode, contudo, *"impedir a venda antecipada, substituindo-a, ou oferecendo outra garantia real idônea"*.

A venda antecipada da coisa empenhada só pode ser realizada se houver *receio fundado* de que venha a se perder ou deteriorar, como nas hipóteses, por exemplo, de o penhor recair sobre produto perecível, como gêneros alimentícios, cujo prazo de validade está prestes a expirar, e de a garantia incidir sobre coisa móvel que não pode ficar muito tempo exposta à umidade, em período prolongado de chuva.

---

[14] Caio Mário da Silva Pereira, *Instituições*, cit., v. IV, p. 343.
[15] Aldemiro Rezende Dantas Júnior, *Comentários ao Código Civil brasileiro*, v. XIII, p. 197.

A avaliação desse requisito não fica sujeita ao alvedrio do credor, cabendo ao juiz, a quem a autorização foi requerida, a decisão, *cum arbitrio boni viri*. Ouvido o dono da coisa, este pode impedir a venda antecipada, promovendo a sua substituição, ou oferecendo outra garantia real idônea.

Observe-se que o dispositivo em apreço dispõe que é o dono da coisa, e não o devedor, que pode se opor à venda antecipada, uma vez que a garantia da obrigação principal pode se fazer por terceiro[16]. Em se tratando de substituição de garantia, o credor só está obrigado a aceitar outra se for também de natureza real.

Compreendem-se, ainda, entre os direitos do credor pignoratício, os de sub-rogar-se no valor do seguro dos bens ou dos animais empenhados e que venham a perecer, bem como no preço da desapropriação ou da requisição dos bens ou animais em caso de necessidade ou utilidade pública, até o limite necessário ao recebimento integral do seu crédito (CC, art. 1.425, V e § 1º).

A seção concernente aos direitos do credor pignoratício contém ainda o art. 1.434, que assim dispõe:

"*O credor não pode ser constrangido a devolver a coisa empenhada, ou uma parte dela, antes de ser integralmente pago, podendo o juiz, a requerimento do proprietário, determinar que seja vendida apenas uma das coisas, ou parte da coisa empenhada, suficiente para o pagamento do credor*".

A primeira parte do dispositivo reafirma o princípio da indivisibilidade da garantia real, consagrado no art. 1.421 do mesmo diploma, enfatizando que o credor não pode ser obrigado nem mesmo à restituição parcial, enquanto não houver recebido o pagamento integral. O pagamento parcial, como já mencionado, não reduz a garantia na proporção do adimplemento.

A solução legal procura equilibrar as esferas de interesse, facultando ao devedor o direito de requerer autorização ao juiz para a venda de uma das coisas, quando várias foram dadas em garantia, ou de parte da única empenhada, para com isso obter numerário suficiente para cumprir o restante da obrigação, pagando o valor ainda devido ao credor.

Desse modo, enquanto na primeira parte o dispositivo em tela reafirma a indivisibilidade do direito real de garantia, na segunda flexibiliza esse princípio, autorizando o juiz a fracionar o penhor, determinando a sua excussão parcial. Atende-se, dessa forma, ao princípio que inspirou a regra estabelecida no art. 805 do Código de Processo Civil de 2015, segundo a qual deve o juiz mandar que se faça a execução pelo modo menos gravoso para o devedor, quando por vários meios o credor puder promovê-la.

---

[16] Marco Aurélio S. Viana, *Comentários ao novo Código Civil*, v. XVI, p. 731; Aldemiro Rezende Dantas Júnior, *Comentários*, cit., v. XIII, p. 197-198.

Nessa consonância, se o devedor já efetuou, por exemplo, o pagamento de 80% da dívida e vários são os bens dados em garantia, embora o credor não possa ser constrangido a devolver qualquer deles enquanto não receber o pagamento do saldo correspondente a 20% do débito, ainda remanescente, poderá o juiz, com supedâneo na inovação ora comentada, autorizar a venda de apenas um, cujo valor se mostrar suficiente para satisfazer o direito do credor.

6. OBRIGAÇÕES DO CREDOR PIGNORATÍCIO

As obrigações do credor pignoratício vêm elencadas no art. 1.435 do Código Civil. Incumbe-lhe, em primeiro lugar, o dever de *"custódia da coisa, como depositário"*. Cabe-lhe, portanto, conservá-la com diligência e cuidado.

A obrigação de *conservar a coisa alheia* deixada em depósito é conexa às de guardar e de restituir. Daí a referência ao dever de *guarda*, no inciso III do aludido art. 1.435, e, no inciso IV, ao de *restituir* a coisa, com os respectivos frutos e acessões, uma vez paga a dívida.

Malgrado o inciso I do mencionado art. 1.435 equipare o credor pignoratício ao *depositário*, nem todas as normas que regem o contrato de depósito se aplicam ao penhor, mas somente as que lhe são compatíveis. A obrigação de restituir a coisa ao depositante tão logo a solicite, prevista no art. 633 e estabelecida em consideração à circunstância de tal contrato ser celebrado no interesse deste, por exemplo, não se aplica ao penhor, que é ajustado para atender ao interesse do credor pignoratício, que por isso mesmo não está obrigado à restituição enquanto a dívida não for integralmente paga.

Todavia, naquilo em que se mostrarem compatíveis, os direitos e as obrigações inerentes ao depositário, no contrato de depósito, aplicam-se também ao credor pignoratício[17].

Estatui, ainda, o inciso I do dispositivo em apreço que o credor pignoratício é obrigado *"a ressarcir ao dono a perda ou deterioração de que for culpado, podendo ser compensada na dívida, até a concorrente quantia, a importância da responsabilidade"*. Tal dever é corolário da obrigação de restituir a coisa ao dono e de comunicar a este os riscos do perecimento.

O credor pignoratício é obrigado, igualmente, *"à defesa da posse da coisa empenhada e a dar ciência ao dono dela, das circunstâncias que tornarem necessário o exercício de ação possessória"* (inciso II).

---

[17] Aldemiro Rezende Dantas Júnior, *Comentários*, cit., v. XIII, p. 205; Marco Aurélio S. Viana, *Comentários*, cit., v. XVI, p. 734.
"É legítima a prisão civil do depositário infiel, na hipótese de penhor rural" (STF, HC 75.900-9-MG, 1ª T., rel. Min. Ilmar Galvão, *DJU*, 21-8-1998).

Embora o credor tenha a posse direta da coisa, esta não anula a indireta do proprietário. Por isso, não obstante tenha aquele o dever de defender a sua posse *ad interdicta*, seja por meio das ações possessórias, seja pela defesa direta (legítima defesa e desforço imediato), incumbe-lhe ainda o de dar ciência de eventual ameaça, turbação ou esbulho ao dono da coisa, visto ser este o maior interessado e quem arcará com o prejuízo, pois estará perdendo a coisa empenhada sem que, em contrapartida, esteja sendo extinta a dívida.

Preceitua o art. 1.435, III, ainda, que o credor pignoratício é obrigado *"a imputar o valor dos frutos, de que se apropriar (art. 1.433, inciso V) nas despesas de guarda e conservação, nos juros e no capital da obrigação garantida, sucessivamente"*.

Trata-se de imputação legal, cuja ordem pode ser alterada pela vontade das partes, como explicitado no item anterior. A apropriação dos frutos pelo credor, como se percebe, constitui um adiantamento das parcelas que lhe são devidas – o que demonstra que não se torna proprietário deles, devendo imputar o seu valor nas despesas especificadas no dispositivo em epígrafe.

Compete ao credor pignoratício, por fim, a obrigação de *entregar o que sobeje do preço, quando a dívida for paga*, no caso de execução judicial e de venda amigável (art. 1.435, V). Nessas duas hipóteses, se o produto apurado for superior à importância devida, cabe ao credor entregar o excedente ao devedor. Tal dever constitui mera consequência da circunstância de que o credor não se transforma em dono da coisa, mas apenas em possuidor equiparado a depositário.

7. DIREITOS E OBRIGAÇÕES DO DEVEDOR PIGNORATÍCIO

O Código Civil não dedicou uma seção específica para os direitos e obrigações do devedor pignoratício, como o fez em relação ao credor. Todavia, há uma perfeita simetria entre eles, pois a cada direito deste corresponde uma obrigação daquele; e a cada direito daquele corresponde uma obrigação deste.

Nessa circunstância, podem ser mencionados como *direitos do devedor pignoratício* os seguintes: a) o de *reaver a coisa dada em garantia*, quando paga a dívida, podendo, para tanto, valer-se dos interditos possessórios, em caso de recusa do credor em devolvê-la ou de subtração por terceiro; b) o de *conservar a titularidade do domínio e a posse indireta* da coisa empenhada, durante a vigência do contrato; c) o de *receber indenização* correspondente ao valor da coisa empenhada, em caso de perecimento ou deterioração por culpa do credor.

Por outro lado, são obrigações do *devedor pignoratício*: a) *ressarcir as despesas efetuadas pelo credor*, devidamente justificadas, com a guarda, conservação e defesa da coisa empenhada; b) *indenizar o credor* dos prejuízos por este sofridos em virtude de *vícios e defeitos ocultos da coisa*; c) *reforçar ou substituir a garantia real* se o bem dado em segurança deteriorar-se ou sofrer depreciação; d) *obter prévia licença do credor*, se necessitar vender a coisa empenhada.

O Código Penal considera crime a "defraudação de penhor", punindo o devedor que "defrauda, mediante alienação não consentida pelo credor ou por outro modo, a garantia pignoratícia, quando tem a posse do objeto empenhado" (art. 171, § 2º, III)[18].

8. ESPÉCIES DE PENHOR

O penhor pode ser de várias espécies. Quanto à fonte de onde promana, divide-se em *convencional* e *legal*. O primeiro resulta de um *acordo de vontades*, enquanto o segundo *emana da lei* e se destina a proteger credores que se encontram em situações peculiares.

Pode-se, ainda, por outro lado, distinguir o penhor comum dos especiais. *Penhor comum* ou tradicional é o que decorre da vontade das partes e implica a entrega, em garantia, de coisa móvel corpórea ao credor, por ocasião da celebração do negócio. É, em suma, o que se constitui *"pela transferência efetiva da posse"* de uma coisa móvel suscetível de alienação, pelo devedor ao credor ou a quem o represente, *"em garantia do débito"*, como descreve o art. 1.431 do Código Civil.

Os *penhores especiais* são vários e refogem ao padrão tradicional, estando sujeitos a regras específicas, como sucede com os penhores rural, industrial, de títulos de crédito, de veículos e legal. Apresentam todos peculiaridades que os distanciam do penhor tradicional, constituindo, algumas vezes, modalidades que mais se aproximam da hipoteca, como, *verbi gratia*, o penhor rural, que tem por objeto coisa imóvel por destinação física ou do proprietário, como culturas, frutos pendentes, máquinas etc., e se aperfeiçoa independentemente da tradição efetiva do objeto dado em garantia.

Os especiais, embora se valham da denominação *penhor*, apenas a ele se assemelham. Mas aproveitam as principais regras que o disciplinam.

---

[18] Washington de Barros Monteiro, *Curso*, cit., v. 3, p. 361-362.

8.1. Penhor rural

8.1.1. Introdução

O penhor rural compreende duas espécies: *penhor agrícola* e *penhor pecuário*, que podem ser unificados em um só instrumento e revestir a forma pública ou particular.

O Código Civil de 1916 tratava do penhor rural, tanto agrícola como pecuário, nos arts. 781 a 788. O assunto foi, entretanto, reformulado pela Lei n. 492, de 30 de agosto de 1937 e, mais tarde, complementado pela Lei n. 3.253, de 28 de julho de 1957, que inclusive criou as cédulas de crédito rural. Esta última foi modificada pelo Decreto-Lei n. 167, de 14 de fevereiro de 1967.

Nessa espécie de penhor não ocorre a tradição da coisa para as mãos do credor. A este é deferida a posse indireta, enquanto o devedor conserva a direta, como depositário. Justifica-se de plano, como assinala CAIO MÁRIO DA SILVA PEREIRA, "a dispensa da entrega efetiva do objeto ao credor, com o argumento de que ao agricultor ou ao pecuarista seria vão utilizar o crédito se na garantia pignoratícia houvesse um ou outro de desprover a lavoura ou o plantio dos elementos geradores de recursos próprios à exploração de suas atividades. Contrariamente, pois, ao penhor tradicional, tem eficácia o *constituto possessorio*, conservando o empenhante a posse direta da coisa empenhada"[19].

Seria realmente iníquo o penhor rural se, para obter o crédito, o agricultor tivesse de deixar as máquinas destinadas ao plantio ou à colheita em poder do credor, em garantia.

Preceitua o art. 1.438 do Código Civil de 2002:

"*Constitui-se o penhor rural mediante instrumento público ou particular, registrado no Cartório de Registro de Imóveis da circunscrição em que estiverem situadas as coisas empenhadas.*

Parágrafo único. Prometendo pagar em dinheiro a dívida, que garante com penhor rural, o devedor poderá emitir, em favor do credor, cédula rural pignoratícia, na forma determinada em lei especial".

O penhor rural tem por *objeto* bens móveis e imóveis por acessão física e intelectual (CC, art. 79), sendo nesse sentido, como já mencionado, semelhante à hipoteca. O novo diploma não faz alusão aos imóveis por *destinação do proprietário*, ou *por acessão intelectual*, como eram denominados, no Código de 1916 (art. 43, III), aqueles que o proprietário imobilizava por sua vontade, mantendo-os

---

[19] *Instituições*, cit., v. IV, p. 348.

intencionalmente empregados em sua exploração industrial, aformoseamento, ou comodidade, como as máquinas (inclusive tratores) e ferramentas, os objetos de decoração, os aparelhos de ar-condicionado etc. Mas os considera bens acessórios, conceituando-os como *pertenças* (art. 93).

É cediço que a natureza do bem acessório é a mesma do principal. Assim, se a árvore é imóvel por acessão natural, os frutos dela pendentes são também assim considerados. Destarte, as pertenças, outrora tratadas como imóveis por acessão intelectual e agora como bens acessórios, têm a mesma natureza dos imóveis em que são empregadas, enquanto ali mantidas pelos proprietários.

O penhor rural é importante instrumento para fomento da produção agrária, pois facilita a captação de créditos no setor agrícola e pecuário. Tem por objeto principalmente produtos e instrumentos agrícolas, frutos pendentes ou estantes, maquinário agrícola, lenha cortada e carvão vegetal, animais utilizados na indústria pastoril, agrícola ou de laticínios etc.[20].

É indispensável que a obrigação principal esteja voltada à atividade rural. Têm os tribunais, em mais de uma oportunidade, declarado nulos contratos de penhor rural que visavam garantir dívidas não agrárias[21].

O registro do instrumento público ou particular de constituição do penhor, exigido pelo art. 1.438 retrotranscrito, deve ser efetuado no Livro 3 (Registro Auxiliar), do Registro de Imóveis da circunscrição em que estiverem situados os bens empenhados, conforme art. 167, I, alínea 15, combinado com o art. 178, II, da Lei n. 6.015/73.

O registro confere publicidade à relação pignoratícia, permitindo a terceiros conhecer a real situação jurídica dos bens, bem como viabiliza a emissão da *cédula rural*, tornando mais ágil a operação de crédito nela baseada. Antes do registro inexiste a relação jurídica real, mas apenas um vínculo pessoal. Se houver um segundo credor pignoratício, com contrato registrado, irá este preferir ao primeiro credor na satisfação de seu crédito.

O Código de 1916 determinava que o contrato, quando celebrado por instrumento particular, fosse firmado em duas vias. O novo diploma é omisso a esse respeito. No entanto, é praxe cada parte ficar com uma das vias do instrumento constitutivo do direito real: o credor, para excutir; o devedor, para resgatar. Deve tal instrumento conter os dados e especificações exigidos no citado art. 1.424 do Código Civil, bem como indicar o número de matrícula do imóvel e o cartório competente.

---

[20] Washington de Barros Monteiro, *Curso*, cit., v. 3, p. 368.
[21] STJ, REsp 35.109-5-MG, 4ª T., rel. Min. Sálvio de Figueiredo Teixeira, j. 3-9-1996.

O penhor rural independe de vênia conjugal, uma vez que o vínculo pignoratício abrange unicamente os frutos e animais, que são móveis propriamente ditos, embora acessórios do imóvel em virtude da destinação do proprietário.

O parágrafo único do art. 1.438 dispõe que, em se prometendo pagar em dinheiro a dívida garantida pelo penhor rural, poderá ser emitida *cédula rural pignoratícia*, que é título formal, líquido, certo e exigível pela importância nela indicada. É oponível a terceiros e dispensa outorga conjugal.

O aludido título é facilmente negociável, capaz de ser redescontado e ganha autonomia ao começar a circular. Sofre apenas a restrição, imposta pelo legislador, de depender de endosso em preto para se transmitir de um para outro interessado. É emitido pelo oficial do Registro de Imóveis, atestando que foi devidamente registrado o contrato de penhor rural, contendo os dados e especificações que permitam o perfeito conhecimento do negócio garantido e a sua circulação. Depois de expedido, os bens empenhados não poderão ser objeto de penhora, arresto, sequestro ou outra medida de constrição judicial[22].

Paga a dívida e seus acessórios, antes ou depois do vencimento da obrigação, deve a cédula rural pignoratícia ser apresentada ao oficial do Registro de Imóveis, para cancelamento do penhor que lhe deu origem. Feitas as devidas anotações, é devolvida ao devedor.

A averbação, feita à margem do registro, confere publicidade adequada da expedição da cédula, proporcionando a necessária segurança. A regulamentação do aludido título ficou a cargo de lei especial, como já informado.

A lei não estabelece limite temporal para os contratos garantidos com o *penhor tradicional*, dando liberdade às partes de fixarem prazos, mais ou menos extensos, conforme lhes aprouver. Todavia, limita a duração do *penhor rural* ao período correspondente ao da obrigação.

Assim, prescreve o art. 1.439 do Código Civil, com a redação dada pela Lei n. 12.873, de 24 de outubro de 2013, que "*o penhor agrícola e o penhor pecuário não podem ser convencionados por prazos superiores aos das obrigações garantidas*". Convencionada a "*prorrogação*", deve ser averbada à margem do registro respectivo, mediante requerimento dos interessados, para gerar efeitos em face de terceiros.

---

[22] Silvio Rodrigues, *Direito civil*, v. 5, p. 374; Washington de Barros Monteiro, *Curso*, cit., v. 3, p. 370; Caio Mário da Silva Pereira, *Instituições*, cit., v. IV, p. 348-349.
"Cédula rural pignoratícia. Capitalização mensal. Inadmissibilidade. Possibilidade somente de capitalização semestral prevista no art. 5º do Dec.-Lei n. 167/67. Vedação expressa do anatocismo, ainda que convencionado pelas partes. Inteligência da Súmula 121 do STF" (*RT*, 799/340).

Acrescenta o § 1º do prefalado art. 1.439 que, *"embora vencidos os prazos, permanece a garantia, enquanto subsistirem os bens que a constituem"*, pois constituem eles a garantia de satisfação do credor.

Estatui o art. 1.440 do Código Civil:

"Se o prédio estiver hipotecado, o penhor rural poderá constituir-se independentemente da anuência do credor hipotecário, mas não lhe prejudica o direito de preferência, nem restringe a extensão da hipoteca, ao ser executada".

O Código Civil de 1916 exigia, no art. 738, para a constituição do penhor rural de imóvel hipotecado, a anuência do credor hipotecário, fulminando-o de nulidade se faltasse a aludida concordância. Tal determinação era, todavia, bastante criticada, uma vez que dessa segunda garantia não decorre qualquer prejuízo para o titular do direito real de garantia mais antigo. Não se compreendia como pudesse o devedor ficar jungido ao credor hipotecário.

O art. 4º da Lei n. 492, de 1937, flexibilizou a rigidez exagerada do Código anterior, dispensando o consentimento do credor hipotecário, embora ressalvando seu direito de prelação, e sem prejuízo da hipoteca.

Na mesma linha se coloca o art. 1.440 do atual diploma, supratranscrito, admitindo que se constitua o penhor rural independentemente da anuência do credor hipotecário, com a mesma ressalva que já constava da Lei n. 492/37, que assegura a integridade do direito do credor hipotecário.

Por fim, proclama o art. 1.441 do Código Civil que o credor tem direito *"a verificar o estado das coisas empenhadas, inspecionando-as onde se acharem, por si ou por pessoa que credenciar".*

No penhor rural, o devedor permanece na posse do bem empenhado, em posição equiparada à de depositário, passando o credor à posição de depositante. Não tem este como preservar seus interesses senão mediante fiscalização pessoal ou por preposto seu.

Se o devedor impedir tal fiscalização, deve o credor recorrer aos meios judiciais para assegurar o seu direito à inspeção. Se verificar que a coisa empenhada está mal conservada, sofrendo processo de deterioração ou depreciando-se, pode o credor considerar a dívida vencida, na forma do art. 1.425, I, do Código Civil[23].

8.1.2. Penhor agrícola

O penhor agrícola recai sobre coisas relacionadas com a exploração agrícola.

Podem ser objeto dessa modalidade de penhor, segundo dispõe o art. 1.442 do Código Civil:

---

[23] Caio Mário da Silva Pereira, *Instituições*, cit., v. IV, p. 350; Marco Aurélio S. Viana, *Comentários*, cit., v. XVI, p. 745.

"I – *máquinas e instrumentos de agricultura;*
II – *colheitas pendentes, ou em via de formação;*
III – *frutos acondicionados ou armazenados;*
IV – *lenha cortada e carvão vegetal;*
V – *animais do serviço ordinário de estabelecimento agrícola*".

O penhor agrícola possibilita, portanto, a concessão de garantia sobre coisas futuras, ou seja, sobre colheitas de lavouras em formação (art. 1.442, II). Denota-se que o dispositivo em apreço inclui bens imóveis por acessão natural, como os frutos pendentes, e por destinação do proprietário, como as máquinas e os instrumentos agrícolas, ao lado de bens móveis, como a lenha cortada e os frutos estantes (os que já foram colhidos e se encontram armazenados, prontos para o consumo).

O penhor agrícola é negócio *solene*, porque a lei exige que seja feito por instrumento público ou particular, devidamente especializado. Deve ser registrado no Registro de Imóveis da circunscrição em que estiverem situados os bens ou animais empenhados, para ter eficácia contra terceiros.

O penhor abrange a safra imediatamente seguinte, no caso de frustrar-se ou mostrar-se insuficiente a que se deu em garantia. Se o credor não financiar a nova safra, poderá o rurícola constituir *novo penhor*, em quantia máxima equivalente à do primeiro. É o que dispõe o art. 1.443 do Código Civil, *verbis*:

"*O penhor agrícola que recai sobre colheita pendente, ou em via de formação, abrange a imediatamente seguinte, no caso de frustrar-se ou ser insuficiente a que se deu em garantia.*

Parágrafo único. Se o credor não financiar a nova safra, poderá o devedor constituir com outrem novo penhor, em quantia máxima equivalente à do primeiro; o segundo penhor terá preferência sobre o primeiro, abrangendo este apenas o excesso apurado na colheita seguinte".

O dispositivo trata da hipótese de o penhor recair em colheita pendente ou em via de formação, que pode vir a se frustrar ou se mostrar insuficiente. Se o antigo credor se propõe a financiar a nova safra, o seu crédito se incorpora ao antigo, para formar um só, que será garantido pela safra em via de formação. Se, todavia, notificado para esse fim, não quiser financiá-la, abre oportunidade para novo financiamento, garantido pelo segundo penhor, celebrado com outrem. Este terá preferência sobre o anterior para pagar-se com o produto da safra nova, ficando as sobras vinculadas ao resgate do débito anterior[24].

---

[24] Silvio Rodrigues, *Direito civil*, cit., v. 5, p. 372; Marco Aurélio S. Viana, *Comentários*, cit., v. XVI, p. 748.

8.1.3. Penhor pecuário

O penhor pecuário incide sobre os animais que se criam pascendo, para a indústria pastoril, agrícola ou de laticínios. Dispõe, com efeito, o art. 1.444 do Código Civil:

"Podem ser objeto de penhor os animais que integram a atividade pastoril, agrícola ou de laticínios".

O penhor *pecuário* recai sobre o gado em geral, tal como o *vacum*, cavalar, muar, ovídeo e caprídeo. Mas não abrange os animais de serviço ordinário de estabelecimento agrícola, que podem ser objeto de penhor *agrícola*, como prevê o art. 1.442, V, do Código Civil, constituindo acessórios de tais estabelecimentos.

Essa modalidade de penhor exige, como salienta Washington de Barros Monteiro, cautela maior na sua contratação (por instrumento público ou particular), devendo-se, assim, especificar os animais empenhados com a maior precisão possível, indicando "o lugar onde se encontram e o destino que têm, mencionando, de cada um, a espécie, a denominação comum ou científica, raça, grau de mestiçagem, marca, sinal, nome, se tiver, e todos os característicos por que se distinguem"[25].

Para proteção dos direitos do credor a lei não permite a venda, sem sua anuência, de qualquer dos animais apenhados. Preceitua, nesse sentido, o art. 1.445 do Código Civil:

"O devedor não poderá alienar os animais empenhados sem prévio consentimento, por escrito, do credor.

Parágrafo único. Quando o devedor pretende alienar o gado empenhado ou, por negligência, ameace prejudicar o credor, poderá este requerer se depositem os animais sob a guarda de terceiro, ou exigir que se lhe pague a dívida de imediato".

Objetiva o dispositivo resguardar os direitos do credor, reprimindo as vendas clandestinas e estabelecendo sanções para os casos em que o devedor negligencie no trato do gado empenhado, pondo em risco a garantia. Malgrado o parágrafo único se refira apenas à negligência, pode o credor também requerer se depositem os animais sob a guarda de terceiro, ou exigir que se lhe pague a dívida de imediato, provando a culpa do devedor nas outras duas modalidades, ou seja, imperícia ou imprudência[26].

Excutido o penhor, o devedor é intimado para depositar em juízo o seu objeto. A jurisprudência não admite a prisão civil do devedor, que é equiparado ao depositário infiel[27]. *O Supremo Tribunal Federal considerava "legítima*

---

[25] *Curso*, cit., v. 3, p. 377.
[26] Washington de Barros Monteiro, *Curso*, cit., v. 3, p. 378.
[27] REsp 12.507-0-RS, 4ª T., rel. Min. Athos Carneiro, *DJU*, 1º-2-1993; REsp 188.462-GO, 4ª T., rel. Min. Sálvio de Figueiredo Teixeira, *DJU*, 15-5-2000.

a prisão civil do depositário infiel, na hipótese de penhor rural"[28]. Esse também era o entendimento do Pretório Excelso no caso de penhor mercantil[29]. Todavia, no dia 3 de dezembro de 2008, a referida Corte negou provimento ao RE 466.343-SP, oriundo de uma ação concernente a um contrato de alienação fiduciária. A referida decisão pôs fim à prisão civil do depositário infiel, tanto nas hipóteses de contratos, como os de depósito, de alienação fiduciária, de arrendamento mercantil ou *leasing*, por exemplo, como no caso do depositário judicial. Em consequência, o mesmo Tribunal editou a Súmula Vinculante 25, do seguinte teor: "É ilícita a prisão civil do depositário infiel, qualquer que seja a modalidade do depósito".

Por fim, estatui o art. 1.446 do Código Civil:

"*Os animais da mesma espécie, comprados para substituir os mortos, ficam sub-rogados no penhor.*

Parágrafo único. Presume-se a substituição prevista neste artigo, mas não terá eficácia contra terceiros, se não constar de menção adicional ao respectivo contrato, a qual deverá ser averbada". A substituição prevista neste artigo não se estende aos animais alienados com autorização do credor, mas apenas aos da mesma espécie comprados para substituir os mortos. Opera-se a sub-rogação no penhor de forma automática, militando presunção *juris tantum* nesse sentido. Tal presunção não opera, todavia, em relação a terceiros, senão quando constar de aditamento do contrato, com a respectiva averbação no Cartório de Registro de Imóveis, que dará publicidade à sub-rogação e segurança à substituição, evitando com isso eventual fraude contra credores.

8.2. Penhor industrial e mercantil

O atual Código Civil unificou os penhores industrial e mercantil, deles tratando numa única seção, na qual reúne diversos penhores disciplinados em leis especiais sem descer às particularidades de cada um. A legislação especial permanece aplicável subsidiariamente, naquilo que não foi revogada pelo novo diploma civil.

Dispõe o art. 1.447 do aludido diploma:

"*Podem ser objeto de penhor máquinas, aparelhos, materiais, instrumentos, instalados e em funcionamento, com os acessórios ou sem eles; animais, utilizados na indústria; sal e bens destinados à exploração das salinas; produtos de suinocultura, animais destinados à industrialização de carnes e derivados; matérias-primas e produtos industrializados.*

---

[28] HC 75.900-MG, 1ª T., rel. Min. Ilmar Galvão, *DJU*, 21-8-1998.
[29] *RT*, 759/137, 707/81.

Parágrafo único. Regula-se pelas disposições relativas aos armazéns gerais o penhor das mercadorias neles depositadas".

O dispositivo transcrito enumera as coisas que podem ser objeto de penhor, sem distinguir as que se prestam ao penhor industrial e aquelas que admitem o penhor mercantil. As coisas empenhadas *continuam em poder do devedor*, que responde pela sua guarda e conservação, como expressamente prescreve o parágrafo único do art. 1.431. Nesse ponto o penhor industrial e mercantil se aproxima do penhor rural e se distancia do penhor comum ou tradicional.

A disciplina do penhor industrial vem do Decreto-Lei n. 1.271, de 16 de maio de 1939, com as alterações que foram trazidas pela Lei Delegada n. 3, de 26 de setembro de 1962. O Decreto-Lei n. 413, de 9 de janeiro de 1969, dispõe a respeito dos títulos de crédito e dá outras providências. O penhor de sal e bens destinados às instalações das salinas já era objeto do Decreto-Lei n. 3.168, de 2 de abril de 1941. O penhor de produtos destinados à suinocultura e animais adquiridos pelos estabelecimentos a esta dedicados foram regulados pelo Decreto-Lei n. 1.697, de 23 de outubro de 1939, e Decreto-Lei n. 2.064, de 7 de março de 1940. O de animais destinados à industrialização de carnes é objeto do Decreto-Lei n. 4.312, de 20 de maio de 1942.

O *penhor industrial e mercantil destina-se a garantir obrigação oriunda de negócio jurídico empresarial*. Como observa Washington de Barros Monteiro, tem ele "larga aplicação no comércio e na indústria, sobretudo na vida bancária, de que representa poderoso auxiliar. À sua matéria ligam-se dois importantes institutos, sujeitos a regimes especiais: o dos armazéns gerais (Dec. n. 1.102, de 21-11-1903) e o dos estabelecimentos de empréstimos sobre penhores e montes de socorros (Dec. n. 24.427, de 19-6-1934). Este diploma, no art. 57, regulando as operações de caixas econômicas, inclui entre elas a caução de títulos da dívida pública e o penhor civil de joias, pedras preciosas, metais, moedas ou coisas, representados por cautelas, que podem ser nominativas e transferíveis por endosso, bem como ao portador (art. 61)"[30].

O que distingue o penhor industrial e mercantil do penhor comum é a natureza da obrigação principal: se de natureza empresarial, o penhor é mercantil ou industrial; se de natureza civil, o penhor é civil ou comum. Obrigação comercial ou mercantil é aquela que se origina de ato praticado por comerciante, no exercício de sua profissão, ou aquela que decorre de ato que a lei considera mercantil, independente de quem o pratique.

O penhor industrial compreende toda sorte de equipamentos instalados e em funcionamento, com acessórios ou sem eles. Pode abranger uma indústria

---

[30] *Curso*, cit., v. 3, p. 388.

inteira ou não. Não se define nesta categoria o penhor de máquinas, aparelhos ou congêneres, isolados, se não integrarem uma indústria[31].

O rol apresentado pelo citado art. 1.447 fica dentro dos limites já traçados pelo Código Comercial e pelo Decreto-Lei n. 413/69. Não insere os títulos de dívida pública, ações de companhias ou empresas, papéis de crédito negociável em comércio. Não delimitando o objeto do penhor industrial e do penhor mercantil, mas apenas relacionando-o, pretende o diploma civil que, no caso concreto, se tenha maior flexibilidade para a constituição do penhor, quanto ao seu objeto[32].

As mercadorias depositadas em armazéns gerais podem ser objeto de penhor mediante o endosso do título emitido, no qual se declare a importância do crédito garantido, as condições da operação e a data de vencimento. O parágrafo único do mencionado art. 1.447 reporta-se à legislação especial reguladora dos armazéns gerais, no tocante ao penhor, seus efeitos e mecanismos, atraindo com isso a incidência do Decreto-Lei n. 1.102, de 21 de novembro de 1903.

Os títulos emitidos pelos armazéns gerais são o *conhecimento de depósito* e o *warrant*. O primeiro incorpora o direito de propriedade sobre as mercadorias, enquanto o *warrant* se refere ao crédito e valor das mesmas. Certifica este o penhor desses bens.

O penhor industrial pode constituir-se mediante instrumento público ou particular, registrado no Cartório de Registro de Imóveis da circunscrição onde estiverem situadas as coisas empenhadas. Poderá ser emitido título industrial ou mercantil pignoratício, transferível por endosso, em analogia com a cédula rural pignoratícia, observando-se a forma estabelecida em lei especial (CC, art. 1.448, *caput* e parágrafo único; Dec.-Lei n. 413/69 e Lei n. 6.840/80).

As coisas empenhadas permanecem, até a liquidação do débito garantido, vinculadas ao penhor, não sendo lícito ao devedor dispor delas, alterá-las ou mudar-lhes a situação, sob pena de vencimento antecipado da obrigação, além das cominações penais a que está sujeito. Mas, se o credor concordar, *por escrito*, a alienação poderá ser feita, no todo ou em parte. Neste caso, impõe-se a reposição de "*outros bens da mesma natureza, que ficarão sub-rogados no penhor*" (CC, art. 1.449). Não sendo, todavia, matéria de ordem pública, pode a convenção estipular diversamente[33].

---

[31] Caio Mário da Silva Pereira, *Instituições*, cit., v. IV, p. 350.
[32] Marco Aurélio S. Viana, *Comentários*, cit., v. XVI, p. 754.
"Penhor mercantil. Validade do contrato perante terceiros que depende da discriminação do débito, com a sua quantia certa, do termo de vencimento, da taxa de juros, se houver, e da especificação do objeto em garantia, de modo a distingui-lo dos seus congêneres" (*RT*, 795/373).
[33] Caio Mário da Silva Pereira, *Instituições*, cit., v. IV, p. 351.

Por fim, estabelece o art. 1.450 do Código Civil que *"tem o credor direito a verificar o estado das coisas empenhadas, inspecionando-as onde se acharem, por si ou por pessoa que credenciar".*

O dispositivo transcrito tem a mesma redação do art. 1.441 do mesmo diploma, já comentado no item 8.1.1, *retro*, ao qual nos reportamos.

8.3. Penhor de direitos e títulos de crédito

Estabelece o art. 1.451 do Código Civil:
"Podem ser objeto de penhor direitos, suscetíveis de cessão, sobre coisas móveis".

Em geral, o penhor ou caução de direitos e títulos de crédito abrange ações negociadas em bolsa de valores ou no mercado futuro, títulos nominativos da dívida pública, títulos de crédito em geral, créditos garantidos por outro penhor, patentes de invenções, o *warrant* emitido por companhia de armazéns-gerais, os conhecimentos de embarque de mercadorias transportadas por terra, mar ou ar e quaisquer documentos representativos de um direito de crédito, desde que passíveis de cessão.

O objeto do penhor, no dispositivo em apreço, é o direito em si. No caso do título de crédito, não é oferecido em garantia o instrumento material, mas sim o direito que ele representa. Porém nem todo e qualquer direito pode ser dado em penhor, senão somente aqueles que incidam sobre coisas móveis e sejam suscetíveis de cessão, como, por exemplo, o direito de crédito tendo por objeto uma joia, um livro raro e valioso, o direito patrimonial do autor etc.

O penhor de direito deve ser constituído mediante instrumento público ou particular, *"registrado no Registro de Títulos e Documentos"*, como preceitua o art. 1.452 do Código Civil, observando-se, ainda, o *princípio da especialização* comentado no item 4, *retro*. O citado dispositivo refere-se ao penhor de créditos, não representados por títulos de crédito.

O aludido registro é indispensável para que o contrato de penhor possa ser oposto a terceiros. A existência do contrato escrito é indispensável para evitar confusão do penhor com a cessão de direitos. Nesta, ocorre alienação do direito, alterando-se o titular da relação jurídica subjacente; naquele, o titular do direito continua a ser dono, permanecendo como titular da relação jurídica original, concedendo apenas, a terceiros, direito real de garantia sobre os direitos[34].

Constitui prerrogativa assegurada ao credor exigir a entrega dos documentos que comprovem a existência do direito. Não se trata, todavia, de requisito essencial, pois que o parágrafo único do mencionado art. 1.452 permite que o devedor os conserve em seu poder, desde que comprove *"interesse legítimo"*.

---

[34] Washington de Barros Monteiro, *Curso*, cit., v. 3, p. 381-382.

O atual Código Civil transpõe para o penhor de créditos os princípios relativos à cessão dos mesmos (art. 290). Assim, para assegurar o seu direito, o credor pignoratício fará intimar o devedor para que o não pague ao credor primitivo, ainda que registrado esteja o penhor.

Dispõe, a propósito, o art. 1.453:

"*O penhor de crédito não tem eficácia senão quando notificado ao devedor; por notificado tem-se o devedor que, em instrumento público ou particular, declarar-se ciente da existência do penhor*".

Enquanto não notificado, o devedor pode, validamente, pagar sua dívida ao credor originário, pois não pode ser obrigado a realizar buscas em cartórios para certificar-se de que os créditos de seu credor não foram empenhados[35].

O art. 1.454, por sua vez, estatui que "*o credor pignoratício deve praticar os atos necessários à conservação e defesa do direito empenhado e cobrar os juros e mais prestações acessórias compreendidas na garantia*".

O penhor de crédito investe o credor pignoratício numa condição de representante do credor empenhante. Nessa qualidade, deve defender os direitos deste, praticando todos os atos necessários para que o seu crédito seja integralmente satisfeito, incluindo-se os juros e demais encargos, usando, se necessário, das ações, recursos e exceções pertinentes.

Se o crédito empenhado consistir numa prestação pecuniária, o credor pignoratício, recebendo o seu valor, no respectivo vencimento, o depositará, de acordo com o que tiver sido convencionado com o devedor, ou onde o juiz determinar, até o vencimento da obrigação garantida. Vencida esta, imputará, no seu pagamento, o que receber, restituindo o saldo ao devedor. Sendo coisa diversa de dinheiro o objeto concretizado no título empenhado, o penhor sub-roga-se nela e, vencida a obrigação, excute-a (CC, art. 1.455, *caput* e parágrafo único).

Por seu turno, proclama o art. 1.456 que, "*se o mesmo crédito for objeto de vários penhores, só ao credor pignoratício, cujo direito prefira aos demais, o devedor deve pagar; responde por perdas e danos aos demais credores o credor preferente que, notificado por qualquer um deles, não promover oportunamente a cobrança*".

O dispositivo em epígrafe estabelece, em primeiro lugar, que o devedor tem de observar a preferência, no caso de ser o mesmo crédito objeto de vários penhores. Não tem o devedor a prerrogativa de escolher, arbitrariamente, a quem pagar,

---

[35] "Cambial. Duplicata. Endosso-caução. Falta de notificação do estabelecimento bancário. Por ser dívida quesível, materializada em título cambial circulável, o devedor da duplicata precisa ter ciência de a quem se deve dirigir a fim de realizar o pagamento. Se não recebe aviso do estabelecimento bancário, credor pela caução, haverá de procurar aquele perante quem se obrigou como adquirente das mercadorias e, pois, como sacado" (*RT*, 681/118).

pois deve fazê-lo àquele cujo direito prefira aos demais. Na dúvida, consignará a quantia, para que o juiz decida a quem compete receber[36].

Essa preferência se estabelecerá somente entre os credores pignoratícios a quem o penhor foi notificado. O penhor só é eficaz em relação ao devedor depois de ter sido a este notificado. Antes da notificação o devedor estará liberado, ainda que pague diretamente ao credor do título, que é o devedor pignoratício.

Dentre os credores notificados, a preferência será do credor mais antigo, considerando-se a prioridade no registro (CC, art. 1.422). Será ineficaz em relação ao credor preferencial (art. 1.453) o pagamento se o devedor do título empenhado, depois de notificado, pagar a um outro credor pignoratício, e não ao mais antigo. Poderá este exigir que se faça novo pagamento.

Em segundo lugar, o aludido art. 1.456 responsabiliza por perdas e danos o credor preferente que, notificado por qualquer dos outros, deixa de promover, oportunamente, a cobrança do crédito empenhado. Justifica-se a solução legal porque, uma vez satisfeito o crédito precedente, é possível que reste algum saldo, que eles poderão aproveitar, observadas as prioridades reconhecidas[37].

Depois de empenhado o crédito o credor empenhante não o pode receber, salvo anuência do credor pignoratício. Exige o art. 1.457 do Código Civil que essa anuência seja dada por escrito, "*caso em que o penhor se extinguirá*".

A rigor, o pagamento deveria ser recebido pelo próprio credor pignoratício, como garantia de seu crédito. Se concordar que seja recebido pelo devedor pignoratício, tem-se como extinto o penhor, por renúncia do credor pignoratício ao penhor constituído.

A renúncia ao penhor não implica a renúncia ao crédito, que independe da garantia para existir. Na hipótese de pagamento parcial, haverá renúncia parcial do penhor, ficando, pois, o saldo restante vinculado ao penhor instituído. "A dívida do devedor pignoratício continuará garantida, na sua integralidade, pelo pagamento que ainda não foi recebido pelo devedor pignoratício, perdendo, no entanto, o credor pignoratício a garantia representada pela parcela já paga diretamente ao devedor pignoratício, com sua anuência"[38].

O penhor de *título de crédito* é tratado a partir do art. 1.458 do Código Civil, verificando-se que recai sobre o próprio instrumento. O título de crédito é o documento no qual se incorpora a promessa da prestação futura a ser realizada pelo devedor, em pagamento da prestação atual realizada pelo credor.

Dispõe o aludido art. 1.458:

---

[36] Caio Mário da Silva Pereira, *Instituições*, cit., v. IV, p. 355.
[37] Marco Aurélio S. Viana, *Comentários*, cit., v. XVI, p. 763.
[38] Washington de Barros Monteiro, *Curso*, cit., v. 3, p. 385-386.

"*O penhor, que recai sobre título de crédito, constitui-se mediante instrumento público ou particular ou endosso pignoratício, com a tradição do título ao credor, regendo-se pelas Disposições Gerais deste Título e, no que couber, pela presente Seção*".

Nos dispositivos anteriores o diploma civil trata do penhor que recai sobre créditos ordinários, ou seja, aqueles créditos que não se materializam em documentos escritos, mas apenas são provados por estes. No ora transcrito incide especificamente sobre aqueles que, ao contrário, se materializam em um documento escrito, que apresenta valor autônomo, desvinculado do direito que nele se concretiza.

Em verdade, como assinala ALDEMIRO REZENDE DANTAS JÚNIOR, o penhor "recai sobre esse documento no qual o crédito se materializa, vale dizer, sobre o título de crédito propriamente dito, e não no crédito. Trata-se, pois, de penhor sobre coisa corpórea (o título), e não sobre coisa incorpórea (o crédito)"[39]. Se recaísse sobre o direito representado pelo título, teríamos o penhor de direitos.

O Código Civil define o título de crédito, no art. 887, como o "*documento necessário ao exercício do direito literal e autônomo nele contido*", que "*somente produz efeito quando preencha os requisitos da lei*".

Os requisitos exigidos para que um determinado documento possa produzir os efeitos de um título de crédito são os constantes do art. 889 do mesmo diploma: "*data da emissão, a indicação precisa dos direitos que confere, e a assinatura do emitente*".

O título de crédito representa uma obrigação pecuniária, mas não se confunde com ela. Constitui um documento e, como tal, prova a existência de uma relação jurídica, especificamente duma relação de crédito. Representa a prova de que certa pessoa é credora de outra, ou de que duas ou mais pessoas são credoras de outras.

O título de crédito vale por si, e produz efeito obrigatório desde o momento em que é colocado em circulação. É um documento que corporifica um direito, que reflete uma obrigação decorrente de um negócio jurídico preexistente, como se observa frequentemente nos compromissos de compra e venda de imóveis, em que o comprador emite notas promissórias no valor das prestações vincendas, para corporificar as obrigações deles decorrentes[40].

A emissão tem por causa o contrato. Se este vier a ser desconstituído, a validade do título será atingida. Todavia, se este não preencher os requisitos legais, não perde o vendedor o direito de cobrar o seu crédito, embora não disponha mais das facilidades de cobrança que os títulos de crédito concedem (CC, art. 888)[41].

---

[39] *Comentários*, cit., v. XIII, p. 401.
[40] Carlos Roberto Gonçalves, *Direito civil brasileiro*, v. 3, p. 665.
[41] "Nota promissória. Execução. Título vinculado a contrato de financiamento. Necessidade, para que se revista de exequibilidade, de estar acompanhado do inteiro teor da avença que

Os títulos de crédito mais comuns são: nota promissória, cheque, duplicata comercial e de serviço, letra de câmbio, títulos de crédito industrial, conhecimento de depósito, *warrant* e conhecimento de transporte. Há, ainda, vários outros, dispersos em legislação especial. Qualquer deles pode ser objeto de penhor de crédito.

O título de crédito deve ser entregue ao credor pignoratício, uma vez que o referido art. 1.458 exige a *tradição*. Esta é indispensável porque o credor pignoratício deve usar dos meios judiciais convenientes para assegurar os seus direitos e os do credor do título empenhado, estando munido de mandato judicial para esse fim, como consta do inciso II do art. 1.459.

Segundo se infere do Código Civil, os títulos de crédito, segundo o critério de sua *circulação*, podem ser ao *portador* (arts. 904 a 909), *à ordem* (arts. 910 a 920) e *nominativos* (arts. 921 a 926).

Título *ao portador* é aquele emitido sem o nome do beneficiário ou tomador, ou com a cláusula "ao portador", transferindo-se, assim, por mera entrega ou tradição (art. 904). É, portanto, dirigido a um credor anônimo. O seu emitente se obriga a uma prestação ao portador que com ele se apresentar. É necessário que o contrato seja celebrado por escrito, não só porque assim o determina o aludido art. 1.458, como também para distinguir o penhor sobre título de crédito da cessão desse mesmo título. Deve ficar claro que a entrega do título não está sendo feita com o intuito de cessão, mas de simples garantia de outra dívida.

Título *à ordem* é aquele emitido em favor de pessoa determinada, tendo esta a faculdade de efetuar a sua transferência mediante simples lançamento da sua assinatura no próprio título. Preceitua o art. 910 que "*o endosso deve ser lançado pelo endossante no verso ou anverso do próprio título*". A transferência por endosso "*completa-se com a tradição do título*" (art. 910, § 2º) e pode ser realizada antes ou depois do seu vencimento (art. 920).

No caso dos títulos *à ordem*, desnecessário se mostra o instrumento público ou particular autônomo, uma vez que a constituição do penhor se faz no próprio título, através do lançamento do endosso pignoratício. Dispõe, com efeito, o art. 918 que "*a cláusula constitutiva de penhor, lançada no endosso, confere ao endossatário o exercício dos direitos inerentes ao título*".

O endosso pignoratício, também denominado endosso-caução, é modalidade comum de constituição de penhor sobre títulos transferíveis por endosso. Opera-se com a tradição, ficando o credor pignoratício com a faculdade de receber o crédito cedido.

É modalidade corrente no comércio bancário, como enfatiza CAIO MÁRIO DA SILVA PEREIRA, o contrato de financiamento ou de mútuo, garantido por

---

autorizou a sua emissão, possibilitando a aferição da correspondência entre os valores cobrados" (*RT*, 783/425).

caução ou penhor de títulos, adquirindo o estabelecimento direito ao recebimento deles. À medida que se vão liquidando, aduz o mencionado autor, "o banco leva o valor recebido a crédito do caucionante, com entrega dos instrumentos aos respectivos obrigados, até final pagamento do débito garantido. Neste ensejo, restituem-se ao caucionante os títulos remanescentes, bem como o saldo em dinheiro. Se, no curso da dívida, ficarem sem resgate títulos dados em caução, o empenhante tem a obrigação de substituí-los por outros, mantendo viva a massa de títulos caucionados"[42].

O art. 921 define título nominativo como "*o emitido em favor de pessoa cujo nome conste no registro do emitente*". A sua transferência se dá "*mediante termo, em registro do emitente, assinado pelo proprietário e pelo adquirente*" (art. 922).

A transferência dos títulos nominativos reclama, portanto, termo, em registro do emitente, assinado pelo proprietário e pelo adquirente, por endosso em preto, observando-se o disposto no art. 923. A presunção de propriedade do título decorre do termo lançado no registro do emissor do título, e não da posse da cártula ou documento.

Determina o art. 127, III, da Lei dos Registros Públicos (Lei n. 6.015/73) que se faça o registro, no Registro de Títulos e Documentos, "da caução de títulos de crédito pessoal e da dívida pública federal, estadual ou municipal, ou de bolsa ao portador".

Ainda tratando do penhor de títulos de crédito, prescreve o art. 1.459 do Código Civil:

"*Ao credor, em penhor de título de crédito, compete o direito de:*

I – conservar a posse do título e recuperá-la de quem quer que o detenha;

II – usar dos meios judiciais convenientes para assegurar os seus direitos, e os do credor do título empenhado;

III – fazer intimar ao devedor do título que não pague ao seu credor, enquanto durar o penhor;

IV – receber a importância consubstanciada no título e os respectivos juros, se exigíveis, restituindo o título ao devedor, quando este solver a obrigação".

O penhor de títulos de crédito começa a ter efeito com a tradição do título ao credor. Compete a este conservar a sua posse e recuperá-lo de quem quer que o detenha, fazendo uso dos meios judiciais convenientes, se necessário, não somente no seu próprio interesse, porque é o instrumento da garantia, como ainda no do empenhante, pois que este é o seu dono, e a ele deve o credor devolvê-lo, findo o penhor[43].

Tendo interesse em que o direito consubstanciado no título não se extinga pelo pagamento, intimará o credor pignoratício o devedor, para que o não pague

---

[42] *Instituições*, cit., v. IV, p. 356.
[43] Caio Mário da Silva Pereira, *Instituições*, cit., v. IV, p. 356.

diretamente ao credor originário, sob pena de responder pelo débito junto ao notificante. A intimação se fará judicial ou extrajudicialmente, nada impedindo que o devedor se dê por ciente do penhor (CC, art. 1.453). Tem o credor pignoratício o direito de receber não apenas a importância nominalmente indicada no título, mas também os juros correspondentes, devendo, porém, restituir o título ao devedor, quando este solver a obrigação.

Algumas hipóteses podem ocorrer. Uma delas, por exemplo, é vencer-se o título caucionado, mas não o crédito por ele garantido. Neste caso, deverá o credor pignoratício receber a prestação consignada no título, depositando a importância recebida, de acordo com o devedor, ou onde o juiz determinar, nos moldes do estabelecido no art. 1.455 do Código Civil.

Outra hipótese é vencer-se o crédito pignoratício, sem que se tenha vencido o título empenhado. Se o devedor pignoratício pagar a dívida garantida, o credor pignoratício devolver-lhe-á o título empenhado, recuperando o primeiro o direito de receber a prestação nele consignada e todos os demais direitos que ao título sejam inerentes.

Pode ocorrer, ainda, uma terceira hipótese, que é aquela na qual os dois créditos venham a vencer, tanto o que se concretizou no título como o garantido pelo título empenhado. Quando o devedor deste fizer o pagamento ao credor pignoratício, este poderá fazer a retenção da quantia que lhe é devida, restituindo apenas o excedente ao titular do crédito empenhado. No entanto, se não houver o pagamento de nenhum dos dois créditos vencidos, terá o credor pignoratício a opção de excutir o penhor, alienando o próprio título e transferindo para o adquirente o direito de cobrá-lo, ou então executar diretamente o devedor desse título, para pagar-se com o produto dessa execução[44].

Dispõe, por fim, o art. 1.460 do Código Civil que *"o devedor do título empenhado que receber a intimação prevista no inciso III do artigo antecedente, ou se der por ciente do penhor, não poderá pagar ao seu credor. Se o fizer, responderá solidariamente por este, por perdas e danos, perante o credor pignoratício"*.

Se, por qualquer meio, o credor der quitação ao devedor do título empenhado, prejudicada fica a garantia, considerando-se vencida a dívida antecipadamente, que deve ser imediatamente saldada. Preceitua, com efeito, o parágrafo único do supratranscrito art. 1.460 que, *"se o credor der quitação ao devedor do título empenhado, deverá saldar imediatamente a dívida, em cuja garantia se constituiu o penhor"*.

Oferecido o título de crédito em penhor, o credor deste perde a legitimação para reclamar de seu devedor o pagamento. Se o fizer, sabendo do impedimento,

---

[44] Aldemiro Rezende Dantas Júnior, *Comentários*, cit., v. XII, p. 417-418; Marco Aurélio S. Viana, *Comentários*, cit., v. XVI, p. 771-772.

responderá por perdas e danos solidariamente com o devedor que, notificado, também sabia que não podia pagar ao seu credor. Por isso, aquele que ofereceu a garantia fica obrigado a saldar imediatamente a dívida. A rigor, deveria o devedor do título opor ao seu credor exceção a ele oponível, recusando-lhe o pagamento, que só terá valor liberatório se efetuado ao credor pignoratício[45].

8.4. Penhor de veículos

Dispõe o art. 1.461 do Código Civil que *"podem ser objeto de penhor os veículos empregados em qualquer espécie de transporte ou condução"*.

Inovou o legislador, disciplinando em seção autônoma o penhor de veículos. Cuida o dispositivo ora transcrito do penhor de veículo automotor empregado no transporte de pessoas ou coisas, ou seja, de passageiros e carga. O de *passageiros* abrange o realizado por coletivos, como ônibus, lotações, táxis; o de *carga* compreende o efetuado por caminhões de grande ou pequeno porte.

O penhor pode ter por objeto veículo individualizado ou de frota. Excluem-se, todavia, os navios e aeronaves, porque, embora se considerem coisas móveis, são, por disposição de lei especial, objeto de hipoteca, não só por conveniência econômica, senão também porque são suscetíveis de identificação e individuação, tendo registro peculiar.

Para atender ao princípio da *especialidade*, o veículo deve ser precisamente descrito, especificando-se as suas características, como número do chassi e do motor, tipo, marca, cor etc.

Dispõe o art. 1.462 do Código Civil que o penhor de veículos se constitui *"mediante instrumento público ou particular, registrado no Cartório de Títulos e Documentos do domicílio do devedor, e anotado no certificado de propriedade"*.

Malgrado a similitude com o penhor comum, o penhor de veículos possui uma característica especial: completa-se com a sua anotação no certificado de propriedade. Desse modo, terceiros que venham a adquiri-los terão meios de verificar que se encontram empenhados, sem necessidade de exigir a apresentação de certidão fornecida pelo Cartório de Títulos e Documentos.

Se o devedor prometer pagar em dinheiro a dívida garantida, poderá, como ocorre em outros penhores especiais, emitir *cédula de crédito*, como expressamente autoriza o parágrafo único do retrotranscrito art. 1.462.

Tendo em vista que os veículos, com maior intensidade do que outros bens móveis, estão sujeitos a furtos e colisões, com prejuízo para o credor pignoratício,

---

[45] Caio Mário da Silva Pereira, *Instituições*, cit., v. IV, p. 357; Marco Aurélio S. Viana, *Comentários*, cit., v. XVI, p. 774.

o penhor deve ser precedido de seguro contra "*furto, avaria, perecimento e danos causados a terceiros*" (CC, art. 1.463), como um pré-requisito para que se efetive. Ocorrendo o sinistro, o penhor sub-rogar-se-á na indenização paga pela seguradora, como prevê o art. 1.425, § 1º, do Código Civil.

Indaga-se: *por que o art. 1.463 do Código Civil foi revogado?*

A posse direta do veículo permanece com o devedor empenhante (CC, art. 1.431, parágrafo único), que se torna responsável por sua guarda e conservação, bem como pelas despesas de manutenção, na condição de depositário, sujeito, portanto, às cominações por infidelidade. Não pode, assim, promover a "*alienação*" ou "*mudança*" do veículo empenhado, de modo a alterar as suas características essenciais a ponto de provocar a sua significativa desvalorização, sem prévia comunicação ao credor, sob pena de "*vencimento antecipado do crédito pignoratício*" (art. 1.465).

A finalidade da mencionada sanção é evitar que o devedor provoque a redução ou a extinção da garantia oferecida ao credor pignoratício.

O legislador, tendo em conta que o credor não tem a posse do veículo, mas é o principal interessado em que seja bem cuidado, assegura-lhe, no art. 1.464, o direito de verificar o seu estado, "*inspecionando-o onde se achar, por si ou por pessoa que credenciar*".

Por fim, dispõe o art. 1.466 do Código Civil que "*o penhor de veículos só se pode convencionar pelo prazo máximo de dois anos, prorrogável até o limite de igual tempo, averbada a prorrogação à margem do registro respectivo*".

Justifica-se a limitação, tal como sucede no penhor rural, tendo em vista que os veículos, por sua natureza e finalidade, estão sujeitos a desgaste natural e aos riscos decorrentes do seu uso.

Por essa razão, a prorrogação do prazo só pode ocorrer uma única vez, devendo ser averbada à margem do registro respectivo. Se o prazo do penhor inicial constar do certificado de propriedade, também neste será feita a anotação.

8.5. Penhor legal

As espécies até aqui examinadas são de *penhor convencional*. A lei trata, também, de outra modalidade, denominada *penhor legal*, que não deriva da vontade das partes, de um contrato, mas da determinação do legislador. Esse penhor independe de convenção, resultando exclusivamente da vontade expressa do legislador.

A lei confere aos donos de hotéis, pensões e pousadas, ou de imóveis arrendados ou locados, o direito de constituir penhor sobre as bagagens, móveis, joias ou dinheiro que os hóspedes ou locatários tenham consigo no estabelecimento onde façam despesas ou ocupem, para garantia do pagamento destas.

Dispõe, efetivamente, o art. 1.467 do Código Civil:

"*São credores pignoratícios, independentemente de convenção:*

"I – os hospedeiros, ou fornecedores de pousada ou alimento, sobre as bagagens, móveis, joias ou dinheiro que os seus consumidores ou fregueses tiverem consigo nas respectivas casas ou estabelecimentos, pelas despesas ou consumo que aí tiverem feito;

II – o dono do prédio rústico ou urbano, sobre os bens móveis que o rendeiro ou inquilino tiver guarnecendo o mesmo prédio, pelos aluguéis ou rendas".

Destaca o legislador os casos em que, por determinação legal, certas situações autorizam a constituição de um penhor, criando para o credor de dívidas especificadas um *direito real de garantia*, o qual tem por objeto coisas que, não lhe pagando o devedor, poderão ser vendidas para seu pagamento preferencial sobre o preço.

Não se confunde, todavia, o penhor legal assim constituído com o *direito de retenção*, malgrado o dono do prédio rústico e o dono do prédio urbano tenham direito de reter os bens móveis existentes no interior do prédio na hipótese de não pagamento dos respectivos aluguéis, nem é *simples privilégio* com o qual pretendem identificá-lo algumas legislações, como a francesa[46].

Aponta CLÓVIS BEVILÁQUA[47] vários traços distintivos entre o penhor legal e o direito de retenção, sendo de maior relevância os seguintes: a) o penhor tem caráter *positivo* ou *ativo*, porque se constitui pela posse da coisa, posse direta que o credor adquire para sua garantia, ao passo que o direito de retenção tem caráter *negativo*, porque se exerce pela recusa, que faz o credor, de entregar uma coisa do devedor que se encontre em suas mãos; b) ao penhor legal, depois de judicialmente homologado, segue-se a execução pignoratícia, enquanto o direito de retenção constitui simples meio de defesa; c) o penhor legal incide tão somente sobre bens móveis, em favor de determinadas pessoas, ao passo que o direito de retenção se aplica indistintamente tanto aos móveis como aos imóveis, em prol de qualquer credor que tenha crédito conexo à guarda da coisa; d) finalmente, o penhor legal inicia-se por um ato de ordem privada do credor, posteriormente completado pela intervenção do juiz, enquanto no direito de retenção a coisa já se acha em poder do retentor.

O penhor legal é, assim, *meio direto de defesa*, constituindo direito mais amplo que o simples direito de retenção e de maior eficácia que o privilégio pessoal. Apresenta o instituto em apreço a singularidade de ficar ao critério do credor tomar posse de uma ou mais coisas do devedor, em garantia real de seu crédito, nos casos considerados, e de depender de homologação judicial, regulada no Código de Processo Civil, para tornar-se efetivo o penhor.

---

[46] Eduardo Espínola, *Direitos reais limitados*, cit., p. 356-357.
[47] *Direito das coisas*, v. 2, p. 68, apud Washington de Barros Monteiro, *Curso*, cit., v. 3, p. 364-365.

O penhor legal encontra justificativa na circunstância de que as pessoas mencionadas no art. 1.467 do Código Civil são obrigadas, por força de suas atividades, a receber e tratar com pessoas que não conhecem e que aparentemente nenhuma garantia oferecem, senão os bens e valores que trazem consigo. Embora o interesse diretamente protegido seja do credor, pode-se verificar que, indiretamente e de modo geral, há na concessão da garantia em causa um interesse social a ser preservado[48].

Não é por outra razão que o art. 176 do Código Penal considera infração o fato de alguém tomar refeição em restaurante, alojar-se em hotel ou utilizar-se de meio de transporte sem dispor de recursos para efetuar o pagamento. Denota-se o interesse da sociedade em facilitar o pagamento de débitos dessa natureza, para preservar a segurança das relações que se estabelecem nessa área.

No primeiro inciso do aludido art. 1.467 assegura-se o penhor legal aos donos ou exploradores de hotéis e estabelecimentos congêneres, como pensões, pousadas, albergues, repúblicas, fornecedores de alimentos etc., sobre bagagem, móveis, joias e dinheiro que hóspedes e clientes tragam consigo ou tenham levado para o interior de um desses estabelecimentos.

Se estes deixam de pagar as despesas, sejam de hospedagem, alimentos ou outra espécie de consumo, assiste aos aludidos credores o direito de apossar-se dos mencionados objetos, devendo requerer ao juiz competente a homologação do penhor legal dentro de um ano, sob pena de prescrição da pretensão, nos termos do art. 206, § 1º, I, do mesmo diploma, e consequente perecimento da garantia.

É intuitivo que o penhor incide somente sobre bens de propriedade do devedor, e não sobre os que comprovadamente pertencem a terceiros e estejam em poder do devedor a título de depósito, guarda ou empréstimo. O automóvel de passeio, o utilitário e a motocicleta, que o devedor traz consigo e coloca na garagem do estabelecimento, são passíveis de penhor. O objeto do penhor legal são todas as coisas móveis alienáveis e penhoráveis, que se encontrem em poder do hóspede ou freguês, sendo próprias[49].

Igual direito tem o dono do prédio rústico ou urbano sobre os bens móveis que o arrendatário ou inquilino tiver guarnecendo o mesmo prédio, pelos aluguéis ou rendas, conforme estabelece o inciso II do citado art. 1.467.

A garantia abrange todos os móveis, indistintamente, que se encontrem no interior do prédio local, não se estendendo aos que se situam alhures. No caso de

---

[48] Washington de Barros Monteiro, *Curso*, cit., v. 3, p. 363; Silvio Rodrigues, *Direito civil*, cit., v. 5, p. 357.
[49] Marco Aurélio S. Viana, *Comentários*, cit., v. XVI, p. 783; Washington de Barros Monteiro, *Curso*, cit., v. 3, p. 364.

imóvel urbano, o penhor legal incide sobre a mobília do inquilino e sobre quaisquer móveis que se encontrem em seu interior, como joias, roupas, livros, quadros, animais domésticos e alimentos. Se se tratar de prédio rústico, destinado à cultura, o penhor compreenderá, além da mobília, animais de custeio, sementes, frutas colhidas, madeiras cortadas, instrumentos agrícolas etc.[50].

O senhorio ainda é contemplado, no art. 964, VI, do Código Civil, com o privilégio especial sobre as alfaias e utensílios de uso doméstico, nos prédios rústicos ou urbanos, quanto às prestações do ano corrente e do anterior.

Para justificar o penhor, não basta o hospedeiro ou fornecedor de pousada ou alimento apresentar uma conta qualquer. Só vale a que for *"extraída conforme a tabela impressa, prévia e ostensivamente exposta na casa"*, contendo os *"preços de hospedagem, da pensão ou dos gêneros fornecidos"* (CC, art. 1.468). Neste caso, o hóspede ou consumidor não poderá alegar ignorância do custo da hospedagem ou do alimento, ou que o preço cobrado é por demais elevado, uma vez que dele tomou ciência de antemão. Pressupõe a lei, portanto, a celebração de um contrato de adesão aos preços expostos, a serem cobrados pelos serviços a serem prestados.

Comina a lei a pena de nulidade do penhor, se a conta não se faz à vista da tabela impressa e que se encontrava prévia e ostensivamente exposta na casa.

O art. 1.469 do Código Civil permite que o credor tome posse, em garantia, em cada um dos casos do art. 1.467, *"de um ou mais objetos até o valor da dívida"*. Essa apreensão se faz independentemente de prévia autorização da autoridade judiciária. A quantidade de bens a serem apreendidos se regulará pelo montante da dívida. Poderá, dependendo do caso, abranger vários ou apenas um. Se, por exemplo, o veículo guardado pelo hóspede na garagem do hotel for de valor suficiente para garantir o débito, não haverá necessidade de se apreender outros.

Por conseguinte, a norma legal pressupõe duas providências: a) a apuração do valor da dívida; b) a avaliação dos objetos empenhados. Como tais providências decorrem de ato unilateral, os valores apurados poderão ser impugnados judicialmente, por ocasião do procedimento de homologação judicial.

Preceitua ainda o art. 1.470 do Código Civil que *"os credores, compreendidos no art. 1.467, podem fazer efetivo o penhor, antes de recorrerem à autoridade judiciária, sempre que haja perigo na demora, dando aos devedores comprovante dos bens de que se apossarem"*.

Verificada a inadimplência do devedor e apurado o valor da dívida, já o referido art. 1.469 autoriza ao credor o imediato apossamento dos bens que se mostrem suficientes para o pagamento. Depois desse ato de constrição, deve o credor se apresentar em juízo, para requerer a homologação judicial (CC, art. 1.471).

---

[50] Washington de Barros Monteiro, *Curso*, cit., v. 3, p. 363.

Conclui-se, desse modo, que o sentido da expressão "*fazer efetivo o penhor, antes de recorrer à autoridade judiciária*", é o seguinte: o credor, "*sempre que haja perigo na demora*", pode promover a *excussão do penhor*, independente de homologação judicial.

Em outras palavras, diz ALDEMIRO REZENDE DANTAS JÚNIOR, "após *tomar os bens em garantia*, deveria o credor requerer judicialmente a homologação do penhor legal. No entanto, tal providência, consistindo em um procedimento judicial, está sujeita à demora que costuma ocorrer em qualquer procedimento da espécie. Assim, se dessa demora decorrer algum perigo para o credor, o penhor deverá ser considerado constituído desde logo, independente de tal homologação, que neste caso será dispensada, e o credor poderá desde logo excutir o bem apreendido"[51].

Tomado o penhor, diz o art. 1.471 do Código Civil, "*requererá o credor, ato contínuo, a sua homologação judicial*". Por sua vez, dispõe o art. 703, § 1º, do Código de Processo Civil de 2015 que, "na petição inicial, instruída com o contrato de locação ou a conta pormenorizada das despesas, a tabela dos preços e a relação dos objetos retidos, o credor pedirá a citação do devedor para pagar ou contestar na audiência preliminar que for designada".

Não basta, como já foi dito, que o credor tome posse dos objetos, nos casos previstos em lei. Exige-se a complementação do ato, por meio da *homologação judicial*, para que se obtenha a sua legalização e a constituição do direito real de garantia. Ocorrendo hipótese de penhor legal, o credor que deixar de requerer-lhe a homologação, nos termos da lei civil, cometerá esbulho, desde que não restitua o objeto apreendido[52].

Poderá o devedor apresentar, em defesa, as seguintes alegações: "I – nulidade do processo; II – extinção da obrigação; III – não estar a dívida compreendida entre as previstas em lei ou não estarem os bens sujeitos a penhor legal; IV – alegação de haver sido ofertada caução idônea, rejeitada pelo credor" (CPC/2015, art. 704).

Homologado o penhor, serão os autos entregues ao requerente, os quais servirão de título para iniciar em seguida a execução pignoratícia, com penhora dos objetos retidos e empenhados. Estes serão, todavia, devolvidos ao devedor, se o penhor não for homologado, ressalvado ao autor o direito de cobrar a dívida pelo procedimento comum, salvo se acolhida a alegação de extinção da obrigação (CPC/2015, art. 706, § 1º).

Igual será o processo se se tratar de credor pignoratício contemplado no art. 1.467, II, do Código Civil. O locador não pago, depois de, pacificamente, sem recorrer à violência ou invasão da casa do inquilino, tomar posse dos objetos

---

[51] *Comentários*, cit., v. XIII, p. 480.
[52] *RT*, 366/455.

pertencentes ao devedor, de valor correspondente ao valor da dívida, requererá ao juiz homologação do penhor legal. Em lugar da conta de despesas, apresentará prova de propriedade do imóvel e do inadimplemento do aluguel, juntando ainda o contrato de locação ou arrendamento.

A homologação do penhor legal poderá ser promovida pela via extrajudicial mediante requerimento, que conterá os requisitos previstos no § 1º do art. 703 do atual Código de Processo Civil, do credor a notário de sua livre escolha. Recebido o requerimento, o notário promoverá a notificação extrajudicial do devedor para, no prazo de 5 (cinco) dias, pagar o débito ou impugnar sua cobrança, alegando por escrito uma das causas previstas no art. 704, hipótese em que o procedimento será encaminhado ao juízo competente para decisão(CPC/2015, art. 703, §§ 2º e 3º).

O art. 1.472 do Código Civil faculta ao *"locatário impedir a constituição do penhor mediante caução idônea"*. O que se exige é que a caução seja idônea. Ela pode ser prestada mediante depósito em dinheiro, títulos de crédito em geral, títulos da União ou dos Estados, pedras e metais preciosos, hipoteca, penhor e fiança.

Além dos casos de penhor legal previstos no art. 1.467 do Código Civil, há também o penhor instituído em favor dos artistas e auxiliares cênicos sobre o material da empresa teatral utilizado nas apresentações, pela importância de seus salários e despesas de transporte (Decs. n. 5.492, de 16-7-1928, art. 16, e n. 18.257, de 10-12-1928, art. 27), e o estabelecido sobre as máquinas e aparelhos utilizados na indústria que se encontrem no prédio dado em locação (Dec.-Lei n. 4.191, de 18-3-1941).

Quando as referidas máquinas e aparelhos estiverem instalados em imóvel alugado a terceiro, pode surgir dualidade de direitos reais de garantia sobre os mesmos objetos, decorrentes do penhor legal do locador e do penhor industrial, nascido da convenção. Nesse caso, o penhor cedular das máquinas e aparelhos utilizados na indústria tem preferência sobre o penhor legal do senhorio (Dec.-Lei n. 413, de 9-1-1969, art. 46)[53].

9. EXTINÇÃO DO PENHOR

O Código Civil destaca, no art. 1.436, as principais causas de extinção do penhor, estatuindo:

"Extingue-se o penhor:

I – extinguindo-se a obrigação;

II – perecendo a coisa;

III – renunciando o credor;

---

[53] Washington de Barros Monteiro, *Curso*, cit., v. 3, p. 366.

IV – confundindo-se na mesma pessoa as qualidades de credor e de dono da coisa;

V – dando-se a adjudicação judicial, a remissão ou a venda da coisa empenhada, feita pelo credor ou por ele autorizada".

Em primeiro lugar, resolve-se o penhor *extinguindo-se a obrigação* por ele garantida. Sendo direito acessório, extingue-se com a extinção do principal. Não importa se esta resulta de pagamento direto ou indireto, como no caso de consignação, ou de sucedâneo do pagamento, como nas hipóteses de novação, compensação e transação.

Se ocorrer novação, em virtude de se contrair uma obrigação com a intenção de extinguir uma anterior, resolve-se com esta o penhor que a assegurava, salvo se, ao novar-se, a garantia for transferida, mediante convenção, para a nova obrigação.

Para que o pagamento acarrete a resolução do penhor há, todavia, de ser integral. Se a obrigação foi apenas parcialmente satisfeita, o penhor continua, na sua integralidade, garantindo o remanescente, por força do princípio da indivisibilidade da garantia insculpido no art. 1.421 do Código Civil. A garantia remanesce integralmente, ainda que reste uma só parcela para que o débito seja inteiramente saldado.

Urge salientar que, se a dívida se extingue por efeito de algum ato que determine a sub-rogação, legal ou convencional, são transferidos ao novo credor todos os direitos, ações, privilégios e garantias do primitivo, em relação à dívida, contra o devedor principal e os fiadores (CC, art. 349).

Em segundo lugar, resolve-se o penhor, *perecendo a coisa* (art. 1.436, II). Desaparecendo o objeto, igual sorte tem o direito. Se o direito real decorre da posse da coisa empenhada, extingue-se a garantia desde que a coisa venha a perecer. Dá-se, então, resolução da garantia sem extinção da obrigação, que passa a ser pura e simples, e sem privilégio. O penhor fica sem objeto, mas o crédito sobrevive, passando o seu titular, porém, à condição de quirografário, despido da preferência que anteriormente desfrutava.

A extinção do penhor ocorre somente quando todo o objeto perece. Em caso de deterioração, que consiste em destruição parcial, a garantia permanece quanto à fração não atingida.

Se a perda é resultante de força maior ou caso fortuito, o penhor se resolve e o credor fica sem qualquer segurança especial; se se deve à culpa do credor, responde este pelo prejuízo resultante. Na hipótese, porém, de o perecimento ter sido indenizado, seja em virtude de culpa de terceiro, seja em razão de seguro, sub-roga-se a garantia no valor recebido, e em relação a este subsiste o penhor. O mesmo se dá com a desapropriação, sobre cujo preço incidirá o direito do credor pignoratício (CC, art. 1.425, § 1º)[54].

---

[54] Caio Mário da Silva Pereira, *Instituições*, cit., v. IV, p. 358-359; Eduardo Espínola, *Direitos reais limitados*, cit., p. 352, nota 73.

Em terceiro lugar, resolve-se o penhor pela *renúncia do credor* (art. 1.436, III). Nada obsta a que o credor, por um ato de vontade, renuncie à garantia pignoratícia, desde que capaz e disponha de seus bens. Neste caso, a abdicação afastará apenas a garantia, e não o crédito, que subsistirá na qualidade de quirografário. Todavia, a renúncia a este importa na daquela. Dispõe, a propósito, o art. 387 do Código Civil: "*A restituição voluntária do objeto empenhado prova a renúncia do credor à garantia real, não a extinção da dívida*".

A renúncia pode ser expressa, resultando de ato *inter vivos* ou *mortis causa*, e tácita. Será *tácita*, como esclarece o § 1º do citado art. 1.436, quando o credor: a) "*consentir na venda particular do penhor sem reserva de preço*"; b) "*restituir a sua posse ao devedor*"; e c) "*anuir à sua substituição por outra garantia*".

Em quarto lugar, extingue-se o penhor pela *confusão* (art. 1.436, IV). Ocorre tal modo de extinção da garantia real quando, por efeito de algum fato da vida jurídica, se confundem, na mesma pessoa, as qualidades de credor e dono da coisa. Deixa de haver interesse na manutenção da garantia, com efeito, se a coisa empenhada passa a pertencer ao credor, por aquisição *inter vivos* ou *mortis causa*. Todavia, se a causa motivadora da confusão vem a desaparecer, como na hipótese de se anular o testamento que a gerou, restabelece-se a garantia[55].

Se a confusão se opera "*tão somente quanto a parte da dívida pignoratícia, subsistirá inteiro o penhor quanto ao resto*", como enfatiza o § 2º do aludido art. 1.436.

Por fim, *em quinto lugar*, extingue-se o penhor dando-se *a adjudicação judicial, a remição ou a venda da coisa empenhada*, feita pelo credor ou por ele autorizada (art. 1.436, V). Observe-se que o texto menciona, por equívoco, o vocábulo "remissão", que significa perdão de dívida e é usado no direito das obrigações, quando o correto é "remição", como mencionamos, que importa, em matéria de direitos reais, liberação da coisa gravada, mediante pagamento ao credor.

As figuras mencionadas são disciplinadas no estatuto processual civil. A adjudicação judicial se dá quando, após a avaliação e a praça, sem que se apresente lançador, o credor requer a incorporação ao seu patrimônio do bem em causa, oferecendo preço não inferior ao que consta do edital.

A remição, como explicado, consiste na prerrogativa concedida ao devedor solvente de excluir da penhora determinado bem, oferecendo antes da arrematação, ou da adjudicação, a importância da dívida, mais juros, custas e honorários advocatícios (CPC/2015, art. 826).

A venda amigável do penhor só poderá ser efetivada se o permitir expressamente o contrato ou se concordarem as partes.

---

[55] Caio Mário da Silva Pereira, *Instituições*, cit., v. IV, p. 360.

A enumeração das causas de extinção do penhor feita pelo legislador é meramente exemplificativa. Outras podem ainda ser apontadas, como: a) resolução da propriedade da pessoa que constitui a garantia, em decorrência de causa preexistente, como vício ou defeito do contrato de aquisição; b) reivindicação da coisa empenhada julgada procedente; c) nulidade da obrigação principal; d) prescrição desta; e) vencimento do prazo, quando o penhor é constituído a termo.

Extinto o penhor por qualquer das causas mencionadas, o credor deverá restituir o objeto empenhado. A extinção, todavia, somente produzirá efeitos *"depois de averbado o cancelamento do registro, à vista da respectiva prova"* (CC, art. 1.437). O cancelamento se faz por averbação à margem do registro respectivo. Faz-se mister que o interessado apresente prova da extinção do penhor ao oficial do cartório, que pode consistir em sentença ou documento autêntico de quitação ou de exoneração do título registrado, ou ainda de extinção por outra forma (LRP, art. 164).

Capítulo III
DA HIPOTECA

> *Sumário*: 1. Conceito. 2. Características. 3. Requisitos jurídicos da hipoteca. 3.1. Requisito objetivo. Hipoteca naval, aérea, de vias férreas e de recursos naturais. 3.2. Requisito subjetivo. 3.3. Requisito formal: título, especialização, registro. 4. Espécies de hipoteca. 4.1. Hipoteca convencional. 4.2. Hipoteca legal. 4.3. Hipoteca judicial. 5. Pluralidade de hipotecas. 6. Efeitos da hipoteca. 6.1. Efeitos em relação ao devedor. 6.2. Efeitos em relação ao credor. 6.3. Efeitos em relação a terceiros. 7. Direito de remição. 8. Perempção da hipoteca. 9. Prefixação do valor do imóvel hipotecado para fins de arrematação, adjudicação e remição. 10. Hipotecas constituídas no período suspeito da falência. 11. Instituição de loteamento ou condomínio no imóvel hipotecado. 12. Cédula hipotecária. 13. Execução da dívida hipotecária. 14. Extinção da hipoteca.

1. CONCEITO

Hipoteca é o direito real de garantia que tem por objeto bens imóveis, navio ou avião pertencentes ao devedor ou a terceiro e que, embora não entregues ao credor, asseguram-lhe, preferencialmente, o recebimento de seu crédito[1].

No direito moderno, a hipoteca é concebida e regulada, de modo geral, como direito real de garantia que consiste em sujeitar um imóvel, preferentemente, ao pagamento de uma dívida de outrem, sem retirá-lo da posse do dono. Inocorrendo a *solutio*, o credor pode excuti-lo, alienando-o judicialmente e tendo primazia sobre o produto de arrematação, para cobrar-se da totalidade da dívida e de seus acessórios.

Conheceram os romanos, além da garantia de natureza pessoal, sob a forma de fiança, diversas modalidades de garantia real, como a *fiducia*, o *pignus*, a hipoteca e a anticrese. A palavra "hipoteca", derivada do grego, indica a ideia de submeter uma

---

[1] Silvio Rodrigues, *Direito civil*, v. 5, p. 390.

coisa a outra. No direito romano não se estabeleceu, todavia, uma distinção precisa entre o *pignus* e a *hypotheca* – o que levou alguns estudiosos a dizer que entre o penhor e a hipoteca só difere o nome.

Em realidade, a origem romana do instituto é muito obscura. Com efeito, o penhor e a hipoteca incidiam em coisas móveis e imóveis, expressando denominações diferentes para um mesmo vínculo. Somente numa fase mais evoluída o penhor passou a se perfazer com a imissão do credor na posse da coisa, enquanto a hipoteca se constituía conservando-a o próprio devedor.

As Ordenações mantiveram o sistema romano com poucas modificações, estabelecendo-se, porém, uma confusão de princípios, limitando-se basicamente a adotar o direito hipotecário romano, com suas falhas e imperfeições.

O direito brasileiro colocou ordem na situação, imprimindo à hipoteca o rumo que perdura até hoje, disciplinando-a com base nos dois requisitos básicos, a especialidade e a publicidade. A publicidade se efetiva pelo registro imobiliário, que se aperfeiçoou com o tempo[2].

A primeira disciplina da hipoteca entre nós veio com a Lei n. 317, de 21 de outubro de 1843, seguida do seu regulamento determinado pelo Decreto n. 842, de 14 de novembro de 1846. Inúmeras leis e regulamentos se seguiram, no direito pré-codificado.

O Código Civil de 1916 sistematizou o instituto da hipoteca, aproveitando a experiência legislativa do passado. O advento da Lei n. 6.015, de 31 de dezembro de 1973 (Lei dos Registros Públicos), veio imprimir maior segurança aos negócios imobiliários, regulamentando os registros públicos.

O atual Código Civil procurou aperfeiçoar a disciplina do aludido direito real, incorporando várias inovações que serão adiante comentadas.

Pode-se afirmar que a hipoteca, como direito real de garantia, recaindo sobre bens imóveis, segundo o conceito admitido em nosso direito, assumiu grande importância, na vida dos povos modernos, pela frequência e pelo vulto das transações. Além disso, surgiram novas exigências de garantias reais, procurando-se estender a garantia hipotecária a coisas móveis, como a hipoteca dos navios e das aeronaves[3].

2. CARACTERÍSTICAS

As principais características jurídicas da hipoteca, além das já citadas, são as seguintes:

---

[2] Caio Mário da Silva Pereira, *Instituições de direito civil*, v. IV, p. 366-367.
[3] Eduardo Espínola, *Direitos reais limitados e direitos reais de garantia*, p. 400.

a) Possui *natureza civil*, ainda que a dívida seja comercial e comerciantes as partes, como expressamente dispunha o art. 809 do Código Civil de 1916. O diploma de 2002 não reproduziu a solene afirmação, tendo em vista que o princípio é aceito tranquilamente em nosso direito e todas as obrigações, agora, com a unificação havida e a introdução do Livro do Direito de Empresa, são civis.

b) É *direito real*, colocando-se ao lado do penhor e da anticrese na categoria das garantias que submetem uma coisa ao pagamento de dívida. Tem por objeto coisa imóvel, que fica sujeita à solução do débito, podendo incidir ainda sobre navio ou avião, como já dito. Pode recair, também, sobre bens móveis, enquanto estes são acessórios de um imóvel, no caso dos imóveis por acessão intelectual ou destinação do proprietário, como sucede com as máquinas utilizadas nas empresas e os animais mantidos em uso nos serviços de uma fazenda (CC, arts. 1.473, I, e 1.474), uma vez que as pertenças, como denominados no art. 93 do mesmo diploma, *não constituem partes integrantes*.

c) O objeto gravado deve ser de *propriedade do devedor ou de terceiro*. Pode, efetivamente, o hipotecante ser pessoa diversa do devedor, embora costume o próprio devedor oferecer o seu imóvel em garantia.

d) O devedor *continua na posse* do bem hipotecado. Tal circunstância representa fator relevante na constituição da hipoteca. Ao contrário do que ocorre no penhor, o hipotecante conserva em seu poder o bem dado em garantia e sobre ele exerce todos os seus poderes, usando-o segundo a sua destinação e percebendo-lhe os frutos. Todavia, o seu direito deixa de ser pleno, pois a coisa está vinculada à solução da dívida, pesando sobre ela o ônus representado pelo direito de garantia do credor sobre coisa alheia.

O devedor, no entanto, só será desapossado, por via judicial e mediante excussão hipotecária, do bem dado em segurança do crédito, se se tornar inadimplente, deixando de cumprir a obrigação avençada. O Código Civil considera nula, como retromencionado, a cláusula comissória, pela qual se autoriza o credor a ficar com o objeto da garantia, se a dívida não for paga no vencimento (art. 1.428), admitindo, no entanto, a dação em pagamento do imóvel objeto da garantia, convencionada entre o hipotecante e o credor hipotecário, desde que a dívida esteja vencida (art. 1.428, parágrafo único).

e) É *indivisível*, pois a hipoteca grava o bem na sua totalidade (CC, art. 1.421), não acarretando exoneração correspondente da garantia o pagamento parcial da dívida. Desse modo, enquanto não liquidada, a hipoteca subsiste por inteiro sobre a totalidade dos bens gravados, salvo convenção em contrário. Se diversos os devedores, o ônus hipotecário não se extingue sem o pagamento integral do débito garantido, ainda que a obrigação não seja solidária.

f) Tem *caráter acessório*. É direito real criado para assegurar a eficácia de um direito pessoal. Se este se extingue, desaparece também o ônus real, que não pode subsistir sem um crédito, cujo pagamento pretende garantir.

g) É, na modalidade convencional, *negócio solene*. Dispõe, com efeito, o art. 108 do Código Civil que "*a escritura pública é essencial à validade dos negócios jurídicos que visem à constituição, transferência, modificação ou renúncia de direitos reais sobre imóveis de valor superior a trinta vezes o maior salário mínimo vigente no País*".

h) Confere ao seu titular os *direitos de preferência e sequela*. Trata-se de um corolário de sua natureza real. Se o bem for alienado, será transferido ao adquirente com o ônus da hipoteca que o grava, desde que tenha havido o prévio registro. Caso contrário, o adquirente não lhe sofre os efeitos.

Erige-se a hipoteca em direito real, oponível *erga omnes*, provida de sequela e que gera para o credor o poder de excutir o bem hipotecado, para se pagar preferencialmente com a sua venda em hasta pública.

i) Assenta-se em dois princípios: o da *especialização* e o da *publicidade*, já abordados no n. 2.3 do Título X, *retro*, concernente aos requisitos formais dos direitos reais de garantia.

3. REQUISITOS JURÍDICOS DA HIPOTECA

A validade e eficácia da hipoteca dependem do preenchimento de requisitos de natureza objetiva, subjetiva e formal.

3.1. Requisito objetivo. Hipoteca naval, aérea, de vias férreas e de recursos naturais

De acordo com o art. 1.473 do Código Civil, podem ser *objeto de hipoteca*:

"*I – os imóveis e os acessórios dos imóveis conjuntamente com eles;*

II – o domínio direto;

III – o domínio útil;

IV – as estradas de ferro;

V – os recursos naturais a que se refere o art. 1.230, independentemente do solo onde se acham;

VI – os navios;

VII – as aeronaves;

VIII – o direito de uso especial para fins de moradia;

IX – o direito real de uso;

X – a propriedade superficiária;

XI – os direitos oriundos da imissão provisória na posse, quando concedida à União, aos Estados, ao Distrito Federal, aos Municípios ou às suas entidades delegadas e a respectiva cessão e promessa de cessão.

Parágrafo único. A hipoteca dos navios e das aeronaves reger-se-á pelo disposto em lei especial.

§ 2º Os direitos de garantia instituídos nas hipóteses dos incisos IX e X do caput deste artigo ficam limitados à duração da concessão ou direito de superfície, caso tenham sido transferidos por período determinado".

Os incisos VIII, IX e X foram acrescentados pela Lei n. 11.481, de 31 de maio de 2007, sem renumeração, por evidente equívoco, do antigo parágrafo único.

A hipoteca, no direito romano, somente numa fase avançada passou a ser direito real com incidência apenas sobre bens imóveis. Com essa característica passou para o direito alemão, como acontece até hoje (art. 1.113). Entre nós, todavia, pode a hipoteca ser estabelecida também sobre navios e aeronaves, que não constituem bens imóveis. Em outras legislações, como no direito italiano, *verbi gratia*, certos bens móveis, além dos já mencionados, como automóveis e outros, podem ser dados em hipoteca.

A hipoteca dos navios e das aeronaves rege-se pelo disposto em lei especial, como assinala o parágrafo único do citado dispositivo. Embora sejam móveis, é admitida a hipoteca, por conveniência econômica e porque são suscetíveis de identificação e individuação, tendo registro peculiar, possibilitando a especialização e a publicidade, princípios que norteiam o direito real de garantia.

Sendo condição natural da hipoteca a *acessoriedade*, pressupõe ela a *existência de uma dívida*, à qual adere e busca assegurar. Essa dívida pode ser atual ou futura, condicional, a termo ou pura e simples. A dívida futura ou eventual é frequente na hipoteca legal. Dispõe o art. 1.487 do Código Civil que "*a hipoteca pode ser constituída para garantia de dívida futura ou condicionada, desde que determinado o valor máximo do crédito a ser garantido*".

Nesse caso, se houver prévia concordância do devedor na fixação do montante, ou no implemento da condição, pode o credor promover-lhe a execução. Havendo, porém, divergência entre o credor e o devedor, caberá àquele fazer prova do *quantum* devido, ou a verificação da condição. Reconhecido um ou outro, o devedor, além de pagar o devido, responderá por perdas e danos, em razão da superveniente desvalorização do imóvel que sua discordância causou (CC, art. 1.487, §§ 1º e 2º).

Analisando-se o retrotranscrito art. 1.473, verifica-se que:

a) Em primeiro lugar, podem ser objeto de hipoteca "*os imóveis e os acessórios dos imóveis conjuntamente com eles*" (inciso I).

Segundo o art. 79 do aludido diploma, *"são bens imóveis o solo e tudo quanto se lhe incorporar natural ou artificialmente"*, ou seja, o solo e suas acessões, que podem ser naturais ou artificiais. O conceito abrange, portanto, os bens *imóveis por natureza* (o solo, com sua superfície, subsolo e espaço aéreo), *por acessão natural* (árvores, pedras, fontes, cursos de água etc.) e *por acessão artificial ou industrial* (construções e plantações).

Assim, já se decidiu: "Se o bem imóvel foi hipotecado, consequentemente suas acessões – construções –, também o foram, como dispõe o art. 822 do CC (*de 1916; CC/2002: art. 1.474*). Muito embora a casa construída não tenha sido averbada no Registro competente, ela não existe como ser distinto do terreno, sendo um todo indivisível. A cláusula de transferência dos direitos de posse e de propriedade de edificação de alvenaria sobre imóvel gravado com hipoteca macula a mesma de nulidade, pois somente através da arrematação do bem é que o devedor decai da propriedade do seu imóvel"[4].

As unidades autônomas em condomínio edilício (apartamentos, salas, escritórios, lojas, abrigos para veículos) podem ser dadas em hipoteca pelos respectivos proprietários, conjunta ou separadamente, com as respectivas frações ideais no solo e nas outras partes comuns, independentemente da anuência dos demais condôminos (CC, art. 1.331, § 1º). Destruído o edifício, subsiste a hipoteca relativamente ao solo.

Como inovação, o art. 1.488, §§ 1º a 3º, do Código Civil abre uma exceção ao princípio da indivisibilidade da hipoteca, no caso de o imóvel dado em garantia hipotecária vir a ser loteado ou nele se constituir condomínio edilício, permitindo que os interessados (credor, devedor ou donos) requeiram ao juiz a divisão do ônus, proporcionalmente ao valor de cada uma das partes. Não pode o credor opor-se ao desmembramento, se não houver diminuição de sua garantia. O desmembramento do ônus hipotecário não exonera o devedor originário de responder com os seus bens pelo restante do débito, se o produto da execução da hipoteca for insuficiente para a solução da dívida e despesas judiciais.

Proclama a *Súmula 308 do Superior Tribunal de Justiça*: "A hipoteca firmada entre a construtora e o agente financeiro, anterior ou posterior à celebração da promessa de compra e venda, não tem eficácia perante os adquirentes do imóvel".

No condomínio tradicional, somente com a concordância de todos pode ser hipotecado o imóvel na sua totalidade. Mas cada condômino pode gravar a respectiva parte ideal (CC, arts. 1.314 e 1.420, § 2º).

Só são passíveis de hipoteca imóveis que se achem no comércio e sejam alienáveis. Não podem ser hipotecados os onerados com cláusula de inalienabilidade

---

[4] TJDF, Ap. 50.455/98, 4ª T., *DJ*, 7-6-2000.

ou os que se encontrem *extra commercium* (CC, art. 1.420). Por abstratos, simples direitos hereditários não são suscetíveis de hipoteca, mesmo porque torna-se impossível o seu registro no Cartório de Registro de Imóveis.

Igualmente não se admite a hipoteca de bens futuros. Em atenção ao princípio da especialização, incide ela sobre os bens especificamente designados na escritura, tornando-se impossível a existência de hipoteca sobre bens futuros ou ainda não concretizados, uma vez que não passam de mera esperança[5].

No tocante ao *bem de família*, assinala o art. 3º da Lei n. 8.009, de 29 de março de 1990, que a impenhorabilidade que caracteriza o aludido bem é oponível em qualquer processo de execução, salvo se movido: "... V – para execução de hipoteca sobre o imóvel oferecido como garantia real pelo casal ou pela entidade familiar". Cuida-se de situação em que o devedor, na constituição de um contrato de mútuo qualquer, oferece, como garantia real, o imóvel residencial da família[6].

A solução tem sido estendida a outros casos em que o próprio devedor oferece à penhora o bem de família[7].

Entretanto, visando garantir o direito à moradia da família, a *3ª Turma do Superior Tribunal de Justiça* reformou acórdão do Tribunal de Justiça de Minas Gerais que, com base no art. 3º, V, da Lei n. 8.009/90, havia afastado a impenhorabilidade de imóvel dado como garantia hipotecária em favor de outro credor. Para essa conclusão, considerou-se que:

"Tratando-se de execução proposta por credor diverso daquele em favor do qual fora outorgada a hipoteca, é inadmissível a penhora do bem imóvel destinado à residência do devedor e de sua família, não incidindo a regra de exceção do artigo 3º, inciso V, da Lei n. 8.009/90"[8].

O inciso I, segunda parte, do citado art. 1.473 permite igualmente hipoteca de "*acessórios dos imóveis conjuntamente com eles*". Reforçando o princípio, acrescenta o art. 1.474 do mesmo diploma que "*a hipoteca abrange todas as acessões,*

---

[5] Washington de Barros Monteiro, *Curso de direito civil*, v. 3, p. 406-408; Planiol, Ripert e Boulanger, *Traité élémentaire de droit civil*, v. II, n. 3.660.

[6] "Penhora. Bem de família. Imóvel objeto de garantia hipotecária do débito em execução. Inaplicabilidade do benefício. Art. 3º, V, da Lei 8.009/90. Embargos à arrematação improcedentes" (1º TACSP, Ap. 617.896, Conchas, 3ª Câm., rel. Juiz Antonio Rigolin, j. 26-12-1996).

[7] "Penhora. Bem de família. Nomeado o bem à penhora, voluntariamente, renunciou a ré ao benefício concedido pela Lei, sendo-lhe defeso sustentar a ineficácia do ato. Embargos improcedentes" (1º TACSP, Ap. 578.115-SP, 6ª Câm., rel. Juiz Carlos Roberto Gonçalves, j. 6-12-1994). "Do mesmo modo, desaparece a impenhorabilidade se os bens protegidos foram ofertados à penhora pelo próprio devedor" (*RT*, 725/379; STJ, REsp 54.740-7-SP, 4ª T., rel. Min. Ruy Rosado de Aguiar).

[8] REsp 1.604.422-MG, 3ª T., rel. Min. Paulo de Tarso Sanseverino, j. 24-8-2021.

melhoramentos ou construções do imóvel. Subsistem os ônus reais constituídos e registrados, anteriormente à hipoteca, sobre o mesmo imóvel".

O Código Civil trata dos bens principais e acessórios nos arts. 92 a 97. Compreendem-se, na grande classe dos bens acessórios, os produtos, os frutos, as pertenças e as benfeitorias ou melhoramentos.

As pertenças ou bens móveis que, *não constituindo partes integrantes*, se destinam, de modo duradouro, ao uso, ao serviço ou ao aformoseamento de outro (art. 93), como os tratores destinados a uma melhor exploração de propriedade agrícola, e os objetos de decoração de uma residência, por exemplo, enquanto conservarem essa destinação, dada pelo proprietário, são considerados bens imóveis por acessão intelectual, tendo em vista que, como consequência do princípio de direito *acessorium sequitur suum principale*, a natureza do acessório é a mesma do principal. Por conseguinte, estão sujeitos a hipoteca, desde que expressamente incluídos no título constitutivo, uma vez que não são partes integrantes, como os imóveis por acessão industrial ou artificial[9].

Segundo a lição de LACERDA DE ALMEIDA, "nem sempre, porém, é possível distinguir à primeira vista se as coisas existentes no imóvel são ou não destinadas ao serviço e meneio deste para poderem ser incluídas na hipoteca: a lei deixou às partes declará-lo no contrato, tal é o caso dos animais pertencentes às propriedades agrícolas"[10].

Se, no entanto, são separadas do imóvel, recebendo destinação diversa, assumem o caráter de coisas móveis, insuscetíveis de hipoteca. Se o proprietário promove, de má-fé, o desligamento do acessório em relação à coisa, e com isto reduz a garantia, é facultado ao credor pleitear reforço da hipoteca e, em caso de recusa, promover a execução hipotecária[11].

Nessa modalidade de execução são penhoráveis os aluguéis do prédio hipotecado, em face da indivisibilidade da garantia e da abrangência dos acessórios do imóvel, neles se incluindo os rendimentos, se insuficiente o valor do bem onerado com a hipoteca.

b) Em segundo e terceiro lugar, podem ser hipotecados o *domínio direto* e o *domínio útil*, isto é, o domínio do senhorio direto e o domínio do enfiteuta, se constituída a hipoteca na vigência do Código Civil de 1916, ou do superficiário. Doutrina, a propósito, SAN TIAGO DANTAS: "Ainda se tem de acrescentar uma observação: é que em hipoteca, tanto se pode oferecer a coisa de que se tem o domínio pleno, como aquela de que se tem, apenas, o domínio útil"[12].

---

[9] Pontes de Miranda, *Tratado de direito privado*, t. XX, p. 70.
[10] *Direito das cousas*, v. II, p. 208-209.
[11] Caio Mário da Silva Pereira, *Instituições*, cit., v. IV, p. 373.
[12] *Programa de direito civil*, v. III, p. 429.

c) Em quarto lugar, permite o Código Civil (art. 1.473, IV) a hipoteca das *estradas de ferro*, que são imóveis aderentes ao solo, constituindo unidades econômicas relevantes disciplinadas em capítulo especial (arts. 1.502 a 1.505).

A ferrovia pode ser objeto de hipoteca, como complexo abrangente do material fixo (trilhos e o solo onde assentados, terrenos marginais, estações ao longo da linha, oficinas, edifícios utilizados para o serviço da via férrea) e material rodante (locomotiva, vagões), constituindo uma universalidade de fato. Ao destacá-la dentre os imóveis suscetíveis de hipoteca, o Código Civil teve em conta a necessidade de atender ao serviço público por ela prestado e o alto valor econômico e social dessa via de transporte a distância de pessoas e mercadorias.

Pode-se afirmar que a característica predominante na hipoteca das vias férreas reside na continuidade do seu funcionamento. Para tanto, prescreve o art. 1.503 do Código Civil que "*os credores hipotecários não podem embaraçar a exploração da linha, nem contrariar as modificações, que a administração deliberar, no leito da estrada, em suas dependências, ou no seu material*".

Seja qual for, porém, o domicílio da empresa que as explore, o ônus hipotecário será registrado "*no Município da estação inicial da respectiva linha*", como determina o art. 1.502.

A hipoteca pode compreender toda a linha ou restringir-se apenas a um ramal. A esse respeito estatui o art. 1.504, primeira parte, que o gravame será circunscrito "*à linha ou às linhas especificadas na escritura e ao respectivo material de exploração, no estado em que ao tempo da execução estiverem*". Se, no entanto, a hipoteca limitar-se a um ramal apenas, o registro efetuar-se-á de acordo com a regra geral, ou seja, na comarca em que situada estiver a primeira estação da linha principal[13].

Quanto à extensão, o ônus real poderá, como dito, abranger toda a estrada ou uma determinada linha. Mas os credores hipotecários têm o direito de impedir operações que possam romper a unidade da exploração comercial, tais como a venda da estrada ou de suas linhas, ou ainda a fusão com outra empresa, sempre que a garantia lhes parecer com isto enfraquecida (CC, art. 1.504, segunda parte).

Trata-se de uma particularidade da hipoteca de vias férreas. Na hipoteca comum não pode o credor se opor à venda, pelo devedor, do bem imóvel hipotecado, sendo "*nula a cláusula que proíbe ao proprietário alienar imóvel hipotecado*" (CC, art. 1.475), uma vez que o credor hipotecário não é afetado pela aludida alienação, tendo em vista que o seu direito é oponível *erga omnes* e munido da sequela.

---

[13] Washington de Barros Monteiro, *Curso*, cit., v. 3, p. 426.

Essa regra, no entanto, é excepcionada no caso da hipoteca de estrada de ferro, sendo permitido que o credor se oponha à venda da linha que se encontra hipotecada, assim como à alienação dos ramais que a integram ou de parte considerável dos materiais utilizados na sua exploração. Não pode se opor, todavia, à alienação de linhas não abrangidas pela garantia[14].

Outra característica da hipoteca de estrada de ferro é que, no caso de arrematação, não se expedirá carta ao maior licitante antes de intimação ao representante da União ou do Estado a que tocar a preferência, para utilizá-la no prazo de quinze dias, pagando o preço da arrematação ou adjudicação (CC, art. 1.505).

Confere a lei à União, ou ao Estado, o direito de remir a via férrea, em nome do interesse público. Com efeito, o objetivo do legislador, na hipótese, é ensejar a devolução da exploração da estrada de ferro a uma das mencionadas pessoas jurídicas de direito público interno, de preferência a que venha a cair em mãos particulares. Nula será a carta ao maior licitante, ou ao adjudicatário, sem prévia notificação da União ou do Estado[15].

d) Em quinto lugar, podem ser hipotecados os *recursos naturais* a que se refere o art. 1.230 (jazida, minas, pedreiras, demais recursos minerais, os potenciais de energia hidráulica, os monumentos arqueológicos etc.), independentemente do solo em que se acham. O art. 1.473, V, do Código Civil de 2002 substituiu as minas e pedreiras, que constavam do art. 825 do diploma de 1916, pela expressão *recursos naturais*.

Preceitua o art. 176 da Constituição Federal que "as jazidas, em lavra ou não, e demais recursos minerais e os potenciais de energia hidráulica constituem propriedade distinta da do solo, para efeito de exploração ou aproveitamento, e pertencem à União, garantida ao concessionário a propriedade do produto da lavra".

Convertido o direito de exploração das aludidas riquezas minerais a uma concessão do Governo, podem ser dadas em garantia, hipotecando-se as instalações fixas. O gravame sobre a autorização governamental será feito mediante averbação no Livro de Registro de Concessão da Lavra. As pedreiras, que pela sua natureza não dependem de concessão, podem ser hipotecadas[16].

e) Em sexto lugar figuram os *navios* como suscetíveis de hipoteca, embora sejam bens móveis (art. 1.473, VI). O Código Civil limita-se a proclamar a possibilidade do navio ser objeto de hipoteca, mas não regula a sua constituição. Esta é regida pelo disposto em leis especiais, conforme estabelece o parágrafo único do citado art. 1.473. As disposições do estatuto civil serão aplicáveis naquilo em que não conflitarem com as normas especiais.

---

[14] Aldemiro Rezende Dantas Júnior, *Comentários ao Código Civil brasileiro*, v. XIII, p. 800-801.
[15] Washington de Barros Monteiro, *Curso*, cit., v. 3, p. 427.
[16] Caio Mário da Silva Pereira, *Instituições*, cit., v. IV, p. 375.

O art. 3º da Lei n. 7.652, de 3 de fevereiro de 1988, com a redação que lhe foi dada pela Lei n. 9.774, de 21 de dezembro de 1998, determina que todas as embarcações brasileiras, exceto as da Marinha de Guerra, devem ser inscritas na Capitania dos Portos ou órgão subordinado, em cuja jurisdição for domiciliado o proprietário ou armador, ou onde for operar a embarcação.

Dispõe também a aludida Lei n. 7.652/88, no art. 2º, que o registro da propriedade das embarcações destinadas à navegação de longo curso tem por objeto estabelecer a nacionalidade, validade, segurança e publicidade da propriedade de embarcações. O Decreto n. 18.871, de 13 de agosto de 1919, denominado Código de Bustamante, também traz normas a respeito da hipoteca marítima.

O navio pode ser objeto de hipoteca, quer se destine à navegação fluvial ou marítima, de longa ou pequena cabotagem. Como já mencionado, malgrado seja bem móvel, possui grande valor econômico e vincula-se a um determinado porto, tendo registro próprio, o que lhe confere publicidade. Além disso, é identificado por um nome e outros caracteres, que lhe conferem individualidade. Todas essas características tornam possível sua oferta em garantia hipotecária.

f) Também as *aeronaves* são hipotecáveis, conforme consta do inciso VII do aludido art. 1.473. Como sucede com a hipoteca incidente sobre navios, a de aviões também é regulada por lei especial, e não pelas disposições do Código Civil, como ressalta o parágrafo único do mencionado dispositivo.

O Código Brasileiro de Aeronáutica (Lei n. 7.565, de 19-12-1986) considera aeronave "todo aparelho manobrável em voo, que possa sustentar-se e circular no espaço aéreo, mediante reações aerodinâmicas, apto a transportar pessoas ou coisas" (art. 106). Poderão ser objeto de hipoteca, diz o art. 138, *caput*, da referida lei, "as aeronaves, motores, partes e acessórios de aeronaves, inclusive aquelas em construção". Aduz o § 1º que "não pode ser objeto de hipoteca, enquanto não se proceder à matrícula definitiva, a aeronave inscrita e matriculada provisoriamente, salvo se for para garantir o contrato, com base no qual se fez a matrícula provisória".

A referência a aeronave, "sem ressalva, compreende todos os equipamentos, motores, instalações e acessórios, constantes dos respectivos certificados de matrícula e aeronavegabilidade. No caso de incidir sobre motores, deverão eles ser inscritos e individuados no Registro Aeronáutico Brasileiro, no ato da inscrição da hipoteca, produzindo esta os seus efeitos ainda que estejam equipando aeronave hipotecada a distinto credor, exceto no caso de haver nos respectivos contratos cláusula permitindo a rotatividade dos motores" (CBA, art. 138, §§ 2º e 3º).

Estabelece o art. 72, II, do Código Brasileiro de Aeronáutica que o Registro Aeronáutico Brasileiro será público, único e centralizado, destinando-se a ter, em relação à aeronave, entre outras, as funções de reconhecer a aquisição do domínio na transferência por ato entre vivos e "dos direitos reais de gozo e garantia".

Acrescenta o art. 141 da mencionada lei especial que "a hipoteca constituir-se-á pela inscrição do contrato no Registro Aeronáutico Brasileiro e com a averbação no respectivo certificado de matrícula".

g) Conforme já mencionado, os incisos VIII, IX e X do art. 1.473 do Código Civil, retrotranscrito, que incluíram no rol dos bens que podem ser objeto de hipoteca o *"direito de uso especial para fins de moradia", "o direito real de uso"* e a *"propriedade fiduciária"*, foram acrescentados pela Lei n. 11.481, de 31 de maio de 2007.

Prescreve o § 2º do aludido dispositivo legal que os *"direitos de garantia instituídos nas hipóteses dos incisos IX e X do* caput *deste artigo ficam limitados à duração da concessão ou direito superfície, caso tenham sido transferidos por período determinado"*.

3.2. Requisito subjetivo

Para a validade da hipoteca exige a lei, além da *capacidade geral* para os atos da vida civil, a especial para *alienar*. Apenas as coisas suscetíveis de alienação podem ser dadas em garantia, e *"só aquele que pode alienar poderá empenhar, hipotecar ou dar em anticrese"* (CC, art. 1.420). A exigência se justifica porque o bem será levado a venda judicial se a dívida não for paga.

Embora só possa alienar quem é dono e, por conseguinte, não seja permitida a hipoteca de coisa alheia, dispõe o § 1º do mencionado art. 1.420 que *"a propriedade superveniente torna eficaz, desde o registro, as garantias reais estabelecidas por quem não era dono"*.

O dispositivo ora transcrito encontra-se na mesma linha da estabelecida no art. 1.268 do Código Civil. No *caput* proclama o aludido dispositivo que a tradição, feita por quem não seja proprietário, não aliena a propriedade. Acrescenta, porém, no § 1º que, todavia, *"se o adquirente estiver de boa-fé e o alienante adquire depois a propriedade, considera-se realizada a transferência desde o momento em que ocorreu a tradição"*.

Também no instante em que se constituiu a garantia o proprietário não era proprietário da coisa. Mas o domínio superveniente valida o ato praticado, para proteger a boa-fé daquele que contratou na convicção de que o devedor era o proprietário.

Algumas restrições de natureza subjetiva à liberdade de hipotecar devem ser lembradas. Assim, *nenhum dos cônjuges* pode, sem autorização do outro, exceto no regime da separação absoluta, *"gravar de ônus real os bens imóveis"* (CC, art. 1.647, I). Cabe ao juiz suprir a outorga, quando um dos cônjuges a denegue sem motivo justo, ou lhe seja impossível concedê-la (art. 1.648).

Não existe, todavia, a mesma restrição quanto ao penhor, que incide, em regra, apenas sobre bens móveis. O art. 1.656 do novo diploma permite ainda que, no pacto antenupcial, que adotar o *regime de participação final nos aquestos*, convencionem os cônjuges "*a livre disposição dos bens imóveis*" que integrem o seu patrimônio particular. Permissão assim tão ampla abrange a de darem em garantia real os aludidos bens.

O *ascendente*, malgrado respeitáveis opiniões em contrário, pode hipotecar bens a *descendente*, sem consentimento dos outros, não se lhe aplicando a limitação referente à venda, imposta no art. 496 do Código Civil, que deve ser interpretado restritivamente por cercear o direito de propriedade.

Os menores sob *poder familiar* (CC, art. 1.691) ou *tutela*, bem como os *curatelados*, dependem de representação ou assistência e de *autorização judicial* para que possam gravar os seus bens com ônus reais. Nas hipóteses de tutela e de curatela, podem os tutores e curadores *alienar* bem imóveis, mas somente mediante autorização do juiz (arts. 1.750 e 1.781). Se podem alienar, podem, por conseguinte, oferecer bens do incapaz em hipoteca, desde que previamente autorizados pelo juiz.

Os pródigos, quando atuam sozinhos, não podem hipotecar. Quando, porém, encontram-se assistidos por seu curador, podem fazê-lo, sem mesmo necessidade de autorização judicial, uma vez que a sua situação é regida por norma especial. Dispõe, com efeito, o art. 1.782 do Código Civil que a interdição do pródigo somente o priva de, sem curador, praticar atos que não sejam de mera administração do patrimônio, dentre os quais se insere o oferecimento de garantia real.

O *inventariante* não pode igualmente constituir hipoteca sobre bens que integram o acervo hereditário, salvo mediante autorização judicial. Todavia, o *herdeiro*, aberta a sucessão, pode dar em hipoteca sua parte ideal, que deverá ser separada na partilha e atribuída ao arrematante. Uma vez que o herdeiro pode ceder a terceiros os seus direitos hereditários, considerados imóveis para os efeitos legais (CC, art. 80, II), mediante escritura pública (art. 1.793), nada obsta a que os ofereça em garantia hipotecária. Em caso de execução da dívida, os coerdeiros terão preferência para a arrematação, tanto por tanto (art. 1.794).

A garantia oferecida pelo coerdeiro só pode concernir à quota hereditária. Será *ineficaz* se incidir sobre bem da herança considerado singularmente, aplicando-se analogicamente à hipótese o § 2º do citado art. 1.793, que trata da cessão de direitos hereditários. Embora ineficaz, tal oferta poderá, todavia, por força do disposto no § 1º do art. 1.420 do Código Civil, produzir todos os efeitos, desde o momento em que se constituiu a garantia, se o herdeiro cedente, após a partilha, vier a ser contemplado com o aludido bem singular, dele se tornando proprietário.

O *falido*, porque privado da administração de seus bens, também não pode, desde a decretação da quebra, oferecer bens em hipoteca, como prevê o art. 102

da nova Lei de Falências (Lei n. 11.101, de 9-2-2005). Dispõe o art. 66 da aludida lei que, "após a distribuição do pedido de recuperação judicial, o devedor não poderá alienar ou onerar bens ou direitos de seu ativo permanente, salvo evidente utilidade reconhecida pelo juiz, depois de ouvido o Comitê, com exceção daqueles previamente relacionados no plano de recuperação judicial".

3.3. Requisito formal: título, especialização, registro

A validade da hipoteca depende, além do preenchimento dos requisitos objetivo e subjetivo já estudados, da observância do requisito concernente à *forma* de sua constituição. Envolve este o *título constitutivo*, a *especialização* e o *registro* no Cartório de Registro de Imóveis.

Constitui-se a hipoteca por força de *contrato*, na hipoteca convencional; por *disposição legal*, na hipoteca legal; e por *sentença*, na hipoteca judicial. O contrato, a lei e a sentença representam, portanto, o título ou documento que perpetua a declaração de vontade das partes e serve de suporte e fundamento para a incidência do ônus real.

Como o direito real surge com o registro no Cartório de Registro de Imóveis, há necessidade da existência de um instrumento escrito, cuja forma pode variar conforme a espécie de hipoteca, que possa ser registrado.

A espécie de hipoteca mais comum é a *convencional*: resulta do acordo de vontades entre o credor hipotecário, que recebe a garantia real, e quem a outorga, que pode ser o devedor principal ou terceiro hipotecante. A hipoteca é, portanto, um *contrato solene*, que exige também a participação das testemunhas instrumentárias.

Se o imóvel dado em hipoteca for de pequeno valor, pode ser adotada a forma particular. Se, todavia, o valor for superior a trinta vezes o maior salário mínimo vigente no País, será obrigatória a escritura pública (CC, art. 108).

É lícito aos interessados consignar na escritura "*o valor entre si ajustado dos imóveis hipotecados*", o qual, "*devidamente atualizado*", será a base para as arrematações, adjudicações e remições, dispensada a avaliação (CC, art. 1.484). Se a escritura não contiver o valor atribuído ao imóvel hipotecado, ou se as partes quiserem, será ele avaliado no curso da execução. Se, porém, fizerem constar do instrumento o valor que lhe atribuem, a execução será facilitada, com a dispensa da avaliação.

Observa-se que o dispositivo em apreço fala em atualização do valor ajustado pelas partes. Infere-se daí que este deve ser corrigido monetariamente, para que prevaleça o valor real no momento da realização da hasta pública.

O art. 1.486 do Código Civil ainda permite que as partes, no ato constitutivo da hipoteca, autorizem "*a emissão da correspondente cédula hipotecária, na forma e para os fins previstos em lei especial*".

Dois princípios informam a hipoteca: o da *especialização* (CC, art. 1.424) e o da *publicidade* (art. 1.492). Além da existência de um instrumento escrito, que lhe sirva de título, exige-se, para a validade da hipoteca, a observância dos aludidos princípios. O da *especialização* consiste na identificação das partes e do débito a ser garantido (valor, prazo etc.) e na descrição precisa e pormenorizada dos bens onerados: identificação, localização, dimensão etc.

A especialização tem duplo significado: a) a hipoteca garante um crédito determinado; b) a hipoteca é estabelecida sobre um imóvel determinado. Desse modo, não se há falar em hipoteca geral ou ilimitada. Não havendo quantificação precisa do débito, far-se-á uma estimativa, ou se obterá a sua caracterização pela causa e outros fatores hábeis a determiná-lo, de modo a ter-se dívida líquida e certa ao tempo do vencimento. Por outro lado, exigindo-se a descrição dos bens, afasta-se a possibilidade de se constituir hipoteca sobre bens futuros, salvo no caso de aeronave (CBA, art. 138) e de navio em construção, bem como de prédio em construção ou apartamento em edifício coletivo, quando a referência ao memorial descritivo, plantas e projetos constituem os dados especializadores[17].

No caso de hipoteca legal, a especialização constará de sentença, sem a qual não haverá registro, não se chegando a formalizar a garantia real; no de hipoteca judicial, a especialização se fará na sentença e constará de mandado endereçado ao oficial do registro.

A falta de especialização impede o surgimento da garantia real, conduzindo à invalidade do negócio em relação a terceiros.

Somente com o *registro* da hipoteca nasce o direito real. Antes dessa providência o aludido gravame não passará de um crédito pessoal, por subsistente apenas *inter partes*; depois do registro, vale *erga omnes*. Por essa razão, salienta CAIO MÁRIO DA SILVA PEREIRA[18] que *o registro é o momento culminante da hipoteca* e que o título e a especialização são os elementos preparatórios ou causais. O registro, aduz, é a operação geradora do direito real.

O registro é, assim, indispensável à validade da hipoteca em relação a terceiros. Embora se afirme que vale entre as partes, independentemente desse registro, em realidade o seu valor é praticamente nenhum, como assevera ORLANDO GOMES[19], porque não assegura o direito de *preferência* na execução. O registro é necessário, destarte, para valer entre as partes e terceiros como direito real. Daí a

---

[17] Caio Mário da Silva Pereira, *Instituições*, cit., v. IV, p. 381; Marco Aurélio S. Viana, *Comentários*, cit., v. XVI, p. 799.
[18] *Instituições*, cit., v. IV, p. 383.
[19] *Direitos reais*, p. 416.

peremptória proclamação de LACERDA DE ALMEIDA: "No direito atual, hipoteca não registrada é hipoteca não existente"[20].

Decidiu, todavia, o *Superior Tribunal de Justiça* que a ausência de averbação da hipoteca não significa nulidade da garantia. Confira-se: "Se ausência de registro da hipoteca não a torna inexistente, mas apenas válida *inter partes* como crédito pessoal, impõe-se a aplicação do disposto no art. 3º, V, da Lei 8.009/1990 à espécie para se reconhecer a validade da penhora incidente sobre o bem de família de propriedade dos recorridos"[21].

O registro confere a indispensável publicidade à hipoteca. A partir da sua efetivação todos terão ciência de que o bem especificado está sujeito ao ônus hipotecário. Desse modo, se alguém tiver interesse em sua aquisição, ou em recebê-lo em sub-hipoteca, poderá consultar o cartório respectivo para cientificar-se da existência do aludido ônus real.

Determina o art. 1.492 do Código Civil que as hipotecas sejam registradas *"no cartório do lugar do imóvel, ou no de cada um deles, se o título se referir a mais de um"*. É possível, com efeito, que o imóvel esteja localizado em mais de um lugar. Neste caso, é necessário proceder-se ao registro em cada uma das circunscrições em que ele esteja situado.

O Código Civil não estabelece prazo para a efetivação do registro. Pode o ato, portanto, ser promovido a qualquer tempo. Uma vez efetuado, vale por *"trinta anos"*, no caso da hipoteca convencional. Decorrido esse prazo, ela deve ser reconstituída *"por novo título e novo registro"*, sob pena de se tornar perempta (CC, art. 1.485, com redação determinada pela Lei n. 10.931, de 2-8-2004). No tocante às hipotecas legais e judiciais, vale o registro enquanto perdurar a obrigação, *"mas a especialização, em completando vinte anos, deve ser renovada"* (CC, art. 1.498).

Efetua-se o registro da hipoteca (LRP, arts. 167, I, n. 2, e 176) no Livro n. 2 (Registro Geral), em obediência à ordem de apresentação anotada no Livro n. 1 (Protocolo). O número de ordem *"determina a prioridade, e esta a preferência entre as hipotecas"* (CC, art. 1.493, parágrafo único). Assim, se forem instituídas duas ou mais hipotecas sobre o mesmo bem, em favor de credores diversos, *"não se registrarão no mesmo dia"* para que se positive qual delas é prioritária, a não ser que se mencionem *"a hora em que foram lavradas"* (art. 1.494).

A prioridade e a preferência não decorrem do registro da hipoteca, mas da prenotação e do número de ordem. Não se impede a constituição de duas hipotecas no mesmo dia, mas tão somente dois registros no mesmo dia. Igualmente não se proíbe o registro de uma das hipotecas. Registra-se no mesmo dia o título

---

[20] *Direito das cousas*, v. II, p. 187.
[21] STJ, REsp 1.455.554, 3ª T., rel. Min. João Otávio de Noronha, disponível em 6-7-2016.

que tiver a prioridade da apresentação. A outra hipoteca ou outro direito real é registrado no dia seguinte. Não se leva em conta se se trata de hipoteca convencional, legal ou judicial, pois inexiste entre elas qualquer primazia. Esta cabe sempre à hipoteca prenotada em primeiro lugar.

O dispositivo em apreço abre, todavia, uma exceção: permite que se proceda ao registro de duas hipotecas, ou de uma hipoteca ou um direito real, em favor de pessoas diversas, desde que conste das duas escrituras a hora em que foram lavradas. Neste caso, o oficial está autorizado a promover o registro da lavrada em primeiro lugar.

A doutrina censura essa exceção porque podem as escrituras ser lavradas à mesma hora em cartórios diferentes. Ademais, constitui ela uma violação ao sistema hipotecário brasileiro, que situa a prioridade não na data da escritura, que apenas gera direito pessoal, mas na do registro, que é a fonte geradora do direito real. Aduz-se que o Código Civil, inadvertidamente, criou hipótese em que o direito pessoal pode eventualmente prevalecer sobre o real, desde que a hipoteca de hora anterior chegue ao registro depois de protocolada a de hora posterior[22].

Quando se apresentar ao oficial do registro título de hipoteca que mencione a constituição de anterior, não registrada, "*sobrestará ele*", como prescreve o art. 1.495 do Código Civil, "*na inscrição da nova, depois de a prenotar, até trinta dias, aguardando que o interessado inscreva a precedente; esgotado o prazo, sem que se requeira a inscrição desta, a hipoteca ulterior será registrada e obterá preferência*".

Não se confunde tal situação com a do dispositivo anterior. O art. 1.494 veda dois registros no mesmo dia sobre o mesmo imóvel, em favor de pessoas diversas, enquanto o citado art. 1.495 alude à hipótese de ser apresentada uma única escritura, que consigne, porém, de modo expresso, a existência de hipoteca anterior, até então sem registro.

Nessa hipótese cumpre ao oficial prenotar a apresentação da segunda hipoteca e sobrestar-lhe por trinta dias o registro. Será nulo o registro se o oficial o promover sem aguardar o aludido prazo. Se dentro nele se apresentar a primeira hipoteca, registrar-lhe-á o oficial, de acordo com o número de ordem que lhe competir, registrando em seguida a segunda, prenotada anteriormente.

Dispõe o art. 1.496 do Código Civil que, "*se tiver dúvida sobre a legalidade do registro requerido, o oficial fará, ainda assim, a prenotação do pedido. Se a dúvida, dentro em noventa dias, for julgada improcedente, o registro efetuar-se-á com o mesmo número que teria na data da prenotação; no caso contrário, cancelada esta, receberá o registro o número correspondente à data em que se tornar a requerer*".

---

[22] Washington de Barros Monteiro, *Curso*, cit., v. 3, p. 434.

Incumbe ao oficial do cartório, por dever de ofício, examinar a legalidade e a validade dos títulos que lhe são apresentados para registro, nos seus aspectos intrínsecos e extrínsecos. Não lhe cabe, entretanto, arguir vícios do consentimento, devendo limitar-se à verificação de sua natureza, se registrável ou não. Expressiva corrente tem, no entanto, sustentado que o oficial pode levantar qualquer dúvida que provenha diretamente do título.

Tão logo o título seja protocolizado, faz-se a prenotação, devendo o oficial examiná-lo. Se estiver em ordem, será registrado. Havendo exigência a ser satisfeita, indicá-la-á por escrito, tendo o interessado trinta dias para a regularização. Não se conformando o apresentante com a exigência do oficial, será o título, a seu requerimento e com a declaração de *dúvida*, remetido ao juízo competente para dirimi-la (LRP, art. 198). Neste caso, o prazo de trinta dias permanecerá suspenso, até a solução a ser dada pelo juiz.

Suscitada a *dúvida* pelo oficial (*suscitante*), a pedido do interessado, cujo procedimento é de jurisdição voluntária, será o apresentante do título (*suscitado*) cientificado dos seus termos, para impugná-la. O Ministério Público será ouvido, e a dúvida julgada, por sentença. Se procedente, poderão interpor recurso de apelação o interessado, o Ministério Público e o terceiro prejudicado. Se improcedente, não poderá o oficial apelar, por falta de legítimo interesse, tendo-a suscitado apenas por dever de ofício. Todavia, poderão fazê-lo o representante do Ministério Público e o terceiro prejudicado.

O recurso será endereçado ao Conselho Superior da Magistratura, competente para sua apreciação no Estado de São Paulo (Código Judiciário do Estado, art. 64, n. VI). Mantida a sentença de improcedência, o interessado apresentará de novo os documentos, para que se proceda ao registro (LRP, art. 203).

Quando é o próprio interessado que peticiona diretamente ao juiz, requerendo a instauração do procedimento de dúvida (passando, então, a suscitante, e o oficial a suscitado), o expediente denomina-se *dúvida inversa*, não prevista na Lei dos Registros Públicos, mas em geral admitida pelos juízes, por uma questão de economia processual.

O registro pode ser requerido por *qualquer interessado*, mediante exibição do título, como preceitua o parágrafo único do art. 1.492 do Código Civil. Não pode ser promovido *ex officio* pelo titular do cartório em virtude do *princípio da instância*, que não permite que o oficial proceda a registros *sponte sua*, mas somente a requerimento do interessado, ainda que verbal (LRP, art. 13). Até mesmo a instauração de procedimento de dúvida será feita a requerimento do interessado (LRP, art. 198).

Não apenas o credor e o devedor, portanto, podem promover o registro da hipoteca, senão também os terceiros interessados em geral, como, *verbi gratia*, os credores do credor hipotecário, o terceiro que ofereceu seu imóvel em garantia, o fiador do devedor, os herdeiros do credor ou do devedor etc. O maior interessado, porém, será sempre o próprio credor, uma vez que somente depois de registrada a hipoteca obtém ele os direitos de sequela e preferência.

A regra vale tanto para a hipoteca convencional quanto para a legal. Malgrado nesta última a lei imponha a obrigação de requerer o registro às pessoas obrigadas a prestar a garantia, como menciona o art. 1.497, § 1º, do Código Civil, inclusive sujeitando-se às perdas e danos decorrentes de sua omissão (art. 1.497, § 2º), ao mesmo tempo permite, no mesmo dispositivo, que os interessados também promovam o registro, ou solicitem ao Ministério Público que o faça[23].

4. ESPÉCIES DE HIPOTECA

Segundo a *origem* ou *causa determinante*, a hipoteca pode ser convencional, legal ou judicial. É *convencional* quando se origina do contrato, da livre manifestação dos interessados; é *legal* quando emana da lei para garantir determinadas obrigações (CC, art. 1.489); é *judicial* quando decorre de sentença judicial, assegurando a sua execução.

Quanto ao *objeto* em que recai, a hipoteca pode ser *comum*, quando incide sobre bem imóvel, e *especial*, submetida a regime legal específico, como a que tem por objeto aviões, navios ou vias férreas.

4.1. Hipoteca convencional

A hipoteca convencional, como foi dito, é aquela que se constitui por meio de um acordo de vontades celebrado entre o credor e o devedor da obrigação principal, podendo incidir sobre qualquer modalidade de prestação.

Com efeito, são suscetíveis de ônus real todas as obrigações de caráter econômico, sejam elas de dar, fazer ou não fazer. Nas primeiras, a hipoteca assegura a entrega do objeto da prestação; nas de fazer ou de não fazer, pode garantir o pagamento de indenização por perdas e danos.

Têm as partes, assim, a faculdade de reforçar as aludidas obrigações, estipulando a garantia hipotecária. Esta, para constituir-se validamente, deve preencher os requisitos objetivo, subjetivo e formal estudados no item anterior.

---

[23] Aldemiro Rezende Dantas Júnior, *Comentários*, cit., v. XIII, p. 740-741.

4.2. Hipoteca legal

A hipoteca legal, como foi observado, é um favor concedido pela lei a certas pessoas. Não deriva, portanto, do contrato, mas é imposta por lei, visando proteger algumas pessoas que se encontram em determinadas situações ou que, por sua condição, merecem ser protegidas. É, destarte, a *qualidade do credor*, e não do crédito, que justifica a sua constituição[24].

Dispõe, assim, o art. 1.489 do Código Civil:

"*A lei confere hipoteca:*

I – às pessoas de direito público interno (art. 41) sobre os imóveis pertencentes aos encarregados da cobrança, guarda ou administração dos respectivos fundos e rendas;

II – aos filhos, sobre os imóveis do pai ou da mãe que passar a outras núpcias, antes de fazer o inventário do casal anterior;

III – ao ofendido, ou aos seus herdeiros, sobre os imóveis do delinquente, para satisfação do dano causado pelo delito e pagamento das despesas judiciais;

IV – ao coerdeiro, para garantia do seu quinhão ou torna da partilha, sobre o imóvel adjudicado ao herdeiro reponente;

V – ao credor sobre o imóvel arrematado, para garantia do pagamento do restante do preço da arrematação".

Assim como a hipoteca convencional, a hipoteca legal subordina-se aos dois princípios basilares do regime hipotecário moderno: o direito real e, por consequência, a eficácia *erga omnes* do vínculo só se constitui após a *especialização* e o *registro*.

A especialização se faz em juízo. O pedido para a sua efetivação declarará a estimativa e será instruído com a prova do domínio dos bens, livres de ônus, dados em garantia.

Segundo a lição de CLÓVIS BEVILÁQUA[25], dois momentos se observam na constituição dessa hipoteca: a) um momento inicial em que ocorre o fato constitutivo ou gerador do vínculo (casamento, tutela, posse do cargo etc.), durante o qual existe apenas um vínculo potencial e indeterminado sobre imóveis do devedor, pois não vale contra terceiros; b) o momento definitivo, em que através da especialização e registro surge o direito real, provido de sequela e preferência.

O retrotranscrito art. 1.489 menciona, em primeiro lugar, as *pessoas jurídicas de direito público interno*. Têm elas hipoteca legal sobre os imóveis pertencentes aos encarregados da cobrança, guarda ou administração dos respectivos fundos e rendas. O art. 41 do citado diploma proclama que são pessoas jurídicas de direito público interno: "*I – a União; II – os Estados, o Distrito Federal e os Territórios; III*

---

[24] Orlando Gomes, *Direitos reais*, cit., p. 418.
[25] *Código Civil dos Estados Unidos do Brasil comentado*, obs. 1 ao art. 827 do CC/1916, v. 3.

– *os Municípios; IV – as autarquias, inclusive as associações públicas; V – as demais entidades de caráter público criadas por lei*".

A previsão legal objetiva instituir uma garantia contra os prejuízos que possam ser causados aos cofres públicos devido à má administração de tais pessoas. O ônus passa a incidir sobre os seus bens somente após a nomeação e posse no cargo.

Prevê a lei, ainda, outras medidas, de caráter penal e administrativo, destinadas a obstar a dilapidação de bens públicos por funcionários desonestos e corruptos, como o sequestro dos bens da pessoa indiciada por delito de que resulte prejuízo para a Fazenda Pública (Dec.-Lei n. 3.240, de 8-5-1941; Dec.-Lei n. 3.415, de 10-7-1941; Dec.-Lei n. 1.060, de 21-10-1969).

Em segundo lugar, aponta o aludido dispositivo, como beneficiários da hipoteca legal, os *"filhos, sobre os imóveis do pai ou da mãe"* que passar a outras núpcias, antes de fazer o inventário do casal anterior.

O Código Civil inclui o fato no rol das causas suspensivas do casamento, declarando, no inciso I do art. 1.523, que não devem casar *"o viúvo ou a viúva que tiver filho do cônjuge falecido, enquanto não fizer inventário dos bens do casal e der partilha aos herdeiros"*.

No Código Civil de 1916 a hipótese era tratada como impedimento impediente, com previsão de dupla sanção ao infrator: perda do usufruto dos bens dos filhos do primeiro casamento e imposição do regime da separação de bens. Somente esta última sanção é prevista no novo diploma, no livro do direito de família, que considera o fato mera causa suspensiva do casamento, restrição esta menor que o impedimento.

Ao sujeitar à hipoteca legal os bens dos genitores, visa a lei impedir a confusão de patrimônios, em detrimento dos filhos do leito anterior, obstando que o patrimônio destes venha a ser usado para o sustento da nova família. Com a partilha, definem-se os bens que comporão o quinhão dos mencionados filhos, evitando a apontada confusão. Estará afastado o risco de que esta venha a ocorrer se o cônjuge falecido não tiver deixado algum filho, assim como, ainda que tenha deixado algum, se o casal não tiver bens a partilhar.

Em terceiro lugar, o art. 1.489 do Código Civil confere hipoteca legal *ao ofendido, ou aos seus herdeiros*, sobre os imóveis do delinquente, para satisfação do dano causado pelo delito e pagamento das despesas judiciais. O dispositivo visa garantir o ressarcimento do dano civil e das custas e demais despesas judiciais, uma vez que o art. 942 declara que *"os bens do responsável pela ofensa ou violação do direito de outrem ficam sujeitos à reparação do dano causado"*.

Na maior parte das vezes, o ilícito penal é também ilícito civil. E o art. 91, I, do Código Penal, proclama que um dos efeitos da sentença condenatória é tornar certa a obrigação de indenizar o dano resultante do crime. O Código de Processo Penal, por sua vez, no capítulo concernente às medidas assecuratórias, estatui que "a hipoteca legal sobre os imóveis do indiciado poderá ser requerida pelo ofendido em qualquer fase do processo, desde que haja certeza da infração e indícios suficientes da autoria" (art. 134). O procedimento é regulado no art. 135 do aludido diploma.

A hipoteca legal será, todavia, cancelada, se por sentença irrecorrível o réu for absolvido ou julgada extinta a punibilidade (CPP, art. 141).

A alusão ao *delinquente*, feita no citado art. 1.489, vincula a hipoteca legal à prática de um ato tipificado como crime. Não cabe tal modalidade de garantia real, portanto, na hipótese de mero ilícito civil. E a referência aos *herdeiros do ofendido*, como legitimados a requerer a hipoteca sobre os bens do ofensor, é feita porque o direito ao recebimento da indenização se transmite aos sucessores *mortis causa*. Do mesmo modo, se o delinquente vem a falecer, os seus imóveis serão transmitidos aos herdeiros, pelo princípio da *saisine* (CC, art. 943), mas permanecerão garantindo a reparação do dano.

Na sequência, possibilita o inciso IV do mencionado art. 1.489 "*ao coerdeiro, para garantia do seu quinhão ou torna da partilha*", obter a hipoteca legal sobre o imóvel adjudicado ao herdeiro reponente. Aplica-se a regra à hipótese mencionada no art. 2.019, *caput* e § 1º, do Código Civil, em que é adjudicado o imóvel inventariado, insuscetível de divisão cômoda, a um único herdeiro, com o encargo de uma reposição pecuniária pela diferença que recebe. Neste caso, o imóvel adjudicado a maior é objeto de hipoteca legal, até que se efetive o pagamento pelo adjudicatário.

Malgrado o dispositivo em apreço mencione somente o "*herdeiro reponente*", sem se referir ao *cônjuge*, o § 1º do citado art. 2.019 menciona a hipótese de o bem insuscetível de divisão ser adjudicado ao cônjuge, que se tornaria, assim, também reponente. Não há empeço a que se institua em seu favor a hipoteca legal, uma vez que o novo diploma incluiu o cônjuge sobrevivente no rol dos herdeiros necessários (art. 1.845), concorrendo em muitos casos com os descendentes e os ascendentes (art. 1.829).

Por fim, o art. 1.489, V, do Código Civil confere hipoteca também ao "*credor sobre o imóvel arrematado*", para garantia do pagamento do restante do preço da arrematação. O diploma processual civil permite, da mesma forma, no art. 700, segunda parte, àquele que estiver interessado em arrematar o imóvel sem o pagamento imediato da totalidade do preço, que faça por escrito o seu lanço, propondo pagar pelo menos 40% à vista e o restante a prazo, garantido por hipoteca sobre o próprio imóvel.

A arrematação só se aperfeiçoa mediante a convenção entre as partes interessadas. Mas, uma vez avençada, a hipoteca incide sobre o imóvel *ex vi legis*.

O Código Brasileiro de Aeronáutica (Lei n. 7.565, de 19-12-1986) prevê, no art. 144, outra espécie de hipoteca legal, que será dada em favor da União: a das aeronaves, peças e equipamentos que tenham sido adquiridos no exterior com o aval, fiança ou qualquer outra garantia do Tesouro Nacional ou de seus agentes financeiros.

Permite o Código Civil, no art. 1.490, que o credor da hipoteca legal, ou quem o represente, provando a insuficiência dos imóveis especializados, exija do devedor que reforce a garantia com outros. E, no art. 1.491, faculta a substituição da hipoteca legal *"pela caução de títulos da dívida pública federal ou estadual"*, recebidos pelo valor de sua cotação mínima no ano corrente, ou por outra garantia, a critério do juiz, a requerimento do devedor.

4.3. Hipoteca judicial

A hipoteca judicial, de origem francesa, é hodiernamente de reduzida importância prática. A sua criação foi inspirada no reconhecimento da importância, para a ordem social, de alcançarem efetividade as decisões judiciais. Por intermédio da hipoteca sobre os bens do vencido, a lei assegura ao exequente a satisfação do seu crédito.

Todavia, o resultado almejado pelo legislador pode ser obtido pela imediata penhora dos bens do devedor, sem as delongas de um processo de especialização hipotecária. Por outro lado, ainda que o devedor venha a alienar os seus bens, em fraude à execução, tal alienação será ineficaz perante o credor, que estará autorizado pelo juiz a penhorá-los, ainda que registrados em nome de terceiros (CPC/2015, art. 792, IV).

Cumpre alertar que o direito de promover hipoteca judicial, decorrente de sentença condenatória, constitui efeito imediato da sentença, prevalecendo, depois de registrado, de modo absoluto, contra o adquirente, não se confundindo, pois, com o direito de penhorar bens alienados em fraude à execução, que supõe fraude do alienante e má-fé do terceiro adquirente, bem como a redução do devedor à insolvência[26].

Dispunha o art. 824 do Código Civil de 1916 que "compete ao exequente o direito de prosseguir na execução da sentença contra os adquirentes dos bens do condenado; mas, para ser oposto a terceiros, conforme valer, e sem importar preferência, depende de inscrição e especialização".

A hipoteca judicial, que inexiste em inúmeras legislações, não foi contemplada no Código Civil em vigor. Mas é prevista no art. 495 do Código de Processo Civil de 2015, que assim dispõe: "A decisão que condenar o réu ao pagamento de prestação consistente em dinheiro e a que determinar a conversão de prestação

---

[26] Washington de Barros Monteiro, *Curso*, cit., v. 3, p. 423.

de fazer, de não fazer ou de dar coisa em prestação pecuniária, valerão como título constitutivo de hipoteca judiciária"[27].

A *3ª Turma do Superior Tribunal de Justiça*, por unanimidade, decidiu que a existência de hipoteca judiciária não isenta o devedor do pagamento da multa e dos honorários de advogado previstos no art. 523, § 1º, do CPC. Segundo o colegiado, a isenção não é possível porque a hipoteca judiciária assegura futura execução, mas não é equivalente ao pagamento voluntário da dívida[28].

Verifica-se, assim, que as sentenças que permitem essa modalidade de hipoteca são as que, tendo passado em julgado, condenam o vencido à prestação de determinada coisa em dinheiro, ou à satisfação de perdas e danos. Não assim as meramente declaratórias e as proferidas em procedimento de jurisdição voluntária ou por tribunal administrativo. Não recai ela sobre todo o patrimônio do devedor, mas tão somente sobre os de valor suficiente para cobertura da condenação imposta pelo juiz.

5. PLURALIDADE DE HIPOTECAS

Admite-se a efetivação de novas hipotecas sobre o imóvel anteriormente hipotecado, desde que com novo título constitutivo, em favor do mesmo ou de outro credor. Nesse sentido dispõe o art. 1.476 do Código Civil:

"O dono do imóvel hipotecado pode constituir outra hipoteca sobre ele, mediante novo título, em favor do mesmo ou de outro credor".

É possível, assim, seja o imóvel gravado de várias hipotecas, a menos que o título constitutivo anterior vede isso expressamente. Se o valor do prédio excede o da obrigação garantida com hipoteca, a ponto de a sobra bastar para assegurar outra obrigação, poderá o credor oferecê-la para garantir novo negócio. Se o credor, que pode ser o mesmo ou outra pessoa, convencer-se de que o valor do imóvel supera a dívida original, sendo o saldo suficiente para assegurar o resgate de novo empréstimo, poderá concedê-lo em troca da garantia subsidiária.

O permissivo constante do dispositivo em tela facilita, assim, o desenvolvimento do crédito e estimula a circulação e criação de novas riquezas.

---

[27] "A sentença valerá como título de hipoteca judiciária não apenas no caso de condenação do réu: a sentença de improcedência da ação vale como título constitutivo de hipoteca judiciária para garantir o pagamento da verba de sucumbência" (*JTACSP*, 149/40). "A hipoteca judiciária é consequência imediata da sentença, pouco importando a pendência ou não de recurso contra esta" (*RT*, 596/99; *RJTJSP*, 127/186; *JTACSP*, 124/72). "A impenhorabilidade do bem de família impede a constituição de hipoteca judicial" (STJ, RMS 12.373-RJ, 4ª T., rel. Min. Asfor Rocha, *DJU*, 12-2-2001, p. 115).
[28] STJ, REsp 2.090.733-TO, 3ª T., rel. Min. Nancy Andrighi, *DJe* 27-10-2023.

Mesmo havendo pluralidade de hipotecas, o credor primitivo não fica prejudicado, porque goza do direito de preferência. É de consignar que o devedor deve revelar, ao constituir nova hipoteca, a existência da anterior, mencionando esse fato no título constitutivo do ônus posterior, sob pena de, silenciando, cometer crime de estelionato na modalidade "alienação ou oneração fraudulenta de coisa própria" (CP, art. 171, § 2º, II).

Nos termos do art. 1.487-A do CC, introduzido pela Lei n. 14.711/2023:

"A hipoteca poderá, por requerimento do proprietário, ser posteriormente estendida para garantir novas obrigações em favor do mesmo credor, mantidos o registro e a publicidade originais, mas respeitada, em relação à extensão, a prioridade de direitos contraditórios ingressos na matrícula do imóvel.

§ 1º A extensão da hipoteca não poderá exceder ao prazo e ao valor máximo garantido constantes da especialização da garantia original.

§ 2º A extensão da hipoteca será objeto de averbação subsequente na matrícula do imóvel, assegurada a preferência creditória em favor da:

I – obrigação inicial, em relação às obrigações alcançadas pela extensão da hipoteca;

II – obrigação mais antiga, considerando-se o tempo da averbação, no caso de mais de uma extensão de hipoteca.

§ 3º Na hipótese de superveniente multiplicidade de credores garantidos pela mesma hipoteca estendida, apenas o credor titular do crédito mais prioritário, conforme estabelecido no § 2º deste artigo, poderá promover a execução judicial ou extrajudicial da garantia, exceto se convencionado de modo diverso por todos os credores".

A *segunda hipoteca sobre o mesmo imóvel* recebe o nome de *sub-hipoteca*. Pode ser efetivada ainda que o valor do imóvel não a comporte. Em razão da preferência entre os credores hipotecários, fixada pela ordem de registro dos títulos no Registro de Imóveis, que estabelece a prioridade, o sub-hipotecário não passa de um credor quirografário em relação aos anteriores, que não serão prejudicados. Todavia, a lei lhe assegura a prerrogativa de remir a hipoteca anterior, a fim de evitar execução devastadora, que não deixe sobra para o pagamento de seu crédito (CC, art. 1.478).

Sublinha Silvio Rodrigues, a propósito, que, como instrumento de defesa do sub-hipotecário, dá-lhe a lei a prerrogativa de remir a hipoteca anterior. A remição, aduz, "consiste no pagamento da importância da dívida, com a consequente sub-rogação legal nos direitos do credor satisfeito (CC, arts. 346, I, e 1.478). Pode convir ao credor da segunda hipoteca fazer tal remição, pois assim evita que uma execução ruinosa ou inoportuna, promovida pelo credor preferencial, conduza a se obter, em praça, apenas o bastante para o resgate da primeira dívida, sem que remanesçam sobras para o pagamento das demais"²⁹.

O art. 814 do Código Civil de 1916 permitia que o bem fosse liberado do ônus hipotecário quando o devedor não se oferecia para pagar, no vencimento, a obrigação garantida pela primeira hipoteca. Neste caso o credor da segunda hipoteca gozava do direito de remir, consignando o valor da obrigação vencida e não paga. Posteriormente, o art. 270 da Lei dos Registros Públicos (Lei n. 6.015/73) passou a permitir que a remição se fizesse embora não vencida a dívida. Agora, todavia, o atual Código Civil retoma, no mencionado art. 1.478, a ideia originária, submetendo a remição ao vencimento da obrigação garantida pela primeira hipoteca³⁰.

Preceitua o art. 1.477 do Código Civil:

"*Salvo o caso de insolvência do devedor, o credor da segunda hipoteca, embora vencida, não poderá executar o imóvel antes de vencida a primeira*".

Como já exposto, a preferência entre os vários credores hipotecários se determina pela ordem de registro dos títulos constitutivos no Registro de Imóveis. O direito do sub-hipotecário só se exerce, portanto, após a satisfação do credor primitivo. Por essa razão prescreve o dispositivo supratranscrito que, mesmo vencida a segunda hipoteca, não pode o credor excuti-la antes de vencida a anterior.

Ressalva a lei, todavia, a hipótese de *insolvência* do devedor, quando então se instaura execução geral contra o devedor comum, a que devem concorrer todos os credores.

De observar-se, ainda, nos termos do art. 1.477, § 2º, do CC, que "o inadimplemento da obrigação garantida por hipoteca faculta ao credor declarar vencidas as demais obrigações de que for titular garantidas pelo mesmo imóvel".

Malgrado o aludido dispositivo mencione apenas o credor da segunda hipoteca, tem a jurisprudência proclamado que, "embora não vencida a hipoteca, pode o credor quirografário penhorar os bens dados em garantia, se manifesta a insolvência do devedor"³¹.

Segundo decisão mencionada por TITO FULGÊNCIO, "o credor posterior pode, pois, promover a execução sobre os bens hipotecados, no caso em que o devedor não possua outros, isto é: esteja insolvável, incumbindo à exequente a prova desse fato. Igual direito assiste ao credor quirografário. Em face do disposto nos arts. 813, 847, 762, II, 826, e outras normas, do CC (*de 1916*),

---

²⁹ *Direito civil*, cit., v. 5, p. 397.
³⁰ Marco Aurélio S. Viana, *Comentários*, cit., v. XVI, p. 805-806.
³¹ *RF*, 81/144; *RT*, 701/153.

conclui-se que, embora não vencida a hipoteca, pode o credor quirografário penhorar os bens dados em garantia, se manifesta a insolvência do devedor comum... O contrário seria estimular a fraude, pois bastaria que o devedor, antes de contrair a obrigação, simulasse uma hipoteca a longo prazo, para se acobertar contra qualquer ação judicial resultante do crédito quirografário"[32].

Na mesma trilha se posiciona WASHINGTON DE BARROS MONTEIRO: "Iníqua se mostraria realmente solução contrária, pois o credor hipotecário, em conluio com o devedor, poderia cruzar os braços e não executar a hipoteca, deixando assim os demais credores sujeitos a espera indefinida. Tenha-se em mira, porém, que excutida hipoteca posterior, ou penhorado o imóvel hipotecado, pelo credor quirografário, não perde a preferência o titular da primeira hipoteca. Paga-se este em primeiro lugar e, se houver saldo, será ele aplicado no pagamento da segunda hipoteca, ou dos credores quirografários"[33].

Acrescenta o parágrafo único do citado art. 1.477 que *"não se considera insolvente o devedor por faltar ao pagamento das obrigações garantidas por hipotecas posteriores à primeira".* Desse modo, vencida a segunda hipoteca, só resta ao seu titular esperar que se vença a primeira, ou que advenha a insolvência do devedor. Até que ocorra um desses fatos, ficam suspensos os direitos do titular da sub-hipoteca.

O fato de a segunda obrigação estar garantida por hipoteca, embora não preferencial, faz presumir que o valor do imóvel hipotecado seja suficiente para o pagamento dos credores, pois se assim não fosse o sub-hipotecário não o teria aceitado em garantia – o que, por sua vez, afasta a presunção de insolvência do devedor. Logo, se o devedor não pagou ao sub-hipotecário, será considerado inadimplente, mas não insolvente.

Todavia, a presunção de que o valor do imóvel é suficiente para o pagamento de todas as obrigações por ele garantidas é relativa. Poderá o credor sub-hipotecário demonstrar o contrário. Neste caso, não havendo outros bens livres e desembaraçados do devedor, será este considerado insolvente, ainda que as obrigações inadimplidas sejam as garantidas por hipotecas posteriores, referidas no dispositivo em epígrafe[34].

6. EFEITOS DA HIPOTECA

O direito real de hipoteca produz efeitos a partir do registro do título constitutivo, mas só se apresenta em toda sua plenitude quando o titular pro-

---

[32] *Direito real de hipoteca*, v. I, p. 163.
[33] *Curso*, cit., v. 3, p. 413.
[34] Aldemiro Rezende Dantas Júnior, *Comentários*, cit., v. XIII, p. 582.

move a execução judicial. Antes disso o direito do credor permanece em estado potencial. Se o devedor paga a dívida, a garantia não é utilizada, embora tenha cumprido a sua função.

Esse estado de latência pode cessar, todavia, nos casos de vencimento antecipado da dívida expressos em lei. Em alguns deles o credor pode propor, de imediato, a execução hipotecária. Em outros, porém, com o perecimento da coisa ou sua desapropriação, verifica-se a sub-rogação real na indenização paga pela empresa seguradora ou pelo poder expropriante[35].

Os efeitos da hipoteca podem ser analisados sob três aspectos: em relação ao devedor, em relação ao credor e em relação a terceiros.

6.1. Efeitos em relação ao devedor

Uma vez constituída a hipoteca, e até a sua extinção ou a penhora efetuada na execução hipotecária, o devedor sofre limitações no direito de propriedade do bem gravado.

Malgrado conserve a posse e, em consequência, a faculdade de usar e gozar do imóvel, assim como o direito de aliená-lo e até de constituir nova hipoteca, é-lhe vedado constituir direito real diverso, como a anticrese, por exemplo, em desrespeito ao vínculo hipotecário, assim como fica inibido de praticar atos que, de qualquer modo, direta ou indiretamente, importem *degradação da garantia*. Assim, está impedido de demolir o prédio hipotecado, deteriorá-lo ou depreciá-lo, bem como alterar-lhe a substância ou modo como é normalmente explorado, se tal modificação implicar risco de diminuição do seu valor[36].

O atual Código Civil, afastando qualquer dúvida que pudesse existir anteriormente, declara peremptoriamente, no art. 1.475, como já foi comentado, que "*é nula a cláusula que proíbe ao proprietário alienar imóvel hipotecado*". Não perde ele, com efeito, em virtude da hipoteca, o *ius disponendi*. A alienação transfere o domínio, mas este passa ao adquirente com o ônus hipotecário. Anula-se somente a cláusula que a proíbe, mas não a hipoteca. O parágrafo único do aludido dispositivo, todavia, considera lícita a cláusula que estabeleça que o crédito hipotecário se torna exigível, vencendo-se antecipadamente, "*se o imóvel for alienado*".

Vencida e não cumprida a dívida, o credor promove a execução hipotecária, recaindo a penhora preferencialmente sobre o bem dado em hipoteca. Este é subtraído do poder do devedor e apreendido judicialmente, sendo levado à hasta

---

[35] Orlando Gomes, *Direitos reais*, cit., p. 423-424.
[36] Silvio Rodrigues, *Direito civil*, cit., v. 5, p. 398; Orlando Gomes, *Direitos reais*, cit., p. 424.

pública, para que o produto da arrematação sirva para a satisfação do credor. Se preferir, poderá o último requerer a sua adjudicação. Nesta fase, o direito de preferência se exerce plenamente.

Desde a *constrição judicial* perde o devedor não apenas o direito de alienar o imóvel, como também o de receber os frutos. Cabe-lhe, todavia, o excesso de preço apurado na praça.

6.2. Efeitos em relação ao credor

Constituída a hipoteca, o bem gravado permanece afetado à satisfação do crédito hipotecário. Vencida e não paga a dívida, pode o credor promover a excussão da garantia, mediante a competente execução hipotecária, na qual o bem será penhorado e levado à hasta pública, como mencionado no item anterior. Se a execução for insuficiente para pagar o exequente, este poderá penhorar outros bens do devedor.

Arrematado o imóvel, o credor hipotecário se paga pelo preço obtido, ou mediante adjudicação do próprio bem, com preferência sobre qualquer outro credor, salvo os que o sejam por custas judiciais, tributos e dívidas oriundas do salário do trabalhador agrícola pelo produto da colheita para a qual houver concorrido com seu trabalho (CC, arts. 1.422 e parágrafo único, e 964, VIII).

Se o bem hipotecado for penhorado por outro credor, não poderá ser validamente praceado sem a citação do credor hipotecário (CC, art. 1.501).

Dois diplomas legais alteraram, em casos específicos, o sistema tradicional de excussão hipotecária: o Decreto-Lei n. 70, de 21 de novembro de 1966, criou modalidade especial, atribuindo-se a um "agente fiduciário" a venda extrajudicial e sumária do bem gravado, quando o credor é instituição financeira (arts. 29 e 31), e a Lei n. 5.741, de 1º de dezembro de 1971, estabeleceu rito sumário para a ação de cobrança de dívidas hipotecárias vinculadas ao Sistema Financeiro da Habitação.

6.3. Efeitos em relação a terceiros

Na sua condição de direito real, a hipoteca produz efeitos em relação a terceiros, uma vez que, depois de registrada, é oponível *erga omnes*, conferindo ao credor hipotecário o direito de sequela.

Assim, não vale de escusa ao adquirente do imóvel hipotecado a alegação de ignorância da existência do ônus, pois este figura obrigatoriamente no Registro de Imóveis. Sempre será lícito ao credor exercer o seu direito contra ele. Daí a razão por que ordinariamente o adquirente, nas compras e vendas de bens imóveis, exige do alienante certidão negativa de ônus reais incidentes sobre eles[37].

---

[37] Silvio Rodrigues, *Direito civil*, cit., v. 5, p. 399.

Nenhum outro credor poderá promover validamente a venda judicial do imóvel sem citação do credor hipotecário, nem disputar o rateio do seu produto, senão quanto às sobras, depois de pago preferencialmente o credor garantido[38].

Prescreve o art. 1.479 do Código Civil que "*o adquirente do imóvel hipotecado, desde que não se tenha obrigado pessoalmente a pagar as dívidas ao credores hipotecários, poderá exonerar-se da hipoteca, abandonando-lhes o imóvel*".

O adquirente que não quiser remir o imóvel, privar-se-á de sua posse, colocando-o à disposição dos credores ou depositando-o em juízo "*até as vinte e quatro horas subsequentes à citação, com que se inicia o procedimento executivo*", furtando-se assim aos efeitos da execução (CC, art. 1.480 e parágrafo único).

7. DIREITO DE REMIÇÃO

Remição da hipoteca é a liberação ou resgate do imóvel hipotecado mediante o pagamento, ao credor, da dívida que visa garantir.

O direito de remição compete: a) ao próprio devedor; b) ao credor da segunda hipoteca; e c) ao adquirente do imóvel hipotecado. O direito de remição *compete precipuamente ao devedor*, mas a lei o confere, excepcionalmente, ao credor da segunda hipoteca e ao adquirente do imóvel hipotecado.

a) Ao *devedor da hipoteca* se concede a prerrogativa de remi-la, dentro do processo de execução, depois da primeira praça e antes da assinatura do auto de arrematação ou de publicada a sentença de adjudicação, "*oferecendo preço igual ao da avaliação, se não tiver havido licitantes, ou ao do maior lance oferecido*". Igual direito caberá "*ao cônjuge, aos descendentes ou ascendentes do executado*", como expressamente dispõe o art. 1.482 do Código Civil, que trata especificamente da *remição de imóvel hipotecado*.

O remidor, como consta deste último dispositivo, não está obrigado ao pagamento do valor integral da dívida, mas não pode apresentar proposta inferior ao valor da avaliação; e, se houve licitantes, deverá igualar o maior lance oferecido.

A ideia inspiradora da regra é possibilitar que o bem levado à praça seja preservado para a família, e por um preço que presumidamente não seria prejudicial ao credor. De fato, a falta de licitantes, de um lado, é o demonstrativo da ausência de interesse na sua aquisição; e, de outro, o depósito do preço alcançado em nada afeta a condição do credor, que está alcançando apenas aquilo que efetivamente rendeu a venda judicial[39].

Prescreve o art. 1.483 do Código Civil que, "*no caso de falência, ou insolvência, do devedor hipotecário, o direito de remição defere-se à massa, ou aos credores em*

---

[38] Caio Mário da Silva Pereira, *Instituições*, cit., v. IV, p. 391.
[39] Caio Mário da Silva Pereira, *Instituições*, cit., v. IV, p. 399.

concurso, não podendo o credor recusar o preço da avaliação do imóvel". Acrescenta o parágrafo único que *"pode o credor hipotecário, para pagamento de seu crédito, requerer a adjudicação do imóvel avaliado em quantia inferior àquele, desde que dê quitação pela sua totalidade"*.

Predomina o entendimento de que, se o credor não ficar plenamente satisfeito no executivo hipotecário, encerrado com a remição do imóvel pelo devedor ou pela sua família, continua sendo titular de direito contra o executado pelo saldo, porém não está autorizado a penhorar o bem remido, ainda que a remição tenha sido efetivada pelo próprio devedor ou por sua esposa, estando casados pelo regime da comunhão universal[40].

Preleciona CAIO MÁRIO DA SILVA PEREIRA que essa orientação favorável ao devedor foi atingida sob tríplice fundamento: "a) se fosse possível ao exequente perseguir o bem hipotecado após a remição, seria esta uma inutilidade; b) se o devedor continuasse a responder com o imóvel pelo remanescente da dívida, a remição que foi criada para favorecer ao devedor e sua família acabaria por converter-se em sistema protetor do credor, proporcionando-lhe desde logo um pagamento parcial com a operação remissiva, e recolocaria o bem ao alcance da execução pelo saldo da dívida; c) se fosse possível ao credor prosseguir contra o executado, fácil seria a este remir por interposta pessoa (cônjuge, descendente, ascendente) e, então, consagraria a própria lei a burla aos seus princípios, permitindo que se fizesse por via travessa, o que pela direta não lograria o devedor"[41].

Na mesma senda, assevera MOACYR AMARAL SANTOS: "Quando o remidor for cônjuge do executado, e sejam estes casados pelo regime de comunhão de bens, volta o bem remido ao patrimônio do casal, mas não poderá ser objeto de nova penhora, ou nova arrecadação, pelo saldo devedor resultante da execução em que se verificou a remição. Em relação à dívida executada, o bem remido substitui-se pela quantia paga pelo remidor"[42].

---

[40] Maria Helena Diniz, *Curso de direito civil brasileiro*, v. 4, p. 647.
[41] *Instituições*, cit., v. IV, p. 399-400.
"O bem remido não pode ser objeto de nova penhora, pelo saldo resultante da execução em que ocorreu a remição" (*RT*, 660/131; *JTACSP*, 124/147).
[42] *Comentários ao Código de Processo Civil*, v. III, p. 450.
"Se, em razão do regime de bens do casamento do devedor, o bem remido por seu cônjuge voltar ao patrimônio comum, poderá ser penhorado em outra execução, porém não naquela onde ocorreu a remição" (*JTACSP*, 157/275). Em sentido contrário, admitindo nova penhora do bem remido pelo cônjuge do executado, para garantia do saldo da dívida executada, sendo de comunhão universal o regime do casamento: STJ, REsp 14.695-SP, 3ª T., rel. Min. Dias Trindade, *DJU*, 16-12-1991, p. 18539.

b) O art. 1.478 do Código Civil faculta a remição da hipoteca anterior *por parte do credor da segunda*, quando o devedor não se ofereça, no vencimento, a pagar a obrigação avençada. Efetuando o pagamento, o referido credor se sub-rogará nos direitos da hipoteca anterior, sem prejuízo dos que lhe competirem contra o devedor comum. Dispõe, com efeito, o aludido dispositivo:

"*Se o devedor da obrigação garantida pela primeira hipoteca não se oferecer, no vencimento, para pagá-la, o credor da segunda pode promover-lhe a extinção, consignando a importância e citando o primeiro credor para recebê-la e o devedor para pagá-la; se este não pagar, o segundo credor, efetuando o pagamento, se sub-rogará nos direitos da hipoteca anterior, sem prejuízo dos que lhe competirem contra o devedor comum.*

Parágrafo único. Se o primeiro credor estiver promovendo a execução da hipoteca, o credor da segunda depositará a importância do débito e as despesas judiciais".

Visa o dispositivo proteger o credor da hipoteca posterior, disponibilizando-lhe meios para evitar que o bem seja excutido em momento inadequado, como no de baixa cotação no mercado, por exemplo, ou por preço irreal, suficiente para pagar a hipoteca anterior, mas não a sub-hipoteca, e ainda para superar a eventual inércia do credor[43].

Vencida a dívida hipotecária, poderia, o respectivo titular, com efeito, desinteressar-se da cobrança. Para contornar a situação, a lei oferece ao credor da segunda hipoteca essa alternativa: ou ele próprio toma a iniciativa de promover a execução (CC, art. 1.477), ou então redime o imóvel hipotecado, valendo-se do permissivo outorgado pelo aludido art. 1.478[44].

Observa Silvio Rodrigues que a remição feita pelo credor da segunda hipoteca constitui uma imposição ao credor da primeira, que assim é obrigado a vender o seu crédito. É uma espécie de arma concedida ao segundo credor, aduz o mencionado civilista, "para apressar a execução da hipoteca, ou para possibilitar-lhe substituir o primeiro credor na autoria do processo executivo. Assim, e sub-rogando-se no direito deste, o sub-rogante fará, por suas mãos e na defesa de seu interesse, aquilo que o primeiro credor só faria no interesse próprio"[45].

Determina a lei, como visto, que a remição pelo credor sub-hipotecário seja feita mediante o *pagamento da importância total da dívida*, mais as despesas judiciais, se o credor preferencial já estava promovendo a execução judicial da hipoteca. Neste caso, a remição do imóvel acabará se confundindo com o pagamento da importância devida.

No entanto, quando o direito de remição é exercido pelo adquirente do imóvel, pelo próprio devedor, ou pela massa falida, a disciplina é diversa. O *ad-*

---

[43] Aldemiro Rezende Dantas Júnior, *Comentários*, cit., v. XIII, p. 587.
[44] Washington de Barros Monteiro, *Curso*, cit., v. 3, p. 414.
[45] *Direito civil*, cit., v. 5, p. 412.

quirente deverá propor quantia não inferior ao preço pelo qual adquiriu o imóvel, sendo que tal quantia poderá ser inferior ao valor da dívida (CC, art. 1.481). O *devedor e seus parentes*, por sua vez, poderão remir oferecendo preço igual ao da avaliação ou ao do maior lance oferecido na praça, valor esse que não necessariamente será suficiente para a quitação do débito (art. 1.482). A *massa falida* pode, igualmente, remir pelo preço da avaliação do bem (art. 1.483)[46].

c) A lei confere, também, ao *adquirente do imóvel hipotecado*, o direito de remi-lo. Preceitua, a propósito, o art. 1.481 do Código Civil:

"*Dentro em trinta dias, contados do registro do título aquisitivo, tem o adquirente do imóvel hipotecado o direito de remi-lo, citando os credores hipotecários e propondo importância não inferior ao preço por que o adquiriu*".

Se o terceiro adquirente não efetua a remição, ou não paga a dívida hipotecária, sujeita-se à excussão do imóvel. Essa remição tem por fim forrar o adquirente dos efeitos da execução da hipoteca.

Para evitar a fraude que resultaria de se avençarem o alienante, que é o devedor hipotecário, e o adquirente, no sentido de simular negócio por valor inferior ao real, confere a lei ao credor, único interessado, o direito de, notificado, requerer que o imóvel seja licitado. Na licitação, com a participação dos credores hipotecários, dos fiadores e do adquirente, será inexoravelmente alcançado o preço real do imóvel (CC, art. 1.481, § 1º)[47].

O prazo de trinta dias para que o adquirente exerça seu direito de remir o bem hipotecado é improrrogável. Nada impede, todavia, que os credores hipotecários aceitem a proposta intempestiva feita pelo adquirente, concordando com a liberação do bem. Se forem vários os credores, todos terão de com ela concordar.

O adquirente pode remir o bem gravado, ou abandoná-lo, furtando-se aos efeitos da execução, como o permite o art. 1.479 do Código Civil. Se não faz nem uma coisa, nem outra, preferindo permanecer no polo passivo da execução, sujeita-se aos efeitos desta, ficando obrigado a ressarcir os credores hipotecários da desvalorização que o bem, por culpa sua, venha a sofrer, bem como a pagar as custas e despesas judiciais da execução (art. 1.481, § 3º).

Entretanto, como o verdadeiro sujeito da execução deveria ser o devedor, salvo na hipótese de ter o adquirente assumido pessoalmente a obrigação de pagamento, permite a lei que este possa buscar, em ação regressiva, ressarcimento contra o alienante (CC, art. 1.481, § 4º).

---

[46] Aldemiro Rezende Dantas Júnior, *Comentários*, cit., v. XIII, p. 589.
[47] Silvio Rodrigues, *Direito civil*, cit., v. 5, p. 413.

8. PEREMPÇÃO DA HIPOTECA

Exige o art. 1.424, II, do Código Civil, dentre outros requisitos, que o contrato hipotecário mencione o prazo fixado para o vencimento da hipoteca. Na hipoteca convencional, embora possa ser prorrogado, esse prazo terá validade por *trinta anos* e não poderá ser ultrapassado. Uma vez esgotado, o contrato hipotecário não subsiste. O direito de garantia somente se manterá se for reconstituído por novo título e novo registro, devendo a prorrogação ser requerida por ambas as partes. Preceitua, com efeito, o art. 1.485 do Código Civil:

"*Mediante simples averbação, requerida por ambas as partes, poderá prorrogar-se a hipoteca até trinta anos da data do contrato. Desde que perfaça esse prazo, só poderá subsistir o contrato de hipoteca reconstituindo-se por novo título e novo registro; e, nesse caso, lhe será mantida a precedência, que então lhe competir*".

Na redação original do aludido dispositivo o prazo fixado para o vencimento da hipoteca era de vinte anos. Foi, todavia, estendido para trinta anos pela Lei n. 10.931, de 2 de agosto de 2004.

Embora possam as partes estipular o prazo que lhes convier, e prorrogá-lo mediante simples averbação, este não ultrapassará o referido limite. Quando atingido, dá-se a *perempção* da hipoteca. Somente mediante novo instrumento, submetido a outro registro, pode-se preservar o mesmo número de ordem, na preferência da execução hipotecária, mantendo-se a garantia.

A rigor, tendo a hipoteca caráter acessório, deveria seguir o destino da obrigação principal: extinta esta, a hipoteca teria o mesmo fim. Todavia, a obrigação principal pode se estender por longo período, mediante acordo entre o devedor e o credor, ou em virtude de fatos que suspendem ou interrompem a prescrição, especificados nos arts. 197 e 198 do Código Civil. O casamento entre credor e devedor, por exemplo, determina a suspensão do prazo prescricional da pretensão, que só voltará a correr com a dissolução da sociedade conjugal.

Muitos casais comemoram bodas de ouro e até permanecem casados por períodos mais longos. Se o registro perdurar por tanto tempo, ou indefinidamente, pode ocorrer que em determinado momento se torne impossível descobri-lo no registro imobiliário.

Foi, portanto, para facilitar-lhe a busca e atender ao princípio da publicidade inerente aos registros públicos, que a lei estabeleceu tal limitação temporal. Mesmo permitindo que a prorrogação seja feita diversas vezes, não admite ela que a soma de todos os períodos parciais ultrapasse os trinta anos, contados a partir do contrato pelo qual se ajustou a hipoteca[48].

---

[48] Washington de Barros Monteiro, *Curso*, cit., v. 3, p. 416-417; Aldemiro Rezende Dantas Júnior, *Comentários*, cit., v. XIII, p. 657-658.

Urge salientar que a perempção pelo decurso do prazo atinge somente a hipoteca convencional. A *legal* prolonga-se indefinidamente, enquanto perdurar a situação jurídica que ela visa resguardar, *"mas a especialização, em completando vinte anos, deve ser renovada"* (CC, art. 1.498).

Na hipótese de haver mais de uma hipoteca incidente sobre o mesmo bem, continuará a hipoteca com prazo prorrogado a ser a preferencial, se a averbação foi tempestivamente feita, ou seja, antes de seu vencimento. Nesse sentido a lição de ORLANDO GOMES: "Para que produza o efeito de manter a precedência, é preciso que a hipoteca seja prorrogada antes do vencimento. A averbação deve ser feita igualmente antes do vencimento da dívida. Do contrário, os credores sub-hipotecários poderão usar do direito de *remissão*"[49].

Roborando tal entendimento, assinala WASHINGTON DE BARROS MONTEIRO que "a prorrogação não pode afetar direitos de terceiros. Nessas condições, ela não atingirá cobrança iniciada pelo credor de segunda hipoteca, depois de vencida a primeira"[50].

Com efeito, se a prorrogação só vier a ser averbada depois do vencimento da primeira hipoteca, já terá surgido para o segundo credor hipotecário, por ocasião da averbação, o direito de executar a sua hipoteca ou de remir o bem, em relação ao primeiro ônus real que sobre ele recai.

9. PREFIXAÇÃO DO VALOR DO IMÓVEL HIPOTECADO PARA FINS DE ARREMATAÇÃO, ADJUDICAÇÃO E REMIÇÃO

Dispõe o art. 1.484 do Código Civil:

"É lícito aos interessados fazer constar das escrituras o valor entre si ajustado dos imóveis hipotecados, o qual, devidamente atualizado, será a base para as arrematações, adjudicações e remições, dispensada a avaliação".

A faculdade conferida aos interessados facilita a execução, permitindo a dispensa da avaliação dos imóveis hipotecados. Desse modo, no edital que obrigatoriamente deve preceder a arrematação, o valor dos bens que dele constará será aquele ajustado pelas partes. Não se admite que uma delas, nessa fase, venha solicitar, unilateralmente, a avaliação dos aludidos imóveis por perito designado pelo juiz, pois a norma legal é taxativa e não deixa margem a discordâncias futuras.

---

[49] *Direitos reais*, cit., p. 421-422.
[50] *Curso*, cit., v. 3, p. 417.

Nada obsta, todavia, que se proceda à avaliação, estando todos os interessados de acordo com a sua realização, nem que estes, ao invés de estimarem previamente o valor do bem, apenas estabeleçam parâmetros para a sua fixação.

O dispositivo em apreço exige, todavia, que se proceda à *atualização* dos imóveis hipotecados, por ocasião da arrematação, adjudicação ou remição. A exigência mostra-se útil e oportuna, para evitar que, num país de economia instável como o nosso, a inflação venha a aviltar o valor estipulado pelos interessados.

Sobreleva ainda observar que nem sempre, no entanto, a atualização monetária reflete as vicissitudes pelas quais pode passar um imóvel, com reflexos no seu valor. Por essa razão, embora o ajuste feito pelas partes, constante do instrumento hipotecário, devidamente atualizado, seja a base a ser observada no processo, não podendo qualquer delas se insurgir contra tal estimativa, não se pode olvidar que tal ajuste é de natureza contratual, estando sujeito, portanto, às regras concernentes aos contratos em geral, inclusive a estabelecida no art. 317 do Código Civil, que trata da *teoria da imprevisão*.

Prescreve o citado dispositivo que, se por motivos imprevisíveis sobrevier manifesta desproporção entre o momento em que foi celebrado o ajuste e o de sua execução, poderá qualquer das partes pedir que o juiz o corrija, assegurando o valor da prestação.

Desse modo, quando as partes estabelecerem, de comum acordo, o valor dos imóveis hipotecados e, por ocasião da execução, apesar de corrigido monetariamente, mostrar-se ele ínfimo ou excessivo, a solução será a avaliação atual dos aludidos bens, afastando a estimativa por elas feita, uma vez que não podem ser prejudicadas pelas circunstâncias mencionadas[51].

10. HIPOTECAS CONSTITUÍDAS NO PERÍODO SUSPEITO DA FALÊNCIA

Dispõe o art. 129, III, da Lei n. 11.101, de 9 de fevereiro de 2005, que regula a recuperação judicial, extrajudicial e a falência do empresário e da sociedade empresária:

"São ineficazes em relação à massa falida, tenha ou não o contratante conhecimento do estado de crise econômico-financeira do devedor, seja ou não intenção deste fraudar credores:

(...)

---

[51] Washington de Barros Monteiro, *Curso*, cit., v. 3, p. 417-418; Marco Aurélio S. Viana, *Comentários*, cit., v. XVI, p. 821; Aldemiro Rezende Dantas Júnior, *Comentários*, cit., v. XIII, p. 656; Sílvio de Salvo Venosa, *Direito civil*, v. V, p. 579.

III – a constituição de direito real de garantia, inclusive a retenção, dentro do termo legal, tratando-se de dívida contraída anteriormente; se os bens dados em hipoteca forem objeto de outras posteriores, a massa falida receberá a parte que devia caber ao credor da hipoteca revogada".

Essa mesma regra já constava do art. 52, III, da anterior Lei de Falências (Decreto-Lei n. 7.661, de 21-6-1945). E o art. 823 do Código Civil de 1916 já estipulava serem "nulas, em benefício da massa, as hipotecas celebradas, em garantia de débitos anteriores, nos quarenta dias precedentes à declaração da quebra ou à instauração do concurso de preferência".

Presume-se a fraude de forma absoluta, ou seja, presume-se que o direito real contraído nesse período se funda na intenção do devedor de lesar credores e, por isso, o fato é objetivamente ineficaz. Todavia, prevalece o ônus real se apenas registrado no período suspeito, sendo a sua constituição anterior ao termo legal.

Assinale-se que só se anulará a hipoteca se constituída em garantia de dívida antiga; não assim se outorgada em segurança de débito novo. Se o ônus nasce com a própria obrigação, válida será ainda que constituída no período suspeito[52].

11. INSTITUIÇÃO DE LOTEAMENTO OU CONDOMÍNIO NO IMÓVEL HIPOTECADO

Como inovação, o vigente Código Civil abre uma exceção ao princípio da indivisibilidade da hipoteca, no caso de o imóvel dado em garantia hipotecária vir a ser loteado ou nele se constituir condomínio edilício, permitindo que os interessados (credor, devedor ou donos) requeiram ao juiz a divisão do ônus, proporcionalmente ao valor de cada uma das partes. Não pode o credor opor-se ao desmembramento, se não houver diminuição de sua garantia.

Dispõe a esse respeito o art. 1.488 do aludido diploma:

"Se o imóvel, dado em garantia hipotecária, vier a ser loteado, ou se nele se constituir condomínio edilício, poderá o ônus ser dividido, gravando cada lote ou unidade autônoma, se o requererem ao juiz o credor, o devedor ou os donos, obedecida a proporção entre o valor de cada um deles e o crédito.

§ 1º O credor só poderá se opor ao pedido de desmembramento do ônus, provando que o mesmo importa em diminuição de sua garantia.

§ 2º Salvo convenção em contrário, todas as despesas judiciais ou extrajudiciais necessárias ao desmembramento do ônus correm por conta de quem o requerer.

§ 3º O desmembramento do ônus não exonera o devedor originário da responsabilidade a que se refere o art. 1.430, salvo anuência do credor".

---

[52] Washington de Barros Monteiro, *Curso*, cit., v. 3, p. 419.

Com o progresso e o enorme desenvolvimento da construção civil, inúmeros edifícios e loteamentos de grande porte, abertos ou fechados, emolduram os grandes centros, traçando o seu perfil arquitetônico. É muito comum nesses casos o construtor e o loteador, para fazerem frente ao empreendimento, recorrerem a um empréstimo bancário, oferecendo em garantia hipotecária o próprio terreno a ser loteado ou no qual será erigido o edifício sobre o qual se instituirá o condomínio.

Nessas hipóteses, embora o gravame recaia em princípio apenas sobre o terreno, passará a incidir, forçosa e automaticamente, sobre todas as unidades autônomas que vierem a ser construídas, ou sobre todos os lotes nos quais se fracionar o prédio, em virtude do princípio da indivisibilidade da hipoteca e de seu caráter acessório. A hipoteca, proclama o art. 1.474 do Código Civil, "*abrange todas as acessões, melhoramentos ou construções do imóvel*".

O art. 1.488 retrotranscrito confere aos proprietários de cada unidade desmembrada do imóvel originário o direito de requerer que a hipoteca grave cada lote ou unidade autônoma de modo independente dos demais, ficando cada um, feita a divisão, onerado apenas de modo proporcional, observada a proporção entre o seu valor e o crédito garantido pela hipoteca.

Malgrado o dispositivo em tela se refira apenas a *loteamento*, que provoca a abertura de novas vias de circulação, envolve também o *desmembramento,* no qual se aproveita o sistema viário existente (Lei n. 6.766/79, art. 2º, §§ 1º e 2º), sendo ambos espécies do gênero *parcelamento do solo*[53].

Ao se referir aos donos do imóvel, depois de mencionar o credor e o devedor, a aludida norma legal distingue entre a garantia prestada pelo devedor e a que o é por terceiro, no caso, os donos do imóvel. O devedor, que é o construtor ou incorporador, ou instituidor do loteamento, possui interesse em requerer essa divisão do ônus, para aumentar a segurança de cada promitente comprador – o que torna o investimento mais atraente para a sua clientela.

O maior interessado, no entanto, no fracionamento da garantia é o promitente comprador. A dúvida que o dispositivo, no entanto, não esclarece é sobre se cada adquirente pode, isoladamente, requerer essa divisão no tocante a seu próprio quinhão. A melhor opinião, segundo Sílvio Venosa, "é, sem dúvida, nesse sentido, pois exigir que todos o façam coletivamente, ou que a entidade condominial o faça, poderá retirar o alcance social que pretende a norma. Isso porque pode ocorrer que não exista condomínio regular instituído, como nos casos de loteamento, e principalmente porque todas as despesas judiciais ou extrajudiciais necessárias ao desmembramento correm por conta do requerente"[54].

Para Aldemiro Rezende Dantas Júnior, igualmente, "apesar da lei ter se referido aos *donos*, no plural, parece-nos evidente que não está a exigir que

---

[53] Marco Aurélio S. Viana, *Comentários*, cit., v. XVI, p. 828.
[54] *Direito civil*, cit., v. V, p. 580-581.

todos os adquirentes, em conjunto, requeiram a divisão da garantia em relação às respectivas unidades, pois se assim fosse, a medida seria tão burocrática e impraticável que jamais atenderia à finalidade a que se destina, tornando-se desde logo letra morta. Quis o legislador dizer, portanto, que *cada um dos donos* poderá fazer o requerimento mencionado"[55].

As decisões judiciais, mesmo antes do advento do atual Código Civil, já vinham determinando a liberação da hipoteca incidente sobre as aludidas unidades, determinando a limitação da indivisibilidade às frações ideais do terreno e demais partes comuns, ao fundamento de que a incorporação imobiliária altera a situação jurídica e as características do terreno, com a sua divisão através do sistema de unidades autônomas, tornando-se, cada adquirente, dono exclusivo de seu apartamento[56].

Posteriormente, aos 22 de abril de 2005, foi publicada a *Súmula 308 do Superior Tribunal de Justiça*, do seguinte teor: "A hipoteca firmada entre a construtora e o agente financeiro, anterior ou posterior à celebração da promessa de compra e venda, não tem eficácia perante os adquirentes do imóvel".

Tendo em vista que o pagamento feito ao incorporador e devedor, pelo promitente comprador, pode não ser repassado à instituição financeira credora, que financiou o empreendimento, decidiu a aludida Corte que, para que tal divisão da hipoteca seja eficaz, será necessário que os pagamentos sejam feitos diretamente ao banco credor. Este, retendo dos valores pagos pelos adquirentes a parte correspondente à parcela da dívida referente ao empréstimo que fez ao construtor, repassará a este o valor excedente. O direito do credor seria, assim, o de receber diretamente de cada cliente o pagamento da respectiva prestação[57].

O credor está legitimado a se opor ao pedido de desmembramento do ônus, na forma indicada no citado art. 1.488, desde que prove que ele importa em diminuição de sua garantia. A oposição deve ser, portanto, fundamentada, não se acolhendo mero capricho.

O desmembramento do ônus hipotecário não exonera o devedor originário (construtor ou loteador) de responder com os seus bens pelo restante do débito, se o produto da execução da hipoteca for insuficiente para a solução da dívida e despesas judiciais, a não ser que o credor concorde com a liberação desse mesmo devedor originário. Na parte correspondente à unidade autônoma ou lote liberados, o crédito será quirografário, pois o imóvel não se encontra mais no patrimônio desse devedor.

O art. 1.488 em apreço aplica-se aos contratos celebrados na vigência do Código Civil de 1916. Decidiu, a propósito, o *Superior Tribunal de Justiça*: "O art.

---

[55] *Comentários*, cit., v. XIII, p. 710.
[56] TJSP, Ap. 284.849-SP, 6ª Câm. Dir. Priv., rel. Des. Reis Kuntz.
[57] REsp 187.940, 4ª T., rel. Min. Ruy Rosado de Aguiar Júnior, *DJU*, 21-6-1999, p. 164.

1.488 do CC/02, que regula a possibilidade de fracionamento de hipoteca, consubstancia um das hipóteses de materialização do princípio da função social dos contratos, aplicando-se, portanto, imediatamente às relações jurídicas em curso, nos termos do art. 2.035 do CC/02"[58].

Segundo SÍLVIO VENOSA[59], "como esse direito de divisão proporcional do gravame decorre de uma situação de comunhão, não há prazo para que os proprietários das unidades, o credor ou o devedor requeiram essa medida, pois esse direito subjetivo insere-se na categoria dos direitos potestativos. Enquanto perdurar a indivisão do ônus, pode o requerimento ser feito. Ainda, por essa razão, nada impede seja requerida a divisão ainda que iniciada a excussão de todo o imóvel, ou que se oponha o interessado a ela por meio de embargos de terceiro".

12. CÉDULA HIPOTECÁRIA

A hipoteca cedular não constitui uma espécie à parte, mas apenas uma modalidade de hipoteca convencional, nos casos em que a lei admite a sua emissão para facilitar a circulação do crédito.

Procurando dinamizar a hipoteca como título cambial, o legislador criou a *cédula hipotecária*, destinada a financiamentos do Sistema Financeiro da Habitação, expedindo o Decreto-Lei n. 70, de 21 de novembro de 1966. Posteriormente, o Decreto-Lei n. 167, de 14 de fevereiro de 1967, instituiu a *cédula hipotecária rural*, que trata do financiamento rural concedido pelos órgãos integrantes do sistema nacional de crédito rural; e o Decreto-Lei n. 413, de 9 de janeiro de 1969, regulou a *cédula hipotecária industrial*, que dispõe sobre títulos de crédito industrial.

O Código Civil ora em vigor permite, no art. 1.486, que o credor e o devedor, no título constitutivo da hipoteca, autorizem "*a emissão da correspondente cédula hipotecária, na forma e para os fins previstos em lei especial*". Constitui um título de crédito que representa o respectivo crédito hipotecário.

Trata-se de mais um instrumento destinado a promover o incremento do crédito, mas que depende de regulamentação em lei especial, como consta expressamente do citado dispositivo legal.

13. EXECUÇÃO DA DÍVIDA HIPOTECÁRIA

A excussão do imóvel hipotecado efetua-se sob forma de execução por título extrajudicial contra devedor solvente (CPC/2015, arts. 824 e s.). O art. 784, V,

---

[58] REsp 691.738-SC, 3ª T., rel. Min. Nancy Andrighi, j. 12-5-2005.
[59] *Direito civil*, cit., v. V, p. 574.

do aludido diploma incluiu "o contrato garantido por hipoteca" no elenco dos títulos executivos extrajudiciais.

A execução é dirigida contra o próprio devedor, que será citado para pagar o débito em três dias, sob pena de penhora. Se não pagar, nem fizer nomeação válida, o oficial de justiça penhorará, preferencialmente, o imóvel dado em hipoteca[60]. A constrição poderá, todavia, estender-se a outros bens, se aquele se mostrar insuficiente para garantir a satisfação do crédito.

Será citada, igualmente, a mulher do devedor, uma vez que a penhora incide sobre direitos reais imobiliários (CPC/2015, art. 73; CC, art. 1.647, I). O imóvel será penhorado mesmo que esteja registrado em nome de terceiro, a quem foi fraudulentamente alienado, exercendo o credor, para tanto, o direito de sequela que a lei assegura a todo titular de direito real.

A execução é de índole pessoal e não real. O seu ajuizamento independe de outorga uxória, pois, com ele, exerce-se mero ato de administração[61].

Prescreve o art. 1.501 do Código Civil que "*não extinguirá a hipoteca, devidamente registrada, a arrematação ou adjudicação, sem que tenham sido notificados judicialmente os respectivos credores hipotecários, que não forem de qualquer modo partes na execução*".

Também o Código de Processo Civil, no art. 889, assinala que "Serão cientificados da alienação judicial, com pelo menos 5 (cinco) dias de antecedência:" (...) "V – o credor pignoratício, hipotecário, anticrético, fiduciário ou com penhora anteriormente averbada, quando a penhora recair sobre bens com tais gravames, caso não seja o credor, de qualquer modo, parte na execução". A finalidade da regra é acautelar o direito do credor hipotecário, que não participa da execução[62].

A lei prevê dupla intimação do credor hipotecário e do senhorio direto: da penhora realizada (art. 799, I, com a cominação do art. 804). Se se tratar, porém, de excussão promovida pelo primeiro credor hipotecário, dispensável se torna a notificação do segundo credor com igual garantia.

---

[60] "Na execução de crédito pignoratício, anticrético ou hipotecário, a penhora, independentemente de nomeação, recairá sobre a coisa dada em garantia. Nesse caso, pode a penhora, sem ofensa à lei, ser concretizada no juízo da execução, diverso da situação dos bens, sem necessidade de se expedir carta precatória para a constrição judicial" (*RT*, 733/314).
No mesmo sentido: STJ, REsp 79.418-MG, 3ª T., rel. Min. Eduardo Ribeiro, *DJU*, 15-9-1997, p. 44373.
[61] Washington de Barros Monteiro, *Curso*, cit., v. 3, p. 420.
[62] "É nula a arrematação, se não se tiver cumprido o disposto no art. 698 do CPC, podendo o credor hipotecário impugná-la através de embargos de terceiro (art. 1.047, II) ou de ação de nulidade da arrematação. Mas essa nulidade somente pode ser alegada por aqueles em favor da qual foi estabelecida" (*RTFR*, 140/111, 151/57). "Cabe ao credor hipotecário, não intimado da alienação do objeto do gravame, escolher entre conservar seu direito real perante o adquirente ou desconstituir a arrematação. CPC, arts. 619 e 694, parágrafo único, inciso IV" (TFR, AC 91.859-SP, 5ª T., rel. Min. Torreão Braz, j. 14-4-1986, *Bol. do TFR*, 124/15).

Há ainda a possibilidade de execução extrajudicial do crédito hipotecário, que era regulado pelo Decreto-lei n. 70/66, mas que passou agora a ser regulada pelo art. 9º da Lei n. 14.711, de 2023. Tal lei autoriza o credor hipotecário, não sendo pago no vencimento, a optar entre a execução judicial, nos moldes da lei processual, e a execução extrajudicial, processada de forma simplificada na forma do referido dispositivo legal.

Esse sistema foi criticado e tido por alguns julgados como inconstitucional. O *antigo Primeiro Tribunal de Alçada Civil de São Paulo* chegou a editar a *Súmula 39, nesse sentido*. Todavia, o *Supremo Tribunal Federal* tem proclamado que "o Decreto-Lei n. 70/66 não é inconstitucional, porque além de prever uma fase de controle judicial, conquanto 'a posteriori', da venda do imóvel objeto da garantia pelo agente fiduciário, não impede que eventual ilegalidade perpetrada no curso do procedimento seja reprimida, de logo, pelos meios processuais adequados"[63].

Os bens vinculados à cédula hipotecária são impenhoráveis por outras dívidas do devedor, enquanto estiver vigente o contrato de financiamento. Nem mesmo a concordância do credor hipotecário é suficiente para afastar essa impenhorabilidade[64]. No entanto, estando findo o prazo do financiamento, o bem poderá ser penhorado por outros credores, mas o credor hipotecário terá a preferência na satisfação do seu crédito[65].

14. EXTINÇÃO DA HIPOTECA

O art. 1.499 do Código Civil enumera as causas que conduzem à extinção da hipoteca. Preceitua o aludido dispositivo:

"*A hipoteca extingue-se:*
I – pela extinção da obrigação principal;
II – pelo perecimento da coisa;
III – pela resolução da propriedade;
IV – pela renúncia do credor;
V – pela remição;
VI – pela arrematação ou adjudicação".

O rol constante do dispositivo supratranscrito não esgota as possíveis hipóteses de extinção da hipoteca, que pode ocorrer, também, por exemplo, pela *consolidação da propriedade*, quando na mesma pessoa se concentram as qualidades de credor e dono do imóvel; pela *perempção legal*, quando a hipote-

---

[63] *RT*, 760/188; *RTJ*, 171/1064, 175/800.
[64] STJ, REsp 13.682-SP, 4ª T., rel. Min. Barros Monteiro, *DJU*, 16-5-1994, p. 11771.
[65] STJ, REsp 247.855-MG, 4ª T., rel. Min. Sálvio de Figueiredo Teixeira, *DJU*, 18-2-2002, p. 449.

ca é prorrogada pelas partes até perfazer trinta anos e então se extinguir, surgindo em seu lugar uma nova, mediante a constituição de novo título; pela *anulação em virtude de fraude contra credores*, quando o devedor insolvente oferece garantia real a algum dos seus credores (CC, art. 163) etc.

Extingue-se também a hipoteca quando se consuma a usucapião do imóvel em favor de terceiros que detêm a sua posse. Tem-se decidido, com efeito, que, "com a declaração de aquisição de domínio por usucapião, deve desaparecer o gravame real hipotecário constituído pelo antigo proprietário, antes ou depois do início da posse *ad usucapionem*, seja porque a sentença apenas declara a usucapião com efeitos *ex tunc*, seja porque a usucapião é forma originária de aquisição de propriedade, não decorrente da antiga e não guardando com ela relação de continuidade. Ademais, a hipoteca firmada entre a construtora e o agente financeiro, anterior ou posterior à celebração da promessa de compra e venda, não tem eficácia perante os adquirentes do imóvel (Súmula n. 308)"[66].

A hipótese de consolidação da propriedade não equivale à confusão, que se configura quando na mesma pessoa se concentram as qualidades de credor e devedor da obrigação. Ademais, constitui esta causa de extinção da obrigação principal, enquanto a consolidação apenas extingue a hipoteca[67].

Retomando o exame das hipóteses elencadas no art. 1.499, temos que a hipoteca se extingue:

a) tendo caráter acessório, *pela extinção da obrigação principal* (inciso I), de conformidade com o tradicional princípio *accessorium sequitur suum principale*. Desaparecendo a dívida que estava a garantir, o ônus real extingue-se naturalmente, pois não tem existência autônoma e depende da obrigação principal.

A obrigação principal somente se extinguirá, acarretando em consequência a extinção da hipoteca, se o pagamento ou adimplemento for integral. Em caso de pagamento parcial, a hipoteca subsistirá integralmente, tendo em vista que o pagamento parcial não importa exoneração correspondente da garantia (CC, art. 1.421);

b) *pelo perecimento da coisa* (inciso II). Trata-se de causa de extinção inerente à própria natureza da hipoteca. Embora o novo diploma não tenha reproduzido a proclamação de que "perece o direito, perecendo o seu objeto", feita no art. 77 do Código Civil de 1916, reflete ela uma realidade que não carece de previsão legal expressa.

É mister salientar que a hipoteca só se extingue quando ocorre o perecimento total do imóvel hipotecado. Se for parcial, a garantia permanecerá sobre a parte remanescente, como resulta do art. 1.425, § 2º, do Código Civil.

---

[66] STJ, REsp 941.464-SC, 4ª T., rel. Min. Luis Felipe Salomão, *DJE*, 29-6-2012.
No mesmo sentido: STJ, AgRg no REsp 647.240-DF, 3ª T., rel. Min. Ricardo Villas Bôas Cueva, *DJE*, 18-2-2013; TJ-RS, AC 70.027.446.798, rel. Des. Flôres de Camargo, *DJE*, 19-11-2009.
[67] Marco Aurélio S. Viana, *Comentários*, cit., v. XVI, p. 770.

Se a coisa que pereceu estava amparada por seguro, e houve o pagamento da indenização pela seguradora, a garantia se sub-roga na importância paga, nos termos do art. 1.425, § 1º. O mesmo sucede em caso de ser desapropriado o imóvel hipotecado ou ser destruído pela ação culposa de terceiro, vindo este a pagar a indenização pelos danos causados;

c) *pela resolução da propriedade* (inciso III). Admite-se que seja dado em hipoteca um imóvel cuja propriedade seja resolutiva ou sujeita a termo. O credor, que o aceitar, estará correndo o risco, no caso de pender condição resolutiva, de ocorrer o seu implemento. Se isto acontecer estarão resolvidos todos os direitos reais concedidos sobre o imóvel, nos termos do art. 1.359 do Código Civil. O proprietário, em cujo benefício ocorreu essa resolução, irá recebê-lo livre do ônus que o gravava.

Se, no entanto, a propriedade se resolver por outra *causa superveniente*, como sucede no caso de doação revogada por ingratidão do donatário, subsistirá o vínculo hipotecário anterior, como se infere do art. 1.360 do Código Civil.

A solução é a mesma no caso de ser atingido o termo final imposto ao negócio jurídico. O advento do *dies ad quem* extinguirá a propriedade sobre o imóvel, como no caso da substituição fideicomissária, em que o proprietário recebe a propriedade até certo tempo (CC, art. 1.951), fazendo com que também sejam extintos todos os direitos reais que sobre ele foram concedidos enquanto não atingido o termo.

Em todas essas situações, frise-se, a hipoteca terá sido extinta pela via direta, ou seja, subsistirá intacta a obrigação principal, só que a partir daí sem essa garantia hipotecária que sobre o imóvel recaía[68];

d) *pela renúncia do credor* (inciso IV), que deve ser expressa. Trata-se de renúncia do ônus real, e não da obrigação principal. O seu efeito imediato é transformar o credor hipotecário em credor quirografário. Nada impede, com efeito, que o credor abdique de seu direito, em se tratando de *hipoteca convencional*. A *hipoteca legal*, todavia, inspirada num interesse de ordem pública, é *irrenunciável*[69].

Todavia, mesmo no caso das hipotecas legais, há uma hipótese na qual se pode admitir a renúncia: na situação prevista no art. 1.489, III, do Código Civil, concernente à hipoteca deferida pela lei ao ofendido sobre os imóveis do delinquente, tendo em vista que se trata, *in casu*, de hipoteca que atende apenas aos interesses privados da vítima[70].

Embora a renúncia, como ato abdicativo de direitos, deva ser expressa e por escritura pública, se o seu valor ultrapassar a taxa legal, admite-se que seja tácita,

---

[68] Aldemiro Rezende Dantas Júnior, *Comentários*, cit., v. XIII, p. 776.
[69] Orlando Gomes, *Direitos reais*, cit., p. 426; Caio Mário da Silva Pereira, *Instituições*, cit., v. IV, p. 408.
[70] Clóvis Beviláqua, *Direito das coisas*, v. 2, p. 339.

em determinados casos, como, por exemplo, quando o credor hipotecário, estando devidamente intimado, não comparece à praça para exercer sua preferência (CPC/2015, art. 889, V). Ou, ainda, quando o credor, juntamente com o devedor, requer o cancelamento da hipoteca.

Segundo a lição de ORLANDO GOMES[71], a renúncia, para ser válida, requer a observância das condições extrínsecas e intrínsecas exigidas para a constituição do ônus. Intuitivamente, independe do consentimento do devedor, por ser ato unilateral;

e) *pela remição* (inciso V) efetuada pelo credor da segunda hipoteca, pelo adquirente do imóvel hipotecado, pelo executado, seu cônjuge, descendente ou ascendente. Efetivamente, resgatado o imóvel hipotecado pelas mencionadas pessoas, deixa de existir o ônus real.

Na hipótese de remição levada a efeito pelo credor sub-hipotecário, o ato deste libera o imóvel da primeira hipoteca, mas o mantém vinculado à hipoteca subsequente, cujo credor exerceu o direito de remição;

f) por fim, pela *arrematação ou adjudicação* do imóvel (inciso VI), no mesmo processo ou em outro, desde que o credor hipotecário, notificado judicialmente da venda (segundo os arts. 1.501 do CC e 804 do CPC/2015, é ineficaz a venda sem a intimação do credor), não compareça para defender o seu direito. Relembre-se que os credores hipotecários têm o direito de remir o imóvel hipotecado.

Realizada a praça de modo válido, com observância das formalidades legais, o arrematante ou adjudicante irá receber o imóvel livre de qualquer ônus.

Preceitua o art. 1.500 do Código Civil:

"*Extingue-se ainda a hipoteca com a averbação, no Registro de Imóveis, do cancelamento do registro, à vista da respectiva prova*".

Sendo a hipoteca *direito real imobiliário*, que se adquire mediante o registro do título constitutivo, sua extinção só começa a ter efeito em relação a terceiros depois de *averbada*. Exige-se, portanto, o seu cancelamento. Qualquer que seja o momento em que se realizou a averbação, retroage à data em que a causa extintiva ocorreu[72].

O cancelamento da hipoteca opera do mesmo modo que o seu registro. Confere publicidade ao ato, tornando conhecida de todos a solução do débito pelo devedor. Pode ser requerido por este, ou por quem o represente, ao oficial do registro, com a apresentação da prova de extinção da hipoteca, pelo dono do imóvel, pelo adquirente ou pelo credor sub-hipotecário[73].

---

[71] *Direitos reais*, cit., p. 426.
[72] Orlando Gomes, *Direitos reais*, cit., p. 427.
[73] "Hipoteca. Cancelamento. Adquirente de boa-fé. Tendo a autora quitado integralmente o preço ajustado na escritura de compra e venda, impõe-se o cancelamento da hipoteca que recaiu sobre o imóvel, pois, repita-se, trata-se de adquirente de boa-fé, que não se obrigou junto ao financiador em relação ao aludido gravame. Registre-se, ainda, que a obrigação do cancelamento da hipoteca recai sobre quem fez o mencionado aponte" (TJRJ, Ap. 2004.001.01988, 4ª Câm. Cív., rel. Des. Reinaldo Pinto Alberto Filho, j. 22-3-2005).

Capítulo IV
DA ANTICRESE

> *Sumário*: 1. Conceito. 2. Características. 3. Efeitos da anticrese. 4. Modos de extinção da anticrese.

1. CONCEITO

A anticrese é direito real sobre coisa alheia, em que o credor recebe a posse de coisa frugífera, ficando autorizado a perceber-lhe os frutos e imputá-los no pagamento da dívida.

A palavra *anticrese* é originária do grego *antichresis*, formada de *anti* (contra) e *chresis* (uso). Etimologicamente, portanto, anticrese significa, como esclarece WASHINGTON DE BARROS MONTEIRO[1], *uso contrário, uso recíproco,* uso da soma que tem o devedor, contra o uso dos frutos ou dos rendimentos, que tem o credor anticrético.

Trata-se de uma garantia estabelecida em favor do credor, que retém em seu poder imóvel alheio, tendo o direito de explorá-lo para pagar-se por suas próprias mãos. Embora conhecida há séculos, é pouco utilizada, recaindo a preferência, hodiernamente, sobre a hipoteca. Apresenta o inconveniente de retirar do devedor a posse e gozo do imóvel, transferindo-os para o credor. Este é obrigado, por sua conta, a colher os frutos e pagar-se, como mencionado, com o seu próprio esforço.

O aludido instituto ainda constitui embaraço à livre circulação do bem onerado, uma vez que raramente haverá quem se interesse em adquirir imóvel cujo uso e gozo pertence, por prazo mais ou menos longo, ao credor do alienante. Ademais, malgrado o art. 1.506, § 2º, do Código Civil permita ao devedor anticrético hipotecar o imóvel dado em anticrese, dificilmente encontrará quem

---

[1] *Curso de direito civil*, v. 3, p. 395.

aceite tal situação. Dessarte, esgota-se para o devedor a possibilidade de obter novos créditos garantidos pelo imóvel onerado, uma vez que não se pode conceber subanticreses[2].

Como sucede no penhor e na hipoteca, a anticrese requer, também, capacidade das partes, inclusive para o devedor dispor do bem. O instrumento de sua constituição deve ser escrito, particular ou público, exigido este se o valor exceder da taxa legal. Não pode um cônjuge convencioná-la sem consentimento do outro, salvo se casados no regime da separação absoluta de bens (CC, art. 1.647, I).

Aduza-se que os inconvenientes da anticrese podem ser observados também do ponto de vista do credor: não conferindo preferência, nem direito a excussão, a anticrese constitui garantia de eficácia menor do que a hipoteca.

2. CARACTERÍSTICAS

A anticrese é *direito real de garantia* (CC, art. 1.225, X), sendo munida do direito de sequela. Uma vez registrada, adere à coisa, acompanhando-a em caso de transmissão *inter vivos* ou *mortis causa*. Desse modo, o credor pode opor seu direito ao adquirente do imóvel dado em garantia.

Por outro lado, os frutos da coisa gravada não podem ser penhorados por outros credores do devedor.

Outra característica da anticrese, já mencionada no item anterior, é que ela *não confere preferência ao anticresista*, no pagamento do crédito com a importância obtida na excussão do bem onerado, nem sobre o valor da indenização, do seguro ou do preço expropriatório. Só poderá opor-se à excussão alegando direito de retenção, necessário para solver seu crédito com os rendimentos do imóvel[3].

Dispõe, com efeito, o art. 1.423 do Código Civil que "*o credor anticrético tem direito a reter em seu poder o bem, enquanto a dívida não for paga; extingue-se esse direito decorridos quinze anos da data de sua constituição*".

O credor anticrético é obrigado a conservar a coisa e administrá-la de acordo com a sua finalidade natural, não podendo aplicar as rendas que auferir com a retenção do bem de raiz em outros negócios, mas somente no pagamento da obrigação garantida. Responde ele pelos frutos que por sua negligência deixar de colher.

O *objeto* da anticrese *deve ser, necessariamente, bem imóvel, pois se incidir sobre bem móvel ter-se-á penhor, e não anticrese*. Por outro lado, a *tradição real* do imóvel

---

[2] Silvio Rodrigues, *Direito civil*, v. 5, p. 384.
[3] Caio Mário da Silva Pereira, *Instituições de direito civil*, v. IV, p. 418; Maria Helena Diniz, *Curso de direito civil brasileiro*, v. 4, p. 612.

ao credor faz parte da essência do instituto, que confere a este a percepção dos frutos e rendimentos para pagar-se do seu crédito.

A anticrese distingue-se do penhor comum porque tem por objeto bem imóvel, e o credor tem direito aos frutos, até o pagamento da dívida. Também não se confunde com o penhor rural, em que a posse continua com o devedor. Afasta-se da hipoteca porque o credor hipotecário pode promover a excussão e venda judicial do bem hipotecado, sem ter a sua posse, o que não ocorre com o anticrético.

3. EFEITOS DA ANTICRESE

Preceitua o art. 1.506 do Código Civil que *"pode o devedor, ou outrem por ele, com a entrega do imóvel ao credor, ceder-lhe o direito de perceber, em compensação da dívida, os frutos e rendimentos"*.

Com a constituição da anticrese coloca-se o imóvel gravado sob administração do credor, que fica autorizado a perceber-lhe os frutos e rendimentos, em pagamento da dívida. Todavia, como administrador de coisa alheia e mandatário, está obrigado a prestar contas, quando reclamada pelo devedor. Deverá apresentar anualmente balanço exato e fiel de sua administração, que poderá ser impugnado pelo devedor.

Se os dados contidos no balanço forem inexatos, ou ruinosa a administração, poderá o devedor, se o quiser, requerer a transformação do contrato em arrendamento, fixando o juiz o valor mensal do aluguel, o qual poderá ser corrigido anualmente (CC, art. 1.507, §§ 1º e 2º).

O § 1º do art. 1.506 do Código Civil estabelece que *"é permitido estipular que os frutos e rendimentos do imóvel sejam percebidos pelo credor à conta de juros, mas se o seu valor ultrapassar a taxa máxima permitida em lei para as operações financeiras, o remanescente será imputado ao capital"*. Nesse caso, pactuarão os interessados a maneira pela qual se solverá a obrigação principal.

A constituição da anticrese gera direitos e obrigações para o credor e devedor, elencados por ORLANDO GOMES[4]. Para o mencionado autor, são *direitos do credor anticrético*: a) possuir o bem dado em garantia; b) perceber-lhe os frutos e rendimentos; c) retê-lo em seu poder até que a dívida seja saldada; d) reivindicar seus direitos contra o terceiro que adquira o imóvel; e) reivindicá-los contra os credores quirografários e os hipotecários posteriores à transcrição da anticrese; f) haver do produto da venda do bem anticrético, no caso de falência do devedor, o valor atual dos rendimentos que pudesse obter em compensação da dívida, à taxa de juros legal.

---

[4] *Direitos reais*, p. 408-409.

Por outro lado, são *obrigações do credor anticrético*: a) guardar a coisa como se fosse sua; b) responder pelas deteriorações que o imóvel sofrer por culpa sua; c) responder pelos frutos que deixar de perceber por sua negligência; d) prestar contas ao proprietário da coisa.

O *devedor anticrético*, por seu turno, tem os seguintes *direitos*: a) reaver o imóvel tanto que paga a dívida; b) ser indenizado do dano oriundo de deterioração do imóvel por culpa do credor; c) ressarcir-se do valor dos frutos que o credor tenha negligentemente deixado de perceber; d) pedir contas ao credor.

Finalmente, são *obrigações do devedor anticrético*: a) entregar o imóvel ao credor; b) pagar a dívida; c) ceder ao credor o direito de perceber os frutos e rendimentos da coisa.

4. MODOS DE EXTINÇÃO DA ANTICRESE

A anticrese, como todos os direitos reais de garantia, constitui relação jurídica *acessória*. A sua existência depende, portanto, da relação obrigacional, cujo resgate visa assegurar. Assim, qualquer que seja a causa de extinção desta, reflete na anticrese, pondo-lhe termo automaticamente.

Sendo a anticrese direito real que recai sobre imóvel, também se extingue pelo *perecimento* deste. Perecendo o objeto, perece o direito, como é cediço. Todavia, ainda que o objeto da garantia esteja no seguro, o direito do credor não se sub-roga na indenização paga pelo segurador. Igualmente, não se sub-roga na indenização obtida pelo devedor, em caso de o prédio dado em garantia ser desapropriado (CC, art. 1.509, § 2º).

Nas hipóteses mencionadas, extingue-se a anticrese, subsistindo o crédito, porém sem a garantia real anterior.

Por fim, extingue-se a anticrese pela *caducidade*, transcorridos quinze anos de sua transcrição (CC, art. 1.423). Entende o legislador, como observa SILVIO RODRIGUES[5], que, se o credor não conseguiu, em tão largo intervalo, pagar-se de seu crédito, decerto não mais conseguirá, pois os frutos do imóvel são basicamente insuficientes para o resgate da dívida. Ao credor remanescerá, não obstante, a condição de quirografário.

---

[5] *Direito civil*, cit., v. 5, p. 388.

Título XIV
DA ENFITEUSE

Sumário: 1. Conceito. 2. Objeto da enfiteuse. 3. Características da enfiteuse. 4. Extinção da enfiteuse.

1. CONCEITO

O art. 2.038 do Livro Complementar – "Das Disposições Finais e Transitórias" – do Código Civil de 2002 proíbe constituição de enfiteuses e subenfiteuses e subordina as existentes, até sua extinção, às disposições do Código Civil anterior e leis posteriores, ficando defeso, neste caso, cobrar laudêmio ou prestação análoga nas transmissões de bem aforado, sobre o valor das construções ou plantações, bem como "constituir subenfiteuse" (§ 1º, I e II). A enfiteuse dos terrenos de marinha e acrescidos continua regida por lei especial (§ 2º).

A referida regra de transição justifica a inserção, nesta obra, dos comentários a respeito do instituto da enfiteuse.

Dá-se a enfiteuse, aforamento ou emprazamento "quando por ato entre vivos, ou de última vontade, o proprietário atribui a outrem o domínio útil do imóvel, pagando a pessoa, que o adquire, e assim se constitui enfiteuta, ao senhorio direto uma pensão, ou foro, anual, certo e invariável" (CC/1916, art. 678).

O proprietário é chamado de *senhorio direto*. O titular do direito real sobre coisa alheia é denominado *enfiteuta* e tem um poder muito amplo sobre a coisa. Pode usá-la e desfrutá-la do modo mais completo, bem como *aliená-la* e transmiti-la por *herança*. Por isso se diz que a enfiteuse é o mais amplo dos direitos reais sobre coisas alheias. O proprietário praticamente conserva apenas o nome de dono e alguns poucos direitos, que se manifestam em ocasiões restritas.

2. OBJETO DA ENFITEUSE

O contrato de aforamento só pode ter por *objeto* terras não cultivadas e terrenos que se destinem à edificação.

A enfiteuse pode ser constituída, também, sobre *terrenos de marinha*, que margeiam o mar, rios e lagoas onde exista influência das marés e pertencem ao domínio direto da União. Está regulamentada no Decreto-Lei n. 9.760, de 5 de setembro de 1946, tendo semelhanças com a do Código Civil, especialmente no tocante à cessão de uso, pois também ali se estabelece o pagamento de foro. No entanto, não está sujeita a resgate, sendo a sua regulamentação, constante de legislação eminentemente de direito público, diferente em vários pontos da estabelecida no Código, possuindo, assim, natureza especial.

3. CARACTERÍSTICAS DA ENFITEUSE

A enfiteuse é *perpétua*, porque considerada arrendamento, e, como tal, é regida por tempo ilimitado (CC/1916, art. 679).

Dessa característica decorre o direito do enfiteuta de transmitir os seus direitos, por ato *inter vivos* ou *mortis causa*. Os bens enfitêuticos transmitem-se por herança na mesma ordem estabelecida a respeito dos alodiais, isto é, dos bens livres e desembaraçados, mas não podem ser divididos em glebas sem consentimento do senhorio. O aforamento, portanto, é *indivisível* se não houver o consentimento do senhorio, que pode ser tácito.

Os sucessores promoverão a *eleição de cabecel* que os represente perante o senhorio, tendo legitimação ativa e passiva para todas as questões (CC, art. 690). Se, porém, o senhorio direto convier na divisão do prazo, cada uma das glebas em que for dividido constituirá *prazo distinto* (art. 690, § 2º).

O enfiteuta tem a obrigação de pagar ao senhorio uma pensão anual, também chamada *cânon* ou *foro*. A falta de pagamento do foro por três anos consecutivos acarreta o *comisso*, que é uma forma de extinção da enfiteuse (CC/1916, art. 692, II).

O senhorio, por sua vez, tem *direito de preferência*, ou *prelação*, quando o enfiteuta pretende transferir a outrem o domínio útil em caso de venda judicial (CC, art. 689). Se não exercesse o direito de preferência, o senhorio teria direito ao *laudêmio*, isto é, uma porcentagem sobre o valor da transação, que podia ser convencionada livremente. Entretanto, seria de 2,5% sobre o preço da alienação, se outra não houvesse sido fixada no título de aforamento (art. 686).

O mencionado art. 2.038, § 1º, proíbe, todavia, nas enfiteuses existentes, "cobrar laudêmio ou prestação análoga nas transmissões de bem aforado, sobre o valor das construções ou plantações".

O direito de preferência também é assegurado ao foreiro, no caso de querer o senhorio vender o domínio direto, devendo, pois, ser também interpelado a exercê-lo (CC, arts. 684 e 685).

O enfiteuta está legitimado a gravar o bem emprazado com hipoteca, servidão e usufruto, condicionado o ônus a extinguir-se com a cessão do aforamento.

4. EXTINÇÃO DA ENFITEUSE

O art. 692 do Código Civil de 1916 prevê três modos de extinção da enfiteuse:

a) pela "natural deterioração do prédio aforado, quando chegue a não valer o capital correspondente ao foro e mais um quinto deste";

b) pelo "comisso, deixando o foreiro de pagar as pensões devidas por três anos consecutivos, caso em que o senhorio o indenizará das benfeitorias necessárias" (inciso II). A impontualidade e a rescisão contratual têm de ser pronunciadas pela autoridade judiciária competente. Podem as partes estabelecer no contrato que a falta de pagamento das pensões não acarreta o comisso. Dispõe a *Súmula 122 do Supremo Tribunal Federal* que "o enfiteuta pode purgar a mora enquanto não decretado o comisso por sentença";

c) pelo falecimento do enfiteuta, sem herdeiros, salvo o direito dos credores (inciso III). Estes, pois, podem continuar com o aforamento até a liquidação dos débitos do falecido. Altera-se, desse modo, o princípio de que a herança vai ter ao Município, em falta de herdeiros, pois nesse caso o imóvel é devolvido ao senhorio. Trata-se, portanto, de hipótese de *sucessão anômala* ou *irregular*.

Além desses modos de extinção, peculiares à enfiteuse, outros existem, como:

a) o *perecimento do objeto*. Como já afirmado, perecendo o objeto perece o direito;

b) a *desapropriação*. Neste caso não cabe o laudêmio, pois não se trata de uma venda feita pelo foreiro, malgrado algumas opiniões em contrário;

c) a *usucapião* do imóvel aforado, em caso de inércia do foreiro e do titular do domínio direto;

d) a *renúncia* feita pelo enfiteuta, que deve ser expressa (CC/1916, art. 678);

e) a *consolidação*, quando o enfiteuta exerce o direito de opção no caso de venda da nua propriedade, passando a ter a propriedade plena, ou quando o senhorio direto exerce a opção, em caso de venda do domínio útil;

f) a *confusão*, quando na mesma pessoa se reúnem as qualidades de enfiteuta e de senhorio direto, por ato *inter vivos* ou sucessão *mortis causa* (se um deles se torna herdeiro do outro ou ocorre a abertura da sucessão);

g) o *resgate*.

Quanto a este, dispõe o art. 693 do Código Civil de 1916 que "todos os aforamentos, inclusive os constituídos anteriormente a este Código, salvo acordo entre as partes, são *resgatáveis* 10 (dez) anos depois de constituídos, mediante pagamento de um laudêmio, que será de 2,5% (dois e meio por cento) sobre o valor atual da propriedade plena, e de 10 (dez) pensões anuais pelo foreiro, que não poderá no seu contrato renunciar ao direito de resgate, nem contrariar as disposições deste Capítulo".

O resgate, portanto, tem a finalidade de consolidar o domínio nas mãos do enfiteuta, que não pode renunciar a tal direito, sendo nula eventual cláusula nesse sentido. Mas pode, querendo, continuar pagando o foro e não exercer o direito de resgate, mesmo tendo decorrido o prazo de dez anos. A expressão "salvo acordo entre as partes" somente se refere à possibilidade de diminuição, por avença, do prazo do resgate e do valor da indenização.

BIBLIOGRAFIA

AGUIAR JÚNIOR, Ruy Rosado de. Projeto do Código Civil – As obrigações e os contratos. *RT*, 775/18.

ALLENDE, Guillermo L. *Panorama de derechos reales*. Buenos Aires: La Ley, 1967.

AMORIM, José Roberto Neves. Convenção de condomínio e a legalidade das limitações. In: *Condomínio edilício:* aspectos relevantes. Coord. de Francisco Antonio Casconi e José Roberto Neves Amorim. São Paulo: Método, 2005. p. 190.

ARRUDA ALVIM NETO, José Manoel. Algumas notas sobre a distinção entre posse e detenção. In: *Aspectos controvertidos do novo Código Civil*: escritos em homenagem ao Ministro José Carlos Moreira Alves. Coord. de Arruda Alvim, Joaquim Portes de Cerqueira César e Roberto Rosas. São Paulo: Revista dos Tribunais, 2003.

_____. Breves anotações para uma teoria geral dos direitos reais. In: *Posse e propriedade:* doutrina e jurisprudência. Coord. de Yussef Said Cahali. São Paulo: Saraiva, 1987.

ASCENSÃO, José de Oliveira. *A tipicidade dos direitos reais*. Lisboa, 1968.

_____. *Direito civil – reais*. 4. ed. Lisboa: Coimbra Ed., 1987.

AZEVEDO JÚNIOR, José Osório de. *Compromisso de compra e venda*. 2. ed. São Paulo: Saraiva, 1983.

AZEVEDO MARQUES, J. M. de. *A ação possessória*. São Paulo: Secção de obras d'*O Estado de S. Paulo*, 1923.

BANDEIRA DE MELLO, Celso Antônio. Apontamentos sobre a desapropriação no direito brasileiro. *RDP*, 23/18.

BARASSI, Lodovico. *Diritti reali e possesso*. Milano, 1952. v. I e II.

BARBOSA MOREIRA, José Carlos. Legitimidade para a ação de nunciação de obra nova. *Ajuris*, n. 24, p. 43 e s.

BESSONE, Darcy. *Direitos reais*. 2. ed. São Paulo: Saraiva, 1996.

BEVILÁQUA, Clóvis. *Código Civil dos Estados Unidos do Brasil comentado*. Rio de Janeiro: Francisco Alves, 1915.

_____. *Direito das coisas*. 5. ed. Rio de Janeiro: Forense. v. I e II.

_____. *Teoria geral do direito civil*. 7. ed. atual. por Achilles Beviláqua e Isaías Beviláqua. Rio de Janeiro: Editora Paulo de Azevedo, 1955.

BITTAR, Carlos Alberto. *Direito das obrigações*. Rio de Janeiro: Forense Universitária, 1990.

BONFANTE, Pietro. *Corso di diritto romano*. Roma: Società Editrice del Foro Italiano, 1933. v. III.

BORGES, Marcos Afonso. Ação de imissão na posse. In: *Enciclopédia Saraiva do Direito*. São Paulo: Saraiva. v. 2.

BRITO, Rodrigo Azevedo Toscano de. *Incorporação imobiliária à luz do CDC*. São Paulo: Saraiva, 2002.

BRUTAU, Puig. *Fundamentos de derecho civil*. Barcelona: Bosch, 1971. v. III.

CAHALI, Yussef Said. Nunciação de obra nova. In: *Posse e propriedade*: doutrina e jurisprudência. Coord. de Yussef Said Cahali. São Paulo: Saraiva, 1987.

CARVALHO, Afrânio de. *Registro de imóveis*. 3 ed. Rio de Janeiro: Forense, 1982.

CARVALHO SANTOS, J. M. de. *Código Civil brasileiro interpretado*. Rio de Janeiro: Freitas Bastos, 1934, v. VII e VIII; 10. ed., 1937, v. VIII.

CASSETTARI, Christiano. *Multa contratual – Teoria e prática*. São Paulo: Revista dos Tribunais, 2009.

CASTRO, Amílcar de. *Comentários ao Código de Processo Civil*. 2 ed. São Paulo: Revista dos Tribunais, v. 8.

CAVALCANTI, José Paulo. *A falsa posse indireta*. 2. ed. Separata da *Revista do Instituto dos Advogados de Pernambuco*.

CENEVIVA, Walter. *Lei dos Registros Públicos comentada*. São Paulo: Saraiva, 1979 e 2007.

———. *Manual do registro de imóveis*. Rio de Janeiro: Freitas Bastos, 1988.

COLIN, Ambrosio; CAPITANT, Henri. *Derecho civil*. 4. ed. Trad. da 2. ed. francesa por Demofilo de Buen. Madrid: Instituto Editorial Reus, 1961. t. 2, v. II.

COUTO E SILVA, Clóvis do. *Comentários ao Código de Processo Civil*. São Paulo: Revista dos Tribunais, 1977. v. XI, t. I.

CRETELLA JÚNIOR, José. *Tratado de direito administrativo*. Rio de Janeiro: Forense, 1972. v. IX.

———. *Tratado geral de desapropriação*. 2. ed. Rio de Janeiro: Forense, 1980. v. I.

CRUZ E TUCCI, José Rogério. Da posse de boa-fé e os embargos de retenção por benfeitorias. In: *Posse e propriedade:* doutrina e jurisprudência. Coord. de Yussef Said Cahali. São Paulo: Saraiva, 1987.

CUNHA GONÇALVES, Luis da. *Da propriedade e da posse*. Lisboa: Edições Ática, 1952.

_____. *Tratado de direito civil.* 2 ed. São Paulo: Max Limonad, s.d. v. XI, t. I.

DANTAS JÚNIOR, Aldemiro Rezende. *Comentários ao Código Civil brasileiro.* Coord. de Arruda Alvim e Thereza Alvim. Rio de Janeiro: Forense, 2004.

DIAS, Maria Berenice. *Manual de direito das famílias.* 5. ed. São Paulo: Revista dos Tribunais, 2009.

DINIZ, Maria Helena. *Curso de direito civil brasileiro.* 34. ed. São Paulo: Saraiva, 2020. v. 4.

DUGUIT, Léon. *Las transformaciones del derecho público y privado.* Trad. de Adolfo G. Posada, Ramon Jaén e Carlos G. Posada. Buenos Aires: Ed. Heliasta, 1975.

ELIAS FILHO, Rubens Carmo. *As despesas do condomínio edilício.* São Paulo: Revista dos Tribunais, 2005.

_____. A exclusão do condômino nocivo ou antissocial à luz dos atuais contornos do direito de propriedade. In: *Fundamentos do Direito Civil Brasileiro.* Campinas/SP: Millennium, 2012.

ESPÍNOLA, Eduardo. *Direitos reais limitados e direitos reais de garantia.* Rio de Janeiro: Conquista, 1958.

_____; ESPÍNOLA FILHO, Eduardo. *Tratado de direito civil brasileiro.* Rio de Janeiro: Freitas Bastos, 1941. v. X.

FABRÍCIO, Adroaldo Furtado. *Comentários ao Código de Processo Civil.* Rio de Janeiro: Forense, 1980. v. VIII, t. III.

FACHIN, Luiz Edson. *Comentários ao Código Civil.* São Paulo: Saraiva, 2003. v. 15.

FARIAS, Cristiano Chaves de; ROSENVALD, Nelson. *Direitos reais.* Rio de Janeiro: Lumen Juris, 2008.

_____. *Curso de direito civil.* 10. ed. Salvador: Jus Podium, 2014.

FIGUEIRA JÚNIOR, Joel Dias. A propriedade fiduciária como novo instituto de direito real no Código Civil brasileiro de 2002. *Informativo INCIJUR.* Joinville, a. 3, n. 32, mar./2002.

_____. *Novo Código Civil comentado.* Coord. de Ricardo Fiuza. São Paulo: Saraiva, 2002.

_____. *Posse e ações possessórias.* Curitiba: Juruá, 1994. v. I.

FORTINI, Cristiana. A função social dos bens públicos e o mito da imprescritibilidade. *Revista Brasileira de Direito Municipal,* n. 12, abr./jun., Belo Horizonte, 2004.

FRANCISCO, Caramuru Afonso. *Estatuto da Cidade comentado.* São Paulo: Ed. Juarez de Oliveira, 2001.

FRANCO, J. Nascimento. *Condomínio*. 5. ed. São Paulo: Revista dos Tribunais, 2005.

FULGÊNCIO, Tito. *Da posse e das ações possessórias*. 5. ed. Rio de Janeiro: Forense, 1980.

_____. *Direito real de hipoteca*. 2. ed. Rio de Janeiro: Forense, 1960.

GATTI, Edmundo. *Teoría general de los derechos reales*. 3. ed. Buenos Aires: Abeledo-Perrot, 1984.

GERAIGE NETO, Zaidan. *Comentários ao Código Civil brasileiro*. Coord. de Arruda Alvim e Thereza Alvim. Rio de Janeiro: Forense, 2004. v. XII.

GIANCOLI, Brunno Pandori. Breves notas sobre o direito real de concessão de uso especial para fins de moradia e sobre os reflexos de sua introdução no Código Civil pela Lei n. 11.481/2007. Boletim *Phoenix* (órgão informativo do Complexo Jurídico Damásio de Jesus) n. 23, ago. 2007.

GIL, Antonio Hernandez. *La función social de la posesión*. Madrid: Alianza, 1969.

_____. *La posesión*. Madrid: Civitas, 1980.

GOMES, Orlando. *Contratos*. 9. ed. Rio de Janeiro: Forense, 1983.

_____. *Direito das sucessões*. Rio de Janeiro: Forense, 1970.

_____. *Direitos reais*. 19. ed. atual. por Luiz Edson Fachin. Rio de Janeiro: Forense, 2004.

GONÇALVES, Carlos Roberto. *Comentários ao Código Civil*. Coord. de Antônio Junqueira de Azevedo. São Paulo: Saraiva, 2003. v. 11.

_____. *Direito civil brasileiro*. 18. ed. São Paulo: Saraiva, 2020. v. 1.

_____. *Direito civil brasileiro*. 17. ed. São Paulo: Saraiva, 2020. v. 2.

_____. *Direito civil brasileiro*. 17. ed. São Paulo: Saraiva, 2020. v. 3.

_____. *Direito civil brasileiro*. 17. ed. São Paulo: Saraiva, 2020. v. 6.

GONÇALVES, Marcus Vinicius Rios. *Dos vícios da posse*. São Paulo: Oliveira Mendes, 1998.

GONDIM NETO, J. G. C. *A posse indireta*. Rio de Janeiro: Universidade Federal, 1972.

GRECO FILHO, Vicente. *Direito processual civil brasileiro*. São Paulo: Saraiva, 1985. v. 3.

GUIMARÃES, Karine de Carvalho. A função social da propriedade e a vedação de usucapião sobre bens públicos. *Jus Navigandi*, n. 1.691, 17-2-2008.

GUIMARÃES, Octávio Moreira. *Da posse e seus efeitos*. São Paulo: Saraiva, 1949.

HAENDCHEN, Paulo Tadeu; LETERIELLO, Rêmolo. *Ação reivindicatória*. 3. ed. São Paulo: Saraiva, 1985.

IHERING, Rudolf von. *Du rôle de la volonté dans la possession*. Trad. Meulenaere. Paris: Librairie A. Maresc, 1841.

_____. *O fundamento dos interditos possessórios*. Trad. de Adherbal de Carvalho. Rio de Janeiro: Laemmert & C. – Editores, 1900.

_____. *Teoria simplificada da posse*. Trad. de Pinto de Aguiar. Bauru-SP: Edipro, 1999.

LACERDA DE ALMEIDA, Francisco de Paula. *Direito das cousas*. Rio de Janeiro: Ed. J. Ribeiro dos Santos, 1908. v. I e II.

LAFAILLE, Héctor. *Tratado de los derechos reales*. Buenos Aires, 1943. v. III.

LIMA, Alvino. *A fraude no direito civil*. São Paulo: Saraiva, 1965.

LIMONGI FRANÇA, Rubens. *A posse no Código Civil*. São Paulo: Bushatsky, 1964.

LIRA, Ricardo Pereira. O direito de superfície e o novo Código Civil. In: *Aspectos controvertidos do novo Código Civil*: escritos em homenagem ao Ministro Moreira Alves. Coord. de Arruda Alvim, Joaquim Portes de Cerqueira César e Roberto Rosas. São Paulo: Revista dos Tribunais, 2003.

LOPES, João Batista. *Comentários ao Código Civil brasileiro*. Coord. de Arruda Alvim e Thereza Alvim. Rio de Janeiro: Forense. v. XII.

_____. *Condomínio*. 8. ed. São Paulo: Revista dos Tribunais, 2003.

LOUREIRO, Francisco Eduardo. Usucapião coletivo e habitação popular. *RDI*, 51/150.

MALUF, Carlos Alberto Dabus; MARQUES, Márcio Antero Motta Ramos. *O condomínio edilício no novo Código Civil*. 2. ed. São Paulo: Saraiva, 2005.

MAXIMILIANO, Carlos. *Condomínio*. 5. ed. Rio de Janeiro: Freitas Bastos, 1961.

MEDEIROS DA FONSECA, Arnoldo. *Direito de retenção*. 2. ed. Rio de Janeiro: Forense, 1944.

MEIRELLES, Hely Lopes. *Direito de construir*. 3. ed. São Paulo: Revista dos Tribunais, 1979.

MELO, Marco Aurélio de. *Código Civil comentado*: doutrina e jurisprudência. 2. ed. Rio de Janeiro, Forense, 2020.

MONTEIRO, João Batista. *Ação de reintegração de posse*. São Paulo: Revista dos Tribunais, 1987.

MONTEIRO, Washington de Barros. *Curso de direito civil*. 37. ed. atual. por Carlos Alberto Dabus Maluf. São Paulo: Saraiva, 2003, v. 3; e v. 1, 39. ed. atual. por Ana Cristina de Barros Monteiro França Pinto, 2003.

MOREIRA ALVES, José Carlos. Legitimação para a ação de nunciação de obra nova. *Ajuris*, n. 24, p. 43 e s.

_____. *Posse*. Rio de Janeiro: Forense, 1985, v. I, e 1990, v. II.

_____. A detenção no direito civil brasileiro. In: *Posse e propriedade*: doutrina e jurisprudência. Coord. de Yussef Said Cahali. São Paulo: Saraiva, 1987.

_____. O Anteprojeto de 1973. *Revista de Informação Legislativa*, n. 40, out./dez. 1973.

NASCIMENTO, Tupinambá Miguel Castro do. *Usucapião (comum e especial)*. 5. ed. Rio de Janeiro: Aide, 1986.

NEGRÃO, Theotonio. *Código de Processo Civil e legislação processual em vigor*. 34. ed. São Paulo: Saraiva, 2002.

NEQUETE, Lenine. *Da prescrição aquisitiva (usucapião)*. 3. ed. Porto Alegre: Ajuris, 1981.

NERY JUNIOR, Nelson; ANDRADE NERY, Rosa Maria de. *Código de Processo Civil comentado*. 3. ed. São Paulo: Revista dos Tribunais, 1997.

_____. *Código Civil comentado*. 5. ed. São Paulo: Revista dos Tribunais, 2007.

_____. *Comentários ao Código de Processo Civil – Novo CPC – Lei 13.105/2015*, São Paulo: Revista dos Tribunais, 2015.

OLIVEIRA, Gleydson Kleber de. *Comentários ao Código Civil brasileiro*. Coord. de Arruda Alvim e Thereza Alvim. Rio de Janeiro: Forense, 2004. v. XII.

OLIVEIRA, Régis Fernandes de. *Comentários ao Estatuto da Cidade*. São Paulo: Revista dos Tribunais, 2002.

PAGE, Henri de. *Traité élémentaire de droit civil belge*. 2. ed. t. 1.

PEREIRA, Caio Mário da Silva. *Condomínio e incorporações*. 3. ed. Rio de Janeiro: Forense, 1977.

_____. Ideia de boa-fé. *RF*, 72/33.

_____. *Instituições de direito civil*. 19. ed. Rio de Janeiro: Forense, 2001, v. II; 19. ed., 2002, v. I; e 18. ed., 2004, v. IV.

PEREIRA, Lafayette Rodrigues. *Direito das coisas*. Atual. por Ricardo Rodrigues Gama. Campinas: Russel Editores, 2003. t. I e II.

PICANÇO, Melchíades. *A posse em face do Código Civil*. Rio de Janeiro: Ed. J. Ribeiro dos Santos, 1925.

PINTO, Nelson Luiz. *Ação de usucapião*. São Paulo: Revista dos Tribunais, 1987.

PLANIOL, Marcel; RIPERT, Georges; SAVATIER, René. *Traité élémentaire de droit civil*. Paris, 1915. v. II.

PONTES DE MIRANDA, Francisco Cavalcanti. *Comentários à Constituição de 1946*. 2. ed. 1953. v. IV.

_____. *Comentários ao Código de Processo Civil*. Rio de Janeiro: Forense, 1976. t. VI e XI.

_____. *Tratado de direito privado*. 3. ed. Rio de Janeiro: Borsoi, 1971, t. X e XI; 1977, t. XIII.

REALE, Miguel. *O Projeto do novo Código Civil*. 2. ed. São Paulo: Saraiva, 1999.

REZENDE, Astolpho. *A posse e sua proteção*. 2. ed. São Paulo: Lejus, 2000.

_____. *Manual do Código Civil brasileiro*. Rio de Janeiro, 1918. v. VII.

RIBAS, Antonio Joaquim. *Da posse e das ações possessórias*. Rio de Janeiro: H. Laemmert & C. Livreiros-Editores, 1883.

RIBEIRO, Benedito Silvério. *Tratado de usucapião*. 3. ed. São Paulo: Saraiva, 2003. v. 1 e 2.

RIZZARDO, Arnaldo. *Direito das coisas*. Rio de Janeiro: Forense, 2004.

RODRIGUES, Manuel. *A posse*. 3. ed. Coimbra: Almedina, 1980.

RODRIGUES, Silvio. *Direito civil*. 27. ed. São Paulo: Saraiva, 2002. v. 5.

ROMITTI, Mário Müller. *Comentários ao Código Civil brasileiro*. Coord. de Arruda Alvim e Thereza Alvim. Rio de Janeiro: Forense, 2004. v. XIII.

RUGGIERO, Roberto de. *Instituciones de derecho civil*. Trad. espanhola da 4. ed. italiana. Madrid, 1929.

SALLES, José Carlos de Moraes. *A desapropriação à luz da doutrina e da jurisprudência*. 4. ed. São Paulo: Revista dos Tribunais.

_____. *Usucapião de bens imóveis e móveis*. 5. ed. São Paulo: Revista dos Tribunais, 1999.

SAN TIAGO DANTAS, Francisco Clementino. *Programa de direito civil*. 2. ed. Rio de Janeiro: Ed. Rio, 1981. v. III.

SANTOS, Gildo dos. Ação de imissão de posse. In: *Posse e propriedade*: doutrina e jurisprudência. Coord. de Yussef Said Cahali. São Paulo: Saraiva, 1987.

SANTOS, Moacyr Amaral. *Comentários ao Código de Processo Civil*. Rio de Janeiro: Forense, 1976. v. III.

SAVIGNY, Friedrich Karl von. *Sistema del derecho romano actual*. Trad. Jacinto Mesia y Manuel Poley. Madrid: Góngora. t. 1.

_____. *Traité de la possession en droit romain*. Bruxelles, 1893.

SEABRA FAGUNDES, Miguel. A desapropriação no direito constitucional brasileiro. *RDA*, 14/1-22.

_____. *Da desapropriação no direito brasileiro*. 2. ed. Rio de Janeiro: Freitas Bastos, 1949.

SERPA LOPES, M. M. de. *Curso de direito civil*. 3. ed. Rio de Janeiro: Freitas Bastos, 1964. v. VI.

SILVA, Ovídio A. Baptista da. *A ação de imissão de posse*. São Paulo: Saraiva, 1981.

SIMÃO, José Fernando. Cláusula penal e abono de pontualidade ou cláusula penal e cláusula penal disfarçada. *Carta Forense*, nov./2009.

SWENSSON, Walter Cruz. *Manual de registro de imóveis*. São Paulo: Saraiva, 1991.

TARCHA, Jorge; SCAVONE JÚNIOR, Luiz Antonio. *Despesas ordinárias e extraordinárias de condomínio*. São Paulo: Juarez de Oliveira, 1999.

TARTUCE, Flávio. *Direito civil*: direito das coisas. 13. ed. Rio de Janeiro: Forense, 2021.

TARTUCE, Flávio; SIMÃO, José Fernando. *Direito civil* – Série Concursos Públicos. São Paulo: Método, 2008. v. 4.

TEIXEIRA, José Guilherme Braga. *Comentários ao Código Civil brasileiro*. Coord. de Arruda Alvim e Thereza Alvim. Rio de Janeiro: Forense, 2004. v. XII.

THEODORO JÚNIOR, Humberto. Ações possessórias. *Revista Brasileira de Direito Processual*. Rio de Janeiro: Forense, v. 44.

TUCCI, José Rogério Cruz e. Da posse de boa-fé e os embargos de retenção por benfeitorias. In: *Posse e propriedade*: doutrina e jurisprudência. Coord. de Yussef Said Cahali: São Paulo: Saraiva, 1987.

VAMPRÉ, Spencer. *Manual de direito civil brasileiro*. Rio de Janeiro: F. Briguiet, 1920. v. II.

VARELA, J. M. Antunes. *Direito das obrigações*. Rio de Janeiro: Forense, 1977. v. I.

VENOSA, Sílvio de Salvo. *Código Civil comentado*. Coord. de Álvaro Villaça Azevedo. São Paulo, Atlas, 2003. v. XII.

_____. *Direito civil*. 4. ed. São Paulo: Atlas, 2004. v. V; 7. ed., 2007.

VIANA, Marco Aurélio S. *Comentários ao novo Código Civil*. Coord. de Sálvio de Figueiredo Teixeira. Rio de Janeiro: Forense, 2004. v. XVI.

WALD, Arnoldo. *Direito das coisas*. 11. ed. São Paulo: Saraiva, 2002.

ZEA, Arturo Valencia. *La posesión*. Bogotá: Ed. Temis, 1978.